浙江省普通本科高校"十四五"重点立项建设教材

普通高等教育跨境电子商务方向系列教材

跨境电商概论

第 3 版

主　编　袁　平　　周志丹

副主编　唐先锋　　吴　桥

参　编　孙庆彪　　徐　方　　李旭帅

机 械 工 业 出 版 社

本书从跨境电商与国际贸易、我国跨境电商的发展、出口跨境电商、进口跨境电商、跨境电商物流与供应链管理、跨境电商通关、跨境电商营销、跨境电商支付与结算、跨境电商法律法规、跨境电商创业、从跨境电商到数字贸易等多个方面全景式介绍了跨境电商，还分别从出口、进口、物流、营销、金融、外综平台等角度分析了 10 个跨境电商企业典型案例。

本书可作为高校跨境电子商务专业及相关专业的导论课、基础课，以及高校开设公选课的教材，也可供从事跨境电商管理及对跨境电商感兴趣的读者阅读。

图书在版编目（CIP）数据

跨境电商概论／袁平，周志丹主编. -- 3 版.

北京：机械工业出版社，2025. 5. --（浙江省普通本科高校"十四五"重点立项建设教材）（普通高等教育跨境电子商务方向系列教材）. -- ISBN 978-7-111-78015-1

Ⅰ. F713. 36

中国国家版本馆 CIP 数据核字第 2025M94R01 号

机械工业出版社（北京市百万庄大街 22 号　邮政编码 100037）
策划编辑：常爱艳　　　　　　责任编辑：常爱艳　章承林
责任校对：龚思文　张　征　　封面设计：鞠　杨
责任印制：邓　博
北京中科印刷有限公司印刷
2025 年 5 月第 3 版第 1 次印刷
184mm×260mm · 26. 75 印张 · 598 千字
标准书号：ISBN 978-7-111-78015-1
定价：79. 80 元

电话服务　　　　　　　　　　　网络服务
客服电话：010-88361066　　　机 工 官 网：www.cmpbook.com
　　　　　010-88379833　　　机 工 官 博：weibo.com/cmp1952
　　　　　010-68326294　　　金 书 网：www.golden-book.com
封底无防伪标均为盗版　　　机工教育服务网：www.cmpedu.com

跨境电商是外贸新业态新模式。国家主席习近平在 2020 年第三届中国国际进口博览会开幕式上指出，中国将推动跨境电商等新业态新模式加快发展，培育外贸新动能。浙江省人民政府办公厅在《浙江跨境电子商务高质量发展行动计划》中指出，将把跨境电商打造成为浙江省参与双循环的新动力、开展制度创新的新引擎和稳外贸的重要支柱。

在跨境电商产业快速发展的同时，我国高校的跨境电子商务专业建设也有了可喜的进步。继 2019 年 12 月，浙江万里学院、浙江外国语学院、广东科技学院、杭州师范大学钱江学院、云南师范大学商学院（现昆明城市学院）、长春财经学院、武汉学院共 7 所高校成为全国首批设立跨境电子商务本科专业的高校以来，截至 2024 年 8 月，我国已有 111 所本科高校增设了跨境电子商务专业。

与本书第 2 版相比，第 3 版做了较大的修改：第一章"跨境电商与国际贸易"中的第四节替换为"跨境电商助力我国品牌'出海'"；对第三章"出口跨境电商"和第四章"进口跨境电商"更新了案例；增加了第十章"跨境电商创业"；将原第七章"跨境电商生态体系"的第一节"跨境电商供应链管理体系"的内容纳入第五章"跨境电商物流与供应链管理"，将其第二节"跨境电商推广体系"扩写为第七章"跨境电商营销"，将其第三节"跨境电商支付体系"扩写为第八章"跨境电商支付与结算"；将第六章"跨境电商通关与商检"改为"跨境电商通关"，并进行了较大幅度的改写，增加了检验检疫方面的内容；将原第八章"跨境电商规则体系"改为第九章"跨境电商法律法规"；对原第十章"跨境电商案例分析"中的部分案例进行了替换，并对保留的案例内容进行了更新。

本书是浙江万里学院国家一流本科专业建设点"电子商务"建设的阶段性成果，也是浙江省首批现代产业学院（浙江万里学院物流与电子商务学院）建设的成果之一。

浙江万里学院袁平教授、周志丹教授共同担任本书的主编，并编写了本书的大部分内容，全书由周志丹教授统稿。浙江万里学院的唐先锋教授、吴桥副教授担任本书的副主编，孙庆彪、徐方、李旭帅担任本书的参编。

感谢浙江万里学院党委副书记、副校长马建荣教授，以及宁波市高等教育学会会长胡赤弟教授长期以来的关心与指导。感谢宁波市商务局跨境电商处处长林维忠、宁波市跨境电子商务促进中心主任王时颖等对本书的支持。感谢乐歌、豪雅、遨森、发现物流、跨境堡、全球贸易通、井贝、添润、驿淘、世贸通等相关企业提供的案例。

本书还有大量资料来源于连连国际官网、亿邦动力网、雨果网、亿恩网等网站,在此对相关贡献者一并表示感谢。

由于编者水平有限,书中难免有不完善之处,欢迎大家批评指正,以帮助我们修订。

我们为选择本书作为授课教材的教师免费提供教学课件(PPT)及教学大纲,请登录机工教育服务网(www.cmpedu.com)索取。课后习题答案请见书中相应位置二维码。

编 者

目 录
Contents

第四章　进口跨境电商

第五章　跨境电商物流与供应链管理

第六章　跨境电商通关

第七章　跨境电商营销

第八章　跨境电商支付与结算

第九章　跨境电商法律法规

参考文献

跨境电商概论 第3版

第一章
跨境电商与国际贸易

引例

随着全球贸易的日益发展和互联网的普及，跨境电商成了国际贸易的重要组成部分。跨境电商的发展促进了国际贸易的便利化和效率提升，通过互联网平台进行交易，大大缩短了交易时间和成本，实现了实时交易和在线支付，为买卖双方带来了更多的便利。

跨境电商与传统国际贸易之间存在一定的互补性。传统国际贸易通常涉及大宗商品的交易，而跨境电商则更多地关注小额商品的交易。跨境电商可以为传统国际贸易提供更快、更便捷的支付和物流服务，同时，传统国际贸易也为跨境电商提供了更多的商品和供应链资源。跨境电商的兴起对传统国际贸易产生了一定的影响，使得传统国际贸易的竞争更加激烈。同时，跨境电商的快速发展也促使传统国际贸易转向数字化和智能化，以适应市场的需求。

随着互联网技术的不断发展和全球化的深入推进，跨境电商将更加注重供应链的建设和优化，提高物流效率和质量，同时也将更加注重用户体验和服务质量。跨境电商还将更加注重数据的收集和分析，以提高市场的洞察力和预测能力。

学好跨境电商知识需要掌握一些国际贸易的相关知识。国际贸易的相关知识有哪些？跨境电商为什么是外贸的新业态新模式？跨境电商的含义是什么？它的分类、模式又是什么？要回答好这些问题，我们需要掌握一些跨境电商与国际贸易的知识。

本章学习目标

（1）了解国际贸易相关基础知识。

（2）掌握跨境电商的概念、分类、交易模式、主要平台。

（3）了解跨境电商是外贸的新业态新模式。

（4）认识跨境电商如何助力我国品牌"出海"。

第一节 国际贸易基础

一、国际贸易的基本概念

1. 国际贸易与对外贸易

国际贸易（international trade）是指世界各个国家（或地区）之间商品和劳务的交换活动。它是各国（或地区）在国际分工的基础上相互联系的主要形式。国际贸易是由各国（或地区）的对外贸易构成的，是世界各国（或地区）对外贸易的总和。因此，国际贸易通常也被称作世界贸易。

对外贸易（foreign trade）是指一国（或地区）与其他国家（或地区）之间所进行的商品与劳务的交换活动，通常简称"外贸"。某些岛国（如英国、日本等）也称对外贸易为海外贸易。

根据世界贸易组织发布的 2023 年全球货物贸易数据，2023 年全球出口总额 23.8 万亿美元，下降 4.6%，继 2021 年（增长 26.4%）、2022 年（增长 11.6%）连续两年增长后再次下降，较 2019 年仍增长 25.9%。2023 年，我国进出口总值 5.94 万亿美元，比位居第二名的美国多 0.75 万亿美元。其中，我国出口国际市场份额 14.2%，与 2022 年持平，连续 15 年保持全球第一；进口国际市场份额 10.6%，连续 15 年保持全球第二。在世界经济艰难复苏的大背景下，中国经济表现出较强的发展韧性，为全球贸易增长提供驱动力。

2. 国际贸易的分类

（1）按商品移动的方向划分

1）进口贸易。进口贸易（import trade）是指将其他国家（或地区）的商品或劳务引进到本国（或地区）市场进行销售。

2）出口贸易。出口贸易（export trade）是指将本国（或地区）的商品或劳务输出到国（或地区）外市场进行销售。

进口贸易和出口贸易是相对的，同一笔交易，对于卖方而言就是出口贸易，对于买方而言就是进口贸易。

3）过境贸易。过境贸易（transit trade）是指 A 国（或地区）的商品经过 C 国（或地区）境内运至 B 国（或地区）市场销售，对 C 国（或地区）而言就是过境贸易。C 国（或地区）要对此批货物进行海关监管，但是这种贸易对 C 国（或地区）来说，既不是进口也不是出口，仅仅是商品过境而已。

4）转口贸易。转口贸易又称中转贸易（intermediary trade），是指进出口生意，不是在生产国（或地区）与消费国（或地区）之间直接进行，而是由中转国（或地区）

分别与生产国（或地区）和消费国（或地区）发生贸易。

转口贸易和过境贸易的区别在于，商品的所有权在转口贸易中先从生产国（或地区）出口者那里转到第三国（或地区）商人手中，再转到最终消费该商品的进口商人手中。而在过境贸易中，商品所有权无须向第三国（或地区）商人转移。

（2）按交易对象的形态划分

1）有形贸易。有形贸易（visible trade）也叫货物贸易，是指传统的实物商品的进出口活动。例如，机器、设备、家具、原材料等都是有实物形态的商品，这些商品的进出口称为有形贸易。

2）无形贸易。无形贸易（invisible trade）是指没有实物形态的技术和服务的进出口。例如，运输、保险、金融、旅游、文化娱乐、法律服务、咨询等的提供和接受即为无形贸易。无形贸易又分为服务贸易和技术贸易。

服务贸易又称劳务贸易，是指国（或地区）与国（或地区）之间互相提供服务的经济交换活动。服务贸易有广义与狭义之分，狭义的服务贸易是指一国（或地区）以提供直接服务活动形式满足另一国（或地区）某种需要以取得报酬的活动。广义的服务贸易既包括有形的活动，也包括服务提供者与使用者在没有直接接触下交易的无形活动。服务贸易一般情况下都是指广义的。

服务贸易是国际贸易的重要组成部分和国际经贸合作的重要领域，在构建新发展格局中具有重要作用。世界贸易组织认为，到2040年，服务贸易占世界贸易的比重也将有望整体提升50%，届时，将可能达到1/3。2023年前三季度服务出口类别比重如图1-1所示，服务进口类别比重如图1-2所示。

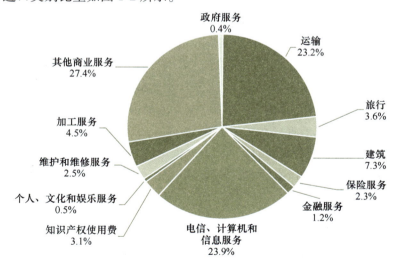

图 1-1　2023 年前三季度中国服务贸易出口类别比重

（资料来源：商务部国际贸易经济合作研究院《中国对外贸易形势报告：2023 年秋季》）

技术贸易是指国（或地区）与国（或地区）之间，按照一般商业条件，向对方出售或从对方购买软件技术使用权的一种国际贸易行为，一般以纯技术的使用权为主要交易标的。

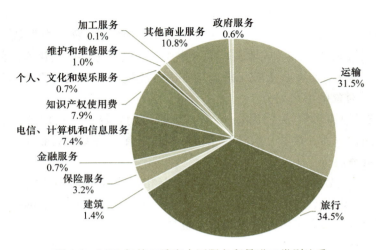

图 1-2　2023 年前三季度中国服务贸易进口类别比重

（资料来源：商务部国际贸易经济合作研究院《中国对外贸易形势报告：2023 年秋季》）

技术服务和咨询是国际技术贸易实践中常见的方式。

（3）按贸易内容划分

按贸易内容划分，国际贸易可分为服务贸易、加工贸易、商品贸易和一般贸易。

（4）按是否有第三国（或地区）参加划分

1）直接贸易。直接贸易（direct trade）是指商品生产国（或地区）与商品消费国（或地区）不通过第三国（或地区）进行买卖商品的行为。贸易的出口国（或地区）方面称为直接出口，进口国（或地区）方面称为直接进口。

2）间接贸易。间接贸易（indirect trade）是指商品生产国（或地区）与商品消费国（或地区）通过第三国（或地区）进行买卖商品的行为。间接贸易中的生产国（或地区）称为间接出口国（或地区），消费国（或地区）称为间接进口国（或地区），而第三国（或地区）则是转口贸易国（或地区），第三国（或地区）所从事的就是转口贸易。

（5）按贸易参加国（或地区）的数量划分

1）双边贸易。双边贸易（bilateral trade）是指在两国（或地区）政府之间签订的贸易条约或协定的贸易规则和调节机制下进行的贸易。有时，双边贸易也泛指两国（或地区）间的贸易往来。

2）多边贸易。多边贸易（multilateral trade）是指三个或三个以上的国家（或地区）通过协议在多边结算的基础上进行互有买卖的贸易。很显然，在经济全球化的趋势下，多边贸易更为普遍。

（6）按清偿方式的不同划分

1）现汇贸易。现汇贸易（cash trade）又称自由结汇贸易（free-liquidation trade），是用国际货币进行商品或劳务价款结算的一种贸易方式。买卖双方按国际市场价格水平议价，按国际贸易惯例议定具体交易条件。交货完毕以后，买方按双方商定的国际货币付款。当今能作为清偿工具的货币主要有美元、日元、欧元、英镑。

2）协定贸易。协定贸易（agreement trade）是指两个国家（或地区）签订贸易协定，通过记账方式交易，而不是直接动用外汇，在一定时期内（通常是一年）进行结算。贸易差额结转到下一年的账户。

3）易货贸易。易货贸易（barter trade）是指在换货的基础上，把等值的出口货物和进口货物直接进行结算清偿的贸易方式。其特点是进口和出口相结合，贸易双方均有进有出，这样既可以节省外汇，又可以保持双方的贸易平衡。

扩展阅读

世界最大自贸区 RCEP 正式生效启航

《区域全面经济伙伴关系协定》（RCEP）现有 15 个成员国，包括中国、日本、韩国、澳大利亚、新西兰 5 国以及东盟 10 国，从人口数量、经济体量、贸易总额三方面看，均占全球总量的约 30%。RCEP 于 2022 年 1 月 1 日正式生效实施。

RCEP 的生效实施，标志着全球人口最多、经贸规模最大、最具发展潜力的自由贸易区正式落地，充分体现了各方共同维护多边主义和自由贸易的信心和决心，将为区域乃至全球贸易投资增长、经济复苏和繁荣发展做出重要贡献。RCEP 将通过实施原产地累积规则、简化海关程序、推动投资贸易自由化便利化等，助力区域经济一体化建设，打造东亚经贸合作主平台，推动形成统一的生产基地和产品市场。

作为世界上最大的自贸区，RCEP 生效后，已核准成员国之间 90% 以上的货物贸易将最终实现零关税。据统计，到 2030 年，RCEP 有望带动成员国出口净增加 5190 亿美元，国民收入净增加 1860 亿美元。RCEP 生效后，中国近 30% 出口可以实现零关税待遇，涵盖中国 1.4 万亿美元的贸易额。

3. 国际贸易相关统计指标

（1）贸易额和贸易量

1）贸易额（value of trade）是用货币表示的贸易的金额，是反映一国（或地区）贸易规模的重要经济指标。各国（或地区）一般都用本国（或地区）货币表示，国际上多数国家用美元表示。贸易额可分为对外贸易额和国际贸易额。

对外贸易额是一个国家（或地区）在一定时期内的进口总额与出口总额的总和。国际贸易额是世界各国出口额的总和。

2023 年我国货物进出口总额 417568 亿元，比上年增长 0.2%。其中，出口 237726 亿元，增长 0.6%；进口 179842 亿元，下降 0.3%。货物进出口顺差 57883 亿元，比上年增加 1938 亿元。对共建"一带一路"国家进出口额 194719 亿元，比上年增长 2.8%。其中，出口 107314 亿元，增长 6.9%；进口 87405 亿元，下降 1.9%。对 RCEP 其他成员国进出口额 125967 亿元，比上年下降 1.6%。民营企业进出口额 223601 亿元，比上年增长 6.3%，占进出口总额比重为 53.5%。

2）贸易量（quantum of trade）就是剔除了价格变动影响之后的贸易额，使得不同时期的贸易规模可以进行比较。

贸易量是指以不变价格的计算反映一国（或地区）贸易规模的指标。由于国际金融市场上货币价格时常波动，各国（或地区）的物价也不稳定，因此单纯用货币价格表示的国际贸易额不能确切地反映出贸易的实际规模，剔除了价格波动影响的贸易量更符合实际的贸易规模。其计算公式为

$$进（出）口贸易量 = \frac{进（出）口额}{进（出）口价格指数} \times 100$$

（2）贸易差额

贸易差额（balance of trade）是指一个国家在一定时期内（通常为一年）出口总额与进口总额之间的差额。它是衡量一国对外贸易状况乃至国家经济状况、国际收支状况好坏的重要指标。

贸易顺差（favorable balance of trade），中国也称它为出超（excess of export over import），表示一定时期的出口额大于进口额。

贸易逆差（unfavorable balance of trade），中国也称它为入超（excess of import over export）、赤字，表示一定时期的出口额小于进口额。

贸易平衡是指一定时期的出口额等于进口额。

一般认为，贸易顺差可以推进经济增长、增加就业，因此各国无不追求贸易顺差。但是，大量的顺差往往会导致贸易纠纷，如日美汽车贸易大战等。

国家外汇管理局2024年4月26日发布的数据显示，2024年3月，我国国际收支货物和服务贸易进出口规模40430亿元，同比增长3%。其中，货物贸易出口18556亿元，进口16053亿元，顺差2504亿元；服务贸易出口2144亿元，进口3677亿元，逆差1533亿元。

（3）贸易商品结构

贸易商品结构（composition of trade）是指一定时期内某地区各大类商品或某种商品在整个国际贸易中的构成，即各大类商品或某种商品的贸易额与整个贸易额的比值，以比重表示。贸易商品结构可以反映出某地区的经济发展水平、产业结构状况和科技发展水平。

（4）贸易条件

贸易条件（terms of trade）表示出口一单位商品能够换回多少单位进口商品，是出口商品价格与进口商品价格的比较关系。很显然，换回的进口商品多，为有利，称为贸易条件好转；换回的进口商品少，为不利，称为贸易条件恶化。贸易条件在不同时期的变化通常用贸易条件指数来表示，其计算公式是

$$贸易条件指数（假定基期的贸易条件指数为100） = \frac{出口价格指数}{进口价格指数} \times 100$$

报告期的贸易条件指数 >100，说明贸易条件较基期改善。

报告期的贸易条件指数 <100，说明贸易条件较基期恶化。

（5）贸易的地理方向

1）对外贸易地理方向（direction of foreign trade）是指一国对外贸易的地区分布和国别分布的状况，通常以它们在该国进出口总额或进口总额、出口总额中的比重来表示。它可以反映一国与其他国家或区域集团之间经济贸易联系的紧密程度。例如，2018年我国葡萄酒进口总量排名前十名的来源国分别为：法国、澳大利亚、智利、意大利、西班牙、美国、南非、新西兰、阿根廷和德国。

2）国际贸易地理方向（direction of international trade）是指国际贸易的地区分布和商品流向，通常用它们的出口额（或进口额）占世界出口贸易总额（或进口贸易总额）的比重来表示。例如，2023年世界出口额排名前十位的国家（或地区）是中国内地、美国、德国、荷兰、日本、意大利、法国、韩国、墨西哥、中国香港。2023年世界进口额排名前十位的国家（或地区）是美国、中国内地、德国、荷兰、日本、法国、英国、印度、中国香港、韩国。

（6）对外贸易依存度

对外贸易依存度（foreign dependence degree）是指一国进出口总额占其国内生产总值或国民生产总值的比重，反映一国对外开放的程度和对世界市场的依赖程度。它可以分为出口依存度和进口依存度。其计算公式为

$$对外贸易依存度 = \frac{出口额+进口额}{国内生产总值（或国民生产总值）} \times 100\%$$

 扩展阅读

中国内地的主要贸易伙伴

2023年1—10月，东盟继续保持中国内地第一大贸易伙伴地位，对东盟进出口5.2万亿元，占进出口总额的15.2%；对欧盟、美国、日本、韩国进出口分别为4.6万亿元、3.9万亿元、1.8万亿元、1.8万亿元，合计占进出口总额的35.2%。对RCEP其他成员国进出口10.3万亿元，占30.1%。对共建"一带一路"国家进出口16.0万亿元，占46.5%。对非洲、拉丁美洲出口分别增长7.2%、6.0%，高于进出口整体增速7.2、6.0个百分点。2023年1—10月中国内地与前十大贸易伙伴进出口额规模及占比如图1-3所示。

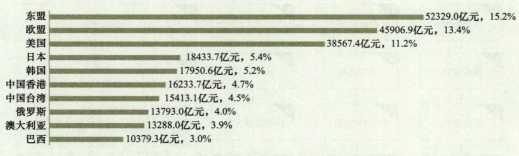

图1-3　2023年1—10月中国内地与前十大贸易伙伴进出口额规模及占比

（资料来源：商务部国际贸易经济合作研究院《中国对外贸易形势报告：2023年秋季》）

二、外贸出口和进口流程

1. 外贸出口流程

外贸出口流程通常是外贸出口工作人员在出口工作中所进行的一系列活动的有序组合，主要包括报价、订货、付款、包装、通关及备货装运等活动。

（1）报价

国际贸易一般是由产品的询价、报价开始。其中，对于出口产品的报价主要包括产品的质量等级、产品的规格型号、产品是否有特殊包装要求、所购产品量的多少、交货期的要求、产品的运输方式、产品的材质等内容。比较常用的报价方式有 EXW（工厂交货）、FOB（船上交货）、CFR（成本加运费）、CIF（成本、保险费加运费）等形式。

（2）订货

贸易双方就报价达成意向后，买方企业正式订货并就一些相关事项与卖方企业进行协商。双方协商认可后，需要签订购货合同。在签订购货合同过程中，贸易双方主要对商品名称、规格型号、数量、价格、包装、产地、装运期、付款条件、结算方式、索赔、仲裁等内容进行确认。

（3）付款

比较常用的国际付款方式有三种，即信用证、汇付和托收。

（4）包装

根据货物的不同，出口方可以选择不同的包装形式（如纸箱、木箱、编织袋等），包装要符合目的国的相关法规要求。

（5）通关

通关手续极为烦琐又极其重要，如不能顺利通关则无法完成交易。属于法定检验的出口商品必须办理出口商品检验证书，其中我国进出口商品检验工作主要有接受报验、抽样、检验、签发证书共四个环节。

（6）备货装运

在货物装船过程中，出口方应根据货物的多少来决定装船方式，并根据购货合同所定的险种来投保，一般可选择整装集装箱、拼装集装箱。

图 1-4 为出口流程示例。

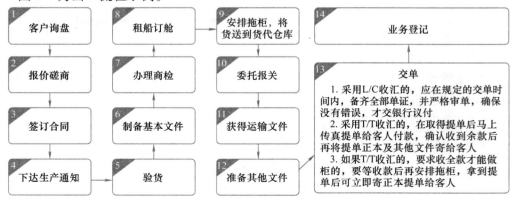

图 1-4　外贸出口流程示例

2. 外贸进口流程

外贸进口流程大体上可分为三个阶段：①交易前的准备阶段；②对外洽谈阶段；③履行合同阶段。在 FOB 术语成交、信用证方式结算下，外贸进口流程示例如图 1-5 所示。

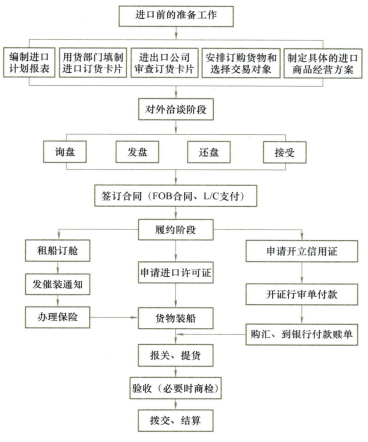

图 1-5　外贸进口流程示例

 扩展阅读

贸易术语

在长期的国际贸易实践中，买卖双方逐渐把某些和价格密切相关的贸易条件与价格直接联系在一起，形成了若干报价的方式。每一种方式都规定了买卖双方在某些贸易条件中应履行的义务。用来说明这种义务的术语被称为贸易术语。

贸易术语是国际贸易价格条款中必不可少的内容。在报价中使用贸易术语，可明确双方在货物交接方面各自应承担的责任、费用和风险，说明商品的价格构成，从而简化交易磋商的手续，缩短成交时间。由于规定贸易术语的国际惯例对买卖双方应该承担的义务做了完整而确切的解释，因而避免了由于对合同条款的理解不一致而在履约中可能产生的某些争议。

贸易术语所表示的贸易条件主要分两个方面：①说明商品的价格构成是否包括成本以外的主要从属费用，即运费和保险；②确定交货条件，即说明买卖双方在交接货物方面彼此所承担的责任、费用和风险。常用的贸易术语解释是 *Incoterms* 2020，见表 1-1。

表 1-1 *Incoterms* 2020 的贸易术语解释

序号	贸易术语	中文名称	英文全称	交货地点	风险的转移	出口清关	运输费用	保险费用	进口清关
1	EXW	工厂交货（指定地点）	Ex Works（place）	卖方指定地点（如工厂、仓库等）	买方收货时	买方	买方	买方	买方
2	FCA	货交承运人（指定交货地点）	Free Carrier（place）	指定装运地点	货交承运人（买方指定）	卖方	买方	买方	买方
3	FAS	船边交货（指定装运港）	Free along Ship（port）	装运港船边	货物在装运港船边时（买方指定）	卖方	买方	买方	买方
4	FOB	船上交货（指定装运港）	Free on Board（port）	装运港船上	货物装载到船上时（买方指定）	卖方	买方	买方	买方
5	CFR	成本加运费（指定目的港）	Cost and Freight（port）	装运港船上	货物装载到船上时（卖方指定）	卖方	卖方	买方	买方
6	CIF	成本保险费和运费（指定目的港）	Cost, Insurance and Freight（port）	装运港船上	货物装载到船上时（卖方指定）	卖方	卖方	卖方	买方
7	CPT	成本运费付至（指定目的地）	Carriage Paid to（place）	指定装运地点	货交承运人（卖方指定）	卖方	卖方	买方	买方
8	CIP	运费保险费付至（指定目的地）	Carriage & Insurance Paid（place）	指定装运地点	货交承运人（卖方指定）	卖方	卖方	卖方	买方
9	DPU	卸货地交货（指定目的地）	Delivered at Place Unloaded（place）	买方所在地的指定地点	装在运输工具上的货物（卸货后）交给买方	卖方	卖方	卖方	买方
10	DAP	目的地交货（指定目的地）	Delivered at Place（place）	买方所在地的指定地点	装在运输工具上的货物（不用卸货）交给买方	卖方	卖方	卖方	买方
11	DDP	完税后交货（指定目的地）	Delivered Duty Paid（place）	买方所在地的指定地点	卖方清关，装在运输工具上的货物（不用卸货）交给买方	卖方	卖方	卖方	卖方

第二节 跨境电商概述

一、跨境电商的概念

跨境电子商务，简称为跨境电商，是交易主体属于不同关境，通过电子商务平台交易、支付结算并通过跨境物流配送完成交易的一种商务模式。2019 年 1 月 1 日正式施行的《中华人民共和国电子商务法》中，对电子商务的定义是：通过互联网等信息网络销售商品或者提供服务的经营活动。有关跨境电商，不同研究机构从不同角度给出的定义大致如下：

其一，认为跨境电商是指分属不同关境的交易主体，通过电子商务平台达成交易、进行支付结算，并通过跨境物流送达商品、完成交易的一种国际商业活动。

其二，认为跨境电商是指分属不同国家/关区的交易主体在电商平台上达成交易及其后续活动，通过互联网、突破传统外贸销售模式所受到的制约，将产品直接销售给全球商家或者消费者的活动。

在我国，最初并没有跨境电商的说法，大多数人只是把它归为外贸的一种形式，包含进口和出口两部分。2008 年，随着国际环境的变化，尤其是 2008 年全球金融危机对国内出口的影响，我国外贸企业的电子商务应用出现了新的契机。一方面，国际市场需求萎缩，持续增加的贸易摩擦对我国出口贸易造成严重的冲击；另一方面，我国的劳动、土地、能源等生产要素成本上升，人民币持续升值。在这种情况下，传统外贸集装箱式的大额交易逐渐被小批量、多批次、快速发货的贸易订单所取代。

二、跨境电商的类型

1. 按照进出口方向分

跨境电商依据进出口货物流向可分为出口跨境电商和进口跨境电商。出口跨境电商其实就是有专门的平台允许全球各个国家的商家入驻，将自己手里拥有的资源发布到平台，然后展示给全球买家，买家找到自己需要的商品之后下单，卖家发货。其模式和国内的电商平台在本质上基本一样，主要区别是跨境物流和跨境支付。但是和国内电商平台相比，出口跨境电商面对的消费者更多、更广泛，是面向全球商家招商入驻。

进口跨境电商的运作方式有：①境内下单，国际运输直达境内。消费者购买境外商品，境外商品通过国际运输直达境内消费者。②境内下单，商家海外采购。消费者境内下单，订单达到一定数量后，商家在海外采购，通过国际物流直达保税区，报关后经过国内物流送达消费者。③境内下单备货模式。境外商品入境暂存保税区，消费者购买后，以个人包裹形式通过国内物流送达境内消费者。

无论是进口还是出口，跨境电商都需要解决三个流程问题：①信息流，卖家在网上发布信息，消费者通过互联网搜索需要的产品和服务信息；②产品流，消费者网上下单，卖家通过物流将产品送达；③资金流，消费者通过第三方支付方式，及时、安全地付款，卖家收汇结汇。这三方面也是交易必需。

2. 按照交易主体分

跨境电商按照交易主体类型可分为 B2B 跨境电商、B2C 跨境电商、C2C 跨境电商三种，在后文"三、跨境电商的交易模式"中将对它们逐一介绍。

1）B2B 跨境电商平台。代表性平台有阿里巴巴国际站、环球资源、中国制造网、敦煌网、大龙网、拓拉思、全球贸易通、TradeKey、B2Brazil、Trustana 信达雅。

2）B2C 跨境电商平台。代表性平台有亚马逊、eBay、全球速卖通、Temu、Walmart、SHEIN、TikTok Shop、Wish、Lazada、Shopee、Coupang、Ozon、Cdiscount。

3）C2C 跨境电商平台。代表性平台有全球速卖通、eBay、Wish、洋码头、京东国际、海蜜、Etsy、Mercari。

B2C 跨境电商平台在推动跨境电商交易方面发挥着不可或缺的作用，其通过集聚中小电商获得规模效应，通过流程化服务降低中小电商成本，成为推进中小企业对外出口的重要渠道。目前在全球 B2C 跨境电商出口市场上，全球速卖通和亚马逊两个主要的头部平台是主要参与者。亚马逊业务以电商业务较为成熟的欧美市场为主，全球速卖通则通过灵活的市场策略在俄罗斯、欧洲、拉美等区域占据一定的优势。虽然我国跨境电商出口平台在海外业务竞争中商业运营方式更加灵活，但由于相关中小企业的产品和营销原因，也存在不少问题。主要表现在：对外出口的产品同质化情况比较严重，集中在 3C 消费电子产品和服饰服装上；贴牌产品较多；品牌营销不足；对于知识产权的认知不到位；遭遇侵权投诉；等等。

3. 按照服务类型分

1）信息服务平台。代表性平台有阿里巴巴国际站、环球资源网、中国制造网。会员费是平台的主要收入来源，然后是增值服务费，增值服务包括竞价排名、点击付费及展位推广服务等。

2）在线交易平台。代表性平台有敦煌网、全球速卖通、易宝 DX、兰亭集势、米兰网、大龙网。这种服务类型已逐渐成为跨境电商中的主流模式，增值服务费包括收取的佣金以及展示费用。

3）外贸综合服务平台。该平台通过整合通关、收汇、退税、物流、仓储、融资、保险、市场推广等国际贸易供应链各环节服务，提供一站式全方位服务，并通过收取佣金、会员费、广告费、竞价排名费用、线下服务费用、商务合作费用以及商家按询盘付费实现盈利。代表性平台有阿里巴巴一达通、宁波世贸通、中建材、上海东浩兰生、无锡世贸通等。

4. 按照平台运营方式分

1）第三方开放平台。该平台是指那些为跨境电商提供技术支持、数据服务、营销推广等功能的平台，它们通过开放 API、提供开发工具和资源，帮助跨境电商企业更好地扩展业务、提高运营效率，是跨境电商企业不可或缺的重要合作伙伴。

2）自营型平台。该平台是指由企业自身运营和管理的平台，通常拥有自己的仓库，并负责商品的采购、储存、销售以及客户服务等全流程。这类平台的优势在于能够更好地控制商品质量和提供优质的客户服务，从而建立消费者品牌忠诚度和提高用户满意度。

3）综合型平台（自营+平台）。该平台是指自身既是平台，有第三方卖家入驻，同时也销售自营产品获取利润的平台。其优点是：能够控制海外供应商，加强对跨境供应链的监管力度；在物流环节保证货物运输；一般不会出现资金短缺的情况。亚马逊、1号海购是其中的代表。

4）跨境电商代运营服务商。该平台是指服务商通过提供专业的市场分析和品牌营销策略，帮助企业在竞争激烈的跨境电商市场中取得成功的平台。它们的收入来源包括基础服务费加上销售额的抽成。采用，这种模式企业不仅降低了初期投入，还能根据实际销售业绩支付费用，更加合理和灵活。

三、跨境电商的交易模式

跨境电商的交易模式主要有 B2B 跨境电商、B2C 跨境电商和 C2C 跨境电商三种，此外还有 M2C 跨境电商、B2B2C 跨境电商等模式。

1. B2B 跨境电商

B2B 是 business-to-business 的缩写，是指商业对商业，或者说是企业间的电子商务，即企业与企业之间通过互联网进行产品、服务及信息的交换，完成商务交易的过程。B2B 跨境电商是指分属不同关境的企业对企业，通过电商平台达成交易、进行支付结算，并通过跨境物流送达商品、完成交易的一种商业活动。

B2B 跨境电商兴起于海上运输、通信技术的进步和信息技术和互联网的普及等三次重要的变革。特别是基于网络的信息、数据交换降低了成本，使得企业不再是一对一开展贸易，可以借用平台迅速地获得订单、开展交易、结算资金，形成了便利的一对多、信息集中交换的模式，大大提升了交易的效率。

2. B2C 跨境电商

B2C 是 business-to-customer 的缩写，是指企业通过互联网直接面向消费者销售产品和服务的商业零售模式。B2C 跨境电商是指分属不同关境的企业直接面向消费个人开展在线销售产品和服务，通过电商平台达成交易、进行支付结算，并通过跨境物流送达商品、完成交易的一种商业活动。

随着大量第三方在线平台的建立，跨境电商的交易门槛大幅降低，越来越多的零售商甚至消费者直接参与网上购买和销售过程，缩短了供应链，减少了中间环节。B2C 模式的优势更加明显，使用次数和范围显著增加，甚至出现了不同国家消费者之间少量商品互通有无的 C2C 模式，以及工厂直接到消费者的 M2C 模式。

3. C2C 跨境电商

C2C 是 customer-to-customer 的缩写，是指通过第三方交易平台实现个人对个人的电子交易活动。C2C 跨境电商是指分属不同关境的个人卖方对个人买方开展在线销售产品和服务，由个人卖家通过第三方电商平台发布产品和服务信息，个人买方进行筛选，最终通过电商平台达成交易、进行支付结算，并通过跨境物流送达商品、完成交易的一种商业活动。

C2C 模式的特点是大众化交易，早期的 eBay 属于 C2C 平台，而一度非常流行的海淘代购，也是典型的 C2C 模式。2008 年的三鹿奶粉事件导致我国发生乳制品产业危机，2012 年后随着人民币不断升值、进口类跨境电商平台海淘急剧升温，以奶粉、纸尿裤等母婴类产品为开端，国内消费者购买海外商品的欲望越来越强，迅速形成了所谓"代购""海淘"C2C 市场，在一定程度上促进了我国跨境进口电商的发展。

美国 2020 年 1—4 月线上销售同比增长 68%，速卖通西班牙等站点访问量同比增长 14%～20%；Shopee 在 2020 年第一季度总订单量同比增长 111.2%。这一时期，跨境电商的增速高于整体进出口增速，在进出口中占比达到 33%。中国海关总署数据显示，2022 年通过海关跨境电子商务管理平台验放进出口清单 24.5 亿票，同比增加 63.3%。2023 年我国跨境电商全年进出口总值为 2.38 万亿元，同比增长率为 15.6%。随着以国内大循环为主体、国内国际双循环相互促进的新发展格局加快形成，我国跨境电商市场规模将继续保持高速增长态势。

四、跨境电商的特点与优势

1. 跨境电商的特点

跨境电商是基于网络发展起来的。网络空间相对于物理空间来说是一个新空间，是一个由数字组成的虚拟但客观存在的世界。网络空间独特的价值标准和行为模式深刻地影响着跨境电商，使其不同于传统的交易方式，呈现如下特点：

（1）多边化、网状结构

传统的国际贸易主要表现为两国之间的双边贸易，即使有多边贸易，也是通过多个双边贸易实现的，呈线状结构。跨境电商则可以通过一国的交易平台，实现其他国家间的直接贸易，与贸易过程相关的信息流、商流、物流、资金流逐步由传统的双边向多边演进，呈现网状结构。

（2）直接化、效率高

传统的国际贸易主要由一国的进/出口商通过另一国的出/进口商集中进/出口大批量货物，然后通过境内流通企业经过多级分销，最后到达有进/出口需求的企业或者消费者，进出口环节多、时间长、成本高。而跨境电商可以通过电子商务交易与服务平台，实现多国企业之间、企业与最终消费者之间的直接交易，进出口环节少、时间短、成本低、效率高。

（3）小批量、高频度

跨境电商通过电子商务交易与服务平台，实现多国企业之间、企业与最终消费者之间的直接交易。由于是单个企业之间或单个企业与单个消费者之间的交易，相对于传统贸易而言，大多是小批量，甚至是单件，而且一般是即时按需采购、销售和消费，交易的次数和频率高。

（4）数字化、监管难

随着信息网络技术的深化应用，数字化产品（如游戏、软件、影视作品等）的品类和贸易量快速增长，且通过跨境电商进行销售或消费的趋势日趋明显。而传统应用于实物产品或服务的国际贸易监管模式已经不适用于新型的跨境电商交易，尤其是数字化产品的跨境贸易，更是没有纳入海关等政府有关部门的有效监管、统计和关税收缴范围。

2. 跨境电商的优势

随着互联网、物联网等基础设施的完善和全球性物流网络的构建，跨境电商的交易规模日益扩大。据网经社电子商务研究中心 2024 年 5 月发布的《2023 年度中国跨境电商市场数据报告》显示，2023 年国内跨境电商市场规模达 16.85 万亿元，较 2022 年的 15.7 万亿元同比增长 7.32%。跨境电商作为外贸的新业态新模式，得益于一系列制度支持和改革创新，正成长为推动我国外贸增长的新引擎、新动能。

（1）能适应国际贸易的最新发展趋势

2008 年美国金融危机后，消费者收入增长趋缓，开始直接通过网络购买外国价低质优的商品，而部分海外进口商出于缓解资金链压力和控制资金风险的考虑，也倾向于将大额采购转变为小额采购、长期采购转变为短期采购，单笔订单的金额明显减小，大部分不超过 3 万美元，传统集装箱式的大额交易正逐渐被小批量、多批次的碎片化进出口贸易取代。

（2）有效降低产品价格

跨境电商的产品仅需经过工厂、在线平台、海外商人即可到达消费者手中，外贸净利润可能达到传统贸易的数倍。未来外贸链条还可以更简化，产品从工厂经过在线平台可以直接到国外消费者手中。原来的中间成本一部分变成生产商的利润，一部分成为电子商务平台的佣金，剩下的则成为消费者获得的价格优惠。如果跨境电商企业能采用集中采购备货模式，则与单笔邮寄相比，能大大降低商品采购和物流成本。

（3）上下游多属现代服务业

与之相关联的物流配送、电子支付、电子认证、IT 服务、网络营销等，都属于现代服务业内容。即使是最为传统的快递、物流配送，也建立在信息技术业务系统之上，不仅商品本身已经基于条码进行了物品编码，消费者还可以在电商平台实时查询、跟踪商品流通过程，并通过网银或第三方电子支付平台进行支付。

（4）以消费者为主导

跨境进口电商主要是为消费者提供在境内买不到的产品，带来贸易增量。跨境电商平台让全球同类产品同台亮相，性价比成为消费者购买决策的重要因素。这是一种以消费者为导向、强调个性化的交易方式，消费者拥有更大的选择自由，不受地域限制。以"订单投票"，已成为跨境电商的发展趋势。

扩展阅读

常用跨境电商专业术语和英文词汇

FBA（Fulfillment by Amazon）：亚马逊提供的一种物流服务，涵盖了从仓储、拣货、包装、配送、收款、客服到退货处理等全方位的服务。

FBA 头程：产品从国内到亚马逊仓这一段的物流运输，包括清关预付关税等。

FBM（Fulfilment by Merchant）：卖家自行发货。

ASIN（Amazon Standard Identification Number）：亚马逊标准识别码，它是由亚马逊分配给产品的由 10 个字符的字母数字组成的唯一标识符。

Listing 和 Listing ID：产品链接，也就是产品页面。Listing 就是一个产品页面，一个产品一个页面，创建 Listing 的时候，便会生成对应的 Listing ID 和 ASIN。

GMV（Gross Merchandise Volume）：商品交易总额。

CPC（Cost Per Click）：根据点击数付费。

SEM（Search Engine Marketing）：搜索引擎营销。

SEO（Search Engine Optimization）：搜索引擎优化。

SPU（Standard Product Unit）：标准化产品单元，是一组可复用、易检索的标准化信息的集合。

SKU（Stock Keeping Unit）：库存进出计量的单位，可以是以件、盒、托盘等为单位保存库存控制的最小可用单位。

CR（Conversion Rate）：转化率，转化的访客占全部访客的比例。

CTR（Click Through-Rate）：点击率/点进率，被点击的次数与访问次数的比例。

ODR（Order Defect Rate）：订单缺陷率。

VAT（Value-added Tax）：是欧盟国家普遍采用的对纳税人生产经营活动的增值额征收的一种流转税，等同于中国的增值税。

PPC（Pay Per Click）：点击付费广告，广告主为每个用户点击广告所支付的费用。

POP（Point of Purchase）：店头陈设，商业销售中的一种店头促销工具。

DSR（Detailed Seller Ratings）：对卖家服务评级，即店铺评分。

五、跨境电商平台分类

1. 我国出口跨境电商平台

（1）B2B 平台

B2B 平台又称为信息服务平台。近年来，全球跨境 B2B 模式快速发展，并成为跨境电子商务的主体。2023 年我国跨境电商 B2B 市场规模约占整体跨境电商市场的 76%。

代表性平台有：中国制造网、阿里巴巴国际站、环球资源网、中国化工网、马可波罗网、中国供应商、TradeKey、世界工厂网、慧聪网、敦煌网、环球贸易网等。

（2）B2C 平台

B2C 平台通过建立海外仓库、提供跨境物流、支付结算等服务，为国内消费者提供了更加便捷、优质、实惠的海外购物体验。平台分成第三方中介型、自建自营型以及混合型三种类型。我国跨境电商 B2C 发展趋势积极向好，行业规模不断扩大，竞争力不断提升，成为推动我国外贸发展的重要力量。

代表性平台有：全球速卖通、兰亭集势、Amazon、eBay、Temu、Walmart、SHEIN（希音）、TikTok、Wish、Lazada、Shopee、Coupang、Ozon 等。

（3）独立站

独立站，顾名思义就是具有独立域名的网站。独立站是仅经营自主品牌，个人卖家及第三方供应商无法入驻的独立电商网站。第三方平台和独立站在基础侧及运营侧区别显著：第三方平台适合于有较强的标品研发能力或新入局跨境电商的企业；独立站则更适合想要打造自主品牌、拥有互联网思维的非标品企业。

出口跨境电商生态方面，主要有开放为主平台与自营为主平台、第三方平台与独立站之间的竞争。开放为主平台通常采用"淘宝"模式，核心在于发展入驻卖家的自主网络效应；自营为主平台通常采用"京东"模式，侧重点在于发展平台自身的供应链服务。第三方平台主要以提供平台服务为主，是重在进行第三方卖家和顾客之间交易的电商网站；独立站经营自主品牌，其他卖家和供应商无法入驻。第三方平台与独立站对比如图 1-6 所示。

2. 我国进口跨境电商平台

自 2014 年开始，我国跨境电商进口迎来了一波爆发性增长。随着 2016 年"四八新政"的出台，跨境电商进口走向"洗牌年"。"四八新政"规定跨境电商零售进口商品不再按"个人物品"征收行邮税，而是按"货物"征收关税、增值税、消费税等。

我国进口跨境电商平台典型代表有天猫国际、京东国际、洋码头、55 海淘、亚马逊海外购、唯品国际、抖音全球购、TikTok 全球购、快手全球购等。

3. 国外部分跨境电商平台

（1）东南亚跨境电商平台

2023 年东盟十国 GDP 总额超过 3.8 万亿美元，成为世界第五大经济体。东南亚地区的电商市场因其庞大的消费群体和快速增长的互联网普及率，成为全球电商企业竞相争夺的市场。东南亚主流跨境电商平台有 Shopee、Lazada、Tokopedia、Bukalapak、Tiki 等，Lazada 将在第三章专门介绍。

1）Shopee：该平台成立于 2015 年，虽然比 Lazada 晚了三年，但是并不妨碍它迅速成长为东南亚和中国台湾省 GMV 最大的电商平台之一。该平台已解锁全球电商增长蓝海，覆盖新加坡、马来西亚、菲律宾、泰国、越南、巴西、墨西哥、哥伦比亚、智利等 10 余个市场，触达超 10 亿人口。目前，在我国大陆 Shopee 仅限企业和工商个体户入驻。

2）Tokopedia：该平台成立于 2009 年，从 C2C 业务起家，作为印度尼西亚最受欢迎的在线电商平台之一，目前仍专注印度尼西亚市场，有超过 1100 万个卖家和 1 亿名活跃

图1-6 第三方平台与独立站对比

用户，被称为印度尼西亚版"淘宝"，物流范围覆盖 93% 的印度尼西亚区域。该平台在印度尼西亚市场影响力是比较高的，也使其在印度尼西亚电商市场中的地位更加稳固。目前，我国企业和个人都可以入驻 Tokopedia。

3）Bukalapak：该平台是印度尼西亚综合 C2C 平台，成立于 2011 年。产品类别从家用电器、家用家具、小工具和智能手机，到儿童、男士和女士的时尚产品等，目前是印度尼西亚最大的电商平台之一。在我国，Bukalapak 仅限企业入驻，不接受个人申请。

4）Tiki：该平台于 2010 年在越南成立，是越南最受欢迎的电商网站之一。从最初只销售图书，到如今发展成了一个商品多元化的线上市场，在售电子产品、生活用品和书籍等 12 大品类超 30 万种产品。是继 Lazada 和 Shopee 之后越南最大的电商平台之一。但与竞争对手不同的是，Tiki 在 2022 年的主营业务出现了严重亏损。在我国，Tiki 仅限企业入驻，不接受个人申请。

（2）北美跨境电商平台

北美跨境电商市场以其庞大的市场规模、多样化的支付方式和激烈的竞争环境，成为全球跨境电商的重要战场。随着技术的不断进步和消费者需求的多样化，北美跨境电商市场将为全球电商企业提供广阔的发展机遇。北美跨境电商平台主要有亚马逊、eBay、Walmart、Wish 等国际通用主流的跨境电商平台，它们多数在后面章节将有专门介绍。以下介绍北美其他跨境电商平台。

1）Newegg（新蛋网）：该平台成立于 2001 年，是美国领先的消费电子和通信产品的在线购物平台。目前 Newegg 聚集了大约 4000 个卖家和超过 2500 万名用户，以男性消费者为主，销售的商品种类多达 55000 种，其中以汽车用品、运动用品和办公用品最为畅销。Newegg 的中国卖家少，竞争相对较小。

2）Best Buy：该平台每年有超过 10 亿次的访问量，网站提供英语、法语和西班牙语三种语言服务。目前只有收到邀请的卖家才能够入驻 Best Buy。Best Buy 商品采用仓储式成列或者是样品成列，降低卖家经营成本；采用自建、并购两种发展方式，多店铺发展使得商圈快速扩大，从而增加销售额；平台指引服务完善；Best Buy 采用先付款后拿货的形式，信誉良好，对于消费者有着很好的吸引力。

3）Overstock：该平台成立于 1999 年，是美国国内知名的在线购物网站，经营的商品包括时装、珠宝、电器、影音产品等，覆盖了美洲、欧洲、非洲和中东地区等。Overstock 产品审核周期快，出单速度快；平台不限制卖家销售类目，卖家有更多选择机会；相对其他平台而言，Overstock 平台竞争并没有十分激烈，因此，对于想要入驻跨境电商平台的卖家来说，是个很好的选择。

4）Staples：该平台创立于 1986 年，是一家面向全球、服务全球的一站式跨境电商服务平台。Staples 在全世界拥有超过 2000 家的办公用品仓储分销中心，通过建立分站和本地化运营的方式打入国外在线市场。目前推出了 Staples 中国官网，主要经营纸张、耗材、文具、设备、日常用品等十大类数万种办公用品。Staples 拥有覆盖全球的物流网络、完善的 ERP 管理系统及市场营销系统，帮助商家智能化运营店铺；实行 7×24 小时售后无忧服务，且配备对应语言服务，卖家无须担心语言沟通方面的问题。

5）Neiman Marcus：该平台是北美地区主营奢侈品的电商平台，主营女装、潮鞋、手提包、配饰、家居用品等。公司总部位于美国得克萨斯州的达拉斯，能进入该百货商品的品牌都是各个行业中顶级的。其在线零售业务也于近几年做得风生水起，商品可运至全球 100 多个国家和地区。公司于 2012 年 12 月正式启动中国线上销售网站，提供中文、英文两种语言服务，产品包括服装、鞋包、配饰、儿童用品、家居用品等。

（3）南美跨境电商平台

南美跨境电商市场虽然面临高通胀、高利率和经济政治不稳定等多重挑战，但仍然实现了显著的增长。根据美洲市场的数据，南美洲电商市场在 2023 年实现了 14.3% 的增长，显示出其强大的韧性和潜力。

1）Extra：该平台是巴西最大的家居采购和电子产品的网上商城之一，销售家具、电器、手机、笔记本电脑等，网站每月访问量近 3000 万次。Extra 还与其他平台合作。该网站属于 Cnova（法国电商巨头）公司，其通过经营实体商店为客户提供全渠道零售体验。

2）B2Brazil：该平台总部位于巴西圣保罗，是巴西在线 B2B 领军平台。该平台与各大公司、协会和政府机构建立了战略伙伴关系，采用双语（英语和葡萄牙语）搭建，是巴西唯一受谷歌信任并建立合作关系的 B2B 国际贸易平台，致力于推进巴西中小企业的发展，促进国际企业扩展巴西业务。

3）QuimiNet：该平台是南美洲最大的 B2B 在线网站和行业平台之一，主要帮助企业寻找供应商、客户、销售商、分销商、商业代理等。从成立至今，有超过 2000 万拉美企业通过 QuimiNet 寻找到新的供应商及客户。QuimiNet 是外国企业打开南美洲市场大门的"金钥匙"。

4）Yeatrade：该平台是一家覆盖整个南美洲地区全行业的 B2B 平台，它的主要优势是使用直接销售索引将已经确认的进口商、出口商、用户和商家和产品进行匹配，促进贸易达成。

5）Mercantil：该平台是智利最大的综合性 B2B 平台，致力于帮助中小企业创造网络曝光机会，并使它们在互联网上实现交易。Mercantil 访问语言包括汉语、西班牙语、法语、葡萄牙语、英语，所有信息分为 21 个业务领域。

（4）欧洲跨境电商平台

欧洲跨境电商市场在品类多样化、国家市场差异、消费者支出等方面展现出多元化的特点，为跨境电商提供了广阔的发展空间。随着更多品牌和平台的进入，预计欧洲跨境电商市场将继续保持增长态势。

1）Cdiscount：该平台为法国购物网站，拥有 1600 万个买家，平台经销范围涉及文化产品、食品、IT 产品等众多品类，商品远销南美洲、欧洲、非洲等地。目前，Cdiscount 的国际业务主要分布在哥伦比亚、科特迪瓦、厄瓜多尔、泰国及越南。2015 年年底，为对标亚马逊法国，Cdiscount 新增 4000 个品类扩充食品频道。该平台在我国有招商，但仅限企业入驻。

2）BingaBinga：该平台面向英国以及欧洲中高端人群，聚集品质优良的店铺和极富特色的产品，店主不仅可以在网上经营自己的品牌，还能参加网络社区交流，进行线下聚会。BingaBinga 目前经营的品类包括床上用品和亚麻织物、装饰物、墙面艺术、钟表、灯具、蜡烛、烹饪和用餐、首饰饰品类、户外用品类，以及定制类选品。该平台在我国有招商，个人、企业均可入驻。

3）La Redoute（乐都特）：该平台为法国时尚平台，1995 年开始从事网络销售，现覆盖 120 多个国家，拥有 70 多个品牌。La Redoute 的中文官网已在中国上线，产品涵盖女装、男装、孕妇装、童装、配饰、鞋六大类，支持全国 1100 个城市货到付款。

4）Vente-privée：该平台是法国最大的时尚电商之一，堪称"闪购鼻祖"，运营模式为会员制限时抢购。其跨境业务主要分布在欧美地区，提供的产品包括服饰、鞋包、化妆品、奢侈品、婴儿用品等。2014 年年初向卡塔尔投资局开放投资，2015 年 Vente-privée 收购比利时闪购网站，并借此打入北欧市场。

5）Mankind：该平台是一家专门销售男士护理用品的美妆电商网站，与 HQhair、BeautyExpert、Lookfantastic 一同被誉为"英国美妆电商四大家"。可运至大洋洲、北美洲、亚洲、南美洲、非洲，并几乎覆盖了整个欧洲地区。目前，主要的国际业务集中在澳大利亚、加拿大、美国、中国、芬兰、瑞典、丹麦、法国、德国、爱尔兰、意大利、荷兰、西班牙、俄罗斯等国。

6）Otto（奥托集团）：它是来自德国领先的电子商务解决方案及服务的提供商，在全球综合 B2C 排名中仅次于亚马逊，排在第二位，同时也是全球最大的在线服装、服饰和生活用品零售渠道商之一。其网店出售的商品品种多达上百万种。出售商品品类包括男女服饰、家用电器、家居用品、运动器材、电脑、电玩等。出售品牌范围极广，基本市面上看得到的品牌都可以在 Otto 的网店里面找到。除此之外，Otto 还有自供品牌，性价比非常高。

7）Ozon：它是俄罗斯最大的电商平台之一，目前占据俄罗斯电商市场 20% 份额。未来十年目标更是获取俄罗斯电商市场 80% 份额。如今的 Ozon 就像当年的淘宝一样，很多中国卖家已经入驻该平台。俄罗斯比较重要的本土电商平台还有 Lamoda、Wildberries、KupiVIP（所有时尚）、Ulmart 和 Svyaznoy（消费类电子产品）。

8）UMKA：俄语地区最大的中国商品在线购物网站之一，2016 年 6 月 18 日推出，是俄语地区排名百强的中国商品网上购物平台，在香港、莫斯科、彼得堡、阿拉木图、厦门、深圳等城市设有分公司及分支机构。中国零售商通过 UMKA 平台渠道可以简单、直接接触到俄语区 12 个国家约 3.5 亿名消费者。UMKA 平台上拥有大量的产品，产品种类包括电子产品、家庭用品、影音器材、户外运动、汽车配件等。该平台在我国有招商，仅限企业入驻。

（5）非洲跨境电商平台

随着互联网普及和智能手机的广泛使用，以及跨境电商平台的不断进入，非洲电商市场有望继续保持快速增长的态势，为消费者提供更多选择的同时，也为商家提供了广阔的市场机会。下面盘点一下非洲地区适合个人入驻的跨境电商平台。

1）Jumia：该平台成立于 2012 年，被誉为非洲的"亚马逊"。平台提供广泛的商品种类，包括电子产品、时装等。Jumia 不仅覆盖肯尼亚、尼日利亚、埃及等多个国家，还拥有完善的本地派送团队，确保快速配送。对于个人卖家而言，Jumia 是一个值得考虑的平台。

2）Kilimall：该平台于 2014 年成立，由前华为员工创办，目标是将中国品牌引入非洲。目前，该平台日单量已达 700 单左右，月销售额近 1000 万元人民币。尽管起步较晚，但 Kilimall 在肯尼亚和乌干达等地已有一定市场份额。对于想要进入非洲市场的个人卖家来说，Kilimall 也是一个不错的选择。

3）Konga：该平台是尼日利亚领先的在线购物平台，成立于 2012 年。该平台主要经营家用电器、时尚产品、书籍等商品。Konga 还推出了 KongaPay 支付服务，为消费者提供更多支付选择。对于想在尼日利亚开展业务的个人卖家来说，Konga 是一个值得入驻的平台。

4）Mall for Africa：该平台针对非洲消费者的特点，推出了 MFA WebCard 预存美元支付方式，方便消费者购物。该平台主要销售时尚鞋服、品牌手表等欧美国家产品，并吸引了超过 120 家欧美国家的店铺入驻。对于想要销售欧美商品的个人卖家来说，Mall for Africa 是一个值得考虑的平台。

5）Zando：该平台是南非最大的线上服装店之一，由 Rocket Internet 公司创立。该平台销售 500 个品牌的商品，包括鞋类、服装、家居用品等。对于想要进入南非市场的个人卖家来说，Zando 是一个值得入驻的平台。

6）Takealot.com：该平台是南非市场的电商"领头羊"，主要销售书籍、电子产品、园艺用品等。该平台通过收购电商巨头 Kalahari，进一步巩固了市场地位。对于想要在南非市场开展业务的个人卖家来说，Takealot.com 是一个值得考虑的平台。

（6）其他跨境电商平台

下面列举一些日本、韩国、中东等地区的跨境电商平台。

1）Rakuten（日本乐天）：创办于 1997 年，目前已成为日本最大的电商网站之一，乐天也是全球最大的网络公司之一。乐天斥资 2.5 亿美元收购了 Buy.com，在 2013 年公司更名为"乐天购物"。乐天购物聚集了 3000 个卖家，超过 8000 万名客户和 2300 万种产品。客户群年龄在 25~54 岁之间，男性和女性各占一半。Rakuten 最初专门经营计算机及电子产品，但它现在经营体育用品、健康和美容用品、家居和园艺用品、珠宝和玩具等。

2）Mercari：该平台是一个日本很知名的 C2C 二手交易 App，类似于我国的闲鱼。早在 2016 年，Mercari 成功打入美国，该应用软件曾一度在美国应用软件下载榜单中排在第三名。在 Mercari 的活跃用户中家庭主妇偏多，消化最多的是闲置衣物，大到奢侈名品、3C 数码，小到牙膏和手办，充分发挥了 C2C 模式下 SKU 丰富的天然优势。

3）Starday：该平台是一家发源于日本的一站式跨境电商服务平台，隶属于星曜株式会社。Starday 线上平台于 2017 年开始筹备，并在 2019 年正式上线。在此之前，Starday 的主业是零售，在日本已经积累了数百万名用户。Starday 致力于打造一个面向全球、公平公正、资源共享的一站式跨境电商平台。依托全球建立的供应链体系，输出各类优质好品。

4）Gmarket：该平台成立于 2000 年，是韩国的综合购物网站，在韩国在线零售市场中的商品销售总值方面位居榜首，2009 年 Gmarket 被 eBay 收购，Gmarket 拥有韩国最大的电子商务成交总额，以及成交量，且还在不断增长。韩国 64% 的消费者使用 Gmarket，早在 2010 年的时候，该平台就拥有 2000 多万名会员，绝大多数买家都是 20～30 岁的"千禧一代"。

5）Coupang：该平台被称为"韩国亚马逊"。2021 年 3 月于美国上市，核心商业逻辑类似于亚马逊和京东，着重仓储，通过履约体验流塑造"护城河"。从 2021 年 4 月份开始，Coupang 开始对中国招商。Coupang 是韩国顶级电商网站，品类繁多，日活移动用户数量是第二名的三倍。Coupang 的年增长速度接近 70%，是韩国电商市场增长速度的三倍。

6）11 街：韩国 11 街位列韩国受欢迎电商网站的前三名，是韩国电商平台份额最高（12%）的平台，目前土耳其、马来西亚及泰国当地平台也在运营中。11 街的消费群体为 20～40 岁的消费者，总会员 1400 万名，且保持每年 19% 的增长率。大部分产品在 2～3 个工作日内交付，他们以向卖家提供安全交易和业务培训而自豪，产品类目包括电子产品、时尚用品、美容用品、食品、健康用品和家具。

7）Souq：该平台为亚马逊中东站点，为中东第一大平台。于 2019 年 5 月在阿联酋更名为 Amazon.ae，于 2020 年 6 月在沙特阿拉伯更名为 Amazon.sa。Souq 在 2021 年 9 月在埃及更名为 Amazon.eg，这是自 2017 年亚马逊以 5.8 亿美元收购 Souq 以来，最后一次改变其平台的本地业务。亚马逊中东站覆盖阿联酋、沙特、埃及、科威特、巴林、阿曼和卡塔尔 7 个国家，语言为英语或阿拉伯语。

8）Noon：该平台为中东第二大电商平台，由主要投资方 Emaar 地产和沙特主权基金共同投资 10 亿美元打造，根据 Webretailer 数据显示，Noon 的流量来源国家主要有沙特、阿联酋和埃及，这三个站点同时开通，主要销售类目为电子产品、服装、珠宝、美容产品、玩具、杂货等。

9）JollyChic（执御）：该平台是浙江执御信息技术有限公司的一个 B2C 移动端购物平台，经营产品包括服装、鞋包、配饰、家居、母婴童玩具等。其以自营平台的方式与供应商合作，主打中东市场。在 2017 年年底注册用户数就超过 3500 万名，覆盖阿联酋、阿曼、巴林、卡塔尔、科威特和沙特阿拉伯"海湾六国"近 80% 的网民，在沙特 IOS 和 Google Play 的购物类榜单均位列第一名。

10）Fordeal：该平台是继 JollyChic 之后中国跨境电商在中东的第二匹"黑马"，目前主要在中东地区运营，覆盖沙特、阿联酋、科威特、卡塔尔、阿曼、巴林等国家。Fordeal 初创两年内的时间，已经获得约 1 亿美元的融资金额，2019 年的 C+ 轮由和玉资本（MSA）独家投资数千万美元。

第三节　跨境电商是外贸新业态新模式

2021 年 7 月，国务院办公厅发布的《关于加快发展外贸新业态新模式的意见》（国办发〔2021〕24 号）中提到跨境电商、市场采购、外贸综合服务企业、保税维修、离岸贸易、海外仓等六种外贸新业态新模式。其中跨境电商是当前发展速度最快、潜力最大、带动作用最强的外贸新业态。浙江省政府办公厅印发《浙江省加力推动跨境电商高质量发展行动计划（2024—2027年）》（浙政办发〔2024〕27号），提出统筹实施五大行动，加力推动跨境电商高质量发展，打造高能级跨境电商国际枢纽省。

一、"互联网+"环境下国际贸易业务路径创新

跨境电商，本质上是电子商务技术和模式在国际贸易中的应用，改写了国际贸易的管理模式，精简了国际贸易的中间环节，缩短了国际贸易时间，提高了国际贸易效率，促进了世界范围内经济的发展，冲破了传统的时间、空间等因素限制，有力地推动了国际贸易的快速发展和持续提高。

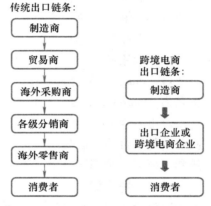

传统国际贸易路径是：制造商（工厂）→出口商（贸易商）→进口商（海外采购商）→批发商（分销商）→零售商→消费者。一般情况下，制造商或出口商与消费者之间是没有信息交流的。而在"互联网+"环境下，制造商通过出口企业或跨境电商企业，利用跨境电商平台将产品卖给消费者，如图1-7所示。这种模式下跨境电商企业和消费者可以通过互联网对产品质量和售后服务质量进行信息交流。同时，制造商也会直接通过跨境电商平台将产品卖给消费者，这就是所谓的M2C模式。

图 1-7　传统国际贸易与跨境电商出口链条对比

跨境电商既有传统国际贸易的基因，也有电子商务的新兴血统。相较于传统的国际贸易，跨境电商通常具有信息获取成本低、支付便捷等优势。通过跨境电商这一载体，一国商品跨境交易减少了大量中间环节，提高了交易效率。跨境购销平台具有贸易效率高的优势，借助互联网平台，贸易可以突破时间和空间限制，供需双方能随时随地进行商务交流、签订合同，工作效率大大提高。同时，双方贸易信息更新及时，内容全面，由于购销信息可以共享，中小企业间信息对称程度高。目前，越来越多商户和平台关注跨境电商领域，行业有望沿B2C电商早期发展轨迹，进入快速增长期。

跨境电商与传统国际贸易的区别见表1-2。

表 1-2　跨境电商与传统国际贸易的区别

对比项	跨境电商	传统国际贸易
客户开发	更加强化流程前端的网站和商铺营销	经营主体从交易磋商到收发货后的索赔处理等都不能出现差错
支付手段	第三方网络支付	传统的三大支付方式：汇款、托收、信用证
交易模式	B2B平台、B2C平台、C2C平台、新型跨境电商	以B2B为主的批量销售
运输方式	以航空小包为主，运输成本占交易额的比例较大	70%以上为海运，多使用集装箱运输，运输成本占交易额的比例较小

（续）

报关方式	一般委托运输公司进行集中申报和查验，不存在缴税问题，除特别区域外无法享受退税优惠	一般贸易方式下货物的报关分为申报、查验货物、缴纳税费和海关放行四个进出境阶段；在进口时一般需要缴纳关税和进口环节代征税，出口时符合条件的货物可以享受国家退税优惠
争议解决	争议处理的网络机制不完善，较大依赖店员处理纠纷的服务能力，主观性强	具有较为公平且运行健全的争端解决机制，包括协商、仲裁和起诉三种

二、跨境电商对传统外贸具有拉动作用

首先，从宏观层面来看，一方面跨境电商的出现能够打破传统贸易的地域性限制，真正实现一国产品销售渠道的全球化，通过拓展市场份额拉动外贸增长；另一方面跨境电商将大大缩短对外贸易链，通过降低贸易成本拉动外贸增长。跨境电商通过 B2B、B2C 等模式实现了购买商与供应商的直接对接，减少了中间出口商、进口商、批发商等多环节。其次，从中观层面看，跨境电商实现了生产者与消费者之间的联系，使得国内生产商既能够通过把握消费者需求进而出口种类更为丰富的产品，带动传统外贸增长；同时，也能避免传统模式下利润被上游研发者和下游售后者截留造成中间出口商利润微薄的弊端，拉平"微笑曲线"。最后，从微观层面看，一方面跨境电商降低了外贸成本，包括市场搜索费、开发研究费等，为传统外贸创造了更多商业机会；另一方面跨境电商也能有力带动外贸产业的升级转型，推动外贸企业的创新转型发展。

三、跨境电商助力传统外贸转型发展

1）线上交易提高外贸企业自身的竞争力。与传统贸易模式相比，跨境电商在平台操作的每个步骤都呈现便捷、高效、成本低的优点，企业通过网络即可获得丰富的信息资源、搜索到适合的合作伙伴、线上实时交流、办理相关业务。所有的信息互通、凭单转换、支付交易等商业活动都在网上即刻实现，极大地缩短了交易时间、提高了效率、降低了企业成本、获得了更多利润。与传统贸易相比，跨境电商在信息交流、经济往来等方面作用巨大。

2）新型交易方式为企业实现全球交易带来机会。传统对外贸易面对全球市场萎缩以及商品交易量萎缩、交易规模萎缩的影响，国际贸易市场的竞争激烈程度增加。而跨境电商以批量小、次数多、频率高的特色，重新赢回市场，获得消费者青睐。跨境电商以其自身的优势，持续满足消费者个性化、多样化的消费需求，吸引更多的消费者采取网络购物形式，持续促进跨境贸易市场发展，进一步改善传统国际贸易的低迷走势。

3）新型网络操作方式助力外贸企业摆脱困境。与传统对外贸易实体的操作方式不同，跨境电商卖方通过网络向买方推销自己的产品或服务，企业借助电子商务平台直接迈向国际市场，企业产品的多样化、交易的多元化等不受任何限制。跨境电商扩大了国际贸易的交易范围。外贸企业一边根据自身需求采购产品，一边向世界推送自己的产品

及服务。对于那些规模小、专业人员少又缺乏充足资金的传统小型外贸企业来说，跨境电商绝对是天赐良机。

四、跨境电商成为外贸增长新引擎、新动能

（1）跨境电商对我国出口贸易的贡献显著

据海关总署统计，我国跨境电商交易规模在 2023 年达到了 2.38 万亿元，增长 15.6%，其中出口额为 1.83 万亿元，增长 19.6%。这一数字不仅显示了跨境电商的快速增长，也体现了其在整个外贸领域中的重要地位。跨境电商的进出口总额占同期货物贸易进出口比重的 5.5%，成为外贸领域的一大亮点。

通过跨境电商平台，中国企业的自主品牌能够成功在国外市场站稳脚跟，不仅发货和售后更便捷，还能通过跨境电商平台及时收集国外消费者的使用反馈，不断优化产品，大大提升了国际影响力。

跨境电商使企业能够直接触及全球消费者，快速响应市场变化并推动产品创新，成功进入美国、加拿大、东南亚等关键市场，有力地拓宽了销售渠道。随着人工智能、算法推荐等技术发展，外贸业的直播带货模式正在发生变化，对传统外贸方式产生深远影响。此外，跨境电商的快速发展不仅满足了国内消费者多样化个性化的需求，还有力地推动了我国产品通达全球，成为外贸发展的重要动能。

（2）跨境电商成为外贸增长的新引擎

跨境电商的发展速度快，市场潜力大，带动作用强，有效助力我国外贸稳规模优结构。湖北天门的一个服装厂，通过跨境电商线上接单，把 1000 万件服装卖到了全球 30 多个国家。这种模式不仅增加了企业的产能需求，还推动了外贸提质升级，为外贸增长注入了新活力。越来越多的外贸企业"掘金"跨境电商新赛道，利用跨境电商平台快速发展和海外客户采购习惯向线上转移的趋势，加速跨境电商新业态的发展。

跨境电商的商业模式和生态链条日益完善，包括 B2B 出口应用和平台、B2C 出口应用和平台、B2C 进口模式与平台等，涵盖了从交易撮合到订单、物流、融资、结汇退税、交易保障等全过程，为国内外企业提供了更多的选择和便利。

跨境电商通过其独特的发展模式、政策支持和商业模式创新，不仅为我国外贸注入了新的活力，还推动了中国制造业的升级和转型，为中小企业提供了更多的发展机会，成为我国外贸增长的新引擎。

（3）跨境电商成为外贸增长的新动能

跨境电商在技术、模式、供应链等方面已形成全新业态，成为拉动外贸增长的新动能之一。当前，数字化赋能让企业能够快速准确地识别海外不同市场的消费趋势，进而灵活调整工厂的生产计划及策略；人工智能技术助力供需"一键匹配"，从"人找货"转变为"货找人"，大幅提升交易撮合效率。

跨境电商平台积极探索跨境直播、人工智能助力我国企业"出海"。早期外贸企业跑展会，成本很高，而且通常只能见到样品，无法了解产品背后的情况。随着数字化外贸的兴起，外贸企业可以通过数字化平台进行沟通，借助直播探厂，还可以实时了解生

产线状况，外贸交易更加高效透明。

跨境电商平台纷纷推出了托管模式。全托管模式下，平台为商家提供"一站式"服务，降低了企业"出海"门槛、拓宽了订单渠道，不仅为"出海"企业提供了全新的商业基础设施，还更加自主可控。半托管模式更适合拥有海外仓库物流合作商的跨境商家，而全托管商家如果拥有相应的仓储物流能力，也可以选择半托管模式。

跨境电商平台依托国内供应链优势，通过深入全国产业带，帮助产业链上下游合作伙伴从开发、生产、仓储、物流等各环实现全链路的信息化升级，让整体的信息流转、匹配和协同变得更高效、更精准，从而带来整体效率的提升。

近年来，各地立足产业基础，积极加入跨境电商新赛道，形成一大批特色鲜明、具有国际竞争力的"跨境电商+产业带"。跨境电商具有市场渠道优势、商业模式优势，产业带具有制造优势、产品优势，两者相互对接、相互促进，形成我国参与国际贸易的新模式新动能。

第四节　跨境电商助力我国品牌"出海"

近年来，跨境电商已经成为我国进出口贸易的重要组成部分，是外贸的新业态新模式。当前，在构建以国内大循环为主体、国内国际双循环相互促进的新发展格局过程中，充分发挥跨境电商的战略新通道作用，助力我国制造品牌"出海"，显得尤为重要。

一、品牌"出海"概述

1. 品牌"出海"的概念

品牌"出海"是指企业将自身的品牌、产品或服务推向全球市场，通过跨境电商平台进行销售和推广。品牌"出海"是国内优秀企业为适应海外变化而做出的决策之一，也是国内产业走出国门拓展国际市场的重要方式之一，可以帮助企业获取更多的客户和市场份额。

一般来说，品牌拥有者的产品、服务或其他相对于竞争对手的优势能为目标受众带去同等或高于竞争对手的价值。如今，品牌"出海"平台规模不断扩大，已经涵盖了全球多个国家和地区。其中，亚马逊、eBay、沃尔玛等跨境电商平台是品牌"出海"的主要渠道，这些平台拥有庞大的用户群体和完善的物流体系，能够帮助企业快速进入海外市场。

品牌"出海"的方法包括直接出口、建立海外分公司、合作、并购等，每种方法都有其适用的场景和风险。企业在进行品牌"出海"时，需要充分考虑目标市场的特点、竞争对手、当地法律法规等因素，制定相应的策略和计划。

2. 品牌"出海"的优势

第一，拓展市场。品牌"出海"可以帮助企业在海外市场获得新的发展机会，降低对单一市场的依赖，分散经营风险。

第二，提升品牌知名度。通过品牌"出海"，企业可以提升在国际市场上的知名度，增强品牌影响力，为未来的发展奠定基础。

第三，获取资源。在海外市场，企业可以获得更多的人才、技术、资金等资源，有利于提升企业竞争力。

第四，提升产品附加值。通过品牌"出海"，企业可以将自己的产品或服务与国外市场需求相结合，提升产品附加值，获得更大的利润空间。

第五，获取先发优势。在一些新兴市场，品牌"出海"可以帮助企业获得先发优势，占据市场份额，成为行业领导者。

总之，品牌"出海"对于企业来说是一个重要的战略选择，可以带来市场拓展、资源获取和品牌提升等多重好处，但也要谨慎对待，避免盲目跟风和盲目扩张所带来的风险。

3. DTC 品牌"出海"

我国品牌"出海"主要经历了产品"出海"、产品跨境零售和 DTC 品牌出海三个阶段。DTC 是 direct to consumer 的缩写，指的是品牌直接面向消费者的一种商业模式。这种模式强调去除中间商环节，通过自建渠道或利用数字技术直接与消费者沟通、营销运作和促成直接购买等。

（1）传统模式

传统模式通常是品牌商—经销分销—门店终端—消费者。通过首个中间环节，开启商品或服务的流通，通过第二个环节即门店终端，完成销售。这里面有两个问题：第一，品牌商只能在某些媒介层面和消费者互动；第二，品牌商会越来越偏离消费者的真实需求，从而形成营销上的短视。

（2）DTC 模式

DTC 模式通常是品牌商—全渠道或自营/多媒介组合—消费者。DTC 模式通常有以下三个表现形式：

第一，缩减中间渠道。DTC 模式下的企业逐步降低原有"品牌商—代理/经销商—零售店"的网络依赖，丰富新店态，包括自营电商、虚拟体验终端、线下快闪店等形式。

第二，消费者需求导向。DTC 模式下的企业以消费者需求作为决策的出发点，达到精准、及时、灵活地满足消费者的需求。

第三，创新营销。面对新世代的消费模式，DTC 模式下的组织（公司或品牌）更重视社交媒体营销、品牌理念和消费体验。

图 1-8 为传统模式与 DTC 模式的比较。

DTC 模式的核心在于重塑品牌与消费者之间的关系，通过减少中间商、以用户需求为立身之本，以及创新的整合式营销，来缩短品牌和消费者之间的距离和反应时间，从而更精准、及时、灵活地满足消费者的需求。随着越来越多的品牌开始实施数字化战略，企业使用了新的数字化工具来触达消费者并完成交易。和原生的纯 DTC 模式相比，这些新的大企业大品牌并没有放弃它们过去的渠道优势，成为纯 DTC 模式。于是原有的 DTC 概念开始外延为 DTC 2.0，也就是企业级数字化。

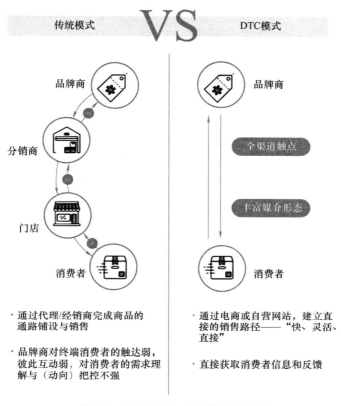

图 1-8　传统模式与 DTC 模式的比较

二、跨境电商助力我国品牌"出海"的作用

1. 跨境电商为品牌"出海"带来新的确定性

当前，供给冲击、需求收缩、预期转弱已成为全球经济面临的共同挑战。但同时，我们也看到新一轮科技革命和产业变革深入发展，以电子商务为代表的新经济正在加速与传统经济深度融合，全社会数字化进程大大加速。对外发展数字贸易，对内建设数字中国已经是未来我国创新发展的确定性路线。紧抓全球数字化发展新机遇，大力发展数字经济，既是经济发展的必然趋势，也是驱动"双循环"新发展格局的重要动能。跨境电商作为数字经济在国际贸易领域的重要业态，其出现和发展适应了贸易小额化、灵活化的发展需求，更适应快节奏的现代社会，同时极大降低了国际贸易的门槛，让更多的中小微主体可以通过跨境电商寻找商机、拓展市场、销售产品、创立品牌，展现出强大的生命力和发展活力。

2. 跨境电商降低我国品牌"出海"的门槛

对品牌"出海"企业而言，通过跨境电商"出海"可以极大降低开拓海外市场的门槛。依托传统渠道，在海外市场建立品牌需要大量的投入和长期的运营，品牌知名度需要多年的打磨才能逐步占领目标市场，只有具备相当实力的大企业才有成功的机会。在传统经济时代，我国品牌成功"走出去"的寥寥无几，成为国际知名品牌的更是凤毛麟角。华为、联想、海尔、TCL、海信、李宁等无不是经过了长期持续的产品创新和大量的渠道投入与宣传才逐渐在海外市场站稳脚跟，这些企业也都是国内市场各领域的佼佼者，具备雄厚的实力。相对而言，近年来一批中国新锐品牌依托快捷的线上渠道，迅速在海外市场打出品牌知名度。这些品牌基本成立时间很短，很多是从零起步，甚至在国内没有什么知名度，在海外市场建立起强大品牌影响力后才逐渐为人所知。在跨境电商领域 Anker（安克）、Shein（希音）、Zaful（飒芙）、致欧家居等品牌依托第三方平台或自建独立站平台快速成长为各细分市场的头部品牌。新国潮品牌的元气森林、完美日记、泡泡玛特等在品牌"出海"过程中也非常注重线上渠道，借助跨境电商快速建立品牌心智⊖。

3. 跨境电商可补足品牌"出海"的渠道短板

品牌的建立，离不开渠道的支撑。尽管近年来从外贸出口结构上看，一般贸易占比已经大大高于加工贸易，高科技产品、机电产品、电子产品、汽车等有较强技术含量的产品逐步成为出口主力产品，但从价值增值角度看，产品价格中的品牌增加值仍然较少。究其原因，很大程度上在于中国产品在海外市场缺乏渠道控制力，出口过程中大都采用 FOB 模式，产品装船离岸后，后续的销售已经跟出口企业没有关系了，大量 OEM、ODM 产品的设计溢价、品牌溢价均被海外有渠道能力的企业所占据。然而，数字贸易时代，西方国家在渠道市场方面的垄断优势已经在被跨境电商新通道所消减。跨境电商服务的是全球消费者和采购商对优质商品的线上采购需求，连接的是各国众多的生产商、品牌商、贸易商甚至个体网商，在技术的驱动下搭建起一条高效率的线上贸易和交易通道。依托跨境电商新通道，我国品牌"出海"企业第一次有了直接触达全球终端消费及采购需求的广泛能力，其战略价值不言而喻。超 5 万亿美元的线上零售大市场，也为我国品牌"出海"提供了足够大的市场空间，更为重要的是这个线上市场对所有企业都是开放的，规则都是平等的，渠道都是透明的，这就为我国品牌"出海"企业提供了一个全新的赛道。在这个赛道，渠道能力不再是中国品牌"出海"企业的短板。

👆 **扩展阅读**

ODM、OEM、OBM、FOB

ODM（original design manufacture）即原始设计制造商，是指某制造商设计出某产品后，在某些情况下可能会被另外一些企业看中，要求配上后者的品牌名称来进行生产，或者稍微修改一下设计来生产。其中，承接设计制造业务的制造商就会被称为 ODM 厂商。

OEM（original equipment manufacture）也称为定点生产，俗称代工（生产），基本含义为品牌生产者不直接生产产品，而是利用自己掌握的核心技术负责设计和开发新产品，控制销售渠道。

OBM（original branding manufacture）即代工厂经营自有品牌。由于代工厂做 OBM 要有完善的营销网络作为支撑，渠道建设的费用很大，花费的精力也远

⊖ 品牌心智是指消费者对品牌的认知和印象，是品牌在消费者心中形成的独特形象和价值观念。

比做 OEM 和 ODM 高，而且常会与自己的 OEM、ODM 客户有所冲突。通常为保证大客户利益，代工厂很少大张旗鼓地去做 OBM。

FOB（free on board）即装运港船上交货。这种模式要求卖方必须在合同规定的装运期内，在指定的装运港将货物装上买方指定的船上，并及时通知买方。货物在装运港越过船舷后，风险即由卖方转移至买方。FOB 也被称为"离岸价"，其中卖方负责将货物交到合同中指定出运港口并完成出口报关的手续，而买方则负责海运并承担海运费与海上风险。

4. 跨境电商可提升品牌"出海"企业的核心能力

品牌是建立在用户的心智共识中的，用户在哪儿、如何触达、触达后如何强化是品牌建设的核心问题。依托互联网、大数据、云计算、虚拟现实、人工智能等数字技术在全球范围的广泛连接与深度渗透，生产供给、流通贸易、消费市场的协同效应正得到快速强化，技术驱动下的全球新流通时代正在加速到来。同时，伴随着全球新兴经济体快速崛起，《区域全面经济伙伴关系协定》的生效实施。在区域经济一体化趋势持续加强的背景下，跨境电商正在突破国家和地区间障碍，成为重要的数字化贸易基础设施。基于跨境电商的基础设施服务能力，品牌"出海"企业可以化整为零，有效降低贸易风险，还可以借助跨境电商进一步提升对海外市场的需求判断能力，及时优化产品研发设计，调整供应链，强化品牌建设，持续增强企业的核心竞争能力。在这方面，很多中国品牌出海企业已经开展了成功实践。跨境电商品牌企业在消费者前端可充分利用电商平台、社交媒体、搜索引擎提供的智能化数据分析工具，基于消费大数据及时掌握海外消费需求趋势，更有品牌建立强势的独立站 App 直接连接消费群体，掌握第一手的消费数据，实现面向细分市场的消费需求洞察。同时，在供给侧借助数字化工具建立起供应商网络，搭建"小单快反"⊖的柔性制造供应链，实现产品的快速迭代和有针对性的创新研发，再通过快速物流实现产品及时交付。整个过程充分体现了跨境电商赋能品牌"出海"企业的消费洞察能力、精细运营能力、持续创新能力，而这些恰恰是品牌"出海"企业最有价值的能力"护城河"。

数字贸易新时代的大幕已经开启，在跨境电商新的赛道上，品牌"出海"企业机遇无限，让我们共同期待更多的中国产品成为中国品牌，引领中国制造转型为中国智造。

小贴士

跨境电商卖家想做品牌"出海"，要怎么做才能走得稳？

1. 商标保护

参加品牌注册、备案，使用明确品牌唯一合法身份的平台品牌保护工具，提高品牌安全性，坚决打击假冒产品，尊重保护知识产权的一切行为。

⊖ 小单快反是一种广泛应用于跨境电商等对外贸易领域的出口模式。它指的是企业通过小批量高批次的生产，即时获得市场反馈，提升供应链的灵活性，从而快速应对市场需求的变化。

2. 品牌推广

结合成功的品牌经验，撰写出具有特色的品牌故事，为长期深耕跨境市场进行铺垫；利用亚马逊及其相关网站等产品所具有的高质量流量辐射跨境市场，站内、站外推广双管齐下，为最需要的客户提供最合适的产品。

3. 视觉传达

从客户的需求点出发，配合专业视觉传达设计，提高优化率和宣传效果。

4. 订单反应速度

根据多年运行的工作经验、内部和行业数据制订年度计划，结合亚马逊强大的数据支持能力，整理工作流程，做事有计划并为之取得成果。

5. 物流

一些电商渠道已经专门为该网站提供物流服务，比如亚马逊的亚马逊物流，它为解决跨境物流的源头问题提供了强有力的支持，不过大部分卖家最大的痛点仍然在"最后一公里"。所以要处理好物流上的难题也是卖家们需要努力跨过去的一道坎。

6. 因地制宜做本土化运营

1）产品：尊重各目标国家的国情，制作符合跨境需求的产品。

2）品牌：制作符合目标国家语言习惯的商品宣传作品，建立优秀、专业的品牌形象。

3）布局：基于现有的各国市场，不断寻求深耕各国市场的新机会，辐射周边国家和地区。

（资料来源：https：//global. lianlianpay. com/article_train/16-12069. html）

三、跨境电商企业品牌"出海"的策略

2023 年被称为中国品牌的"出海元年"，不少品牌在海外市场斩获佳绩，比如 3C 领域，Anker（安克）、Insta360 增长显著；饮食领域，艾雪、霸王茶姬等品牌在国际市场引发关注；游戏领域，米哈游、莉莉丝等更是热议不断。但一些品牌在实施过程中也遇到了挑战，表现在国际市场的竞争越发激烈，一些主流品类已经被国际巨头垄断，中国品牌在这些领域遭遇到了强有力的竞争。同时，消费者需求的多样性和个性化，使得品牌需要更精准的定位和深入的本地化策略。此外，全球经济的不确定性以及一些地缘政治因素，也给品牌带来营销的不确定性。

（1）聚焦小众品类的特定需求

品牌"出海"可以选择以小众垂直需求为切入点，因为在这些相对被忽视的领域，竞争相对较小，品牌也更容易在设计和功能上走出差异化路线。与此同时，社交媒体的崛起为小众品类提供了独特的传播渠道。通过 TikTok 这样的短视频平台，小众品类可以以低成本、高效率的方式实现病毒式传播，快速推向大众视野。

相比大众品类，小众品类更加聚焦特定需求，能够利用社交媒体传播建立独特的品

牌形象，更好地适应当今消费者对个性化和创新的追求，因此在海外市场也更有机会。

（2）关注新渠道的新增量

跨境卖家在做"出海"布局时，可采用多平台布局策略，如 TikTok Shop、Temu、SHEIN 等平台。其中，TikTok Shop 在 2023 年推出了"全托管"模式，这种模式释放了商家的时间和精力，使其能够更专注于产品研发和生产；Temu 在欧洲站点则延续了低门槛的入驻政策和低价促销策略，为欧洲消费者提供了高性价比的购物选择。

与此同时，品牌商家在做"出海"布局时，应继续关注新渠道的新增量。新兴平台和销售渠道的投入和创新，以及特定市场的变化，都可能带来更广阔的发展空间。

（3）根据整体战略进行出海预算分配

在全球经济的不确定性之下，品牌在"出海"时，会更注重制定切实可行的拓展策略，而不再盲目投入高成本的传统广告。一些过去效果不佳、小而散的 IP 和渠道正在被淘汰，品牌的投入预算被更有针对性地用在能够带来更长远价值的事情上。

品牌应当专注于大事件、大 IP，以及那些能够带来高转化率和高关注度的事件和渠道。不同品牌在"出海"预算分配方面存在差异，品牌需要根据整体战略进行预算分配：有些品牌将海外市场视为主要目标，加大力度专注于海外拓展；而另一些品牌将海外市场纳入战略的一部分，更注重稳固国内市场，因此会缩减"出海"预算。

（4）品牌应注重属地化且不卷入低价

品牌在"出海"时，不应一味主打低价路线。这种价格优势的确能帮助品牌快速占领市场，但盲目地采用低价策略虽能带动产销量和流水的增长，但对于企业而言却是一种畸形的发展策略。

品牌要想在海外长久立足，还要往属地化生产的方向迈进。此外，在通货膨胀和成本上涨的情况下，过低的定价可能导致品牌利润空间受到挤压。因此，品牌在"出海"时，还是应该注重提升附加值，建立消费者品牌忠诚度。

（5）与素人 KOC 合作并融入社群

社交媒体的崛起为用户带来了自我展示的机会，越来越多的 KOC（关键意见消费者）都开始展示自己的生活，这也在颠覆传统的品牌话语权。相比明星、名人，这些 KOC 可能更容易引起用户的信任，因为他们的生活、观点和经验更符合普通用户的实际情况，更能引发普通用户的身份认同感和共鸣。

在购买决策上，一些用户群体更愿意听"自己人"的话。如中东的香水、黑人女性喜爱的塑身衣，在出单上都表现出了这样的趋势。像游戏这样的娱乐内容领域，也是素人 KOC 展现自我的重要领域。因此，品牌方应多发布官方二创内容或推出官方可供粉丝剪辑的各类设定和素材，通过与这些素人 KOC 合作，品牌可以更好地了解不同社群的偏好，进而融入这些社群，从而进一步提升粉丝同人创作的数量和质量。

（6）创新演绎中国文化

品牌在向海外展示中国文化时，需要更具创意，而不仅仅是简单地呈现传统符号。这种创意展示涉及各个领域。例如，服装品牌可以通过改良传统汉服设计，呈现更具包容性和现代感的设计；科技品牌可以运用更年轻化、接地气的内容传递中国科技的创新。

在文化交流和创作中，中国品牌也可邀请海外设计师参与设计，进行独特演绎。在整体融入中国传统元素的同时，这些品牌都通过设计展现出更加兼收并蓄的文化包容性，使产品能够超越地域和文化差异，打动更广泛的群体。这样的文化演绎有助于超越传统文化框架，使品牌在海外市场赢得更广泛的认可和获得更多关注。

（7）创造趋势潮流

品牌"出海"时应注重创新，不仅要顺应市场潮流，还要创造趋势潮流，通过深度人群洞察和差异化定位，打造独特的热门单品或品牌话题，一举打入国际市场。

在品牌"出海"过程中，品牌除了关注已有的趋势潮流之外，更具前瞻性的做法是，基于对消费者需求的准确把握，通过创新的产品设计和市场定位来引领潮流，创造与同类品牌的明显差异，在消费者心中建立独特的印象。

（8）发挥 AI 的关键作用

在品牌"出海"的过程中，AI 日益成为关键的战略性工具。2023 年，聊天机器人程序 ChatGPT 迅速走红，成为跨境卖家们实际运营中的普遍选择，广泛应用于邮件撰写、Listing 优化、售后服务等多个领域。根据雨果跨境调查数据，截至 2023 年 12 月，高达 72% 的跨境卖家已经采用 AI 工具进行辅助运营。

对"出海"的品牌商家来说，通过利用 AI 技术，不仅能够以更快速、准确的方式分析国际市场趋势、竞争格局和消费者行为，实现对用户行为的精准预测，制定更有针对性的营销策略，还可以在选品、定价和广告投放等环节提高工作效率，解放人力资源，让品牌更专注于核心业务。

（9）不可忽视 ESG 因素

如今，全球消费者在对品牌的选择上，对品牌道德和社会价值观提出了更高期望，对品牌 ESG（环境、社会和公司治理）也提出了更高的要求。例如，他们可能更倾向于选择致力于环保、与社区积极合作、关心员工福利的品牌，愿意为支持积极影响社会和环境的品牌买单。

除了 C 端的关注，"出海"品牌在与 B 端合作中涉及大量供应链合作伙伴，因此品牌需要将 ESG 作为重要考虑因素。在文化交流中，不应只强调销量和荣誉，而应以一种对方易于理解和共鸣的方式呈现中国品牌的核心价值观和社会责任感。这超越了简单的语言翻译，涉及更深层次的概念传递。如此一来，品牌才能在海外与更多合作伙伴建立长期关系，树立可信赖的形象。

（10）理解当地文化

在"出海"过程中，很多品牌容易陷入蜻蜓点水的"自嗨"，如投广告、做 IP 跨界，但一时热闹过后，总是难以在国际市场留下深远影响。因此，品牌在"出海"过程中，还需要时刻保持市场敏感度，倾听用户的真实声音。

品牌可以建立有效的反馈机制，包括定期进行用户调查，通过社交媒体分析用户互动和反馈，监控在线评论和评价等。此外，与用户建立直接的沟通渠道，如客户服务热线、在线聊天支持等，以及参与行业相关的活动和论坛，都是获取用户真实声音的途径。通过这些手段，品牌能够更全面、及时地了解市场动态，发现潜在问题并及时做出调整，与市场保持紧密的互动。

 扩展阅读

折射外贸新趋势"中国跨境电商品牌影响力榜"出炉

在传统国际贸易中，我国工厂接单生产，只能赚取微薄的加工费，利润大头都在国外的品牌方手里。到了跨境电商时代，中国卖家可以通过电商平台和独立站直面消费者，打造自己的品牌，向微笑曲线的两端延伸。

怎样才能深刻了解消费者需求？一批关系紧密的忠实用户必不可少，也就是说，必须是个品牌。"制造+品牌"的结果是"1+1>2"，因为全流程的协同工作更高效。全链条总体打通优化的效果，是局部优化无法比拟的。

品牌的打造不是一朝一夕的事情，也不是打打广告那么简单。市场洞察、品牌定位、产品设计、技术研发、营销推广、社群运营、售后服务等，打造品牌的链条很长，久久为功。

为了推动跨境电商行业的品牌化发展，助力中国经济转型升级，2023年11月14日，在由每日经济新闻主办的"迎潮而立"出海沙龙上，每日经济新闻与深圳易势科技联合推出了"中国跨境电商品牌影响力榜"（2023.10）。该榜单主要针对原生跨境电商品牌，用搜索热度、亚马逊搜索量和独立站自然流量三个维度的数据，对其影响力进行量化分析。

综合来看，搜索热度最有代表性。跨境电商的销售渠道越来越多元化，包括线上的 Amazon、eBay、沃尔玛、Temu、SHEIN 等，线下的连锁商超和独立代理商渠道等；营销推广的形式也越来越丰富，包括广告投流、KOL 合作、社交媒体运营等。

不论消费者在什么场景下、因为什么接触到了品牌，是购买体验过还是看到了广告或者有朋友推荐，只要他记住了这个品牌，想要了解这个品牌，那他很可能会在搜索引擎上搜一下。

当然，搜索热度也有缺陷。例如，一个品牌和一首流行歌曲重名，搜索量肯定很大，但其实和该品牌没关系。所以，还要看亚马逊平台上的品牌搜索量。亚马逊是电商平台，大家搜索的目的就是购物，这个数据就少了很多干扰因素，但也可能有同名的其他品牌。

另外，还要看独立站自然流量，主要包括两部分，一部分是直接输入网址的流量，另一部分是通过搜索引擎自然搜索而来的流量，不是付费买的流量。

这三个数据有个共同点：用户记住了品牌、对品牌感兴趣，所以在主动了解品牌、寻找品牌的信息。总体上，应以搜索热度为主，以亚马逊搜索量和独立站自然流量为辅，综合判断品牌的影响力。

上榜品牌主要分布在 3C 数码和服装赛道。服装赛道的 SHEIN 占据榜首，品牌影响力遥遥领先，其次是 3C 赛道的 Anker。这两家公司旗下都还有子品牌上榜，如 SHEIN 旗下的 Sheglam、ROMWE，Anker 旗下的 Nebula、Eufy、Soundcore 等，足以说明品牌战略的成功。

另外，上榜品牌还有：传统的家具（家居）领域的 FlexiSpot（乐歌股份）、AOSOM、SONGMICS（致欧科技）等；近年火起来的细分赛道，清洁家电的 Roborock（石头科技）、Dreame（追觅科技）、ECOVACS（科沃斯）、NARWAL（云鲸智能）等，且数据较靠前；便携式储能的 Ecoflow（正浩创新）、BLUETTI（德兰明海）、Jackery（华宝新能）等；3D 打印的 Creality（创想三维）、Anycubic（纵维立方）、Bambu Lab（拓竹）等；还有宠物用品、汽车用品、美妆个护、汽车用品、工具等领域，以及更加细分的，如安防领域的 Reolink（睿联技术）等。

上榜品牌涉及的品类十分丰富，全面开花，也说明了跨境电商大有可为，品牌之路十分宽阔。以下是本次榜单的前十名，如图 1-9 所示。

序号	品牌	品类	搜索热度 🔥🔥🔥	独立站自然流量 (K)	亚马逊搜索量 (UV)
1	SHEIN	服装	165233.03	164280.48	87550.00
2	Anker	充电储能	9585.26	4652.27	1219917.00
3	CASETiFY	数码配件	5992.40	5445.00	112475.00
4	Amazfit	健康穿戴	5977.55	1625.40	408789.00
5	Nebula	音频数码	5525.11	111.43	21373.00
6	Roborock	清洁家电	4182.83	791.67	350481.00
7	Eufy	清洁家电	3620.66	1871.50	332049.00
8	Soundcore	音频数码	3403.44	1856.50	233706.00
9	Worx	清洁家电	2397.18	719.80	77827.00
10	Maxxis	汽车用品	2342.43	293.00	5255.00

图 1-9 "中国跨境电商品牌影响力榜"前十名

习　题

一、填空题

1. 国际贸易是指世界各个国家（或地区）之间 ＿＿＿＿＿ 和 ＿＿＿＿＿ 的交换活动。

2. 国际贸易按商品移动的方向划分出口贸易、＿＿＿＿＿、过境贸易和 ＿＿＿＿＿。

3. 跨境电商是指交易主体属于不同关境，通过电子商务 ＿＿＿＿＿、支付结算并通过跨境 ＿＿＿＿＿

完成交易的一种商务模式。

4. 跨境电商按照服务类型可分为＿＿＿＿＿＿＿、在线交易平台和＿＿＿＿＿＿＿。

5. 跨境电商按照平台运营方式类型可分为第三方开放平台、＿＿＿＿＿＿＿＿、综合型平台和＿＿＿＿＿＿＿＿。

二、选择题

1. 2023 年世界各国地区出口额排名第一位的国家是(　　)。

A. 美国　　　　　　　　B. 中国　　　　　C. 德国　　　　　　　D. 日本

2. (　　)不是跨境电商按照平台运营方式去分类的。

A. 第三方开放平台　　　　　　　B. 信息服务平台

C. 自营型平台　　　　　　　　　D. 综合型平台（自营+平台）

3. (　　)不是 DTC 模式的表现形式。

A. 缩减中间渠道　　　　　　　　B. 通过终端或门店完结销售

C. 消费者需求导向　　　　　　　D. 创新营销

4. (　　)不是北美跨境电商平台。

A. Amazon　　　　B. Walmart　　　　C. Rakuten　　　　D. Newegg

5. (　　)不属于六种外贸新业态新模式。

A. 服务贸易　　　　　　　　　　B. 外贸综合服务企业

C. 离岸贸易　　　　　　　　　　D. 跨境电商

三、判断题

1. 跨境电商的交易模式主要有 B2B 跨境电商、B2C 跨境电商和 C2C 跨境电商三种。　　(　　)

2. 按贸易内容划分，国际贸易可分为服务贸易、加工贸易、商品贸易和易货贸易。　　(　　)

3. 跨境电商是当前发展速度最快、潜力最大、带动作用最强的外贸新业态。　　(　　)

4. 跨境电商有助于降低传统国际贸易的交易成本。　　(　　)

5. 跨境电商可补足品牌"出海"的渠道短板。　　(　　)

四、简答题

1. 请列出五个有代表性的 B2B 跨境电商平台。

2. 请列出五个有代表性的 B2C 跨境电商平台。

3. 简述独立站并与第三方平台的差异。

4. 简述跨境电商企业品牌"出海"的策略。

5. 如何理解跨境电商是外贸新业态新模式?

习 题 答 案

跨境电商概论 第3版

第二章
我国跨境电商的发展

引例

近年来，随着全球产业链重构和国际贸易形势的复杂化，跨境电商作为外贸新业态，其快速发展的特点在于其强劲的增长动力和市场竞争力，成为激发对外贸易活力、推动经济高质量发展的新增长点。跨境电商与一般贸易、加工贸易共同构成我国三大贸易方式，成为拉动外贸增长的新动能。从试点到新增长极，跨境电商在全国已形成了165个跨境电商综试区的总体格局，大量的市场主体涌入跨境电商领域，包括平台企业、中小微企业以及传统进出口企业，通过跨境电商开拓业务增长的第二曲线。

跨境电商的规模不断扩大，2023年我国跨境电商进出口总额达到2.38万亿元，增长15.6%，占我国货物贸易进出口比重的5.7%。同时，跨境电商平台在海外市场快速发展，成为全球消费者购物的新选择。"全托管"服务模式的采用，为商家提供一站式服务，降低了企业"出海"门槛，拓宽了订单渠道。

为支持跨境电商发展，国家不仅从制度和建设层面进行鼓励和规范，还先后出台相关扶持政策和补贴计划，惠及企业。具体来说，补贴政策涵盖土地（产业用地）、仓储及海外仓建设、物流、研发、订单、交易规模、项目建设、人才培养、商标、国家高新技术企业认定、展会等方面。

为了推动全国跨境电商健康发展，政府出台了哪些政策？传统外贸企业为何要顺应跨境电商发展转型？该如何转型？带着这些问题，让我们来阅读本章内容。

本章学习目标

（1）认识和了解我国跨境电商的发展历程。

（2）理解跨境电商生态圈与产业链。

（3）了解我国跨境电商政策与跨境电商综合试验区。

（4）理解和掌握传统外贸企业转型跨境电商的动因与策略。

第一节　我国跨境电商的发展历程

一、起步期：线上展示、线下交易阶段（1999 年—2003 年）

这一时期又称为跨境电商 1.0 阶段，主要商业模式是网上展示、线下交易的外贸信息服务模式。在跨境电商 1.0 阶段，第三方平台的主要功能是为企业以及产品提供网络展示平台，并不在网络上开展交易。这一阶段以阿里巴巴为主导，此时的盈利模式主要是向进行信息展示的企业收取会员费（如年服务费）。在跨境电商 1.0 阶段发展过程中，逐渐衍生出竞价推广、咨询服务等为供应商提供"一条龙"信息流增值服务的模式。

在跨境电商 1.0 阶段，阿里巴巴国际站、环球资源网是典型的代表平台。其中，阿里巴巴国际站成立于 1999 年，以网络信息服务为主，线下会议交易为辅，是我国最大的外贸信息黄页平台之一。环球资源网于 1971 年成立，前身为 Asian Sources，是亚洲较早的提供贸易市场信息的平台，并于 2000 年 4 月 28 日在纳斯达克证券交易所上市，股权代码为 GSOL。

在此期间还出现了中国制造网、韩国 EC21 网、Kelly Search 等大量以供需信息交易为主的跨境电商平台。跨境电商 1.0 阶段虽然通过互联网解决了中国贸易信息面向世界买家的难题，但是依然无法完成在线交易，仅完成外贸电商产业链的信息流整合环节。

二、成长期：交易流程电子化阶段（2004 年—2012 年）

这个阶段又称为跨境电商 2.0 阶段。随着 2004 年敦煌网的上线，跨境电商平台开始摆脱纯信息黄页的身份，将线下交易、支付、物流等流程实现电子化，逐步搭建起在线交易平台。

相比于第一阶段，跨境电商 2.0 阶段更能体现电子商务的本质，它借助于电子商务平台，通过服务、资源整合有效打通上下游供应链，包括 B2B 和 B2C 两种模式。在跨境电商 2.0 阶段，B2B 模式为跨境电商主流模式，通过直接对接中小企业商户实现产业链的进一步缩短，提升商品销售利润空间。

在跨境电商 2.0 阶段，第三方平台实现了营收的多元化，同时实现后向收费模式，将会员收费改以收取交易佣金为主，即按成交效果来收取百分点佣金。同时，还通过平台上的营销推广、支付服务、物流服务等获得增值收益。

三、发展期：全产业链服务在线化阶段（2013 年—2017 年）

2013 年成为跨境电商重要转型年，跨境电商全产业链都出现了商业模式的变化。随着跨境电商的转型，跨境电商 3.0"大时代"随之到来。

首先，跨境电商3.0阶段具有大型工厂上线、B类买家成规模、中大额订单比例提升、大型服务商加入和移动用户量爆发共五方面特征。与此同时，跨境电商3.0服务全面升级，平台承载能力更强，全产业链服务在线化也是跨境电商3.0阶段的重要特征。

其次，跨境电商3.0阶段，用户群体由草根创业向工厂、外贸公司转变，且具有极强的生产设计管理能力。平台销售产品由网商、二手货源向一手货源好产品转变。

最后，跨境电商3.0阶段，主要卖家群体正处于从传统外贸业务向跨境电商业务艰难转型的时期，生产模式由大生产线向柔性制造转变，对代运营和产业链配套服务需求较高。另外，跨境电商3.0阶段的主要平台模式也由C2C、B2C模式向B2B、M2B模式转变，批发商买家的中大额交易成为平台的主要订单。

四、成熟期：全产业链生态融合阶段（2018年至今）

这一阶段称为跨境电商4.0阶段，在2018年至今的全球宏观经济环境变化中表现得比较明显。受到各种突发事件的影响，人们的消费习惯发生了很大改变，许多人从线下消费转为线上消费，并在一定程度上推动了跨境电商出口（特别是B2C模式）的增加。一方面，跨境电商将可以深入开拓新的市场，做大这一蛋糕的增量；另一方面，线上消费和零售将会带来丰富的数据资源，推动入驻平台企业开始数字化转型，带来更大的发展动能。例如，B2C出口跨境电商平台通过吸纳全球各地的用户入驻，带动供应环节实现扁平化，推动跨境电商出口与本地电商零售的紧密结合。

跨境电商4.0阶段，线上、线下相结合，各大主流平台加大线下零售门店布局力度，大型跨境电商开始整合供应链，同时跨境电商供应链各环节趋向融合，精细化运营成为主流，新零售、直播营销等创新模式持续渗透。此阶段的代表性企业有天猫国际、京东国际、抖音全球购、拼多多全球购等。

 扩展阅读

影响我国跨境电商发展的重要事件有哪些？

全球互联网发展的重要事件影响、推动了我国跨境电商的高速发展，其时间轴如图2-1所示。

第一个重要事件是1994年亚马逊的成立。

第二个重要事件是1998年谷歌的成立，以及2000年谷歌第一次正式推出了基于关键词排名的AdWords广告系统。

第三个重要事件是2003年eBay通过并购易趣正式进入我国市场，对我国的电子商务进行了启蒙，也促成了我国第一批跨境电商卖家的产生。

第四个重要事件是2004年脸书成立，开启了社交媒体的时代。2012年，脸书发布了第一条信息流广告，标志着信息流广告时代的开启。

第五个重要事件是2007年iPhone的发布。这是互联网两个时代的分水岭：在iPhone发布之前，是传统的PC互联网时代；在iPhone发布之后，移动互联网的大幕迅速开启。

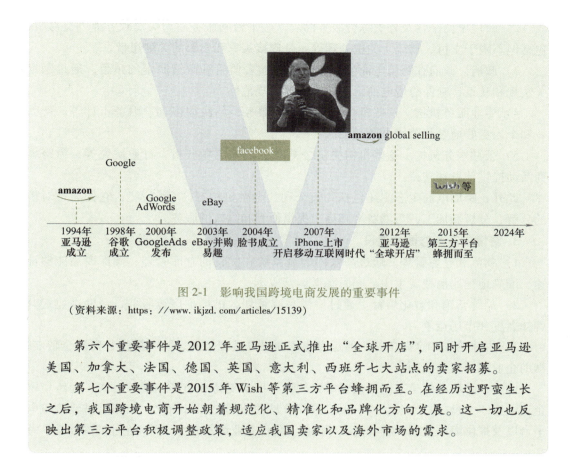

图 2-1　影响我国跨境电商发展的重要事件

（资料来源：https：//www.ikjzd.com/articles/15139）

第六个重要事件是 2012 年亚马逊正式推出"全球开店"，同时开启亚马逊美国、加拿大、法国、德国、英国、意大利、西班牙七大站点的卖家招募。

第七个重要事件是 2015 年 Wish 等第三方平台蜂拥而至。在经历过野蛮生长之后，我国跨境电商开始朝着规范化、精准化和品牌化方向发展。这一切也反映出第三方平台积极调整政策，适应我国卖家以及海外市场的需求。

第二节　跨境电商生态圈与产业链

一、跨境电商生态圈

1. 跨境电商生态圈的定义

跨境电商生态圈是一个综合性的商业生态系统，它涵盖了跨境电商产业链的各个方面，包括物流、仓库管理、品牌营销、孵化培育、人才培训、金融信贷等全方位服务。这个生态圈旨在为跨境电商企业提供一站式服务，为企业从品牌建设到市场拓展提供全方位支持，从而促进跨境电商产业的快速发展和壮大。

2. 跨境电商生态圈的组成

跨境电商生态圈是一个复杂的网络，它涉及多个参与者，包括买家及卖家、跨境电商平台及外贸综合服务商、政府、专业服务机构、公共服务机构等。

1）买家及卖家。这是跨境电商活动的基础，买家和卖家通过跨境电商平台进行交易，实现商品的跨国买卖。

2）跨境电商平台及外贸综合服务商。这些平台和服务商为买卖双方提供交易服务，包括但不限于支付、物流、关税处理等，是连接买家和卖家的关键纽带。

3）政府。政府在跨境电商生态系统中扮演着监管和政策制定的角色，通过制定相关法规和政策，确保跨境电商活动的合法性和规范性。

4）专业服务机构。这些机构提供专业的服务，如法律咨询、财务审计等，帮助企业和个人更好地参与跨境电商活动。

5）公共服务机构。这些机构提供公共服务，如市场分析、行业研究等，为跨境电商活动提供信息和支持。

此外，跨境电商生态圈还包括物流公司、金融机构等"分解者"，它们通过对信息的分解、分析和加工，为消费者和商家提供便利和高效的服务。

3. 跨境电商生态圈的建设

1）物流和仓库管理。通过高效的物流系统和优良的仓库管理，确保商品能够被快速、准确地送达消费者手中，同时降低运营成本。

2）品牌营销和孵化培育。通过提供品牌策划、市场推广等服务，帮助企业提升品牌知名度和市场竞争力。

3）人才培训和金融信贷。通过专业培训提升员工技能，同时提供必要的金融支持，帮助企业解决资金问题。

此外，跨境电商生态圈还通过政策扶持、技术支持和市场拓展等方式，为跨境电商企业创造一个良好的发展环境，促进国际贸易的便利化和自由化。如通过搭建跨境电商平台以及提供海关监管、税收优惠等措施，降低企业运营成本，提高企业的国际竞争力。

二、跨境电商产业链

我国跨境电商产业链有以下三类。

1. 出口跨境电商类

1）B2B 类：阿里巴巴国际站、环球资源、中国制造网、敦煌网、大龙网、拓拉思、领工云商、大健云仓、宝信环球、全球贸易通。

2）B2C 类（平台）：亚马逊全球开店、eBay、Temu、TikTok、全球速卖通、Shopee、Lazada、Wish、联络互动。

3）B2C 类（卖家）：SHEIN、安克创新、华凯易佰、PatPat、致欧科技、赛维时代、星商、吉宏股份、子不语、兰亭集势、三态股份、傲基、遨森电商、跨境通、有棵树、星徽股份、绿联科技。

2. 进口跨境电商类

1）B2B 类：行云集团、海弘集团、集采、候鸟、麦帮科技、福猫供应链。

2）B2C 类：天猫国际、京东国际、洋葱集团、55 海淘、亚马逊海外购、海拍客、KK 集团、你好世界。

3. 跨境电商服务商类

1）物流类：纵腾集团、递四方、菜鸟国际、燕文物流、至美通、泛远国际、乐舱物流、华贸物流、安骏物流、飞盒跨境、海管家、驿玛科技。

2）综合类：卓志集团、珊瑚跨境、世贸通、泛鼎国际、辰海集团、易芽、来赞宝、海比电商。

3）支付类：Paypal、PingPong、连连国际、空中云汇、派安盈、丰泊国际、Skyee、易宝支付、寻汇 SUNRATE、豆沙包、智汇鹅、蚂蚁国际、义支付、拉卡拉。

4）SaaS 类：领星、店匠、易仓科技、积加、店小秘、欧税通、马帮 ERP、擎天全税通、易达云。

5）营销类：易点天下、力盟科技、飞书深诺、思亿欧、卧兔网络、红毛猩猩、外贸公社。

2023 年我国跨境电商产业链图谱如图 2-2 所示。

图 2-2　2023 年我国跨境电商产业链图谱

（资料来源：网经社官网，WWW. 100EC. CN）

三、跨境电商新生态：跨境电商+产业带

"跨境电商+产业带"是推动跨境电商创新发展的重要抓手，是产业带数字化转型升级的重要动力，也是发展新质生产力的内在要求。推动跨境电商与产业带融合发展，不断优化跨境电商生态圈，政策已有积极引导。

2023 年 4 月，国务院办公厅印发的《关于推动外贸稳规模优结构的意见》（国办发〔2023〕10 号）提出，鼓励各地方结合产业和禀赋优势，创新建设跨境电商综合试验区，积极发展"跨境电商+产业带"模式，带动跨境电商企业对企业出口。2024 年 6 月8 日，商务部、国家发展改革委、财政部等九部门联合印发的《关于拓展跨境电商出口推进海外仓建设的意见》明确表示，要大力支持跨境电商赋能产业发展，指导地方依托跨境电商综合试验区、跨境电商产业园区、优势产业集群和外贸转型升级基地等，培育"跨境电商赋能产业带"模式发展标杆。

1. 催生融合新路径

跨境电商与产业带可互为支撑，通过双向赋能增强发展内生动力，在产业和贸易发展两个层面协同增效。在推动跨境电商实现规模化、品牌化、生态化发展的同时，不断引领产业带实现产能变革和跃升。

"跨境电商+产业带"本质上是利用跨境电商面向全球市场的渠道优势，叠加产业带在产品研发设计、生产加工等方面的供给优势，为全球消费者及采购商提供更具竞争力的产品及服务，同时也为产业带商家提供更加精准的市场需求信息、更富效率的供应链支撑，助力产业带商家转型升级。

在"跨境电商+产业带"中，跨境电商与产业带是双向促进的关系，即跨境电商通过数字化、协同创新、精准营销、智能物流等方式，形成立体联动的助力生态，推动产业带数字化、产品创新、国际市场扩大、履约高效，形成优质供应链，并进一步为跨境电商高质量发展提供强大支撑。

2. 拉升创新"热力值"

作为跨境电商发展的新探索，"跨境电商+产业带"在实践层面已涌现出不少独具特色的创新模式与做法。如针对产业带商家以中小微企业为主以及缺乏跨境电商运营人才的短板的情况，不少跨境电商平台推出"全托管"服务模式，经由平台选品后，产业带商家只需要做好境内端的供货即可，跨境电商运营、物流及售后等其他环节均交由平台负责。这一模式大大降低了跨境电商业务的门槛，让更多的产业带小微企业直接参与全球市场竞争。

同样，也有跨境电商企业聚焦一个垂直品类，利用自身对全球市场需求的精准判断能力，面向产业带商家打造"小单快反"的数智化供应链体系，通过跨境电商持续赋能源头商家的生产制造能力和产业链上下游的协同能力，实现跨境电商与产业带的深度融合。

还有一些产业带主动作为，面向跨境电商培育出产业带工业互联网平台和展销一体的产业园，通过打造产业带平台，在原材料采购、物流资源协同、线上市场开拓等方面抱团发展，使得相关资源在更大范围、更深层次实现优化协同。

📖 **知识窗**

"跨境电商+产业带"有哪些类型？

"跨境电商+产业带"是数字经济与实体经济融合的典型场景。

根据商务部国际贸易经济合作研究院发布的《"跨境电商+产业带"高质量发展报告》（简称《报告》）的解释，"跨境电商+产业带"是以跨境电商对各地优势产业带进行全面赋能，推动特色产品出口，实现产业转型升级，培育自主品牌的模式。从地域布局来看，"跨境电商+产业带"主要集中在东部沿海地区；从推动外贸发展作用来看，"跨境电商+产业带"加快了传统工贸的品牌化及出口品类的高端化；从培育市场主体来看，"跨境电商+产业带"助力更多工厂型中小企业进入国际市场。

产业带的不同决定了"跨境电商+产业带"的赋能模式、转型方式、成长路径不同。基于产业主体和发展阶段，《报告》认为，目前，我国"跨境电商+产业带"主要有三种类型："跨境电商+新兴产业带""跨境电商+成长产业带""跨境电商+成熟产业带"。

在"跨境电商+新兴产业带"，其品类属于高新技术产品（如四足机器人），技术门槛较高，但产业集聚度较低，出口规模较小，未来发展潜力巨大。跨境电商在赋能时，需要重点解决新品类出口营销、国际市场扩展问题，并根据市场反馈加速创新产品和服务。

在"跨境电商+成长产业带"，其品类具备一定技术门槛（如保温杯），产业聚集效应开始显现，出口规模将快速扩大。跨境电商在赋能时，要重点解决扩大国际市场、产品和服务的创新以及产业链数字化提升等。

在"跨境电商+成熟产业带"，其品类的技术门槛相对较低（如服装、箱包），产业在多个区域产生了聚集效应，出口规模扩大，但增速有所放缓。跨境电商在赋能时，要重点解决产品和服务创新、产业链间的协同数字化转型，以及新兴市场扩展等问题。

[资料来源：汤莉. "跨境电商+产业带"有哪些类型？[N]. 国际商报，2024-07-01（3）.]

第三节 跨境电商政策与跨境电商综合试验区

一、跨境电商政策分析

1. 政策有力地促进了我国跨境电商的健康快速发展

跨境电商政策的变动对跨境电商的发展颇具影响力，持续调整的跨境电商政策体现了国家对促进跨境电商健康发展的重视。然而，跨境电商在交易模式、物流模式、支付模式等方面与传统国际贸易都有所不同，传统国际贸易政策促进机制与监管方式难以完全复用于跨境电商。我国跨境电商发展既有法律的保驾护航，也离不开政策的支持和调节，其目的在于为跨境电商发展营造一个公平竞争的生态环境。

2013年，国务院办公厅正式下发《关于实施支持跨境电子商务零售出口有关政策的意见》（国办发〔2013〕89号）。2014年、2015年，政策层面一直在释放跨境贸易利好。2014年7月，海关总署的《关于跨境贸易电子商务进出境货物、物品有关监管事宜的公告》和《关于增列海关监管方式代码的公告》，即业内熟知的56号文和57号文接连出台，从政策层面上认可了跨境电商，也同时认可了业内通行的保税模式，此举被外界认为明确了对跨境电商的监管框架；此前"6+1"跨境电商试点城市开放给予了跨境电商税收上的优惠政策，即通过跨境电商渠道购买的海外商品只需要缴纳行邮税，免去了一般进口贸易的"关税+增值税+消费税"。

2015年1月，国家外汇管理局在全国范围开展支付机构跨境外汇支付业务试点。2015年4月，国务院常务会议中关于降低进口产品关税试点、税制改革和恢复增设口岸免税店的相关政策。国务院办公厅《关于促进跨境电子商务健康快速发展的指导意见》（国办发〔2015〕46号）发布，指出支持跨境电商发展，利于合理增加进口。2015年6月底前开展降低进口关税试点，逐步扩大降税商品范围。

2016年3月24日，财政部、海关总署、税务总局共同发布了《关于跨境电子商务零售进口税收政策的通知》（财关税〔2016〕18号），对跨境电商零售（企业对消费者，即B2C）进口税收政策有关事项进行了明确规定，于2016年4月8日起施行。2016年4月6日，海关总署发布了《关于跨境电子商务零售进出口商品有关监管事宜的公告》（海关总署公告2016年第26号）。2016年4月8日，财政部、国家发展改革委等部门发布《关于公布跨境电子商务零售进口商品清单的公告》，以上简称"四八新政"。"四八新政"出台后，对跨境电商企业最大的阻碍在于将跨境电商进口归为一般贸易模式，《跨境电子商务零售进口商品清单》包括的1200多个税号商品中，有600多个税号需要满足前置审批条件来获取进口通关单。2016年5月25日，财政部宣布，经国务院批准，对《跨境电子商务零售进口商品清单》中规定的有关监管要求给予一年的过渡期，海关总署、质检总局已通知施行，实施不到两个月的"四八新政"被叫暂停。

2016年11月，商务部为稳妥推进跨境电商零售进口监管模式过渡，经有关部门同意，对跨境电商零售进口有关监管要求给予一年的过渡期，再进一步延长至2017年年底。2017年9月20日，国务院常务会议决定新建跨境电商综合试验区，将跨境电商监管过渡期政策延长至2018年年底。2018年11月21日，国务院常务会议决定从2019年1月1日起，延续实施跨境电商零售进口现行监管政策，对跨境电商零售进口商品不执行首次进口许可批件、注册或备案要求，而按个人自用进境物品监管。这是政府第三次延长跨境电商零售进口监管过渡期政策。

2019年3月，商务部提出要改革完善跨境电商等新业态扶持政策，积极培育贸易新业态新模式。2019年7月，李克强总理在国务院常务会议上提出了要部署完善跨境电商等新业态的促进政策。2020年4月，国务院常务会议指出，必须更大限度发挥跨境电商的独特优势。2021年5月，商务部在第五届全球跨境电子商务大会中指出，"丝路电商"促进了"一带一路"相关国家间的商品贸易，成为助力世界各国经济复苏的新引擎。2021年7月，中国跨境电商综合试验区建立了考核评估与退出机制，并于2021年组织开展综合试验区的首次考核评估，促进优胜劣汰。

2022年4月，商务部首次公布了对全国前五批共105个跨境电商综合试验区（以下简称综试区）的评估结果，评估主要考量综试区方案实施、工作机制建立、便利化政策落实、年度进出口额、年度出口增速、企业建立海外仓数量等40多个指标。评估结果分为"成效明显""成效较好""成效初显"和"尚在起步阶段"四个档位，全国共有10个综试区综合排名处于首档"成效明显"，分别为杭州、宁波、青岛、上海、广州、深圳、郑州、厦门、南京、义乌。2023年5月，商务部再次公布综合试验区评估的结果是上海、杭州、义乌、深圳、苏州、宁波、青岛、广州、成都和长沙位列第一档。2024年8月，商务部第三次公布综合试验区评估的结果是深圳、广州、杭州、上海、宁波、青岛、郑州、厦门、苏州、重庆位列第一档。

2. 我国跨境电商政策组合分析

1）政策目标组合：总目标是促进跨境电商的健康发展。

2）政策领域组合：按照政策在跨境电商生态中的不同作用领域，可分为试点政策、监管政策、税收政策、支付政策、外汇政策、物流政策、人才政策、信息化政策等。

3）政策主体组合：政策系统的核心部分，是负责政策制定、执行、监督与评估的中央或地方政府机构。

4）政策形式组合：国务院办公室及所属各部门发布的指导意见、批复等规范性文件、通知、公告等。

5）政策工具组合：环境型、供给型、需求型、评估型四类政策工具的组合通过"形—推—拉—评"的共同作用以推进跨境电商生态的健康发展。

3. 我国跨境电商政策阶段分析

中央层面的跨境电商政策是指国务院及各部委提出的规范跨境电商行业秩序、促进跨境电商生态健康快速发展的系列政策总和。我国跨境电商核心政策自2013年发布以来，分别在2013年、2016年、2018年达到不同程度的高峰。结合我国跨境电商历年发展状况，可将跨境电商政策分为四个阶段。

（1）初步探索阶段（2012年）

2012年12月，海关总署设立上海、杭州、宁波、重庆、郑州五个城市为跨境贸易电商试点城市，标志着跨境贸易电商服务试点工作的全面启动。通过这些城市试点工作总结制定跨境贸易电商涉及的通关、结汇和退税等方面的管理办法及标准规范。

（2）支持促进阶段（2013年—2014年）

国务院及其各部委正式发布关于支持跨境电商零售出口的相关政策，政府部门开始介入跨境电商生态系统并着重关注支付与监管环节，政策主要涉及跨境电商交易、跨境电商支付试点及开通相关业务申报等内容，支付机构、外汇机构正式成为跨境电商生态系统的组成部分。

（3）规范推广阶段（2015 年—2017 年）

早期跨境电商生态中，跨境电商政策主要以规范跨境监管为主，但在跨境电商税收方面仍存在旧规则下由于行邮税而导致的税负不公等问题。在政策的规范推广阶段，我国以优化营商环境和强化跨境电商监管为目标，主要对跨境电商税收、跨境电商数字化建设和试点发展等方面进一步规范，从而促进我国跨境电商生态系统健康、快速发展。

（4）全面发展阶段（2018 年至今）

随着《中华人民共和国电子商务法》在 2018 年 8 月 31 日通过，并于 2019 年 1 月 1 日开始实施，我国跨境电商政策进入全面推进阶段，尤其在跨境电商监管、数字化创新、跨境电商物流等领域继续深入。这些政策涉及跨境电商的监管体制、海关税收、跨境支付、跨境物流、试点城市及信息化建设等多个方面。

4. 跨境电商政策发文分析

（1）多主体发文

目前，跨境电商政策主要由海关总署、财政部、税务总局、商务部、国家发展改革委联合制定，国家邮政局、交通运输部、市场监管总局、国家药监局、工业和信息化部等部门协助，另外还涉及中央网络安全和信息化委员会办公室、国家密码局等机构。

（2）发文形式

跨境电商政策的发文形式主要以公告与通知为主，这两类文本大多针对跨境电商的具体领域进行指导，具有广泛的知照性，与跨境电商企业直接相关。"公告"是以跨境电商平台企业的支付及信息化系统、进出口商品监管事宜为主要内容；"通知"是以跨境电商税收政策为主要内容；"批复"有国务院关于设立跨境电商综合试验区的批复、国家外汇局综合司对支付机构开展跨境电商外汇支付业务试点的批复等；"函"具备沟通性与灵活性，在跨境电商综合试验区建设、跨境电商服务规范等方面具有探讨与参照作用；"指导意见"从宏观层面对跨境电商的发展加以指导；"意见"从微观层面对跨境电商的发展加以落实。

（3）发文体系

跨境电商发文涉及多个环节，包括跨境电商外汇、支付、税收、物流及监管等。因此，国务院出台促进跨境电商发展的政策后，各领域也将出台相关政策加以落实与补充，进而完善跨境电商生态系统各环节的政策，形成与生态系统相对应的跨境电商政策垂直体系。目前跨境电商政策体系主要以跨境支付、税收、进出口监管为主，而在物流、人才、技术等领域的政策内容较为薄弱，政策体系结构仍需优化。中央层面跨境电商政策（或文件）见表 2-1。

表 2-1　中央层面跨境电商政策（或文件）

序号	政策（或文件）	主　体	年份
1	设立跨境贸易电子商务试点城市（上海、杭州、宁波、重庆、郑州）	海关总署	2012
2	转发商务部等部门《关于实施支持跨境电子商务零售出口有关政策的意见》的通知	国务院办公厅	2013
3	关于跨境电子商务零售出口税收政策的通知	财政部、税务总局	2013

（续）

序号	政策（或文件）	主　体	年份
4	关于支持跨境电子商务零售出口的指导意见	国家质检总局	2013
5	关于开展支付机构跨境电子商务外汇支付业务试点的通知	国家外汇局	2013
6	关于增列海关监管方式代码的公告（总署公告〔2014〕12 号）	海关总署	2014
7	海关总署关于跨境贸易电子商务进出境货物、物品有关监管事宜的公告（总署公告〔2014〕56 号）	海关总署	2014
8	关于增列海关监管方式代码的公告（总署公告〔2014〕57 号）	海关总署	2014
9	关于同意设立中国（杭州）跨境电子商务综合试验区的批复	国务院	2015
10	关于促进跨境电子商务健康快速发展的指导意见	国务院办公厅	2015
11	关于中国（杭州）跨境电子商务综合试验区出口货物有关税收政策的通知	财政部、税务总局	2015
12	跨境电子商务经营主体和商品备案管理工作规范	国家质检总局	2015
13	关于支持中国（杭州）跨境电子商务综合试验区发展的意见	国家质检总局	2015
14	关于加强跨境电子商务进出口消费品检验监管工作的指导意见	国家质检总局	2015
15	关于进一步发挥检验检疫职能作用促进跨境电子商务发展的意见	国家质检总局	2015
16	关于开展支付机构跨境外汇支付业务试点的通知	国家外汇局	2015
17	关于明确跨境电商进口商品完税价格有关问题的通知	海关总署	2016
18	关于执行跨境电商税收新政有关事宜的通知	海关总署	2016
19	国务院关于同意在天津等 12 个城市设立跨境电子商务综合试验区的批复	国务院	2016
20	海关总署关于加强跨境电子商务网购保税进口监管工作的通知	海关总署	2016
21	关于跨境电子商务进口统一版信息化系统企业接入事宜的公告	海关总署	2016
22	关于公布跨境电子商务零售进口商品清单的公告	财政部、国家发展改革委等 11 部门	2016
23	关于公布跨境电子商务零售进口商品清单（第二批）的公告	财政部、国家发展改革委等 13 部门	2016
24	关于跨境电子商务零售进口税收政策的通知	财政部、海关总署、税务总局	2016
25	海关总署关于跨境电子商务零售进出口商品有关监管事宜的公告	海关总署	2016
26	质检总局关于跨境电商零售进出口检验检疫信息化管理系统数据接入规范的公告	国家质检总局	2017
27	关于复制推广跨境电子商务综合试验区探索形成的成熟经验做法的函	商务部、中央网信办等 14 部门	2017
28	关于调整跨境电商零售进口商品清单的公告	财政部、国家发展改革委等 13 部门	2018
29	国务院关于同意在北京等 22 个城市设立跨境电子商务综合试验区的批复	国务院	2018
30	关于跨境电子商务企业海关注册登记管理有关事宜的公告	海关总署	2018
31	海关总署关于跨境电子商务零售进出口商品有关监管事宜的公告	海关总署	2018
32	关于实时获取跨境电子商务平台企业支付相关原始数据接入有关事宜的公告	海关总署	2018

（续）

序号	政策（或文件）	主　体	年份
33	关于完善跨境电子商务零售进口税收政策的通知	财政部、海关总署、税务总局	2018
34	关于完善跨境电子商务零售进口监管有关工作的通知	商务部、国家发改委、财政部等六部门	2018
35	关于实时获取跨境电子商务平台企业支付相关原始数据有关事宜的公告	海关总署	2018
36	关于跨境电子商务综合试验区零售出口货物税收政策的通知	财政部、税务总局、商务部、海关总署	2018
37	关于修订跨境电子商务统一版信息化系统企业接入报文规范的公告	海关总署	2018
38	关于跨境电子商务统一版信息化系统企业接入事宜的公告	海关总署	2018
39	关于规范跨境电子商务支付企业登记管理的公告	海关总署	2018
40	中华人民共和国电子商务法	全国人大	2019
41	关于促进跨境电子商务寄递服务高质量发展的若干意见（暂行）	国家邮政局、商务部、海关总署	2019
42	关于跨境电子商务综合试验区零售出口企业所得税核定征收有关问题的公告	税务总局	2019
43	关于开展跨境电子商务企业对企业出口监管试点的公告（公告〔2020〕75号）	海关总署	2020
44	关于全面推广跨境电子商务出口商品退货监管措施有关事宜的公告	海关总署	2020
45	关于跨境电子商务零售进口商品退货有关监管事宜的公告	海关总署	2020
46	关于扩大跨境电商零售进口试点、严格落实监管要求的通知	商务部、国家发展改革委、财政部等六部门	2020
47	关于扩大跨境电子商务企业对企业出口监管试点范围的公告（公告〔2020〕92号）	海关总署	2020
48	关于在全国海关复制推广跨境电子商务企业对企业出口监管试点的公告（公告〔2021〕47号）	海关总署	2021
49	关于跨境电子商务出口退运商品税收政策的公告	财政部、海关总署、税务总局	2023
50	关于推动外贸稳规模优结构的意见	国务院办公厅	2023
51	关于拓展跨境电商出口推进海外仓建设的意见	商务部、国家发展改革委、财政部、海关总署等九部门	2024
52	关于加强商务和金融协同更大力度支持跨境贸易和投资高质量发展的意见	商务部、中国人民银行、金融监管总局、国家外汇局	2024
53	关于进一步促进跨境电商出口发展的公告（海关总署公告2024年第167号）	海关总署	2024

二、跨境电商试点城市与跨境电商综合试验区

当前，我国跨境电商采用两种试点模式：跨境电商试点城市（海关总署牵头）和跨境电商综合试验区（国务院牵头）。两种试点模式均处于探索期，政策多由试点当地政府以自下而上探索，核心目的在于规范行业和提高行政效率。综合试验区是试点城市的升级版，地位高于试点城市。

1. 跨境电商试点城市

2012 年 12 月 19 日，海关总署在郑州召开了跨境贸易电商服务试点工作启动部署会，上海、重庆、杭州、宁波、郑州这五个试点城市成为承建单位，标志着跨境贸易电商服务试点工作的全面启动。这五个试点城市具有良好的经济和外贸基础，具备开展跨境电商服务试点的条件。通过先行先试，依托电子口岸建设机制和平台优势，实现外贸电商企业与口岸管理相关部门的业务协同与数据共享，能够解决制约跨境电商发展的瓶颈问题，优化通关监管模式，提高通关管理和服务水平。另外，通过这些城市试点工作总结制定跨境电商涉及的通关、结汇和退税等方面的管理办法及标准规范，有效促进国家跨境电商发展。

2014 年 7 月，经国务院批准，深圳与广州一起成为第二批跨境电商试点城市，2015 年 10 月 21 日，天津作为第八个全国跨境电商试点城市，2015 年 12 月 31 日，福州、平潭获批跨境电商保税进口试点城市。至此，全国跨境电商保税进口试点城市扩容至 10 个。

应当注意的是，跨境电商试点城市与跨境电商综合试验区并不相同。2020 年 1 月 17 日，商务部等六部门进一步扩大跨境电商零售进口试点范围，将石家庄、秦皇岛、廊坊、太原、赤峰、抚顺、营口、珲春、牡丹江、黑河、徐州、南通、连云港、温州、绍兴、舟山、芜湖、安庆、泉州、九江、吉安、赣州、济南、烟台、潍坊、日照、临沂、洛阳、商丘、南阳、宜昌、襄阳、黄石、衡阳、岳阳、汕头、佛山、北海、钦州、崇左、泸州、遵义、安顺、德宏、红河、拉萨、西宁、海东、银川、乌鲁木齐等 50 个城市（地区）和海南全岛纳入跨境电商零售进口试点范围。

2021 年 3 月 18 日，六部委（商务部、国家发展改革委、财政部、海关总署、税务总局、市场监管总局）发布《关于扩大跨境电商零售进口试点、严格落实监管要求的通知》，将跨境电商零售进口试点扩大至所有自贸试验区、跨境电商综合试验区、综合保税区、进口贸易促进创新示范区、保税物流中心（B 型）所在城市（及区域）。通知要求，今后相关城市（区域）经所在地海关确认符合监管要求后，即可按照《关于完善跨境电子商务零售进口监管有关工作的通知》（商财发〔2018〕486 号）的要求，开展网购保税进口（海关监管方式代码 1210）业务。各试点城市（区域）应切实承担本地区跨境电商零售进口政策试点工作的主体责任，严格落实监管要求规定，全面加强质量安全风险防控，及时查处在海关特殊监管区域外开展"网购保税+线下自提"、二次销售等违规行为，确保试点工作顺利推进，共同促进行业规范、健康、持续发展。

2. 跨境电商综合试验区

为了推动全国跨境电商健康发展，在先期开展全国跨境电商保税进口试点城市建设的基础上，2015 年 3 月 7 日，国务院同意设立中国（杭州）跨境电商综合试验区。2016 年 1 月 6 日，国务院常务会议决定，在宁波、天津、上海、重庆、合肥、郑州、广州、成都、大连、青岛、深圳、苏州 12 个城市新设一批跨境电商综合试验区，用新模式为外贸发展提供新支撑。

2018 年 8 月 7 日，国务院发布《关于同意在北京等 22 个城市设立跨境电子商务综合试验区的批复》（国函〔2018〕93 号），至此，我国跨境电商综合试验区已扩大到 35 个，这 22 个城市分别是北京、呼和浩特、沈阳、长春、哈尔滨、南京、南昌、武汉、长沙、南宁、海口、贵阳、昆明、西安、兰州、厦门、唐山、无锡、威海、珠海、东莞、义乌。

2019 年 12 月 24 日，国务院发布《关于同意在石家庄等 24 个城市设立跨境电子商务综合试验区的批复》，包括石家庄、太原、赤峰、抚顺、珲春、绥芬河、徐州、南通、温州、绍兴、芜湖、福州、泉州、赣州、济南、烟台、洛阳、黄石、岳阳、汕头、佛山、泸州、海东、银川等 24 个城市。

2020 年 4 月 27 日，国务院《关于同意在雄安新区等 46 个城市和地区设立跨境电子商务综合试验区的批复》发布，包括雄安新区、大同、满洲里、营口、盘锦、吉林、黑河、常州、连云港、淮安、盐城、宿迁、湖州、嘉兴、衢州、台州、丽水、安庆、漳州、莆田、龙岩、九江、东营、潍坊、临沂、南阳、宜昌、湘潭、郴州、梅州、惠州、中山、江门、湛江、茂名、肇庆、崇左、三亚、德阳、绵阳、遵义、德宏傣族景颇族自治州、延安、天水、西宁、乌鲁木齐等 46 个城市和地区。

2022 年 1 月 22 日，国务院同意在鄂尔多斯、扬州、镇江、泰州、金华、舟山、马鞍山、宣城、景德镇、上饶、淄博、日照、襄阳、韶关、汕尾、河源、阳江、清远、潮州、揭阳、云浮、南充、眉山、红河哈尼族彝族自治州、宝鸡、喀什、阿拉山口等 27 个城和地区设立跨境电子商务综合试验区。

2022 年 11 月 14 日，国务院同意在廊坊、沧州、运城、包头、鞍山、延吉、同江、蚌埠、南平、宁德、萍乡、新余、宜春、吉安、枣庄、济宁、泰安、德州、聊城、滨州、菏泽、焦作、许昌、衡阳、株洲、柳州、贺州、宜宾、达州、铜仁、大理白族自治州、拉萨、伊犁哈萨克自治州等 33 个城市和地区设立跨境电子商务综合试验区。

截至 2023 年年底，我国跨境电商综试区共有 165 个，除北京、天津、上海、重庆四个直辖市都获批外，以获批城市数量为标准可以划分为三大梯队。

第一梯队：广东（21 个）、山东（16 个）、江苏（13 个）、浙江（12 个）。第二梯队：江西（9 个）、福建（8 个）、四川（8 个）、辽宁（6 个）、安徽（6 个）、湖南（6 个）、内蒙古（5 个）、河北（5 个）、河南（5 个）。第三梯队：湖北（4 个）、黑龙江（4 个）、吉林（4 个）、云南（4 个）、新疆（4 个）、广西（4 个）、陕西（3 个）、山西（3 个）、贵州（3 个）、海南（2 个）、甘肃（2 个）、青海（2 个）、宁夏（1 个）、西藏（1 个）。

3. 设立跨境电商综合试验区的目的

设立跨境电商综合试验区的目的是通过制度创新、管理创新、服务创新和协同发展，着力破解制约跨境电商发展中深层次的问题和体制性难题，打造跨境电商完整的产业链和生态链，逐步形成一套适应和引领跨境电商发展的管理制度和规则，形成推动我国跨境电商可复制、可推广的经验，支持跨境电商发展。跨境电商综合试验区最关键的一个字是"试"：解放思想、大胆地试。第二个词是"综合"：综合性是系统设计的考量，不是所谓的一项优惠政策，而是一种制度性的创新。

随着"综试区＋试点城市"齐头并进，跨境电商的政策红利也在不断推动行业大发展。

4. 跨境电商综合试验区定位、目标各异

1）杭州。杭州跨境电商综合试验区是国内首个跨境电商综合试验区。杭州在其综合试验实施方案中提出，通过构建信息共享体系、金融服务体系、智能物流体系、电商信用体系、统计监测体系和风险防控体系，以及线上"单一窗口"平台和线下"综合园区"平台等"六体系两平台"，实现跨境电商信息流、资金流、货物流"三流合一"。这种"平台＋体系"的做法也在其他综合试验区得到广泛借鉴，并且各地根据实际情况，对平台和体系的数量进行微调。

2）郑州。郑州跨境电商综合试验区提出的主要任务是构建"三平台和七体系"，即在跨境电商交易、支付、物流、通关、退税、结汇等环节的技术标准、业务流程、监管模式和信息化建设等方面先行先试，建设"三平台七体系"。"三平台"是指"单一窗口"综合服务平台、"综合园区"发展平台、人才培养和企业孵化平台；"七体系"包括信息共享体系、金融服务体系、智能物流体系、信用管理体系、质量安全体系、统计监测体系、风险防控体系。

3）宁波。宁波跨境电商综合试验区提出的主要任务是"建设三大平台、拓展四大服务功能、构建五大服务体系"。"三大平台"，包括跨境电商综合信息平台、跨境电商园区平台、跨境电商物流平台。"四大服务功能"包括可交易服务、快捷结算服务、便利商务服务、协同物流服务。"五大服务体系"，包括信息共享体系、风险防控体系、金融支撑体系、企业孵化体系、人才建设体系。

上述只是简单罗列几个跨境电商综合试验区的主要任务，由于各地区位和定位存在差异，在具体的发展目标上各地也颇有不同。例如，广州提出建设成为全国跨境电商中心城市和发展高地；郑州则希望建设成为建设进出口商品集疏交易示范区、对外贸易转型升级示范区、监管服务模式创新探索区、内外贸融合发展试验区；深圳提出，要深化深圳、香港之间的电商合作。值得注意的是，郑州、苏州、宁波、青岛等综合试验区的实施方案中都提出，希望能通过跨境电商的发展促进传统贸易转型升级，扩大内需市场，提升进出口，这也是各地如此重视跨境电商的原因之一。

从综合试验区的实施方案来看，一个值得注意的趋势是，各地鼓励促进跨境电商出口要多于进口。以宁波为例，宁波在实施方案中提到，将实现跨境电商业务从 B2C 为主向 B2B 和 B2C 并重转变，从进口为主向进出口并举、以出口为主转变。郑州也提出，跨境电商综合试验区以促进产业发展为重点，以扩大出口作为主攻方向。合肥在实施方案中提出，以跨境电子商务 B2B 业务为重点，创新 B2B 业务进出口监管流程，引导 B2C 业务通关逐步转向 B2B 业务通关。

5. 杭州综合试验区经验：曾创造七个全国"第一"，10 项创新制度全国推广

（1）先行先试，制度创新为跨境破题

跨境电商属于新兴业态，国家层面定位为"先行先试"，杭州作为"先行先试"的试验田，在监管上没有成熟的模式可循。如何快速、规范地"跨境"，成为海关急需破解的课题。为此，杭州海关不断创新优化监管模式，保证了跨境电商在杭州的平稳起步。

杭州开园最早的跨境电商园区下城园区，首创跨境电商一般出口"清单核放、汇总申报"的通关模式，有效解决了通关难、结汇难、退税难等问题。该模式经国务院确认，成为跨境电商一般出口的全国标准通关模式。

杭州海关在杭州综合试验区不但首创了"清单核放、汇总申报"的通关模式，还创造了跨境电商海关监管领域的七个全国"第一"：

1）第一个使用跨境电商零售出口"清单核放、汇总申报"通关模式。

2）第一个开展跨境电商零售出口业务试点。

3）第一个开展跨境电商直购进口业务试点。

4）第一个开展跨境电商 B2B 出口业务试点。

5）第一个将"单一窗口"、关检合作"三个一""三互"要求应用于跨境电商监管。

6）第一个形成契合跨境电商发展的完整监管方案——《中国（杭州）跨境电商综合试验区海关监管方案》。

7）第一个实现跨境电商进出境商品"7×24 小时"通关。

随着杭州各跨境电商园区业务量的快速成长，在海关总署的支持和指导下，杭州海关总结综合试验区"先行先试"经验，逐步形成了一套适应跨境电商业态特点、"可复制可推广"的海关监管制度措施。2016 年 4 月 26 日，海关总署下发通知，将杭州海关在实践中摸索出来的 10 项创新制度措施在全国新设的 12 个跨境电商综合试验区进行复制推广：

1）推行全程通关无纸化。

2）明确"三单"数据传输主体，统一传输标准。

3）对 B2C 销售模式按照"B2B"通关。

4）实行"简化申报、清单核放、汇总统计"。

5）实行"税款担保、集中纳税、代扣代缴"。

6）允许批量转关。

7）创新退换货流程。

8）有效管控风险。

9）对接"单一窗口"平台，强化通关协作。

10）实行大数据共享。

（2）出圈的"杭州模式"，获 10 项创新成果

凭借自身先发优势，杭州综合试验区不断探索跨境电商综合试验区在制度、模式等多方面的创新，形成了跨境电商发展的"杭州模式"，为全国提供了可复制可推广的经验做法。

1）顶层设计架构全国复制。建成以"六体系两平台"为核心的适合跨境电商发展的政策体系和管理制度，并在全国 104 个新设的跨境电商综合试验区中进行复制。

2）数字化监管模式全国最全。推出三批 113 条制度创新清单，实施全国首个地方性跨境电商促进条例，打造"进口通关一体化服务平台""商品质量安全风险监测系统""跨境零售进口公共质保平台"，设立全国首个互联网法院跨境贸易法庭，率先开展跨境电商"小包出口""直邮进口""网购保税进口"、跨境 B2B 出口、特殊监管区出口，率先实现跨境电商 B2B 出口等四种模式全覆盖，建立起覆盖跨境电商 B2B 和 B2C 的监管业务模式。

3）数字化平台服务体系最完善。率先搭建全国首个跨境电商领域线上综合服务平台。

4）政企联动产业数字化转型活力最优。每年推出促进互联网外贸发展专项行动，联合平台举办阿里巴巴国际站"双品出海"、全球速卖通"鲸锐商家"、亚马逊全球开店直采大会等品牌出海活动，引导 15 个跨境电商产业头部企业上线，推动 13 个线下园区数字化转型。

5）跨境电商国际合作机制最健全。率先建设 eWTP 实验区，落地 eWTP 秘书处，上线全球首个 eWTP 公共服务平台，开展 eWTP 数字清关监管试点。整合 38 个国家（地区）的 95 个海外合作园区、合作中心、合作站点、海外仓资源，搭建跨境电商海外服务网络。

6）率先打造跨境电商全球中心仓模式。依托杭州综合保税区，探索非保税货物与保税货物"同仓存储"、出口贸易与进口贸易"同仓调拨"、小额贸易与大宗贸易"同仓交割"、外贸与内贸"同仓一体"。

7）率先推出跨境电商进出口退换货模式。成功走通保税出口包裹退换货业务、特殊区域跨境电商出口海外仓零售业务和 9610 模式下包机出口包裹退货业务的各环节。在全国率先推出跨境电商零售进口包裹退货新模式。

8）先行先试跨境电商出口零售税收政策。2015 年，杭州综合试验区提出"无票免税"政策，并得到国家有关部委的认可得以先行先试。2020 年 1 月 1 日，杭州综合试验区走通跨境电商零售出口企业所得税核定征收全国首单。

9）搭建全球领先跨境支付结算体系。支付宝、连连支付、网易支付、执御支付、珊瑚支付、亚联支付等全球知名跨境支付集聚，连连、PingPong 成为全国最大的第三方跨境支付平台。

10）率先建立多层次跨境电商人才培育模式。编制跨境电商人才标准和紧缺人才目录，获批全国首批跨境电商本科专业，组建全国首个跨境电商人才联盟，创新中国（杭州）跨境电商学院培育模式，开展覆盖领军人才、精英人才和实操人才的多层次培训。

杭州综合试验区自设立以来，加快先行先试，成为创新高地。全国首创"六体系两

平台"顶层设计，全国率先落地跨境电商 9610 模式、1210 模式、9710 模式、9810 模式等进出口业务，率先开展跨境电商立法，成为全国跨境电商进出口模式最齐全的城市之一，形成通关监管、物流仓储、税务优化、金融外汇等八个方面 46 项跨境电商制度创新案例，跨境电商便利化通关、税收、支付等相关政策向全国复制推广。

第四节 传统外贸企业转型跨境电商之路

一、传统外贸企业转型跨境电商的背景

由于经济、人才、技术等方面的限制，中小企业在"出海"途中，往往遭遇开店难、运营难以及物流难等痛点，时间、人力和运营成本较高，属于重资产投入。跨境电商平台本质上为中小企业提供了以轻资产投入触达海外用户的链路。以全球速卖通平台为例，第一，该平台可以提供覆盖全球 200 多国家和地区的流量支持，降低了建立传统线下渠道、开设办事处、寻找代理或者合作伙伴、投放广告等开拓海外市场的成本，直接面对全球 200 多个国家和地区的买家。第二，通过提供综合信息平台，一站式解决物流问题、支付问题。现在通过支付宝，以及和大部分支付机构的合作，全球速卖通已经可以解决卖家资金回笼的问题。而通过菜鸟物流和各地本地合作伙伴的网络，覆盖范围也在快递扩大。在物流方面，全球速卖通搭建起全品类、全链路的物流体系，能够提供从轻小件到 30kg 以上大型商品的物流解决方案，实现对跨境电商零售商品的全品类覆盖。在轻小件上，全球速卖通与菜鸟推出轻小件"合单"运输方式。根据大数据计算，对满足条件的相关订单所对应的商品进行合并，使其走更有效率优势的物流渠道，以此降低成本，提升客户体验。

针对 2020 年欧盟订单不断增加的情况，全球速卖通和菜鸟物流启动"欧洲提速"，在半年内完成中国到欧盟主要国家 2kg 以下跨境物流 10 日内到达，相比 2019 年提速一倍。在 2~30kg 区间的商品，海外仓成为降本提效的主要物流方式。全球速卖通通过在欧洲四国设立海外仓、在国内口岸周边设立"前置海外仓"（优选仓）等方式，确保供应链高效稳定和消费者体验优良。超过 30kg 的商品，通常是跨境零售电商物流的一个难点，此前没有成体系的解决方案。2020 年 9 月，全球速卖通开通全球首条大件物流专线，突破 30kg 以上商品物流难题，将单位体积运费降到原来的 70%。

很多传统的成熟"出海"品牌已经"出海"多年，对全球的某些区域形成了一定的覆盖。但在新的背景下，海信等传统的成熟"出海"品牌纷纷宣布与跨境电商开展合作，逐步由 B2B 向 B2C 业务扩展，从以客户为中心向以用户为中心渗透。此外，传统的成熟"出海"品牌尽管对全球区域形成了部分覆盖，但受企业成本等因素所限，大多只能覆盖某些重点市场，对于其他区域（比如人口较少的国家等）则无法实现完全覆盖。

传统品牌通过深度结合跨境电商平台，借助其在电商服务、用户运营、品牌营销、物流平台和全生态体系的数字基建能力，有望实现更大范围的覆盖，甚至可以挖掘到很

多长尾用户，将小需求变成大市场，挖掘海外市场增长的新亮点。

 扩展阅读

商务部：发展"跨境电商+产业带"，鼓励传统外贸企业转型跨境电商

商务部国际贸易谈判代表兼副部长王受文在国新办举行的新闻发布会上表示，继续培育跨境电商这个外贸新动能，有以下几个措施：

一是出台《拓展跨境电商出口、推进海外仓发展的若干措施》。二是发展"跨境电商+产业带"，鼓励传统外贸企业转型跨境电商，支持头部企业带动上下游供应链协同发展，依托各地的跨境电商产业园孵化更多初创企业。三是加强行业交流培训。今年准备加大培训力度，要培训 10 万人次。四是推动出台《跨境电商知识产权保护指南》。在跨境电商发展过程中，要确保它在头程、尾程、支付、营销、海外仓各环节都能保护知识产权。跨境电商是"一带一路"倡议中与共建国家开展合作的一个重要内容。将支持跨境电商综试区、"丝路电商"合作先行区的国际交流。

［资料来源：孙红丽. 商务部：发展"跨境电商+产业带"，鼓励传统外贸企业转型跨境电商［EB/OL］.（2024-01-26）［2024-07-07］. htps://baijiahao. baidu. com/s？id = 1789144078908367078&wfr = spider&for = pc.］

二、传统外贸企业转型跨境电商的动因

1. 内部动因

（1）人力成本增加

我国传统外贸企业主要集中于东南沿海一带，以传统制造业为主，这类制造企业大都为劳动密集型企业，以廉价的劳动力成本为优势。虽然这种方式在一定时期内为我国外贸企业获得了一定的利润，但随着人力成本的增加，传统外贸企业逐渐感到入不敷出，而跨境电商可为企业省去从参展到物流各个环节的人力成本和中间商成本，帮助传统外贸企业重获成本优势。

（2）缺乏核心竞争力

核心竞争力是指一个企业在资源、产品、人力等所整合的竞争力。世界范围内的经济危机导致国际需求减少，外贸市场的竞争越发激烈，而传统外贸方式已无法为企业获得新的增长点，导致无法培养企业特有的核心竞争力。而跨境电商作为新兴的外贸交易模式，其市场还处于未饱和状态，可为培育企业核心竞争力提供有力的发展空间。

（3）企业融资困难

随着大众对传统外贸企业的不看好，投资者对传统外贸行业的投资兴趣也在减少，导致传统外贸企业，特别是中小外贸企业融资越来越困难，而跨境电商的发展现处于爆发阶段，国家对其投入也越来越大，其发展态势已经形成，人们对其投资的积极性也被调动了起来。

2. 外部动因

（1）传统外贸行业发展前景不明朗

我国传统外贸一般都有指定的卖家，订单都是大批量交易，其经营方式有着固定的程序，但随着订单日趋碎片化和顾客对产品附加值的要求越来越高，导致行业在国际竞争中很难占据优势。自 2010 年以来，我国进出口外贸总额虽然在总量上有所提升，但其增速整体呈下降趋势，未来发展形势依旧严峻。

（2）跨境电商行业发展趋于成熟

虽然外贸环境不太理想，但跨境电商的热度却只增不减，同比增长率保持在 30% 左右。进口方面，以天猫国际和京东国际为首的跨境电商进口平台，为普通消费者提供了比传统外贸更为便捷的购买方式。出口方面，亚马逊、全球速卖通等网站发展迅速，也为我国传统外贸企业提供了销售产品的平台。此外，以邮政为主的国际物流，以及以支付宝、银联等为主的跨境支付行业的发展也均趋于成熟，跨境电商已然成为我国传统外贸企业的新贸易方式。

（3）"互联网+"计划的提出

"互联网+"行动计划已上升到国家战略层面，受到政府的高度重视和鼓励，互联网与传统制造业的结合成为必然趋势。在这一大背景下，跨境电商作为"互联网+外贸"的一种具体实践形态，越来越受到政府的关注和扶持，各种利好政策不断出台，从而推动了陷入发展困境的传统外贸企业纷纷转型跨境电商。

三、传统外贸企业转型跨境电商的难点

传统外贸企业在转型跨境电商过程中面临的主要难点包括物流挑战、支付风险、诚信问题、品牌和产品问题、供应链问题，以及人才缺乏。

1）物流挑战：跨境电商面临高运费、高关税和安全性等物流难题。由于跨境物流的成本和风险较高，这增加了企业的运营成本，同时还可能因为货物丢失或损坏等问题导致产生额外损失。

2）支付风险：涉及外汇兑换风险和资金安全风险。跨境电商需要处理不同货币的兑换，这涉及汇率波动和资金安全的问题，增加了企业的财务风险。

3）诚信问题：在经济纠纷时如何公平仲裁、保障买卖双方利益也是亟待解决的问题。跨境电商涉及不同国家和地区，如何确保交易的公平性和诚信成为一个挑战。

4）品牌和产品问题：中小企业开展跨境电商存在知名品牌少和产品附加值低的问题。在竞争激烈的电商市场上，品牌知名度低和产品缺少特色使得企业在竞争中处于不利地位。

5）供应链问题：供应链的快速反应能力差导致不能实现柔性供货，以及税收和"山寨"问题也是传统外贸企业转型跨境电商时面对的挑战。

6）人才缺乏：跨境电商人才的缺乏给中小企业跨境电商发展形成了一定的掣肘。缺少具备跨境电商经验和技能的人才，影响了企业转型的效率和成功概率。

为了克服这些难点，企业需要从多方面发力，包括强化跨境电商人才队伍建设、完

善市场开拓策略、提升海外仓建设运营水平等。同时，企业也需要适应新的商业模式、培养电商思维、了解客户需求，以及有效管理供应链和物流环节，以确保转型成功。

四、传统外贸企业转型跨境电商的策略

传统外贸企业转型跨境电商的趋势正在加速，成为外贸领域的一大亮点。随着跨境电商的蓬勃发展，传统外贸企业正通过各种途径介入跨境电商业务，尽管面临一些现实困境，但转型的趋势不可逆转。传统外贸企业可以成功转型为跨境电商，拓展国际市场，提升品牌影响力，并实现业务的持续增长。

（1）建立品牌沉淀

传统外贸企业在转型跨境电商时，应选择合适的平台进行产品展示，如亚马逊，因为亚马逊更适合做产品的沉淀，通过客户对产品的真实反馈来不断优化产品。此外，应重视产品的运营和推广能力，因为这些能力是难以被模仿的。找准细分类目，优化首图和标题，提高店铺表现，以获得更多的曝光量和销量。

（2）利用跨境电商的优势

跨境电商冲破了国家间的障碍，使国际贸易走向无国界贸易，同时正在引起世界经济贸易的巨大变革。传统外贸企业应利用这一趋势，通过跨境电商平台拓展国际市场，实现经济一体化和贸易全球化。

（3）优化运营能力

通过优化管理跨境电商平台账号，对公司的产品线进行统一梳理，制定统一的工作流程和服务标准，协助各个子公司完成产品上架、处理询盘、促成订单、对接工厂等环节，力求用更加高效的服务来实现业务增长。同时，通过产品信息化的实现，为跨境出口零售提供最全、最准、最优的产品库，使得 B2C 电商能在其中优选出适合的产品。

（4）海外仓布局和物流服务提升

加快培育外贸新动能，优化海外仓布局，提升物流服务效率，以提升客户体验和满足市场需求。这包括加快跨境电商基础设施建设、优化物流服务和海外仓布局，以及注重人才培养和技术革新。

（5）参加展览和活动

鼓励跨境电商企业参加国际展览和活动，如中国进出口商品交易会（广交会）和全球数字贸易博览会等，以拓展国际视野、增加品牌曝光度，并与外商建立国际合作关系。

（6）知识产权保护

在跨境电商发展过程中，确保在各个环节都能保护知识产权，可以通过出台《跨境电商知识产权保护指南》来加强知识产权的保护和管理。

习 题

一、填空题

1. 我国跨境电商经历了起步期、成长期、_____ 三个阶段，现已进入了_____。

2. 在跨境电商 1.0 阶段，_____、_____是典型的代表平台。

3. 跨境电商生态圈包括买家及卖家、_____、政府、专业服务机构和_____。

4. 我国跨境电商政策发文形式主要以_____与_____为主，这两类文本大多针对跨境电商的具体领域进行指导。

5. 2016年1月6日，国务院常务会议决定，在宁波、天津、上海、重庆、_____、郑州、广州、_____、大连、青岛、深圳、苏州12个城市新设一批跨境电商综合试验区。

二、选择题

1. 曾创造七个全国"第一"、10项创新制度在全国推广的是(　　)综合试验区。

A. 上海　　　　　　B. 杭州　　　　　　C. 深圳　　　　　　D. 天津

2. 《中华人民共和国电子商务法》正式实施的时间是(　　)。

A. 2018年9月1日　　　　　　　　　　B. 2018年12月18日

C. 2019年1月1日　　　　　　　　　　D. 2020年1月1日

3. 提出"建设三大平台、拓展四大服务功能、构建五大服务体系"的是(　　)综合试验区。

A. 宁波　　　　　　B. 上海　　　　　　C. 杭州　　　　　　D. 深圳

4. 2023年商务部公布跨境电商综合试验区评估结果，不在第一档的是(　　)。

A. 宁波　　　　　　B. 成都　　　　　　C. 苏州　　　　　　D. 厦门

5. 截至2023年年底，我国跨境电商综合试验区共有(　　)个。

A. 88　　　　　　　B. 105　　　　　　C. 147　　　　　　D. 165

三、判断题

1. 我国跨境电商产业链可分为出口跨境电商类、进口跨境电商类、跨境电商服务商类等三类。

(　　)

2. 2013年成为跨境电商重要转型年，跨境电商全产业链都出现了商业模式的变化。这一阶段称为全产业链生态融合阶段。　　　　　　　　　　　　　　　(　　)

3. 跨境电商综合试验区最关键的一个字是"试"：解放思想、大胆地试。　　(　　)

4. 传统国际贸易政策促进机制与监管方式可以完全复用于跨境电商。　　(　　)

5. 在"跨境电商+产业带"中，跨境电商与产业带是双向促进的关系。　　(　　)

四、简答题

1. 简述跨境电商生态圈的建设。

2. 简要分析我国跨境电商的政策组合。

3. 简述设立跨境电商综合试验区的目的。

4. 谈谈传统外贸企业转型跨境电商的外部动因。

5. 简述传统外贸企业转型跨境电商的策略。

习 题 答 案

第三章
出口跨境电商

引例

据中新网广州 2024 年 8 月 16 日电,《2024 中国出口跨境电商发展趋势白皮书》(以下简称《白皮书》) 在中国 (广州) 跨境电商交易会上发布。《白皮书》从宏观产业发展趋势到微观企业增长需求进行了全面解析,明确提出,中国出口跨境电商已迈向高质量出海的新阶段,并分享了在新发展阶段下的六大创新路径。

据悉,这是亚马逊全球开店第六次发布年度行业发展《白皮书》。其每年都致力于基于海外电商消费和中国出口跨境电商的实际发展情况,有针对性地解析发展趋势、解锁增长路径。2024 年,《白皮书》聚焦以"全方位创新"驱动"高质量出海",提出了贯穿产品、技术、运营、供应链、品牌和商业模式的六大具体创新路径。

亚马逊中国副总裁邱胜表示,随着中国出口跨境电商不断跑出加速度,我们看到的不仅是产业规模的增长,还有产业综合实力的攀升,包括地域分布更广泛、出口品类更多元、人才储备更雄厚、产业服务更完善、全球布局拓宽、品牌打造加速、科技创新走深等。在此背景下,高质量"出海"既是出口跨境电商产业发展的大势所趋,也是各个企业自身发展的切实需求。

我国出口跨境电商的发展呈现出强劲的增长势头,成为外贸增长的重要动能。中国卖家可以利用出口跨境电商平台来拓展海外市场,实现中国品牌"出海"。本章将介绍国内外主要的出口跨境电商平台。

本章学习目标

(1) 了解我国出口跨境电商的现状。

(2) 认识我国的"出海四小龙":全球速卖通、SHEIN、Temu、TikTok Shop。

（3）重点了解亚马逊、独立站及建站平台。

（4）了解 eBay、Walmart、Lazada。

（5）熟悉敦煌网与阿里巴巴国际站。

第一节 出口跨境电商概述

出口跨境电商是指分属不同国家或地区（不同关境）的交易主体，利用互联网或移动互联网络，通过各智能终端，实现将主体所属的境内产品销售给境外企业或终端消费者的国际商业活动。其中包括终端消费者与商品销售者线上交易意向的达成，进而完成支付结算，并通过跨境物流送达商品等环节。

艾瑞咨询《2023 年中国跨境出口电商行业研究报告》指出，近年来全球经济发展承受下行压力，进出口贸易受到供应链危机、地缘争端、地区保护主义等多重因素影响发展承压，但由于逆全球化的高成本，世界各国家地区基于比较性优势进行商品和服务的交易前景依旧可期。同时，随着产业结构升级、政策鼓励和技术进步的深入推进，我国出口跨境电商迎来了新的发展机遇。

一、我国出口跨境电商行业发展现状

1. 发展历程上，当前行业迈入立体化发展阶段，高质量发展是核心基调

数十年来，我国出口跨境电商行业经历了从构建信息平台、发展交易服务、完善生态链条到追求立体化发展的演变进程。发展之初，跨境出口 B2B 平台率先探索出信息撮合和交易服务的商业及盈利模式；随后，国内跨境出口卖家业务拓展需求的激增进一步推动了平台与服务商市场的繁荣，并为后续卖家品牌化培育打下良好基础；最后，随着合规与标准化体系的建立，行业也正式迈入高质量发展阶段，通过前期在品牌、渠道、供应链、营销等方面的经验积累，各大平台与服务商加强资源整合，为品牌商提供更全面的一站式服务，提升跨境出口业务便利度，促进行业健康有序发展。

2. 行业规模上，精细化发展趋势为主导，未来体量有望迎来新突破

2017 年—2021 年，我国出口跨境电商行业规模持续保持着高于 20% 的同比增速，2021 年跨境出口电商行业规模已突破 6 万亿元。2022 年跨境出口电商行业边际增速受挫，但全年依旧实现了 9.4% 的同比正向增长，规模也达到了 6.6 万亿元。

二、我国出口跨境电商品类分析

1. B2C 方面，传统优势品类继续领跑，新兴品类蓄势待发

2022 年跨境出口 B2C 品类 TOP3 分别为服饰鞋履、3C 电子和家居，总和占比超过六成。未来的潜力赛道主要聚焦在户外用品和美妆之上，其中户外用品主要受健康生活观念普及度提升的影响，我国户外品牌或有机会通过发挥制造产业链优势在其他发展中国家找到新机遇。与此同时，受益于国内美妆产业链逐步成熟带来的外溢效应以及新兴短视频、直播"出海"媒介的兴起，美妆作为新兴出口品类正在逐渐发展壮大，主要优势市场聚集在拉美、东南亚和中东地区，未来随着市场渗透的加深，美妆品类占比也会持续提升。

2. 在 B2B 方面，工具设备、轻工纺织品类具备较好产业基础，新能源、储能为潜力赛道

凭借制造业优势，工具设备、轻工纺织和家居产品稳居跨境出口 B2B 品类高位，多年的生产运营经验为这些品类的出口提供了良好的产业基础，产品分布现状短期内会保持稳定。基于政策发展导向和行业结构变化的综合考量，新能源汽车零配件与户外储能产品有望成为 B2B 出口电商潜力品类，在非洲、南美洲等地区找到新的市场机会。

3. 在品牌占比方面，B2B 与 B2C 品牌化程度有待加强，精细化、品牌化发展成为大势所趋

跨境出口卖家现已逐步向品牌化、高附加值的产品进行探索，若以商标注册为衡量标准，2022 年跨境出口 B2C 电商领域已有近四成卖家实现了"商标化"布局，但若以知名度为品牌化标准，仅有不到两成的卖家实现了有效的品牌化布局。未来在品牌化发展的大趋势之下，预计 2025 年 B2C 和 B2B 品牌化率将分别达到 20%～30% 和 13%～20%。品牌化率的提升在带动产业链转型的同时，也有助于企业利润率的优化和管理能力的提升。

三、我国出口跨境电商地域分析

1. 产业集群分析

（1）依托各地区产业优势，主要分布在出口活跃度较高的沿海地区与部分中西部地区

我国跨境电商产业集群主要分布在靠近产业带及出口活跃度较高的地区，包括广东、福建、江苏、浙江、山东、河南、四川及重庆。一方面，靠近产业带能够快速响应市场需求，实现"前店后厂"模式；另一方面，产业带地区所对应的优势产业已形成较为完备的产业链，能够满足跨境卖家"产研销一体化"的需求。此外，出口活跃度较高的地区，其贸易政策与基础设施等相对完善，能够吸引跨境卖家集聚。

（2）集群所在地跨境电商生态较为完善，多方位支持跨境卖家"走出去"

截至 2023 年年底，全国共设立 165 个跨境电商综合试验区，其中跨境电商产业集群所在地分布多个试验区，政策优势明显。除政策支持外，跨境电商产业集群所在地拥有较为完备的物流体系，"海陆空"基础设施较为稳固，能够有效降低跨境卖家的运输成本，并提高运输效率。

2. 主要出口地分析

据海关总署数据，美国为中国跨境出口电商第一大目的地，欧美等成熟市场仍为中国跨境卖家的主要目标。随着相关自由贸易协定与《区域全面经济伙伴关系协定》政策的落地，新兴市场逐步成为跨境卖家新一轮的"掘金点"，中国跨境出口电商的贸易伙伴趋于多元化。从零售端观察，泰国、马来西亚、菲律宾、越南和新加坡五个东南亚国家的电子商务零售额增速居于全球前十，电商生态欣欣向荣，相较于较为饱和的欧美市

场，东南亚市场正在逐步崛起。

（1）美国：渠道竞争趋于白热化，不确定性事件频发增加出口难度

美国电商发展起源较早，已形成较为成熟的电商体系，其中亚马逊为美国的头部电商平台。但在美国经济下行期，以 TikTok、Temu 与 SHEIN 为代表的跨境电商平台一跃而起，基于低价策略开发美国消费市场。由于三者在受众人群及供应链等方面存在重合，导致内部竞争激烈，并对外逐步侵蚀其他平台的市场份额，渠道竞争进入白热化阶段。此外，美国政府陆续出台相关贸易保护政策或其他相关规定，对我国出口跨境电商行业造成多方位冲击，增加跨境出口难度。

（2）欧洲：电商环境越发成熟，市场仍存在开拓空间，风险因素不可忽视

欧洲企业采购商与消费者逐渐习惯于线上购物，预计 2025 年欧洲 B2B 电商销售额将达到 1.8 万亿美元，约 41% 的欧洲企业积极介入 B2B 电商。从 C 端来看，2022 年欧洲网购用户占互联网用户的比例逐步趋近于同年中国网购用户渗透率。从区域分布看，西欧 B2C 电商市场发展最为成熟，2021 年电商销售额占整体欧洲市场的比例达 63%。此外，东欧电商销售额增速强于西欧，市场潜力较大，跨境卖家可借助国家战略支持积极开拓。但不可否认，跨境卖家面对欧洲市场需克服"去工业化""罢工潮"以及高合规要求等困难，需要重视可能存在的风险因素，以避免造成损失。

（3）东南亚：电商 GMV 高速增长，发展机遇与挑战并存

东南亚国家网民数量不断增长，加之中国互联网巨头加码等利好因素，2022 年东南亚重点国家电商 GMV 已达 131 亿美元，预测 2025 年将达到 211 亿美元，复合年均增长率 CAGR 达 17%。《区域全面经济伙伴关系协定》全面生效后，中国与东南亚市场的货物贸易关税将进一步下降，且社交媒体的流量优势能够驱动当地电商转化率提升。但跨境卖家开设本土店铺的难度较高，且相对较高的物流配送成本会挤压利润空间，这均会制约东南亚市场的高速发展，未来伴随电商生态环境的持续优化，其现实困境有望逐步纾解。

四、我国出口跨境电商发展趋势

（1）跨境电商平台多元化：平台企业类型多元与模式创新并驱，为跨境"出海"企业提供更多布局选择

"出海"赛道竞争越发激烈，企业类型多元化和布局差异化的特征也开始显现。国内互联网巨头主要采用将国内的营销及运营模式复制到海外市场的打法策略，传统跨境电商头部企业则是通过服务体系的横向拓展和纵向加深等方式进行模式创新，而独立站头部平台也在进行第三方平台模式的探索和品类扩展，尝试突破自营型平台可能面临的增长瓶颈。

（2）卖家多渠道布局寻求增量：多平台、线下与社交媒体相结合的布局策略将会被广泛应用

受平台合规和市场政策不确定性的影响，国内卖家对于多渠道布局的关注度显著上升。同时，基于渠道拓展的大趋势，线下和新兴媒体也将成为卖家群体重点关注和计划拓展的核心渠道，以加深本地化服务能力和拓展流量入口，达到提升用户满意度和品牌知名度的目标。

（3）商品出口带动服务出口：商品出口成熟和品牌化带动跨境服务生态发展

在我国跨境电商品牌化和多平台发展的趋势下，精细化运营的重要性凸显，跨境卖家对营销、金融、供应链等各类增值服务需求的提升直接带动了跨境电商服务生态的发展。未来随着大数据、云计算、AI 等数字技术在跨境出口服务链路各环节的深度应用，产品运营效率将会进一步提升，提供产品和服务的成本降低，跨境服务将会快速发展。

（4）服务出口呈现平台服务生态化和跨境服务纵深化趋势

服务出口趋势一：平台服务生态化。平台延伸服务链条，呈现生态化特征。作为跨境电商生态链的核心组成部分，跨境电商平台以为上下游提供交易服务为基础，业务链条逐渐延伸至选品、营销、物流、支付、合规等增值型服务领域，显现出生态化趋势。生态布局策略通常分为内部能力拓展和外部投资/合作，头部企业基于自身特征与优势，或侧重内部孵化、吸引服务商集聚，或基于平台基础加大投资并购力度、拓宽能力象限。头部平台将会保持经营策略，持续扩容服务生态、加速链式扩张，未来新兴企业随着业务成熟也会跟随头部企业的步伐展开生态化布局，提升自我竞争力和货币化能力。

服务出口趋势二：跨境服务纵深化。深化增值服务及配套设施布局，提升跨境服务韧性。随着行业的成熟发展，服务商作为跨境产业链软硬件配套设施关键供给方的重要性凸显。以物流和金融服务为例，我国跨境服务的自主性和韧性还有待进一步提高，未来的发展方向，一方面将会来自海外硬件设施和关键节点的建设或合作，另一方面则会来自对用户需求方向的深度洞察及相关科技的成熟应用。

🖱 **扩展阅读**

我国出口电商的五大红利期

互联网巨头发展的关键事件为我国的跨境电商从业者们留下了巨大的红利，也成就或影响了后来几乎所有的我国跨境电商卖家们。我国出口电商的五大红利期如图 3-1 所示。这五个红利期并没有严格的时间划分，是彼此叠加、重合的。

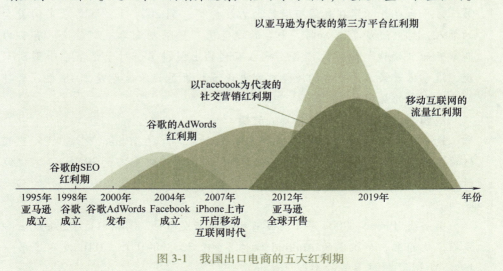

图 3-1　我国出口电商的五大红利期

第一个红利期是谷歌的 SEO

谷歌革命性的网页排名算法，使得搜索结果的相关程度大大提高。一些有网站建设能力的早期卖家，发现了这一红利机会，通过自建网站，利用对谷歌网页排名规则的理解和一些技术手段，迅速提升网站排名，获取网站搜索结果前列的巨大免费流量。这一红利期从 2000 年左右开始，到 2011 年谷歌推出强大的反垃圾网站的熊猫算法截止。这一时期典型的销售产品有游戏金币及仿制品等。

第二个红利期是谷歌的 AdWords

随着谷歌的发展，越来越多的网民通过搜索引擎寻找他们感兴趣的商品。在 2001 年左右，谷歌正式推出了基于竞价排名的 AdWords 广告系统（后改名为 Google Ads），也正式开启了一段长达十几年的流量红利期。

第三个红利期是以亚马逊为代表的第三方平台

从 1995 年创立起，亚马逊开始以邮购图书起步。经过多年的发展，到 2012 年已成功将近 3 亿名消费者从线下发展到了线上。这时候，亚马逊平台上有海量用户，但因为缺少中国这个世界工厂的接入，商品的丰富程度还有所欠缺。2012 年，随着亚马逊中国全球开店计划的推出，延续至今的第三方平台红利期随即开启。

我国生产的大量质优价廉的商品借助"全球开店计划"随即蜂拥进入亚马逊平台，这也很好地满足了渴求质优价廉商品的亚马逊用户们的购物需求。从 2012 年亚马逊开始全球开店到 2018 年，亚马逊迅速成长为数十万名中国卖家参与、拥有数千万种商品、交易额达上亿美元的巨大跨境零售业态。这一时期的典型代表包括环球易购、通拓科技、傲基（AUKEY），以及坂田五虎等，也成就了包括 ANKER、泽宝、出门问问等一批以产品开发能力见长的研发型卖家和不少有实力的工厂型卖家。在看到亚马逊巨大成功后，2015 年前后，更多其他第三方平台也开始了在我国市场的大力度招商。到 2018 年，随着众多同类卖家的涌入，站内流量竞争加剧，平台的规范化开始限制刷单、刷评论，有实力的商家开始"烧钱"做站内广告，抢占有利的上架排名。对于很多中小型商家来说，这意味着第三方平台的流量红利也逐渐接近尾声。这也是 2018 年以来独立站呼声渐高的原因之一。

第四个红利期是移动互联网的流量

这一红利期起始于 2007 年首款 iPhone 的上市。在 iPhone 之前，PC 互联网链接了世界上大约 13 亿名用户。2007 年，经由乔布斯发布的 iPhone，不仅像他说的"重新发明了电话"，而且也开启了影响全球数十亿名互联网用户的移动互联网。

第一代 iPhone，2007 年 1 月 9 日由乔布斯发布；2007 年 11 月，安迪·鲁宾发布了他的第一个版本的 Android 操作系统；2008 年 9 月，HTC 发布了第一款搭载 Android 操作系统的 HTC Dream。

随着谷歌以安卓的开源政策来对抗 iOS，免费的开源安卓系统逐渐成为全球最主要的智能手机操作系统。此后数年，得益于我国强大的生产制造能力，包括 iPhone 和内置安卓系统的数十亿部质优价廉的手机在全球各地发售，众多原来受限于网络基础设施不完善的发展中国家市场（比如东南亚国家、非洲国家等）迈过互联网时代，直接跨入了移动互联网时代。在发展中国家互联网普及率快速上升的同时，全球网络流量也从 PC 互联网快速向移动互联网迁移。移动互联网用户数在 2014 年超过了 PC 互联网用户数，成为互联网的主要接入设备。

第五个红利期是以 Facebook 为代表的社交营销

这一红利期开始于 2008 年前后，随着 2012 年 Facebook 发布的第一支信息流广告而逐渐走向高峰。从这之后，Facebook 广告以其精准的用户定位（Facebook 拥有大量用户的真实身份、行为、兴趣的大数据）、广泛的覆盖（全球近 20 亿名用户）以及丰富的信息流广告形式，开启了延续至今的社交媒体营销的巨大红利商机。借助这一红利，大量靠 Facebook 信息流广告推动的时尚类跨境电商迅速诞生并发展，比如 Sheinside、Zaful、Romwe、Tidebuy 等都是其中的优秀代表。

［资料来源：陈述出海．海外电商独立站火爆：中国出口电商的 5 大红利及 5 大机会！［EB/OL］.（2019-01-15）［2024-08-07］.https://www.ikjzd.com/articles/15139.］

第二节　出口跨境电商案例之一——全球速卖通、SHEIN、Temu、TikTok Shop："出海四小龙"

全球速卖通、SHEIN、Temu、TikTok Shop 号称我国出口跨境电商"四小龙"，限于篇幅，下面仅介绍全球速卖通和 SHEIN。

一、全球速卖通

1. 全球速卖通简介

全球速卖通（AliExpress）于 2010 年正式创立，是阿里巴巴旗下的面向国际市场打造的跨境电商平台，被广大卖家称为"国际版淘宝"。全球速卖通面向海外买家客户，通过支付宝国际账户进行担保交易，并使用国际物流渠道运输发货，是全球第三大英文在线购物网站。全球速卖通目前已经开通了 18 个语种的站点，覆盖全球 220 多个国家和地区。

全球速卖通覆盖 3C、服装、家居、饰品等 30 个一级行业类目；其中优势行业主要有：服装服饰、手机通信、鞋包、美容健康、珠宝手表、消费电子、计算机网络、家居、汽车摩托车配件、灯具等。适宜在全球速卖通销售的商品主要包括服装服饰、美容健康、珠宝手表、灯具、消费电子、电脑网络、手机通信、家居、汽车摩托车配件、首饰、工艺品、体育与户外用品等。

截至 2024 年 3 月，全球速卖通手机 App 用户为 818 万人。2024 年 6 月 3 日，全球速卖通联合菜鸟开通"欧洲杯专线"，在广东东莞落地一体化欧洲专仓，专门承接发往欧洲的跨境商品，简化发货流程，"全球 5 日达"再提速。2024 年 7 月 2 日，全球速卖通已落户西永跨境电商产业园。

2. 全球速卖通的发展历程

全球速卖通自成立以来，已经发展成为面向国际市场的重要电商服务提供者。它的发展历程可以分为几个重要阶段：

1）初始阶段（2010 年—2012 年）：全球速卖通成立之初，主要业务是小额批发，售卖的商品以白牌[⊖]为主，即没有商标的商品。这个阶段，全球速卖通主要依靠丰富产品池来攻占海外市场。

2）转型阶段（2013 年—2016 年）：从 2013 年开始，全球速卖通从小额批发转向面向终端消费者（toC）的平台。这个阶段，全球速卖通开始投入资源招募中国品牌，并在一些重点国家（如俄罗斯）进行本地化投入，增强物流、支付等电商基建能力。

3）多元化发展阶段（2017 年至今）：自 2017 年开始，全球速卖通的业务向多元化方向发展。这个阶段，全球速卖通背靠阿里巴巴集团的大数据和产品技术能力，满足不同国家用户的需求，同时推动中国"国潮"产品热卖至全球 220 多个国家。

全球速卖通不仅帮助中国传统"贴牌"制造商完成转型并开拓海外市场，还通过专业的团队和平台的丰富性赋能凸显了作为平台生态的力量。其成功得益于中国强大和完整的供应链和产业链体系。全球速卖通通过"网上丝绸之路"成为连接中国与全球市场的桥梁，助力中国中小企业走向世界，同时也促进了"一带一路"沿线国家的经济发展。

3. 全球速卖通的特点与优势

（1）进入门槛低

无论是企业还是个人，都可以在平台上发布产品，没有对企业组织形式与资金的限制，使得许多小企业能够迅速从事出口业务。

（2）交易流程手续简便

出口商不需要设立企业，出口报关和进口报关全部由全球速卖通物流完成，买卖双方的订单生成、交付、收款和付款都在网上完成。

（3）商品种类繁多，价格低廉

我国作为制造业大国，具有成本优势且商品工艺成熟，全球速卖通上的商品种类繁多，价格低廉，为外国消费者提供了更多的选择和更低的价格。

（4）没有关税支出

由于全球速卖通业务的单笔订单交易量小，发出的包裹价值普遍较低，没有达到进口国海关的最低关税门槛，因此没有关税支出，大大降低了消费者的购买成本。

（5）物流快递便捷

全球速卖通与多家物流公司合作，支持全球配送，消费者可以根据需求选择快递方

⊖　白牌通常指的是没有品牌和商标的产品。

式，可随时跟踪最终订单进度，提高购物体验。

（6）支持多种语言和货币

平台支持多种语言和货币，使得全球消费者可以轻松购买他们需要的商品。

（7）提供安全付款和物流服务

全球速卖通提供了一系列的安全付款和物流服务，以确保消费者的购物体验。

4. 全球速卖通的创新与发展

全球速卖通通过不断的技术创新和服务升级，成功吸引了大量海外买家客户，成为全球第三大英文在线购物网站。该平台通过支付宝国际账户进行担保交易，并使用国际物流渠道进行运输发货，为卖家和买家提供了便捷安全的交易体验。截至 2024 年 3 月，全球速卖通手机 App 用户数量大幅增加，同比大增 130%，创下自 2016 年开始相关统计以来的最高纪录。

在物流服务方面，全球速卖通与菜鸟网络紧密合作，推出了"全球 5 日达"服务，这一服务在上线半年后进行了全面升级，新增服务国家包括德国、法国、葡萄牙、沙特阿拉伯、美国和墨西哥等核心市场，进一步提升了物流效率和服务质量。此外，全球速卖通还推出了半托管模式，通过为卖家提供物流升级和其他增值服务，帮助卖家提高销量和客户满意度。这种模式不仅解决了跨境卖家的物流问题，还通过 Choice 频道的优选商品，为消费者提供了包邮、物流更快、售后更好的购物体验。

全球速卖通继全托管、半托管模式之后，再度推出海外托管模式，为备货海外的商家提供全新的经营托管服务。在海外托管模式下，商家负责发货履约环节，包括上传商品信息、维护库存和仓配物流等，而平台则承担经营环节，包括广告投放、营销运营推广、商品上架销售和客服支持等。这一模式不仅为商家提供了更多的自主权，还让他们能够享受到全球速卖通丰富的营销资源和专业支持。海外托管模式的主要招商对象是具备海外仓能力的跨境商家。这一模式为商家提供了更多的清货渠道，有助于他们更好地管理库存，提高销售效率。同时，商家还能享受到专属流量推荐、前台专属标识、首页固定入口等营销资源支持，进一步提升品牌曝光度和销售额。

全球速卖通还通过实施一系列改革措施，如上线新产品 Choice，以及通过分层运营和优选模式，为消费者提供更具性价比的货品。这些措施不仅提高了平台的流量和运力支持，还促进了平台的整体增长。据报道，2023 年 12 月 31 日季度数据显示，AIDC（阿里国际业务）收入同比增长 44%，整体订单同比增长 24%，显示出全球速卖通在跨境电商领域的强劲增长势头。

扩展阅读

全球速卖通的商品/商家好评率和商家信用积分的计算模式

1）好评率的计算：好评率是通过计算 6 个月内的好评数除以（6 个月内的好评数+差评数的总和）来得到的。成交金额在 5 美元以下的评价，将不影响好评率及好评数的统计。此外，可以通过两种途径查看全球速卖通好评率：在首页点击"feedback"进行查看或将鼠标移至店铺名称查看。

2）信用积分的计算：评价为好评，则信用积分加1分；评价为中评，则信用积分不变；评价为差评，则信用积分减1分。不论订单金额，信用积分都按照这样的规则进行计算。

3）评价的细节：同一个买家在同一个自然旬内对同一个卖家的评价有一定的规则。如果买家在同一个自然旬内对同一个卖家只做出一个评价，该评价的星级即为当笔评价的星级。如果做出多个评价，好评、中评、差评都只各计一次（包括一个订单中有多种商品的情况）。对于卖家分项评分，如商品描述的准确性、沟通质量及回应速度、物品运送时间合理性三项中的多次评分只算一次，计算方法为买家对该分项评分总和除以评价次数。

4）特殊情况的处理：成交金额低于5美元的订单、买家提起未收到货纠纷或特殊情况的评价，如运费补差价、赠品、定金、结账专用链接、预售品等的评价，不作为计算结果。

5）评价时间和追评：买家和卖家可以在订单结束后30天内给对方留评，买家在留评后可以在150天内进行追评，双方需在交易完成的30天内完成评价。如果买家支付成功后取消订单，也可在订单结束后的30天内留评。

二、SHEIN

1. SHEIN 简介

SHEIN，中文名希音，创始人兼CEO许仰天，成立于2012年。总部位于中国广州，产业链布局于广东，是一家国际B2C快时尚电子商务公司，主要经营女装，同时还提供男装、童装、饰品、鞋、包等时尚用品，进入北美、欧洲、中东、印度、东南亚和南美等多个市场。

2008年，南京点唯信息技术有限公司（SHEIN的前身）成立，早期经营跨境婚纱电商；2012年以SHEINSIDE.COM的域名转型跨境女装，主要面向欧美、中东市场。2015年，SHEINSIDE更名为SHEIN，将总部迁至广州番禺南村镇，打造供应链体系，与供应链上下游资源整合。2020年，各大快时尚品牌关闭线下门店时，SHEIN销售收入增长了398%，达到157亿美元。2021年，快时尚电子商务应用SHEIN取代亚马逊成为美国iOS和Android平台下载量最多的购物应用之一。2023年4月，快时尚跨境电商品牌SHEIN在巴西、美国推出上线平台模式，5月6日SHEIN正式宣布推出平台模式，进一步推广至全球市场，各个市场的本地品牌、商家以及全球第三方卖家入驻SHEIN平台，提升了在全球市场上的综合竞争力。

2. SHEIN 的发展历程

1）成立与初期发展：SHEIN，原名SHEINSIDE，成立于2012年，最初专注于时尚女装赛道，打造了同名自有服装品牌。公司最初的业务主要面向欧美、中东、东南亚等市场。

2）供应链建设：为了强化对供应链的把控，SHEIN将大量业务迁往服装产业链最为完备的广州，并在制衣厂聚集的番禺地区组织起了庞大的供应商网络。此外，SHEIN 还进行了自主研发设计，建立了美洲仓和欧洲仓，覆盖全球 150 多个国家和地区，主要面对欧美和中东等消费市场。

3）技术创新与数字化转型：SHEIN 骨子里蕴含的互联网与技术基因赋予了它远超同行的数字化技术敏感度和利用率。公司使用数字化工具和团队时刻捕捉市场潮流变化，通过一条涵盖设计、下单、生产、物流、测款、决策等全流程的数字链路，实现了实时透明的信息流管理。

4）平台模式拓展：2023 年 4 月，SHEIN 在巴西、美国推出上线平台模式，5 月 6 日正式宣布推出平台模式，进一步推广至全球市场。这一举措吸引了各个市场的本地品牌、商家以及全球第三方卖家入驻 SHEIN 平台，提升了在全球市场上的综合竞争力。

5）估值与融资：2020 年，SHEIN 在完成五轮融资后的估值跃升至 150 亿美元。至 2023 年 5 月，SHEIN 最新一轮融资后估值已经达到 660 亿美元。

6）全球化布局：SHEIN 在全球范围内设有多个重要分支和分支机构，包括南京、深圳、广州、常熟，以及美国、比利时、阿联酋等地，全球员工超过 1 万人。

7）品牌扩张与代言：2024 年 6 月 20 日，SHEIN 正式进军韩国市场，并宣布某知名演员代言旗下品牌 Dazy。

通过上述发展历程可以看出，SHEIN 从一个小众品牌逐渐发展成为具有全球影响力的跨境电商品牌，其成功的原因不仅在于产品的创新和市场的精准定位，还在于其对供应链的精细管理和数字化转型的战略部署。

3. SHEIN 的特点与优势

1）业务模式：SHEIN 是一家位于广州的快时尚电子商务公司，提供女装、男装、童装、饰品、鞋、包等多种时尚用品。

2）供应链管理：采用"小单快反"模式，通过数字化技术精准把握潮流趋势，快速响应市场需求。这种模式使得 SHEIN 能够以周为单位完成生产周期，降低了库存风险。

3）产品策略：以低价提供高质量的产品，快速更新产品线以紧跟时尚潮流。产品多样，风格多样，满足不同年龄段和职业的需求。

4）营销策略：利用社交媒体和网红营销策略扩大影响力，通过精准营销和数据分析优化产品设计和生产。此外，SHEIN 的网站设计简约而时尚，用户体验良好。

5）用户体验：提供优质的用户服务，包括免费配送和直接从工厂到消费者的服务模式。同时，SHEIN 在全球多个国家设有分站，提供多语言支持，确保全球市场的稳定运营。

4. SHEIN 的创新与发展

SHEIN 的创新与发展主要体现在其独特的商业模式、技术创新、环保实践及市场扩张上。

1）独特的商业模式：SHEIN 以其独特的商业模式和创新驱动，在实现自身快速发展的同时，也积极推动产业链上下游的转型升级。其成功的核心秘诀在于创新实施"小单快反"柔性供应链模式,这一模式颠覆了传统的批量生产逻辑,引领行业潮流。具体而言,"小单快反"是指SHEIN基于实时市场需求和深入分析跟踪的全球时尚趋势,采取精准预测销售并灵活控制生产的策略。

2)技术创新:SHEIN在技术创新方面取得了显著成就。例如,通过冷转印技术显著提升牛仔生产过程中的色彩表现力、透底效果、图案精细度及整体生产效率,实现了工艺升级与效能飞跃。此外,SHEIN还将数码热转印技术推向了众多合作商,将大量印花产品从传统的丝网印刷转变为用水量较少的数码印刷,该技术的运用帮助SHEIN节省了大量水资源。

3)环保实践:SHEIN在践行ESG理念中,通过技术创新持续赋能产业链各环节,革新环保工艺与生产模式,为时尚产业树立可持续发展的新典范。例如,SHEIN研发的冷转印技术获国际权威机构认证,证实其在节水效能上较传统方法提升70.5%。该技术不仅大幅度降低水资源消耗,还实现了更高的色彩还原度与色牢度。此外,SHEIN还将ESG理念深度融入业务运营的各个环节,从原材料采购、工艺研发、生产制造到产品包装,全面推行可持续实践。

4)市场扩张:SHEIN作为国际B2C快时尚电子商务公司,主要经营女装,同时还提供男装、童装、饰品、鞋、包等时尚用品,进入北美、欧洲、中东、印度、东南亚和南美等多个市场。其服务已覆盖超150个国家和地区,展现出中国品牌在国际舞台的强劲竞争力。

综上所述,SHEIN通过其独特的商业模式、技术革新和环保实践,不仅在时尚产业中取得了显著成就,还为行业的可持续发展做出了重要贡献。

 小贴士

SHEIN平台的广告优化有哪些技巧?

在SHEIN平台上进行广告投放是一种有效的方式,可以帮助大家的产品获得更多曝光、增加销售量。然而,要在竞争激烈的市场中脱颖而出并取得良好的广告效果,关键是进行正确的广告优化。

1. 关键词优化

关键词是广告投放的基础,选择适合的关键词对于提高广告曝光度和点击率至关重要。在SHEIN平台上,大家可以通过使用谷歌关键词规划师或其他工具进行关键词调研。分析关键词的搜索量、竞争程度和转化潜力等指标,选择与产品、广告和目标市场相关的关键词。

在选择关键词时,建议避免使用过于泛化或过于细分的关键词,而是选择一些中长尾关键词。这样能够既保证广告流量,又提高广告的匹配度和转化率,使广告更加精准地触达潜在用户群体。

2. 广告细节优化

除了关键词,广告的细节也对用户的点击和购买意愿产生影响。在SHEIN平台上进行广告优化投放时,以下几个方面需要特别注意。

1）广告标题。广告标题是吸引用户注意力的关键。标题应该简洁明了，突出产品的优势和卖点，同时包含关键词、品牌、价格、促销等信息。确保标题内容真实，避免夸张或误导用户。

2）广告图片。高质量的广告图片对于吸引用户点击非常关键。图片应该清晰美观，能够展示产品的细节和特色，并符合用户的审美和喜好。可以考虑在图片中加入合适的文字或图标，强调产品的功能或优惠信息，但要避免过多或过大的文字，以免影响整体效果。

3）广告描述。广告描述提供了补充信息，帮助用户更好地了解产品并激发购买欲望。描述应该简明扼要，提供产品的相关信息和购买指引，同时通过使用引导性或情感性语言来吸引用户的兴趣。避免使用过于复杂或专业的术语而让用户难以理解，要保持语言易懂。

3. 人群受众优化

人群受众定位关系到广告投放的针对性和有效性。在 SHEIN 平台上，可以根据产品特性和目标市场设定人群受众的年龄、性别、地域、兴趣、行为等属性，以便广告能够精准触达潜在用户。

同时，还可以利用谷歌分析或其他工具分析网站访客的数据和行为特征，创建自定义人群受众或类似人群受众，从而扩大广告覆盖范围。

4. 再营销优化

再营销是一个有效的广告优化策略，可以针对已经访问过网站或进行过某些行为（如浏览、加入购物车、下单等）的用户再次展示相关广告内容，提醒或促进他们完成购买。

在 SHEIN 平台上，可以使用谷歌广告或其他工具创建再营销列表，并根据用户的不同行为和需求，展示不同的广告内容和优惠信息，从而增加用户的互动和购买机会。

当掌握了上述 SHEIN 广告优化技巧后，就容易获得比较理想的广告投放效果，进而提升产品转化率。记住，不断监测和优化广告效果，灵活调整策略，才能持续提升广告的效果和回报。

［资料来源：佚名. SHEIN 平台的广告优化有哪些技巧？［EB/OL］.（2023-09-12）［2024-07-07］.https://global.lianlianpay.com/article_platform_other/41-84726.html.］

第三节　出口跨境电商案例之二——亚马逊：巨型帝国的秘密

一、亚马逊简介

亚马逊公司，简称亚马逊，是美国最大的网络电子商务公司之一，位于华盛顿州的西雅图，是网络上最早开始经营电子商务的公司之一。亚马逊成立于1994年，一开始只经营网络的书籍销售业务，现在则极大地扩展了经营范围，已成为全球商品品种最多的网上零售商和美国电商龙头企业，公司名下还有Alexa Internet、A9、Lab126和互联网电影数据库（internet movie database，IMDB）等。亚马逊及其销售商为客户提供数百万种独特的全新、翻新及二手商品，如图书、影视作品、音乐和游戏、数码产品、电子产品和计算机、家居园艺用品、玩具、婴幼儿用品、食品、服饰、鞋类和珠宝、健康和个人护理用品、体育及户外用品、汽车及工业产品等。

2004年8月，亚马逊全资收购卓越网，使亚马逊全球领先的网上零售专长与卓越网深厚的中国市场经验相结合，进一步提升了客户体验，并促进了中国电子商务的成长。在许多人的观念里，人们通常都认为在亚马逊上买到的一般都是高质量的正品。因此，一直以来，由于人们的信任，亚马逊赢得了人们的喜爱。亚马逊中国发展也非常迅速，每年都保持了高速增长，用户数量也大幅增加，到2019年5月，已拥有28大类近600万种产品。

2015年3月6日，亚马逊中国宣布开始在天猫试运营"Amazon官方旗舰店"，于2015年4月正式上线。该旗舰店首期将主推备受消费者欢迎的、亚马逊中国极具特色的"进口直采"商品，包括鞋靴、食品、酒水、厨具、玩具等多种品类。2016年6月8日公布的《2016年BrandZ全球最具价值品牌百强榜》中，亚马逊排第7名；2016年10月，亚马逊排"2016年全球100大最有价值品牌"第8名；2018年9月4日，亚马逊股价一度超过2050.50美元/股，成为继苹果之后第二家市值破万亿美元的美国公司。2018年5月29日，《2018年BrandZ全球最具价值品牌100强》发布，亚马逊排第3名。

2020年年底，中国卖家在亚马逊头部卖家的占比份额创新高，达到42%，而中国卖家所贡献的销售额在亚马逊整体销售额的占比居第二，美国本土卖家占比居第一。到2023年年底，中国卖家在亚马逊美国站的头部卖家中占比近50%。基于Marketplace Pulse的研究，中国卖家占据了亚马逊美国网站顶级卖家的近50%的比例，并且贡献的第三方GMV（GMV即总销售额）几乎占到了半壁江山，并自2016年以来一直稳步增长。值得注意的是，中国卖家在亚马逊其他20个网站上的份额远低于美国网站，市场份额也更小。尽管中国卖家在美国市场的份额并未大幅增长，但他们的存在和贡献已经对亚马逊美国站产生了显著的影响。

2023年6月26日，亚马逊正式启动了一项自2020年以来一直在试点的计划，该计划向小企业主支付费用，让他们完成"最后一公里"配送，将包裹安全准确运送到客户家门口。2023年12月7日宣布，自2024年1月10日起，亚马逊钱包将不再支持添加Venmo作为支付方式，已经启用Venmo的用户在1月10日之后将无法使用。

亚马逊全球开店发布的《2024中国出口跨境电商发展趋势白皮书》显示，过去两年，在亚马逊全球站点销售额超过100万美元的中国卖家数量增长了近55%。

亚马逊创始人杰夫·贝佐斯

　　杰夫·贝佐斯（Jeff Bezos），1964 年出生于美国新墨西哥州阿尔伯克基。1986 年毕业于美国普林斯顿大学，后进入纽约的一家高新技术开发公司 FITEL，主要从事计算机系统开发工作。1988 年进入华尔街的 Bankers Trust Co.，担任副总裁。1990 年—1994 年，与他人一起组建套头基金交易管理公司 D. E. Shaw & Co.，1992 年成为副总裁。1995 年 7 月 16 日，成立 Cadabra 网络书店，后将 Cadabra 更名为亚马逊，于 1995 年 7 月重新开张。1997 年 5 月股票上市，亚马逊成为世界上最成功的电子商务网站之一。

　　1999 年，贝佐斯当选《时代周刊》年度人物。2013 年 8 月，贝佐斯以个人名义花费 2.5 亿美元收购《华盛顿邮报》。2015 年 9 月 29 日，《福布斯》发布"美国富豪 400 强"榜单，贝佐斯以 470 亿美元净资产排名第四。2016 年 3 月 9 日，由亚马逊 CEO 贝佐斯创立的蓝色起源对外宣布，在 2017 年对可重复使用亚轨道航天器 New Shepard 进行载人测试飞行。2016 年 7 月 22 日，贝佐斯超过"股神"沃伦·巴菲特，成为全球第三大富豪。2016 年 12 月 14 日，贝佐斯荣获"2016 年最具影响力 CEO"荣誉。2017 年 7 月 17 日，《福布斯》富豪榜发布，贝佐斯以 852 亿美元净资产排名第二。2017 年 7 月 27 日，贝佐斯超过比尔·盖茨成为新首富。

二、亚马逊的三次转变

亚马逊能够取得如今的成就，与它自成立以来发生的三次转变密切相关。

（一）第一次转变：成为地球上"最大的书店"（1994 年—1997 年）

1994 年夏天，从金融服务公司辞职的贝佐斯决定创立一家网上书店。贝佐斯认为，书籍是最常见的商品，标准化程度高，并且美国书籍市场规模大，十分适合创业。经过大约一年的准备，亚马逊网站于 1995 年 7 月正式上线。为了和线下图书巨头 Borders、Barnes&Noble 竞争，贝佐斯把亚马逊定位成地球上"最大的书店"。

为实现此目标，亚马逊采取了大规模扩张策略，以巨额亏损换取营业规模。亚马逊从网站上线到公司上市仅用了不到两年时间。1997 年 5 月，Barnes&Noble 开展线上购物时，亚马逊已经在图书网络零售上建立了巨大优势。此后，亚马逊和 Barnes&Noble 经过了几次交锋，最终完全确立了自己是"最大的书店"的地位。

（二）第二次转变：成为"最大的网络零售商"（1997 年—2001 年）

贝佐斯认为，和实体店相比，网络零售很重要的一个优势在于能给消费者提供更为丰富的商品选择，因此，扩充网站品类、打造综合电商以形成规模效益成为亚马逊的战略考虑。1997 年 5 月，亚马逊上市后，尚未完全在图书网络零售市场中确立绝对优势地位的亚马逊就开始布局商品品类扩张。经过前期的备货和市场宣传，在 1998 年 6 月，亚马逊的音乐商店正式上线。仅一个季度，亚马逊音乐商店的销售额就已经超过了CDnow，成为最大的网上音乐产品零售商。此后，通过品类扩张和国际扩张，到2000年时亚马逊的宣传口号已经改为"最大的网络零售商"。

（三）第三次转变：成为"最以客户为中心的企业"（2001年至今）

2001年开始，除了宣传自己是"最大的网络零售商"外，亚马逊同时把"最以客户为中心的企业"确立为努力的目标。此后，打造以客户为中心的服务型企业成为亚马逊的发展方向。为此，亚马逊从2001年开始大规模推广第三方开放平台，2007年开始向第三方卖家提供外包物流服务FBA，2010年推出KDP的前身——自助数字出版平台DTP。亚马逊逐步推出这些服务，使其超越网络零售商的范畴，成为一家综合服务提供商。

2011年9月，亚马逊宣布推出触屏版Kindle Touch；2012年9月，亚马逊发布新一代电子书Kindle Paperwhite；2014年3月，亚马逊推出一款开发代号为"Project Aria"的智能手机；2015年后，亚马逊推出"街头便利店"和"家政服务"项目。

三、亚马逊的营销策略

亚马逊的营销策略是一个复杂而多维的体系，旨在提升产品曝光度、增加销售转化率，并维护良好的客户关系。

1. 优化产品 Listing

标题与关键词：确保产品标题包含品牌名、产品名称及主要卖点，同时利用关键词研究工具（如Keyword Scout、Jungle Scout等）找到高搜索量、低竞争度的关键词，以提高产品搜索排名。

图片与描述：使用高质量、多角度的产品图片，展示产品的细节和特色。编写详细、准确且吸引人的产品描述，强调产品的独特卖点和优势。

2. 广告策略

亚马逊广告：利用亚马逊广告服务（如Sponsored Products、Sponsored Brands等）增加产品曝光度。通过合理的预算分配和关键词选择，提高广告点击率和转化率。

广告优化：定期分析广告数据，调整出价、关键词和广告文案，以优化广告效果。利用广告复制打法、推广错拼词等策略降低广告成本。

3. 价格策略

竞争定价：根据市场情况和竞争对手的定价策略，制定合理的产品价格。利用价格微调法、高低价格刺激法等策略，刺激消费者购买。

优惠券与促销：设置大额优惠券和促销活动，吸引消费者购买。通过Coupon设置减免、专享折扣等方式，提高产品的购买吸引力。

4. 客户关系管理

客户反馈：重视客户反馈和评论，及时回复并解决客户问题。利用客户反馈优化产品和服务，提高客户满意度和忠诚度。

会员服务：提供优质的会员服务，如Prime会员服务，提供快速配送、免费退货等福利，增强客户黏性。

5. 社交媒体营销

社交媒体爆单法：利用社交媒体平台进行产品推广，通过与网红、KOL 等有影响力人物的合作，提高产品曝光度和购买转化率。

内容营销：在社交媒体上发布有价值的内容，如产品使用教程、行业资讯等，吸引潜在用户并提升品牌形象。

6. 库存与物流

库存管理：合理规划库存水平，避免断货或积压情况的发生。利用亚马逊 FBA 服务减轻仓储压力，并享受更快捷的配送服务。

物流优化：优化物流流程，提高配送效率。利用亚马逊的物流网络和服务，确保产品能够快速、准确地送达用户手中。

7. 数据分析与合规经营

数据分析：通过分析销售数据、流量来源、转化率等指标，洞察市场变化及消费者行为模式。基于数据做出决策，不断优化营销策略。

合规经营：熟悉并遵守亚马逊的各项政策法规，包括知识产权保护、商品质量标准等。确保合规经营，避免违规导致账户受限或封禁的风险。

综上所述，亚马逊的营销策略是一个综合性的体系，需要卖家在多个方面进行优化和努力。通过不断优化产品 Listing、广告策略、价格策略、客户关系管理、社交媒体营销、库存与物流，以及数据分析与合规经营等方面的工作，卖家可以在亚马逊平台上取得更好的销售业绩和扩大品牌影响力。

 扩展阅读

物流竞争卷上天，亚马逊无人机送货迎来重要转折

随着科技的飞速发展和消费者对于快速配送日益增长的需求，无人机送货已经成为跨境电商领域的一大亮点。根据亚马逊发布的消息显示，美国联邦航空管理局（FAA）已经正式批准了亚马逊 Prime Air 送货无人机进行超视距飞行（BVLOS），在这之后，亚马逊无人机送货员将能够远程操作设备进行送货服务。这一里程碑式的进展标志着亚马逊在无人机送货服务领域迈出了更加坚实的步伐。

长期以来，无人机送货服务的推广和普及一直受到监管政策的严格限制。然而，FAA 此次给予亚马逊的超视距飞行许可，无疑为无人机送货服务的发展扫清了重要障碍。这一许可允许亚马逊的 Prime Air 无人机在飞行员视线范围外进行飞行，大大扩展了无人机的飞行范围，同时也提升了送货服务的灵活性和效率。

在亚马逊的战略布局中，无人机送货项目是其中的一大关键环节，该巨头在这上面投入了不少心力。在这之前，亚马逊的 Prime Air 无人机已经能够在 1 小时内或更短的时间内向客户交付了数千件物品。随着 FAA 的超视距飞行许可的获得，亚马逊的无人机送货服务将进入一个新的发展阶段。

与地面物流比起来，无人机送货具有诸多优势，如快速送货、避免拥堵、减少人力成本……因此，未来，亚马逊还计划在意大利、英国以及美国更多的城市推广无人机送货。

就目前来看，无人机在电商领域内的持续扩大应用已经成为趋势。未来，随着技术的不断进步和政策的不断完善，相信无人机送货将成为电商物流领域的重要一环，为消费者提供更加便捷、高效的送货服务。

［资料来源：李一钟. 物流竞争卷上天，亚马逊无人机送货迎来重要转折［EB/OL］.（2023-06-03）［2024-10-07］. https://baijiahao. baidu. com/s？id=1800824714028685121&wfr=spider&for=pc.］

四、亚马逊"全球开店"与中国制造"出海"

2012年，亚马逊在中国正式推出"全球开店"，同时开启亚马逊美国、加拿大、法国、德国、英国、意大利、西班牙七大站点的卖家招募；2013年，在北京设立"全球开店"中国卖家专属服务团队；2014年，中国卖家专属服务团队拓展至上海和广州，开启亚马逊日本站点的卖家招募；2015年2月，亚马逊美国站点推出全中文卖家支持服务；2015年3月，在欧洲市场和日本市场成立"全球开店"专属顾问团队；2015年11月，"全球开店"中文网站上线。

自亚马逊"全球开店"业务正式进入中国以来，数十万中国卖家加入了该项目。通过亚马逊"全球开店"，卖家可直接触达亚马逊全球数亿名活跃用户，其中包括超2亿名Prime会员用户。卖家还可通过亚马逊美国、欧洲与日本上线的亚马逊企业购（Amazon Business），触达全球超过600万家优质企业与机构用户。

我国卖家在亚马逊上的快速成长得益于亚马逊"全球开店"计划，以及针对中国制造业企业卖家推出的"制造＋""服务＋""品牌＋"全球开店服务体系。

1. "制造＋"支持制造企业"出海"

改革开放以来，我国跨境出口电商已经跨过粗放型发展阶段，进入新的快速发展窗口期。中国企业对品质、品牌及合规重要性的认知有了普遍提升。2019年9月，亚马逊"全球开店"在中国宣布推出"制造＋"项目，帮助中国制造企业拓展全球机会，打造国际品牌。制造型企业只要加入"全球开店"这个计划，就可以成为全球卖家。即使产品、工厂、公司、团队都在国内，也能将业务迅速拓展北美、欧洲、日本、中东、印度五个国家和地区。

亚马逊"全球开店"的"制造＋"项目是亚马逊为制造企业量身打造的活动，本地服务团队为企业提供全方位服务和运营支持，包括制造商运营实践分项和培训、企业ERP系统与亚马逊系统对接所需要的技术咨询、国际运输物流解决方案、仓储规划及支付解决方案推荐等。特别是制造业企业可以借助亚马逊提供的全方位专业服务，直接面对消费者，获得第一手反馈，设计和制造更以客户为中心、更符合市场导向的产品。与此同时，亚马逊还提供品牌推广和品牌保护工具，帮助中国制造企业在全球打造自有品牌，实现从"中国制造"到"国际品牌"的全面提升。

2020 年美国修整庭院的需求激增，中国有大量生产园林工具的工厂看到海外订单持续增长，但苦于没有数据验证，不敢投入生产。基于此，亚马逊通过数据发现：庭院工具购买人群中，35 岁以上消费者占最大比例为 35%，表现出强劲需求，以小型、实用工具为主，注重环保和实用；35 岁以下的消费者正在开始真正参与到庭院活动中，占 29%，其中 18~34 岁男性消费者比例增长较快，关注点则包含多肉植物、室内盆栽、垂直园艺、园艺科技等。同时，海外消费者对庭院产品的复购率和品牌忠诚度较高，美国线上购买比例高于其他国家和地区。亚马逊的大数据让制造企业吃下了一颗"定心丸"，使其找到了产品研发的发力点。

2. "服务+"全链条优化开店体验

2018 年 5 月，亚马逊"全球开店"宣布在中国推出"服务+"计划，依托亚马逊全球资源及先进运营经验，为中国企业量身打造全阶段、可信赖、高效能的官方服务。

亚马逊"全球开店"为中国卖家提供了一个捷径。通过亚马逊遍布全球的 19 个站点和 400 多个运营中心，中国卖家仅需管理一个账户，就可以触达覆盖 200 多个国家和地区的亿万名消费者。以帮助卖家拓宽欧洲市场业务而推出的亚马逊物流欧洲整合服务 Pan-EU 为例，卖家只需将商品发往欧洲五国（英、法、德、意、西）中一个国家的亚马逊运营中心，之后亚马逊便可根据预期需求自动、智能地将其库存分配到欧洲各地的运营中心。同时，为了帮助卖家提高物流运营效率、降低运营成本，自 2018 年 7 月起，亚马逊引入库存绩效指数（inventory performance index，IPI）的概念，帮助卖家库存管理，让商品可以被更快地配送到买家手中。卖家可以在 Prime Day 等促销季中，管理好销量和旺季销售目标，进行备货，避免了盲目备货。目前这项措施已经获得了不少卖家的认可。

2020 年，亚马逊继续拓展全球物流网络和服务，并推出更多的头程和 FBA 一体化的物流方案，为卖家提供货通全球的解决方案。同时亚马逊也加强和拓展 MFN 自发货物流方案，帮助卖家更便捷、更透明地管理自发货物流，提升配送体验，帮助卖家更好地改善业务，优化全球供应链管理。

"服务+"中的培训板块针对跨境电商业务入门、起步和成长等各个阶段的卖家提供丰富的培训内容，旨在帮助卖家跨境出口电商事业轻松起步、加速发展。亚马逊官方高质量线下培训为卖家量身打造多元课程，包括入门必修课与各式进阶专题课程，由官方专业讲师团队分享经典案例。另外，亚马逊"全球开店"计划加速全方位运营知识体系的搭建以及跨境出口电商专业人才的培养，根据卖家从起步到成长的不同发展阶段提供在线直播课程、线下公开课等，帮助卖家储备出口跨境电商专业知识，提高业务水平及运营能力。

3. "品牌+"助推中国制造品牌升级

2018 年 12 月，亚马逊"全球开店"计划在中国发布了"品牌+"项目。"品牌+"项目支持有意布局和深耕境外市场的新兴品牌、希望专项升级打造自有品牌的制造企业，以及意图拓展境外市场的中国知名品牌。从品牌的定位、注册和保护到品牌知名度的推广、培育忠实用户等，一系列解决方案覆盖了品牌打造全周期。"品牌+"项目囊括了亚马逊全球诸多品牌打造的创新产品与工具，其中：亚马逊品牌注册可以帮助卖家在亚马逊上保护其知识产权和对品牌进行管控，保护企业的品牌权益并提供可信赖的消费服务，即会对每一件商品进行代码追踪，保护品牌商和消费者免受假货侵害；亚马逊广告通过搜索广告、展示广告、视频广告、品牌旗舰店、效果评估等多种方式，帮助卖家达到提升品牌知名度、精准触达目标受众并积累用户数量等目的。

当前，越来越多的中国卖家已经从单一站点运营发展到同时运营多个站点，在世界范围内拥有优秀的运营能力也是企业国际化的基本要求。2020 年，亚马逊持续投入，推出更多的创新产品和运营工具，从注册、选品，到运营推广，再到物流和客服，覆盖卖家运营的不同阶段、不同站点，真正帮助卖家实现"一站式"管理全球业务，推出一系列创新工具。

选品上，亚马逊提供全球化选品上架和推广工具、全球化数据分析等，帮助卖家更轻松、高效地进行全球化运营。品牌保护上，亚马逊提供从品牌注册到站内站外品牌的推广、分析、优化，以及品牌的保护，全方位地帮助卖家打造国际品牌。营销推广上，卖家可以通过在亚马逊站外投放广告吸引对产品感兴趣的消费者，助力销售。品牌商只需在卖家平台简单操作几步，即可轻松上线展示广告，实现品牌的站外推广，增加品牌营销力，实现销售转化。

第四节 出口跨境电商案例之三——eBay、沃尔玛、Lazada

一、eBay

1. eBay 简介

eBay 是一个全球性的在线市场和拍卖网站，成立于 1995 年 9 月 4 日，由 Pierre Omidyar 创立。eBay 提供了一个平台，使得全球民众可以在网上买卖物品，包括但不限于纪念卡、古董、玩偶、家用器皿等收藏品，以及二手车、服装、书籍、音像制品及电子产品等实用商品。用户可以选择通过竞拍或"立即购买"的方式购买商品。eBay 的本地站点已经覆盖全球多个国家和地区，包括澳大利亚、奥地利、比利时、加拿大、中国、法国、德国、印度、爱尔兰、意大利、荷兰、新西兰、新加坡、西班牙、瑞典、瑞士、英国和美国等 38 个国家和地区。

eBay 的商业模式包括刊登费和成交费等多种费用类型，并提供多种收款方式，如 PayPal、银行转账和信用卡支付等。eBay 的优势包括低门槛开店、专业的客服支持以及多样化的定价方式，而劣势则主要包括以英文为主的操作系统界面和对商家的高标准要求。作为一个全球性的在线市场，eBay 不仅提供了丰富的商品种类，还通过其全球覆盖和信任保障措施，为买家和卖家提供了一个便捷和放心的交易环境。

2. eBay 的发展历程

eBay 的发展历程可以分为几个重要阶段：初创期、扩张期、创新发展期，以及未来的战略方向。

（1）初创期（1995 年—1998 年）

eBay 由法国企业家皮埃尔·奥米迪亚在 1995 年创立，最初名为 AuctionWeb，位于美国加利福尼亚州圣荷塞。这个阶段的重点是建立用户信任和收集用户反馈，为平台积累经验和用户数据。

1997 年，正式更名为 ebay，并开始为平台寻找首席执行官（CEO），最终选择了梅格·惠特曼，她将 eBay 带向了今天的辉煌。1998 年，eBay 进行了首次公开募股（IPO），其创新的商业模式和庞大的用户基础引起了广泛关注。

（2）扩张期（1999 年—2003 年）

随着互联网的发展，eBay 开始进军国际市场。1999 年，eBay 在英国和德国设立了分站，并随后进入亚洲市场，首先在韩国和日本设立分站。2001 年，eBay 收购了 PayPal（一家在线支付公司），这一举措极大地增强了 eBay 的服务能力和用户体验。

2002 年，eBay 进军中国市场，收购了中国的 C2C 网站易趣网，进一步扩大了其在亚洲市场的业务领域。到 2003 年，eBay 已经扩展到 26 个国家和地区，拥有超过 2 亿名注册用户。

（3）创新发展期（2004 年至今）

从 2004 年开始，eBay 通过一系列创新举措不断拓展其业务领域。2004 年，eBay 推出了在线支付服务 PayPal，使得用户可以更加便捷地进行交易。2008 年，eBay 决定将 PayPal 剥离出来，使其成为一家独立公司，专注于支付服务的发展。2015 年，eBay 宣布将分拆成两家独立的上市公司——在线拍卖平台 eBay 和在线支付公司 PayPal，这一决策旨在让两家公司更能专注于各自的核心业务。此外，eBay 还通过与零售商合作，将线下购物体验与线上购物平台相结合，不断推动 O2O（线上到线下）模式的创新。

eBay 继续通过收购和合作来扩展其业务。2018 年，eBay 终止了与长期合作伙伴 PayPal 的合作，开始接受苹果支付，并通过与 Square 的新协议为用户提供商业贷款服务。2022 年，eBay 宣布将收购收藏卡交易平台 TCGplayer，这一交易进一步巩固了 eBay 在特定领域的市场地位。

2024 年，eBay 宣布将裁减约 1000 名员工，约占其全职员工总数的 9%，这一决策可能是为了调整其业务结构以适应不断变化的市场需求。

3. eBay 的特点与优势

eBay 的成功不仅在于其创新的商业模式，还在于其对全球市场的扩张和对用户体验的持续改进。通过不断的创新和发展，eBay 已经成为全球最大的电子商务平台之一。eBay 具有以下的特点与优势。

1）全球化的交易平台。eBay 拥有来自世界各地的超过 9500 万名会员，提供了一个全球化的交易环境，使得卖家可以接触到来自世界各地的买家，有助于拓展国际市场。

2）多样化的商品种类。eBay 平台涵盖了从日常用品到艺术品等各类商品，为卖家提供了丰富的选择空间。

3）良好的用户体验。eBay 注重用户体验，提供了一站式购物服务，包括便捷的支付、物流跟踪等功能，提高了用户购物体验。

4）多种销售方式。eBay 为卖家提供了多种销售方式，包括拍卖和定价出售，给予卖家更多的销售灵活性。

5）专门的客服支持。对于卖家来说，eBay 具有专门的客服，可通过电话联系或网络会话的形式进行沟通交流。

6）低门槛。相较于其他电商平台，eBay 开店的门槛较低，使得更多人有机会参与电子商务。

7）排名相对公平。卖家可以通过拍卖获取曝光，这对于新入驻的卖家来说是一个机会。

这些特点和优势使得 eBay 成为一个受欢迎的电商平台，尤其适合新手创业者尝试和探索。

 小贴士

eBay 的互评机制

eBay 的信用评价体系包括互评机制和卖家评分，这部分类似于淘宝网的信用评价和信用评分系统。

在 eBay 中，每完成一笔交易，卖家和买家都有机会为对方打分，其中包括好评（+1 分）、差评（−1 分）、中评（0 分）以及简短的评论。与买家不同的是，卖家只能给予买家好评或放弃评论。互评分数是用户资料的重要组成部分，直接设置在每个用户 ID 号旁边。ID 旁边还设置有好评率，计算方法是近 12 个月的好评数除以评分总数。近期评分：计算近 1 个月、6 个月和 12 个月的好评数、差评数和中评数。撤销竞拍次数：计算近 12 个月中该用户在拍卖期间撤销拍卖的次数。根据不同的分数，eBay 会将用户划分为不同的等级，与淘宝网的红星、钻石、皇冠等级划分样式较为类似，标志为不同颜色和形状的五星。

eBay 保护买家措施：大多数情况下，用户反馈信息是可以永久保留的，因此卖家会特别重视买家的评价，eBay 也建议买家给予卖家中评或差评之前先与卖家进行沟通再做决定。买家一旦决定评价之后，就不能再单独修改分值。买家不能为降低卖家分值而故意重复购买商品。在一定期限内，买卖双方协商一致后申报 eBay 可以修改评分。卖家不能以任何原因限制买家进行评论。评论中不能包括网络链接、亵渎言论或其他不恰当内容。

eBay 保护卖家举措：因为卖家无法给买家打差评或中评，所以需要 eBay 建立起其他机制来保护卖家权益，具体包括如下内容。

1）卖家可以在商品列表上添加买家条件来避免恶意买家，比如互评分值低于某个标准的买家无权购买该商品，当前在该商铺购买商品多于某个界限的买家无法购买该商品，或者依据用户 ID 限制特定买家购买。

2）非拍卖卖家可以要求买家使用 PayPal 即刻全额付款。

3）被恶意评论或评分的卖家可以向 eBay 举报中心投诉，在查实之后，eBay 会删除不实评论或打分。受到勒索的卖家可将记录有"给我额外好处，不然就打差评"等形式的交谈记录作为证据向 eBay 投诉。

4）"eBay 卖家保护部门"密切监视买家行为记录，对于多次要求退款或频繁给予卖家差评的买家，eBay 有可能冻结其账户或清除其留言及评分。

5）eBay 建议对交易结果不满的买家在与卖家协商后再给予评分，但对此并不强制，目前 eBay 正在考虑是否强制要求买家在给予中评或差评之前与卖家提前沟通。

［资料来源：佚名.eBay 的互评机制［EB/OL］.（2023-06-28）［2024-08-07］. https://global.lianlianpay.com/article_platform_ebay/38-78541.html.］

4. eBay 的创新与发展

eBay 的创新与发展主要体现在技术创新、建立合作伙伴关系以及社区建设上。

1）技术创新：eBay 不断拥抱技术革新，利用人工智能技术提升用户体验和平台效率。例如，通过人工智能技术优化平台的搜索、推荐和图片功能，提高用户购物体验和平台转化率。此外，eBay 还更新了 eBay API 的发展成果路线图，发布包括高级促销刊登、营销、多仓库设定、合规等功能的新 API，帮助卖家提高运营效率，应对新的需求和挑战。

2）建立合作伙伴关系：eBay 与其他企业建立合作伙伴关系，共同拓展业务。这些合作包括与物流公司、支付机构和营销平台的合作，提供更全面的服务和解决方案，为用户和卖家提供更便利和高效的交易体验。这种策略有助于扩大 eBay 的服务范围，提升用户体验，从而吸引更多用户和卖家。

3）社区建设：eBay 注重建立一个积极互动的社区，鼓励用户参与讨论、分享经验和提供反馈，以促进用户之间的交流和信任。通过建立稳固的社区关系，eBay 能够吸引更多的用户和卖家加入平台，并增加交易活动。

综上所述，eBay 通过技术创新、建立合作伙伴关系以及社区建设等策略，不断推动其平台的创新与发展，从而在全球电子商务领域保持领先地位。

二、沃尔玛

1. 沃尔玛简介

沃尔玛（Walmart）电商平台于 2009 年推出，2020 年已成为美国第二大在线零售商。2021 年 3 月，正式面向中国卖家招商，在短短半年内，已有 5000 名卖家入驻，可见是非常受欢迎的。沃尔玛是全球最大的零售商之一，比亚马逊晚了近 20 年才进入电商领域发展。由于沃尔玛在传统零售行业实力雄厚，经过这几年持续的发展，目前沃尔玛已经成为美国第二大电商平台。

沃尔玛电商平台是一个以"每天低价"（Every Day Low Price，EDLP）为核心理念的零售平台，旨在为消费者提供一站式购物体验。该平台不仅覆盖从食品杂货到娱乐、体育用品和手工艺品等多个品类，并且支持在线购物、移动应用购物以及实体店购物，满足了不同消费者的购物需求。在美国，沃尔玛运营着三种主要的店铺格式，每种都根据其所在社区的特点进行定制，以确保提供最适合当地顾客的商品和服务。

2. 沃尔玛的发展历程

沃尔玛电商平台的发展历程主要包括投资在线购物平台、推广一站式购物体验、重视环保和社会责任，以及通过收购扩展电商版图等。

1）投资在线购物平台。在2000年左右，沃尔玛开始投资其在线购物平台，以及提升数据管理和分析能力。这一战略使沃尔玛能够适应消费者行为的变化，提高效率，增强竞争力。

2）推广一站式购物体验。沃尔玛进一步推广了一站式购物的概念，通过在商店中增加药店、眼镜店和汽车服务等更多种类的商品和服务，给消费者提供更方便的购物体验。

3）重视环保和社会责任。近年来，沃尔玛开始更加重视环保和社会责任，设定了一系列的环保目标，包括减少碳排放、提高能效等，同时也在社区服务方面做出了努力。

4）通过收购扩展电商版图。沃尔玛通过大量的公司收购来快速扩张其电商版图，包括收购中国一号店、男女装品牌、闪购网站 Jet. com、印度最大电商网站等。

这些战略转型和举措共同推动了沃尔玛电商平台的发展，使其成为全球最大的零售商之一。

3. 沃尔玛的特点与优势

1）资金实力与货物资源。作为"全球500强"企业，沃尔玛拥有雄厚的资金实力和丰富的货物资源，依托其强大的零售业务，产品种类繁多，库存充足。

2）物流体系。拥有高效的物流体系，利用广泛的连锁网络，降低仓储和运输成本。

3）价格策略。得益于与知名供应商的合作，以及成熟的仓储和商品管理体系，提供优惠的价格策略。

4）竞争强度。由于入驻门槛的限制，沃尔玛电商平台上的卖家竞争相对不激烈，为卖家提供了良好的发展空间。

5）入驻政策。提供免费的入驻政策，卖家无须支付月费或店铺费，仅需根据产品类别缴纳相应的佣金。

6）品牌影响力和曝光率。作为全球最大零售商，沃尔玛拥有强大的品牌影响力，平台每月独立访问量超过1亿次，有助于卖家拓展潜在客户群。

7）供应链和物流优势。拥有全球采购网络，覆盖70多个国家和地区，能够提供海量的商品和品牌选择，以及完善的物流配送系统。

8）质量控制。对产品质量控制十分严格，保证消费者购买到的商品是优质的、安全的。

9）支付方式。支持多种支付方式，包括信用卡、支付宝、微信等，提供安全可靠的支付保障服务。

10）无月租费。不收取店铺月租费，但会根据产品类别收取推荐费和广告费用。

11）会员体系。推出"Walmart+"订阅服务，旨在吸引更多用户，成为新增长引擎并与亚马逊竞争市场份额。

12）获客简单。沃尔玛的消费者看重其合理的价格以及熟悉的品牌，获客相对容易，客户黏性高。

这些特点和优势共同构成了沃尔玛电商平台的核心竞争力，为卖家和消费者提供了独特的价值和便利。

4. 沃尔玛的创新与发展

沃尔玛电商平台通过自动化物流配送中心的建设、跨境电商业务的拓展、物流优化战略的实施、无人机配送服务的扩大以及跨境电商平台的开放等举措，展现了其在电商领域的创新与发展。

1）自动化物流配送中心的建设。为了应对快速增长的在线杂货订单需求，沃尔玛计划在美国开设五个自动化配送中心，这些高科技配送中心的货物存储量和处理量是传统配送中心的两倍以上，每小时处理的货物数量更是传统配送中心的两倍多。这一举措标志着沃尔玛在在线杂货业务上的重大突破，并加速实现线上线下融合的全渠道销售战略。

2）跨境电商业务的拓展。沃尔玛面向中国全面招商，特别是在易消耗品、服装、硬件货品、家具等类别中，中国卖家的数量和占比显著。中国卖家在沃尔玛电商平台的新增数量已超过美国本土卖家，占据了主导地位。这一转变得益于沃尔玛电商业务净销售额增长，显示了线上渠道和山姆会员店拓展的成功。

3）物流优化战略的实施。沃尔玛商务技术公司推出了路线优化的人工智能物流功能，通过 AI 驱动的软件规划物流路线，最大程度减少行驶里程，从而提高订单交付效率。此外，沃尔玛还引入了仓储机器人，积极探索无人机配送技术，进一步提升了物流效率。

4）无人机配送服务的扩大。沃尔玛计划扩大无人机送货的服务范围，覆盖更多家庭，使更多人口能够享受到沃尔玛提供的无人机送货服务。这一举措不仅提高了物流效率，还提升了客户体验。

5）跨境电商平台的开放。沃尔玛向全球卖家开放平台，特别是对中国卖家的招商政策逐渐放宽，降低了商家入驻的门槛限制，吸引了更多卖家加入平台。此外，沃尔玛还推出了配送服务（WFS），允许卖家在沃尔玛自有的配送中心存储货物，由沃尔玛负责拣货、包装、运送和订单管理，提高了跨境电商的配送效率。

 新闻链接

沃尔玛再开五大配送中心，全面拥抱自动化物流

随着电商行业的不断成熟发展，传统的物流配送体系已经难以满足高效、完善、快速的商品交付需求。因此，引入自动化物流相应地就成了各大电商巨头所要重视的议题。

日前，美国零售巨头沃尔玛宣布将在美国开设五个自动化配送中心，此次计划主要集中在杂货配送中心的新建、扩建和改造上，目标是在加利福尼亚州沙夫特市、德克萨斯州、南卡罗来纳州、伊利诺伊州和新泽西州开设五个自动化配送中心。

据沃尔玛介绍，这些高科技配送中心的货物存储量和处理量分别是传统配送中心的两倍和两倍以上，每小时处理的货物数量更是传统配送中心的两倍多。这种高效的处理能力，对于应对快速增长的在线杂货订单需求至关重要。

对于沃尔玛来说，这一重大举措不仅标志着其在在线杂货业务上的重大突破，还预示着沃尔玛正全面拥抱数字化时代，加速实现线上线下融合的全渠道销售战略。

这也事出有因，毕竟沃尔玛的老对手亚马逊正在加快脚步蚕食在线杂货市场份额。据了解，为了在市场上拥有更强大的竞争力，亚马逊旗下生鲜杂货部门 Amazon Fresh 大范围降低了产品价格，折扣力度高达30%。

在全球零售市场日益激烈的竞争中，沃尔玛作为行业巨头，始终走在创新的前沿。为了推进物流体系的智能化建设进程，沃尔玛还付出了不少其他的努力。

当"AI+电商"的组合逐渐风靡业内时，沃尔玛捕捉到这一积极信号，将 AI 技术引入物流优化战略之中。今年3月份，沃尔玛商务技术公司"Walmart Commerce Technologies"推出了一项名为路线优化（Route Optimization）的人工智能物流功能，旨在通过 AI 驱动的软件来规划物流路线，最大限度减少行驶里程，从而提高订单交付效率。

此外，沃尔玛还引入了仓储机器人、积极探索无人机配送技术……其中特别值得一提的就是沃尔玛打造的空中物流网络。

2024年开年，沃尔玛就掷下豪言壮语，宣布进一步扩大无人机送货的服务范围，使其覆盖得克萨斯州180万户家庭，让达拉斯—沃斯堡（DFW）多达75%的人口都能够享受到沃尔玛提供的无人机送货服务。根据介绍，无人机送货可在半小时或更短的时间内将物品送到消费者手中，部分送货速度最快可缩短至10分钟。

可以肯定的是，将各种各样的高新技术应用到电商领域以及行业基础设施建设上已经是大势所趋。对于电商平台而言，加码智能化物流也是提高配送效率的必要手段，更是优化消费者购物提体验的重要途径，因此，今后这些电商巨头们还会加大投入力度，整个物流行业或许会迎来重大升级。

[资料来源：李一钟. 沃尔玛再开五大配送中心，全面拥抱自动化物流 [EB/OL]. （2024-07-12）[2024-10-08]. https://baijiahao. baidu. com/s？id=1804356880254555307&wfr=spider&for=pc.]

三、Lazada

1. Lazada 简介

Lazada 是东南亚首屈一指的网上购物平台，中文名为来赞达。它于 2012 年 3 月成立，在印度尼西亚、马来西亚、菲律宾、新加坡、泰国、越南设有分支机构，其主要目标市场便是这些国家。平台用户拥有超过 3 亿个 SKU，主要经营 3C 电子、家居用品、玩具、时尚服饰、运动器材等产品。自成立以来，Lazada 不到 7 年的时间就一跃成为东南亚最大的电子商务平台之一。

Lazada 开发的"航海者项目"实现了全栈技术重构，大大提升了平台性能和稳定性，现在 Lazada 平台的打开均只需要 1~2 秒。Lazada 的自研广告算法平台 Phoenix 基于阿里 AI 的架构，实现推荐系统的功能和商品曝光广度的最大化。

Lazada 自创立之初便着眼于自建物流，打造出在东南亚突出的物流能力。Lazada 已经在东南亚六国的 17 座城市建立起至少 30 个仓库和"最后一公里"配送中心，建立超过 3000 个自提点，方便消费者选择就近地点取包裹。

Lazada 早期在东南亚创新性地推出货到付款的支付方式，为买家提供了除现金交易外的多种支付选择。如今，Lazada 钱包能够绑定银行卡，为习惯于使用银行卡的消费者提供便捷的支付体验。这些实践提升了东南亚电商行业的信任度和安全性，为 Lazada 的长期发展奠定了基础。

2. Lazada 的发展历程

Lazada 的发展历程可以从其成立背景、业务扩展、技术创新以及与阿里巴巴的关系等方面进行概述。

1）成立背景。Lazada 自 2012 年成立以来，一直是东南亚旗舰电商平台，它的成立标志着东南亚电子商务产业的起步。当时电子商务在零售总额中的占比仅为 1%，Lazada 的创始人意识到线上购物的巨大潜力，并在马来西亚、泰国、印度尼西亚、菲律宾和越南等国上线平台。

2）业务扩展。Lazada 的业务范围在 2014 年扩张至新加坡，并在那里设立了总部。此后，Lazada 通过采用货到付款的支付方式，建立了消费者信任，实现了快速的增长。2016 年，阿里巴巴投资控股了 Lazada，并随后通过收购 Redmart 开始布局东南亚生鲜电商业务。

3）技术创新。Lazada 不断进行技术创新，例如推出了"即看即买"功能，允许商家实时展示产品并与新客户接触，建立忠诚度。此外，Lazada 还推出了 LazMall，将消费者与领先的品牌连接起来，提供正品保证、免费送货以及 15 天的退货政策。

4）与阿里巴巴的关系。阿里巴巴在 2018 年向 Lazada 追加投资 20 亿美元，用于该公司在东南亚地区的业务扩张。蚂蚁金服集团董事长彭蕾出任 Lazada CEO，原 CEO Bittner 担任高级顾问职务。这一投资进一步巩固了 Lazada 在东南亚电商市场的领先地位。

通过这些举措，Lazada 不仅成了东南亚最大的电商平台之一，还通过创造消费节、大型促销和娱乐营销等方式吸引了大量消费者，使其成为东南亚电商市场的重要参与者。

3. Lazada 的特点与优势

Lazada 通过其强大的市场潜力、重点发展地区的策略、完善的商户支持体系、卖家的保障措施、丰富的产品选择和特色服务，以及灵活的支付方式和快速的交易速度，成为东南亚地区最大的在线购物平台之一，为卖家和买家提供了优质的购物体验和服务。

1）东南亚市场势头强劲。Lazada 主要以东南亚国家为主，这些国家人口众多且正在迅速适应互联网，为跨境电商提供了巨大的潜力。Lazada 的用户数量和订单量每年都在不断增长，整个东南亚市场的发展前景非常可观。

2）越南是重点发展地区。越南是 Lazada 的重点发展地区，该国以年轻人为主，人口增长率快，经济稳步上升，为 Lazada 的发展提供了有利条件。

3）完善的商户培训体系。Lazada 为新入驻的卖家提供足够的培训，帮助他们理解基础规范，同时对卖家的孵化成长路径、工具授权、培训指导和服务支持等方面提供支持，确保卖家能够独立成长。

4）卖家的保障体系。Lazada 对卖家产品订单进行严格检测后才发货，对于退货退款有明确要求，如在产品说明不符、邮寄错误、包装破损等情况下才接受退货退款，有效降低卖家资金受损的风险。

5）丰富的产品选择。Lazada 提供了丰富的产品选择，涵盖了电子产品、家居用品、时尚服饰、美妆护肤等多个品类和领域，满足消费者的不同需求。

6）特色产品和服务。Lazada 提供了 LazMall 和 LazGlobal 等特色产品和服务，帮助卖家更好地推广和销售产品。

7）灵活的支付方式和快速的交易速度。Lazada 支持多种支付方式，交易速度快，拥有自己的物流系统。商品销售后，只要显示商品签收，资金就会快速转入卖家的企业账户中。

4. Lazada 的创新与发展

Lazada 的创新与发展主要体现在其技术赋能、物流网络、安全支付，以及与阿里巴巴的合作上。这些创新和发展策略共同推动了 Lazada 在东南亚市场的快速成长和成功。

1）技术赋能。Lazada 通过开发的"航海者项目"实现了全栈技术重构，大大提升了平台性能和稳定性。平台打开时间仅需 1~2 秒，并且拥有自研广告算法平台 Phoenix，基于阿里 AI 的架构对标，最大化实现推荐系统的功能和商品曝光广度。

2）物流网络。Lazada 自创立之初便着眼于自建物流，在东南亚六国的 17 座城市建立起至少 30 个仓库和"最后一公里"配送中心。此外，Lazada 在东南亚六国建立超过 3000 个自提点，方便消费者选择就近地点取包裹，其快递服务可以送到东南亚六国的几乎任何一个海岛、渔村。

3）安全支付。Lazada 早期在东南亚创新性地推出货到付款的支付方式，为买家提供了除现金交易外的多种支付选择。如今，Lazada 钱包能够绑定银行卡，为习惯于使用银行卡的消费者提供便捷的支付体验。

4）与阿里巴巴的合作。2016 年，响应阿里巴巴全球化的战略目标，阿里投资控股了 Lazada。阿里巴巴的加入为 Lazada 带来了强大的供应链和物流支持，以及全球品牌和商家的关系网络，使得 Lazada 能够为中国商家提供丝滑的入驻流程，并提升海外经营体验。

 扩展阅读

Lazada 平台入驻条件及费用详解

1. Lazada 平台入驻条件

在 Lazada 平台上进行入驻需要满足以下条件：

1）企业资质。入驻 Lazada 平台的企业必须具有营业执照、税务登记证等相关证件。

2）产品品质。Lazada 平台对产品质量有严格要求，入驻商家需提供优质、可靠的商品。

3）运营能力。商家需要具备专业的运营团队和成熟的运营计划。

4）服务质量。商家需要提供优质的客户服务，保证良好的购物体验。

5）品牌影响力。商家需要在行业内具备一定的影响力和知名度。

2. Lazada 平台入驻流程

1）提交入驻申请。商家需要在 Lazada 平台上提交入驻申请，并填写相关信息。

2）审核资质。Lazada 平台会对商家提交的资质进行审核，确保符合平台要求。

3）签订合同。通过审核后，商家需要与 Lazada 平台签订合同，明确双方的权利和义务。

4）缴纳费用。商家需要向 Lazada 平台缴纳一定的费用，包括平台使用费、保证金等。

5）开店上线。完成上述步骤后，商家可以在 Lazada 平台上开设店铺，并进行商品上架、运营等操作。

3. Lazada 平台入驻费用

Lazada 平台的入驻费用主要包括平台使用费、保证金和交易手续费等。具体费用标准如下：

1）平台使用费。根据店铺类型和销售额的不同，平台使用费的标准也有所不同。一般来说，平台使用费在 3000~5000 元之间。

2）保证金。保证金是用于保障买家权益和平台秩序的资金，根据店铺类型和销售额的不同，保证金的标准也有所不同。一般来说，保证金在 1 万~3 万元之间。

3）交易手续费。交易手续费是根据每一笔交易的销售额来计算的，一般标准为 5%~10%之间。

[资料来源：诗酒趁年华简. Lazada 入驻条件及费用详解 [EB/OL].（2023-12-05）[2024-08-20]. https://aiqicha. baidu. com/qifuknowledge/detail? id = 10136922992.]

第五节 出口跨境电商案例之四——独立站及建站平台

一、为什么要建独立站

建独立站不仅因为技术进步和工具支持使得建站变得简单快捷，更重要的是独立站的战略性和可持续性，以及它在提升品牌形象和知名度、自由掌控网站内容和功能、提供更多商业机会等方面的优势。

（1）技术进步和工具支持

相比于十年前，现在建站、选品、供应链、内容素材、产品描述、客户评价等方面都有很好的技术和工具支撑，这使得个人或团队建立和运营独立站变得更加简单和快捷。这种技术进步为想要建立独立站的人提供了便利，降低了建站的门槛。

（2）独立站的战略性和可持续性

1）战略性。在竞争日益激烈的市场环境下，独立站成为卖家实现转型的重要渠道之一。通过自主运营网站，卖家可以更好地掌控品牌形象塑造、用户体验优化以及客户关系管理等核心要素。此外，社交媒体平台（如 YouTube 和 TikTok）已成为吸引潜在客户、引导销售转化的重要阵地，而独立站是承接这些平台流量的最佳选择。

2）可持续性。独立站帮助卖家全面掌控用户数据，深入洞察消费者需求和行为特征。这使卖家能够精准制定营销策略，为客户提供个性化的产品推荐和优惠促销，显著提升客户满意度和忠诚度，实现可持续增长。通过独立站，卖家可以建立稳固的客户基础，并加速品牌口碑传播。

（3）提升品牌形象和知名度

企业或个人通过建立独立站，可以展现自己的产品优势和服务优势，吸引更多的目标客户，并与他们建立起有效的沟通和互动，从而提升自己的品牌形象和知名度。

（4）自由掌控网站内容和功能

相比于依赖第三方平台，独立站可以根据自身需求进行定制化的设计和开发，更好地满足用户的需求。此外，独立站可以提升网站的安全性和稳定性，选择合适的服务器和安全防护措施，减少被黑客攻击的风险，保障用户信息和数据的安全。

（5）提供更多商业机会

通过在独立站上发布高质量的内容，可以吸引更多的流量，进而获得更多的商业机会。企业或个人可以在独立站上推广自己的产品或服务，与读者建立合作关系，获得更多的商业合作机会。

二、自己建站需要什么条件

要自己建站，需要具备一些基本的条件和步骤。下面是一个简要的指南，可以帮助企业或个人了解如何建站，以及所需的条件。

第一，明确目标。建站可能是出于个人兴趣、用于个人品牌推广或者开展一个在线业务等。不同的目标会影响建站的内容、设计和功能。

第二，选择一个合适的域名。域名是网站的网址，所以要选择一个简洁、易于记忆、与目标相关的域名。可以通过注册域名的网站或者服务商来办理。

第三，选择一个网站构建平台。有很多网站构建平台可以选择，如 Shopify、Wix、WordPress 等。这些平台都提供了易于使用的模板和工具，帮助设计和管理网站。

第四，需要选择一个主题或者模板。这些主题和模板会为网站提供一个基本的外观和布局。可以根据网站的目标、品牌和个人喜好来选择主题。

第五，编辑和定制网站。可以添加文字、图片、视频等内容，创建自己的页面和导航菜单。还可以调整颜色、字体和其他设计元素，使网站符合品牌形象。一旦完成了网站的构建和定制，需要添加一些基本的功能和插件，如联系表单、社交媒体分享按钮、网站统计等。这些功能和插件可以增强网站的交互性和用户体验。

第六，发布网站。这意味着将企业或个人的网站上传到服务器，并将其与企业或个人的域名连接起来。企业或个人可以通过网站构建平台提供的工具或者服务商来完成这个步骤。

第七，进行网站优化和推广。这包括为网站添加关键词、元标签，以便在搜索引擎中获得更好的排名。还可以在社交媒体和其他渠道上分享网站，吸引更多的访问者。

通过这样一系列的步骤和努力，就可以成功地建立一个属于自己的网站。

三、常用独立站建站平台

下面将介绍几个常用的跨境电商独立站建站平台，分析不同的独立站建站平台能满足哪些需求以及适合哪些人群。

1. Shopify

Shopify 是资源全面、可整体构建的跨境电商独立站建站平台。Shopify 能够向电商卖家提供丰富的数据资源和案例。

Shopify 提供上百种电商主题模板，无须技术和设计能力。它还具有内置工具和资源，帮助商家开展全面的营销活动，以增加商店客流量和客户群，并提供全面的跟踪工具。每月 29 美元起。

2. GoDaddy

GoDaddy 操作快捷，属于简单流畅的跨境电商独立站建站平台，适合需要尽快启动运行的电商卖家。GoDaddy 能够提供诸如内容和视频设计工作室、销售和营销管理工具，以及跟踪指标功能。GoDaddy 的操作使用体验简单且呈现流线型，但也缺少一些特别的功能。收费标准为每月 9.99 美元起。

3. WordPress

WordPress 的包容性高，是容纳各种创意的跨境电商独立站建站平台。WordPress 拥有庞大的生态系统。如果需要插件或集成其他功能，WordPress 比较适合。

WordPress 网站更适合一些做创意网站（即需要一些额外的工具和自定义才能实现

的网站）的商家。收费标准为每月 3 美元起。

4. Squarespace

Squarespace 的设计能力突出，是小部件添加方便的跨境电商独立站建站平台。Squarespace 拥有大量自适应模板，允许自定义品牌元素，包括字体和颜色，以及背景图像和横幅，还可以随意嵌入弹出窗口和公告栏。除此之外，还有包括订单管理、销售点、产品图像缩放功能添加。

需要注意的是，一些 Squarespace 没有备份功能。收费标准为每月 12 美元起。

5. Wix

Wix 有强大扩展功能，是自带应用程序的跨境电商独立站建站平台。Wix 是一个可靠的、对初学者友好的建站平台。Wix 通过拖放功能将元素放置来确立站点位置。Wix 还提供 ADI（人工设计智能），根据我们的需求——设计元素偏好，构建出一个网站。Wix 可以通过 App Market 扩展其功能，且自带 250 多个应用程序。

需要注意的是，Wix 最多只能添加 100 个页面——而且不允许添加 TikTok 等新渠道。收费标准为每月 4.50 美元起。

6. Site123

Site123 免费提供多种模板。Site123 的基本功能和存储空间是免费的，并不限时。Site123 有 180 多种移动响应模板，但是无法调整元素。注册高级功能后，能够使用 Site123 的插件和电商工具库。

需要注意的是，Site123 不能拖拽编辑，它的编辑自由度有限制。基础版免费。

7. Weebly

Weebly 操作简易，布局直观。Weebly 的编辑器直观、简洁，建站操作简易，可以自行选择预设布局，并根据喜好添加或删除元素。Weebly 还提供 SEO 功能和支持、优惠券和时事通讯等营销工具，以及与 Square Payments 的集成等一系列功能。

Weebly 提供直观的在线电商面板，以便于在其中自定义设计、添加库存、管理付款等。Weebly 缺乏更专业的电子商务平台的深度和功能。基础版免费。

8. Square Online

Square Online 免费版本拥有非常全的功能和服务。Square Online 的所有模板、功能都是免费的。Square Online 还集成了 Facebook 和 Instagram 等其他渠道，并提供 SEO 工具。

Square Online 免费版本是有局限性的，即建立的网站无法关掉广告且不能使用自定义域名，但这些可以通过使用付费版解决。基础版永久免费，外加交易费。

9. Zyro

Zyro 的功能与服务最全面。Zyro 经过简化的 Web 开发过程广受好评。即便我们是个初学者，也能通过 Zyro 构建一个干净、简约且对用户友好的界面。Zyro 还有强大的工具来指导网页设计和启动过程。可以随时联系 Zyro 的开发团队获取帮助。

Zyro 预装了大量模板、免费的高质量图像和预设，以及人工智能营销工具。收费标准为每月 8.90 美元起。

 **新闻链接**

五个最成功的中国独立站，他们的成功秘诀是什么？

1. SHEIN

SHEIN 在 2024 年的全球独角兽排行榜上排名第五，在中国的独角兽排行榜上仅次于字节跳动和蚂蚁集团。

希音是一家位于广州的快时尚电子商务公司，2009 年创建了专属的网站 shein. com，并迅猛跻身成为全球四大时尚品牌之一。

SHEIN 除了做自己的独立站品牌外，也涉足亚马逊和速卖通等电商平台，并在十几年的时间内迅速做大做强。

为何 SHEIN 能成功，原因归结于以下几点。

（1）供应链管理

SHEIN 有着强大的柔性供应链体系，从原材料选择到商品趋势判断、设计、生产和供应链改善等方面进行提升，并能将未销售库存降低至低个位数，解决了过去困扰服装行业的高库存问题，这是 SHEIN 成功的其中一个秘籍。

（2）品质管控

SHEIN 在品质控制上采用自主品牌的模式，企业的大部分资金主要用于服装质量提升，打造一个优质的服装品牌口碑，而不将重点放在铺天盖地的推广宣传上。

不同于其他平台型电商主要依赖于供应商，SHEIN 自给自足，以柔性的供应链为产品提供优质的保证，以"小单快返"的方式增加生产订单，也因不提供大批量的订单，在一定程度上管控了旗下产品的品质。

（3）流量获取

SHEIN 非常擅于利用各大社媒进行互动和产品曝光，在 Facebook、Instagram、TikTok、YouTube 上都有庞大的粉丝数和互动量，品牌会通过定期的发布图片、视频或直播等形式维持热度。在 SHEIN 的官网上设有一个博客栏目和社区功能，用户可以通过这两个功能分享自己的穿搭，也可以为其他用户提供有用的建议或灵感等。SHEIN 还会通过与网红合作来扩大品牌影响力和覆盖面，例如网红带货、达人笔记或网红活动等形式。

（4）品牌价值

SHEIN 的企业文化为"弱宣传，强口碑"，这也造就了 SHEIN 在市场上强大的影响力和品牌价值，让用户更加信赖这个品牌。

（5）市场定位

SHEIN 从一开始就专注于国际市场，在独立站、亚马逊和速卖通等多平台上都有所建树，立足于国际，针对目标人群打造品牌。

2. Anker

Anker 又称"安客"，是一家主营移动电源、充电器、数据线、蓝牙外设等智能数码周边的公司，并连续三年进入 BrandZ "中国出海品牌 50 强"榜前十强。

作为从长沙起步的一家数码产品公司，Anker 稳扎稳打，主攻 3C 数码配件产品。除了自有平台之外，Anker 在亚马逊等第三方平台上也在不断探索新的发展机会，仅 2023 年，Anker 就在亚马逊实现创收 99.96 亿元。

与 SHEIN 一样，Anker 从一开始就着眼于海外市场，也因海外市场有着良好的独立站发展前景。

虽然 Anker 在独立站上做出的成绩远不如亚马逊，但那是因为受限于其主营业务。独立站的经营仍是 Anker 在以后的发展中的重点。

Anker 的成功在于以下几点。

（1）产品的垂直

Anker 从一开始就专注于移动电源、充电器等数码配件的领域，多年来未曾变更。在扩张和体量增大的时候，Anker 不忘初心，仍旧围绕移动电源及其衍生物进行新品研发，这份坚持让 Anker 顺利成为市场主力。

（2）本地化营销

Anker 的营销团队会结合不同地域的习惯，采取不同的营销策略。例如在崇尚极简风的日本，Anker 独立站的页面设置精简，贴合当地用户的使用习惯，力求与消费者形成共鸣。

（3）品质和服务

不少顾客在买过一次 Anker 的产品后，就会成为 Anker 的"铁粉"，回头客的数量也从侧面反映出 Anker 产品的品质要求有多严苛。

在 Anker 的店铺评价中有几十万个 feedback，且几乎是清一色的好评，作为一个电商平台，这是十分难得的，这也证明了不止产品质量过关，其服务也是备受追捧的。

3. Realme

Realme（真我）是一家成立于 2018 年的新生代科技品牌公司，从成立到销量破亿仅用了短短 37 个月，成为崛起最快的手机品牌之一。

Realme 的理念是"无越级，不发布"，这意味着 Realme 一直在不断创新，在手机功能接近饱和的现状下，Realme 仍始终坚持创新，放大自身特色，在手机市场上闯出一片天。

Realme 的成功离不开以下几点。

（1）年轻的科技潮牌定位

年轻人市场并不是一个局限，Realme 放眼世界数十亿年轻人，这显然是一个非常大的机遇。但年轻人对手机的要求，已经不仅仅局限于能打电话、发短信，而是追求更高的配置、更优的性能、独特的设计以及流畅的功能交互，还有品牌的内核。

Realme 在手机研发设计上真正读懂了年轻人，创新突破，成功在早已饱和的手机市场上"杀出一条血路"，跻身头部手机公司行列。

（2）越级体验的产品创新

"无越级，不发布"是 Realme 真我的品牌理念，Realme 在手机基础功能上增加了位于其价格段领先的新技术、新功能、新体验，旨在打造出创新的"越级产品"。

（3）高效的销售模式

从 2018 年创立至今，Realme 以飞快的速度成长为智能手机头部品牌。Realme 的手机定价并不高，前期将市场瞄准了东南亚，手机的性价比非常符合东南亚年轻人的预期，因此一入市便达到了不错的销量，并与高端厂商拉开了距离，迅速占据了中低端市场。

除了通过价格取胜，Realme 还特别注重社媒的营销推广。在 TikTok、YouTube、Facebook 等社媒上，Realme 确定了产品营销策略，一步步地将产品推广到全球市场。

4. WORX

WORX（威克士）是宝时得科技（中国）有限公司针对专业领域用户而创立的一个国际性的高端电动工具品牌，2005 年正式进入海外市场。

在 2023 中国全球化品牌 50 强榜单上，WORX 排名 24，而其王牌产品——WORX 智能割草机器人已在全球全渠道市场占有率位居第一。

WORX 的赛道是家庭园艺，不同于中国，欧美国家的家庭大多有独立的庭院，园艺产品也就成了必需品，而 WORX 的产品已经在这一领域达到了顶尖，实力过硬。

WORX 的成功，归结为以下几点。

（1）优秀的营销策略

受限于 WORX 产品的独特性，除草机器人这类产品不像普通商品，顾客看着有兴趣就会购买，只有有需要的特定群体才会选择购买。

WORX 选择了和网红合作，通过发布使用 WORX 的产品进行实操或 DIY 的视频吸引大量用户观看，也借此转化了不少顾客。

WORX 的营销策略也颇为大胆，专做电动工具器械的一个品牌，竟然选择了与一位彩妆网红合作。网红使用 WORX 的电动喷漆枪上妆的视频一经发布，立刻引发了大量粉丝的关注，WORX 的产品也得到了大量的曝光。

（2）准确的市场定位

WORX 早早入局独立站，将海外住宅 DIY 市场的"蛋糕"收入囊中。WORX 瞄准了欧美国家中占据大部分的庭院场景所需，了解海外人群对于园林修剪、住宅 DIY 的需求，抓住机遇，迅速开拓了海外市场。

（3）敏锐的市场嗅觉

2014 年，WORX 发布了一款全机器人割草机 WORX Landroid，靠着过硬的实力和风口助推，一下子就让 WORX 智能割草机器人在现代渠道市场占有率攀升至全球第一，远超竞争对手。

尽管手握爆款，但WORX仍用其敏锐的市场嗅觉继续开发新品，成功实现了在独立站以及亚马逊等第三方平台的井喷式成长，斩获了多个细分类目的冠军头衔。

5. FlexiSpot

在2023年BrandZ"中国全球化品牌50强"榜单上，乐歌旗下品牌FlexiSpot排名第42，在其领域也是站稳了脚跟。

FlexiSpot是乐歌旗下的核心品牌，主营人体工学类产品，例如智能升降桌和办公椅等。

FlexiSpot拥有包括自建站FlexiSpot.com在内的12个独立站点，以及亚马逊、沃尔玛等第三方平台，秉承着"健康办公"的理念，将乐歌自主研发的线性驱动技术融入产品之中，目前已成功跻身海外市场的线性驱动应用产品类目的头部。

FlexiSpot的成功在于以下几点。

（1）社媒推广

FlexiSpot在YouTube、Facebook、Instagram、Twitter等社媒上进行大量的广告投放，在TikTok上进行话题打造，以及与各领域红人进行合作，为品牌的曝光助力。

（2）充分的市场调研

人体工学产品符合当下人们追求身体健康的理念。乐歌及时抓住机遇，并着手打造创新的家居生活和办公方式，在2013年就早早进入线性驱动应用产品市场，占得先机。结合海外用户人群所需不断进行调整，使产品得到优化提升，迅速在海外打下好的口碑。

（3）关于海外仓的前瞻性

FlexiSpot非常具有前瞻性地购买了12个海外仓，占地约275800m²，这为后续业务的开拓起了非常大的帮助，有效降低了尾程物流的成本。

［资料来源：亚哥说跨境. 五个最成功的中国独立站，它们的成功秘诀是什么？［EB/OL］.（2024-05-08）［2024-08-25］.https://www.cifnews.com/article/158448.］

第六节 出口跨境电商案例之五——敦煌网与阿里巴巴国际站

一、敦煌网

1. 敦煌网简介

敦煌网成立于2004年，专注于小额B2B赛道，为中小微企业提供全方位的服务，包括店铺运营、流量营销、仓储物流、支付金融、客服风控、关检汇税等。该平台旨在帮助中国制造对接全球采购，实现"买全球，卖全球"的目标。敦煌网通过提供一站式数字化店铺管理、精准推广、全链条各节点专业团队的专属服务，以及高效的推广运营工具，赋能商家起步成长，助力中小企业实现"出海"梦想。

敦煌网由王树彤创立，现已发展成为拥有多个核心业务的跨境电商平台。除了作为全球领先的跨境电商出口平台外，敦煌网还提供智能物流平台、金融支付服务等多个服务板块，支持多币种结算，覆盖广泛的物流线路和海外仓，确保了全球范围内快速和便捷的商品流通。

2. 敦煌网的发展历程与成就

1）成立与发展。敦煌网旨在为中小企业提供一个 B2B 跨境线上交易的平台。随着时间的推移，敦煌网不仅成为美国市场最大的中国跨境 B2B 电商平台，还扩展为全球范围内的贸易服务平台。

2）服务升级与扩展。敦煌网最初提供贸易信息的撮合场景，随后通过提供在线担保交易、对接物流公司等服务，向出口商户提供全面的"信息流、资金流、物流"服务。其盈利模式也从早期的会员制收费转变为"为成功付费"的佣金模式，标志着出口 B2B 电商进入"2.0"时代。

3）技术创新与平台升级。敦煌网集团在 2022 年宣布正式升级，以中心化跨境电商平台敦煌网（DHgate）和去中心化社交电商平台 MyyShop 为核心业务引擎，智能物流平台驼飞侠 DHLink、金融支付服务驼驼数科作为支持服务板块，进一步扩展其服务范围和功能。

4）国际影响力。敦煌网已经拥有 254 万名以上累计注册供应商，年均在线产品数量超过 3400 万种，累计注册买家超过 5960 万名，覆盖全球 225 个国家及地区，提供 100 多条物流线路和 10 多个海外仓，在北美、拉美、欧洲等地设有全球业务办事机构，成为全球范围内的重要贸易平台。

5）政策与战略合作。在践行"一带一路"倡议中，敦煌网通过连接更多国家，促成中国和更多国家签署双边、多边合作，推动跨境电商政策便利化，并通过输出培训推动国与国之间跨境电商合作协议的落地。

6）社会认可与荣誉。敦煌网是商务部重点推荐的中国对外贸易第三方电子商务平台之一，拥有深耕行业数十年的品牌影响力、跨境电商全产业链赋能、跨场景交易大数据沉淀、先进的 AI 算法支持、强大的中国供应链优势，以及完善的履约服务，成为行业内的领军平台。

3. 敦煌网的特点与优势

1）"B2B+B2C"模式。敦煌网支持 B2B 和 B2C 两种交易模式，这种模式使得敦煌网能够满足不同规模企业的交易需求，同时也为消费者提供了直接购买的可能性。

2）全球物流便捷。敦煌网拥有签约物流公司，能够将产品快速送达消费者手中，通常只需要七天左右，这种高效的物流服务大大提高了交易的便利性。

3）多语言支持。敦煌网支持十种主流语言的自由切换，这有助于扩大用户群体，使得不同国家和地区的用户都能方便地使用平台进行交易。

4）在线交流。平台提供在线交流功能，使得买家和卖家可以第一时间进行沟通，破除了语言和文化差异带来的交流障碍。

5）信贷服务。敦煌网提供信贷服务，帮助商家解决资金流问题，这对于缓解商家在运营过程中的资金压力非常有帮助。

此外，敦煌网显示了其在跨境电商领域的权威性和影响力。敦煌网的成功不仅在于其商业模式和服务，还在于其对全球贸易的促进和对中小企业发展的支持。

4. 敦煌网的创新与发展举措

1）通过"她力量"大赛，提供超过2000小时的数字技能培训，助力女性创业者在商业成功的同时实现个人成长。

2）积极参与"一带一路"倡议，与对点国家建立数字贸易中心（DTC），致力于缩小发展中国家与发达国家、中小企业与大型跨国企业之间的差距。

3）在美国建设DH Showroom互动空间，通过线下样品展示的方式，为来自中国供应链的优质商品与当地零售商和网红建立连接，全面提升用户体验。

4）推出"物流服务商认证"，保障商家权益、提升物流服务质量，同时升级买家物流体验。

5）通过整合跨境贸易各主要环节，为买卖双方提供从产品上传、翻译、营销、售后到关、检、税、汇、仓等一站式服务，助力中小企业融入"一带一路"及网上丝绸之路。

通过这些创新与发展举措，敦煌网集团不仅促进了全球通商和创业梦想的实现，还为中国制造对接全球采购提供了有效平台，成为数字经济时代的重要参与者。

新闻链接

敦煌网集团入选《世界互联网大会跨境电商实践案例集（2024年）》

2024年4月16日，世界互联网大会数字丝路发展论坛在陕西西安举行，来自全球近50个国家和地区的嘉宾相聚一堂，共同探讨数字经济发展趋势与机遇。会议期间，世界互联网大会正式发布《世界互联网大会跨境电商实践案例集（2024年）》（以下简称《案例集》），以此推广中国跨境电商最佳实践，也推动全球跨境电商相关主体相互借鉴、优势互补。敦煌网集团、阿里巴巴国际站、淘天集团、蚂蚁集团、SHEIN等国内跨境电商领域领军企业均以其在产业链不同环节的突出成果入选。

世界互联网大会相关负责人表示，大会于今年1月启动了案例征集活动，通过实地调研、定向邀请、线上通知等方式广泛征集各地跨境电商方面的实践和经验。经过专家研讨、审议，从"政府统筹、综合服务、平台搭建、品牌培育、物流优化、金融赋能、技术支持、产业升级、数字赋能"九大维度，精选出63个案例，形成了《案例集》。

敦煌网集团作为人才培养、数字赋能代表入选《案例集》。近年来，由APEC工商咨询理事会中国代表、敦煌网集团创始人兼董事长王树彤发起的"APEC跨境电商能力建设项目"（APEC CBET）已为包括21个APEC经济体在内的50多个国家和地区近10万名中小微创业者、行业协会和政策制定者开展电商专业培训。延续相关经验，2022年，敦煌网集团升级"她力量"全球社交电商女性创业大赛，引入比赛机制，创新培养模式，采用"AI+直播+电商"模式赋能女性创业者。

2023 年，赛事面向"Z 世代"专门设计了 E-learning 课程，在 YouTube 上线了大赛专属线上学习平台，推出由赛事合作伙伴打造的培训课程，内容覆盖跨境电商、跨境支付、直播促销、品牌营销等环节。部分参赛者表示，行业头部企业带来了先进的行业技术分享，以及最前沿的行业蓝图展望，带给她们很大收获。同时，大赛联动她山国际女性成长社群，通过视频、直播、播客等多种媒体形式的专业课程设计，从"硬技能"和"软实力"两个方面协同输出，为更广泛的全球受众赋能，助力女性在获得商业成功的同时，通过向内探索和向外链接，收获自身成长和精神富足，内外兼修全面赋能。截至目前，"她力量"大赛已成功举办四届，全球超过 5000 名电商创业女性参与，提供了超过 2000 小时的数字技能培训，助力各国中小微创业者特别是女性创业者的数字能力提升。

同时，《案例集》还提出了进一步推广促进跨境电商业务发展的实践措和下一步行动：总结跨境电商实践案例创新经验与模式；开展跨境电商实践案例发布展示活动；促进跨境电商实践案例国际交流与传播；组织跨境电商能力建设培训项目，推出跨境电商系列课程等。敦煌网集团也将继续携手全球合作伙伴，共同探索跨境电商领域的新机遇和新挑战，持续推动包容性经济发展，开创数字经济美好未来。

［资料来源：东方网. 创新数字赋能　敦煌网集团入选《世界互联网大会跨境电商实践案例集（2024 年）》［EB/OL].（2024-04-18）［2024-08-17］. http://cajing.chinadaily.com.cn/a/202404/18/WS6620e944a3109f7860dd9fd7.html.］

二、阿里巴巴国际站

1. 阿里巴巴国际站简介

阿里巴巴国际站（Alibaba International Station）是中国最大的综合型外贸在线批发交易平台之一，由阿里巴巴集团创立，旨在为全球供应商和海外批发买家提供一站式服务。该平台不仅提供了询盘、线上交易、数字化营销、数字化供应链履约和金融服务，还通过大数据分析精准对标海外需求，帮助企业开拓国际市场。阿里巴巴国际站的成立，极大地促进了全球贸易的数字化和便捷化，使得中小企业也能参与到全球市场竞争中。

阿里巴巴国际站的服务范围广泛，包括但不限于：

1）线上批发交易。为全球供应商和海外批发买家提供一个在线交易的平台，简化交易流程，提高交易效率。

2）数字化营销。利用先进的数据分析技术，帮助企业精准定位目标市场，提高品牌知名度和销售业绩。

3）数字化供应链履约。提供全面的供应链管理服务，确保货物按时、按质送达，提高客户满意度。

4）金融服务。为外贸企业提供全方位的金融服务，包括信用保障、支付结算等，降低企业经营风险。

此外，阿里巴巴国际站还通过不断创新和升级服务，如推出"海陆运一站式解决方案""半托管服务"等，以及与国际奥委会合作，支持运动员转型创业和全球中小企业参与国际贸易，进一步拓展其服务范围和影响力。这些举措不仅提升了阿里巴巴国际站在全球贸易领域的影响力，还为广大外贸企业提供了更多的发展机会和可能性。

2. 阿里巴巴国际站的发展历程

阿里巴巴国际站自1999年成立以来，已经发展成为全球领先的B2B电商平台，致力于帮助中国中小企业将产品卖向全球。

阿里巴巴国际站最初由马云与阿里创始团队创立，旨在借助互联网帮助中国中小企业将产品卖向全球。经过二十多年的发展，该平台已经从最初的黄页式撮合网站，转变为引领跨境贸易行业趋势、实现海量商机精准匹配、在线沟通交易智能服务、全球供应链一站式整合的数字化B2B电商平台。阿里巴巴国际站不仅提供了全面的数字化战略和跨境贸易解决方案，还通过不断创新和技术应用，如区块链、大数据等，不断革新跨境电商行业，解决跨境物流监测、支付和电商产品质量追溯等问题，使得营销更加精准化、个性化，同时提高供应链运转速度，促进跨境出口电商的发展。

近年来，阿里巴巴国际站还推出了多项服务和解决方案，以适应不断变化的市场需求和挑战。例如，推出了"海陆运一站式解决方案"，解决国际站商家出货难题；启动首届"56物流服务月"，提供五大物流服务，缓解外贸商家出货难题；上线全球物流跟踪服务，提供快递件查询以及海运、空运等相关查询；全面开启国际化运营，根据不同国家、市场的特点进行精细化运营；上线东南亚国家馆，提供20多条平台物流线路，实现B2B外贸物流快速送达；成为"2024年欧洲杯"官方B2B电商合作伙伴，全面支持全球运动员创业。这些举措不仅展示了阿里巴巴国际站在跨境电商领域的领导地位，还体现了其对全球贸易发展的积极贡献。

3. 阿里巴巴国际站的特点与优势

阿里巴巴国际站的特点与优势主要包括高知名度和广泛的买家分布、提供整套外贸解决方案、不压货和不压款、操作便捷、互动性强、可信度高、专业化服务以及全球化覆盖。

1）高知名度和广泛的买家分布。阿里巴巴国际站是全球最大的B2B跨境外贸平台之一，买家覆盖200多个国家和地区，其中美国、欧洲、日本、韩国、东南亚等国家和地区的买家占比较高，为中国外贸人提供了广阔的市场空间。

2）提供整套外贸解决方案。从流量获取到订单转化，阿里巴巴国际站提供了一整套的外贸解决方案，帮助中小企业成长，支持品牌"出海"。

3）不压货和不压款。该平台允许商家先收款后发货，提供了充裕的现金流。

4）操作便捷。阿里巴巴国际站提供了纯中文的极简工作台，所有运营操作都可以在一个窗口完成，且全程提供中英文实时翻译，即使不熟悉外贸流程的商家，也能轻松操作。

5）互动性强。平台提供了 Community 交流频道，供买卖双方进行交流和沟通，分享网络贸易经验，增强了交易的互动性。

6）可信度高。通过第三方认证和内部审核，为付费会员提供安全的服务，有效降低了网上外贸的风险。

7）专业化服务。拥有不断完善的人性化设计、出色的搜索和网页浏览功能，以及简便的沟通和账号管理工具。

8）全球化覆盖。阿里巴巴国际站的全球化体现在公司定位、业务范围以及公司性质等方面，使其成为一个真正的全球商务平台。

4. 阿里巴巴国际站的创新与发展

阿里巴巴国际站作为全球领先的 B2B 电商平台，一直在探索和创新，以适应和引领外贸行业的发展趋势。近年来，该平台通过 AI 技术的应用、数字外贸的推动、物流服务的升级、国际化的战略布局，展现了其在推动外贸行业数字化转型方面的努力和成果。

1）AI 技术的应用。阿里巴巴国际站利用 AI 技术优化外贸流程，提高效率。例如，通过 AI 技术发布商品信息，使得商品在海外的搜索量提升了 37%，这表明 AI 技术在提升外贸产品的曝光率和市场竞争力方面发挥了重要作用。此外，阿里巴巴国际站还推出了 AI 生意助手，能够自动生成商品信息，极大提高了发布产品的效率，同时提升了客户回复率，降低了人工成本。

2）数字外贸的推动。随着数字技术的普及和应用，数字外贸已成为全球贸易的必选项和不可逆转的大趋势。阿里巴巴国际站通过提供数字外贸匹配平台，帮助中小企业抓住这一趋势，特别是那些从线下起步或转型线上的企业，通过数字外贸实现业务快速增长。

3）物流服务的升级。为了支持数字外贸的发展，阿里巴巴国际站还推出了多项物流服务，包括一站式解决方案、全球物流跟踪服务等，以解决外贸企业在物流方面的困难，进一步优化外贸流程。

4）国际化的战略布局。阿里巴巴国际站还加强了在国际市场上的布局，通过上线国家馆等方式进行精细化运营，特别是在东南亚市场加强布局，提供了多条物流线路，以支持 B2B 外贸的快速交付。

 新闻链接

好的应用是驱动产业变化的稀缺资源

当 AI 行业还在探讨大模型的方向时，阿里巴巴国际站总裁张阔已经晒出了一张"AI 应用成绩单"。

近日，在中国（深圳）跨境电商展览会（CCBEC）和阿里巴巴国际站联合举办的"2024 跨境电商增长新趋势大会"上，阿里巴巴国际站透露：AI 外贸产品推出不到半年，就已经有 1.2 万家外贸企业订购使用，AI 发布的商品品种达到百万规模，而通过 AI 优化，这些产品在海外的搜索量提升达到了 37%。

AI 在外贸行业的"应用时代"或已到来

阿里巴巴国际站总裁张阔认为:"随着科技的发展,生成式大模型将会过剩,好的应用才是驱动产业变化的稀缺资源。"在他看来,AI 正在驱动外贸行业走向全面智能化,再结合阿里巴巴国际站对供应链的深度整合,最终将带来外贸门槛的降低及效率指数级提升。

这是未来整个外贸行业的重要机会。

为此,阿里巴巴国际站 2023 年率先推出 AI 外贸产品,今年初在整合供应链的基础上推出"半托管"模式,外贸门槛将进一步降低、效率将全面提升。

在生成式 AI 浪潮发展至今的一年多时间里,阿里巴巴国际站成为率先将 AI 落地应用的"实干派"。

除了已推出的 AI 生意助手、OKKI AI 两大产品已经在帮助百万商品进行优化、提升效率,阿里巴巴国际站还将对外贸的 18 个环节全部进行智能化改造。

阿里巴巴国际站晒出"AI 应用成绩单"

在现场,张阔演示了一项"图生商品"的黑科技功能,未来在阿里巴巴国际站上做外贸,甚至可以只上传一张实际拍摄的产品图,AI 就能智能完善后面的商品信息,经过外贸员确认后就能快速发布商品。

张阔的观点很明确:应用才是 AI 最稀缺、最有价值的部分。

而外贸正是 AI 理想的应用场景。以往,外贸链路包含了大量如选品发品、运营沟通等任务目标明确但重复性高的工作,涉及多语言环境、时差等问题。但当外贸企业把这些繁杂的工作交给 AI 之后,难题将迎刃而解,外贸员可以"解放"出来,去做诸如产品开发、市场选择等事情。

由此,此前没有外贸经验的内贸企业就能凭借 AI 快速掌握外贸技能,地处偏远地带的企业也能快速解决招人难题。

这样的例子在阿里巴巴国际站上比比皆是。像在义乌做机械出口的 60 后"老工厂人"徐镜钱就是第一批"吃 AI 螃蟹的人"。在 AI "生意助手"的帮助下选品,新品上线后一个月就拿下 11 万美元的订单,而他的"00后"新员工更是在 AI "生意助手"的帮助下,一夜做成了自己人生的第一个大单。

供应链深度整合将带来新的市场

有了 AI 的提效之后,阿里巴巴国际站还在进一步帮助商家寻找海外的增量市场。

当前,B2B 是"出海"的主力赛道,2023 年阿里巴巴国际站支持的 B2B 出口规模达到 3500 亿美元,线上成交接近 500 亿美元。在如此大体量的基础上,今年 1—2 月,阿里巴巴国际站的 GMV 仍然保持快速增长。张阔认为,在阿里巴巴国际站当下成熟的定制赛道之外,还有一个万亿美元级别的现货批发市场。在这个现货批发市场上,大量的零售商、服务商有现货批发采购的需求,但他们对确定性的交易体验要求较高。张阔认为,必须通过深度整合供应链才能真正满足他们的需求,为中国商家带来新的万亿美元级别的增量市场。

为此，今年初，阿里巴巴国际站推出了"半托管"服务，即在整合供应链的基础上，与商家一起为海外买家提供一口价、准时达、售后有保障的全新B2B采购体验。无论是内贸商家还是外贸商家，只要有现货能力、能在3~7天发货，就能加入阿里巴巴国际站"半托管"。

目前，B2B"半托管"首期已经在美国、加拿大、墨西哥、英国、法国、德国等国家和地区市场同步上线，加入"半托管"的商品都会获得"Alibaba Guaranteed"的显著标签，标明准确的价格、确定性的物流时效以及售后保障服务。上线后，"半托管"商品迅速吸引了一批海外新买家。

"我们的发饰品类很适合做'托管'。我们有现货、有库存，还有自己的工厂。听说国际站要做'半托管'，我第一时间就报名了100多个品上'半托管'。"义乌市银宏菁饰品有限公司总经理谢银是阿里巴巴国际站"半托管"业务上线后第一批"吃螃蟹的商家"。

"半托管"模式上线第一天，一位德国的新客户就在谢银的店里直接下单了一批醋酸发抓。谢银笑称，"终于知道什么叫'躺着赚钱'了，我们这边在睡觉，客户那边在下单"。

阿里巴巴国际站"半托管"模式覆盖的行业较全，而且商家仍然自主定价、自主经营，这给一大批想要做长期生意的外贸企业提供了便利，他们可以借助平台，快速开启自己的外贸生意。

张阔认为，B2B出口是一门长期的生意，阿里巴巴国际站将始终服务于有企业家精神、想要做长期生意的企业家们。

未来，AI带来的全面智能化及阿里巴巴国际站对供应链的深度整合，将把这门长期可持续生意的门槛大大降低、效率全面提升，将会有更多企业参与其中。

［资料来源：陈晓燕. 阿里国际站总裁张阔：好的应用是驱动产业变化的稀缺资源［EB/OL］.（2024-03-14）［2024-09-15］.http://www.jjckb.cn/2024-03/14/c_1310767573.htm.］

习　题

一、填空题

1. 出口跨境电商是指分属不同国家或地区（不同关境）的_____，利用互联网或移动互联网络，通过各_____，实现将主体所属的境内产品销售给境外企业或终端消费者的国际商业活动。

2. 我国出口跨境电商在发展历程上，当前行业迈入_____阶段，_____是核心基调。

3. 我国出口跨境电商的服务出口呈现_____和_____趋势。

4. 我国跨境电商出海四小龙是指全球速卖通、_____、_____、TikTok Shop。

5. 截至2024年，敦煌网已经拥有超过_____的累计注册供应商，年均在线产品数量超过_____，覆盖全球 225 个国家及地区，提供了 100 多条物流线路和 10 多个海外仓。

二、选择题

1. 中国正式签署《区域全面经济伙伴关系协定》（RCEP）是在 2020 年（　　）。

A. 9 月　　　　　　　B. 10 月　　　　　　　C. 11 月　　　　　　　D. 12 月

2. 全球速卖通是阿里巴巴旗下的面向国际市场打造的跨境电商平台，被广大卖家称为"国际版淘宝"，其上线的时间是（　　）。

A. 2003 年　　　　　B. 2010 年　　　　　C. 2012 年　　　　　D. 2014 年

3. 亚马逊全球开店发布的《2024 中国出口跨境电商发展趋势白皮书》显示，过去两年，在亚马逊全球站点销售额超过 100 万美元的中国卖家数量增长了近（　　）。

A. 38%　　　　　　B. 42%　　　　　　C. 50%　　　　　　D. 55%

4. eBay 是一个全球性的在线市场和拍卖网站，成立于（　　）年。

A. 1995　　　　　　B. 1997　　　　　　C. 1999　　　　　　D. 2000

5. 2022 年，推出"海陆运一站式解决方案"的平台是（　　）。

A. 亚马逊　　　　B. 阿里巴巴国际站　　C. SHEIN　　　　D. Walmart

三、判断题

1. 建独立站不仅因为技术进步和工具支持使得建站变得简单快捷，更重要的是独立站的战略性和可持续性，以及它在提升品牌形象和知名度、自由掌控网站内容和功能、提供更多商业机会等方面的优势。（　　）

2. 亚马逊针对中国制造业企业卖家推出"制造＋""服务＋""品牌＋"全球开店服务体系。
（　　）

3. 敦煌网是国内首个为中小企业提供 B2C 网上交易的网站。（　　）

4. Lazada 是东南亚首屈一指的网上购物平台，总部在马来西亚。（　　）

5. Walmart 电商平台是一个以"每天低价"（Every Day Low Price，EDLP）为核心理念的零售平台，旨在为消费者提供一站式购物体验。（　　）

四、简答题

1. 简述我国出口跨境电商的发展趋势。

2. 简要分析简要分析 SHEIN 的特点与优势。

3. 简述亚马逊的第三次转变。

4. 简述 eBay 的特点与优势。

5. 简述阿里巴巴国际站的创新与发展。

习 题 答 案

跨境电商概论　第3版

第四章
进口跨境电商

引例

　　据亿邦动力网数据显示，2019年春节期间，虽境外游整体人次增长达28%，但我国出境游客的购物热度总体呈现出下降趋势。据 NHK 等日本媒体报道，我国游客在春节期间的消费减少，已经使日本多家商场表现出紧张情绪。韩国、英国等多个国家的媒体也观察到了中国游客出境购物消费下降的现象。境外购物花销减少，并不意味着我国消费者不再热衷于购买优质的境外商品。数据显示，2019年春节期间，天猫国际成交金额同比增长60%。其中，进口美妆、保健、母婴类商品成为前三名最受欢迎的品类，而数码家电、宠物相关进口商品的消费热度正在快速上升。

　　2019年春节期间，天猫国际推出"不打烊"和"晚到赔"服务，部分地区还支持"次日达"，保证用户能够及时购买到需要的进口商品。天猫国际数据显示，上海、广州的用户在春节狂囤奶粉，带火了新西兰、澳大利亚多个母婴品牌的生意；北京、深圳的用户尤其热衷买美容仪，将日本的雅萌、ReFa 美容仪买成爆款。除了服务和品类方面的优势外，天猫国际的正品保障也是境外消费回流的原因之一。

　　进口跨境电商为消费者提供了便捷的渠道，让他们能够轻松购买到全球各地的优质商品，满足对高品质商品的需求。研究进口跨境电商对于把握政策动向、掌握技术创新方向、拓展国际市场、应对法律挑战以及适应国际贸易环境的变化具有重要意义。

本章学习目标

　　（1）了解进口跨境电商概念及行业发展现状。
　　（2）掌握我国进口跨境电商的清关模式和运营模式。
　　（3）熟悉天猫国际、京东国际、抖音全球购等主要进口跨境电商平台。
　　（4）了解考拉海购、蜜芽、蜜淘等几个平台转型失败的案例。

第一节 进口跨境电商概述

一、进口跨境电商的概念

1. 进口跨境电商的定义

广义的进口跨境电商包括 B2C 或 B2B 在内的各种跨境电商进口。本章所讨论的进口跨境电商主要是指跨境电商零售进口，它是指消费者在国外电商网站上购物，商品通过转运或直邮等方式入境送达的模式。商务部等部门发布的《关于完善跨境电子商务零售进口监管有关工作的通知》（商财发〔2018〕486 号）中所规定的跨境电商零售进口，是指中国境内消费者通过跨境电商第三方平台经营者自境外购买商品，并通过"网购保税进口"（海关监管方式代码 1210）或"直购进口"（海关监管方式代码 9610）运递进境的消费行为。

跨境电商零售进口的商品应符合以下三个条件：①属于《跨境电子商务零售进口商品清单》内、限于个人自用并满足跨境电商零售进口税收政策规定的条件；②通过与海关联网的电子商务交易平台交易，能够实现交易、支付、物流电子信息"三单"比对；③未通过与海关联网的电子商务交易平台交易，但进出境快件运营人、邮政企业能够接受相关电商企业、支付企业的委托，承诺承担相应法律责任，向海关传输交易、支付等电子信息。

2. 进口跨境电商模式

1）网购保税进口模式：是将货物先大批量发往保税区，境内消费者下单后再从保税区内单件发出，利用保税区"境内关外"的特征备货，达到降低采购成本、提升消费体验的目的。这种模式适用于品类相对少、备货量大的电商企业。

2）直购进口模式：是指与海关联网的跨境电商平台在境内消费者下单后将"三单"信息传输给海关，商品通过海关跨境电商专门监管场所入境，按照个人邮递物品征税。这种模式适用于销售品类宽泛、不易批量备货的电商企业。

二、进口跨境电商的清关模式

进口跨境电商的清关模式一般包括快件清关、集货清关和备货清关等三种模式。

1. 快件清关

确认订单后，国外供应商通过国际快递将商品直接从境外邮寄至消费者手中。无海关单据。

优点是灵活，有业务时才发货，不需要提前备货；缺点是与其他邮快件混在一起，物流通关效率较低，量大时成本会迅速上升。

适合业务量较少，偶尔有零星订单的阶段。

2. 集货清关（先有订单，再发货）

商家将多个已售出商品统一打包，通过国际物流运至国内的保税仓库，电商企业为每件商品办理海关通关手续，经海关查验放行后，由电商企业委托国内快递派送至消费者手中。每个订单附有海关单据。

优点是灵活，不需要提前备货，相对邮快件清关而言，物流通关效率较高，整体物流成本有所降低。缺点是需要在海外完成打包操作，海外操作成本高，且从海外发货，物流时间稍长。

适合业务量迅速增长的阶段，每周都有多笔订单。

3. 备货清关（先备货，后有订单）

商家将境外商品批量备货至海关监管下的保税仓库，消费者下单后，电商企业根据订单为每件商品办理海关通关手续，在保税仓库完成贴面单和打包，经海关查验放行后，由电商企业委托国内快递派送至消费者手中。每个订单附有海关单据。

优点是提前批量备货至保税仓库，国际物流成本最低；有订单后，可立即从保税仓库发货，通关效率最高；可及时响应售后服务要求，用户体验最佳。缺点是使用保税仓库有仓储成本，备货会占用资金。

适合业务规模较大、业务量稳定的阶段。可通过大批量订货或提前订货降低采购成本，可逐步从空运过渡到海运降低国际物流成本或采用质押监管融资解决备货引起的资金占用问题。

三、进口跨境电商的运营模式

进口跨境电商作为一种特殊电商形式，拥有五种主要的运营模式，包括电商平台运营、供应链运营、保税仓运营、保税新零售和跨境电商产业园模式。这些模式各有特点，适合不同的创业者和企业。

1. 电商平台运营模式

这是一种适合拥有一定数量会员、粉丝或社群，并希望通过跨境进口项目实现变现的入门级跨境电商创业模式。只需要搭建私域小程序平台，完成三单对碰，并借助云仓系统与保税仓供应链对接即可。

2. 供应链运营模式（也可称为全产业链模式）

以美妆、保健品、母婴、酒水等行业中从事 B2B 进口供应链的企业为例，它们旨在整合全国各保税仓的货源，包括自身的货源以及其他供应商的货源，进而对接各大跨境电商平台进行供货代发。

3. 保税仓运营模式

主要是运营海关监管的保税仓库，为货主提供一系列服务，包括保税商品备案、入区报关、电商平台接入、海关三单对碰、仓库打单发货等。

4. 保税新零售模式

这是一种将保税展示与跨境电商相结合的模式，能够让消费者体验到跨境电商网购进口商品的"线下体验、线上下单、极速配送或城市配送"的新零售消费场景。

5. 跨境电商产业园模式

它以跨境电商业务为核心，聚集了众多跨境电商企业、服务提供商等，并提供相关配套设施、招商及运营服务。目前全国有 165 个跨境电商综合试验区，各地基于综试区政策创建并运营跨境电商产业园，以更好地服务本地跨境电商产业。

 扩展阅读

我国进口跨境电商行业正在经历智能化、供应链优化和品牌化的发展趋势

智能化发展：随着人工智能、大数据等技术的不断进步，进口跨境电商平台正在实现智能化发展。通过智能化技术，平台能够更精准地了解消费者需求，提供个性化的商品推荐和服务，同时提高运营效率、降低成本。

供应链优化：进口跨境电商平台通过优化供应链流程、提高物流配送效率、降低库存成本等方式，实现供应链的优化升级。平台还将加强与国际物流企业的合作，共同构建高效、稳定的物流体系。

品牌化发展：在激烈的市场竞争中，品牌化成为进口跨境电商平台的重要发展方向。通过打造自有品牌或与知名品牌合作，平台可以提高商品品质和服务水平，增强消费者信任度，同时提高平台的知名度和影响力。

此外，中国跨境进口电商行业已进入"升级发展期"，随着线上跨境电商平台加速整合集中，以及更多品牌方通过跨境电商直接参与跨境贸易，跨境生态已经形成。消费者对跨境电商平台的信任逐渐提高，进一步促进了行业繁荣。

消费者购买进口商品时，更看重正品与质量保障，以及快捷的物流配送服务。跨境网购趋向全品类覆盖，消费者愿意为进口品质买单。产品品质仍是影响消费者选择购买进口商品的首要原因。

四、我国跨境进口消费趋势及进口跨境电商用户消费特征

1. 我国跨境进口消费趋势

2024 年 6 月，京东旗下进出口商品一站式消费平台京东国际联合尼尔森 IQ 发布的《2024 年中国跨境进口消费趋势白皮书》（以下简称《白皮书》）显示，我国进口跨境电商行业已进入"升级发展期"，随着线上跨境电商平台加速整合集中，以及更多品牌方通过跨境电商直接参与跨境贸易，跨境生态已经形成。同时，消费者对跨境电商平台信任的逐渐增加，进一步促进了行业繁荣。数据显示，超过 80% 的消费者对购买进口商品感兴趣。

为更好满足消费者对进口商品的多元化需求，以京东国际为代表的跨境电商平台已实现包括数码、家电家居、美妆护肤、时尚奢品、个护家清、母婴、宠物、食品、酒水等全品类覆盖，可以为消费者提供多样化、个性化、品质化的产品，覆盖全生活场景。《白皮书》显示，消费者购买进口商品，更看重正品与质量保障，以及快捷的物流配送服务。

（1）跨境网购趋向全品类，56% 消费者愿意为进口品质买单

《白皮书》显示，从 2018 年至 2023 年，五年间我国进口跨境电商规模从 4441 亿元

提升至 5483 亿元；从 2017 年至 2023 年，我国进口跨境电商使用人数以近两成的增速逐年攀升，七年间人数呈现 3 倍增长，在 2023 年达到 1.88 亿人。

同时，随着消费者对跨境电商平台的信任度逐渐提高，消费频次、花费金额也越来越高，购物品类更加多元。数据显示，近一年，36% 消费者进口商品消费同比上涨，35% 消费者购买进口商品种类有所增加。其中，如美妆、个护类等具备 "悦己属性" 的高频消费增势明显。

旺盛的购买需求背后是丰富的商品供给，相较于早年海淘代购多局限于奶粉、美妆等个别品类，跨境电商已经发展成为了全品类商业模式。在此背景下，消费者的需求越来越多元化和精细化，在不同场景、选择不同商品时都会有消费的差异化侧重，而产品品质仍是影响消费者选择购买进口商品的首要原因。《白皮书》显示，56% 的消费者表示，购买进口商品更看重国际品牌和海外原产地的产品质量。

消费者购买进口商品的主力品类，更关注产品的功效性，并对原料、原产地品质等更加重视。其中，对于美妆、个护类产品，消费者更追求原生、安全、有机，侧重成分功效升级，男性需求较快增长；营养保健产品上，用户年龄两极分化，年轻群体消费呈现零食化，银发族群更关注骨关节健康，保健需求日常化；对于母婴品类，做功课、精确育儿成为消费新常态，婴儿奶粉向高端化集中，注重专业性和低敏，这一趋势也正加速向下沉市场普及；在食品饮料产品上，新品是拉动市场增长的主要驱动，消费者更关注原料、口感、健康、便捷等。

对于 3C 家电、时尚、家庭清洁、酒类、宠物等高增速趋势品类，专业性、高性价比是影响消费者更为重要的因素。其中，3C 家电产品的消费者侧重趣味、创新与便利性，并追求好价尝新；运动户外产品在时尚领域引领风潮，休闲概念备受关注，专业场景下的产品需求表现出较大潜力；对于家清产品，消费者追求更高效、更轻松地做家务，下沉市场是支持跨境进口产品销售增长的重要力量。此外，对于酒类产品，丰富度引领品类增长，消费者喜欢尝试更多、更实惠的选择；宠物产品的品类也在快速拓展，随着科学养宠观念普及，宠物健康得到重视，智能养宠场景带动市场增长。

（2）行业进入升级发展期，海外品牌落地中国市场只需 "三步走"

从 20 世纪 90 年代的以个人代购模式为主的萌芽探索期到代购贸易商 B2B 模式兴起的快速扩张期，再到跨境电商平台 B2C 模式高速发展的模式调整期。目前，在政策持续利好、基建越发完善、供给不断丰富、需求多元细分等因素影响下，各类平台进一步整合集中，中国跨境电商行业已经进入 "升级发展期"。

在此阶段，对于海外品牌商家来说，则意味着巨大的机会。《白皮书》提出，中国跨境电商平台可以为海外品牌提供多样化且丰富的服务模式，通过低成本试水、品牌心智建设、品牌规模拓展的 "三步走" 策略，海外品牌商家可以轻松实现在中国市场的高效落地。

其中，在低成本试水阶段，通过海外直邮、授权跨境电商平台自营渠道等方式，海外品牌商家依托中国保税仓，进行低成本试水及新品引入，能够率先建立品牌认知；在品牌心智建设阶段，通过自主开店，与用户进行高效互动，实现品牌沉淀；进入品牌规模拓展阶段，通过发展一般贸易电商、线下分销等模式扩大渠道触点，进而做大规模。

以京东国际为例，它可以为海外品牌商家提供自营和平台两种合作模式。其中，对于没有中国本土化团队及代理商的潜在品牌商、零售商等合作伙伴，通过全托管模式，可依托于京东的供应链设施及零售能力，让产品以更低成本快速进入中国市场；针对具备中国本土化电商运营能力的合作伙伴，也可以借助京东高效的物流服务能力、丰富的营销推广资源，快速上线销售、扩大规模。

2. 我国进口跨境电商用户消费特征

易观分析发布了《2023年度跨境进口电商用户消费特征简析报告》，通过对进口跨境电商的市场规模、用户消费平台选择、主要用户群、消费动因等方面进行了分析。

（1）市场规模

政策推动市场规模增长：跨境电商"正面清单"不断扩容，试点城市增加，个人消费限额提高，部分商品进口税率调降等政策助推跨境进口行业市场规模稳步增加。2018年至2023年，中国跨境进口电商市场规模从4628.4亿元增长至5517.7亿元，其中2023年增速为4.6%。

（2）用户消费平台选择

平台选择相对集中：用户对跨境商品消费平台的选择相对较为集中，天猫国际占比37.6%，京东国际占比18.7%，抖音全球购占比12.3%，拼多多全球购占比5.9%，唯品国际占比4.1%，快手全球购占比2.1%，其他平台占比19.3%。

（3）主要用户群

消费地和原产国集中：跨境商品的主要消费地为广东、江苏、浙江、上海、北京等地区，占比超过40%；主要原产国为日本、美国、澳大利亚、法国等国家，其中日本占比21.9%，美国占比17.4%，澳大利亚占比9.4%，法国占比8.2%。

（4）消费动因

悦己理念影响消费：悦己理念深刻影响着各场景中对跨境商品的消费，用户追求幸福感、获得感、安全感，希望通过跨境商品打造更加温馨舒适、充满惊喜的居家生活，保持良好的身体状态，在工作社交和休闲娱乐中展现更好的自己。

居家生活需求：新兴"黑科技"产品满足用户对小家电、3C数码等产品的效能提升需求；产地独有的食品（如法国红酒、埃塞俄比亚咖啡豆、智利车厘子等）因地理条件或季节限制，国内商品替代性不强；知名度高的国外品牌对用户有较强吸引力；品牌时尚、设计前沿的欧美产品更具卖点。

保健品需求：部分国家对保健品的生产与管理标准相对完善，国外厂商针对细分需求开发产品，对创新成分勇于试验并投入市场，不同国家的保健品品牌和产品差异化明显，用户根据自身需求和关注点选择跨境保健品，关注肠胃养护、生殖系统养护、骨骼健康、增肌、提升活力、抗衰老等。

个护产品需求：用户更加了解自己的身体状态，能有针对性地选择适合的功效产品，国外品牌在研发与技术能力、市场教育和知识普及、品牌理念等方面具有优势，用户重视品牌的环保、慈善等理念与自己精神世界的契合，更信任科学研究成果和权威机构的认证背书。

户外运动需求：专业的户外品牌和装备在国内市场供给不足，国外品牌在专业度和经验方面具有优势，传统小众户外项目（如网球、骑行、路亚[⊖]、露营等）相对安全舒适，新兴小众项目（如帆船、溯溪、探洞、潜水等）更强调挑战自我极限，用户对专业装备的依赖程度高。

总之，进口跨境电商用户的消费特征受到多种因素的影响，包括政策、平台、用户群体、消费理念等。未来，随着市场的不断发展和用户需求的变化，进口跨境电商行业将继续面临机遇和挑战。

五、我国进口跨境电商企业的几种模式解析

当前，我国进口跨境电商商业模式各异，主要包括：海外代购模式、M2C 模式、"自营+平台+海外直采"模式、"自营+招商+承保生产线+类保税店"模式、直发/直运平台模式、自营 B2C 模式、导购/返利平台模式、海外商品"闪购特卖"模式、跨境电商 O2O 模式。

1. 海外代购模式（C2C 模式）

海外代购是指在海外的人或商户为有需求的中国消费者在当地采购所需商品，并通过跨国物流将商品送达到消费者手中。价格差异、商品品质、商品选择丰富是消费者进行海外代购的主要原因。环节少、低税率造成海外与国内同类同款商品存在显著价差，同时，境外丰富的商品选择驱动着境内消费者进行海外代购。

传统海外代购的商品采购货源未经品牌渠道授权（多数以境外商场扫货为主），通过个人携带或转运公司以邮政"个人自用"物品名义清关入境，从而规避进口税收（出口电商亦以个人物品躲避报关及缴税），在品质、售后、税收等方面存在较大风险。在业态上，海外代购可分为海外代购平台和朋友圈海外代购。

（1）海外代购平台

海外代购平台的运营重点在于尽可能多地吸引符合要求的第三方卖家入驻，不会深度涉入采购、销售以及跨境物流环节。入驻平台的卖家一般都是有海外采购能力或者跨境贸易能力的小商家或个人，他们会定期或根据消费者订单集中采购特定商品，在收到消费者订单后再通过转运或直邮模式将商品发往中国。代购平台通过向入驻卖家收取入场费、交易费、增值服务费等获利。

（2）微信朋友圈海外代购

微信朋友圈海外代购是依靠熟人或者半熟人的社交关系从移动社交平台自然生长出来的原始商业形态。虽然社交关系对交易的安全性和商品的真实性起到了一定的背书作用，但随着海关政策的收紧，监管部门对朋友圈个人代购的定性很可能会从"灰色贸易"转为走私性质。在海购市场格局完成未来整合后，这种原始模式恐怕将难以为继。

⊖ 路亚是一种钓鱼的运动。路亚，取名来源为 Lure 的音译，是一种钓鱼方法，是模仿弱小生物引发大鱼攻击的一种方法。

2. M2C 模式

M2C 模式以商家入驻平台为主，交易由商家与消费者自己进行，而平台只用于解决支付和信息沟通问题。

优势：模式轻，投入低，由于跨境本身的特殊时效性，现金流的周转期非常长，手上可以沉淀大把资金。

劣势：无盈利点；对商品质量无法控制；售后服务差，因为跨境纠纷毕竟和国内的纠纷不同，所以一旦有问题，退（换）货是个非常麻烦的事情。

3. "自营+平台+海外直采" 模式

海外直采电商出售的海外产品一般分为两种：一种是直采，就是直接去国外原产地买；另一种是非直采，就是通过经销商或者其他人采购。"海外直采"不仅打通了产品的流通环节，减去了传统进口渠道的冗余节点，实现减价、减时，还保证货源相对安全可靠。

4. "自营+招商+承保生产线+类保税店" 模式

"自营+招商"的模式可以最大限度发挥企业的内在优势，同时在缺乏内在优势或存在短板的方面采取外来招商形式，以弥补自身不足。

承保生产线是电商企业与传统企业合作，达成协议，承包某一产品的一条独立生产线。例如，苏宁联合乐仕购与日本造纸业排名第一的"王子妮飘株式会社"达成合作协议，"承包"后者位于名古屋的纸尿裤制造工厂的一条独立生产线，为乐购仕和苏宁生产独供纸尿裤"乐可爱"。"类保税店+电商"则通过将海外购引入线下，来凸显企业的用户体验与售后服务方面的优势。

5. 直发/直运平台模式

直发/直运平台模式又被称为"drop shipping"模式。电商平台将接收到的消费者订单信息发给批发商或厂商，后者则按照订单信息以零售的形式对消费者发送货物。由于供货商是品牌商、批发商或厂商，因此直发/直运平台模式是一种典型的 B2C 模式。直发/直运平台的部分利润来自于商品零售价和批发价之间的差额。

优势：对跨境供应链的涉入较深，后续发展潜力较大。

劣势：招商缓慢，前期流量相对不足、所需资金量较大；对于模式既定的综合平台来说，难以规避手续造假的"假洋品牌"入驻。

6. 自营 B2C 模式

在自营 B2C 模式下，大多数商品都需要平台自己备货，因此这应该是所有跨境进口电子商务经营模式里压力最大的一类。

自营 B2C 模式可分为综合型自营跨境 B2C 模式和垂直型自营跨境 B2C 模式两类。

（1）综合型自营跨境 B2C 模式

目前，综合性自营跨境 B2C 模式的平台有亚马逊和 1 号店。它们所出售的商品将以保税进口或者海外直邮的方式入境。

优势：跨境供应链管理能力强；强势的供应商管理；较为完善的跨境物流解决方案；后备资金充裕。

劣势：业务发展会受到行业政策变动的显著影响。

（2）垂直型自营跨境 B2C 模式

垂直是指平台在选择自营品类时会集中于某个特定的范畴，如食品、奢侈品、化妆品、服饰等。

优势：供应商管理能力相对较强。

劣势：前期需要较大的资金支持。

7. 导购/返利平台模式

导购/返利平台模式是一种比较轻的电商模式，主要由引流部分、商品交易部分两部分构成。该模式的优势是对信息流进行整合，模式轻容易开展业务。引流部分可在较短时期内为平台吸引到不少用户，可以比较好地理解消费者前端需求。劣势为把规模做大的不确定性比较大。

8. 海外商品"闪购特卖"模式

由于跨境闪购所面临的供应链环境比境内更为复杂，因此在很长一段时间里，跨境闪购都处于小规模阶段。

优势：有钱可以拿到很低折扣，有足够利润空间，而特卖会本身容易产生用户二次购买，只要每天有新品，流量就有保障。同时，基于跨境闪购的特殊性，其现金基本都是先收取然后再采购的，特卖会能够最大化地利用现金流，是其核心价值之一。

劣势：门槛太低，导致竞争无比激烈，所以，该模式需要由有强背景或者强货源渠道的企业操盘。

9. 跨境电商 O2O 模式

与传统电商运作模式不同，跨境电商 O2O 模式有着其独特的优势，例如：不积压、成本低；消费者可以亲身体验，减少了购物疑虑；传统实体店与电商相结合，实现线上与线下同步销售；售后服务有保证，解决了后顾之忧。目前，国内存在的跨境电商 O2O 模式有四大类型：

（1）在机场设提货点

2015 年 7 月 28 日，天猫国际联手韩国最大免税店集团新罗集团、泰国最大免税店集团王权集团达成战略合作，三方共同宣布，在中国率先启动环球免税店项目。其 O2O 的具体实现形式是：消费者在出国前、出国中，都可通过天猫国际提前购买海外机场免税店里的商品，在归国时，直接去机场免税店自提即可。

而早在 2012 年 12 月 28 日，韩国乐天免税店就推出了中文版购物网站，中国游客可以在"乐天网上免税店"上提前购买免税商品，并在回国时方便地领取商品。对于这种"线上下单、线下自提"的方式，天猫国际引入免税店的商品是对网站商品丰富度的一次有效补充，也可以优化消费者在免税店的购物体验。

（2）在保税区开店

美市库是在国内保税区开店的典例，其保税区店铺采用仓储式超市的运营思维，具备了三种功能：充当存货仓库、直接向消费者售卖一般贸易进口的商品、用于展示跨境进口的商品。对于跨境模式进口的商品，美市库结合了实物展示及平板电脑展示，消费者看中商品后可在线下单,然后由美市库通过海外直邮或保税仓发货的方式将商品配送到家。

(3)在市区繁华地段开店

2014年12月,洋码头首个线下体验中心在上海南京东路正式亮相,其联合了平台上数百名海外商家,将近千件商品在体验中心展示出来。不过,洋码头的线下体验中心虽然选址在一线城市黄金地段,但只持续开放了很短的时间,主要起到品牌推广的作用。

(4)与线下商家合作

蜜芽是与线下商家合作探索O2O模式的尝试者。

第二节 进口跨境电商案例之一——天猫国际 & 考拉海购:曾经的双品牌协同

一、天猫国际

1. 天猫国际简介

天猫国际(Tmall Global)为阿里巴巴旗下跨境电商平台,成立于2014年2月,旨在为中国消费者提供全球的进口好物和直达海外的生活方式。天猫国际采用保税进口和海外直邮的运营模式,确保了商品的快速配送和高质量服务。平台上的主要品类包括服装、鞋帽、箱包、美妆、母婴、家居、数码等,涵盖了消费者生活的各个方面。通过强大的供应链和物流网络,天猫国际能够为消费者提供丰富的进口商品选择和高效的购物体验。

自2014年正式上线以来,天猫国际经历了快速的发展。截至2023年,天猫国际已经连续6年位居跨境电商市场第一位,拥有超过40000个海外品牌入驻,覆盖了90多个国家和地区,服务超过1亿名消费群体。在发展过程中,天猫国际不断优化供应链和物流网络,建立了6大采购中心和100多个海外仓,确保了高效的跨境物流和极致的履约服务体验。此外,天猫国际还通过启动"保税区工厂"项目和升级海外仓业务进一步加速海外品牌的孵化,满足了国内消费者对于高品质、可溯源的进口商品需求。

据咨询机构易观分析在2024年2月初发布的《2023年跨境进口电商用户消费特征简析》显示,2023年中国内地跨境进口电商整体市场规模为5517.7亿元,同比增长4.6%,反映进口商品的消费需求持续增长。以2023全年的电商市场交易份额计算,天猫国际继续稳居跨境进口电商平台的第一。

2. 天猫国际的变革与转变

天猫国际从初出茅庐的探索者到行业领军者的转变,通过坚守品质、创新驱动、深化合作以及责任担当,书写了一部跨境电商的华丽篇章。

（1）坚守品质，铸就信赖之基

天猫国际始终坚守品质底线，通过严格筛选供应商和建立完善的质检体系，确保每一件商品都符合高品质标准。这种对品质的执着，让天猫国际在消费者心中树立了良好的口碑，赢得了广泛的信赖。

（2）创新驱动，引领行业变革

天猫国际通过不断的创新升级，从海外直邮到保税备货，再到全球供应链整合和智能化物流体系的建设，给消费者带来了更加方便、高效的购物体验。同时，通过大数据分析、人工智能等先进技术的应用，实现了对消费者需求的精准把握和个性化推荐。

（3）深化合作，共筑未来之梦

天猫国际将继续深化与全球供应商、物流服务商等合作伙伴的合作关系，共同构建更加紧密、高效的全球供应链体系。通过资源共享、优势互补，实现共赢发展，为消费者带来更多优质商品和更好的购物体验。

（4）责任担当，践行社会责任

作为跨境电商行业的领军者，天猫国际不仅关注商业成功，还积极践行社会责任，通过深入了解当地消费者的需求和习惯，为全球消费者提供更加多元化、个性化的购物选择。

3. 天猫国际的优势

1）海量商品选择：天猫国际拥有广泛的海外供应商网络，为消费者提供了丰富多样的商品选择，包括服装、鞋类、美妆、母婴用品、食品、珠宝等多个品类。消费者可以通过天猫国际购买到来自全球各地的知名品牌和独特商品。

2）高品质保障：天猫国际对海外商家和商品有严格的审核和筛选机制，确保销售的商品质量可靠。此外，消费者还可以查看用户评价和商品评级，帮助他们做出明智的购买决策。

3）跨境物流与清关：天猫国际与阿里巴巴旗下的物流和清关服务紧密合作，提供高效可靠的跨境物流配送服务。这意味着消费者可以享受到快速且可靠的商品运送，并且不需要亲自处理海关手续。

4）优惠活动与促销：天猫国际经常开展各种促销活动，包括限时折扣、满减优惠等。消费者还可以使用天猫国际的优惠券或参加集分宝积分兑换等活动，享受更多实惠。

5）跨境电商政策支持：为了促进跨境电商发展，我国政府出台了一系列政策支持，包括提高个人海外购物额度、简化清关流程等。天猫国际充分利用这些政策支持，提供更便捷的跨境购物体验。

 新闻链接

天猫国际通过内容创新拉近用户距离，以内容驱动商业变现

相比国产商品，进口商品天然具有"生""贵""慢"的属性。消费者难以线下体验，也不易从商品详情了解背后故事。为突破这一困局，天猫国际积极创新内容运营。短视频和直播等形式，可以更立体生动地讲述进口商品的品质与设计理念。通过视频展示产地文化，介绍品牌历史，能够让消费者对商品有更立体的了解，让其产生强烈的购买意愿。活泼轻松的视频内容，也能拉近消费者与品牌的距离，建立情感连接。

具体而言，天猫国际给出四条实施路径。

一是鼓励商家内容自制能力。将提供流量支持等政策，助力商家将店铺直播间打造成为互动社区和新品发布地，有效传播品牌故事，使直播变成海外商家的核心官方渠道之一。

二是发掘海外特色。借助商家的海外背景优势，通过短视频、直播等形式展现商品原产地独特文化，为用户打开异国风情之窗。这也将成为天猫国际差异化的内容赛道。

三是建设全球网红体系。联手各地明星网红，根据其地域优势开展"种草"推介、产地探访、直播带货等，让其成为海外品牌在中国的代言人。

四是提升自营场景体验。依托6000万人次的年活跃用户等庞大流量，天猫国际自营超市将升级为全品类国际超级店，在商品供应、价格、服务、内容上达到标杆级别，提供沉浸式购物体验。

总体来看，内容创新是电商核心竞争力。在当下视频化时代，优质内容不仅能拉近用户距离，还能大幅提升销售转化率。

2023年"双11"，天猫国际联动22家商家开展24小时跨国连线直播，让观众随主播一起逛遍全球城市，实现自然"种草"。数据显示，相比普通直播，跨境联动直播的销售转化率提升了3~4倍。天猫国际市场负责人余欢欢表示，这证明了内容运营的强大价值。未来，天猫国际将像梳理商品一样梳理内容品类，组建专职内容运营团队，将内容作为平台的第二战略核心来全力推进。

随着向生活方式媒体的转型，天猫国际的运营机制也将进行革新升级。通过内容创新拉近用户距离，以内容驱动商业变现，是天猫国际立足长远的发展之道。

[资料来源：新浪网. 天猫国际通过内容创新拉近用户距离，以内容驱动商业变现 [EB/OL]. (2024-01-17) [2024-09-18]. https://baijiahao.baidu.com/s？id=1788308653576570542&wfr=spider&for=pc.]

二、考拉海购

1. 考拉海购简介

考拉海购原名网易考拉，现在是阿里巴巴旗下以跨境业务为主的会员电商。考拉海购于2015年1月9日完成公测，2018年6月更名为网易考拉。该平台销售品类涵盖母婴、美容彩妆、家居生活、营养保健、环球美食、服饰箱包、数码家电等。2019年9月

6 日，阿里巴巴宣布 20 亿美元全资收购网易考拉，再次更名为考拉海购。考拉海购以100%正品、天天低价、30 天无忧退货、快捷配送、提供消费者海量海外商品购买渠道、帮助用户"用更少的钱，过更好的生活"，助推消费和生活的双重升级。2020 年 8 月 21日，考拉海购宣布战略升级，全面聚焦"会员电商"。

2022 年 2 月 15 日，考拉海购奢侈品频道正式上线，包含首饰腕表、包袋、鞋靴、箱包全品类，共覆盖超 200 个品牌 10000 余款商品。截至 2022 年 7 月，考拉海购业务团队已从 2021 年时的 400 余人收缩至不足 20 人，聚焦以母婴、美妆类目为主的会员电商业务上。产品、技术只做维护，不再升级。

考拉海购早期主打自营直采理念，在美国、德国、意大利、日本、韩国、澳大利亚，以及我国香港设有分公司或办事处，深入产品原产地直采高品质、适合境内市场的商品，从源头杜绝假货，在保障商品品质的同时省去诸多中间环节。直接从原产地运抵境内，在海关的监控下，将商品储存在保税区仓库。除此之外，考拉海购上线蚂蚁区块链溯源系统，严格把控产品质量。

2. 考拉海购曾经的七大优势

作为"杭州跨境电商综合试验区首批试点企业"，考拉海购在经营模式、营销方式、诚信自律等方面取得了不少成绩，获得由中国质量认证中心认证的"B2C 商品类电子商务交易服务认证证书"，认证级别四颗星，是国内首家获此认证的跨境电商，也是目前国内首家获得最高级别认证的跨境电商平台之一。

考拉海购良好地解决了商家和消费者之间信息不对等的现状，并拥有自营模式、自主定价、全球布点、保税仓储、海外物流、充沛资金和保姆式服务七大优势。

（1）自营模式

考拉海购主打自营直采，成立专业采购团队深入产品原产地，并对所有供应商的资质进行严格审核。同时，设置了严密的复核机制，从源头上杜绝假货，进一步保证了商品的安全。考拉海购已与全球大量优质供应商和一线品牌达成战略合作。

（2）自主定价

考拉海购主打的自营模式拥有自主定价权，可以通过整体协调供应链及仓储、物流、运营的各个环节，根据市场环境和竞争节点调整定价策略。考拉海购不仅通过降低采购成本控制定价，还通过控制利润率来控制定价，既尊重品牌方的价格策略，又重视我国大部分消费者对价格敏感的情况。

（3）全球布点

考拉海购坚持自营直采和精品化运作的理念，在旧金山、东京、首尔、悉尼、香港等多个城市成立了分公司和办事处，深入商品原产地精选全球优质好货，规避了代理商、经销商等多层环节，直接对接品牌商和工厂，省去中间环节及费用，还采用了大批量、规模化集采的模式，从而实现更低的进价，甚至做到"海外批发价"。

（4）保税仓储

保税的模式，既可以实现合法合规，又能降低成本，实现快速发货，所以供跨境电商使用的保税仓是稀缺资源。

考拉海购在杭州、郑州、宁波、重庆四个保税区拥有超过 150000m² 的保税仓储面积。2019 年 6 月 19 日，面积达 340000m² 的考拉海购 1 号仓在宁波出口加工区举行开仓仪式。目前，考拉海购已成为跨境电商中拥有保税仓规模最大的企业之一。

考拉海购已在美国和我国香港地区建成两大物流仓储中心，并将开通韩国、日本、澳大利亚等国家和欧洲的国际物流仓储中心。

（5）海外物流

目前，考拉海购已经快速融入阿里巴巴的基础设施，技术底层全部迁至阿里云，全球物流、仓储等业务则和菜鸟打通。

（6）充沛资金

考拉海购借助雄厚的资本，在供应链、物流链等基础条件上投入建设，同时也能持续采用低价策略。

虽然考拉海购有雄厚资金作后盾，但其一开始并没有大动作，反而花了大半年的时间集中主要精力做基础准备工作，如拿地建仓、外出招商、梳理供应链。

（7）保姆式服务

对于海外厂商，考拉海购能够提供从跨国物流仓储、跨境支付、供应链金融、线上运营、品牌推广等一整套完整的保姆式服务，消除海外商家进入我国市场的障碍，使它们避开了独自开拓中国市场会面临的语言、文化差异、运输等问题。考拉海购的目标就是让海外商家节约成本，让我国消费者享受低价。

三、从两强相争到曾经的双品牌协同

1. 两强相争

据艾媒咨询 2017 年 1 月发布的《2016—2017 中国跨境电商市场研究报告》和《2017 上半年中国跨境电商市场研究报告》，2016 年，跨境电商品牌前四强合计市场份额为 71.6%，其中考拉海购为 21.6%、天猫国际为 18.5%、唯品国际为 16.3%、京东全球购为 15.2%；而到了 2017 年上半年，跨境电商品牌前四名整体市场份额已达到 72.7%，其中考拉海购为 24.2%、天猫国际为 20.3%、唯品国际为 15.7%、京东全球购为 12.5%。在新海淘用户主要使用海淘平台的选择上，有 34.1% 的用户选择了考拉海购，32% 的用户选择了天猫国际，26.4% 的用户选择了京东全球购。

2017 年，天猫国际以 58.2% 的知名度位列各跨境电商平台之首，考拉海购以 53.7% 的知名度紧随其后。艾媒咨询分析师认为，天猫国际作为综合电商平台跨境购物频道，具有先天的知名度优势，而考拉海购作为独立电商平台，更容易实现对商品品质的把控，商品质量保障程度较高，在消费者中建立了良好口碑。其中，考拉海购以 38.8% 的正品信任度领跑各跨境电商平台。

2018 年，网易考拉、天猫国际和海囤全球分别以 27.1%、24.0% 以及 13.2% 的市场份额雄踞跨境电商市场三甲。艾媒咨询分析师认为，网易考拉凭借自营直采模式，成功打造了自营正品口碑，赢得了消费者信赖，积累了广大用户群体。

在头部品牌整体市场份额提升的同时，跨境电商市场开始呈现出网易考拉与天猫国

际两强相争的格局，到 2019 年 9 月 6 日，阿里巴巴收购网易考拉时，这种局面还在持续。易观数据显示，2019 年第一季度我国跨境进口零售电商市场规模达 908.3 亿元，而天猫国际、网易考拉以及海囤全球则分别以 32.3%、24.8% 和 11.6% 的市场份额占据头部位置，整个行业的"大蛋糕"有近七成被这三者纳入囊中。唯品国际、亚马逊海外购以及苏宁国际等其他平台则紧随其后。

2. 曾经的双品牌协同

2019 年 9 月 25 日，天猫进出口事业群总经理刘鹏在进口业务"双 11"商家大会上表示，天猫国际和考拉海购双品牌协同，共同服务两个平台上 30000 多个海外品牌。自此，阿里巴巴进口业务升级为"双品牌"战略，在阿里大进口的双品牌战略下，考拉海购成为商家的新增量。为了全面助力天猫国际，考拉海购在 2019 年 12 月，正式向国际商家推出了"千万'星'计划"。

考拉海购的人群年龄分布和天猫国际之间有一定的契合度，天猫国际和考拉海购所组成的"双品牌"战略，有助于阿里巴巴将更多的重点放在流量的争夺上。考拉海购供应链有助于天猫国际进口电商潜能的全面释放，实现规模化。阿里巴巴收购考拉海购之后，两者市场份额合计达 52.1%。一方面，两者可以减少重复设施和节约人力成本；另一方面，阿里巴巴增强了投资者的信心，融资成本降低。天猫国际和考拉海购可以拥有更多资源，提供更加优质的产品和服务，提升消费者的体验。

早在收购前，天猫国际就已经制定了 2019 年的三个战略目标，分别为：直营业务升级、海外仓直购新模式的打造与平台业务的"双轮驱动"组建。阿里巴巴收购考拉海购正好补上了天猫国际走自营之路的最后一块拼图。考拉海购在日本、韩国、欧洲、美国等地建有采购点，又在国内多个城市花费大量资金布局了仓储网络，拥有超过 1000000m² 的保税仓。因此，天猫国际能够在最短的时间内借助考拉海购打造新的海外直购模式，吸引更多顾客群体，增强平台的盈利能力。

天猫国际进出口事业群总经理兼考拉海购 CEO 奥文表示，从模式上来说，天猫国际将继续坚持以平台为主、以自营为辅的业务，考拉海购则是以自营为主、平台为辅的业务。天猫国际与考拉海购将继续发挥自己独有的优势，为消费者提供丰富的、更有竞争力的优质进口商品。这种分工策略可以减少两者之间的"消耗战"，有利于行业的健康发展。

3. 考拉海购逐渐衰落和被遗忘

考拉海购作为网易旗下的跨境电商平台，曾在跨境电商行业中占据领先地位。然而，自 2019 年被阿里巴巴全资收购后，考拉海购的地位和影响力逐渐降低。阿里巴巴对考拉海购的整合和资源重新分配，导致考拉海购的产品、技术和部分运营向手机天猫转移，考拉海购的市场份额和用户量不断减少。尽管考拉海购曾以其高质量的服务体验赢得了消费者的支持，并在跨境电商市场中占据领先地位，但面对市场的变化和竞争，考拉海购未能及时调整策略，逐渐失去了市场竞争力。

在阿里巴巴的整合过程中，考拉海购的地位逐渐边缘化，业务范围收缩，主要集中在母婴和美妆类上面，产品和技术也不再进行升级，而是处于一个维护状态。这种状况导致考拉海购在阿里巴巴的产业链中占据的地位和影响力逐渐降低，用户量和业务规模的不断缩小可能是主要原因之一。尽管考拉海购试图通过不同的方式尝试挽回局面，例如在 "618" 活动中通过价格差异吸引用户，但效果有限，考拉海购的前景依然一片黯淡，面临着被市场遗忘的风险。总的来说，考拉海购在被阿里巴巴收购后，由于市场策略的调整、资源重新分配以及自身竞争力的下降，逐渐失去了市场地位，面临着被市场遗忘的困境。

 扩展阅读

阿里巴巴收购网易考拉，这是一场没有硝烟的战争！

2019 年 9 月 6 日，阿里巴巴仅仅以 20 亿美元就全资收购了网易旗下的网易考拉，从双方有 "绯闻" 到 "牵手"，可谓是一波三折。马云、丁磊均以杭州为根据地，从各自独霸一方，到这次双方携手，同时还有阿里巴巴 7 亿美元参与网易云音乐的融资，还是领投方。

依笔者的观察，这次从表面来看，是网易考拉的出售及网易云音乐的融资，实际是中国电商格局与互联网格局很重要的一场 "局部战役"。因为国内电商格局基本已定，而海购这个蓝海市场，正是 "群雄逐鹿" 的时候。

网易考拉媒体型电商的媒体基因、与网易大平台共通的海量用户，以及包括资金、资产以及资本市场资源在内的资本优势，成了网易考拉区别于其他电商平台的持续核心优势。从 2018 年的公开数据来看，网易考拉以 27.1% 的市场份额坐在 "头把交椅"，紧接着就是天猫国际的 24%，两者相加整整 51.1% 的市场份额，这一战对海购市场格局可谓举足轻重。

如果说国内电商格局早已固化，许多后来选手很难再逾越，那么阿里巴巴通过收购网易考拉这一战，再次把海淘市场的龙头地位牢牢抓住，老大与老二刚好占领半壁江山。

当网易考拉被阿里巴巴全资收购时，许多人都感到不可思议，因为早在 2015 年年初，丁磊还不止一次地表示看好电商的业务前景，甚至喊出了再造一个网易的愿景，而网易考拉也确实从 "0" 到 "1" 逐步坐稳了市场的 "头把交椅"，但毛利率仅仅 4.5%，几乎是 "赔本赚吆喝"。从前端供应商的把控到后端巨额的仓库投资，这个钱赚得真不容易，而游戏的毛利一般在 60%。

阿里巴巴收购网易考拉的同时，也领投了网易云音乐，也预示着网易与阿里巴巴后续可能会有更多的合作。这次海淘领域的收购模式，其实我们在其他领域也经常看到，从打车领域到外卖领域，都是一开始 "群雄逐鹿"，到最后剩下两家左右的巨头。

[资料来源：总裁商业认知. 阿里收购网易考拉，这是一场没有硝烟的战争！ [EB/OL]. （2019-09-06）[2024-08-18]. httsp://www.sohu.com/a/339246152_100180560.]

第三节　进口跨境电商案例之二——京东国际与唯品国际

一、京东国际

1. 京东国际简介

京东国际，作为京东集团旗下的品牌，专注于跨境进口商品业务，它的前身是"海囤全球"与"京东全球购"。京东国际通过在消费场景、营销生态、品质和服务、招商四个维度的全面升级，旨在打造一个可信赖的进口商品一站式消费平台。

京东国际不仅是国际品牌与京东连接的第一站，还是海外新品及新品牌打开中国市场的孵化器。它坚持品质第一的原则，致力于为消费者提供安心优质的海外商品。此外，京东国际还通过与泰国合资公司 CENTRAL GROUP 合作，共同打造 JD CENTRAL，为泰国消费者带来全新的线上购物体验。在印度尼西亚，京东印度尼西亚经过 5 年的快速发展，拥有超 3000 多万名注册用户，商品涵盖 19 个一级品类，为提升用户体验，自建仓储物流并借鉴国内服务管理方式和应用高科技设备，打造先进的仓配系统。

京东国际采取海外直采的"自营+海外商家入驻"的平台模式。海外直采模式或许是京东的"撒手锏"，毕竟京东依托自营 B2C 模式起家，依靠这一模式，京东在供应链管理等方面积累了核心竞争力。海外直采是京东国际在进口跨境电商领域复制自己的自营 B2C 模式成功经验，增强了京东国际的用户体验及市场竞争力。

2. 京东国际的发展阶段

（1）起步阶段

京东国际的前身是京东的"海囤全球"与"京东全球购"。作为国内首个全面专注于大进口业务的消费平台，它通过在消费场景、营销生态、品质和服务、招商四大维度的全面升级，为消费者带来更加优质和丰富的进口商品购物体验，从而打造可信赖的进口商品一站式消费平台。

（2）品牌入驻与发展阶段

自 2015 年 4 月 15 日上线以来，京东国际吸引了近 2 万个品牌入驻，SKU 近千万个，覆盖时尚、母婴、营养保健、个护美妆、3C、家居、进口食品、汽车用品等产品品类，遍及美国、加拿大、韩国、日本、澳大利亚、新西兰、法国、德国等 70 多个国家和地区。这一阶段，京东国际成为国内领先的跨境购物平台，成为国际品牌与京东连接的第一站，同时也是海外新品及新品牌打开中国市场的孵化器。

（3）国际化战略深化阶段

京东国际在全球化战略上不断深化，通过与各大品牌和地区的合作，拓宽了商品种类和来源地。例如，2017 年，京东再次入榜《财富》全球 500 强，位列互联网企业第三，显示了其在全球范围内的影响力和竞争力。

（4）高品质跨境电商发展路径阶段

历经九年，京东国际走出了一条高品质跨境电商发展路径，通过提供高品质的商品和服务，赢得了消费者的信任和好评。仅2019年—2022年，京东进口品牌商品累计采购总额达5000亿元，跨境进口消费成交额增长了64%，显示了其在高品质跨境电商领域的成功。

3. 京东国际的特点与优势

京东国际的特点与优势主要包括丰富的商品种类、质量保证、价格优势、全球化市场拓展能力、完善的供应链与物流支持、专业客户服务与售后支持、营销活动与推广支持等方面。

（1）丰富的商品种类

京东国际拥有庞大的商品库存，在多个国家和地区建立了采购中心，提供来自世界各地的上百万种商品，涵盖食品、孕婴用品、美容护肤、服装鞋帽、家居用品、电器等多个领域，用户可以轻松购买到海外品牌和特色产品。

（2）质量保证

京东国际坚持"正品保证"的原则，通过一系列验证对策，确保销售的产品在正规平台上购买，并对产品进行质量检验和审核，确保产品的质量和安全。

（3）价格优势

京东国际与国际品牌或经销商建立了直接合作关系，避免了中间环节的加价，使得商品价格更加亲民和实惠。此外，京东国际还为营销活动和特殊商品提供折扣。

（4）全球化市场拓展能力

作为跨境电商平台，京东国际具备强大的全球化市场拓展能力，卖家们可以轻松将产品推向全球市场，触达更广泛的消费者群体。利用与全球各大品牌和供应商建立的深度合作关系，可以为卖家们提供丰富多样的商品资源。

（5）完善的供应链与物流支持

京东国际拥有完善的供应链和物流体系，为卖家们提供了一站式的物流解决方案。卖家们只需将产品交给京东国际，平台将负责后续的仓储、包装、运输等环节，确保商品能够快速、安全地送达消费者手中，从而提高了商品的流通效率，为卖家们带来了更多的商机。

（6）专业客户服务与售后支持

京东国际注重客户服务体验，拥有专业的客服团队，提供及时、专业的支持和帮助，解决在销售过程中遇到的各种问题。此外，京东国际还提供完善的售后服务，包括退换货、维修等，为卖家们提供了有力的售后保障，增强了消费者的购物信心。

（7）营销活动与推广支持

京东国际定期举办各类促销活动，如海外直采、限时特惠等，吸引大量消费者的关注，为卖家们提供了更多的销售机会。同时，平台还提供了一系列的营销推广工具和服务，帮助卖家们提升产品曝光度，吸引更多潜在消费者。

4. 京东国际的创新与发展

京东国际通过持续创新和发展，已经成为中国跨境电商领域的领军企业，不仅提升了自身在跨境电商领域的竞争力，还为消费者提供了更加丰富和便捷的购物体验。

京东国际自2019年战略升级以来，整合了跨境进口商品和一般贸易进口商品，并在消费场景、营销生态、品质和服务、招商四大维度全面升级，全面赋能海外商家。通过这些举措，京东国际不仅促进了进出口贸易的健康稳定增长，还联合各级政府部门、驻外机构、品牌合作伙伴等多方，利用技术和供应链能力打造了以中国为核心、串联全球的跨境数智化供应链网络。此外，京东国际还发布了全新升级的"京智检"正品保障服务，包括首创推出可移动式深度快检服务、实物防伪全链路升级、面向跨境消费者开放直邮商品鉴别服务三项重大升级，进一步提升了消费者对进口商品的信任度。

在业务模式上，京东国际推出了多项创新业务，如国家馆、官网同购、趋势品类等，覆盖了超过100个国家和地区，汇集全球2万余个品牌，开设超过100家国家馆。这些举措不仅帮助海外品牌商家降低了运营成本，还通过让利消费者打造了"好物好价，全球直达"的极致消费体验。

此外，京东国际还实施了多项特色项目，如"星选计划"，通过携手海外品牌、服务商、明星及所属公司，在商业运作方面探索全新模式，为消费者推介全球好物，打造更多元、有趣的进口消费购物体验。这些创新举措不仅满足了消费者对多元化购物需求，还为加快免税业务转型助力，推动了数字经济与实体产业的深度融合。

 扩展阅读

京东国际的重点项目

1. 国家馆项目

World Fair 是京东国际携手本地政府或机构组织与海外品牌方，联合打造的创新型综合项目，旨在增加京东国际在全球的影响力，撬动明星资源为海外品牌入华提供高效的孵化渠道，同时融入当地国文化、旅游、教育等内容，打造具有当地特色的多元化、个性化国家馆 IP，为消费者提供"新"的购物体验。

2. 明星达人店

从高潜商品筛选、预售验证到明星店铺生态建设、明星店铺运营支撑体系建设，再到进口新品品牌建设模式，探索建立电商、海外品牌、服务商、明星及所属公司四种主体在商业运作方面的全新模式。

3. 官网同购

JIT 官网同购是海外优质零售商与京东国际携手打造，旨在为中国消费者提供海外同质产品。双方通过 API 数据对接，共享库存，打破价格壁垒，客户订单直达海外零售商，按需发货，进而从真正意义上实现"同品同质同价"，为中国消费者带来原汁原味的海淘体验。JIT 即"JUST IN TIME"，零时差，海外同步新潮尖货。

4. 千团大战

国际品牌进入中国市场面临一系列挑战，为帮助品牌更好地落地中国市场，京东国际全球购业务部成立了"千团大战"项目。"千团大战"是整合社会化资源，利用各方的组织能力，赋能品牌方，为社会各组织机构创建一个良好的生意环境。

5. 买手代购

京东开放平台为有能力提供海外品牌商品的"买手"提供专属渠道，引入全球海量优质及特色产品，满足京东消费者的多元化购物需求。

二、唯品国际

1. 唯品国际简介

唯品国际电子（深圳）有限公司（简称"唯品国际"）成立于2014年11月，位于广东省深圳市。唯品国际聚焦"好货"战略，坚持与"好品牌"合作，通过专业买手团队深入挖掘"好款式"，通过与品牌建立强供应链"好质量"供货体系实现货品的"好价格"，为消费者提供极致性价比的品质好物。唯品国际是唯品会旗下的跨境电商平台，通过与全球各大品牌商建立合作关系，为消费者带来众多国际知名品牌的优质商品。唯品国际的商品通常来源于品牌方直接供货或海外仓储，具有较为丰富的品种和多样的选择。

唯品国际累计合作品牌超过44000家，深度合作国内外品牌超过6000家，实行品牌授权，产地直采，全链路自营。唯品国际及快钱支付、中远物流等多家企业分别与广州海关签署了《关于跨境贸易电子商务通关监管合作备忘录》，开通首个正规海外快件进口的"全球特卖"业务，成为第一家与海关完整对接订单、运单、支付三单信息的电子商务平台。

2. 唯品国际的运营模式

唯品国际全球布局15个大国际货品仓，海外自营仓储面积超过60000m²，完善的跨境基础设施有力支持了跨境电商唯品会的发展路线。唯品国际成为国内跨境电商中为数不多的兼备跨境直邮和保税规模能力且规模超大的电商平台，拥有差异化核心势能，并能在实现商品全程溯源的同时，用最短的路径最高效地把全球好货送到消费者手中。

（1）保税备货

唯品国际率先在国内开创了"名牌折扣+限时抢购+正品保险"的商业模式，也被称为"闪购"模式，这种线上销售模式通过网络平台直接提供商品销售，是传统的B2C模式。货源约一半从品牌商处进货，另一半从代理商处进货。由于"限时限量"的模式，不用担心商品的积压，并且可以根据订单确定货量，降低了经营成本，拥有更大的让利空间，同时还为顾客提供了多重保障，其低价优势有效降低了消费者购买品牌的价格门槛。

（2）跨境直邮

唯品国际采用境外直发商品的模式，拥有海关专门绿色通道，无额外关税，为客户提供物超所值的优质直购商品。相较以往海淘的反复跟单、缴税等困扰，唯品国际让产品与服务更加阳光、透明。其"专业时尚买手+全球精选好货"的新品牌定位，在全球10个国家和地区布局了1700余时尚精英买手。作为时尚潮流先锋的唯品会买手团们，经过高门槛的挑选和严格的培训，不仅具备时尚嗅觉、及时掌握流行趋势，还能甄选出最符合国内消费者市场需求的优质产品，专注品牌授权。

3. 唯品国际的特点与优势

（1）价格优势

由于唯品国际的商品直接从海外市场采购，因此价格相对较低。消费者可以享受到更优惠的价格购买到海外优质商品，降低了购物成本。唯品国际的"专业时尚买手+全球精选好货"的新品牌定位，在全球多个国家和地区布局了上千名时尚精英买手，实时掌握市场潮流变化和流行风向。

（2）体验感强

唯品国际在物流方面有着较为完善的体系，消费者可以享受到较快的配送服务。唯品国际不断扩展海外版图，搭建跨境基础设施和物流路径，强有力地支持唯品国际跨境电商"海外直邮"和"保税备货"。唯品国际在接到用户订单后12小时极速发货，通过遍布全国的自建物流体系，高速运输，实现快速送达。

（3）正品保障

唯品国际在商品采购、仓储、物流等方面都有严格的品控标准，确保消费者能够购买到正品。唯品会"全球特卖"的"三单对接"标准作为目前国内跨境电商市场现行的最高标准。"三单对接"就是消费者一下单，海关、商检、检验检疫等部门就已开始审核订单，届时商品运送到海关时早已被核查通过，实现迅速通关。唯品国际实行"7天无理由放心退"，并且退货流程全部在境内完成，退款快，操作简便，让消费者的跨境网购省力省心，享受到跟国内购物一样的快速体验和安心保障。

（4）产品多样

唯品国际的商品来源广泛，品牌种类丰富，消费者可以购买到众多国际大牌的商品。唯品国际会在标题栏中显示其特有的标识，这样的设计有助于消费者在浏览商品时快速识别出商品的来源和性质。唯品国际累计合作品牌44000余家，深度合作国内外品牌超过6000家等。

4. 唯品国际的创新与发展

唯品国际的创新与发展主要体现在其独特的跨境电商运营模式、正品保障、快速物流服务以及品牌合作策略上。

（1）独特的跨境电商运营模式

唯品国际通过构建"海外仓+买手"的模式，形成了一套独有的"买手+品牌授权+质检环节+国内外供应链"一体化的跨境自营模式。这种模式不仅缩短了供应链，降低了采购成本，还通过对品牌的精准运营和品质保障赢得了消费者的支持，实现了与品牌的可持续合作。

（2）正品保障

唯品国际在商品采购、仓储、物流等方面都有严格的品控标准，确保消费者能够购买到正品。通过"三单对接"标准，实现了消费者下单后，海关、商检、检验检疫等部门即刻开始审核订单，确保商品迅速通关，为消费者提供安心保障。

（3）快速物流服务

唯品国际接到用户订单后 12 小时内极速发货，通过遍布全国的自建物流体系高速运输，实现快速送达。这样的服务提升了消费者的购物体验，使得唯品国际成为消费者购物的首选平台。

（4）品牌合作策略

唯品国际通过超千人的买手团队，持续精选更多正品好物，并与品牌合作打造定制化的高性价比商品，满足消费者对好货、好价的需求。此外，唯品国际还通过推出各种特色活动和栏目，提升消费者购物体验，助力品牌更好地触达消费者。

 小贴士

唯品国际和唯品自营的区别

1. 业务性质

从业务性质上来看，唯品国际主要负责的是海淘业务，也就是我们通常所说的海外购物。它涉及的仓库不局限于国内，还包括了国外的仓库。商品由唯品会的专业买手团队在全球范围内采购，或者与国外供应商直接签订合同。这些商品会被放入免税仓或国外仓进行售卖。通过这种方式，唯品国际为消费者提供了来自世界各地的优质商品，让他们可以享受到全球购物的便利。

而唯品自营则不同，它主要采用唯品会买断商品的业务模式。这意味着唯品会拥有这些商品的所有权，商品会提前入仓后再进行销售。与唯品国际不同，唯品自营并未特指货品是海外商品还是国内商品，因此消费者在购买时需要注意配送时效、退换货和发票等细节。

2. 商品详情页标识

在商品详情页上，唯品自营和唯品国际的标识也有所不同。具体来说，唯品自营在标题栏中不显示任何标识，而唯品国际则会在标题栏中显示其特有的标识。这样的设计有助于消费者在浏览商品时快速识别出商品的来源和性质。

3. 购物车和订单页

在购物车和订单页上，唯品自营的标识会显示在购物车和订单页上，而唯品国际则不会显示。这一点在购买过程中为消费者提供了清晰的区分方式，消费者可以通过查看购物车和订单页上的标识来判断自己购买的商品是来自唯品自营还是唯品国际。

4. 商品种类和价格

由于业务性质不同，唯品国际和唯品自营所涉及的商品种类和价格也会有所不同。具体来说，唯品国际涉及的商品主要是跨境进口保税商品。对于个人买家自用的情况，国家有 50 元关税以下的免税政策。因此，在购买时消费者需要注意商品的税额和运费等信息。而唯品自营涉及的商品则是唯品会买断的国内

或海外商品，价格和种类会根据货源和市场需求等因素有所调整。

5. 配送时效和退换货政策

在配送时效方面，由于唯品国际涉及跨境进口保税商品，配送时间相对较长。消费者需要耐心等待海关清关和物流配送等环节。相较之下，唯品自营的商品通常是国内或已清关的海外商品，配送时间相对较短。

在退换货政策方面，由于唯品国际涉及跨境进口保税商品，退换货政策相对较为严格。消费者需要遵守相关规定和流程进行退换货申请。而唯品自营的商品退换货政策相对较为灵活，具体以实际退换货情况为准。

6. 发票和售后服务

在购买时，消费者需要注意发票和售后服务等细节问题。由于唯品国际涉及跨境进口保税商品，发票和售后服务可能存在一定的差异。消费者需要提前了解清楚相关政策和流程，以便在需要时能够得到及时的帮助和支持。相较之下，唯品自营的商品在发票和售后服务方面相对较为统一和规范。

[资料来源：后山人说. 唯品国际和唯品自营的区别，体验有何不同？看完这篇就明白了！[EB/OL].（2023-12-15）[2024-09-26]. https://baijiahao.baidu.com/s? id=1785330552190470547&wfr=spider&for=pc.]

第四节　进口跨境电商案例之三——洋码头、亚马逊海外购、55 海淘

一、洋码头

1. 洋码头简介

洋码头是我国一家成立于 2009 年的海外购物平台，致力于满足中国消费者不出国门就能购买到全球商品的需求。洋码头通过其移动端 App 提供的"扫货直播"频道，聚集了数万名分布于全球 20 多个国家和地区的海外认证买手，实时直播购物场景，为消费者提供真实的海外现场"血拼"体验。这种模式跨过了所有中间环节，降低了中国市场的进入门槛，让消费者能够体验到真实的海外购物环境。洋码头通过买手制和限时特卖的方式，为消费者提供了丰富的海外商品选择，同时通过自建国际物流和全球物流中心布局，保证了商品的快速送达。

洋码头的成功得益于其创新的服务模式和对用户体验的重视。通过直播和短视频卖货的转型，洋码头不仅在电商领域取得了显著成就，还在抖音平台开设的跨境海外旗舰店中获得了销售额排名第一的成绩。此外，洋码头还计划在未来开设更多的线下免税直购店，进一步拓展其业务范围，服务更多的消费者。尽管面临一些挑战，如"没落"的讨论，但洋码头依然是中国跨境电商领域中的重要参与者，以其独特的服务模式和全球化的视野，持续为中国消费者提供便捷、真实的海外购物体验。

2. 洋码头的特点与优势

（1）开创性建立"买手制"的海外购物平台

洋码头在全球 44 个国家和地区拥有超过 2 万名认证买手，买手入驻洋码头平台需要通过严格的资质认证与审核，如提供海外长期居住、海外身份、海外信用、海外经营资质等多项证明材料。同时，他们能够全力服务于我国市场，将世界上潮流的生活方式、优质的商品、文化理念通过"动态的场景式直播"和"优质的个性化服务"分享给我国消费者。

（2）直播频道：体验真实的海外"血拼"现场

遍布全球的买手每天都会直播世界各地的卖场、百货公司、精品店等现场购物实况，分享全世界的优质商品。通过海外直邮的方式，将全球商品及时、快速地送达用户手中。

（3）特卖频道：全球热销洋货精选

精选、组合全球热销商品，提供丰富的、特定生活场景下的商品选择，品类涵盖服装鞋包、美妆护肤、母婴保健、食品家居等。它通过保税发货的方式，让我国消费者更快速地收到全球热销商品。

（4）"聚洋货"频道：品质洋货一站团

"聚洋货"频道引入经过严格认证的海外零售商直接对接国内消费者，精选全球品牌特卖，品类涵盖服装鞋包、美妆护肤、母婴保健、食品居家等。洋码头还自建国际物流服务平台，海外部署三大分拨物流中心，保证以其低成本的国际订单配送服务，快速、合法地帮助海外零售商和国内消费者完成交易，同时专门设立国内退货服务中心，方便退货，让国内消费者体验海外直邮一站式购物，同步全球品质生活。不仅如此，"聚洋货"频道还拥有海外库存保证。

（5）笔记社区：全方位的全球购物分享社区

笔记社区有用户分享的个性购物笔记、买手分享的心情故事和全球潮流资讯等，用户可以在这里讨论和分享自己的生活理念，畅享海外购物的乐趣。笔记社区会定期推出专题，传递最新的流行时尚资讯，更有来自全球各地的用户，实时"晒出"扫货战利品，分享其购物心情和攻略。在笔记社区，用户可以即时刷新海外的"新奇特"，找到志同道合的朋友，享受海外购物的乐趣。同时，在笔记社区中也活跃着一批达人，定期分享自己在穿衣搭配、美妆护肤等方面心得，并推荐相关海外商品；如果有更多疑问，用户还可以通过评论与达人互动。分享与互动，不仅激起大家对海外商品的兴趣，还增进了用户对洋码头的黏性。

（6）自建物流：贝海国际——跨境物流解决方案专家

为保证海外商品能安全、快速地运送到我国消费者手上，洋码头在行业内率先建立起专业的跨境物流服务体系——贝海国际，致力于为跨境电商全球物流提供解决方案，更好地服务我国消费者。贝海国际高效整合国际航空货运及我国入境口岸的资源，并与海关总署、国家邮政局、入境快件口岸等政府部门及相关组织展开深入合作，推出在线系统制单、海关电子申报、在线关税缴纳、全程状态追踪等服务，为目前境外至我国日益增长的进口跨境电商市场提供高效、正规、合法的国际个人快件包裹入境申报配送服务。

洋码头全球化布局已经完成，在境外建成十大国际物流仓储中心（纽约、旧金山、洛杉矶、芝加哥、墨尔本、法兰克福、东京、伦敦、悉尼、巴黎），并且与多家国际航空公司合作实施国际航班包机运输，每周 40 多个全球航班入境，大大缩短了国内用户收到国际包裹的时间。

2020 年 8 月，洋码头以 70 亿元位列"苏州高新区·2020 胡润全球独角兽榜"第351 位。

3. 洋码头跨境消费保障体系 2.0

（1）全球货源保障

1）洋码头商家/买手认证保障。商家资质认证标准：入驻洋码头的商家必须是我国境外有资质的实体，需要提供营业与零售资质证明、银行对账单、法人身份证明，并交纳保证金。买手资质认证标准：入驻洋码头的买手必须是在境外长期居住的中国人或者外国人，需要提供完整的个人信息、境外身份证明、境外信用证明和境外居住证明。

2）商品源头可追溯。消费者可以全程监控商品从源头发货到手中的全部信息。此外，洋码头还设有统一仓储和境外验货中心。

（2）境外物流保障

1）境外直邮。洋码头以境外直邮为主要发货方式，旗下贝海国际物流中心已覆盖20 多个国家和地区。

2）专业航空运输。洋码头境外直邮以航空运输为主要运输路径，每周 40 多个全球物流航班会从世界各地飞往国内。空运比其他运输方式更安全、更标准、更专业。

3）清关合规。洋码头承诺合法合规清关，保障消费者的权益。清关流程为：检验检疫→入境申报→清关查验→放行配送。

（3）本土售后保障

1）本土退货。选择跨境网购的消费者，在收到商品后，因为质量问题、包装破损、与描述不符等原因，一直存在希望方便退货的需求。洋码头带有"本土退货"标志的商品在我国境内的退货服务，在确保商品未经使用和完好的前提下，接受 7 天无理由退货。退货流程为：选择退货→提交审核→快递回仓→拿到退款。

2）本土客服。作为平台类电商，因为时差等原因，买家不能及时联系到卖家，因此在消费者遇到问题时，洋码头客户管家先行协助解决，避免因时差、距离带来的买家与卖家沟通不畅。

4. 洋码头的创新与发展

洋码头通过实施创新会员制社交电商玩法和优化供应链条等多项创新策略，不仅在跨境电商领域取得了显著成就，还成功吸引了大量用户和投资，主要体现在以下几个方面。

（1）社交电商模式的创新

洋码头通过启动会员制社交电商"全球优选"，利用私域流量的社群属性，从以商品为中心转向以"人"为中心，通过社交裂变快速触达用户。这种模式有效缩短了供应链条，提高了消费者购物体验，同时也为买手和商家提供了更多的营销机会。

（2）供应链和物流优化

洋码头通过整合优化低效率运作的国际物流资源和全球零售供应链，促进了在线零售的全球化进程。其自建的贝海国际物流提供了高效的配送服务，解决了跨境电商中物流成本高、配送周期长的问题，提升了用户体验。

（3）买手生态和营销策略

洋码头通过提升买手的入驻门槛和不定期核查海外买手的信用情况，保证了商品品质。同时，通过小视频、直播、内容营销等方式打造网红买手，提高了商品的转化率和平台的用户黏性。

（4）品类扩展和服务提升

洋码头不仅覆盖了多个品类的高品质商品，还通过提供全面的服务来满足用户的个性化需求。例如，通过创立境外场景式购物模式，真实还原境外购物体验，让消费者感受到更加真实的购物场景。

（5）资本和战略布局

自 2009 年上线以来，洋码头通过多轮融资，积累了大量的资金和资源。这些资金被用于进一步的技术研发、市场拓展以及物流网络的构建，为平台的长期发展奠定了坚实的基础。

二、亚马逊海外购

1. 亚马逊海外购简介

亚马逊海外购是亚马逊公司提供的一种购买海外商品的服务，旨在让全球消费者更方便地购买全球各地的商品。在如今这个全球化时代，亚马逊海外购已成为全球消费者购买海外商品的一个主流渠道，主营业务覆盖美国、德国、英国、日本、澳大利亚等 10 多个发达国家和地区。

亚马逊海外购主要有两种类型：自营海外购和第三方海外购。自营海外购是指亚马逊自己采购海外商品，并在平台上进行销售。这些商品通常由亚马逊自己的物流系统进行配送，并且有较好的品质保证。第三方海外购是指由第三方卖家在亚马逊平台上销售海外商品。这些卖家通常有自己的采购渠道和物流系统，能够提供多种品牌和种类的商品。

2. 亚马逊海外购商品与在我国境内出售商品的区别

（1）尺码

鞋服尺码表、单位转换表可能与境内标准不同。如果销售品牌提供了具体的尺码表，应以品牌尺码表为准。

（2）电压和电源插座

电子产品可能不支持中国境内的电压环境、电源插座等规格标准，需要配合变压或转换设备使用。

（3）美妆商品保质期

美妆商品的生产日期和保质期标注可能同境内渠道购买的产品有所区别。

（4）售后服务

亚马逊海外购的商品由境外网站所在的原销售地的品牌商提供售后保修，保修和其他售后服务可能不覆盖中国。

（5）标签、手册和说明书

标签、手册和说明书等未译成中文，所载成分、声称、产品描述、参考值和推荐值可能与中国标准或惯例有别。

（6）清关服务

根据中国海关的要求，购买亚马逊海外购商品时需要提交订购人的身份证信息用于清关。

（7）物流配送

亚马逊海外购商品符合海关进出口政策要求，支持中国境内的全境配送，但部分偏远地区的配送时间会相应延长，少数商品不支持配送。

此外，亚马逊海外购出售的境外商品仅限个人自用，购买行为必须遵循自用、合理数量原则，不得转为其他商业用途，不得再次销售。在购买亚马逊海外购商品时，消费者需要提高警惕，防止不法分子冒充亚马逊海外购客服索取银行账户等信息。

3. 亚马逊海外购的优势

（1）直接购买国外商品

亚马逊海外购的最大优势在于可以让消费者直接购买国外的商品，而不需要通过中间商来代购。这样既可以保证商品品质，又可以在一定程度上降低中间环节的成本，使得价格更加合理。

（2）全球各地商品选择

亚马逊海外购主打全球搜货，商品范围广泛，从时尚服装到家居用品，从数码产品到日用百货，完全满足了消费者在全球市场上的需求。

（3）购买流程简单

亚马逊海外购采用了一站式购物模式，购物流程简单、便利。只需要注册账号，添加所需商品到购物车，并在收银台支付即可。相比其他方式，省去了不必要的烦琐步骤，用户体验更佳。

（4）邮寄与退换货便利

亚马逊海外购提供了全程追踪服务，消费者可以随时查询包裹状态。同时，亚马逊也提供了退换货政策，在保证商品品质的前提下，为消费者提供更好的购物体验。

 **小贴士**

亚马逊海外购的购买流程与注意事项

1. 购买程序

（1）选择商品

进入亚马逊海外购网站，根据需要选择购买的商品。在商品页面中，可以找到商品的详细信息，包括价格、尺寸、重量、材质等。

（2）下单支付

选择完商品后，点击购买按钮，填写订单信息，然后支付。支付方式可以选择信用卡、PayPal 等。

（3）等待发货

等待亚马逊海外购将商品发货，通常需要等待7~14个工作日。发货前，亚马逊海外购会将商品进行检验，以确保商品的品质。

（4）收到货物

等待一段时间后，消费者就可以收到包裹了。如果运输途中出现任何问题，亚马逊海外购会提供追踪服务，以便消费者随时掌握包裹的情况。

2. 注意事项

（1）购买海外商品需要承担额外的邮费和关税

消费者在购买时需要注意这一点，以免由此造成不必要的经济损失。

（2）海外商品的退换货需要注意相关规定

消费者在收到商品之后，如出现质量问题或者与描述不符的情况，应及时联系卖家并按照规定执行退换货流程。

（3）购买商品时注意商品规格和购买规定

购买商品时需要注意商品的尺寸和重量，以免出现运输途中的问题。同时也要遵守亚马逊海外购相关的购买规定，避免出现不必要的麻烦。

三、55 海淘

1. 55 海淘简介

55 海淘成立于 2011 年，总部位于上海，在洛杉矶、东京、香港、北京、深圳、重庆等地设有分部，致力于为消费者提供一个集购物、返利、物流信息、社区交流于一体的海淘平台。55 海淘通过整合全球优惠，旨在让商品变得更为经济实惠，通过与众多品牌商家建立联盟，提供各类优惠活动（包括独家和全球首发产品，以及与银行合作推出额外返利活动），为消费者提供高性价比的商品和服务。此外，55 海淘还开设了物流专区和五五社区，分别用于提供物流信息和用户讨论，旨在为用户提供便捷的购物通道和丰富的商品供给，让"淘全球"成为一种日常，让普通大众都能享受到惠而不贵的品质生活。

55 海淘的成功不仅体现在其商业模式上，还在于其对用户体验的重视上。通过提供返利、优化物流信息、以及社区交流等方式，55 海淘不仅帮助消费者节省了购物成本，还通过其平台上的各种活动和优惠，增加了消费者的购物乐趣和满足感。此外，55 海淘还积极与各大银行合作，推出额外返利活动，进一步增加了平台的吸引力。通过这些措施，55 海淘成功地将高品质生活带给了广大消费者，同时也向商家提供了一个高效的营销渠道，实现了用户、商家、媒体多方的共赢。

2. 55 海淘的运营模式

（1）代购

55 海淘通过与众多海外购物平台建立合作关系，为国内用户提供一站式代购服务。用户可以在 55 海淘的网站上浏览各大海外购物平台的商品，并将其添加到购物车进行支付。55 海淘将负责整个购买流程，包括商品采购、报关、退换货等事宜。这种模式让用户无须进行烦琐的操作，即可轻松享受海外优质商品。

（2）转运

55 海淘还为国内用户提供转运服务。用户可以将海外购买的商品寄送至 55 海淘指定的转运仓库，然后由 55 海淘负责将商品寄送至用户指定的地址。这种模式可以帮助用户解决海外商家不直邮或不支持国际配送的问题，同时还能节省国际运费。

（3）返利

返利是指用户通过 55 海淘去各大合作商家成功购物以后，商家会给 55 海淘一定比例的推广佣金，55 海淘再把其中的大部分佣金返还给用户。下单之后，返利一般会在 7×24 小时内到账。如果下单 7×24 小时后，返利都还未到账，用户就可以到"返利中心"—"我的订单"—"丢单反馈"提交订单信息及完整的订单截图（包括交易时间、交易金额、订单号、产品明细），55 海淘将向商家查询用户的返利信息。

3. 55 海淘的优势

55 海淘的优势主要包括：提供全面的物流信息和返利服务，与品牌商家建立联盟，以及提供丰富的品类和价格优势商品。

（1）提供全面的物流信息和返利服务

55 海淘专门开辟了"物流专区"，为用户提供包括各大物流公司最新信息、每月"人气排行榜"，以及面向新手用户的"海淘新手学堂"，使用户能够便利地了解海淘相关物流资讯。此外，55 海淘不仅为消费者提供购物返利，还提供一个置身海淘消费的场景。通过"社区"这一用户讨论区，每天有大量用户参与讨论如何海淘、避免海淘过程中可能产生的问题，普及海淘教育，为海淘提供信息与服务。

（2）与品牌商家建立联盟

55 海淘已同 7000 余个品牌商家建立"联盟"，携手打造各类优惠活动，包括独家、全球首发的优惠活动，直接把高质价比商品，甚至难以买到的爆款推到最前台。这一策略旨在解决"正品"与"价格"两大行业问题，提供丰富的品类和千万级 SKU，极具价格优势并保障品牌官网正品发货。

（3）提供丰富的品类和价格优势商品

55 海淘提供了丰富的品类和价格优势商品，不仅与各大银行合作推出高达 35% 的额外返利，还通过不定期的活动为用户提供更好的购物体验和价值。

第五节 进口跨境电商案例之四——抖音全球购、拼多多全球购、快手全球购

一、抖音全球购

1. 抖音全球购简介

抖音全球购是抖音平台推出的一个全球电商业务，允许用户在该平台上购买来自世界各地的商品。它涵盖了美妆、服饰、家居、数码、食品等多个品类，通过短视频和直播的形式展示和销售这些商品，为消费者提供了一个便捷的跨境电商购物体验。抖音全球购不仅提供了多样化的商品，还通过其独特的社交电商模式，使得消费者能够更加直观地了解产品，增加了购物的互动性和趣味性。此外，抖音全球购还为商家提供了一个国际化的销售渠道，帮助它们拓展市场，增加品牌曝光度。

2. 抖音全球购的发展现状

抖音全球购自 2021 年上线以来，经历了快速的发展阶段。

抖音全球购的起步可以追溯到 2021 年，当时它作为一个跨境进口电商平台，成为激发海外品牌生意增量的新阵地，同时也是用户发现探索好商品的新选择。这个平台迅速发展为国内消费者购买跨境消费品的核心平台之一，吸引了大量的用户和海外品牌。抖音全球购的成功部分归功于其庞大的用户规模，这个规模让海外品牌看到了其发展潜力。随着进驻抖音全球购的海外品牌数量迅猛增长，进口核心赛道的品类在平台上实现了大幅提升。

抖音全球购不仅在用户端取得了成功，还在商家端提供了全面的支持。平台为商家提供了从入驻到品牌孵化再到品牌成长的全链路指南，并支持保税模式和直邮模式，以保障物流的时效性。此外，抖音全球购还支持美元结算，为海外商家提供了便利。

在 2023 年，抖音全球购进一步发展，围绕"FACT+S"兴趣电商全域经营方法论，通过头部商家增量爆发、中小商家跃迁成长、海外达人 0~1 孵化指南、全球溯源、大湾区直播节等营销事件，打造了全域兴趣电商模式。这种模式以"兴趣刺激需求，需求驱动增长"为核心，通过内容激发购买，帮助品牌精准找到目标受众。

2024 年，抖音全球购启动了全球招商计划，首站在美国开启，标志着其全球化的进一步拓展。这一举措旨在吸引更多的海外商家伙伴，共同推动生意发展。抖音全球购的这一系列举措，包括全球招商和全域运营指南，都体现了其在跨境电商领域的领导地位和对于未来增长的乐观预期。

 小贴士

抖音全球购入驻基本资质

（1）境外公司营业执照

（2）授权人签约授权书（官方有模板）

（3）境外公司法人身份证正反面

（4）境外公司的境外银行开户证明或银行对账单

（5）境内公司营业执照

（6）境内公司与境外公司的连带责任担保声明（官方有模板）

（7）境内公司的中华人民共和国海关报关单位注册登记证书或海关进出口货物收发货人备案回执

（8）中国海关企业进出口信用信息公示平台截图

（9）境内公司法人身份证正反面

（10）境内公司对公户打款校验（开店之后需用到的）

（11）所售卖品牌的品牌授权（官方有模板）

二、拼多多全球购

1. 拼多多全球购简介

拼多多全球购是拼多多平台内的一个商家平台，专门提供海外商品的购买服务。拼多多全球购允许消费者在平台上购买来自日本、韩国、泰国等海外市场的商品。平台提供了两种主要模式：海外直采和海外品牌直供。拼多多全球购的商品以店铺的形式出现在消费者面前，通过平台内商家店铺售卖产品，消费者可以在平台上进行搜索、分享、购买，也可以通过其他方式进行销售。为了使用拼多多全球购，商家需要交纳一定的费用，如保证金、品牌使用费等。

拼多多全球购的优势包括拥有全球购标识，能够获得客户的信任，提高成单率，并且享受官方流量扶持。此外，为了方便商家运营和用户购买，拼多多全球购提供了保税仓储、海关清关和国际物流等服务。

2. 拼多多全球购的发展现状

拼多多全球购的发展主要体现在其跨境电商业务的不断扩展和深化，以及通过技术创新和服务优化提升用户体验。拼多多通过切入跨境业务，旨在帮助境外消费者与中国制造工厂建立直接联系，减少中间环节，提升跨境商品的利润率。为了实现这一目标，拼多多推出了多多跨境的全托管服务模式，率先在美国落地，助力中国制造业直连境外消费者。此外，拼多多还通过在美国、英国、德国、日本等地设立"全球购海外站"，全球直采、保税区直邮等方式，提供亲民实惠的价格，为中国消费者带来前所未有的购物体验。

拼多多全球购的发展还体现在其对新技术和服务的持续投入上。例如，拼多多海外跨境电商 App 提供无须转运、实时更新商品信息、安全保障等特色服务，简化了境外购物流程，保护用户隐私和购物安全。此外，拼多多还注重用户体验的优化和技术创新，不断拓展全球市场，与更多品牌和零售商建立合作关系，提供更多优质、特色的商品，为用户带来更加便捷、个性化、智能化的购物体验。

拼多多全球购业务自上线以来，受益于与大型供应链的直采合作及平台的"百亿补贴"策略，成交额保持100%以上的月环比增长，进口母婴、进口美妆等商品类目的月环比增速超过200%。拼多多全球购通过技术创新和服务优化，不仅提升了跨境购物的便利性和安全性，还通过与全球供应链的直接合作，为用户提供了更多优质、实惠的进口商品，从而推动了跨境电商业务的发展。

 **小贴士**

入驻拼多多全球购流程和注意事项

1. 入驻流程

当你的店铺为拼多多国际或者是一般贸易店铺且入驻成功后，你发布成功的商品就会有全球购的标志。一般贸易店铺只能售卖完税进口商品，也就是已经缴纳完税款的一般贸易进口商品。另外，拼多多国际是境外入驻，一般贸易是境内。

入驻拼多多国际店铺流程：先去官网链接进入拼多多国际招商页面，入驻并登录；根据自己店铺类型去选择；提交相应的资质信息；签协议并提交，等待平台审核。

2. 注意事项

店铺管理人目前只支持身份证原件实拍图，拼多多国际目前只接受境外企业入驻，暂时也只允许使用境外注册商标。拼多多国际店铺命名需严格按照规则命名，否则无法入驻成功。

三、快手全球购

1. 快手全球购简介

快手全球购是快手平台上的跨境电子商务业务，致力于为消费者提供丰富多样的海外商品。快手全球购允许商家通过快手平台将海外优质商品引入我国市场，利用快手的1亿名用户流量红利。为了入驻快手全球购，商家需要满足一定的条件，包括提供优质品质和符合我国市场需求的产品，并与平台合作伙伴或国内代理商进行合作。此外，商家还需要制定合适的营销策略来提升品牌知名度和销量。快手全球购依托快手庞大的用户基础和成熟的技术支持体系，在用户黏性和物流配送上具有明显的优势。快手庞大的用户基础为品牌带来了巨大的曝光量，而快速的物流配送则能够满足消费者对于快速购物的需求。国外品牌进入快手全球购平台，可以获得更多的曝光和销售机会，利用平台的用户数量增长趋势和广泛覆盖中国各个地区的用户，为国外品牌进入中国市场提供了广阔的市场前景。

2. 快手全球购的发展现状

首先，快手在海外市场的营收表现亮眼。2024年第一季度，快手的海外营收同比增长了193.2%，达到了9.91亿元。这一增长主要得益于快手在海外市场上的持续努力和营销收入的近3倍增长。特别是在巴西地区，日活跃用户（DAU）同比增长13%，每位日活跃用户的日均使用时长超过75分钟，显示了快手在海外市场的用户黏性和活跃度。

快手在国际化战略上采取了分阶段、分区域、差异化的打法，优先进行商业化的区域包括巴西和印度尼西亚。此外，快手计划在沙特阿拉伯利雅得设立办事处，并强调了中东、北非和巴西等地区的市场潜力。这些地区的共同特点是人口众多，购买力强，并且愿意接受新的业务、想法和模式。

在跨境电商方面，快手全球购依托快手庞大的用户基础和成熟的技术支持体系，在用户黏性和物流配送上具有明显优势。快手全球购为国外品牌进入中国市场提供了广阔的市场前景，品牌通过该平台可以获得更多的曝光和销售机会。

总的来说，快手全球购的发展现状表明，快手正在通过加强海外市场的布局和优化跨境电商服务，实现快速发展和国际化扩张。

 小贴士

入驻快手全球购的操作步骤

1. 登录快手商家平台

作为商家，要登录快手商家平台，进行账号注册和认证。在商家平台上，您可以了解到有关快手小店全球购的详细信息，并进行入驻申请。

2. 填写店铺信息

进入快手商家平台后，您需要完善店铺信息，包括店铺名称、店铺介绍、联系方式等，并上传相关证件和资质文件进行认证。

3. 提供商品信息

在填写店铺信息后，您需要按照平台要求，提供商品信息。包括商品名称、价格、描述、规格、库存等内容。同时，您还需要上传商品的图片和视频，以展示商品的特色和优势。

4. 设置运费和售后

在提供商品信息后，您需要设置运费政策和售后服务。您可以根据商品的不同类型和运送区域设置不同的运费政策，并明确售后服务政策，为用户提供良好的购物体验。

5. 审核与上线

在填写完所有必要信息后，您需要等待平台的审核。审核合格后，您的店铺将正式上线，并可以开始销售商品。

除了以上步骤，入驻快手全球购还需要遵守平台的相关规定和要求。平台要求商家保证商品的品质和交付时效，并提供完善的售后服务。同时，平台也鼓励商家根据用户的需求和反馈，不断优化和改进商品和服务。

快手小店全球购作为快手平台的全球购物功能，为用户提供了方便快捷的购物体验。对于商家来说，入驻快手全球购不仅可以扩大销售渠道，还可以借助快手庞大的用户基础，吸引更多潜在客户。

[资料来源：佚名. 快手全球购如何入驻？[EB/OL]. (2024-09-26) [2024-10-08]. https://fuwu.11467.com/info/28783075.htm.]

第六节 进口跨境电商案例之五——蜜芽与蜜淘

一、蜜芽

1. 蜜芽简介

蜜芽是我国首家进口母婴品牌限时特卖商城，总部在北京，于2011年创立，创始人为刘楠。创立时名称是蜜芽宝贝，2015更名为蜜芽。团队核心成员来自百度、京东商城、苏宁红孩子、当当网等成熟互联网公司，拥有独立的技术研发团队，销售渠道包括官方网站、WAP页和手机客户端。

2013年12月，蜜芽宝贝获得真格基金和险峰华兴投资；2014年6月年获得由红杉资本领投、真格基金和险峰华兴跟投的2000万美元融资；2014年12月15日由H Capital领投、上轮投资人红杉资本和真格基金继续跟投6000万美元。蜜芽的主仓库位于北京大兴，面积超过6000m²，并拥有德国、荷兰、大洋洲三大海外仓，以及宁波、广州两个保税仓，在母婴电商中率先步入"跨境购"领域。

蜜芽于2022年9月10日停止蜜芽App服务。根据公告内容，蜜芽App关闭前，消费者交易订单继续履行。平台关停后，公司将对已收集的用户信息进行集中删除与注销个人账户，并停止搜集或使用消费者及入驻商家的信息和数据。

2. 蜜芽的成长

（1）起步淘宝

2011年，蜜芽宝贝的创始人刘楠在淘宝上拥有一家4皇冠的小店，此时她是一名全职妈妈。出于这个美好的愿望，她一边搜罗全世界的好东西，一边团结了一帮志同道合的妈妈们，在母婴圈里的影响力越来越大。

刘楠本能地感觉到，一股新势能正从暗涌转化为涓流，直至成为不可逆转的浪潮——中国的新生代妈妈们不再满足于老一辈的育儿经验，在给宝宝购物时也青睐于海外的优质商品。她们用谷歌、亚马逊来搜索自己想要的育儿用品，海淘、代购顺势兴起。虽然当时的物流很不稳定，但这股潜力已不容小觑。以令人满意的价格和速度得到海外的好东西成了这个消费群体最核心的诉求。

（2）从蜜芽宝贝到蜜芽

蜜芽宝贝的创业目标是成为中国第一的孕婴童公司。2016年，我国有1800万名新生儿，是全球最大的儿童市场，从妈妈备孕开始到孩子长到7岁，这个人群有近1.5亿人口，直接的和衍生的需求巨大，但却几乎没有为这个人群的整体需求提供优质服务的孕婴童公司。

刘楠谈起一段经历：那时她在美国夏威夷参加中美创业者的会议。会上，她看到美国创业者的展示都很酷炫，消费习惯已升级了，年轻人要从创意、文化上挖掘项目。"80后""90后"伴随着互联网长大，海淘、代购对他们来说有趣而且不难。而后，蜜芽宝贝改名为蜜芽，其品牌寓意提升了一层。如果说蜜芽宝贝是针对 1~3 岁的婴幼儿市场，那蜜芽就能够让消费者愿意托付生儿育儿的全部过程。比起致力于无所不包、无所不有的全平台购物网站，蜜芽更希望成为提供一套完备生活方式和知识体系的平台。而它也正在以此为基础，将商品品类拓展至美妆、家居、食品等相关门类。

（3）痛点切入

有过海淘经历的人都知道，早年的海淘体验非常差。如果外国品牌商想在中国卖货，往往需要找一个经销商，经销商下面还有零售商，等货物送到消费者手里，早已缴过各种各样的手续费。而这一系列网络的铺设时间又极为漫长，大概需要 15 个月左右。漫长的等待加高昂的成本，成为海淘一族最闹心的问题。

经过一番准备，2015 年 3 月，蜜芽举办了一场"纸尿裤疯抢节"，把进口品牌的纸尿裤价格直接砍半，产生了巨大的冲击力。人们都感到不可思议：一个小垂直电商怎么能做出这样颠覆性的事情呢？事实上，蜜芽巧妙地抓住了跨境政策的风口：作为最早一拨涉足跨境贸易的电商，蜜芽利用保税区的优势，将原本 15 个月的渠道铺设时间压缩到了 15 天，并快速建立起自己的供应链，在北京、宁波、重庆、香港、郑州多地布点设仓，和当地政府一起探索和完善整个跨境电商的监管制度。

在构建了经营模式雏形、把控住物流后，蜜芽立即与世界级知名品牌展开直接合作。因为这些大品牌以前都是依靠总代理、经销商出货，而选择一家跨境电商直接对接，蜜芽算得上首创。蜜芽要求做到永远比别人快 3~6 个月的时间找到创新的商品，始终围绕"为妈妈和孩子提供最好的东西"。

（4）蜜芽的用户

我国的妈妈们对育儿方面的知识需求是非常强烈的，大多数人是第一次当妈妈，所以非常谨慎，希望能够得到指引。基于此，蜜芽的眼光并不局限于在单一垂直领域的深耕细作，为了将用户与商品联系得更加紧密，"社交+电商"的模式横空出世，成为口碑营销的升级版。

"蜜芽圈"便是一个供妈妈们分享育儿心得和知识以及推荐商品和服务的社区。2016 年，蜜芽战略发展副总裁彭琳琳介绍，40%的蜜芽消费者曾在"蜜芽圈"里贡献过内容，这种参与度是相当令人瞩目的。为了避免泛社交平台可能带来的无意义注水和争执，"蜜芽圈"也不停地推出有针对性的、围绕育儿购物为主的话题，通过线上线下各类活动，不断培养用户形成良好的使用习惯，使"蜜芽圈"成为母婴用户的切入商品和内容的流量入口。"蜜芽圈"2.0 版本上线之后，DAU 增长迅速，已经超过 30 万名，引进的内容网红、大的 IP 用户以及"蜜芽圈"原生的草根网红已经超过 800 人，许多妈妈在"蜜芽圈"就育儿相关的衣食住行进行讨论，并且持续将优质的内容分享到体系外的微信、微博等，优质内容的产生增强了用户黏性，并获取了新客。

（5）生态蜜芽

为了使"生娃养娃上蜜芽"成为人们脑海中一种根深蒂固的观念，蜜芽一直在不断探索更多的可能。如果蜜芽的妈妈们能够通过"蜜芽圈"在线上买到物美价廉的商品、在线下得到很好的婴童服务，那蜜芽的"护城河"就会比其他单一的电商平台稳固得多。

蜜芽开始搭建生态系统，垂直电商是新的契机。构建一个孕婴童的新生态，除了商品，还能提供游乐场、玩具，甚至餐厅，这将有质的飞跃。于是，蜜芽尝试和幼儿园、私立医院逐步开始合作，同时也为妈妈们提供创业平台。蜜芽创始人刘楠认为，蜜芽不希望成为一家独大的垂直电商，而致力于打造一家行业公司，能够和全行业链条上的其他公司、机构展开亲密的合作，构筑起独具特色的母婴大生态体系。

3. 蜜芽 App 停止服务

2022 年 7 月消息，上线 8 年的母婴电商平台蜜芽 App 宣布，将于 9 月 10 日停止服务。有业内人士分析指出，如今的蜜芽用户群体少、经营效率低，根本无法和综合类电商平台抗衡。与其继续花钱维护一个没有多少日活的应用，不如直接砍掉。

蜜芽是中国首家进口母婴品牌限时特卖商城，上线仅 8 个月就收获百万名用户，成交总额超过 1 亿元。之后更名为"蜜芽"，并不断扩大自己的业务版图，不再是单纯的母婴消费，而是进一步升级到亲子家庭消费，相继推出加盟品牌"蜜芽乐园"、专业母婴护理品牌"兔头妈妈甄选"。快速发展的蜜芽，自然深受资本的喜爱，创造了"三年内融资 5 轮"的神话，金额超过 20 亿元，其中 2015 年融资 1.5 亿美元，创下当时母婴行业包括线上线下最大金额的一笔现金融资。同一年，蜜芽销售额直接冲到 10 亿元。

然而 2016 年，母婴垂直电商市场就开始急转直下。一方面，互联网流量红利逐渐消失，获客成本不断上升，对于垂直电商平台来说是巨大的考验。另一方面，阿里、京东、拼多多等综合电商平台发力母婴市场，再加上直播电商的兴起，垂直平台的市场空间进一步被压缩。结果就是红孩子以 6600 万美元被苏宁收购、荷花亲子关闭、母婴之家跑路、贝贝网资金链断裂下架。

困境之下，蜜芽积极尝试自救，推出了蜜芽 Plus 会员服务，以"拉人头"方式开启社交电商之路。结果因其会员体系"多级分销、返利、拉新优惠"的运营模式，遭到用户多次投诉，甚至一度被扣上了"骗局"的帽子。

刘楠曾宣称要把线上线下彻底打通，让零售和体验变得更加紧密。于是投资了家庭亲子娱乐产品悠游堂，并在武汉、徐州等地开设了线下实体店"蜜芽乐园"。然而随着儿童娱乐市场入局者越来越多，其线下体验店节节败退，又把重心转回到线上。

2021 年，刘楠把蜜芽和"兔头妈妈甄选"在董事会层面做了拆分，成为两家完全独立的公司。同时辞去 CEO 职务，把精力全部放在自有品牌上，开始"二次创业"。资料显示："兔头妈妈甄选"于 2017 年 6 月上线，采用 ODM（原始设计制造商）模式，主要通过短视频平台推广、卖货，多次登上母婴类别带货主播销售榜榜单。

蜜芽的遭遇，其实也是垂直电商赛道败退的缩影。从"鼻祖"凡客，到聚美优品、乐蜂网、美丽说、尚品网、衣二三、蘑菇街，或关停，或转型，或退市。即便是当当、唯品会，体量也大幅缩水。在阿里、京东和抖音的三强格局基本确立后，垂直电商几无突围可能。

二、蜜淘

1. 蜜淘简介

蜜淘的前身为 CN 海淘，上线于 2014 年 3 月，由一批经验丰富的年轻人创立，创始人谢文斌曾任职于阿里巴巴旗下的天猫。CN 海淘主打海淘手机购物，通过简单的下单与支付，使国内用户不需要经过繁杂的转运就可以购买到海外正品。另外，CN 海淘推出的零代购、价格透明、全程跟踪等服务也开创了海淘领域的新标杆。

蜜淘主推海外品牌限时特卖模式，通过海外品牌厂家、正规代理商、国内专柜等可信的进货渠道采购，并在采购部专门设置自身的质检员。同时也与国内转运公司、海外仓库、保税区等深入合作，采取海外直邮、保税区清关、海外转运、国内进口直发等模式来方便用户购买海外正品。

（1）发展历程

2013 年 10 月，北京背篓科技有限公司成立。

2014 年 3 月，蜜淘前身 CN 海淘正式发布苹果和安卓客户端。

2014 年 4 月，"奶粉节"单天销量突破 100 万元。

2014 年 6 月，上线海淘专场特卖。

2014 年 7 月，CN 海淘正式更名为蜜淘，并获经纬创投千万美元 A 轮融资。

2015 年，与京东、天猫、聚美优品等展开"价格战"。

2016 年 2 月，公司倒闭。

（2）服务流程

第一步，客户下单。

第二步，蜜淘专员根据下达的已支付订单信息，从对应的海外商家采购对应商品，并通知客户订单已经确立执行。

第三步，海外商家商品发货后，蜜淘会将海外商家物流单号回执给客户，此时客户可以跟踪订单商品在海外的物流配送信息。

第四步，海外商家会把客户下单的商品发到蜜淘在国外的仓库，然后通过国际直邮的方式运送到客户手上，此时客户可以通过物流跟踪查看订单物流状态。

第五步，商品到达我国境内后由经中国海关清关，通常需要 5~10 天的时间。

第六步，报关清关完成后，国内物流公司把客户购买的商品快速配送到顾客下单的地址。

2. 谁"杀死"了蜜淘?

2014 年，跨境电商都在做一件事情：野蛮生长。随着早期"圈地"完毕，汹涌的掘金者必然面临着"贴身肉搏"。身处风口浪尖的蜜淘最终倒下，有三个重要原因。

（1）爆款做法不被业内看好

洋码头相关负责人表示，爆款不能成为一种模式。跨境电商本身能做爆品的产品并不多，做爆品又需要平台持续补贴让利，后续商品跟不上、供应链支撑不了，平台会很困难。爆品只能成为平台营销、拉新的方式，除了低价促销吸引用户外，还能满足用户的需求才是爆品思维的关键。

宝贝格子 CEO 张天天认为，推爆品没有错，需求点切实存在，这也是最降低用户获取成本的方式，但归根结底，平台还是要回归到解决更多用户需求的痛点上，而不是单纯做爆品。

蜜淘的爆品特卖思维并未获得想象中的成功，当时蜜淘的月交易额只有几十万元，增长速度也只有 30%～50%。

（2）频繁大促导致推广黑洞

2014 年 11 月，蜜淘获得了祥峰投资、经纬创投等投资机构达 3000 万美元投资。为了提高销售量，蜜淘随即加入了地铁刷广告的营销队伍，当月"黑色星期五"之后，蜜淘特卖产品销量翻倍增长。

有媒体报道称，每次大促前，蜜淘都会投入几千万元做广告，蜜淘的飞速发展就发生在那个时候。数据显示，当时蜜淘客户端活跃用户接近 100 万个，累计递送包裹近 20 万个，月交易流水突破 1000 万元。

随后，蜜淘举办了"520 激情囤货节"和"618 电商大促"。面对主流电商的挑战，蜜淘并不怯场，打出"保税区商品全网最低价"的口号，叫板京东、天猫、聚美优品、唯品会等，承诺物流速度体验绝对远超京东、天猫。然而，看起来滋润的光景并未持续太长时间。2015 年年初，跨境电商市场走进了"价格战"的死胡同。以蜜芽为首的跨境电商举起了第一杆降价大旗，同样是跨境电商的洋码头在拿到 1 亿美元 B 轮融资后，也高喊着要加入到"价格战"的战场中。包括网易旗下考拉海购、京东、天猫、聚美等都前后脚进入了同一个"战壕"。

在资本、流量、品牌背书等资源都雄厚的巨头面前，蜜淘的优势开始变弱。蜜淘在库存上能存 1000 万元、2000 万元的货就已经算很不错了，但某些大公司在保税仓库中的货就有 10 亿元。一旦进入大促的怪圈，平台就需要通过不断地大促以刺激销售。不幸的是，大多数情况下，"价格战"会受到资本市场的制约。而蜜淘的 C 轮融资却迟迟未能公布，这也让蜜淘开始从海淘创业大军中掉队。烧钱的前提是有很强的供应链，又有特色的服务，但在同质化竞争很严重的情况下，做这件事其实是没有意义的。一直没有备好"粮草"却对大促乐此不疲的蜜淘很可能在那个时候就注定了结局。

（3）错误转型韩国购

2015 年 9 月，蜜淘主动放弃了全品类的全球购运营思路和"价格战"的营销手法，退守到了韩国购的小而美市场。随后蜜淘从望京 SOHO T2 算不上大的办公区浩浩荡荡地搬到了望京 SOHO T3，租下了一整层的办公区。由于蜜淘从全球购业务转型韩国购，很多业务部门不做了，公司大幅裁员，与此同时，公司将于年后解散的消息在内部扩散开来。2015 年年底，搬家不足半年的蜜淘提前退租。2014 年的蜜淘风光无限，几乎拿到了所有创业团队期望甚至羡慕的资本"战果"。它在一年内斩获了三轮融资：天使轮、A 轮、B 轮，最终却止步在了 C 轮门前，不禁令人唏嘘。

张天天认为，跨境电商与双边贸易不同，双边贸易做好任何一个国家的贸易都能做大，而跨境电商讲求互联网的去中间化，用户对海外商品的需求也是多元化的。这个过程中，做专也没问题，但要根据市场的竞争和格局来定，当时的局势做单一国家的贸易不太行得通。

对于跨境电商来讲，蜜淘选择把用户群体定位在"韩范用户"在理论上并没有错，但过去的日、韩市场上，无论跨境、保税、一般贸易还是"水货"，都不计其数，与历史沉淀的这些未知者的竞争，毫不亚于跨境电商平台高举高打的"明战"。

3. 蜜淘失败给业界的启示

跨境电商该如何避免类似蜜淘的失败？创业跨境电商又该如何与巨头阿里巴巴、京东对抗，不被潮流击败而良好发展？

（1）烧钱不烧心

从对蜜淘的分析中可以看到，蜜淘其实有很好的发展前景，从"618"对战京东，到"黑色星期五"公布营业数据，在一年内接二连三获得融资，可以看出它有意和巨头叫板。在获得大笔融资之后，蜜淘也选择了互联网最快速最有效的获客形式——"烧钱"，但是因为受到互联网寒潮的影响，导致蜜淘补给不足，以致最终出局。"烧钱"或许是可以的，但在经营心态上，还是要立足市场。

（2）不忘初心做海淘

做商业的初心始终还是解决客户需求的痛点。进口跨境电商被客户诟病较多的问题从早期海淘的假货横行、产品来源没有保障，到后来用户体验不佳、物流不给力等，始终层出不穷。谁能够处理好这些问题，谁就能够成为跨境电商的"领头羊"。但这只"羊"不好当，稍有不慎，将导致再度失利。

习　题

一、填空题

1. 我国进口跨境电商模式主要分为_____模式、_____模式。

2. 我国进口跨境电商的运营模式可分为电商平台运营、供应链运营、_____、保税新零售和_____等五种模式。

3. 据易观分析发布的《2023年度跨境进口电商用户消费特征简析报告》，跨境商品的主要消费地为_____、江苏、_____、上海、北京等地区，占比超过40%。

4. 京东国际采取海外直采的"_____"的平台模式，海外直采是京东国际在进口跨境电商领域复制自己的_____自营成功经验。

5. 在2023年，抖音全球购打造了_____模式。这种模式以_____为核心，通过内容激发购买，帮助品牌精准找到目标受众。

二、选择题

1. 从2017年至2023年，我国进口跨境电商使用人数以近两成的增速逐年攀升，七年间人数呈现3倍增长，在2023年达到（　　）亿人。

A. 1.65　　　　　　B. 1.88　　　　　　C. 2.18　　　　　　D. 2.35

2. 天猫国际跨境电商平台成立于（　　）。

A. 2012年　　　　　B. 2013年　　　　　C. 2014年　　　　　D. 2015年

3. 京东国际联合尼尔森IQ发布的《2024年中国跨境进口消费趋势白皮书》显示，超过（　　）的消费者对购买进口商品感兴趣。

A. 50%　　　　　　B. 55%　　　　　　C. 60%　　　　　　D. 80%

4. 阿里巴巴宣布用20亿美元全资收购网易考拉是在2019年（　　）。

A. 6月12日　　　　B. 12月18日　　　　C. 8月15日　　　　D. 9月6日

5. 开创性建立"买手制"的海外购物平台是（　　）。

A. 天猫国际　　　　　　B. 洋码头　　　　　　C. 拼多多全球购　　　　D. 亚马逊海外购

三、判断题

1. 亚马逊海外购商品与在我国境内出售的商品没有区别。　　　　　　　　　　　（　　）

2. 蜜芽是我国首家进口母婴品牌限时特卖商城，总部在北京，于2011年创立。　（　　）

3. 2023年用户对跨境商品消费平台的选择相对较为集中，天猫国际、抖音全球购、京东国际、分别以占比37.6%、18.7%、12.3%位列前三名。　　　　　　　　　　　　　　（　　）

4. 进口跨境电商的清关模式一般包括快件清关、集货清关和备货清关等三种模式。　（　　）

5. 唯品国际率先在国内开创了"名牌折扣+限时抢购+正品保险"的商业模式，也被称为"闪购"模式。　　　　　　　　　　　　　　　　　　　　　　　　　　　　　　　（　　）

四、简答题

1. 列举我国进口跨境电商企业的几种模式。

2. 简要分析天猫国际的变革与转变。

3. 简述唯品国际的特点与优势。

4. 简要分析洋码头的本土售后保障。

5. 简述蜜淘失败给业界的启示。

习 题 答 案

跨境电商概论 第3版

第五章
跨境电商物流与供应链管理

引例

目前，线上购物成为消费主流，跨境电商呈现井喷式发展，同时也带来了跨境电商物流的红利。跨境电商物流能成为主流行业，与其从业人员的努力息息相关，但同时其他参与角色——资本、保险、银行发挥的作用也不容忽视。

在跨境电商物流行业内，不管处于是什么角色，大概就做全段与做配套两类。再细分产品定位，无非三大类：直发类、头程类、海外仓类。尤其是做海外仓，海外仓对于很多人来说可能比较模糊，它的细分环节定位是做配套的，所以这个环节一般会分得很细。

政府在出口方面推出了很多新政策，合规政策的出台助推物流行业发展。以前，物流公司在做数据报关的时候，通关时间很慢，手续复杂。现在，出口通关道路被打通了，通关效率越来越高。从政策出台后的数据来看，政策被利用的速度很快，在出口方面，跨境电商物流会获得更多的政策布局。

跨境电商物流已踏入发展的2.0时代，3.0时代即将到来。企业为红利期到来高兴的同时，也应预见即将到来的挑战，从多方面提升自身的核心竞争力，在发展的浪潮里紧握属于自己的"蛋糕"。

本章学习目标

（1）了解跨境电商物流的定义、作用及问题。

（2）掌握跨境电商物流的几种主要模式。

（3）认识与了解的跨境电商物流的几种运输方式。

（4）了解跨境电商出口海外仓模式分析与管理。

（5）理解跨境电商供应链管理的特点与重点。

第一节 跨境电商物流概述

一、跨境电商物流的定义

物流作为供应链的重要组成部分，是对商品、服务以及相关信息从产地到消费地的高效、低成本流动和储存进行的规划、实施与控制的过程，目的是满足消费者的需求。电商与物流相伴共生。电商物流是利用互联网技术，尽可能把世界范围内有物流需求的货主企业和提供物流服务的物流公司联系在一起，提供中立、诚信、自由的网上物流交易市场，促进供需双方高效达成交易，创造性地推动物流行业发展的新商业模式。通俗地说，跨境物流就是把货物从一个国家或地区通过海运、空运或陆运的方式送到另一个国家或地区。而跨境电商物流则特指在跨境电商运营模式下，为通过跨境电商平台达成的线上交易提供实体商品跨境运输和配送的活动。由于跨境电商的交易双方分属不同的国家或地区，商品需要从供应方所在的国家或地区通过跨境物流的方式实现空间位置的转移，在需求方所在的国家或地区内实现最后的物流与配送，因此跨境电商物流是跨境物流的一部分，随着跨境电商的迅速发展，跨境电商物流所占的比重也越来越大。

二、跨境电商物流的作用

首先，跨境电商物流是跨境电商的重要组成部分。通常情况下，贸易活动由信息流、资金流、物流三部分构成，物流在跨境电商业务中承载着货物转移和交付的功能，是跨境电商不可或缺的组成部分，离开了物流，跨境电商交易将无法实现。区别于传统的国际物流，跨境电商物流有着反应快速、功能集成、作业规范、信息电子化、服务系统化等特征；相较于国内物流，跨境电商物流具有工作区域广阔、国际化、风险大、技术高、复杂等特征。

其次，跨境电商物流是跨境电商的核心环节之一。在跨境电商贸易过程中，物流发挥着重要的作用，是跨境电商发展的核心链条。目前，国内的跨境电商物流一般都通过第三方物流发货，第三方物流在跨境电商发展中发挥着举足轻重的作用。较大的电商平台一般采取专线物流或者海外建仓的方式降低物流成本，而一般中小型电商的物流则选择邮政小包或国际快递等方式。

最后，跨境电商物流是跨境电商成功的关键因素。当前，跨境电商贸易发展速度如此之快，但国际物流发展还没有跟上节奏。物流不仅直接关系到跨境电商的交易成本，还关系到买家对卖家的满意度、购物体验和忠诚度。因此，安全、高效的跨境电商物流将大大改善跨境电商卖家的消费体验。

三、跨境电商物流存在的问题

跨境电商的快速发展带动了跨境物流的发展升级，跨境电商为跨境物流的发展提供了广阔的空间，跨境物流的发展有力地促进了跨境电商的发展，跨境电商与跨境物流两者相辅相成。目前，我国跨境电商规模日益增加，为跨境物流的发展带来了强大的潜力市场，但由于跨境物流是依据跨境电商衍生出来的新型行业，运作还不成熟，仍存在一些问题。

1. 跨境物流成本较高

跨境物流成本主要包含运输成本、关税、海外物流成本等，虽然跨境电商者都会对跨境物流成本进行控制，但是由于很多因素（海关关税、国外重派、国外仓储等）都无法实现完全控制，物流成本居高不下。而且选择的物流运输方式主要是空运和海运（随着中欧班列的开通，一部分货物运输选择陆运），由于运输方式比较少，即使空运或海运的价格上涨，也只能"硬着头皮走"，物流成本直接增加了很多。

2. 跨境物流和跨境电商的发展不协同

现在的跨境电商客户需求更加多样化和个性化，安全将货物送达到客户手中已经不能满足现在的物流需求，客户对物流时效有要求，对物流服务也有要求。而一般都是中大型电商企业才会使用海外仓，因为它们负担得起昂贵的仓储成本，而自贸区开放的数量又不足，跨境电商的需求无法被满足。

3. 基础设施不完善

与国内物流相比，跨境物流更复杂更烦琐。跨境物流涉及运输、报关、查验、仓储、配送等一系列环节，与国内物流相比，最明显的特征就是需要报关。我国国内物流的基础设施建设要比跨境物流的更完善，跨境物流要实现与目的国或地区的物流信息对接、整合，但系统性的网络并没有实现，使得跨境物流成本增加。而且由于是国际贸易往来，如果客户需要退换货，退回的运费往往比发出去的运费高得多，再为客户重发的话，需要再次支付运费，这笔订单就只赔不赚了，因此免费退换货的服务难以实现。

4. 跨境物流信息不够透明

跨境物流中，与境外物流商信息不对接的话，容易造成物流信息无法跟踪，存在货物到哪里了、为什么会卡在某个地方无物流信息更新、货物什么时候能派送等问题，便会被客户一直询问。由于客户因为看不到物流信息，不能更好地安排时间来接收货物，因此客户满意度也会降低。

5. 缺少专业的跨境物流人才

跨境物流是随着跨境电商的发展而产生的，是一个新的产业，发展得没有国内物流那么完善。在我国，很多高校的电子商务专业和物流管理专业都是分开设立的，跨境电商和跨境物流的专业课程较少设置，且相关知识没有形成系统。高校、政府对跨境电商和跨境物流的支持力度需进一步加大，因为既懂跨境电商知识又懂跨境物流运营的人才较少。

第二节　跨境电商物流的主要模式

当前，跨境电商的主要物流模式有邮政物流模式、国际快递模式、国内快递模式、专线物流模式、海外仓物流模式，以及其他物流模式。跨境电商卖家应该根据所售产品的特点（尺寸、安全性、通关便利性等）来选择合适的物流模式，比如大件产品（如家具）就不适合走邮政小仓渠道，而更适合海外仓模式。

一、邮政物流模式

邮政物流是指各国邮政部门所属的物流系统，包括中国邮政速递物流股份有限公司的 EMS、ePacket、航空大包及航空小包等。据不完全统计，中国出口跨境电商 70% 的包裹都是通过邮政系统投递的，其中中国邮政占 50% 左右。因此，目前跨境电商物流还是以邮政的发货渠道为主。邮政网络基本覆盖全球，比其他物流渠道都要广。这主要得益于万国邮政联盟（Universal Postal Union，UPU）和卡哈拉邮政组织（Kahala Posts Group，KPG）。不过，在选择邮政包裹发货时，必须注意出货口岸、时效、稳定性等。

1. EMS

EMS 是中国邮政开办的特快专递邮件服务。由于 EMS 的跨境物流是中国邮政与其他国家和地区的邮政合办的，因此它在邮政、海关、航空等部门享有优先处理权，这也是它与其他商业快递不同的地方。

EMS 国际快递的投递时间（不包括清关时间）一般为 3~8 个工作日，其资费标准、规格限制、跟踪查询、操作注意事项等内容可登录中国邮政速递物流股份有限公司的官网 http://www.ems.com.cn 了解。

（1）EMS 的主要优点

1）投递网络强大，覆盖面广，价格比较合理，按实计重（不计抛重）。

2）不用提供商业发票就可以清关，并且具有优先通关权，对于通关不过的货物可以免费运回境内（其他快递一般要收费）。

3）适合走小件以及对时效要求不高的货物。

4）在寄往南美洲、俄罗斯等地的情形下具有绝对优势。

（2）EMS 的主要缺点

1）相比于商业快递，速度偏慢一些。

2）不能一票多件，大货价格偏高。

3）查询网站信息滞后，一旦出现问题，只能进行书面查询且查询时间较长。

2. ePacket

ePacket 俗称 e 邮宝，又称 EUB，是中国邮政速递物流股份有限公司旗下的国际电商业务。ePacket 整合邮政速递物流网络资源，与主要电商平台合作推出速递业务，目前可以发往美国、澳大利亚、英国、加拿大、法国、俄罗斯、以色列、沙特阿拉伯、乌克兰等国家。

由于各国规定不同，ePacket 的资费标准、规格限制、跟踪查询、操作注意事项等内容可登录 http://www.ems.com.cn 或拨打客服热线 11183 查询。

ePacket 的主要特点如下：

1）不受理查单业务。

2）不提供邮件丢失、延误、赔偿。

3）不承诺投递时限。

3. 中国邮政大包

中国邮政大包的全称为中国邮政航空大包（China Post Air Parcel），简称"航空大包""邮政大包"或"中邮大包"。

中国邮政大包的资费标准、规格限制、跟踪查询、操作注意事项等内容可登录 http：//11185. cn/index. html 了解。

（1）中国邮政大包的主要优点

1）覆盖面广，可发往全球 200 多个国家和地区。

2）价格低廉，以首重 1kg、续重 1kg 的计费方式结算，价格比 EMS 低，不计算体积、重量，没有偏远附加费。

3）通达国家和地区多，清关能力强。

4）运单操作简单、方便。

5）对时效性要求不高而稍重的货物，可选择使用此方式发货。

（2）中国邮政大包的主要缺点

1）部分国家限重 10kg，最重也只能 30kg。

2）妥投速度慢。

3）查询信息更新慢。

4. 中国邮政小包

中国邮政小包的全称为中国邮政航空小包（China Post Air Mail），简称"航空小包""空邮小包"或"中邮小包"。中国邮政小包可以分为平邮小包和挂号小包两种。

中国邮政小包属于性价比较高的物流方式，适合寄送物品重量较轻、量大、价格要求实惠且对于时限和查询便捷要求不高的产品。其资费标准、规格限制、跟踪查询、操作注意事项等内容可登录 http：//11185. cn/index. html 和 http：//www. 17track. net 了解。

（1）中国邮政小包的主要优点

1）运费比较便宜，由于部分国家运达时间不长，因此性价比较高。

2）清关能力强，通关时享有绿色通道，比商业快递要简单很多。

3）覆盖面广，中国邮政小包本质上属于民用包裹而不属于商业快递，因此能邮寄的物品比较多。

（2）中国邮政小包的主要缺点

1）限重 2kg（阿富汗限重 1kg），卖家如果包裹超出 2kg，就要分成多个包裹或另选其他物流方式。

2）运送时间过长，如送达俄罗斯、巴西等国家的时间可能超过 40 天。

3）部分国家不支持全程跟踪，中国邮政速递物流股份有限公司的官网只能跟踪境内部分信息，借助其他网站查询则有诸多不便。

5. 荷兰小包（Spring 小包）

1）荷兰小包通达全球，可出普货、内置带电及膏状、乳液状、块状指甲胶等化妆品，是市场最稳定的小包，欧洲首选。

2）荷兰小包分挂号（外电挂号）和平邮（外电平邮）等线路，提供平邮和挂号服务。

① 平邮：有半程查询，无妥投信息。

② 挂号：全程追踪，有签收信息查询，部分国家无签收信息（如加拿大、厄瓜多尔、奥地利部分偏远地区）。

3）优势：

① 欧洲国家服务优势明显，整体时效8~16天。

② 覆盖全球200多个国家和地区。

③ 全区可接受内置带电、化妆品等膏状产品。

④ 外电渠道16国可发移动电源、香水、指甲油等。

⑤ 对于较重物品，价格优势明显。

6. 其他邮政小包

邮政小包是使用较多的一种国际物流方式，依托万国邮政联盟网点覆盖全球，在不同的国家和地区，邮政所提供的邮政小包服务或多或少存在一些区别，主要体现在不同区域会有不同的价格和时效，以及对于承运物品的限制不同。因此，需要与多个物流渠道的货运代理公司建立联系，以确保能尽快了解到各类渠道的最新信息，多个渠道组合使用。例如，若泰国小包这个月爆仓了，马上换新加坡小包；若新加坡小包爆仓了，可以再换菲律宾小包。

一些常用国际小包的特点如下：

1）新加坡小包：价格适中，服务质量高于邮政小包一般水平，并且是目前常用的手机、平板电脑等含锂电池商品的运输渠道。

2）瑞士小包：欧洲线路的时效性强，但价格较高。欧洲通关能力强，在欧洲申根国家（1995年全面生效的《申根公约》成员国）免关税。

3）瑞典小包：欧洲线路时效较快，俄罗斯通关及投递速度较快，且价格较低。它是投往俄罗斯首选的物流方式，而且在某些时段安检对带电池的产品管制还没有那么严格，可用于寄递带电产品。

 扩展阅读

万国邮政联盟

万国邮政联盟（见图5-1）是商定国际邮政事务的政府间国际组织，其前身是1874年10月9日成立的邮政总联盟，1878年改为现名。

图5-1　万国邮政联盟标志

万国邮政联盟自 1978 年 7 月 1 日起成为联合国一个关于国际邮政事务的专门机构，总部设在瑞士首都伯尔尼，宗旨是组织和改善国际邮政业务，促进此领域的国际合作与发展。通过邮政业务的有效工作，发展各国人民之间的联系，以实现在文化、社会与经济领域促进国际合作的崇高目标。

2016 年 10 月 6 日，在土耳其伊斯坦布尔举行的第 26 届万国邮政联盟大会上，我国成功当选新一届万国邮政联盟行政理事会和邮政经营理事会理事国，这对于推动我国邮政深度参与国际邮政事务，扩大我国在邮政领域的影响，推动我国邮政业"走出去"战略实施和加强我国"一路一带"建设、"中欧班列"实施，将具有重要的作用。

二、国际快递模式

国际快递指的是以国际商业快递巨头 DHL、TNT、UPS 和 FedEx 等为主的国际物流，是在两个或两个以上国家（或地区）之间所进行的快递、物流业务。这些国际快递商通过自建的全球网络，利用强大的 IT 系统和遍布世界各地的本地化服务，为跨境网购的用户带来极好的物流体验。下面就它们的各自优缺点进行比较分析。

1. DHL

DHL 又称敦豪航空货运公司，1969 年成立于美国旧金山，现总部位于德国。DHL 是全球快递行业的市场领导者。在我国，中外运敦豪是 DHL 与中国外运股份有限公司合资成立的国际快递公司。

DHL 的资费标准、规格限制、跟踪查询、操作注意事项等内容可登录 DHL 的官网 https：//www. dhl. com/cn-zh/home. html 查询。

（1）DHL 的主要优点

1）覆盖面广，可寄达 220 多个国家和地区、12 万多个目的地，去北美、西欧有优势，适宜走小件。

2）一般 2~4 工作日可送达，去欧洲国家 3 个工作日，去东南亚国家 2 个工作日。

3）网站更新及时，解决问题速度快。

（2）DHL 的主要缺点

1）走小货价格较贵，不合算，适合发 5.5kg 以上或 21~100kg 的货物。

2）物品限寄要求多，许多特殊商品是拒收的，另有部分国家不提供包裹寄递服务。

（3）DHL 小包

1）DHL 小包是由 DHL GLOBAL MAIL 开发的空邮小包渠道，主要针对货物重量在 2kg 以下的一种航空包裹。DHL 小包可以通邮到全球 200 多个国家和地区，比较适合跨境卖家。

2）DHL 小包分以下三种服务：

① DHL 挂号小包：全程追踪，有妥投信息。

② DHL 平邮小包：半程追踪，6 条跟踪信息（主要节点）。

③ DHL 经济小包：半程追踪，2 条跟踪信息。

3）参考时效：6~15 个工作日。

4）接受内置电池的国家（16 国）：奥地利、瑞士、捷克、德国、丹麦、西班牙、芬兰、克罗地亚、匈牙利、爱尔兰、英国、荷兰、挪威、葡萄牙、波兰、斯洛文尼亚，其他国家不接受任何含电池货物（经济小包不接受任何带电物品）。

2. TNT

TNT 成立于 1946 年，是全球领先的快递服务供应商，为企业和个人提供全方位的快递服务，公司总部设在荷兰的阿姆斯特丹。TNT 在欧洲、南美洲、亚太地区和中东地区拥有航空和公路运输网络。

TNT 的资费标准、规格限制、跟踪查询、操作注意事项等内容可登录 http：//www. tnt. com/express/zh_cn/site/home. html 查询。

（1）TNT 的主要优点

1）送达国家多、网点全、速度快，2~4 工作日可通达全球，送达西欧一般不超过 3 个工作日。

2）通关能力强，可提供报关代理服务。

3）可及时、准确、免费地实时查询货物，无偏远附加费。

4）在政治局势不稳定的国家有绝对优势。

5）纺织品类大货到西欧、澳大利亚、新西兰有优势。

6）有正规发票。可以送达沙特阿拉伯。

（2）TNT 的主要缺点

1）要计算体积、重量，对所运货物的限制也比较多。

2）价格相对较高。

3. UPS

美国联合包裹（UPS）成立于 1907 年，是全球最大的快递承运商和包裹递送公司之一，总部设在美国佐治亚州亚特兰大市。UPS 拥有全球特快加急、全球特快、全球速快（俗称"红单"）、全球快捷（俗称"蓝单"）四种快递服务，其费用从高到低，相应地，速度从快到慢。全球速卖通主要采用后两种快递方式。

UPS 的资费标准、规格限制、跟踪查询、操作注意事项等内容可登录 http：//www. ups. com 查询。

（1）UPS 的主要优点

1）一般 2~4 工作日可送达，送达美国只要 48h。

2）速度快，服务好。

3）强项在美洲等线路，适合发快件。

4）货物可送达全球 200 多个国家和地区，可以在线发货，在全国 100 多个城市可上门取货。

5）查询网站信息更新快，遇到问题解决及时。

（2）UPS 的主要缺点

1）要计算产品包装后的体积、重量，适合发 6~21kg 或 100kg 以上的货物。

2）对托运物品的限制比较严格。

3）运费较高。

通过 UPS 寄送到美国的包裹，最快可在 48h 内到达。然而，优质的服务往往伴随着昂贵的价格。一般中国商户只有在客户时效性要求很强的情况下，才使用 UPS 派送商品。

4. FedEx

美国联邦快递（Federal Express，FedEx）成立于 1971 年，是一家国际性速递集团，公司总部设在美国。FedEx 在我国香港地区设有亚太区总部，并且在我国上海、日本东京、新加坡等城市均设有区域性总部。FedEx 在我国分为优先型服务（International Priority，IP）和经济型服务（International Economy，IE）。两者的区别是：优先型服务时效快，一般为 2~5 个工作日，清关能力强，覆盖面广，可为全球 200 多个国家和地区提供快捷、可靠的服务；而经济型服务则价格更加优惠，时效较快，一般也只要 4~6 个工作日，具有优先型服务一样的清关能力，能送达全球 90 多个国家和地区。

FedEx 的资费标准、规格限制、快递跟踪查询、操作注意事项等内容可登录 http：//www. fedex. com/cn/rates/index. html 查询。

（1）FedEx 的主要优点

1）一般 2~4 工作日可送达。

2）适合发 21kg 以上的大件，到南美洲的价格具有竞争力。

3）网站信息更新快，网络覆盖全，查询响应快。

（2）FedEx 的主要缺点

1）运费较贵，需要考虑产品的体积、重量。

2）对托运物品的限制较严格。

三、国内快递模式

国内快递模式主要是指由 EMS、顺丰和"四通一达"为主导的跨境电商物流。在跨境物流方面，"四通一达"中的申通和圆通布局较早。申通 2014 年 3 月美国上线，2014 年 4 月圆通与 CJ 大韩通运合作，而中通、汇通、韵达启动跨境物流业务要晚一些。

在国内快递中，EMS 的国际化业务是最完善的。依托邮政渠道，EMS 可以直达全球 60 多个国家和地区，费用相对于四大快递巨头要低。此外，中国境内的出关能力很强，到达亚洲国家和地区是 2~3 天，到欧美则要 5~7 天。

顺丰的国际快递业务相较成熟一些，下面主要介绍一下顺丰速运 SF Express。

目前 SF Express 拥有国内外 12300 多个营业网点。SF Express 的跨境物流可送达美国、澳大利亚、韩国、日本、新加坡、马来西亚、泰国、越南和我国港澳台地区。SF Express 提供四种快递服务，即顺丰即日、顺丰次晨、顺丰标快、顺丰特惠。其中，涉及跨境物流的是后两种。

顺丰标快从中国内地寄至中国港澳台地区需 1.5~2.5 天，部分偏远地区另加时 0.5~1 天；寄至韩国、日本、新加坡、马来西亚、美国、泰国、越南、澳大利亚等需要 3~5 天。SF Express 的主要优点是境内网点分布广，价格有一定的竞争力；其缺点是境外线路少。

四、专线物流模式

专线物流一般是通过航空包舱方式运输到国外，再通过合作公司进行目的国家（或地区）的派送。专线物流的优势在于其能够集中大批量到某一特定国家（或地区）的货物，通过规模效应降低成本。因此，其价格一般比商业快递低。

在时效上，专线物流稍慢于商业快递，但比邮政包裹快很多。市面上最普遍的专线物流产品是美国专线、欧美专线、大洋洲专线、俄罗斯专线等，也有不少物流公司推出了中东专线、南美专线、南非专线等。目前很多公司提供专线物流服务，常见的有下面几个。

1. Special Line-YW

Special Line-YW 即航空专线-燕文，俗称燕文专线。燕文是我国大型物流服务商，总部位于北京。燕文专线目前开通了南美、俄罗斯等专线。

1）燕文南美专线小包：通过调整航班资源一程直飞欧洲，再根据欧洲到南美航班货量少的特点快速中转，避免旺季爆仓，大大缩短妥投时间。

2）燕文俄罗斯专线小包：与俄罗斯合作伙伴实现系统内部互联，一单到底，全程无缝可视化跟踪。国内快速预分拣，快速通关，快速分拨派送，正常情况下，俄罗斯全境派送时间不超过 25 天，人口 50 万以上的城市派送时间低于 17 天。

燕文专线的资费标准、规格限制、跟踪查询、操作注意事项等内容可登录 http：//www. yw56. com. cn 查询。

燕文专线的主要特点为：①时效快，尤其是运送到南美地区更有优势；②交寄便利，目前在我国深圳、广州、东莞、佛山、汕头、义乌、金华、杭州、上海、苏州、北京、福州、厦门、泉州、青岛等城市可以免费上门揽收。但由于部分目的国路途遥远、气候寒冷，所以对包装材料要求较高，尤其强调结实、耐寒。

2. Russian Air

Russian Air 即中俄航空专线，是一家专门从事中俄航空物流专线服务的企业，成立于 2013 年 10 月，总部位于黑龙江省哈尔滨市。目前已开通 Ruston（俄速通）专线。

俄速通主要承担发往俄语系国家的物流，推出的服务有俄罗斯航空小包、俄罗斯航空大包、俄罗斯 3C 小包、乌克兰小包、乌克兰大包、白俄罗斯航空小包挂号、俄速通云仓、莫斯科海外仓、大货商品等。

俄速通的资费标准、规格限制、跟踪查询、操作注意事项等内容可登录 http：//www. ruston. cc 查询。

俄速通的主要特点为：①经济实惠，计量以克为单位，无起重费；②邮寄范围广，境外递送环节全部由所在国邮政承担，投递范围可覆盖全境；③48h 内上网，货物全程可视化追踪；④送达时效强，从过去的近 2 个月缩短到目前的 16~35 天，其中 80% 以上可在 25 天内妥投，最短只需 13 天；⑤寄送方便，在我国深圳、广州、义乌、金华、杭州、宁波、上海、苏州、北京、山东等地可以免费上门揽收，其他地区的卖家目前仍需自行发货至集货仓。

3. Aramex

Aramex 快递即中外运安迈世，在国内又称"中东专线"，是发往中东地区的国际快递的主要渠道。公司成立于 1982 年，总部位于阿联酋的迪拜。

Aramex 的运费包括基本运费和燃油附加费两部分，其资费标准、规格限制、跟踪查询、操作注意事项等内容可登录 http：//www. aramex. com 查询。

（1）Aramex 的主要优点

1）在中东地区清关速度快，寄往中东、北非、南亚的运费是 DHL 的 60% 左右。

2）时效快，3~5 天可以送达。

3）无偏远附加费，送达全球各国都无须附加偏远费用。

（2）Aramex 的主要缺点

1）只在中东地区优势比较明显，而在其他国家和地区则不存在这些优势。

2）对托运货物的限制也较多。

3）操作烦琐，单票货物申报不得超过 5 万美元。

4. 网易速达 EQ（Equick）

（1）中美快递

EQ 凭借与美国邮政良好的合作，每周一至周六由航班直飞美国纽约，清关后由美国邮政署（USPS）进行最终目的地派送，转运时间是美东 4~6 个工作日，美西 5~7 个工作日，但服务范围不包含夏威夷、阿拉斯加、波多黎各。

（2）EQ 促销特惠线

EQ 推出特惠促销服务，服务覆盖的国家为英国、德国、法国、意大利、西班牙、爱尔兰、比利时、卢森堡、荷兰、奥地利、捷克、丹麦、匈牙利、波兰、斯洛文尼亚、保加利亚、丹麦、芬兰、立陶宛、葡萄牙、罗马尼亚、瑞典、澳大利亚、加拿大等。

（3）EQ 专线快递

EQ 专线快递服务覆盖范围为英国、德国、荷兰、卢森堡、比利时、爱尔兰、葡萄牙、瑞典、意大利、西班牙、法国、芬兰、瑞士、丹麦、奥地利、斯洛文尼亚、立陶宛、爱沙尼亚、波兰、匈牙利、捷克、斯洛伐克、挪威、罗马尼亚、保加利亚、美国、加拿大、澳大利亚、新西兰等国家。EQ 是目前专线市场上服务范围最广的快递公司之一。

5. 其他专线物流

1）速优宝芬兰邮政。速优宝芬兰邮政为全球速卖通和芬兰邮政针对 2kg 以下小件物品推出的香港口岸出口特快物流服务。它通过芬兰邮政与俄罗斯、白俄罗斯邮政合作快速通关，快速分拨派送，正常情况下俄罗斯全境派送时间不超过 35 天。

此外，速优宝芬兰邮政在北京、上海、义乌、广东省内提供免费上门揽收服务，卖家可选择揽收服务商燕文或申通上门揽收。而揽收区域之外的卖家需自行发货到指定集货仓才能进行国际寄件。

2）中俄快递-SPSR。中俄快递-SPSR 的服务商 SPSR Express 是俄罗斯最大的商业物流企业之一，也是俄罗斯跨境电商的领军企业。全球速卖通卖家可通过中俄快递-SPSR 经我国北京、上海、香港等地把货物送达俄罗斯全境。

3）中外运-西邮标准小包（CORREOS PAQ72）。采用国际商业快递干线运输和商业通关，正常情况下 20～25 天可以实现西班牙大陆地区妥投，派送范围为西班牙全境。

4）全球速卖通无忧物流。运送范围达全球 200 多个国家和地区，可寄送普货、带电产品、非液体化妆品，不支持纯电产品、液体、粉末。

5）义达国际物流（YDH）。由各国家、地区间的专线构成 YDH 网络，将专线明确定义为点到点的"门到门"快递服务，更能体现快递服务的时效性和差异性。寄送范围包括日本、英国、法国、德国、美国等 32 个国家。

6）递一物流（CNE）。递一物流创立于 2009 年，公司总部位于上海，现已在义乌、广州、苏州、杭州、深圳、福州、合肥等地拥有直属分公司。服务网络遍布美国、英国、法国、德国、意大利、西班牙、奥地利、澳大利亚等上百个国家。

7）利通物流（UBI）。利通物流成立于 1991 年，专注于空运、海运、公路和铁路运输的进出口服务，营业范围涵盖揽货、订舱、清关、拼箱、出具运输单据、转运、仓储和保险。利通物流提供一整套的物流解决方案，拥有覆盖五大洲的服务网络，能将货物迅捷、安全地送至世界上任何目的地。

8）云途物流（YunExpress）。云途物流是我国领先的跨境 B2C 商业专线物流服务商。公司成立于 2014 年，总部位于深圳，聚焦电商件，为我国跨境电商企业提供优质的全球小包裹直发服务。目前云途物流在全球拥有 1500 余名专业的物流服务员工，设有 30 多个集货转运中心，在中国设有 225 多个分公司，日均包裹订单量达 100 余万件，服务范围覆盖全球 220 多个国家和地区，是亚马逊、Wish、JOOM、Shopify 等国际主流电商平台重点推荐的物流服务商。

9）捷买送物流。总部位于广东深圳，在广州、上海、义乌均设有分公司，全部操作面积超过 5000m^2，日订单处理能力超过 35 万件。公司设有 20 多辆车在这四个城市每天提供上门取件服务。捷买送物流的操作速度迅速，信息服务完善，拥有自己的 IT 团队和物流系统，和市场的 ERP 对接超过 15 个，亦提供 API 供客户对接，数据一键操作，简化流程。

10）华翰物流。华翰物流是一家专业的跨境电商物流供应商。公司创立于 2008 年，主要以国际专线、国际小包、欧美 FBA 头程、海外仓、国际快递等几大核心业务为主，为跨境电商卖家提供快速、安全、高效的一站式跨境物流解决方案，帮助亚马逊、eBay、Wish、阿里巴巴、全球速卖通等国际电商平台的卖家将业务拓展至全球。

五、海外仓物流模式

海外仓是指在本国（或地区）以外的国家（或地区）建立的海外仓库。海外仓服务是为卖家在销售目的地进行货物仓储、分拣、包装和配送的一站式控制与管理服务。目前，我国卖家主要在以下国家建立海外仓：美国、英国、德国、俄罗斯、澳大利亚、加拿大等。

　　跨境电商卖家之所以选择海外仓物流模式，是因为海外仓：①可以改变传统的跨境电商物流方式，实现海外物流的本地化运输；②可以改善服务，完善海外客户的体验度，提升重复购买率；③可以从买家所在国发货，从而缩短订单周期，确保货物安全、准确、及时到达终端买家手中；④仓储置于海外有利于海外市场价格的调配，降低海外竞争的激烈程度；⑤可以结合国外仓库当地的物流特点，扩大跨境货物的运输品类，降低跨境物流费用。

　　海外仓一般包括头程运输、仓储管理和本地配送三个部分。头程运输是指中国商家选择传统的国际海运、空运或国际快递等一般贸易出口的方式将货物发往海外仓库；仓储管理是指中国商家通过物流商的信息系统，远程操作海外仓货物，实时管理库存；本地配送是指海外仓中心根据订单信息，对货物进行包装、分拣、派送，通过当地邮政或快递将商品配送给客户。

　　海外仓的系统流程如图 5-2 所示。

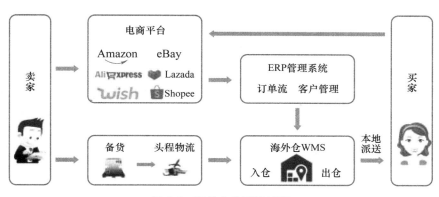

图 5-2　海外仓的系统流程

　　海外仓模式虽然解决了小包时代成本高昂、配送周期漫长的问题，货物基本没有质量和尺寸的限制，运输成本最低，客户体验好，但也存在需要提前备货、垫付资金大、有库存就有可能会有滞销的情况。因此建议最好选择库存周转快的热销单品。海外仓模式对卖家在供应链管理、库存管控、动销管理等方面提出了更高的要求。

六、其他物流模式

1. 边境仓模式

　　边境仓是指建在边境地区的为邻近国家（或地区）提供跨境物流、通关和仓储的服务体系。边境仓的功能与海外仓类似，它们的区别是仓库所处的地理位置不同。边境仓主要是在物流目的国（或地区）的邻国（或地区）边境内租赁和建设的仓库。根据所处地域的不同，可以将边境仓分为绝对边境仓和相对边境仓。绝对边境仓是指当跨境电商的交易双方所在国家（或地区）相邻，设在卖方国家（或地区）与买方国家（或地区）相邻近的城市的仓库，如我国对俄罗斯的跨境电商交易时，在哈尔滨或中俄边境的中方城市设立仓库。相对边境仓是指当跨境电商的交易双方不相邻，设在买方所在国家（或地区）的相邻国家（或地区）的边境城市的仓库。相对边境仓对买方所在国（或地区）而言属于边境仓，对卖方所在国（或地区）而言属于海外仓。例如，我国对巴西的跨境电商交易时，在与巴西相邻的阿根廷、巴拉圭、秘鲁等国家的边境城市设立仓库。

阅读材料

对俄跨境电商：边境仓"风生水起"

2014年6月下旬，国内首个正式运营的对俄跨境电商边境仓在哈尔滨市哈南新区天池路的一栋多层建筑内诞生。据哈尔滨当地媒体报道，截至7月10日，这个仅运营一个多月的边境仓日处理量在几千票货左右，已成哈尔滨市对俄经贸合作重点项目之一。运营该边境仓的是黑龙江俄速通国际物流有限公司。其总经理于航告诉雨果网，边境仓对中俄跨境电商而言，已成替代俄罗斯海外仓的跨境物流"最佳版本"。

"目前，中国跨境电商对俄出口主要为轻纺产品，而海外仓更适合重量大、尺寸超标的产品，且建立海外仓的风险也不低，一旦货物进仓，销售不出去，很难再退回国内，存在增加成本或是被扣查等血本无归的风险。因此，选择把货物存放在边境仓是最安全的方式。"于航说。

据介绍，从成本来看，海外仓成本要远远大于边境仓成本。俄罗斯是重税国家，对买卖经营监控非常严格，从海外仓发货，税务上很难做到完善，因此很多传统对俄物流企业都遭遇过重罚。"而且，大宗货物要涉及大额的关税和烦琐的清关流程，相较之下，边境仓就没有这些困扰。客户接到订单后，货物从边境出关，用邮政清关，保证了清关效率，也保障了货物的安全性。"他说。

他介绍说，一方面，对于卖家来说，边境仓降低了客户仓储、物流成本，客户可以把自己的商品全部放到边境仓中，通过系统和边境仓对接，平台前端产生订单后，将信息推送到边境仓系统，由边境仓工作人员进行货物分拣、下架、打包、发运，减少了客户手工操作的差错率，同时也节省了商品国内配送时间，减少物流配送周期的波动，避免大促期间国内物流爆仓对物流配送的影响。另一方面，对于买家来说，边境仓由于配送时间缩减，买家将获得更好的用户体验。

该公司总经理李大成认为："以我们公司为例，目前我们存放在边境仓的商品多数是一些热销、爆款或者是当下流行的服装等产品，每个款式存放几千件。由于通过边境仓可以监控到库存的实时变动，可以第一时间进行商品补给，时刻掌握库存现状，避免不必要缺货带来的损失。一般来说，存放在边境仓的商品都是市场供需比较强且稳定的商品，如果遇到滞销的，我们也会通过平台的一些活动进行处理，避免不必要的物流成本支出。"

[资料来源：雨果跨境. 对俄跨境电商：边境仓"风生水起"［EB/OL］. (2014-07-24)［2024-10-09］.https://www.cifnews.com/article/10167.]

2. 保税区或自由贸易区模式

为了进一步促进各个国家（或地区）之间的贸易往来，一些国家（或地区）建立了保税区或自由贸易区（简称自贸区）以便于商品的跨境交易。保税区亦称保税仓库区，这是一个国家（或地区）海关设置的或经海关批准注册、受海关监督和管理的可以较长时间存储商品的区域。自贸区是指两个或两个以上的国家（或地区）或单独关税区组成的，区内取消关税和其他非关税限制、区外实行保护贸易的特殊经济区域或经济集团。

保税区或自贸区模式总体上属于先物流、后订单。保税区或自贸区模式集规模化物流、集货物流、本地化物流的优势于一身，有利于缩短物流时间，提高物流时效，降低物流成本，还有利于享受保税区或自贸区的资源优势。保税区或自贸区物流可以享受保税区或自贸区的优惠政策与综合优势，主要体现在物流、通关、商检、收付汇、退税等方面，也简化了跨境物流烦琐的流程与手续。例如，亚马逊在上海自贸区建立自贸区物流仓库，以上海自贸区为跨境电商交易入口，引入全球产品线，预先将商品送至自贸区物流仓库。当消费者下单后，商品由自贸区物流仓库发出，能够实现集中化的国际货运、通关与商检，既降低了跨境物流成本，又缩短了物流时间，提高了物流与配送时效。

天猫国际、京东国际、考拉海购、苏宁易购等纷纷推出保税区模式，通过与宁波、郑州、重庆等跨境电商综合试验区城市合作，在保税区设立物流保税仓库，预先将商品送至保税仓库。当消费者下单购买后，商品直接从保税区仓库发出。

保税区或自贸区模式比较适用于母婴用品、食品、化妆品等日常消耗量较大的商品品类，商品型号较多、具备销量大数据分析能力的电商巨头采用意愿较强烈。此外，在一些如"双11""黑色星期五"等大型促销活动周期内，保税区或自贸区模式为解决大量商品集中清关的拥堵问题起到了很大的作用。

第三节　跨境电商物流的运输方式

根据所选用交通工具的不同，跨境电商物流运输方式可分为航空运输、海洋运输、铁路运输、公路运输和大陆桥运输等，运输单位往往会综合考虑货物的特点、运输时间、运输成本以及地理位置等因素来选择合适的运输方式。

一、航空运输

航空运输是利用飞机运送进出口货物的一种现代化运输方式，它具有运送迅速，节省包装、保险和储存费用等优点。一些贵重物品和价值高的产品的进出口比较适合采用航空运输的方式。航空运输主要有班机运输、包机运输、航空集中托运和航空急件传送等形式。航空运输的承运人是航空运输公司和航空货运代理公司。航空运输货物的主要单据是航空运单，根据签发人不同分为主运单和分运单，前者由航空公司签发，后者由航空货运代理公司签发。

1. 班机运输

班机运输是指在固定的航线上定期航行的航班。这种飞机有固定始发站、到达站和途经站。一般航空公司都使用客货混合型飞机。一些较大的航空公司也在某些航线上开辟全货机航班运输。班机运输方式能够保证货物迅速、安全抵达全球各通航点，有利于跨境电商企业准确地把握商品的发货和到货时间，适合于急需物品、生鲜易腐烂食品和价值较高的物品。但由于客货混合载运，飞机舱位有限，不能保证一次性运输大批货物。

2. 包机运输

包机运输一般有整架包机运输和部分包机运输两种形式。整架包机运输是指航空公司按照事先约定的条件和费率，将整架飞机租给租机人，从一个或几个航空站装运货物至指定目的站的运输方式。它适合于运输大宗货物。部分包机是指由几家航空货运代理公司或发货人联合包租整架飞机的舱位。部分包机运输适合于1t以上不足整机的货物运输，运费率较班机运输低，但运送时间较班机运输要长。

3. 航空集中托运

航空集中托运是航空货运代理公司把若干批单独发运的货物组成一批向航空公司办理托运，填写一份总运单将货物发运到同一目的站，由航空货运代理公司在目的站的代理人负责收货、报关，并将货物分拨交予各收货人的一种运输方式。这种托运方式可争取较低的运价，在航空运输中使用较为普遍。目前，航空集中托运的运输方式在我国对外贸易运输中占有重要地位。

4. 航空急件传送

航空急件传送是目前国际航空运输中最快捷的运输方式，它不同于航空货运和航空邮寄，而是有一个专门经营此项业务的机构与航空公司密切合作，设专人以最快的速度在货主、机场、收件人之间传送急件，特别适用于急需的传送，被称为"桌到桌"快递服务。北京机场航空急件传送跟随航班托运，做到当天收当天送达，对城市间互寄的特快专递标准型邮件，向客户承诺全程时限，对超过承诺时限的邮件，用户可以要求退还已支付的邮件资费。

二、海洋运输

海洋运输简称海运，是最常用、最普遍的一种国际货物运输方式，其货物运输量占全部国际贸易货物运输量的80%左右。相比于其他运输方式，海运具有运载量大、运费低、通过能力强、不受轨道和道路限制等优点。一艘万吨轮的载重量一般相当于火车250~300个车皮的载重量。海运的商品运输单位成本只相当于铁路运输的商品运输单位成本的1/20左右，航空运输的1/30左右。但是，海运易受气候和自然条件以及国际政治的影响，航期不准确性大，航行中的风险较大；运期长，如从中国到欧美的货物运输大约需要20~30天的时间。

海运按船舶经营的方式主要分为班轮运输和租船运输。

1. 班轮运输

班轮运输也称定期运输，它是指承运人接受众多托运人的托运，将属于不同托运人的多批货物装载于同一船舶，按预先规定的航期，在一定的航线上，以既定的港口顺序，经常地航行于各港口之间的运输。这种运输方式一般承运的是价值较高的成品、半成品货物，又称杂货运输，其运量约占国际货物贸易的 20%。

班轮运输的特点有：①"四固定"，即固定的航期、固定的航线、固定的港口、以固定的费率收取运费；②货不论多少，只要舱位可以利用，均可受载，尤其适合托运量少的货物运输；③船公司负责装卸作业和费用承担，不计滞期费和速遣费；④权利、义务以提单为准，提单是托运人和承运人之间海上货物运输合同成立的证据和代表货物所有权的法律凭证。

2. 租船运输

租船运输是指出租人（船东）和租船人签订租船（舱）协议，租船人向船东租赁船舶，船东收取租金，用于货物运输的海洋运输方式。

租船运输与班轮运输的区别在于：在租船运输中，船舶航行的时间、航线、停靠的港口及运费（包括运费中是否包含装卸费）均在装运前由租船人和船东通过协商确定。租船通常适用于大宗货物的贸易和运输。租船人和船东之间的权利和义务要以双方签订的租船合同为准。

租船运输的特点有：①租船运输是根据租船合同组织运输的，租船合同条款由船东和租船人双方共同商定。②一般船东与租船人通过各自或共同的租船经纪人洽谈、成交租船业务。③不定航线，不定船期。船东对于船舶的航线、航行时间和货载种类等按照租船人的要求来确定，提供相应的船舶，经租船人同意进行调度安排。④租金率或运费率根据租船市场行情来决定。⑤船舶营运中有关费用的支出，取决于不同的租船方式，并在合同条款中标明。⑥租船运输适宜大宗货物运输。⑦各种租船合同均有相应的标准合同格式。

租船方式主要有定期租船和定程租船两种，近年来也出现了光船租船、光船租购、包运租船、航次期租船等形式。

三、铁路运输

海洋运输的进出口货物，也大多是靠铁路运输进行货物的集中和分散的。铁路运输运量较大、成本低，速度较快，连续性和可达性好，和其他运输方式配合可以实现各种"门到门"的连续运输，发货人和收货人都可以就近在始发站（装运站）和终点站办理托运和提货手续。不论经过几个国家（或地区），只需办理一次托运手续，全程使用一份统一的国际联运运单。

铁路运输分为国际铁路联运和境内铁路联运两种类型。国际铁路联运是指发运人使用统一的国际联运票据，使用铁路工具进行多国（或地区）间的全程运输服务，当由一个国家（或地区）的铁路向另外一个国家（或地区）交接货物时，不再需要收货人和发货人参与其中。境内铁路联运是指本国（或本地区）范围内根据本国（或地区）境内铁路货物运输规程办理铁路运输业务的方式。我国在对外贸易中使用铁路工具将出口货物运送至港口装船，以及进口货物到达境内后经铁路运往境内各地，都属于境内铁路联运。

中欧班列

中欧班列是指按照固定车次、线路等条件开行，往来于中国与欧洲及"一带一路"沿线各国的集装箱国际铁路联运班列。目前铺划了西、中、东3条中欧班列运行线：西部通道由我国中西部经阿拉山口（霍尔果斯）出境；中部通道由我国华北地区经二连浩特出境；东部通道由我国东南部沿海地区经满洲里（绥芬河）出境。

2011年3月19日，首列中欧班列（重庆—杜伊斯堡）成功开行以来，成都、西安、郑州、武汉、苏州、广州等数十个城市也陆续开行了去往欧洲多个城市的集装箱班列。2020年9月1日上午10时，中欧班列（渝新欧）跨境电商B2B出口专列缓缓驶出重庆团结村车站，标志着全国首班中欧班列跨境电商B2B出口专列成功开行。这趟班列满载着来自全国各地的43个集装箱跨境电商商品，主要包括服装鞋帽、生活家居、日用百货等，将发往德国、波兰等欧洲国家。

2023年中欧班列开行数量继续增长，全年开行中欧班列1.7万列、发送190万标箱，同比分别增长6%、18%。2023年12个月份均保持月开行1300列以上。全年分布较为平均，最高的月份为11月的1561列。2023年开行日中欧班列超100列的城市有22个，其中西安、重庆、成都、郑州四个城市的开行列数位居前四，占据了中欧班列开行城市的第一梯队。

中国国家铁路集团有限公司以市场和客户为导向，从与口岸、海关作业无缝衔接入手，按成组集结、零散中转，平均压缩国内段运行时间在1天左右。目前中欧班列基本每天1列，日行1000km、全程运输时间在12天左右。

亚欧之间的物流通道主要包括海运通道、空运通道和陆运通道，中欧班列以其运距短、速度快、安全性高的特征，以及安全快捷、绿色环保、受自然环境影响小的优势，已经成为国际物流中陆路运输的主要方式。中欧班列物流组织日趋成熟，班列沿途国家经贸交往日趋活跃，国家间铁路、口岸、海关等部门的合作日趋密切，这些有利条件，为铁路进一步发挥国际物流骨干作用、将丝绸之路从原先的"商贸路"变成产业和人口集聚的"经济带"起到重要作用。

四、公路运输和大陆桥运输

1. 公路运输

公路运输具有灵活性高的特点。在跨境电商物流中，公路运输往往作为两种或两种以上运输方式连接的纽带，能够提供进出口货物运输的"门到门"服务。公路运输能够与船舶、飞机和火车等运输工具配合完成运输的全过程，是港口、机场、车站等地集散货物的重要手段。特别是对于需要在短时间完成的货运任务，如鲜活食品等，公路运输是不可替代的运输方式。各种运输方式都要和公路运输配合才能完成终端的配送任务。

2. 大陆桥运输

大陆桥运输是指使用横贯大陆的铁路或公路运输系统作为中间桥梁，把大陆两端的海洋运输连接起来的连贯运输方式。大陆桥运输一般都是以集装箱为媒介，采取"海→陆→海"的运输线路。大陆桥运输具有集装箱运输和国际多式运输的优点，并且大陆桥运输更能充分利用成熟的海陆运输条件，形成合理的运输路线，缩短营运时间，降低营运成本。目前全世界的大陆桥主要有西伯利亚大陆桥、北美大陆桥、新亚欧大陆桥等，运用较多的是西伯利亚大陆桥及新亚欧大陆桥。

1）西伯利亚大陆桥的运输线路东起符拉迪沃斯托克（海参崴）的纳霍特卡港，横贯欧亚大陆，至莫斯科，然后分三路：第一路自莫斯科至波罗的海沿岸的圣彼得堡港，转船往西欧、北欧港口；第二路从莫斯科至俄罗斯西部国境站，转欧洲其他国家铁路（公路）直运欧洲各国；第三路从莫斯科至黑海沿岸，转船往中东、地中海沿岸。

2）北美大陆桥包括美国和加拿大境内的大陆桥。其中，美国境内有两条大陆桥运输线：一条是从西部太平洋口岸至东部大西洋口岸的铁路（公路）运输系统，全长约3200km；另一条是西部太平洋口岸至南部墨西哥湾口岸的铁路（公路）运输系统，长500~1000km。

3）新亚欧大陆桥东起我国连云港，西至荷兰鹿特丹，跨亚欧两大洲，连接太平洋和大西洋，穿越中国、哈萨克斯坦、俄罗斯，经白俄罗斯、波兰、德国到荷兰，辐射20多个国家和地区，全长10900km，在我国境内全长4134km。

⚙ **阅读材料**

海 铁 联 运

海铁联运是进出口货物由铁路运到沿海海港直接由船舶运出的，或是货物由船舶运输到达沿海海港之后由铁路运出的，只需"一次申报、一次查验、一次放行"就可完成整个运输过程的一种运输方式。

海铁联运的业务主要有国际集装箱铁-海多式联运出口和海-铁多式联运进口。

1. 国际集装箱铁-海多式联运出口业务程序

以国际货运代理企业作为多式联运经营人组织全程运输为例，国际集装箱铁-海多式联运出口业务（CIP价）的基本程序为：接受托运申请并订立多式联运合同→编制月计划、日计划，向铁路部门、船公司订车、订舱→提取空箱（如使用船公司箱）→货主安排货物进库场→报关报验→申请火车车皮并办理货物装车→签发全程多式联运提单→传递货运信息和寄送相关单证→办理货物在中转港的海关手续及制作货运单据→货交船公司，船公司签发提单→传递货运信息及寄送相关单证。

2. 国际集装箱海-铁多式联运进口业务程序

以国际货运代理企业作为多式联运经营人组织全程运输为例，国际集装箱货海-铁多式联运进口业务（FCA 价）的基本程序为：接受托运申请并订立多式联运合同→向船公司订舱和向铁路部门申请车皮→收货人通知托运人准备集装箱装船等事宜→签发全程多式联运提单和收取海运提单→传递货运信息和寄送相关单证→办理货物在中转港的海关转关手续及制作货运单据→货交铁路，铁路部门签发运单→传递货运信息及寄送相关单证→办理海关手续，从铁路部门提取货物并交付货物给收货人。

第四节　跨境电商出口海外仓

一、海外仓的意义

海外仓不仅是跨境电商和跨境物流的产物，还是跨境电商时代物流业的发展大势。商务部出台的《"互联网+流通"行动计划》提出推动建设跨境电商海外仓的建设计划，海外仓的意义主要体现在以下几个方面。

1. 提升购物体验

海外仓直接本地发货，大大缩短配送时间；使用本地物流，一般都能在线查询货物配送状态，从而实现包裹的全程跟踪；海外仓的头程是采用传统的外贸物流方式，按照正常清关流程进口，大大降低了清关障碍；本地发货配送，减少了转运流程，从而大大降低了破损丢包率；海外仓中存有各类商品存货，因此也能轻松实现退换货。这些因素都会为买家带来良好的购物体验。

2. 降低物流费用

邮政大包、邮政小包和国际专线物流对运输物品的重量、体积以及价值有一定限制，导致很多大件物品和贵重物品都只能通过国际快递运送。海外仓的出现，不仅突破了物品重量、体积、价值的限制，整体物流价格还更有优势，与邮政小包的价格相当，比国际快递便宜 20%～50%。

3. 获得平台流量支持

第三方交易平台对商家存放在其海外本地仓的商品给予更大排名权重，这些商品将获得更多的流量支持。

4. 扩充产品品类

有些产品使用周期长，不属于快消品，但是市场需求量大，放在海外仓销售利润不错。海外仓对产品没有特别限制，有些体积较大的家具、折叠床等产品，市场竞争不会很激烈，境外是"蓝海"。

5. 有利于开拓市场

海外仓更能得到国外买家的认可，如果卖家注意口碑营销，不仅自己的商品在当地能够获得买家的认可，也有利于卖家积累更多的资源去拓展市场，扩大产品销售领域与市场范围。

海外仓虽然在跨境物流上有许多优势，但对卖家要求也很多。比如卖家首先需要支付海外仓的仓储费用，不同国家（或地区）仓储费用也不同；卖家有一定的库存量及备货，占用资金比较大。还有本土化运营及管理等问题。这些都是中小卖家不敢轻易自建海外仓的因素。

初期有海外仓需求的中小卖家，可考虑跨境电商型共享海外仓，不仅可以做到仓储空间共享，还可以实现库存 SKU 共享。

二、海外仓建设模式分析

根据我国跨境电商出口贸易及当前海外仓业务实践，可以将消费品跨境电商出口贸易海外仓建设与运营模式分为三大类：FBA 模式、第三方海外仓模式以及卖家自建海外仓模式。

1. FBA 模式

（1）FBA 的概念

FBA（fulfillment by Amazon）模式是指由亚马逊提供的包括仓储、拣货、打包、派送、收款、客服与退货处理的"一条龙"物流服务。FBA 是亚马逊 2007 年开始为第三方卖家提供的服务，亚马逊将自建的仓库开放给第三方卖家使用。第三方卖家只需将货物发到仓库，FBA 便会提供代发货业务。FBA 的主要目的是提升亚马逊的用户体验，提高黏性，而非一项主要收入来源。但由于亚马逊并不解决头程问题，这就需要卖家自己负责 FBA 头程这一段，即需要卖家提前将货物备至亚马逊指定的仓库，货物销售后，亚马逊负责拣货和发货。

（2）FBA 的优势

使用 FBA，商家可将繁杂的物流和后勤工作交给亚马逊，为自己节省大量的人力、物力和财力，全力拓展全球销售业务。选择 FBA 的优势有：

1）可以提高上架排名从而帮助商家成为高质量卖家获得更多流量，并且由 FBA 提供服务还能够提高买家的信任度，从而被买家关注和收藏。

2）选择 FBA 发货，卖家需要支付服务费给亚马逊，但是可以享受亚马逊的仓储服务以及一流的运送服务。

3）当买家在亚马逊平台上购买了卖家的产品时，亚马逊服务人员会根据订单信息为买家挑选货物，包装并发送给买家。

4）费用合理。FBA 物流配送费用一般是按件收取，每件收多少费用又和产品的重量、尺寸有关，并且这个物流配送费用在不同时期都会有调整，类似于国内的快递。另外，卖家还需要承担亚马逊短期的或者长期的储存费用。

5）配送时间快。FBA 的发货时间很快，因为 FBA 的仓库范围很广，所以能够第一时间发货，但是 FBA 并不代办清关等业务。同时，发货时间快，能使消费者的满意度大大增加，还能够促成多次交易。

（3）FBA 的劣势

1）其他第三方海外仓可以由专门的中文客服来处理一些问题，FBA 却只能用英文和客户沟通，这也是很多海外仓的共同短板。并且用邮件沟通回复不会像第三方海外仓客服那么及时。

2）如果前期工作没做好，标签扫描出问题会影响货物入库，甚至入不了库。

3）退货地址只支持美国（如果是做美国站点的 FBA）。

4）客户想退货就可以退货，不需要和 FBA 有太多沟通，退货随意给卖家带来不少困扰。

5）FBA 仓库不会为卖家的头程发货提供清关服务。

6）一般来说，费用与国内发货比稍微偏高（特别是非亚马逊平台的 FBA 发货），但是也要看产品重量来定夺。

7）采用 FBA 发货的卖家，必须大批量地备货，还要面临巨大的库存压力，而一旦某个产品出现问题，产品被下架，库存就有可能瞬间变成废品，卖家毫无应对之策。如果选品失误，所备货的库存同样可能成了滞销品，为卖家平添许多烦恼。

（4）FBM 的优势与劣势

FBM，即 fulfillment by merchant 的英文缩写，也就是平常所说的自发货形式。对于一个新手来说，如果没经验没资金，先做 FBM 练练手积累经验，后续还可以将表现好的产品转为 FBA。如果有资金没经验，初期可以小批量发 FBA 尝试，效果好的话再加大投入。FBA 和 FBM 是可以同时做的，如果资金充沛，当然是发 FBA 好。FBA 和 FBM 都能出单，具体还是看卖家的自身情况和掌握的技术。

FBM 的优势如下：

1）利润高。亚马逊在全球购物网站中平均客单价最高。亚马逊产品销往欧洲，欧洲客户生活质量高，大部分人都会网购，订单又多，所以利润自然也高。

2）风险低。自发货要比 FBA 单件商品利润高。FBA 需要囤货；但自发货不需要，只有有订单才去采购发货，所以风险非常低。

3）店铺有优势。亚马逊无货源店铺的商品和数量没有限制，而且不需要图片的存放空间。

4）不会断货，全网商品都是货源。

5）SKU 很多，相对来说机会更大。

6）产品可选性比较多，可复制多店铺操作。

但 FBM 也存在劣势，主要有：

1）成长周期要比 FBA 长。

2）回款周期长，一般需要一个月左右。

2. 第三方海外仓模式

（1）第三方海外仓模式的概念

第三方海外仓模式是指跨境电商出口企业与海外仓服务商合作，由海外仓服务商独立或共同为卖家在销售目的国（或地区）提供货品仓储、拣货、包装和发送服务。第三方海外仓的设计水平通常比较高，并且符合一些特殊商品高标准的运送要求，能够为跨境电商企业提供更专业、更高效的服务。

（2）第三方海外仓模式的优点

1）有助于提高单件商品利润率。eBay 数据显示，存储在海外仓中的商品平均售价比直邮的同类商品高 30%。

2）稳定的供应链有助于增加商品销量。在同类商品中，从海外仓发货的商品销售量平均是从原产地直接发货的商品销售量的 3.4 倍。

3）海外仓采取的集中运输模式突破了商品重量、体积和价格的限制，有助于扩大销售品类。

4）海外仓所采取的集中海运方式大幅降低了单件商品的平均运费，尤其在商品重量大于 400g 时，采用海外仓的费用优势更为明显，这就有效降低了物流管理成本。

5）稳定的销量、更多更好的买家反馈将提升卖家的账号表现。eBay 数据显示，使用海外仓可以使卖家的物流好评率提升 30%。

（3）第三方海外仓模式的缺点

1）存货量预测不准可能会导致货物滞销。

2）货物追踪如果存在差漏会导致丢失。

3）海外仓服务商本身要做本土化服务和团队管理，这是一大难题，这也会影响到卖家的服务需求。

4）从出口形势来看，海外仓的需求越来越明显，而且很多卖家开始呼吁提供更多海外仓增值服务，如加工、金融、客服等。

3. 卖家自建海外仓模式

（1）卖家自建海外仓模式的概念

卖家自建海外仓模式是指跨境电商出口企业自己在境外市场投资建设仓库，完成海外仓储、通关、报税、物流配送等一系列业务环节。对于未来出口电商的海外仓趋势，大卖家会选择定制仓，中小卖家会选择第三方海外仓，而超大型卖家都会布局自建海外仓。

（2）卖家自建海外仓的优点

自建仓最大的优势就是灵活，公司可自己掌控系统操作和管理。但随着第三方仓储的收费降低，利润空间在减小，自建海外仓的优势将不断减小。

（3）卖家自建海外仓的缺点

自建海外仓最大的问题在于对不同文化员工的管理。对于国外团队和国内团队，要采用完全当地化的管理手段和管理思路。自建海外仓的风险和成本也更高，海外仓涉及的关务、法务、税务等问题都比较烦琐，另外，如果体量不大，没有规模优势，很难拿到好的当地配送价格。

目前，第三方海外仓的服务水平还比较初级，不能满足客户的个性化需求，有不少跨境电商企业选择自建海外仓。另外，FBA 也非尽善尽美，所以有不少跨境电商企业选择自己建立并且运营海外仓，仅为本企业的产品提供仓储、配送等服务。

三、海外仓选址与布局

1. 海外仓选址原则

海外仓选址一般遵循三个原则：近交通枢纽、近经济发达地区以及多仓布局。在近交通枢纽与近经济发达地区建设海外仓，是为了方便货物的转运与递送。多仓布局在缩短物流时间和降低物流成本方面也有很显著的作用。在美国市场，美国西部仓库使用 USPS-Ground 服务将货物送到美国东部需要 5~8 天；如果在美国东部和美国西部各建一个仓库，那么可以将货物在 3 天之内送达 97% 以上的美国地区，并且可以节省约 38% 的物流费用。

海外仓选址与国内不同，各种因素都需要被考虑在内，比如：仓库与港口、机场之间的距离，当地天气是否多变，交通是否便利，仓库与供应商之间的距离等。卖家自建海外仓确实能提高时效，增大发货量，但也要看到海外仓的不足之处。卖家在充分考虑之后，需要对当地的人文和社会环境进行考察，确保自建的海外仓能持续、稳定地提供发货。

2. 海外仓国家（或地区）选择

海外仓一般都选择建在发达国家，如美国、欧洲国家、澳大利亚、日本等，这与这些国家的经济发达、产业集聚等因素有关。截至 2022 年年底，中国已有超过 2300 个海外仓，成为支撑跨境电商发展、拓展国际市场的新型外贸基础设施。这些海外仓主要分布在美国、德国、英国、加拿大、日本、澳大利亚、俄罗斯等。据易仓科技的一份调研数据，在自建海外仓的卖家中，81% 在美国有仓库、50% 在德国有仓库、37% 在英国有仓库，其中美国仓库的数量在自建海外仓卖家的所有仓库数量中占比达到 45%。这个数据与海外仓联盟的调研基本一致。海外仓联盟针对 41 家服务商 76 个仓库的调查结果显示，有 43% 的仓库是在美国。另外，在计划建海外仓的卖家中，美国依然是首选，达到 30% 的比例。除了欧美，有 53% 的大卖家将下一个 "蓝海" 直指印度；有 13% 的卖家看好南美洲及俄罗斯、日本。

阅读材料

海外仓布局拓展延伸　畅通外贸供应链

英国伯明翰，纵腾集团旗下谷仓海外仓里，叉车往来穿梭、自动化分拣设备有序运行。如今，谷仓英国仓日处理订单可达 18 万单，每年可处理近 4 万个集装箱入库。纵腾集团副总裁李聪介绍，谷仓海外仓全球仓储面积突破 100 万 m^2，已建成覆盖全球 30 多个国家的跨境电商物流网络。

目前，我国海外仓数量已超 2000 个，总面积超 1600 万 m^2，业务范围辐射全球。中国仓储与配送协会跨境电商与海外仓分会秘书长周武秀介绍，海外仓是跟随跨境电商 "走出去" 的步伐发展起来的，北美、欧洲等跨境电商业务量增长较快、物流基础设施较扎实的地区成为海外仓布局首选。随着我国贸易伙伴更加多元化，海外仓的全球布局正逐步拓展。

一些企业积极开拓新兴市场，参与"一带一路"建设。中建材集团进出口有限公司在积极搭建建材跨境电商平台易单网的同时，相继在沿线国家打造了阿联酋迪拜、越南平阳、巴基斯坦拉合尔等6个海外仓，跨境电商与海外仓联动协调发展，构建起覆盖中东、非洲、东南亚等地区的海外仓网络。"下一步，我们计划开拓南美和欧洲等市场，不断完善覆盖全球、布局合理的海外仓服务网络"，公司党委书记、总经理陈咏新表示。

2022年1月1日，RCEP生效，带动全球近1/3的经济体量形成统一的超大规模市场，发展空间极为广阔。"近年来，东盟已成为我国第一大贸易伙伴，而且东盟国家跨境电商市场发展迅猛，RCEP生效后，成员国间的贸易成本将进一步降低，东盟将成为我国贸易增长新'蓝海'"，泛鼎国际集团总裁陈柏华介绍。目前，泛鼎集团在菲律宾、澳大利亚、日本等3个RCEP成员国建有海外仓，计划2022年在马来西亚、印度尼西亚等东盟国家投入资金建设海外仓，"我们将继续关注和评估RCEP成员国市场环境，加大力度建设更多海外仓"。

［资料来源：罗珊珊. 海外仓布局拓展延伸 畅通外贸供应链［EB/OL］.（2022-01-19）［2024-09-21］. https://www. gov. cn/xinwen/2022-01/19/content_5669207.htm.］

 扩展阅读

海外仓选址

插旗布局是一种战略考量。目前，国外真正需要和适合开展海外仓的国家集中，全球选址比较成熟的有美国、德国、英国、日本等。

海外仓的订单流及入仓成本是选址关键因素。市场在哪儿仓在哪儿，海外仓第一站一般是美国。美国国土面积大，物流仓储门槛较高，选址要考虑靠近重要港口和交通枢纽、靠近人口密集区、华人劳工资源丰富、仓库存量多等因素。根据行业数据，全美电商订单，美国东岸占50%，主要分布在佛罗里达州、纽约、宾夕法尼亚州、北卡罗来纳州；美国西岸占25%，分布在加州及华盛顿；其他地区占25%，如南部得克萨斯州及北部芝加哥等。这样，美国海外仓基本锁定在东西岸及南部少量，包括亚马逊仓库的分布也基本如此。

四、海外仓的运营和管理

1. 海外仓运营流程

海外仓运营上需要关注选品合理性、库存需求预警分析建模、合规性三个方面。选品不当，订单会太少，单均仓租压力大，轻小价低的商品不如直邮经济，一旦滞销，还面临贴钱促销清仓的问题。

当然，考虑海外仓的运营成本，还要综合看分段式运营环节的费用支出，如头程费用、清关税费及尾程派送费用等，单纯看仓租优惠是不够的。另外，海外仓是做贸易出口结合境外本地运营的模式，选品合规性（即产品品质符合的标准是否满足当地要求），是否有侵权的嫌疑，入境关税、增值税、在线销售税等的当下政策，都是海外仓能否持续运营的关键因素。在海外仓运营企业的选择上，务必考虑订单推送、货损货差、退货、结算异常等的信息沟通需要跨时区及时处理的问题，要选信誉较好的服务商。

海外仓的基本运营流程如下。①集货环节：合作商家揽收（送、提、快递），入库（收、验、换标、打包）。②报关环节：商品归类、申报清关、结汇退税，国际运输（空、海、中欧班列）。③清关环节：清关申报、代缴关税和增值税。④境外运输：干线货车预约送货。⑤海外仓环节：收、验、上、存、拣、包、发、退。⑥配送环节：境外快递渠道配送；消费者订单定价重量分段及地址库维护策略。其中，海外仓入仓、出仓操作流程如图5-3所示。

图5-3 海外仓入仓、出仓操作流程

2. 海外仓的选品

海外仓的选品要精细化，一般有以下几类。

第一类选品：超大、超限、超高的产品。直邮及国际快递无法运送或费用太昂贵，需要通过海运的方式布局前置供应链，将商品前置到海外仓，能大大降低运营成本。

第二类选品：邮政小包无法运送的产品，如液体、带电产品、膏状类产品，以及这种高风险、高利润的类似产品，甚至周转不快但销路不愁的常销品。

第三类选品：品牌类商品。品牌商需要用品质与服务实现品牌价值提升，海外仓提升服务的功能与品牌商的价值需求不谋而合。海外仓未来发展优势明显。

第四类选品：低值快消品。本土化需求消耗大，库存周转快，不用担心压货风险。

一般来看，在合适的选品和运营稳定的前提下，海外仓的运作成本的规律大致是：海外仓<FBA+海运<FBA空运+派送<直发（国际快递或邮政小包）。

3. 订单管理

订单管理是海外仓的核心任务，从拣货、包装到发运，根据订单实现自动化批量发货，力保客户订单能够顺利发货。由于涉及多个环节，订单处理"木桶效应"的短板是拣货。典型的跨境电商拣货方法见表5-1。拣货的基本步骤是：形成拣货信息；选取拣货方法；选择拣货路径；搬运和行走；拣取。海外仓不存在平行仓订单匹配，由系统自动根据订单路由规则完成对订单的库存分配、核审、组合波次（wave）、任务下发等工作。其最核心的方法是波次计划。波次计划是一种提高拣货作业效率的方法，它将不同的订单按照某种标准合并为一个波次，指导一次拣货。波次将多个订单汇总后再以某种标准对其进行分类，形成一个拣货批次，该拣货批次中的拣选任务会被分配给拣货员。因此，波次的目的就是高效地优化订单并且生成作业任务，在生成波次时需要考虑很多约束条件以及优化的规则和逻辑。

表 5-1　典型的跨境电商拣货方法

方　式	主　要　内　容
摘果式	直接去库位拣选对应的商品，适用于紧急订单、大件、异形商品的订单拣货
播种式	对若干个订单进行汇总，将相同的货物分类合并，再根据仓储布局编制拣货单，然后将其分派给不同区域的拣货员，适用于商品重合率高的订单拣货
边拣边分式	拣货周转车上有多个货格，每个货格对应于不同的订单，适用于重合率高、轻小件商品订单拣货
总拣式	对若干个订单进行汇总后直接拣货到包装台，并按 SKU 匹配订单，然后直接复核打印，省去装箱单。适用于大批量的单品订单或只有两三种商品且具有较高重合率的订单，做到"一单到底"

拣货完成后，需要复核、包装、称重及贴物流单等；之后装车，并做最后的复核查对，避免错发、漏发，生成装车清单；扫描物流单号完成发货；最后进行清点交接、登账结算、库内清理，完成出库。

4. 仓储管理

仓储管理在海外仓的运营和管理中占据重要地位，商品从入库到出库涉及收货、上架、拣货、复核、包装、发运、盘点、移库、转仓等环节。商品 SKU 是仓储管理的基础，跨境电商的 SKU 管理贯穿于选品、销售、包装、通关、运输、库存等一系列过程。目前 SKU 已成为商品统一编码的简称，每种商品都有一个唯一的 SKU。只要商品的品牌、型号、配置、等级、花色、包装、价格、产地等属性中有一个与其他商品不同，均可以将其定义为单品。即便是同样的商品，不同卖家也会将其定义为专属的 SKU。由于海外仓具有多货主的特点，其商品 SKU 的多样性大大增强。从仓储系统来看，每一个 SKU 都有精确的商品信息含义，它决定了商品的存放条件、拣选方法、包装单位及发运条件。规范的商品 SKU 是有效进行仓储管理的基础，要规范商品 SKU，就需要卖家提供完整的商品定义，以保障拣货等后续流程准确进行。

（1）入库管理

入库包括收货和上架。仓储管理系统（WMS）的入库流程基本上是先接收上游预报的入库单（ASN），货到了之后，对货打印收货单，接着开始点数收货。收货的时候可能需要贴标，如果不需要贴标则录入数量即可；有些情况下会有质检的要求，通过质检将到货的不合格品区分出来，然后将合格品上架即可。不合格品拒收或者单独处理。

很多仓库都会提出提前预报的要求，一般来说，客户也都能接受这样的要求。常用的入库单预报以箱为单位，如果客户有 10 箱，那么就在预报时说明 10 箱分别有多少 SKU、多少数量，同时在每箱外壳上贴上箱唛号；仓库在收货的时候，扫描箱唛号就可以收货，可以精确地知道还有几箱没有到，几箱已经收货。如果客户不能按箱来打包或者做不到提前在箱体贴好箱唛，那就只能预报的时候装箱明细里只填"一箱"，将所有货物当作放在一个"大箱子"中。

可以按托或者箱收货，或者部分收货、交叉转运、整理堆码后再上架。上架即将货物放入指定储位，可以按照特定逻辑、区域随机、补充原库位、围绕其附近上架、定义上架顺序等方式上架，多货主情况下一般采用区域随机的方式上架。对于不合格品及客户退货商品的收货，先将其放入退货区，在进行质检、加工或包装后再将其放入指定储位。对于使用 FBA 头程运输的商品或转仓商品的收货，可以借助仓储管理系统的越库（cross-docking）功能，将货物直接转至发货处，避免不必要的入库程序。商品上架后即会形成可销售的库存。

（2）库存管理

海外仓库存管理包括盘点、对账、批次跟踪、库存调拨、补货、下架等功能。对于卖家而言，库存准确性、滞销及缺货等运行结果是关注的重点。例如，就补货而言，一旦库位不足或达到临界值，海外仓就可以从存储区自动补货，但如果库存短缺，则要从境内备货补发。库存周期，即单位库存售出所需要的时间，是衡量产品销售是否健康的一项重要指标。盘点即盘库，是指用清点、过秤和对账等方法，检查仓库实际存货的数量和质量，查明存货盈亏的原因，及时发现超期或损毁的存货。为了保持销售的连续性和健康库存，需要及时补货，但盲目补货也是造成库存积压的一个原因。有两种常见的补货模式：①经济订货量，即根据单位产品支付费用最小原则确定批量；②再订货点，由于需求量或销售周期存在不确定性，因此需要使用合适的"安全库存"来缓冲或补偿不确定因素。

库存管理是供应链管理的核心功能，跨境电商的库存管理要做到两个基本点：①爆款商品销量大，不能断货，必须为其设置一个库存预警值；②动态补货，基于销售情况进行库存分析及补货周期分析，保证库存在合理的区间。

第五节 跨境电商供应链管理

一、跨境电商供应链与跨境电商物流

2020 年 4 月，国家发改委明确了"新基建"范围，包括信息基础设施、融合基础设施、创新基础设施三个方面、七大领域。其中 5G 基建、大数据中心、人工智能、工业互联网等与跨境电商供应链息息相关。无论是面向供应链设施管理的智能货架和仓储机器人，还是面向供应链金融的大数据风控等技术进步，都将驱动跨境电商供应链加速技术变革，提升服务效率。

1. 跨境电商供应链的定义

据艾媒咨询，跨境电商供应链是指围绕商品采购、运输、销售、消费等环节提供服务，构成连接上游品牌方、下游消费者并承载信息流、物流、资金流的功能网链服务结构。跨境电商供应链流程如图 5-4 所示。相比于境内电商，跨境电商供应链链条更长，涉及环节更多，物流流程长，资金周转慢，信息流复杂。

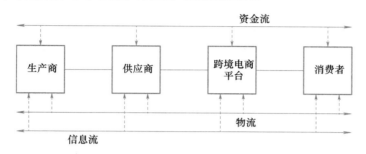

图 5-4　跨境电商供应链流程

在跨境电商交易中，无论是实物商品、虚拟商品还是服务，都属于商品范畴，也都由生产商制造，由供应商提供于跨境电商平台中展示与销售，并最终由消费者购买并消费及使用，从而使商品从生产源头流向最终消费者，这实际上就是一种供应链活动。在跨境电商供应链条中，同样伴随着信息流、资金流与物流等环节；同时，生产商、供应商、跨境电商平台与消费者也都直接或间接地与信息流、资金流与物流存在或多或少的联系与交集，进而构成一个跨境电商供应链网状结构。除了生产商、供应商、跨境电商平台与消费者外，根据商品流通环节的多寡，还会存在供应商的供应商、消费者的消费者等链条，这又增加了跨境电商供应链的复杂性。不仅如此，还会有其他关联或支持组织及个体与跨境电商供应链的节点组织产生活动与交集。在跨境电商供应链中，几个重要节点分别是生产商、供应商、跨境电商平台、消费者，还包括支付、物流、海关与商检等关联点。

以跨境电商进口为例，其供应链流程如图 5-5 所示。

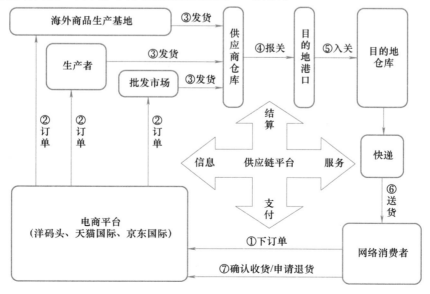

图 5-5　跨境电商进口供应链流程

2. 跨境电商供应链与跨境电商物流的区别

早期的跨境电商企业基本上都是通过国内直邮的方式在亚马逊、eBay 等平台上进行交易，随着竞争的加剧和成本的上升，更多的跨境电商企业则是通过空运或者海运批量将货物送至国外的仓储中心，再依据平台订单进行配送。实际上这都是简单的业务流。跨境电商企业与其他行业普通企业一样，都具有完整的供应链链条，运营上都具备采购、计划、运输、仓储四个模块，都要面对库存和供应问题。不同的是，跨境电商企业的物流费用高，消费渠道单一，运营链条过长，导致库存过多。

虽然跨境电商流程中，物流活动占比很大，尤其是在整个供应链链条上，一半以上的时间是在和物流打交道，但跨境电商供应链依旧不等于跨境电商物流。这是因为跨境电商物流或者跨境电商物流企业仅仅是跨境电商供应链中的一环，完全不能代表跨境电商供应链。

当然，跨境电商物流企业未来会在提供物流服务的同时，更多地延展出能够解决卖家痛点的供应链解决方案，如工业行业、汽车行业、快消行业中的物流企业做到有能力指导卖家提供增值性的解决方案。但对于跨境电商企业来说，必须踏踏实实地进行供应链搭建，包括搞好采购、提高供应商管理绩效、做好计划并懂得有效管理库存、规范进出口、选择合规供应商等。

二、跨境电商供应链管理的特点

1. 更个性化的服务

电商企业在一定程度上打破了时间和空间界限，使得生产和消费过程变得统一，而跨境电商也属于电商的模式，跨境电商供应链应该是简单的、高效的、开放的且灵活的。另外，企业经常能够通过消费者在电商中的信息交流来获取很多关于消费者和市场需求的信息。

2. 独特的管理方式

与一般企业相比，跨境电商企业采用的供应链管理方式主动性与积极性更高。当环境不断变化时，员工需要自发工作，仅凭几个高级企业管理者是不能够做好供应链管理的。

3. 高度共享和集成的信息系统

因为跨境电商的交易活动是电子化、数字化以及网络化的过程，所以交易活动的成功进行必须依靠高度共享和集成的信息系统。有了这样的信息系统为基础，就能够以动态链接的形式来建立跨境电商企业的供应链管理，实现既高效又准确的信息传输。

4. 高效的营销渠道

现在的电商企业基本上都是通过建立零售商订单和库存系统的方式来进行电商活动的。企业利用信息系统向各个零售商发出关于商品销售的通知，还可以收集分析新闻来确定下一次的库存数量和进一步的销售计划，并对零售商进行指导，先进的营销渠道可以明显提高企业的运营效率。

三、跨境电商供应链管理的重点

1. 库存管控

供应链管理中库存管控的本质是管理库存数量，过多的库存数量会占用资金，使跨境电商企业的流动性更加紧张，投资回报率更低。但如果库存太少，又会威胁企业经营的连续性。因此，对于跨境电商而言，应衡量占用成本与企业经营保障之间的关系，合理控制库存数量，保持合理的库存水平。当前跨境电商库存管控模式主要有以下四种。

1）传统库存管理。传统库存管理是指跨境电商各部门在物流过程中只为自己的库存制定管理策略，根据交易水平并由订单驱动的一种静态库存管理模式。

2）供应商库存管理。供应商库存管理是指跨境电商企业基于战略合作关系形成的库存管理模式。这需要一定的协商来保障，库存成本不高。近年来很多跨境电商企业都采用这种模式。

3）联合库存管理。联合库存管理是指一种基于协调中心统一时间表的控制模式，它与传统库存管理模式相对应，能够克服传统库存管理模式的缺陷和避免供应链中的风险，以便及时应对市场变化。

4）协同供应链库存管理。协同供应链库存管理模式建立在供应链集成的集成商中，减少供应商库存量，提高供应商销售量，促进跨境电商企业与供应商的深入合作，也可以消除供应链过程的束缚。

对于很多用海运的卖家来说，运输时间长是个难题。一般来说，小批量、多批次频繁补货，库存能做到 90 天周转一次，已经是很好的了，更多的是 180 天周转一次、360 天周转一次，因此，库存管控是首要问题。

2. 物流费用

物流费用居高不下是跨境电商企业不能忽略的痛点之一。从跨境电商物流模式分析来看，专线物流和国内快递跨国业务虽然可以保证运输的时效性，但由于跨境电商企业销售的商品价值较低，若选择这种运输方式，每件商品获得的利润无法支付快递运输，但是提高商品销售价格会大大降低销售量，使得商品失去价格优势，因此只有价值较高的商品会选择这种国际快递方式。国际邮政小包配送时间较长，容易丢件，同时非挂号件在官网上无法实时查询，一旦出现这些问题，跨境电商企业还要重新补发，增加成本。虽然海外建仓会让跨境电商物流成本固定化，但会增加仓库租赁成本、货存积压成本、商品维护与调配成本，这无疑增加了物流额外费用。

建立一套适合自身模式的仓储物流配送体系，最大化平衡物流成本及运营效率，减少掉包、旺季进仓不及时等失误情况发生概率，对提高企业的利润很有帮助。出口跨境电商物流费用有按计费重量单位、首重与续重、实重与材积、包装费、通用运费、总费用计算等种类。

FBA 物流配送费用一般是按件收取，收费标准和商品重量、尺寸有关。另外，FBA 还收取库存调拨服务费，即仓库合并费用。默认亚马逊有独立仓库，如果商家不建立一个联合仓库，商家不需要支付这笔费用；如果商家建立一个联合仓库，亚马逊将按件收费。

3. 供应商管理

供应商管理其实就是制定一系列的关键绩效指标（KPI）标准来制约在管理过程中容易发生的风险和未知的不确定性，保障后端的补给能够完美支撑前端的运营，它的存在一定是良性的、可靠的、可持续的。供应商管理可以从以下三个方面进行。

（1）去重、去同质化、去长尾

先从产品端"开刀"，把公司现有供应商涉及的维度数据全列出来，按产品分类梳理重复性产品、同质化产品，以产品销售、产品质量、货源方、供应商评分及价格为参考项来选择保留的产品及重新维护该产品的供应权，合并重复性产品SKU及下架同质化产品，把一个品类做深做细，走局部精细化路线。对长尾产品进行分析，可以从上架周期、产品价格等维度进行，别急于下架，摸清楚情况再下手。

（2）供应商整改

第一，要求供应商能保证产品供给的稳定及产品的综合竞争力，货物尽量出自一手货源。除知名品牌代理及特例情况外，严控中间商、小加工厂、市场个体户等类型的供应商，加强审核实地考察标准，杜绝无任何竞争力的供货商加入供应链体系。

第二，通过供应商管理报表对跨品类的供应商进行优化。一个卖箱包的不太可能同时也卖平板电脑，对跨品类或者分类的供应商要重审，保留其真实经营的产品线，剥离其跨类别的产品，除去不必要的供应商，逐步完善供应商经营分类的合理性。

（3）供应商KPI管理

制定管理供应商的制度标准很重要，可以采用"二八"原理，这个"八"就是考核准则，执行力高的行为加上标准的绩效就是完美的"二八"组合。供应商KPI管理应该从付款周期、质检不合格率、退货率、逾期交货率、缺货率、客诉率、采购成本（市调或竞价）、响应时效等八个维度实施考评。

根据公司自身的实际情况，配置考核项的权重比例，严格按照考核标准对供应商进行月、季、年度考核，采取优胜劣汰的方式优化供应商管理，建立产品与供应商的梯队关系（主供应商+备用供应商），不断开源节流，使供应商管理良性运作。

四、跨境电商供应链管理策略

1. 跨境电商供应链协同战略

跨境电商供应链尚处于构建阶段，其商品主要来自境外的线上线下零售企业或生产企业。跨境电商与这些企业维持相对独立的状态。跨境电商可以采取供应链协同战略，通过收益共享合同，按照一定比例，将收益共享给供应商，以换取较低的采购价格。较低的采购价格带来更多的市场份额，提高跨境电商的收益。同时，销量提升带来收益增加，加上收益补贴，供应商也能获得更多的收益。供应链协同战略同时能够帮助降低价格，有利于跨境电商的竞争发展。

2. 跨境电商供应链整合战略

跨境电商的供应链结构冗长、提前期长，涉及多个第三方主体，导致供应链总体效率较低，影响了终端用户的购物体验，而供应链的整体竞争力也较低。为此，一些有实力的跨境电商可以选择供应链整合战略，将许多环节整合在一起，进行总体的统筹规划，以实现高效的供应链运作。

目前采用跨境电商供应链整合战略的主要是亚马逊。亚马逊几乎整合了供应链的所有环节。从供应商到物流仓储服务、跨境支付，再到最终的零售平台，都由亚马逊构建的体系进行掌控。亚马逊还搭建了庞大的物流信息系统，实现实时跟踪。因此，亚马逊的供应链效率是极其高效的，客户体验也非常好。跨境电商可学习亚马逊的供应链整合战略。京东是国内在供应链管理表现较好的主要电商之一，它将国内的实际经验拓展至跨境供应链领域，通过搭建海外仓、保税仓网络，培养自身的国际物流体系，实现了跨境供应链的整合。

3. 跨境电商供应链分散化战略

面对风云突变的国际政治经济形势，跨境电商在供应链优化时还应该考虑风险管理。跨境电商的风险来自方方面面。供应链分散化战略能够帮助跨境电商降低风险。当风险发生时，分散化的战略布局能将损失降到最低。供应链分散化战略主要有以下几条途径：由单一化的供应商结构向多元化的供应商结构转变；由集中式的仓库网络向分散式的仓库网络转变；由单一化的市场结构向多元化的市场结构转变。可以发现，分散化战略下的供应链结构两端主体更加分散、更加多元化，仓储物流网络也更加复杂。

 扩展阅读

中国供应链，正在进入"出海"大时代

1. 跨境电商，供应链化

如果说跨境电商的上半场是价格之战、营销之战，那么下半场就是供应链之战。打法的变化，对应的不仅是市场份额的争夺，还是跨境电商所面临的诸多难题。

然而，实现跨境电商供应链化并不是一件容易的事情。企业需要面对各种挑战，如语言障碍、文化差异、法律法规差异等。同时，跨境电商的供应链也更加复杂，涉及多个国家和地区的供应商、物流、仓储等环节。因此，企业需要借助先进的技术手段和管理方法来应对这些挑战。

2. 中国供应链"出海"，难在哪儿？

对于买家而言，价格和物流是他们最为关心的两个问题。跨境电商提供的商品价格往往比当地市场更具优势，这使得买家更愿意通过跨境电商购买商品。

为了达到这一目的、平台往往会通过与当地物流公司合作，优化配送路线，缩短配送时间；同时提供多种支付方式，以满足不同国家和地区买家的需求；此外，还通过建立客户服务团队，提供专业的售后服务和客服支持，解决买家在使用产品过程中可能遇到的问题。

低价对应的是对货源的把控能力和对供货商的议价能力；物流对应的是海外仓储、代发货、返回处理、"最后一公里"配送等服务能力。"一条龙"服务对应的则是海内外买家和卖家每个节点的打通。

尽量优化、打通跨境电商每一个参与方的物流、商流、信息流、资金流自然就成为"解题之法"。在这个过程中，数智化便是打通这些节点的钥匙。

3. 供应链"出海"，正当时

随着全球市场的不断细化和区域化趋势的加强，未来，企业还或将构建更加区域化的供应链网络，以满足市场需求和提高竞争力。企业可以根据不同地区的市场需求和特点，优化供应链网络布局，提高对当地市场的响应速度和服务质量。例如，企业可以根据不同地区的文化和消费习惯，制定更加精准的市场营销策略；同时，还可以与当地供应商和分销商合作，共同打造更加紧密的区域化供应链网络。而2023年的变化，便是这些未来的开端。

跨境电商的供应链管理是一个复杂的系统，需要各个环节的密切配合和协作。企业应积极寻求与其他企业的合作，共同构建一个高效、可靠的供应链生态系统，实现互利共赢的目标。

[资料来源：斗斗. 中国供应链，出海大时代 [EB/OL]. (2024-01-04) [2024-09-21]. https://www.thepaper.cn/newsDetail_forward_25885982.]

习　题

一、填空题

1. 跨境电商物流特指在跨境电商运营模式下，为通过_____达成的线上交易提供实体商品_____的活动。

2. 跨境电商物流的主要模式有邮政物流、_____、国内快递、_____、海外仓、其他物流等。

3. 跨境电商物流的运输方式主要有_____、海洋运输、_____、公路运输以及大陆桥运输等。

4. 海外仓的基本运营流程有集货、_____、清关、_____、海外仓、配送等环节。

5. 跨境电商供应链管理的重点主要有_____、物流费用、_____等三种。

二、选择题

1. 贸易活动说的"三流"，通常是（　　）。

A. 商流、信息流、物流　　　　　　　　　　B. 资金流、物流、信息流

C. 资金流、物流、商流　　　　　　　　　　D. 商流、资金流、物流

2. 邮政物流，就是通过（　　）的物流网络，将本地货品送交国外买家的运输体系。

A. EMS　　　　　　B. 邮政小包　　　　　C. 中国邮政　　　　　D. E邮宝

3. 国际快递是在（　　）国家（或地区）之间所进行的快递、物流业务。

A. 两个或两个以上　　B. 两个以上　　　　C. 两个　　　　　　　D. 特定

4. 一般来说，下列（　　）不在海外仓费用的计算范围内。

A. 拣货费　　　　　　B. 包装费　　　　　C. 海运费　　　　　　D. 仓储费

5. 下列最适合做海外仓的商品是（　　）。

A. 高风险、高利润　　　　　　　　　　　　B. 高风险、低利润

C. 低风险、高利润　　　　　　　　　　　　D. 低风险、低利润

三、判断题

1. 海外仓可以改变传统的跨境电商物流方式，实现海外物流的本地化运输。　　　（　　）

2. 海外仓建设与运营模式分为 FBA、公共海外仓和自建海外仓三种模式。　　　（　　）

3. 专线物流之所以价格低廉，主要是因为它通过陆路运输。　　　（　　）

4. 在跨境电商供应链中，几个重要节点分别是生产商、供应商、跨境电商平台、消费者，还包括支付、物流、海关与商检等关联点。　　　（　　）

5. 跨境电商企业是通过空运或者海运批量将货物送至国外的仓储中心，再依据平台订单进行配送。跨境电商供应链与跨境电商物流之间没有区别。　　　（　　）

四、简答题

1. 简述跨境电商物流的作用。

2. 简要分析邮政物流、国际快递、专线物流的优劣势。

3. 简述海外仓的选品类型。

4. 简述边境仓模式。

5. 简要说明卖家自建海外仓的优缺点。

习 题 答 案

第六章
跨境电商通关

引例

2015 年年初，李某指使被告人广州 ZD 公司的经理冯某某、业务主管江某某、兼职人员刘某某利用 ZD 公司可从事跨境贸易电商业务的便利，对外承揽一般贸易的进口货物，再以跨境电商贸易形式伪报为个人海外购进口商品，逃避缴纳或少缴税款；同时，李某指使被告人程某某为广州 PY 公司申请跨境贸易电商业务海关备案、开发正路货网（××），用于协助 ZD 公司跨境贸易制作虚假订单等资料。从 2015 年 9 月至 11 月期间，ZD 公司及冯某某、江某某、梁某某、刘某某、李某、王某、程某某利用上述方式走私进口货物共 19085 票，偷逃税款共计 2070384.36 元。

经过法庭审理，2018 年 4 月广州市中级人民法院对本案依法公开判决：广州 ZD 公司、被告人冯某某和江某某、刘某某为 ZD 公司的其他直接责任人员，伙同被告人梁某某、李某、王某、程某某逃避海关监管，伪报贸易方式报关进口货物，偷逃应缴税额，其行为均已构成走私普通货物罪。ZD 公司在共同犯罪中处重要地位，是主犯，依法应承担全部罪责。冯某某、江某某、王某、梁某某、刘某某、李某、程某某在共同犯罪中起次要或辅助作用，是从犯，应当从轻或减轻处罚。最终，涉案人员均被判处有期徒刑以上刑罚和不等的罚金，涉案 ZD 公司没收违法所得及罚金 300 余万元。

本案被业内誉为跨境电商保税仓"刷单第一案"，非常具有典型意义。该类跨境电商走私案件为什么会发生？跨境电商走私为什么牵扯那么多主体？该案对跨境电商行业有何影响？让我们带着这些问题学习跨境电商通关海关监管的流程、检验检疫及海关监管模式。

本章学习目标

(1) 掌握跨境电商通关的概念及参与主体。
(2) 了解我国跨境电商通关流程及跨境电商目的国进口通关。
(3) 理解跨境电商通关检验检疫。
(4) 掌握我国跨境电商通关海关监管模式。

第一节　跨境电商通关概述

一、跨境电商通关的定义

跨境电商通关，又称清关（customs clearance）或结关，是指进出口或转运货物出入一国（或地区）关境时，依照各项法律法规和规定应当履行的手续。只有在履行各项义务，办理海关申报、查验、征税、放行等手续后，货物才能放行，货主或申报人才能提货，一般需要 3~5 天完成。同样，载运进出口货物的各种运输工具进出境或转运，也均需向海关申报，办理海关手续，得到海关的许可。货物在结关期间，不论是进口、出口或转运，都是处在海关监管之下，不准自由流通。

二、跨境电商通关的参与主体

1. 跨境电商各参与主体

2018 年年底，商务部等六部委发布的《关于完善跨境电子商务零售进口监管有关工作的通知》（商财发〔2018〕486 号，以下简称"486 号通知"）规定，跨境电商零售进口主要包括以下参与主体：第一，跨境电商零售进口经营者（简称跨境电商企业）；第二，跨境电商第三方平台经营者（简称跨境电商平台）；第三，境内服务商；第四，消费者。

"486 号通知"及后续发布的海关总署《关于跨境电子商务零售进出口商品有关监管事宜的公告》（公告〔2018〕194 号），明确了各个参与主体的责任和义务。

2. 跨境电商各参与主体的责任

（1）跨境电商企业
跨境电商企业，就是交易的卖方，为境外注册的公司，在交易完成之前，商品的货权归其所有，承担的是民法中卖方的责任。

跨境电商企业责任的核心是商品质量安全和消费者权益保障，具体包括提供商品退换货服务、建立不合格或缺陷商品召回制度、对商品质量侵害消费者权益具有赔付责任、具有发现相关商品存在质量安全风险时召回已销售商品的责任、履行对消费者的提醒告知义务等。

（2）跨境电商企业的境内代理人

境内代理人实质上是境外跨境电商企业的代理，在经营跨境电商业务时，对境内监管机构及消费者履行相应合规义务，并作为境内实体向境内消费者承担相应的民事法律责任。具体而言，其职责包括：

1）为跨境电商企业办理海关注册登记。境外跨境电商企业应委托境内代理人向该代理人所在地海关办理注册登记。

2）如实传输交易信息。跨境电商零售进口商品申报前，跨境电商企业或跨境电商企业境内代理人应当通过国际贸易"单一窗口"或跨境电商通关服务平台向海关传输交易电子信息，并对数据真实性承担相应责任。

3）如实申报商品清单。跨境电商企业境内代理人或其委托的报关企业应提交《申报清单》，采取"清单核放"方式办理报关手续。

4）申请退货。在跨境电商零售进口模式下，跨境电商企业境内代理人或其委托的报关企业可向海关申请开展退货业务。

5）信息真实审核、主动风险防控、接受监管义务。具体如下：

第一，应对交易真实性和消费者身份信息真实性进行审核。开展跨境电商零售进口业务的跨境电商企业境内代理人应对交易真实性和消费者（订购人）身份信息真实性进行审核，并承担相应责任。

第二，建立商品质量安全等风险防控机制。跨境电商企业及其代理人应建立商品质量安全等风险防控机制，加强对商品质量安全以及虚假交易、二次销售等非正常交易行为的监控，并采取相应处置措施。

第三，配合海关查验、接受海关稽核查。海关实施查验时，跨境电商企业或其代理人应当按照有关规定提供便利，配合海关查验。在海关注册登记的跨境电商企业及其境内代理人应当接受海关稽核查。

6）承担民事责任。"486号通知"第四条规定：电商企业应委托一家在境内办理工商登记的企业，由其在海关办理注册登记，承担如实申报责任，依法接受相关部门监管，并承担民事连带责任。

（3）跨境电商平台

跨境电商平台系为交易双方（消费者和跨境电商企业）提供网页空间、虚拟经营场所、交易规则、交易撮合、信息发布等服务，设立供交易双方独立开展交易活动的信息网络系统的经营者。

跨境电商平台是整个交易的中心环节，连接了跨境电商企业、消费者与海关，交易订单也是在平台上生成。

在跨境电商中，平台首先应承担《中华人民共和国电子商务法》《中华人民共和国消费者权益保护法》规定的诸如建立平台内交易规则、先行赔偿等责任。除此之外，平台还应履行防止他人利用跨境电商方式实施走私或违规行为的义务，应承担审核交易信息的真实性、建立防止虚假交易及二次销售风控体系等责任。主要包括：

1）向海关实时传输施加电子签名的跨境电商零售进口交易电子数据，对交易真实性、消费者身份真实性进行审核，承担相应责任。

2）建立平台内交易规则、交易安全保障、消费者权益保护、不良信息处理等管理制度。

3）消费者在平台内购买商品，其合法权益受到损害时，平台须积极协助消费者维护自身合法权益，并履行先行赔付责任。

4）建立防止跨境电商零售进口商品虚假交易及二次销售的风险控制体系，加强对短时间内同一购买人、同一支付账户、同一收货地址、同一收件电话反复大量订购，以及盗用他人身份进行订购等非正常交易行为的监控，采取相应措施予以控制。

（4）其他境内服务商

其他境内服务商如支付企业、物流企业、报关企业，应在境内办理工商登记，接受跨境电商企业委托，为其提供申报、支付、物流、仓储等服务，应具有相应运营资质。向海关传输电子信息、申报清单时，应承担如实申报的责任。

（5）消费者

消费者作为交易的买方，为跨境电商零售进口商品税款的纳税义务人。当然，在商品进口时，不需要消费者每次购物都去海关缴税，而是由跨境电商平台、物流企业或报关企业代扣代缴。

因跨境电商商品具有特殊性，比如商品的标准或技术规范可能与我国存在差异、直接购自境外可能无中文标签，消费者在购买前应当认真、详细阅读电商网站上的风险告知书内容，结合自身风险承受能力做出判断，同意告知书内容后方可下单购买，自行承担相关风险。对于已购买的跨境电商零售进口商品，限于个人自用，不得再次销售。

三、跨境电商通关的海关主要监管方式

为了促进跨境电商进出口业务发展，方便企业通关和规范海关管理，海关总署根据不同的跨境电商类型规定了不同的监管方式代码，总结如下。

1. 跨境电商零售进口监管方式

跨境电商零售进口监管方式见表 6-1。

表 6-1　跨境电商零售进口监管方式对比表

监管方式代码	B2C 网购保税进口（1210）	B2C 直邮进口（9610）	直邮 C2C 进口
适用税种及税率	跨境电商综合税（按法定应纳税额的 70% 征收，分为 6.3%、9.1%、17.9%、23.1%），计税基数为：商品零售价格+运费+保险费		行邮税（分为 13%、20%、50%），计税基数为货物申报价格或海关税基
适用商品	符合《跨境电子商务零售进口商品清单调整表（2022 版）》		所有商品（除进口限制、禁止的食品）
额度限制	单个用户单笔订单不可超过 5000 元，年度交易限额 2.6 万元		单个包裹总价值不得超过 1000 元（不可分割商品除外）；发自我国港澳台地区包裹单个包裹总价值不得超过 800 元（不可分割商品除外）

（续）

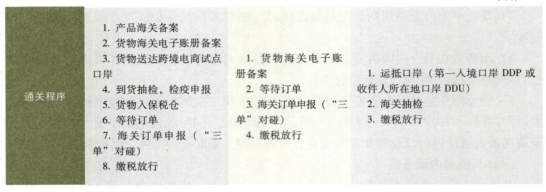

通关程序	1. 产品海关备案 2. 货物海关电子账册备案 3. 货物送达跨境电商试点口岸 4. 到货抽检，检疫申报 5. 货物入保税仓 6. 等待订单 7. 海关订单申报（"三单"对碰） 8. 缴税放行	1. 货物海关电子账册备案 2. 等待订单 3. 海关订单申报（"三单"对碰） 4. 缴税放行	1. 运抵口岸（第一入境口岸DDP或收件人所在地口岸DDU） 2. 海关抽检 3. 缴税放行

2. 跨境电商出口监管方式

跨境电商出口监管方式见表6-2。

表6-2　跨境电商出口监管方式对比表

监管方式代码	B2B直接出口（9710）	出口海外仓（9810）	直邮出口（9610）	保税出口（1210）	市场采购贸易（1039）
适用范围	跨境电商企业通过跨境电商平台与境外企业达成交易后出口	跨境电商企业出口海外仓	跨境电商企业通过跨境电商平台从境内直邮出口	跨境电商企业通过跨境电商平台从海关特殊监管区域出口	在经认定的市场集聚区采购经备案的商品并由符合条件的经营者出口
通关监管要求	1. 跨境电商企业或其委托的代理报关企业、境内跨境电商平台企业、物流企业应向海关提交申报数据、传输电子信息，对数据的真实性承担相应法律责任 2. 应当符合检验检疫相关规定，配合海关查验		1. 出口申报前，跨境电商企业或其代理人、物流企业应向海关传输交易、收款、物流等电子信息，并对数据的真实性承担相应法律责任 2. 出口时，"清单核放、汇总申报"（跨境电子商务综合试验区内"清单核放、汇总统计"） 3. 跨境电商零售出口商品监管作业场所经营人、仓储企业应建立符合海关监管要求的计算机管理系统，并按照海关要求交换电子数据 4. 配合海关查验，对零售出口产品及其装载容器、包装物实施检疫		1. 单票货值最高限额为15万美元 2. 对外贸易经营者对商品的真实性、合法性承担责任，经市场采购商品认定体系确认的商品信息应当与海关数据联网共享 3. 每票报关单商品品种在5种以上可以有条件简化申报 4. 市场采购贸易出口商品应当在采购地海关申报，需在采购地实施检验检疫的，应向采购地海关提出申请

以上仅是对跨境电商主要海关监管方式的简单梳理，各监管方式的具体内容将在本章第四节进行详细论述。

第二节　跨境电商通关流程

一、我国跨境电商通关流程概述

根据跨境电商进出口方向不同，跨境电商通关涉及出口方海关和消费者所在国（或地区）的进口海关。下面以中国（杭州）跨境电商综合试验区为例说明跨境电商通关流程。

1. 跨境电商出口通关流程

部分港口的跨境电商企业已经可以借助跨境电商通关平台实现通关一次申报，海关、税务、外汇、市场监管等部门则可通过这个平台同步获取跨境电商产品信息，实现对产品的全流程监管。

（1）申报

1）电商企业或个人、物流企业应在电商出口货物申报前，分别向海关提交订单、支付、物流等信息。订单信息应包括订单号、运单号、商品名称、数量、金额等信息，支付信息应包括支付金额等信息，物流信息应包括运单号、承运货物的订单号、运抵国（地区）等。

2）以 B2B 模式出口的货物，电商企业应向海关提交"中华人民共和国海关出口货物报关单"（以下简称"出口货物报关单"）或"中华人民共和国海关出境货物备案清单"（以下简称"出境备案清单"），办理出口货物通关手续。"出口货物报关单"及"出境备案清单"中相应增加"电子商务"字段，以示区分跨境电商出口货物。

3）以 B2C 模式出口的货物，电商企业应向海关提交"中华人民共和国海关跨境贸易电子商务进出境货物申报清单"（以下简称"货物清单"），办理出口货物通关手续，海关不再将"货物清单"汇总成"出口货物报关单"或"出境备案清单"，"货物清单"数据在放行结关后纳入统一的海关数据归口管理。对不涉及出口征税、出口退税、许可证件管理且金额在人民币 5000 元以内的电商出口货物，电商企业可以按照《中华人民共和国进出口税则》4 位品目进行申报；对超过 5000 元以及涉及出口征税、出口退税、许可证件管理的电商出口货物，按现行通关管理规定办理通关手续。

4）电商企业需修改或者撤销"货物清单"的，按照海关现行进出口货物报关单修改或者撤销有关规定办理。

5）以 B2B 模式出口货物的转关手续，按照海关现行货物转关管理规定办理；以 B2C 模式出口货物的转关手续，采用直接转关方式，品名以总运单形式输入"跨境电子商务商品一批"，并附商品清单，出口货物舱单按照总运单进行管理和核销。

6）除特殊情况外，"出口货物报关单""出境备案清单"和"货物清单"应采取通关无纸化作业方式进行申报。

（2）查验

海关按照现行风险管理和查验管理规定的要求，通过利用信息技术等手段，对出口货物进行布控和查验，同时实施不限时间、不限频率的机动查验。海关实施查验时，电商企业、海关监管场所经营人应按照有关规定提供便利，配合海关查验。电商企业、物流企业、海关监管场所经营人发现涉嫌违规或走私行为的，应主动报告海关。

（3）征税

以 B2B、B2C 模式出口的货物，出口关税及出口环节代征税按照现行规定征收。

（4）放行

1）电商出口货物的查验、放行手续应在海关监管场所内实施。

2）电商出口货物放行后，电商企业应按照规定接受海关后续管理。

3）以 B2B 模式出口的货物发生退换货等情况，按照海关现有规定办理；以 B2C 模式出口的货物发生退换货等情况，退运货物应通过原出口的海关监管场所退回，并接受海关监管。

 阅读材料

什么条件下电商出口可以享受退免税？

财政部、国家税务总局《关于跨境电子商务零售出口税收政策的通知》（财税〔2013〕96 号）中，跨境电商零售出口（电商出口）税收政策如下。

1. 享受退税的四项条件

电商出口企业出口货物同时符合以下四种条件才能享受增值税、消费税退免税政策（财政部、国家税务总局明确不予出口退免税或免税的货物除外）：

1）电商出口企业属于增值税一般纳税人并已向主管税务机关办理出口退（免）税资格认定。

2）出口货物取得海关"出口货物报关单（出口退税专用）"，且与海关"出口货物报关单"电子信息一致。

3）出口货物在退（免）税申报期截止之日内收汇。

4）电商出口企业属于外贸企业的，购进出口货物取得相应的增值税专用发票、消费税专用缴款书（分割单）或海关进口增值税、消费税专用缴款书，且上述凭证有关内容与"出口货物报关单（出口退税专用）"有关内容相匹配。

2. 享受免税的三项条件

电商出口企业出口货物，不符合上述退（免）税条件的，但同时符合下列三项条件的，可享受增值税、消费税免税政策：

1）电商出口企业已办理税务登记。

2）出口货物取得海关签发的"出口货物报关单"。

3）购进出口货物取得合法有效的进货凭证。

如出口企业只有税务登记证，但未取得增值税一般纳税人资格或未办理出口退（免）税资格认定，以及"出口货物报关单"并非出口退税专用联次，购进货物出口时未取得合法凭证，不予享受免税政策。在上述规定中，如果出口企业为小规模纳税人，均实行增值税和消费税免税政策。

2. 跨境电商进口通关流程

（1）申报

1）电商企业或个人、支付企业、物流企业应在电商进口货物、物品申报前，分别向海关提交订单、支付、物流等信息。订单信息应包括订单号、运单号、商品名称、数量、金额等，支付信息应包括支付类型、支付人、支付金额等，物流信息应包括运单号、承运物品的订单号、收件人、启运国（地区）等。

2）以 B2B 模式进口的货物，电商企业应向海关提交"中华人民共和国海关进口货物报关单"（以下简称"进口货物报关单"）或"中华人民共和国海关进境货物备案清单"（以下简称"进境备案清单"）办理进口货物通关手续。"进口货物报关单"及"进境备案清单"中应相应增加"电子商务"字段，以示区分跨境电商进口货物。

3）以 B2C 模式进口的物品，物品所有人或者其委托的电商企业、物流企业应向海关提交"中华人民共和国海关跨境贸易电子商务进出境物品申报清单"（以下简称"物品清单"），采取"物品清单"方式办理电商进口物品通关手续。

4）电商企业、物流企业或个人需修改或者撤销"物品清单"的，按照海关现行的进出口货物报关单修改或者撤销等有关规定办理。

5）以 B2B 模式进口货物的转关手续，按照海关现行的货物转关管理规定办理，其中进境指运地为特殊监管区域或保税物流中心的，按照直接转关方式办理；以 B2C 模式进口物品的转关手续，采用直接转关方式，品名以总运单形式输入"跨境电子商务商品一批"，并随附"物品清单"，进口舱单按总运单进行管理和核销。

6）除特殊情况外，"进口货物报关单""进境备案清单"和"物品清单"应采取通关无纸化作业方式进行申报。

（2）查验

海关按照现行风险管理和查验管理规定的要求，通过利用信息技术等手段，对进口货物、物品进行布控和查验，同时实施不限时间、不限频率的机动查验。海关实施查验时，电商企业或个人、海关监管场所经营人应按照有关规定提供便利，配合海关查验。电商企业或个人、物流企业、海关监管场所经营人发现涉嫌违规或走私行为的，应主动报告海关。

（3）征税

以 B2B 模式进口的货物，进口关税及进口环节代征税按照现行规定征收；以 B2C 模式进口的物品，以实际成交价格作为完税价格，按照行邮税计征税款。海关凭电商企业或其代理人出具的保证金或保函按月集中征税。

（4）放行

1）电商进口货物、物品的查验、放行均应在海关监管场所内实施。

2）电商进口货物、物品放行后，电商企业应按照规定接受海关后续管理。

3）以 B2B 模式进口的货物发生退换货等情况，按照海关现行规定办理；以 B2C 模式进口的物品发生退换货等情况，退运物品应通过原进口的海关监管场所退回，并接受海关监管。

阅读材料

从一个跨境电商零售消费者的视角看跨境电商通关 10 步全过程

　　跨境电商较之国内电子商务，增加了海关通关、检验检疫、外汇结算、出口退税、进口征税等环节，下面就以一个跨境电商零售消费者的视角看跨境电商通关 10 步全过程。

　　1. 入关

　　跨境货物首先要进入海关特殊监管区等待查验。一些出口加工区内就设有海关入驻的跨境电商监管中心。

　　2. 普货查验

　　跨境货物进入海关监管仓，等待海关进行查验关签。查验的目的是核对实际进口货物与报关单证所报内容是否相符，有无错报、漏报、瞒报、伪报等情况。海关人员检查无误后，货物进入保税仓储存，等待进行抽样检验。

　　3. 理货上架

　　仓库分为储存区、包装区和监管区三个区域。部分对温度和湿度有较高要求的货物，如食品、母婴产品、保健品等，则存储于恒温仓，以确保其品质。

　　4. 抽样检验

　　工作人员要在两天内完成对货物的抽查检验。其中，食品及保健品还需送到专业实验室进行成分检验。

　　5. 订单来了

　　在电商企业完成备货后，作为消费者的你如果要买一支法国的口红，直接在电商平台下单后，电商企业就会将生成订单发送到商品所在保税仓，同时支付企业发送支付单、物流企业发送物流单，也就是"三单比对"。

　　在订单生成之时，你下单的口红还静静地躺在保税仓货架上。而订单相关数据会全部传输到跨境服务平台（即接受企业备案的外网平台），服务平台再将数据传输到管理平台（即海关内网）。

　　6. 打包

　　保税仓工作人员开始按订单打包对应商品货物。

　　7. 过光机查验

　　打包完毕的货物运送到分拣中心，通过过光机进行查验。操作人员需扫描输入货物的条形码，经过过光机的货物均有图像留档，每一笔订单信息都将被保存。

　　8. 海关查验

　　海关工作人员对过光机的货物进行现场监控。在过光机中可以看到申报的物品和发出的物品是否一致，防止货物夹带。如果经查验没有问题，包裹就会被放行。

9. 系统布控

进行系统布控，一部分"幸运儿"会被海关抽出进行现场查验，比对数据、实物等各项信息。

10. 通关放行

包裹在通关放行后，会经由国内物流运往全国各地。对拥有"三单"的物流配送车辆，海关特殊监管区卡口智能系统将自动识别车号放行。

［资料来源：https：//www.eservicesgroup.com.cn/news/163701.html。］

3. 特殊监管区域或保税物流中心保税进出境货物、物品的监管和进出区管理

1）电商进出口货物、物品在特殊监管区域或保税物流中心辅助管理系统上备案商品料号级账册，实施料号级管理。

2）B2B 模式通过特殊监管区域或保税物流中心进出口的电商货物，按照《中国（杭州）跨境电子商务综合试验区海关监管方案》规定的进出口通关作业流程办理申报、查验、征税和放行手续。

3）B2C 模式电商进口物品，"一线"进特殊监管区域或保税物流中心，申报、查验和放行手续按现有规定办理；"二线"出特殊监管区域或保税物流中心，按照《中国（杭州）跨境电子商务综合试验区海关监管方案》规定的进口通关作业流程办理申报、查验、征税和放行手续。

4）B2C 模式电商出口货物，"二线"进特殊监管区域或保税物流中心，申报、查验、征税和放行手续按现有规定办理；"一线"出特殊监管区域或保税物流中心，按照《中国（杭州）跨境电子商务综合试验区海关监管方案》规定的出口通关作业流程办理申报、查验和放行手续。

二、跨境电商目的国进口通关

我国每年都会有很多产品出口到世界各地，虽然出口的国家不同，但是每个国家的进出口都要做清关。下面介绍世界上几个国家的通关流程或规则。

1. 美国清关

（1）清关规则

1）美国海关在船开后就接收到出口国发出的 AMS（24h 舱单系统）申报数据。AMS 信息在装船前 24h 需要向美国海关申报，ISF（进口安全申报）要求在装船前 24h 向美国海关申报。可以把相关信息发给收货人，让其发送，延期申报会被处以罚金，一般为 5000 美元。

2）美国当地货代公司或是清关行必须在船到前一周接收到有关进口所需单证（清关单证由发货人提供，包括发票、装箱单、提单等）及船公司的到货通知（货到之前船公司会自行通知收货人）。

3）向美国海关申请进口报关及商检，向目的港船公司提交单证要求放货。

4）将放箱证明交给收货人的拖车公司或由当地代理安排运送到收货人指定的仓库。

5）TO DOOR（清关后把货送到收货人指定仓库）情况下的上门交货的运作流程应注意：①必须在收货人准备就绪的情况下交接货物；②拖车公司只会给仓库 2h 的装卸时间，超过 2h 按每小时计算等待费；③不允许货物超过美国公路限重；④拖车公司把柜子运到收货人指定仓库以后，把托板卸下，然后等货物卸好以后再来运走托板，这中间会产生托板使用费，一般 30~60 美元/天。

（2）进口单证要求

全球的 HS 编码不是统一的，中国是 10 位，美国是 6 位。在确认国外税费的时候一定要提供最准确的品名描述。美国在关税方面被认定是世界上最麻烦的国家之一：收到 DDP 货物的客人一定要提供最准确的品名和 HS 编码。其实美国的查验率不高，但如果查验有问题，根据最新规定，所有的货会往前查 5 年。

（3）清关方式

出口货物到美国的贸易方式多种多样，有些货物的美国进口清关费用及税费由发货人支付，这种情况下，美国清关行会要求中国出口商发货前签署一份委托书，类似我国报关时需要用到的报关委托书。清关方式通常有以下两种。

1）以美国收货人的名义清关。这即由美国收货人提供 POA（power of attorney，委托书）给货代的美国代理，同时还需要美国收货人的 Bond（注：Bond 是美国进口商需要向美国海关购买的一种保证金，进口商因种种原因产生罚款时，美国海关就可以从 Bond 中扣钱，所有进口到美国的货物都需要购买 Bond，即向美国海关缴纳一定的 Bond 作为保证金）。

Bond 由美国联邦海事委员会（Federal Maritime Council，FMC）推行，实际是一种保险，受益人为美国政府及美国海关，进口商因故不提领货物且不支付任何费用弃货时，美国海关除了逾期拍卖货物以外，可以向保险公司求偿，以支付该货物在美国产生的各项费用［如堆存费（storage）、税金（duty）等］。没有买 Bond 等于在美国海关没有备案，即使发送了 ISF 也无法在美国清关进口，这样的货物抵港会被海关拒收甚至罚款。

2）以发货人的名义清关。这即由发货人提供 POA 给启运港货代，货代再转给目的港代理（启运港货代不一定认识目的港代理，POA 可以给收货人），由美国代理人帮发货人在美国办理进口商海关登记号，同时需要发货人购买 Bond。

注意事项：①以上两种清关方式，无论采用哪一种，都必须用美国收货人的税号（Tax ID，也叫作 IRS No.）来清关；IRS No.（The Internal Revenue Service No.）是美国收货人在美国国税局登记的一个纳税识别号；②在美国，没有 Bond 无法清关，没有税号也无法清关。

（4）清关流程

1）报关。报关行收到到货通知后，如同时备妥海关所需要的文件，就可以在预备到港或抵达内陆点 5 天之内向海关申请通关。海运通关通常会在 48h 内告知放行与否，空运会在 24h 内通知。有些货物船还没有抵港，海关就已决定要检查了。绝大多数内陆点都可以在货物抵达之前进行事先申报（pre-clear），但只会在货到后才会显示结果。

向海关申报的方式有两种：一种是电子申报；另一种是海关需要审查书面文件。无论哪种方式，都必须准备好所需要的文件等数据信息。

2）准备报关文件。

① 提单（B/L）。

② 发票（invoice）。

③ 装箱单（packing list）。

④ 到货通知（arrival notice）。

⑤ 如有木质包装，需熏蒸证书（fumigation certificate）或无木质包装声明（non wood packing statement）。

提单上收货人的名字需要和发票、装箱单、到货通知上显示的收货人一致，如果不一致，必须要有提单上的收货方写的货物转让书（letter of transfer），第三方才可以清关。发票及装箱单上也需要填有发货人和收货人的名称、地址及电话。国内有些发货人的文件上缺少这些信息，会被要求补充。

3）转关。如果在内陆清关，需要做转关，这时需要提供转运号、生效日、出发地和中止地。内陆海关会用转运号来控制并放行。

4）放货。

① 以前采用 ABI（应用程序二进制接口）系统，船公司、码头直接和海关联网，这就意味着如果海关在 ABI 中放行，船公司及码头都可以看到。

试行 AMS 后，规模大的船公司，如长荣、APL（美国总统轮船有限公司，简称美国船公司）、马士基、中远海运集运等也都联网了 AMS，但是码头没有，所以海关在 AMS 中放行，这些船公司以及无船承运人可以同步看到，船公司会帮助码头系统同时更新。规模相对小的船公司，如中外 LYKES（美国莱克斯轮船公司）、GWS（万海航运）等没有联网 AMS，所以只能通过无船承运人传真无船承运人的保证函及海关通行证的复印件来放行，这些船公司收到传真后再人工更新码头系统。

② 码头与船公司是联网的，如果运费预付，提单又是电子放行，海关一旦放行，码头就会自动放货给货车公司。美国客户不需要换单，美国代理没有任何办法扣货，这一点与中国完全不同。所以，装货港没有收到客户的运费，千万不要做船公司"大提单"电子放行或预付运费。

③ 内陆放货。到内陆的货，清关后船公司会给一个报价，代理拿到此报价后通知收货人，货车公司凭此号码提货，此号码要等货到达堆场并从火车上下柜、海关放行后、船公司放行后才可以拿到，缺少任何一项都拿不到。所以，内陆的货需要花很长时间跟踪，要等收货人收到报价。

简单来说，美国代理进口货物操作流程如下：

第一，收到代理的文件（应包括货代提单、船东提单、到货通知），将其输入计算机。

第二，货物到达前一周开始向船东或共同承运人（co-loader）索要到货通知，所以装载港的责任部门务必在到货通知上写出到货日期，有助于美国代理及时查询到港日期。

第三，收到船东或共同承运人的到货通知后，将其输入计算机，当天发给收货人及其报关行（如果知道是谁）。

第四，收到收货人或报关行送来的正本提单或海运费，马上用信使或快递将需要交的运费及正本提单送船东，这通常会在24h内到达，如果有海关IC卡，一并送给船东或传真给它们。船东收到提单和费用后，将相关信息输入计算机，然后放货。如果是送给共同承运人，共同承运人需将运费和提单送往船东放货。因此，共同承运人的货，放货会晚1~1.5天，会被收货人抱怨。

第五，去内陆的货，追踪货物行程，直到报价后传真给收货人。

第六，做门点的货，放货后发送提货单给货车公司并和收货仓库联络，直到确认收到。

第七，货主采用SOC（自备箱）方式的，会追踪箱子还回指定堆场（在放货时要求收货人签还箱确认单）。

2. 欧盟的清关规则

欧盟的清关规则包括单一市场和关税同盟的影响、欧盟的海关联盟以及主要的清关文件和程序。

（1）单一市场和关税同盟的影响

单一市场。欧盟的单一市场是一个统一的经济领域，消除了成员国之间的关税和非关税壁垒。这意味着欧盟内部的货物、服务、资本和人员可以自由流通，而无须经过烦琐的清关程序。这种一体化的市场极大地简化了贸易流程，促进了跨境贸易和经济增长。

关税同盟。欧盟成员国组成了一个关税同盟，统一了对第三国的关税政策。这意味着在进口到欧盟的货物上，无论货物进入欧盟的哪个成员国，均适用统一的关税率。这种一体化的关税政策降低了对外贸易的不确定性，并为企业提供了更大市场和更多商机。

（2）欧盟的海关联盟

欧盟的海关联盟是一个旨在促进贸易流通的重要机构。它致力于协调和统一成员国的海关程序，以确保在整个欧盟范围内实现贸易流通的高效性和一致性。欧盟的海关联盟通过信息共享、培训和技术合作等方式加强了成员国之间的合作，提高了对海关违规行为的监管和打击力度。

（3）主要的清关文件和程序

单一申报制度（single window）。欧盟采用单一申报制度，简化了跨境贸易的申报流程。企业可以通过一次申报向所有相关部门提交必要的文件和信息，从而减少了重复性工作和时间成本。

欧盟关务代码（EU Customs Code）。欧盟关务代码规定了进出口货物的清关程序、申报要求和海关责任等方面的规定。它为欧盟内部和与第三国之间的贸易提供了统一的法律框架。

海关联合委员会（Customs Cooperation Working Panty）。这是一个由欧盟成员国的海关官员组成的机构，旨在协调和推动欧盟内部和与第三国之间的海关合作。该委员会负责制定清关政策、解决贸易争端和促进贸易安全。

3. 德国的清关规则

（1）德国的海关制度

德国的海关制度由德国联邦海关总署（General Zoll Direktion）负责管理和执行。该机构负责监督德国的海关程序，包括货物进出口的申报和检查、关税征收和海关合规性审查等。

（2）进出口产品的分类和申报要求

产品分类：进出口产品在德国必须按照相关的商品编码进行分类。德国采用了国际通用的商品编码系统，如国际海关理事会（World Customs Organization，WCO）的《商品名称及编码协调制度》（HS），以确保一致性和标准化。

申报要求：德国海关要求进出口货物的申报，以便进行必要的关税征收、监管和安全检查。申报通常需要包括货物的详细描述、价值、数量、产地等信息，并通过相关的海关单据或电子申报系统进行提交。

（3）德国海关的关税和进口税

关税：德国作为欧盟成员国，参与了欧盟的关税同盟。因此，从其他欧盟成员国进口货物通常不需要支付额外的关税。对于来自非欧盟国家的进口货物，德国会根据欧盟的关税表征收适用的关税税率。

进口税：除了关税外，德国还可能对特定类型的进口货物征收进口税（如增值税）。进口税的税率和适用范围取决于货物的性质和价值，并根据德国的税法规定进行征收。

4. 法国的清关规则

在法国，清关规则由法国海关总署（Directiongénérale des douanes et droits indirects，DGDDl）负责管理和执行。

（1）法国海关机构和组织结构

法国海关总署是法国负责监督进出口货物和执行海关法规的主要机构。该机构下设多个海关分局和办事处，负责管理各地区的海关事务。此外，法国还有一些特殊海关机构，如海关犯罪调查部门，负责打击走私和其他海关违规行为。

（2）法国的进出口流程和程序

申报和审核：进出口货物在法国需要进行申报，以便进行海关审核和监管。申报通常需要包括货物的详细描述、价值、数量、产地等信息，并通过法国的电子申报系统或相关海关单据进行提交。

安全检查和审核：法国海关可能对进出口货物进行安全检查和审核，以确保合规性和安全性。这包括对特定类型货物的物理检查或文件审核，以确保货物符合法规要求。

关税和税收征收：法国根据欧盟的关税表和国内税法规定，对进口货物征收适用的关税和税收。这可能包括关税、增值税和其他特定税种，根据货物的性质和价值进行征收。

（3）法国的特殊关税和税收规定

增值税：法国对进口货物征收增值税，税率通常根据货物的分类和价值而定。增值税是法国主要的消费税，适用于国内生产和进口货物。

特别消费税：对于特定类型的商品，如烟草、酒精饮料和汽油等，法国可能征收特别消费税。这些税收通常旨在调节消费行为和保护公共健康。

5. 英国的清关规则

（1）英国海关和边境管理局的设立

随着英国于 2020 年正式脱离欧盟，英国政府成立了英国边境管理局（UK Border Force）和英国海关（HM Revenue&Customs）来负责边境和海关管理。英国边境管理局负责边境安全和移民控制，而英国海关则负责关税征收、贸易合规性和边境检查等事务。

（2）英国脱欧对清关规则的影响

重新建立边境：英国脱欧后，重新建立了英国与欧盟成员国之间的边境。这意味着进出口货物需要遵守新的清关程序，包括海关申报、检查和清算。

新的贸易关系：英国与欧盟达成了贸易和合作协议，建立了新的贸易框架。这导致一些贸易流程和关税政策的变化，对企业的进出口活动产生了影响。

技术和人员培训：为了适应新的清关规则，英国政府加大了对海关人员和贸易从业人员的培训力度，并投资于新的清关技术和设施，以提高边境管理的效率和安全性。

（3）英国的关税政策和贸易协议

自由贸易协定：英国与欧盟之间达成了贸易和合作协议，规定了双方之间的关税和贸易规则。此外，英国还与其他国家和地区签署了自由贸易协定，旨在拓展其贸易伙伴关系和多样化贸易渠道。

单边关税豁免：英国政府也对一些特定产品实施了单边关税豁免措施，以支持国内产业的发展和促进经济增长。

6. 意大利的清关规则

（1）意大利的海关机构和职责

意大利的海关机构是意大利财政警察（GuafdiaDi Finanza），负责监督和执行进出口货物的清关程序，包括关税征收、监管合规性和打击走私活动等。

（2）进口和出口手续的要求

进口和出口货物需要遵守意大利的清关要求，包括正确的海关申报、支付适用的关税和税费、遵守监管规定等。此外，根据货物的性质和价值，可能需要取得特定许可证。

（3）意大利的特殊贸易区和优惠政策

意大利设立了一些特殊贸易区（如自由贸易区、保税区等），为企业提供了便利条件和优惠政策，促进了贸易和投资活动的发展。此外，意大利政府也实施了一些贸易促进政策，如减免关税、优惠贸易条件等，以鼓励进出口业务的增长。

7. 西班牙的清关规则

（1）西班牙海关的组织结构和职能

西班牙的海关管理由西班牙国家税务总局（Agencia Tributaria）负责，其中海关和特税总局（Departamento de Aduanas elmpuestos Especiales）是主要负责海关事务的机构。其职能包括但不限于：管理和执行进出口货物的清关程序，包括海关申报、检查和清算；征收进口和出口货物的关税、增值税等税费，打击走私和其他海关违规行为；提供海关咨询和指导服务。

（2）西班牙的清关手续和文件要求

进出口货物需要遵守西班牙的清关手续和文件要求。主要程序包括但不限于：提交进出口货物的海关申报，包括详细的货物描述、价值、数量等信息；根据货物的性质和价值，可能需要提供特定的许可证证书或健康检疫证明；支付适用的关税、增值税和其他税费。

（3）西班牙的关税政策和贸易协定

欧盟关税同盟：作为欧盟成员国，西班牙参与了欧盟的关税同盟，与其他成员国一起实施统一的关税政策。这意味着在欧盟内部贸易中不收取关税，而对于来自非欧盟国家的进口货物，适用欧盟的关税表。

双边贸易协定：西班牙与其他国家和地区签署了一系列双边贸易协定，以促进贸易合作和经济交流。这些协定可能包括减免关税、优惠贸易条件等内容，有利于扩大西班牙与其贸易伙伴之间的贸易量。

特殊贸易区和优惠政策：西班牙设立了一些特殊贸易区（如自由贸易区、保税区等），为企业提供了便利条件和优惠政策，促进贸易和投资活动的发展。此外，西班牙政府也实施了一些贸易促进政策，如减免关税、优惠贸易条件等，以鼓励进出口业务的增长。

第三节　跨境电商通关检验检疫

一、跨境电商通关检验

1. 跨境电商通关检验定义

跨境电商通关检验是指海关在接受报关单位的申报后，依法对进出口货物进行实际检查，以确定货物的性质、原产地、货物状况、数量和价值是否与货物申报单上已填报的详细内容相符的行政执法行为。

跨境电商通关检验是确保商品合规进入目的国市场的关键步骤。卖家需要了解目的国的要求和标准，与合规的供应商合作，并准备必要的文件和证明。选择可靠的物流服务商，配合检验部门的检查和要求，并及时缴纳税费，是顺利进行跨境电商进口的关键。通过合规的报关检验程序，卖家可以确保商品的质量和安全性，提供优质的产品给客户，从而推动跨境电商的发展。

此外，跨境电商通关检验还有助于防范跨境电商订购人身份信息被盗用、个人消费额度被盗刷，以及打击不法分子利用跨境电商渠道从事走私的违法犯罪行为。海关依法对跨境电商零售进口商品订购人身份信息开展验核，以保障消费者权益和打击非法活动。

2. 海关查验

（1）查验流程

1）海关确定查验后，由现场接单关员打印"查验通知单"，必要时制作查验关封交报关员。

2）安排查验计划，由现场海关查验受理岗位安排查验的具体时间，一般当天安排第二天的查验计划。

3）海关查验货物时，进口货物的收货人、出口货物的发货人或其授权报关员应当到场，并负责协助搬移货物、开拆和重封货物的包装。海关认为必要时，可以径行开验、复验或者提取货样。

4）查验结束后，由陪同人员在"查验记录单"上签名、确认。

（2）查验方式

1）彻底检查，即对货物逐件开箱（包）查验，对货物品种、规格、数量、重量、原产地货物状况等信息逐一与货物申报单详细核对。

2）抽查，即按一定比例对货物有选择地开箱抽查，必须卸货。卸货程度和开箱（包）比例以能够确定货物的品名、规格、数量、重量等查验指令的要求为准。

3）外型检验。对货物的包装、标记、商标等进行验核。外型查验只适用于大型机器、大宗原材料等不易搬运、移动的货物。此外，海关还充分利用科技手段配合查验，如地磅和 X 光机等查验设施和设备。

（3）查验目的

1）通过核对实际进出口货物与报关单证，来验证申报环节所申报的内容与查验的单、货是否一致，通过实际的查验发现申报审单环节所不能发现的，有无瞒报、伪报和申报不实等走私违规事情或其他进出口问题。

2）通过查验可以验证申报审单环节提出的疑点，为征税、统计和后续管理提供可靠的监管依据。

（4）查验地点

1）一般在海关监管区内的进出口口岸码头、车站、机场、邮局或海关的其他监管场所进行查验。

2）对进出口大宗散货、危险品、鲜活商品、落驳运输的货物，经进出口收发货人的申请，海关也可在作业现场予以查验放行。

3）在特殊情况下，经进出口收发货人或其代理人申请，海关审核同意，也可派员到规定的场所以外的工厂、仓库或施工工地查验货物。

（5）查验方向

1）核对品名。这里比较容易犯错的情况是弄混产品学名和俗名，品名的中文译名和实际品名有时候对不上。

2）核对规格。规格核对容易出现错误，尤其是工厂或客户在纸箱包装上标注的规格信息可能与实际情况不符。此外，某些产品可能有多种规格，需要分别标注最大值和最小值，不规则产品的长度规格也可能有两个不同的数据。

3）核对数量。总数量容易出错的都是少报多出，特别是退税。这里经常出错的原因就是，报关资料是提前准备的，做柜装货时数据有了变动但忘记更新。

4）核对重量。重量比较容易出错的地方有两个。第一个就是大宗货物毛重和净重与实际重量上下幅度超过 3%~5%。第二个就是以重量计价的产品，很多客户习惯通过毛重减去净重除以件数，不超过 1 千克或 2 千克这个公式来倒推净重，导致与实际净重不符合。

5）核对件数。比较容易出错的地方就是尾箱、样品和赠送的物品没有计算进去。

6）核对唛头。有些产品有唛头，有些没有；有些唛头会体现一些产品和 Logo 信息。如果有唛头，一定要体现在报关单上。

7）核对是否侵权。名牌、仿牌、厂牌、吊牌、Logo 等注意区分。

8）核对货源地。有些工厂会在包装透露一些产品货源地的信息或广告信息，尤其是三方贸易时容易产地信息或目的地信息容易出错。产地信息千万不要弄错，否则无法清关。

9）核对归类。核对海关编码是否准确。多功能的产品要准确归类，如带有通话功能的平板电脑应该归为手机而不是平板电脑。

10）核对新旧。很多旧物品不能出口，平板柜、开顶柜的机器露天放置，容易让人误判为旧物品。

11）核对价格。海关进出口的每一款货物对应的编码在海关系统内都有一个价格区间，这个区间一般有两个，一个是当地出口口岸的价格区间，另一个是全国范围内的限价区间。

12）取样送检。这种比较少见，一般都是通过肉眼无法判断的化工品等产品需要取样送检。

13）检查车体。运输的时候检查托运集装箱的货柜车。

14）检查箱体。一般特种柜需要仔细检查。

15）是否夹藏。检查是否夹带一些工厂没有生产的或漏报的物品。

3. 商品检验

商品检验，简单来说就是商检，一般用于进出口贸易。由商检机构出单证明货物经检验数量多少、符合怎样的品质，买家凭借商检单可以了解到货物的品质是否与其需求一致。商检有时会列为议付单据之一。

（1）按商品检验目的划分

1）按商品检验目的的不同，商检通常可分为生产检验、验收检验和第三方检验。

①生产检验。生产检验又称第一方检验、卖方检验，是指由生产企业或其主管部门自行设立的检验机构，对所属企业进行原材料、半成品和成品产品的自检活动。其目的是及时发现不合格产品，保证质量，维护企业信誉。经检验合格的商品应有"检验合格证"标志。

② 验收检验。验收检验又称第二方检验、买方检验，是指由商品的买方为了维护自身及其顾客利益，保证所购商品符合标准或合同要求所进行的检验活动。其目的是及时发现问题，反馈质量信息，促使卖方纠正或改进商品质量。在实践中，商业或外贸企业还常派"驻厂员"，对商品质量形成的全过程进行监控，对发现的问题，及时要求产方解决。

③ 第三方检验。第三方检验又称公正检验、法定检验，是指由处于买卖利益之外的第三方（如专职监督检验机构），以公正、权威的非当事人身份，根据有关法律、标准或合同所进行的商品检验活动。例如公证鉴定、仲裁检验等。其目的是维护各方面合法权益和国家权益，协调矛盾，促使商品交换活动的正常进行。

（2）按接受检验商品的数量划分

按接受检验商品的数量不同，商检可分为全数检验、抽样检验和免于检验。

① 全数检验。全数检验又称全额检验、百分之百检验，是指对整批商品逐个（件）地进行的检验。其优点是能提供较多的质量信息，让人放心。其缺点是由于检验量大，导致费用高，且易造成检验人员疲劳而漏检或错检。

② 抽样检验。抽样检验是指按照已确定的抽样方案，从整批商品中随机抽取少量商品用作逐一测试的样品，并依据测试结果去推断整批商品质量合格与否的检验。它具有占用人力、物力和时间少的优点，具有一定的科学性和准确性，是比较经济的检验方式。但检验结果相对于整批商品的实际质量水平总会有一定的误差。

③ 免于检验。免于检验即对于生产技术水平高和检验条件好、质量管理严格、成品质量长期稳定的企业生产出来的商品，在企业自检合格后，商业和外贸部门可以直接收货，不再检验。

（3）按商品检验形式划分

按商品检验形式的不同，商检可分为以下九种。

① 工厂签证，商业免检。工厂生产出来的产品，经工厂检验部门检验签证后，销售企业可以直接进货，免于检验程序。该形式多适用于生产技术条件好、工厂检测手段完善、产品质量管理制度健全的生产企业。

② 商业监检，凭工厂签证收货。商品监检是指销售企业的检验人员对工厂生产的半成品、成品及包装，甚至原材料等，在工厂生产全过程中进行监督检验，销售企业可凭工厂检验签证验收。该形式适用于高档商品的质量检验。

③ 工厂签证交货，商业定期或不定期抽验。对于某些工厂生产的质量稳定的产品、质量信得过的产品或优质产品，一般是工厂签证后便可交货，但为确保商品质量，销售企业可采取定期或不定期抽验的方法。

④ 商业批检。商业批检是指销售企业对厂方的每批产品都进行检验，否则不予收货。此种检验形式适用于质量不稳定的产品。

⑤ 行业会检。对于多个厂家生产的同一种产品，在同行业中由工商联合组织行业会检。一般是联合组成产品质量评比小组，定期或不定期地对行业产品进行检验。

⑥ 库存商品检验。仓储部门对储存期内易发生质量变化的商品进行定期检验，以及

时掌握库存商品的质量变化状况，达到安全储存的目的。

⑦ 法定检验。根据国家法令规定，对指定的重要进出口商品执行强制性检验。其方法是根据买卖双方签订的经济合同或标准进行检验，对合格商品签发检验证书，作为海关放行凭证；未经检验或检验不合格的商品，不准出口或进口。

⑧ 公正检验。公正检验是不带强制性的，完全根据对外贸易关系人的申请，接受办理的各项鉴定业务检验。商品检验机构以非当事人的身份和科学公正的态度，通过各种手段，检验与鉴定各种进出口商品是否符合贸易双方签订的合同要求或国际有关规定，得出检验与鉴定结果、结论或提供有关数据，以供签发证书或其他有关证明等。

⑨ 委托业务检验。委托业务检验是我国商检机构与其他国家商检机构开展相互委托检验业务和公正鉴定工作。目前，各国质量认证机构实行相互认证，大大方便了国际贸易。

（4）按检验是否有破损性划分

按检验是否具有破损性，商检可分为破损性检验和非破损性检验。

① 破损性检验。破损性检验是指为了对商品进行各项技术指标的测定、试验，商品会遭受破损，甚至再无法使用的检验，如加工食品罐头、饮料以及茶类等的检验。

② 非破损性检验。非破坏性检验是指经过检验的商品仍能发挥其正常使用性能的检验，如对电器类、纺织品类等的检验。

4. 食品检验

进出口食品检验是一项重要的质量控制措施，旨在确保进出口食品的质量、规格、卫生、安全等方面符合国家及国际标准。它包括检查食品的成分、保质期、卫生状况等，以确保食品安全，避免对人体健康造成危害。此外，通过进出口食品检验，还可以防止不合格的食品流向市场，维护国家和消费者的利益，提升国家的国际形象和信誉。

（1）食品检验的类型

1）感官检验。感官检验主要是通过人的感官（如视觉、嗅觉、味觉等）对食品的外观、色泽、气味、口感等进行直观评价，以确保食品的感官指标符合标准。

2）物理检验。物理检验涉及对食品的物理性质进行测量，如密度、含水量、粒度分布等，以确保食品的物理特性符合规定。

3）化学检验。化学检验是对食品中的化学成分进行分析，包括营养成分分析、添加剂检测、重金属含量检测等，以确保食品安全和食品的营养价值。

4）微生物检验。微生物检验是对食品中的微生物进行检测，包括对细菌总数、大肠菌群、致病菌等的检测，以确保食品卫生。

（2）我国需要检验的进出口食品类型

1）肉类。肉类包括冻猪肉、冻牛肉、冻羊肉、冻兔肉、冻驴肉等以及它们的副产品。为了保证进出口肉类食品的卫生要求，活的猪、牛、羊等均须来自非疫区，并有证明书和产地检疫证书，包装前要经过预冷，并及时速冻。

2）家禽类。家禽类包括冻鸡肉、冻鸭肉、冻鹅肉和冻野禽肉等，其中以冻肉鸡和冻北京填鸭为多。冻肉鸡分为冻净膛肉鸡、冻半净膛肉鸡以及冻分割肉鸡三种；冻北京填鸭要求肌肉发育良好、去毛、带头、带翅，头部弯于翅下，裹以包头纸。

3）蛋品类。蛋品类包括鲜鸡蛋、鲜鸭蛋、皮蛋、咸蛋、冰蛋、预制蛋品等。鲜蛋的品质要求是新鲜、蛋壳整洁、蛋白浓厚、蛋黄居中或略偏；冰蛋要求色泽淡黄、气味正常。

4）水产品类。水产品类包括冻鱼、鱼籽、冻虾、活贝、冻海螺肉、冻文蛤肉、海蜇皮等。冻鱼要求鱼体色泽正常、肉组织有弹性、局部允许充血。冻虾要求新鲜、色泽正常、虾体完整、无异味。冻贝肉要求新鲜、有自然光泽、无异味、贝肉完整。

5）罐头类。罐头类包括畜肉类、禽肉类、水产类、水果类、蔬菜类等食品的罐头，罐头质量标准包括容器质量、食品内容物质量和真空度等方面的要求。

6）蔬菜类。蔬菜类包括速冻蔬菜、盐渍蔬菜和干制蔬菜等。

7）奶制品类。奶制品类包括奶粉、奶油、炼乳、淡乳等，奶粉分为全脂奶粉、脱脂奶粉和全脂加糖奶粉，奶油分为鲜制、酸制、重制三种奶油。

二、跨境电商通关检疫

跨境电商通关检疫主要包括卫生检疫和动植物检疫。卫生检疫防止传染病传播进出境，保护人体健康；动植物检疫防止病虫害传播进出境，保护农、林、牧、渔业生产和人体健康。跨境电商企业派员到境外选择商品、考察产地、洽谈采购，物流企业派员驾驶进出境车辆等，均涉及大量人员进出境，可能导致人员携带传染病进出境，应监督进出境人员严格遵守卫生防疫规定，杜绝传染病进出境。跨境电商零售为单票少量商品进出境提供新渠道，只在通关时进行商品检疫存在病虫害进出境检疫风险，企业应在销售源头做好商品检疫，消除病虫害。

跨境电商通关检疫通过实施检验检疫监督管理，确保进口商品符合国家安全、健康、环保等标准，从而保障消费者权益和公共安全。例如，对于保税进口的商品，检验检疫部门会实施集中检疫和现场查验，确保货证相符，不需要进实验室检测，提前申报还能减少时间延误。跨境电商通关检疫还涉及国家安全的问题。通过实施检验检疫职能作用，可以有效地监控和管理跨境电商商品，防止不安全的商品进入国内市场，从而维护国家的安全利益。

（1）卫生检疫

为了加强国境卫生检疫工作，防止传染病跨境传播，保障公众生命安全和身体健康，防范和化解公共卫生风险，实施国境卫生检疫，在中华人民共和国对外开放的口岸，海关依照《中华人民共和国国境卫生检疫法》（2024年6月28日修订通过）规定履行检疫查验、传染病监测、卫生监督和应急处置等国境卫生检疫职责，并设立国境卫生检疫机关，实施传染病检疫、监测和卫生监督。

1）卫生检疫要点。

《检疫传染病目录》由国务院疾病预防控制部门会同海关总署编制、调整，报国务院批准后公布。《监测传染病目录》由国务院疾病预防控制部门会同海关总署编制、调整并公布。

① 传染病种类。

传染病分为甲类、乙类和丙类。

甲类传染病是指：鼠疫、霍乱。

乙类传染病是指：传染性非典型肺炎、艾滋病、病毒性肝炎、脊髓灰质炎、人感染高致病性禽流感、麻疹、流行性出血热、狂犬病、流行性乙型脑炎、登革热、炭疽、细菌性和阿米巴性痢疾、肺结核、伤寒和副伤寒、流行性脑脊髓膜炎、百日咳、白喉、新生儿破伤风、猩红热、布鲁氏菌病、淋病、梅毒、钩端螺旋体病、血吸虫病、疟疾（2020年1月20日国家卫健委发布公告，将新冠肺炎纳入乙类传染病，并按甲类管理；2023年9月20日国家卫健委将猴痘纳入乙类传染病，并按乙类管理）。

丙类传染病是指：流行性感冒、流行性腮腺炎、风疹、急性出血性结膜炎、麻风病、流行性和地方性斑疹伤寒、黑热病、包虫病、丝虫病、除霍乱、细菌性和阿米巴性痢疾、伤寒和副伤寒以外的感染性腹泻病（2008年5月2日，国家卫生行政部门将手足口病列入丙类传染病进行管理）。

对甲类传染病和需要采取甲类传染病的预防、控制措施的，国务院卫生行政部门报经国务院批准后予以公布、实施。

对乙类、丙类传染病，国务院卫生行政部门根据传染病暴发、流行情况和危害程度，可以决定增加、减少或者调整乙类、丙类传染病病种并予以公布。

② 卫生检疫传染病种类。

卫生检疫是指检疫传染病、监测传染病和其他需要在口岸采取相应卫生检疫措施的新发传染病、突发原因不明的传染病。检疫传染病目录、监测传染病目录应当根据境内外传染病暴发、流行情况和危害程度及时调整。

卫生检疫传染病是指鼠疫、霍乱、黄热病以及国务院确定和公布的其他传染病。

鼠疫是由鼠疫杆菌所致的烈性传染病，造成高热、淋巴结肿痛、出血倾向、肺部炎症，传染性强，病死率高；流行于鼠类及其他啮齿动物，常借蚤类为媒介传染于人；属于国际检疫传染病之一，也是我国法定管理的甲类传染病。

霍乱是由霍乱弧菌引起的急性肠道传染病，造成分泌性腹泻，能在数小时内造成腹泻脱水甚至死亡；霍乱弧菌存在于水中，最常见的感染原因是食用被患者粪便污染过的水；属于国际检疫传染病之一，也是我国法定管理的甲类传染病。

黄热病是由黄热病病毒引起的急性传染病，造成高热、头痛、黄疸、蛋白尿、相对缓脉和出血；埃及伊蚊是主要传播媒介。

监测传染病由国务院卫生行政部门确定和公布。对国家确定的传染病，海关对入境、出境的人员实施监测，并且采取必要的预防、控制措施。

2）检疫查验范围。

进境出境的人员、交通运输工具，集装箱等运输设备、货物、行李、邮包等物品及外包装（统称货物、物品），应当依法接受检疫查验，经海关准许，方可进境出境。

进境出境的人员、交通运输工具、货物、物品，应当分别在最先到达的口岸和最后离开的口岸接受检疫查验；货物、物品也可以在海关指定的其他地点接受检疫查验。

对进境出境人员，海关可以要求如实申报健康状况及相关信息，进行体温检测、医学巡查，必要时可以查阅旅行证件。

海关依据检疫医师提供的检疫查验结果，对判定为检疫传染病染疫人、疑似染疫人的，应当立即采取有效的现场防控措施，并及时通知口岸所在地县级以上地方人民政府疾病预防控制部门。接到通知的疾病预防控制部门应当及时组织将检疫传染病染疫人、疑似染疫人接送至县级以上地方人民政府指定的医疗机构或者其他场所实施隔离治疗或医学观察。有关医疗机构和场所应当及时接收。

海关对过境的交通运输工具不实施检疫查验，但有证据表明该交通运输工具存在传播检疫传染病风险的除外。过境的交通运输工具在中国境内不得装卸货物、物品或者上下人员；添加燃料、饮用水、食品和供应品的，应当停靠在指定地点，在海关监督下进行。

进境出境货物、物品的收发货人、收寄件人、携运人（携带人）、承运人或者其代理人应当按照规定向海关如实申报与检疫查验有关的事项。

3）跨境电商商品进出境卫生检疫。

① 卫生检疫人命关天。生存健康是人类最重要、最基础的需求，是实现人类其他目标的基础条件。跨境电商企业应意识到传染病会伤害人员身体，危及人体健康，甚至导致人体病亡；应意识到传染病能多路径、多媒介传播，一个染疫人自由活动会快速导致大量近距离接触人员感染传染病，危及更广、更多人群，具有巨大传染破坏作用；应意识到不同关境防治效果差异，会让传染病经过口岸在不同关境之间传播，蔓延至全球各地，具有全球一体危害性；应认识到卫生检疫关系全社会人命安全，主动学习掌握卫生防疫规定，在日常经营管理中注意卫生防疫，降低传播传染病风险，确保人体安全健康。

② 跨境人员主动保护生命安全。人体是传染病危害对象，会遭受染疫痛苦和伤害，也是传播媒介，会让更多其他人体染疫受害。跨境电商从业人员经常跨境流动，到境外开展调查、洽谈、采购、监装等工作，与境外不同行业人员长时间近距离接触，存在感染当地传染病的风险；承运商品进出境的运输人员，长期在境外生活，甚至经常进出疫区，存在自带传染病风险。染疫人进境后如果未能得到及时管控，将成为传染病传播媒介，危及境内人员生命安全。人员出境前应做好健康检查，接种目的地高发传染病的疫苗，了解传染病防治知识，准备好常见传染病药物，具备一定自防自救能力；在境外，应尽量不去传染病高发区域，避免高密度大数量人员聚集，做好日常卫生清洁，降低感染传染病风险；进境时存在传染病症状的，应做好途中防疫防护，避免与其他人员直接接触，降低传播传染病风险；到达口岸时，应第一时间向口岸检疫人员报告，服从管理，不随意走动扩大传染范围，接受卫生处理，配合治疗，消除传染病传播的危险；进境后，应自觉在传染病潜伏期内居家观察，发现传染病症状时，立即做好个人防护并急诊就医，避免传染病在境内传播。跨境人员不能仅关注商业利益，应对自己的生命健康负责，对社会群体的生命健康负责，共同消除传染病对生命的危害。

③ 全程物流注意卫生防疫。传染病媒介不仅包括进出境人员，还包括进出境交通工具、集装箱、行李、货物、邮包等可能传播检疫传染病的物体，例如鼠疫可能通过集装

箱中的老鼠传播、霍乱可能通过船舶压舱水传播，因此要求跨境物流全过程都注意卫生防疫，避免进出境物体成为传染病媒介。跨境电商企业通常委托物流企业负责跨境物流业务，应首先评估物流企业卫生防疫能力，要求物流企业主动遵守进出境卫生防疫规定，从物流管理源头上确保卫生检疫安全；应尽量雇用无检疫传染病的人员，在商品包装、装载、运输、卸货等环节做好安全防护，避免病原体转移传播；应支持染疫人隔离治疗，主动做好工资、出勤、后勤等保障，让染疫人安心尽快治愈传染病，避免带病作业引发传染病传播；应保持场所卫生清洁，对长期存储商品的仓库、装载运输商品进出境的集装箱和车辆等装载容器、人员频繁聚集的工作场所等，监督日常卫生状况，必要时实施灭鼠、灭蚊、除虫、消毒等卫生处理，消除可能传播传染病的媒介生存空间。

（2）动植物检疫

为防止动物传染病、寄生虫病和植物危险性病、虫、杂草以及其他有害生物传入、传出国境，保护农、林、牧、渔业生产和人体健康，促进对外经济贸易的发展，国家动植物检疫机关在对外开放的口岸和进出境动植物检疫业务集中的地点设立的口岸动植物检疫机关，实施进出境动植物检疫。

1）动植物检疫要点。

① 禁止进境的病虫害。国家禁止下列各物进境：动植物病原体（包括菌种、毒种等）、害虫及其他有害生物；动植物疫情流行的国家和地区的有关动植物、动植物产品和其他检疫物；动物尸体；土壤。

② 动物疫病。根据《中华人民共和国动物防疫法》，动物疫病分为三类，具体如下（截至 2022 年 6 月 23 日）：

一类疫病：是指口蹄疫、非洲猪瘟、高致病性禽流感等对人、动物构成特别严重危害，可能造成重大经济损失和社会影响，需要采取紧急、严厉的强制预防、控制等措施的，共 11 种。

二类疫病：是指狂犬病、布鲁氏菌病、草鱼出血病等对人、动物构成严重危害，可能造成较大经济损失和社会影响，需要采取严格预防、控制等措施的，共 37 种。

三类疫病：是指大肠杆菌病、禽结核病、鳖腮腺炎病等常见多发，对人、动物构成危害，可能造成一定程度的经济损失和社会影响，需要及时预防、控制的，共 126 种。

输入动物、动物产品和其他检疫物，应当在进境口岸实施检疫。经检疫合格的，准予进境。

境外输入动物，经检疫不合格的，由口岸动植物检疫机关签发"检疫处理通知单"，通知货主或者其代理人做如下处理：

第一，检出一类传染病、寄生虫病的动物，连同其同群动物全群退回或者全群捕杀并销毁尸体；第二，检出二类传染病、寄生虫病的动物，退回或者捕杀，同群其他动物在隔离场或者其他指定地点隔离观察。

输入动物产品和其他检疫物经检疫不合格的，由口岸动植物检疫机关签发"检疫处理通知单"，通知货主或者其代理人做除害、退回或者销毁处理。经除害处理合格的，准予进境。

输出动物、动物产品和其他检疫物，由口岸动植物检疫机关实施检疫，经检疫合格或者经除害处理合格的，准予出境。检疫不合格又无有效方法做除害处理的，不准出境。

③ 植物有害生物。根据《中华人民共和国进境植物检疫性有害生物名录》（截至2021年4月9日），植物有害生物涉及昆虫148种、软体动物9种、真菌127种、原核生物59种、线虫20种、病毒及类病毒41种、杂草42种，共446种。

输入植物、植物产品和其他检疫物，应当在进境口岸实施检疫。经检疫合格的，准予进境。经检疫发现有植物危险性病、虫、杂草的，由口岸动植物检疫机关签发"检疫处理通知单"，通知货主或者其代理人做除害、退回或者销毁处理。经除害处理合格的，准予进境。

输出植物、植物产品和其他检疫物，由口岸动植物检疫机关实施检疫，经检疫合格或者经除害处理合格的，准予出境。检疫不合格又无有效方法做除害处理的，不准出境。

2）检疫查验范围。

检疫查验分：进境检疫，出境检疫，过境检疫，携带、邮寄物检疫，运输工具检疫等。查验范围包括：输入输出的动物、动物产品、植物种子、种苗及其他繁殖材料可能携带动物疫病。动物、动物产品，植物、植物产品可能携带有害生物，都是最直接的传染媒介，属于检疫重点关注的对象。进出境运输工具、装载容器、包装物可能携带传染媒介或动物疫病、植物有害生物，也是检疫要关注的对象。进出境的动植物、动植物产品和其他检疫物，装载动植物、动植物产品和其他检疫物的装载容器、包装物，以及来自动植物疫区的运输工具，依法实施检疫。

3）跨境电商商品进出境动植物检疫。

① 销售源头消除病虫害。"跨境电子商务零售进口商品清单调整表（2022）"包含不少动物、动物产品、植物、植物产品，如活鱿鱼、猪肉干、鲜苹果等存在携带传播病虫害风险。跨境电商企业应密切关注进出境动植物检疫要求变化，熟悉进出境动植物检疫规定，确定需要进出境动植物检疫的商品，尽量避免采购天然容易感染病虫害的商品，从商品源头降低传播病虫害风险；密切关注全球病虫害状况，特别是商品生产所在地病虫害防治情况，尽量避免采购来自疫区可能感染病虫害的商品，从采购源头降低传播病虫害风险；应密切关注商品病虫害状况，在验收时发现存在病虫害的商品，做除害处理，不销售存在病虫害的商品，从发货源头降低传播病虫害风险。跨境电商企业从销售源头避免存在病虫害的商品进入全球物流网络，消除后续环节传播病虫害的风险。

② 全程物流消除病虫害。跨境电商商品从境外运输进境派送给消费者，可能经过病虫害疫区或高发地区，在物流途中被传染病虫害，进境后传播病虫害。企业应防范全程物流病虫害风险：在商品包装时，应对商品消毒除害处理，使用无病虫害或难感染病虫害的包装材料，使用坚固密封的包装容器，降低包装夹带病虫害或传播媒介的风险；在商品收寄环节，特别是对跨境电商商品小包，应检查包装是否完好、是否有病虫害，必要时进行外包装消毒，降低物流源头传播病虫害风险；在商品运输转运环节，应注意保护商品包装完好，避免包装破损，商品感染病虫害、保持装载容器、运输工具、仓库等干净清洁、无病虫害和传播媒介，降低途中感染传播病虫害风险；在商品投递给消费者

前，应对商品进行全面消毒除害，避免病虫害在最终消费地传播，降低病虫害发生实质性伤害风险。企业应全程物流都注意防范避免商品感染病虫害或携带传播媒介，杜绝病虫害进境传播。

③口岸通关消除病虫害。口岸动植物检疫是进出境商品法定要求，为境内健康生态环境构筑坚固防线，是跨境电商企业应该配合落实好的通关要求。跨境电商企业应主动不销售动植物检疫禁止进境商品，尽量避免销售植物种子、种苗及其他繁殖材料等需要事先办理检疫审批的商品，避免检疫高风险商品在口岸滞留传播病虫害；应如实准确申报商品检疫信息，特别是原产地、启运国（地区）、名称（拉丁名和中文名）、规格属性、新旧等检疫关键信息，确保准确接受口岸动植物检疫监督，避免伪报瞒报商品、逃避检疫进境从而传播病虫害；应认真负责配合做好检疫处理，以生态环境健康安全大局为重，对检疫不合格的商品，严格按照检疫要求做好检疫处理，避免除害不彻底的商品遗留境内传播病虫害。

三、跨境电商通关检验检疫监管流程

1. 报检

报检单位需具备报检资格，包括有进出口经营权的国内企业、入境货物收货人或其代理人等。

报检范围应涵盖国家法律、行政法规规定应检的对象，以及输入国有规定或与我国有协议必须凭检验检疫机构出具有关证书方准入境的对象等。

报检时必须提供的单证包括外贸合同、发票、提单等相关文件，以及根据货物种类可能需要的特殊单证，如微生物、人体组织等特殊物品的相关证明文件。

2. 受理报检与办理通关

检验检疫机构受理报检后，会审核报检单及随附单证，符合要求后接受报检。办理通关手续，包括海关申报、查验等环节。

3. 实施检验检疫

检验检疫机构对入境货物进行检验检疫，包括但不限于品质检验、安全卫生项目检测等。根据不同货物种类和输入国家的要求，进行相应的检验检疫程序。

4. 放行与登记备案

经检验检疫合格的货物，检验检疫机构会出具相关证书，并办理放行手续。对于需要进行登记备案的货物，如进口食品、化妆品等，还需进行相应的登记备案手续。

在整个流程中，应严格遵守《中华人民共和国海关法》《中华人民共和国进出口商品检验法》等相关法律法规的规定。例如，《中华人民共和国进出口商品检验法》第十一条规定："本法规定必须经商检机构检验的进口商品的收货人或者其代理人，应当向报关地的商检机构报检。"同时，第十二条和第十三条也分别对进口商品的检验和不合格商品的检验出证做出了具体规定。

总的来说，跨境电商通关检验检疫监管流程是一个涉及多个环节和多个部门的复杂过程，需要各方密切配合，确保进出口商品的质量和安全。

第四节 跨境电商通关监管模式

一、直购进口模式

1. 直购进口模式概述

（1）直购进口的定义

直购进口是指国内消费者或电子商务企业通过与海关联网的电子商务交易平台购买境外商品，电子商务平台将订单、支付、物流数据实时传送给海关，境外商品通过邮件、快件等物流运输方式进口至跨境电商专门的监管场所，跨境电商或其代理人向海关申报入境，逐个核发配送的跨境电商模式。直购进口模式按照个人自用进境物品监管，海关监管代码为 9610，全称为"跨境贸易电子商务"。

在跨境电商零售平台发展的早期，直购进口是主要的进口模式。我国从 2012 年年底开始，将上海、杭州、宁波、郑州、重庆设为首批跨境电商进口试点城市，至 2020 年 1 月 17 日，石家庄等 50 个城市（地区）和海南全岛纳入跨境电商零售进口试点范围后，试点范围扩大至 86 个城市（地区）及海南全岛。

（2）直购进口的特点

1）商品类别多样，利于新商品快速跨境销售。直购进口广泛适用于销售品类宽泛琐碎、不易批量备货的商品，有利于新上市产品开展跨境销售，便于跨境电商企业新品"试水"。此外，基于用户体验而产生的定制产品，即非标品，通过直购进口方式将更加灵活。直购进口使用的商品不限于保税仓既有的商品范围，但对于"跨境电子商务零售进口商品清单调整表（2022 版）"中备注标明的"仅限网购保税商品"也不适用，因此在判断是否通过直购进口模式入境时，应当关注并遵守"跨境电子商务零售进口商品清单"的备注要求。

2）先下单后发货模式。无须先期大量备货，有效避免货物积压以及批量退货等问题，节省境内仓储环节及成本。

3）通关环节简便灵活。直购进口模式下，境外商品从境外供应商或海外仓直运入境，无须经境内保税仓"一线入区、二线出区"通关手续及其他监管要求，直接从监管作业场所入境通关。

4）物流时间相对较长、成本相对较高。这是直购进口较为突出的缺点。相对于网购保税进口而言，直购进口的发货地在境外，采用国际邮快件方式寄递，物流时效为平均 4~7 天，甚至更长，单件商品的运费更高。

（3）直购进口的条件

直购进口的概念由《关于完善跨境电子商务零售进口监管有关工作的通知》（商财发〔2018〕486 号）首次确立，该文件规定通过直购进口的跨境电商商品应满足以下条件：

第一，属于"跨境电子商务零售进口商品清单"内、限于个人自用并满足跨境电商零售进口税收政策规定的条件。

第二，通过与海关联网的电子商务交易平台交易，能够实现交易、支付、物流电子信息"三单"比对。

第三，未通过与海关联网的电子商务交易平台交易，但进出境快件运营人、邮政企业能够接受相关电商企业、支付企业的委托，承诺承担相应法律责任，向海关传输交易、支付等电子信息。

与之相配套，《关于跨境电子商务零售进出口商品有关监管事宜的公告》（海关总署2018年第194号）强调："跨境电子商务零售进口商品申报前，跨境电子商务平台企业或跨境电子商务企业境内代理人、支付企业、物流企业应当分别通过国际贸易'单一窗口'或跨境电子商务通关服务平台向海关传输交易、支付、物流等电子信息，并对数据真实性承担相应责任。"直购进口模式因其依托国际邮件、快件等全程"门对门"物流服务的特殊模式，允许"邮政企业、进出境快件运营人可以接受跨境电子商务平台企业或跨境电子商务企业境内代理人、支付企业的委托，在承诺承担相应法律责任的前提下，向海关传输交易、支付等电子信息"。由此可见，在通关申报环节，直购进口的申报主体更加多元。

（4）直购进口的步骤

直购进口方式具体包括以下六个步骤。

1）下单购物：消费者在网站上下单，并完成支付。

2）订单处理：跨境电商企业根据订单信息，在海外仓库对订单进行处理，包括分拣、打包等操作。

3）国际运输：跨境物流企业将订单包裹从境外运输到清关的口岸。

4）"三单"数据传输：商品申报前，跨境电商平台或跨境电商企业境内代理人、支付企业、物流企业应当分别通过国际贸易"单一窗口"或跨境电子商务通关服务平台传输交易、支付、物流等电子信息。

5）清关申报：商品到达国内口岸后，跨境电商企业境内代理人办理清关手续。

6）国内派送：清关完毕后将货物移交给国内快递公司进行派送，送至消费者手中。

2. 直购进口海关监管流程

（1）企业申报

直购进口模式下，消费者在跨境电商平台下单后，申报企业通过跨境电商全国统一版系统进行报，并向海关推送"三单"信息。其中，申报企业可以委托物流公司或代理报关公司代为申报。

（2）海关审单

海关在接收到申报企业向海关推送的"三单"信息后，系统会自动核对申报信息的内容与格式，如果申报信息存在错误，系统会自动将信息原路退回；如果信息无误，系统会将信息传送至审单中心，由海关关员对申报信息进行专业化人工审核，主要审核申报商品的价格、原产地、HS编码等，进而对每票商品做出风险评估。对高风险商品选择布控查验，对低风险商品选择直接放行。

（3）海关查验

被审单环节布控抽中的商品，海关会进行实货查验。实货查验主要是为了确认实际货物与申报信息是否相符，例如实货的品名、数量、规格、原产地、HS 编码与申报数据是否相符，另外还需核实实货是否存在瞒报、夹藏的违法现象。

海关查验环节至关重要，一方面有效维护了国家安全，将危害国家安全的货物拒之门外；另一方面有效保证了应税尽税。

（4）海关征税

目前，海关多采用线上支付的方式征收税款，凭跨境电商企业或其代理人出具的保证金或保函按月集中征税。同时，海关还实施"税款担保、集中纳税、代扣代缴"征税模式，这提高了税款征收和通关验放的时效。《关于完善跨境电子商务零售进口税收政策的通知》（财关税〔2018〕49 号）实施之后，限额内跨境网购商品关税为零，增、消费税为应缴税额的 70%，完税价格超过 5000 元单次交易限值但低于 26000 元年度交易限值，且订单下仅一件商品时，可以自跨境电商零售渠道进口，按照货物税率全额征收关税和进口环节增值税、消费税，交易额计入年度交易总额，但年度交易总额超过年度交易限值的，应按一般贸易管理。海关对于商品价值一般是根据申报企业提供的商品发票来确定，如果申报企业无法提供发票，则由海关对商品进行估价。

（5）海关放行

直购进口商品在审单完成后直接放行或在查验完成后放行，此时申报企业可以从海关监管仓库中将商品提走，也可以委托物流公司将商品提走，最终将商品运送至消费者手中。

3. 直购进口海关监管要点

（1）进口商品以及申报主体行为合法性

我国海关在对直购进口商品进行监管时，既要监管商品，又要监管申报主体。例如，国家明令禁止入境象牙、枪支弹药及其零件、毒品、反动宣传品，一旦查获，全部没收，并对申报主体进行处罚。如果涉及数量较大且情节严重，将移交缉私部门并立案调查。对于申报主体，海关也会审核其申报资质，并对其所有的申报行为进行实时监控。

（2）申报信息真实性

直购进口商品具有批量小、价值低的特点，申报主体除了代理报关企业或物流企业、也可能由寄件人自行申报。有的寄件人为了偷逃税款，提供给海关的申报信息与实际商品不相符，对于这种违法行为，海关必须在审单、查验过程中认真严谨，对商品的实际情况做出准确的判断。

（3）申报价格合理性

海关对商品价值的判定主要是根据发票，然而有的商家为了降低成本，提高产品竞争力，故意开具价格相对较低的发票，以达到少缴税款的目的。所以，海关在查验过程中要对商品的实际价值做出判断，审核申报价格是否合理。

二、网购保税进口模式

1. 网购保税进口概述

（1）网购保税进口的定义

网购保税进口是指是指跨境电商企业利用海关特殊监管区域政策和保税仓储政策，

将其在跨境电商交易平台销售的商品提前运入特殊监管区域或保税物流中心（B型）进行暂存仓储，一旦消费者通过跨境电商交易平台生成订单，该商品能够迅速从特殊监管区域出区，由跨境电商企业或物流公司向海关保税部门办理通关手续，并由物流公司分装运至消费者手中。网购保税进口模式适用于品类相对单一、备货量大的电商企业，海关监管代码为1210，全称为"保税跨境贸易电子商务"。

2021年3月18日，商务部、国家发展改革委、财政部、海关总署、税务总局、市场监管总局等六部门联合印发《关于扩大跨境电商零售进口试点、严格落实监管要求的通知》（商财发〔2021〕39号）。该文件明确将跨境电商零售进口试点范围扩大至所有自贸试验区、跨境电商综合试验区、综合保税区、进口贸易促进创新示范区、保税物流中心（B型）所在城市（及区域），今后相关城市（区域）经所在地海关确认符合监管要求后，即可按照《关于完善跨境电子商务零售进口监管有关工作的通知》（商财发〔2018〕486号）要求，开展网购保税进口（海关监管代码为1210）业务。该文件要求，各试点城市要切实承担主体责任，严格落实监管要求，及时查处在海关特殊监管区域外开展"网购保税+线下自提"、二次销售等违规行为，确保试点工作顺利推进，促进行业规范、健康、持续发展。

网购保税进口是区别于一般贸易、保税货物内销和行邮快件的一种新兴进口方式。采用该模式进口的产品以终端消费品为主，适用于品类相对集中、备货量大的电商企业，在价格和时效上具有优势，可以满足人们对消费品质及消费多元化的追求，对吸引我国海外旅游购买消费回流、刺激国内行业发展有着重要作用。

（2）网购保税进口的特点

1）网购保税进口实际上是对海关特殊监管区域政策的灵活运用。特殊监管区域的最大特点就是"境内关外"，其提供的绿色清关通道为商品从区内到境内（二线监管）通关提供便利，商品从境外到区内则有较为严格的海关监管（一线监管）。

2）在保税备货模式下，申报的完税价格为跨境电商交易平台定价。

3）商品拟从特殊监管区域出区向海关申报前，跨境电商企业（跨境电商交易平台）、支付企业、物流企业分别通过跨境电商通关服务平台向海关传输订单、支付凭证和运单，由海关实行"三单"对碰，无误后予以放行。

依托上述特点，网购保税进口相比直购进口而言，先期区内备货使得消费者下单后商品通关物流时效更快、成本更低。

就零售商品而言，1210网购保税进口与9610直购进口的不同之处在于，1210网购保税进口的商品需批量进入区域（中心），监管更有保障，所以在《跨境电子商务零售进口商品清单》中规定的商品范围等方面比9610直购进口的更广。例如，2019年版《跨境电子商务零售进口商品清单》新增的冻挪威海螯虾、冻牡蛎、冻扇贝、冻章鱼等海鲜类商品以及大部分鲜花类产品，由于检疫准入要求较高，只能通过1210网购保税进口方式进口，即网购保税进口的商品范围更广，适用于《跨境电子商务零售进口商品清单》内的全部商品。需要明确的一点是，不管是通过9610直购进口方式，还是通过1210网购保税进口方式进口的跨境商品，在入境环节都须符合检疫要求，比如宠物粮食需要提供检疫许可证，燕窝制品需要提供生产国与生产企业合格证明，包括其他政府批文、原产地国家有关证明等，用于办理入境手续。

（3）网购保税进口的步骤

网购保税进口业务的正式运作主要有以下七个步骤。

1）跨境电商企业及其境内代理人将境外商品从海外运输（空运、海运、国际铁路运输等）至区域（中心）。

2）完成通关手续后，商品在跨境电商平台上架销售。

3）消费者在跨境电商平台下单，并完成支付。

4）跨境电商平台、跨境电商企业境内代理人、支付机构、物流企业向海关传输交易、支付、物流"三单"数据，海关接收并核实"中华人民共和国海关跨境电子商务零售进出口商品申报清单"。

5）保税仓储企业根据订单信息，在仓库进行分拣、打包等操作处理。

6）商品出区，在出区过程中，海关监管系统根据布控指令随机查验，若查验无异常则包裹放行。

7）清关完毕后将货物移交给国内物流进行派送，送至消费者手中。

2. 网购保税进口海关监管模式

与9610直购进口的不同之处在于，1210网购保税进口须通过区域（中心）开展，海关监管作业需进一步细分为"一线进境"和"二线出区"两个环节。

（1）"一线进境"

网购保税进口商品"一线进境"通关需要向海关申报报关单（备案清单）、保税核注清单及核放单。经上述单证报送放行后，网购保税进口商品进入区域（中心）进行保税仓储，海关对其实行"跨境进口"电子账册管理。其海关监管流程如图6-1所示。

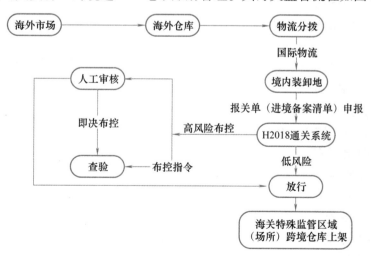

图6-1　网购保税进口"一线进境"流程图

（2）"二线出区"

境内消费者在跨境电商平台上下单购买区域（中心）内的网购保税商品后，参与跨境电商进口业务的企业应如实传输交易、支付、物流"三单"数据并对数据的真实性负责；跨境电商平台或跨境电商企业境内代理人传输交易数据，支付机构传输支付数据，物流企业传输物流数据。

"三单"数据传输并经海关总署对碰核验后，由跨境电商企业境内代理人或其委托的报关企业提交"中华人民共和国海关跨境电子商务零售进出口商品申报清单"。

进口清单放行后，区内企业根据已放行的进口清单汇总申报保税核注清单，核注清单放行后再申报核放单，凭核放单运出区域（中心）。其海关监管流程如图6-2所示。

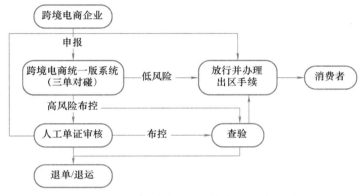

图6-2　网购保税进口"二线出区"流程图

三、零售直邮出口模式

1. 零售直邮出口概述

（1）零售直邮出口的定义

零售直邮出口模式，也被称为9610模式。该模式下境外消费者通过电子商务平台购买商品，电商企业及电商平台将交易、支付、物流"三单"数据实时传输给海关后，商品以邮件、快件方式直接从境内运送出境。9610模式全称为"跨境贸易电子商务"，俗称"集货模式"，也就是我们常说的B2C出口。

零售直邮出口模式出现以前，卖家们常用的发货方式主要为以下几种：FBA头程（海运/空运/快递）、海外仓头程（海运/空运/快递）、邮寄、快递。若卖家采用FBA头程发货或海外仓头程发货，货物出口时会按一般贸易方式报关。与前两种适用于需要大批量发货的卖家不同，邮寄、快递发货方式适用于小批量、频繁发货的卖家，但会出现无法退税的问题。如果采用一般贸易对单个包裹报关清关，则极大增加了通关成本。在此背景下，海关总署发布第12号公告，增列海关监管代码"9610"，专为销售对象为单个消费者的中小跨境电商企业服务。海关只需对跨境电商企业事先报送的出口商品清单进行审核，审核通过后就可办理实货放行手续，这不仅让企业通关效率更高，同时也降低了企业的通关成本。

（2）零售直邮出口模式的步骤

零售直邮出口模式具体包括以下五个步骤。

1）跨境电商平台、物流公司等参与出口业务的机构向海关进行信息登记。

2）境外买家在跨境出口电商平台下单后，选择物流并通过支付机构完成付款。

3）跨境电商平台分别向境内卖家发送订单信息和支付信息，境内卖家按订单发货。

4）跨境电商企业或其代理人及物流公司向国际贸易"单一窗口"或跨境电子商务通关服务系统实时传输交易、收款、物流的出口"三单"数据。

5）"三单"信息一致，清单核放，汇总申报。

跨境电商零售直邮出口流程如图 6-3 所示。

图 6-3　跨境电商零售直邮出口流程

（3）零售直邮出口的适用范围

1）业务类型。零售直邮出口适用于境内个人或电子商务企业通过电子商务平台进行的跨境贸易零售出口业务，即小包裹、小额交易的商品直接销售给海外消费者的出口活动。

2）商品类别。零售直邮出口包括但不限于服装、鞋帽、家居用品、电子产品、化妆品等各类适合零售出口的商品，但需符合目的国的进口要求和我国海关相关规定。

3）通关方式。商品不通过海关特殊监管区域或保税监管场所"一线（例如综合保税区、保税港区）出境"，而是采用"清单核放、汇总申报"的便捷通关模式。

4）操作流程。这种模式下，跨境电商企业可以对每个订单逐单进行电子化报关，完成商品的快速通关放行；之后再定期将多个已核放清单进行汇总，统一向海关做税款结算及统计申报。

5）参与主体备案。跨境电商企业、物流企业和支付企业需要按照规定向海关备案，并确保相关数据实时准确地传送至海关系统，以便于海关实施有效监管。

总结来说，零售直邮模式主要针对的是以零散订单形式出口到国外消费者手中的跨境电商零售商品，旨在优化通关手续，促进跨境电商零售业的发展。

2. 零售直邮出口模式海关监管流程

零售直邮出口模式海关监管流程如图 6-4 所示。

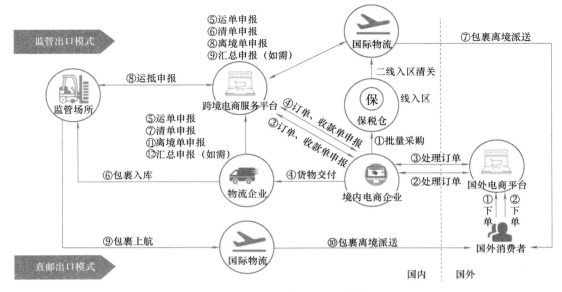

图 6-4　零售直邮出口模式海关监管流程图

3. 零售直邮出口模式海关监管的要点

零售直邮出口模式海关监管的要点主要包括确保商品信息的真实性、合规性检查，以及加强风险防控。

（1）确保商品信息的真实性

跨境电商企业或其代理人需要向海关传输真实的业务相关电子数据和电子信息，包括交易、支付、物流等，并对数据的真实性承担相应责任。这包括商品的详细信息、价格、数量等，确保所有信息与实际货物相符，避免虚假宣传或误导消费者。

（2）合规性检查

海关对跨境电子商务零售进口商品在销售前会按照法律法规实施必要的检疫，并视情况发布风险警示。参与跨境电商业务的企业如果发现涉嫌违规或走私行为，应及时主动告知海关。此外，涉嫌走私或违反海关监管规定的企业应配合海关调查，开放交易生产数据或原始记录数据，确保所有操作符合法律法规要求。

（3）加强风险防控

跨境电商企业应建立商品质量安全等风险防控机制，加强对商品质量安全以及虚假交易、二次销售等非正常交易行为的监控，并采取相应处置措施。这包括建立有效的质量控制体系，确保所售商品符合国家相关标准和安全要求。

此外，海关对食品销售单位与食品流通过程中的监管要点包括检查许可证管理情况、卫生管理情况、食品采购验收情况以及食品储存情况，确保食品安全和卫生。这些措施共同确保了零售直邮出口商品的合规性和安全性，保护了消费者的权益。

四、特殊区域零售出口模式

1. 特殊区域零售出口概述

（1）特殊区域零售出口的定义

根据货物出口时状态和销售环节的不同，特殊区域零售出口可分为 1210 特殊区域零售出口和 1210 特殊区域出口海外仓零售两种形式。

特殊区域零售出口是指企业将商品批量出口至区域（中心），海关对其实行账册管理；境外消费者通过电商平台购买商品后，通过物流快递形式送达境外消费者。特殊区域出口海外仓零售是指企业将商品批量出口至区域（中心），海关对其实行账册管理；企业在区域（中心）内完成理货、拼箱后，批量出口至海外仓，通过电子商务平台完成零售后再将商品从海外仓送达境外消费者。

（2）特殊区域零售出口流程

特殊区域零售出口简称"保税电商"，俗称"备货模式"，也称保税出口模式，流程具体包括以下七个步骤。

1）在综合保税区内设立符合要求的场地，进行电商资质备案。

2）与海关信息化系统对接，在金关二期系统设立"出口跨境电商"用途的专用电子账册。

3）商品入综合保税区。区内企业在金关二期系统申报进口核注清单，区外企业填报出口报关单（监管方式为一般贸易）；区内企业再申报入区核放单，货物入区。

4）商品销售后出综合保税区离境。境外消费者通过跨境电商平台下单并付款，企业将交易、收款、物流等信息发给海关，在跨境电商统一版系统申报《申报清单》（监管方式代码 1210），海关比对信息后放行。

5）企业打包包裹（包裹上需贴有为境外消费者配送的快递单），将该批次已放行的《申报清单》在金关二期系统归并后生成出口核注清单（海关监管代码为 1210），再申报出区核放单，该批次包裹出区。

6）企业根据所在综合保税区是否包含出境口岸，选择直接出口或办理转关手续至出境口岸后离境。

7）对 1210 特殊区域出口海外仓零售，还应在海关进行出口海外仓业务模式备案，提供海外仓证明材料，在金关二期系统设立用途是"海外仓"的电子账册。其他要求及流程与特殊区域普通货物出口基本相同。

特殊区域零售出口模式的流程如图 6-5 所示。

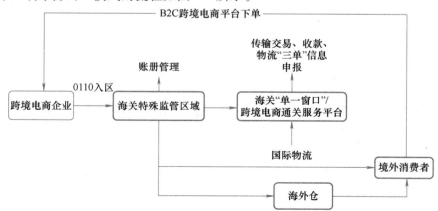

图 6-5　特殊区域零售出口模式流程图

（3）特殊区域零售出口的优势

1）入区即退税。相比"离境退税"，利用保税区"入区即退税"的作用，可以让卖家实现快速退税，而不必等到货物真正销售出去才去做退税申报，加速退税流程，提高资金的使用效率。这一模式满足了跨境出口订单碎片化、多元化的要求，解决了传统跨境小包出口结汇、退税、数据统计难等问题，提升了贸易效率。

2）解决报关难题。对于供应商较多、商品品类也很多的卖家来说，根据亚马逊销售的模式，小批量入 FBA 的产品对于供应商来说开票一直是难题。应用跨境特殊区域出口模式，货物进保税仓后可以先把所有的货一次性报关转到 H 账册[⊖]，按照销售情况安排各站点多批次发货，货物离境前就可以先安排供应商开发票申请退税。

3）利于测试新产品。在对新产品及新市场的前景不是很有把握的时候，备货在海外仓面临着极大的资金和库存压力。运用此种模式，商品可以在产生订单后再进入保税区域，之后投递到终端消费者，在非保税区域的库存根据订单情况再决定补货顺序和数量。一旦货物卖得不好，只要申请内销补税，这批货物很快就能从园区拉回工厂。

4）合理解决税务问题。进入国外海外仓需要按照一般贸易方式缴税，特殊区域零售出口模式是以小包物品方式直接到达国外消费者手中。对于欧洲来说，直发的商品货值控制在 22 欧元内就可以合理避开税务问题。

5）退换货成本低。退换的物品可从境外进入保税仓内，在保税状态下完成理货，实现重新上架销售出口，与海外仓联动，满足出口电商要求，降低海外理货成本。

6）一盘库存卖全球。我国是全球最重要的消费市场之一，也是最大的制造中心。在跨境电商和互联网的支持下，中国企业拥有了庞大的全球商品库。这时，电商企业能做的不是普通的进出口生意，而是把全球供应链的商品变成"一盘货"，简单理解就是把某一国家的产品进口到中国卖给消费者的同时，这一产品也供给其他国家的消费者。

跨境商品特殊区域零售出口模式将助力有实力的卖家建设"全球中心仓"，实现出口贸易与进口贸易同仓调拨、小额交易和大宗贸易同仓交割、外贸与内贸同仓一体，帮助他们"一盘库存卖全球"。

2. 特殊区域零售出口模式的海关监管流程

第一步：电商企业将商品暂存至海关特殊监管区域。

第二步：区域内保税仓对商品详情进行核准及登记。

第三步：境外消费者在电商平台下单后，由电商企业安排发货。

第四步：跨境物流企业取货。

第五步：经清单申报，并在海关账册进行核销后，海关放行。

第六步：商品完成出口。

第七步：次月汇总报关单。

第八步：收汇、退税。

⊖ H 账册是一种电子账册，主要用于海关特殊监管区域内的保税加工企业和保税物流企业。H 账册的第一位标记代码为"H"，表示这种账册是根据需要在海关预先备案进口料件和对应的出口成品。

3. 特殊区域零售出口模式的海关监管要点

（1）特殊区域零售出口模式的监管过程

从海关监管的角度，1210 特殊区域零售出口申报分为两段。

第一段为从国内申报报关单进入特殊区域，该段在"单一窗口"按照货物一般贸易方式（海关监管代码为 0110）入区进入跨境电商出口账册即可。

第二段为从特殊区域申报实际离境，分为两个模式。①海外仓模式：依旧以报关单的形式，按照货物在"单一窗口"申报报关单进入海外仓即可，海关监管代码为 1210。②清单模式：在"单一窗口"或跨境电商服务平台申报清单，可不申报报关单，海关用跨境电商出口统一版进行监管。

1210 特殊区域零售出口模式和传统的 9610 零售直邮出口模式的对比见表 6-3。

表 6-3　1210 特殊区域零售出口模式和传统的 9610 零售直邮出口模式的对比表

对比项目	1210		9610
	特殊区域零售出口	特殊区域出口海外仓零售	
交易性质	B2C	B2C	B2C
适应范围	特殊监管区和保税物流中心（B 型）	特殊监管区和保税物流中心（B 型）	无限制，但监管场所必须符合海关监管要求
申报形式	申报清单	报关单或申报清单	申报清单
优势	入区即退税；批量入区、集货出口，降低物流成本		综试区内企业可采用 4 位 HS 编码简化申报，适用"清单申报、汇总统计"

（2）特殊区域零售出口的两种模式的区别

1210 特殊区域零售出口（常称传统模式）与 1210 特殊区域出口海外仓零售（常称海外仓模式）相比，首要的差别在于：传统模式下出口商品存放于经海关批准设立的专门存放保税货物及其他未办结海关手续货物的区域（中心）内，海外仓模式下商品在送达国外消费者之前，存放在海外仓库。

在海外仓模式下，境内多个商家发往不同海外仓的货物可以在海关特殊监管区域内进行集中分拨，将相同境外流向的跨境电商货物集中起来一次申报，待海外完成零售后再分批结汇，并可灵活选择全国通关一体化、转关等模式进行通关。

（3）特殊区域出口海外仓的优劣势

一方面，海外仓模式提高了商品的通关效率，缩短了配送时间，一定程度上降低了企业的商品运输、申报等方面的成本，退税流程也更简捷；另一方面，与传统模式相比，海外仓模式的仓储成本相对较高，因此，出口产品在储存方面对流动性的要求较高。综合各方面因素判断，海外仓模式能够在多大程度上为企业节省运营成本，减轻企业的经营压力还有待后续的精准测算。可以肯定的是，海外仓模式可以为境外消费者带来更佳的消费体验——境外消费者在网购国内商品时可享受到更优惠的价格以及更快的配送速度。

五、跨境电商 B2B 出口模式

1. 跨境电商 B2B 出口概述

（1）跨境电商 B2B 出口的定义

跨境电商 B2B 出口是指境内企业通过跨境物流将货物运送至境外企业或海外仓，并通过跨境电商平台完成交易的贸易形式。跨境电商 B2B 出口可分为跨境电商 B2B 直接出口（9710）和跨境电商 B2B 出口海外仓（9810）两类。

根据海关总署 2020 年第 75 号、第 92 号公告，先后两批共有北京、天津、南京、杭州、宁波、厦门、郑州、广州、深圳、黄埔、上海、福州、青岛、济南、武汉、长沙、拱北、湛江、南宁、重庆、成都、西安等 22 个直属海关开展跨境电商 B2B 出口监管试点。根据海关总署公告 2021 年第 47 号《关于在全国海关复制推广跨境电子商务企业对企业出口监管试点的公告》，跨境电商 B2B 出口模式在全国海关复制推广。

（2）跨境电商 B2B 出口分类

1）B2B 直接出口。

B2B 直接出口模式的海关监管代码为 9710，适用于境内企业通过跨境电商平台与境外企业达成交易后，通过跨境物流将货物直接出口至境外企业。

B2B 直接出口企业资质要求如下：

① 境内企业且参与跨境电商 B2B 出口业务，包括跨境电商企业、受跨境电商企业委托的代理报关企业、跨境电商平台企业（含自营平台、第三方平台、境内平台、境外平台），以及物流企业。

② 向所在地海关办理企业注册登记，在"跨境电商企业类型"中勾选相应企业类型。

③ 已办理注册登记未勾选"跨境电商企业类型"的，在国际贸易"单一窗口"提交注册信息变更申请。

④ 通过"跨境电商出口统一版系统"申报清单的，物流企业应获得国家邮政管理部门颁发的"快递经营许可证"。

2）B2B 出口海外仓。

B2B 出口海外仓模式的海关监管代码为 9810，适用于境内企业先将货物通过跨境物流出口至海外仓，通过跨境电商平台实现交易后从海外仓送达境外购买者。

B2B 出口海外仓模式企业资质要求如下：开展跨境电商出口海外仓业务的境内企业应在海关办理注册登记，且企业信用等级为一般信用及以上。

（3）跨境电商 B2B 出口企业申报流程

企业通过国际贸易"单一窗口"标准版或"互联网+海关"的跨境电商通关服务系统和货物申报系统，向海关提交申报数据、传输电子信息。

跨境电商 B2B 出口有关电子信息报文，沿用跨境电商通关服务系统现有的 B2C 接入通道模式，新增支持 B2B 出口报关单报文导入；货物申报系统支持 B2B 出口报关单按现有模式录入和导入。

单票金额超过 5000 元的，涉证、涉检、涉税的跨境电商 B2B 出口货物，企业应通过"H2018 通关管理系统"办理通关手续。

单票金额在 5000 元（含）以内，且不涉证、不涉检、不涉税的跨境电商 B2B 出口货物，企业可以通过"H2018 通关管理系统"或"跨境电商出口统一版系统"办理通关手续。

跨境电商 B2B 出口企业出口申报流程如图 6-6 所示。

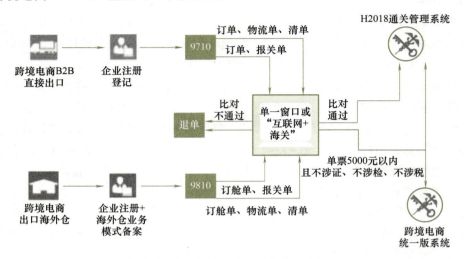

图 6-6　跨境电商 B2B 出口企业出口申报流程

（4）跨境电商 B2B 出口申报模式

跨境电商 B2B 出口业务，即 9710&9810，可以分为四种申报模式，分别是 9710 清单申报模式、9810 清单申报模式、9710 报关单申报模式、9810 报关单申报模式。其中，清单申报模式中，订单的报送需通过数据接入报文方式申报；报关单申报有两种方式，通过数据接入报文申报或国际贸易"单一窗口"界面录入均可。

1）9710 清单。

① 订单类型为 B，电商平台代码（对于境外平台等无法提供情况）可填写"无"，电商平台名称按实际填写。

② 要求货值 5000 元及以下，且不涉证、不涉检、不涉税。

③ 贸易方式为 9710，申报地海关为试点关区，可选 6 位 HS 编码简化申报。

④ 其他单证和流程，参照 9610 模式。

2）9810 清单。

① 订单类型为 W，电商平台代码填写"无"，电商平台名称填写海外仓名称，备注填写海外仓地址。

② 要求货值 5000 元及以下，且不涉证、不涉检、不涉税。

③ 贸易方式为 9810，申报地海关为试点关区，可选 6 位 HS 编码简化申报。

④ 清单的收发货人（电商企业）或生产销售单位，提前在海关完成申报关区+海外仓业务备案。

⑤ 其他单证和流程，参照 9610 模式。

清单申报模式流程如图 6-7 所示。

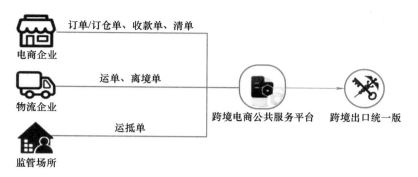

图 6-7　清单申报模式流程

3）9710 报关单。

① 订单类型为 B，电商平台代码（对于境外平台等无法提供的情况）可填写"无"，电商平台名称按实际填写。

② 没有货值等要求。

③ 贸易方式为 9710，申报地海关为试点关区。

④ 报关单的随附单据类别代码 10000004（跨境电商 B2B 出口单证）处填写电商订单编号。

⑤ 报关单申报环节，进行报关单（表头和表体）与订单（表头和表体）比对校验（参考 9610 清单与订单比对）。

⑥ 报关单可按现有方式录入或导入，也可选择跨境电商通道导入报关单（仅限 9710、9810），报关单回执原路从跨境电商通道下发。

⑦ 其他参照 0110 模式。

4）9810 报关单。

① 订单类型为 W，电商平台代码填写"无"，电商平台名称填写海外仓名称，备注填写海外仓地址。

② 没有货值等要求。

③ 报关单的贸易方式为 9810，申报地海关为试点关区。

④ 报关单的收发货人或生产销售单位，提前在海关完成申报关区+海外仓业务备案。

⑤ 报关单的随附单据类别代码 10000004（跨境电商 B2B 出口单证）处填写海外仓订仓单编号。

⑥ 报关单申报环节，进行报关单（表头和表体）与订单（表头和表体）比对校验（参考 9610 清单与订单比对）。

⑦ 报关单可按现有方式录入、导入，也可选择跨境电商通道导入报关单（仅限 9710、9810），报关单回执原路从跨境电商通道下发。

⑧ 其他参照 0110 模式。

报关单申报模式流程如图 6-8 所示。

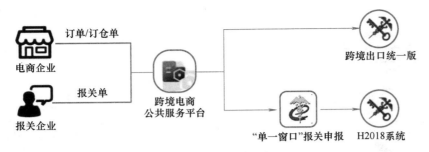

图 6-8　报关单申报模式流程

2. 跨境电商 B2B 出口海关监管流程

（1）跨境电商 B2B 直接出口

该流程涉及跨境电商出口企业、跨境电商平台企业（境内或境外 B2B 平台）、物流企业、外贸综合服务企业以及境外采购企业等多方主体参与。9710 跨境电商 B2B 直接出口海关监管流程如图 6-9 所示。

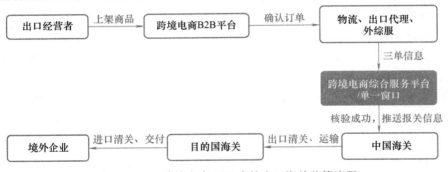

图 6-9　9710 跨境电商 B2B 直接出口海关监管流程

（2）跨境电商 B2B 出口海外仓

该流程涉及跨境电商出口企业、跨境电商平台企业（境内或境外 B2B 平台）、物流企业、外贸综合服务企业以及境外采购企业等多方主体参与。9810 跨境电商 B2B 出口海外仓海关监管流程如图 6-10 所示。

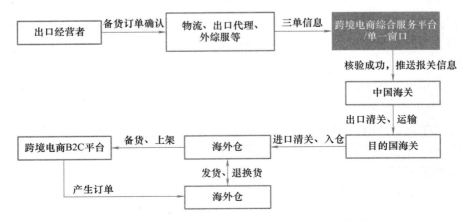

图 6-10　9810 跨境电商 B2B 出口海外仓海关监管流程

3. 跨境电商 B2B 出口海关监管要点

（1）报关单位注册登记

跨境电商企业、跨境电商平台企业、物流企业等参与跨境电商 B2B 出口业务的境内企业，应当依据海关报关单位注册登记管理有关规定在海关办理注册登记，并在跨境电商企业类型中勾选相应的企业类型；已办理注册登记未勾选企业类型的，可在国际贸易"单一窗口"提交注册信息变更申请。

（2）出口海外仓业务模式备案

开展出口海外仓业务的跨境电商企业，还应当在海关办理出口海外仓业务模式备案。

1）企业资质条件。开展跨境电商出口海外仓业务的境内企业应在海关办理注册登记，且企业信用等级为一般信用及以上。

2）备案资料要求。①两个登记表：《跨境电商出口海外仓企业备案登记表》《跨境电商海外仓信息登记表》（一仓一表）。②海外仓证明材料：海外仓所有权文件（自有海外仓）、海外仓租赁协议（租赁海外仓）、其他可证明海外仓使用的相关资料（如海外仓入库信息截图、海外仓货物境外线上销售相关信息）等。③海关认为需要的其他材料。上述资料应向企业主管地海关递交，如有变更，企业应及时向海关更新相关资料。

（3）电子信息传输

跨境电商企业或其委托的代理报关企业、境内跨境电商平台企业、物流企业应当通过国际贸易"单一窗口"（https：//new. singlewindow. cn/）或"互联网＋海关"（http：//online. customs. gov. cn/）向海关提交申报数据、传输电子信息，并对数据的真实性承担相应法律责任。

（4）检验检疫

跨境电商 B2B 出口货物应当符合检验检疫相关规定。

（5）海关查验

海关实施查验时，跨境电商企业或其代理人、监管作业场所经营人应当按照有关规定配合海关查验。海关按规定实施查验，对跨境电商 B2B 出口货物可优先安排查验。

（6）通关一体化及转关

跨境电商 B2B 出口货物适用全国通关一体化，也可采用"跨境电商"模式进行转关。

习　　题

一、填空题

1. 跨境电商通关，又称清关或结关，是指进出口或转运货物出入一国（或地区）_____时，依照各项_____应当履行的手续。

2. 我国跨境电商出口通关有申报、_____、_____、放行等流程。

3. 按商务部等六部委发布的"486 号通知"，跨境电商零售进口参与主体主要包括跨境电商企业、_____、境内服务商、_____等。

4. 跨境电商通关检验检疫监管流程分为报检、_____、_____、放行与登记备案。

5. 根据企业经营模式，跨境电商 B2B 出口模式可分为_____和_____两类。

二、选择题

1. 通常跨境电商出口企业中所说的"三单信息"不包括(　　)。

A. 商品信息　　　　　B. 物流信息　　　　　C. 征税信息　　　　　D. 支付信息

2. 单票金额超过(　　)元的，涉证、涉检、涉税的跨境电商 B2B 出口货物企业应通过"H2018 通关管理系统"办理通关手续。

A. 1000　　　　　　　B. 2000　　　　　　　C. 3000　　　　　　　D. 5000

3. 直购进口模式的海关监管代码是(　　)。

A. 1210　　　　　　　B. 9710　　　　　　　C. 9610　　　　　　　D. 9810

4. 商品检验，简单来说就是商检，一般用于进出口贸易。下列(　　)不属于按商品检验目的分类的检验。

A. 生产检验　　　　　B. 免于检验　　　　　C. 第三方检验　　　　　D. 验收检验

5. 下面(　　)不是直购进口的特点。

A. 商品类别多样，利于新商品快速跨境销售　　　　　B. 先下单后发货模式

C. 物流时间相对较长、成本相对较高　　　　　D. 通关环节复杂麻烦

三、判断题

1. 货物在通关期间，不论是进口、出口或转运，都是处在海关监管之下，不准自由流通。(　　)

2. 在跨境电商零售进口监管中，对额度限制要求是单个用户单笔订单不可超过 3000 元，年度交易限额 2.5 万元。(　　)

3. 跨境电商通关检疫主要包括卫生检疫和动植物检疫。(　　)

4. 跨境电商 B2B 出口是指境内企业通过跨境物流将货物运送至境外企业或海外仓，并通过跨境电商平台完成交易的贸易形式。(　　)

5. 根据货物出口时状态和销售环节的不同，特殊区域零售出口可分为 9610 特殊区域零售出口和 9610 特殊区域出口海外仓零售两种形式。(　　)

四、简答题

1. 比较一下 B2B 直接出口（9710）和保税出口（1210）通关监管要求。

2. 简要说明直购进口的条件。

3. 简述特殊区域零售出口海关监管流程。

4. 简要回答跨境电商通关检验的定义。

5. 简述跨境电商 B2B 出口企业申报流程。

习 题 答 案

跨境电商概论 第3版

第七章
跨境电商营销

引例

2024年6月，商务部等9部门发布的《关于拓展跨境电商出口推进海外仓建设的意见》中提出，积极培育跨境电商经营主体，大力支持跨境电商赋能产业发展。指导地方依托跨境电商综合试验区、跨境电商产业园区、优势产业集群和外贸转型升级基地等，培育"跨境电商赋能产业带"模式发展标杆。鼓励有条件的地方聚焦本地产业，建设产业带展示选品中心，与跨境电商平台开展合作，设立产业带"线上专区"。支持依法合规引入数字人等新技术，通过网络直播等方式拓展销售渠道，带动更多优势产品出口。鼓励地方立足特色优势支持传统外贸企业发展跨境电商，建立线上线下融合、境内境外联动的营销服务体系。

丰富的产业带资源、雄厚的制造业基础，是我国跨境电商得以快速发展并有底气奔向更远未来的前提。产业带不仅有能力孕育出大批有竞争力的产品，还有机会通过跨境电商实现从"制造"到"智造"、从"产品出海"到"品牌出海"的跃迁。然而，跨境电商营销是一项系统工程，需要企业在品牌定位、多渠道营销等方面全面发力。只有不断创新营销策略，紧跟市场变化，才能在激烈的国际竞争中脱颖而出，实现跨越国界的品牌之旅。

本章学习目标

（1）了解跨境电商营销的定义。

（2）熟悉主流的跨境电商营销推广方式。

（3）掌握跨境电商营销策划的流程、结构与撰写方法。

第一节 跨境电商营销概述

一、跨境电商营销的定义

跨境电商营销（cross-border electronic commerce marketing）是指企业以互联网为基础，利用数字化的信息和网络媒体的交互性来辅助跨境电商营销目标实现的一种新型市场营销方式。换言之，跨境电商营销就是以互联网为主要营销手段进行的，为达到跨境电商营销目的的营销活动。

当前，跨境电商营销手段主要包括站内营销、搜索引擎营销、社交媒体营销、联盟营销、电子邮件营销、网红营销、网络广告等。跨境电商涉及全球的潜在用户，以互联网为基础的跨境电商营销方式可以帮助企业更加准确地分析出用户的消费习惯和消费行为，从而及时调整企业的营销组合策略等。

4P营销组合理论是美国营销学家杰罗姆·麦卡锡在1960年提出的，认为它是研究把适当的产品（product），以适当的价格（price）、在适当的时间和地点（place），用适当的方法（promotion）销售给尽可能多的顾客，以最大限度地满足市场需要。

1）产品。"产品"代表企业提供给目标市场的物品和服务的组合，包括产品质量、种类、设计、质量、品牌名称、尺码或型号、安装服务、品质保障、售后服务等。

从事跨境电商的企业，无论是通过跨境电商平台销售其工厂生产的产品，还是通过供应市场中挑选产品进行跨境电商销售，产品管理都是其跨境电商营销的重要内容。跨境电商企业常用的选品方法包括：①数据分析法，通过收集和分析市场数据、竞争对手数据以及用户数据，发现潜在的市场需求和消费趋势，为选品提供数据支持。②社交媒体监测，通过监测社交媒体上的热门话题、用户评论等信息，了解消费者的购买意愿和偏好。③趋势预测，关注行业发展趋势和流行文化，预测未来可能受欢迎的产品。例如，关注时尚潮流、科技创新等领域的动态，发掘潜在的市场机会。④供应链资源：建立良好的供应链资源，与优质的供应商建立合作关系。通过供应链资源，获取更多优质的产品信息和市场动态，为选品提供更多选择。⑤用户反馈，通过收集和分析用户评价、咨询等信息，了解用户对产品的满意度和需求，不断优化选品策略。

2）定价。"价格"代表顾客购买商品时的价格，包括价目表所列价格、折扣、支付期限、信用条件等。

跨境电商产品定价是一项复杂而关键的工作，需要综合考虑市场需求、竞争环境、成本构成等多方面因素。合理的定价不仅需要考虑产品成本，还需综合退货率、平台佣金、物流运费等多种因素。通过科学的定价策略，商家不仅能提升产品的市场竞争力，还能确保实现最大化利润。

3）渠道。"渠道"代表企业为了将其产品送达目标顾客所进行的各种活动，包括中间商选择、渠道管理、仓储、运输以及物流配送等。

　　跨境电商的货源渠道不仅决定了商品的质量、价格，还直接影响到供货的稳定性和物流效率。随着全球贸易的日益紧密和跨境电商的快速发展，跨境电商的货源渠道也日益多样化，主要包括以下四个。①制造商直供：是跨境电商最常见的货源渠道之一，通过与制造商直接合作，商家可以获得最低的价格和稳定的供应。②跨境仓储：是跨境电商解决物流问题的重要手段之一。通过在海外建立仓库，商家可以提前将商品运至仓库存储，待收到订单后再进行配送。这种方式可以大幅缩短配送周期、提高物流效率，并降低运输成本。③跨境采购平台：是跨境电商获取货源的重要渠道之一。这些平台通常提供一站式服务，包括商品搜索、采购、支付和物流等，大大降低了跨境电商的采购门槛。④跨境货代公司：是跨境电商解决物流和供应链问题的重要合作伙伴。通过跨境货代公司的专业操作与全球网络布局，跨境电商企业能够跨越地域限制，实现商品的高效流通与精准送达。

　　4）促销。"促销"代表企业为了宣传介绍其产品优点或为说服目标顾客购买其产品所进行的各种活动，包括广告、销售促进、宣传、人员推销等。

　　跨境电商平台通过提供优惠来吸引消费者，因此促销活动在跨境电商平台上尤为重要，其主要促销活动包括以下四种。①全网折扣优惠活动：这是在跨境电商平台上最常见的促销活动，通常是商家在节假日和特定时期提供一定折扣力度的商品，以此刺激消费者购买欲望，是获取粉丝的最佳方式。②会员优惠活动：VIP 会员系统是跨境电商平台上最常见的促销策略，商家通过提供特定的会员裂变优惠和会员权利来吸引消费者购买更多的商品，同时也有助于开发潜在的忠实消费者，从而实现商家长期的盈利率。③0元购物活动：是跨境电商平台上最受欢迎的促销方式之一，活动一般是按照用户关注度、活动参与和购买能力等方式抽取年费会员，这样无论是品牌运营还是消费者都可以从中获益，推动电商行业发展。④增强用户黏性的活动：用户黏性活动是跨境电商平台上最实效的促销活动之一，主要是为了鼓励消费者长期购物，以提升用户的活跃度和黏性。活动的形式可以是各种礼券、积分兑换、定期优惠、限时赠送特权等，都能够实现良性的促销效果。

 **扩展阅读**

跨境电商价格怎么定？

　　在跨境电商的激烈竞争中，如何科学合理地定价成为众多卖家关注的焦点。合理的定价策略不仅能吸引消费者、提升销量，还能确保卖家获得稳定的利润。本文将深入探讨跨境电商价格的制定方法，并揭示跨境电商商品定价的公式，帮助卖家在市场中立于不败之地。

　　1. 跨境电商定价策略

　　跨境电商的定价策略多种多样，每种策略都有其独特的适用场景和优势。常见的定价策略包括以下几种。

　　市场定价：基于市场需求和竞争情况，确定一个与市场平均价格或竞争对手价格相近的定价策略。这种策略有助于保持市场竞争力，吸引消费者。

成本加成定价：以产品成本为基础，加上一定的利润率来确定售价。这种方法能确保卖家获得足够的利润，覆盖生产、运营和营销成本。

市场定位定价：根据目标市场和消费者群体的需求和偏好，制定针对特定细分市场的定价策略。例如，将商品定位为高端市场，并据此设定较高的价格。

促销定价：通过折扣、特价、买一送一等促销活动吸引消费者。虽然短期内可能牺牲部分利润，但能有效刺激销售和增加市场份额。

动态定价：利用实时数据和市场情报，根据需求、供应和竞争情况灵活调整价格。这种策略能帮助卖家最大化销售和利润。

区域定价：针对不同地区或国家的市场需求和购买力，制定差异化的定价策略。这有助于更好地适应不同市场的价格敏感性和竞争情况。

品牌价值定价：根据品牌的知名度、声誉和独特性，将商品定价为较高的水平。这种策略适用于具有高度品牌忠诚度的产品。

2. 跨境电商商品定价公式

跨境电商商品定价的复杂性在于需要综合考虑多个因素，包括产品成本、运费、平台费率、利润率以及汇率风险等。以下是一个简化的跨境电商商品定价公式：

$$定价 = \frac{(产品成本 + 国内段运费均摊 + 产品重量 \times 国际段物流资费)}{(1 - 平台费率) \times (1 - 利润率)}$$

式中　产品成本——包括进货成本、包装成本、人工成本等；国内段运费均摊——根据采购频率和备货量计算，确保物流成本合理分摊；产品重量——产品净重加上国际包裹包装重量，需准确获取；国际段物流资费——根据物流渠道和目的国家确定，需考虑物流折扣；平台费率——各跨境电商平台有所不同，通常为销售额的一定比例，如 15% 左右；利润率——跨境电商行业平均利润率约为 25%，但具体数值需根据产品类别、市场定位等因素调整。

3. 实施定价策略的关键点

准确核算成本：全面考虑产品从生产到销售各环节的成本，确保定价的合理性。

关注市场动态：密切关注市场需求、竞争对手价格变化，灵活调整定价策略。

利用数据分析：通过销售数据、用户反馈等信息，不断优化定价策略，提升市场在跨境电商的激烈竞争中的竞争力。如何科学合理地定价成为众多卖家关注的焦点。合理的定价策略不仅能吸引消费者，提升销量，还能确保卖家获得稳定的利润。

[资料来源：佚名. 跨境电商价格怎么定？跨境电商商品定价公式［EB/OL].（2024-08-01）［2024-09-21］.https://www.073980.com/92189.htm.］

二、跨境电商营销方式

1. 站内营销

跨境电商卖家如果选择第三方平台作为交易渠道之一，那么就需要思考如何让自己的产品和店铺在众多入驻商家中脱颖而出，并且争取到更多的平台内公域流量。跨境电商平台内的营销方式主要有搜索引擎优化、站内点击付费广告、限时折扣、秒杀、优惠券、平台大促、行业主题活动、联盟营销互动等。

2. 网络广告

网络广告是应用最广泛的跨境电商营销方式之一，是利用网站上的广告横幅、文本连接、多媒体，在互联网上刊登或发布广告，通过网络传递到互联网用户的一种广告运作方式。其中，付费广告是卖家向搜索引擎或社交媒体平台付费投放广告，以获取更多流量的一种推广方式。常见的付费广告形式包括：①搜索引擎广告，例如谷歌的 Google Ads、百度的百度推广；②社交媒体广告，例如 Facebook 广告、Instagram 广告。付费广告可以帮助卖家快速获取大量流量，但成本相对较高。

3. 搜索引擎营销

搜索引擎营销（search engine marketing，SEM）是利用搜索引擎的特点，根据用户使用搜索引擎检索信息的机会，配合一系列技术和策略，将更多的企业信息呈现给目标客户，从而使其盈利的一种营销方式。搜索引擎优化（search engine optimization，SEO）是通过优化网站内容和结构，提高网站在搜索引擎中的排名，从而获得更多免费流量的一种推广方式。SEO 是跨境电商平台推广的基石，做好 SEO 可以帮助卖家将产品精准地展示给目标客户。

4. 社交媒体营销

社交媒体营销是指利用社交媒体平台与目标客户互动，建立品牌知名度，并最终促进产品销售的一种推广方式。用户生成内容是社交媒体的核心。常见的社交媒体营销策略包括：①创建优质内容，例如发布产品图片、视频、文章等，吸引粉丝关注；②与粉丝互动，例如回复粉丝评论、私信，解答粉丝疑问；③开展社群营销，例如建立 Facebook 群组、微信群，与粉丝建立更紧密的联系。社交媒体营销可以帮助卖家打造品牌形象，建立与客户的信任关系，并以较低的成本获取流量。

5. 联盟营销

联盟营销是一种按效果付费的市场推广方式，涉及多个合作方共同推广和销售产品或服务，以实现共同的营销目标和利润分享。通俗一点来说，就是商家提供自己的产品链接给联盟客，联盟客用自己的方式将产品推广出去，当有人购买联盟客推广的产品时，联盟客就能获得佣金。

这里的联盟客可以是 deal 站、coupon 站、大众媒体、社交红人等多种角色，而在整个联盟生态中，除了联盟客还有商家、联盟平台及消费者，总共四方。商家也可以是广告方或品牌商，提供产品链接。联盟平台是联盟客推广产品的平台，可以追踪和检测联盟客的推广行为效果，最终商家会为效果向联盟客支付佣金。

6. 网红营销

网红营销是指借助网红的影响力，向其粉丝推荐产品的一种推广方式。网红营销可以帮助卖家快速触达目标客户群体，并提升品牌知名度。海外的网红营销主要是在 Facebook、Instagram、YouTube 和 TikTok 等平台。主要是通过网红与品牌和产品的合作，做示范性的演示来推广品牌，展示产品使用方式。

7. 电子邮件营销

电子邮件营销（email direct marketing，EDM）是指通过向目标客户发送电子邮件，推广产品或服务的营销方式。据 Statista 统计，预计到 2025 年全球电子邮件用户将达到 46 亿名，全球每天将有 3764 亿封电子邮件被发送。在用户接受度上，咨询公司 Econsul-tancy 和营销平台猎豹数字在对来自美国、英国、爱尔兰、法国、西班牙、日本、澳大利亚的 5400 多名消费者的调查显示，消费者对于传统的电子邮件接受度会比其他的新型跨境电商营销策略（如付费社交媒体广告、展示广告等）高出 108%。因此，电子邮件营销仍然是海外消费者接收品牌信息的首选渠道之一。通过有规律的邮件发送，向用户传递品牌信息、产品信息以及营销信息，都可以与用户、会员保持良好的沟通，使得品牌形象更加深入，也可以提升产品的复购率。

8. 参加线下展会和活动

尽管是跨境电商营销，但线下展会和活动仍然是有效的站外推广方式。比如在国际性的展会上展示产品特色，亲自与潜在客户交流，能够建立更深厚的关系，提高品牌的信任度。

 扩展阅读

海外红人营销怎么做？

海外红人营销，简单来说就是通过与社交媒体上各个领域粉丝数达到一定数量的红人进行合作。红人需要与商家所推广的产品调性一致，商家将样品寄给红人，红人对产品进行开箱测评或者以图文形式宣传这款产品，最终目的是实现订单的转化或者品牌的推广。

1. YouTube 红人

YouTube 是世界上最大的社交媒体软件，拥有 300 亿次月访问量的巨大流量，也是目前最主流的海外红人营销网络平台。在 YouTube 上，我们可以看到很多 3C 类的产品测评。很多消费者在购买此类商品前，都会先上 YouTube 观看相关的红人 KOL 测评，因为他们需要专业人士的意见去为自己的购买做出选择，找红人营销的作用就发挥在此。YouTube 红人营销如图 7-1 所示。

2. 论坛 KOL

KOL 更具权威性，也算是红人的一种。但和网红不一样，KOL 拥有的粉丝群体是牢固的，也是黏性更高的。如果商家做的产品是偏专业性的，那么建议选择具有权威性的 BBS 社区发帖，因为论坛基本都是精准用户的聚集地，在论坛进行营销容易形成讨论和增加热度，从而提升品牌的影响力和曝光率。

图 7-1　YouTube 红人营销

3. 社交红人

社交红人指的是 Facebook、Instagram、TikTok 上各个领域的红人，他们也拥有一定数量的粉丝，是所属领域的达人，通过与这些达人合作也能起到不错的推广效果。如果是时尚美妆类的产品，推荐选择 Instagram 平台，因为 Instagram 年轻化且时尚类红人占比最高，拥有绝对的流量和热度，利用红人营销能更好地与消费者共鸣，抓住消费者的情感诉求。TikTok 以短视频为主，偏年轻化，更适合独特的创意产品、时尚美妆、娱乐类、生活类产品在上面进行营销推广。

4. 品牌大使

品牌大使是品牌方找到合适的红人，达成合作意向之后让红人成为品牌的大使，也是长期的合作伙伴。此类红人需要长期为品牌服务，在社交媒体上持续输出有关品牌的内容，宣传品牌理念，体现品牌价值。在每次品牌方做活动的时候，红人要在自己的社媒上发布相关产品，并附上品牌方给的折扣，以此帮助品牌方获得长久稳定的客源。

［资料来源：亚哥说跨境. 海外红人营销怎么做？做跨境，你必须要懂［EB/OL］.（2024-05-29）［2024-10-06］.https://www.cifnews.com/article/ 159576.］

第二节　跨境电商营销推广

一、社交媒体营销

社交媒体营销也称社会化营销或社会化媒体营销，就是利用社会化网络、在线社区、博客、百科或者其他互联网协作平台和媒体来传播和发布资讯，从而形成的营销、销售、公共关系处理和客户关系服务维护及开拓的一种方式。社交媒体营销工具包括论坛、微博、微信、博客、SNS 社区等。适合跨境电商的社交媒体主要有 Facebook、Twitter、TikTok、Instagram、YouTube、Pinterest、VK 等。营销人员可根据具体情况择优选择其中一种或几种。

1. Facebook 营销

Facebook 营销是利用 Facebook 社交媒体平台触及企业的目标受众的过程，期望通过接触目标受众，让其订阅企业的 Facebook 电商主页、电子邮件，访问企业的网站或在企业的网店里购物。

Facebook 拥有 30 亿名月度用户，其中很多用户在平台上和品牌互动，发现新产品。根据 Statista 机构预测，到 2025 年，全球将有 6 亿 9000 万个社交媒体买家会在 Facebook 上购物。因此，Facebook 营销对跨境电商企业至关重要。

（1）Facebook 营销前准备

1）设置 Facebook 商家主页。Facebook 商家主页相当于个人主页，只不过用于展示商家。商家要加上品牌名字、商家介绍和封面图，充分优化简介部分，然后逐渐扩大受众群。

2）开启 Facebook 商店。商家可以将自己网店的库存同步到 Facebook 商店。如果 Facebook 用户是商店粉丝，就可以直接在 Facebook 应用中购物。

3）开设一个新的广告账户。哪怕商家还没准备投放广告，也可以先通过 Facebook 广告管理器开设一个广告账户。作为 Meta 商务套件（Meta Business Suite）的一个工具，它可以提供一系列附送的功能开展营销。

4）安装 Meta Pixel 像素代码。Meta Pixel 像素代码是一种可以追踪网站活动并与 Facebook 用户相匹配的代码。商家可用它追踪 Facebook 用户行为，比如网店购物、浏览页面、添加至购物车等。

5）认证 Facebook 主页。Facebook 有商家的认证徽章，以便用户判断商家的品牌是否可信。如果商家可以证明自己的业务是"真实存在"的，即可申请该徽章，商家也可以申请获得 Meta 认证（Meta verfied）。图 7-2 为 SHEIN 的 Facebook 主页矩阵。

（2）Facebook 帖子类型

1）图片和视频帖子。商家可以分享一些有趣的图片，比如幕后花絮，客户如何使用产品，或者精美的产品摄影。商家也可以直接在 Facebook 上通过直播或 Facebook 故事发视频。Facebook 算法偏爱高质量有机视频内容，因为这可以提高人们使用 Facebook 应用的时间。

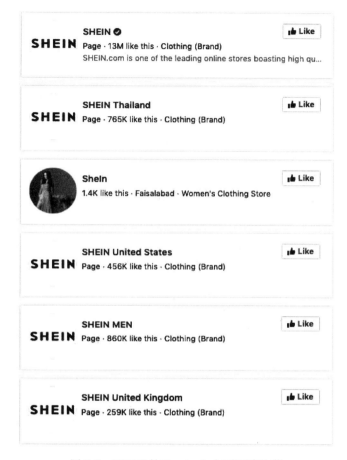

图 7-2　SHEIN 的 Facebook 主页矩阵选截

2）纯文字帖子。有些品牌通过在 Facebook 上发表长文获得推广成功。但如果要仅靠文字帖子推广，很大程度要取决于受众群。对于擅长讲故事的商家，可以选择这种营销形式。

3）Facebook 短视频（Facebook Reels）。Facebook 短视频和 TikTok、Instagram 短视频的功能是一样的，其限长 90s。每月有 20 亿名用户在 Facebook 上看视频。

4）Facebook 故事（Facebook Storeis）。Facebook 故事和 Instagram 故事类似，其内容在 24h 后就自动消失。读者喜欢和这种类型的内容互动，因为它比其他有机帖子显得更个人化。商家可以用它展示幕后花絮类的内容或者倒计时，张贴表情包、GIF 动态图等。

（3）Facebook 营销策略

企业可以通过了解目标受众、自定义 Facebook 主页、内容类型多样化、在受众活跃时发帖、分享网红合作内容、鼓励用户写 Facebook 评论、加入 Facebook 小组、重新定位网站访客、投放网红代言广告、进行对比测试、将 Facebook 受众转为电子邮件订户等策略，优化其 Facebook 营销效果。

1）了解目标受众。社交媒体粉丝会在信息流中查看商家的内容。通过培养受众，商家可拥有一群随时准备和内容产生互动的人。在实施新的 Facebook 营销策略之前，商家要充分了解自己的目标市场，列出它们的共同特征，并据此作为分享内容的基础。商家可以通过用户反馈调查、谷歌分析，以及竞争对手分析等方法，综合考量后确定目标受众。

2）自定义 Facebook 主页。把 Facebook 商家主页作为品牌的延伸。无论用户访问的是网站还是 Facebook 主页，都应该看到一致的 Logo、字体和横幅广告。调查表明，这样的品牌一致性可以提升 20% 的销售量。

3）内容类型多样化。每天有上千条 Facebook 帖子会出现在某个用户的信息流中。商家需要混合搭配不同的内容类型，通过多样化的创作策略使自己脱颖而出。

4）在受众活跃时发帖。商家通过 Facebook 来推广业务，则需要在目标受众在线时发帖。Facebook 算法会在用户动态中优先展示最新内容，研究表明，在 Facebook 上发帖的最佳时间是周五上午 10 点。Facebook 主页最佳发帖时间可能因用户所在地、用户类型（企业或消费者）等因素而有所不同。商家为了找到最佳发帖时间，可以在一周内的不同时间安排内容，并监查 Facebook 成效分析（Facebook Insights）。

5）分享网红合作内容。营销的关键在于影响力，无论是说服 Facebook 粉丝关注商家的主页，还是购买商家正在推广的产品，都可以通过与网红合作。每一代人都会受到高人气社交媒体用户的影响，尤其是千禧一代和 Z 世代。

6）鼓励用户写 Facebook 评论。Facebook 评论在 facebook.com/username/reviews。商家可以通过购买确认邮件将现有客户引向该链接，鼓励他们留下评论并成为"回头客"。

7）加入 Facebook 小组。超过 18 亿名 Facebook 用户每月至少在小组中活跃一次。商家可以在 Facebook 搜索其所在行业，并按小组进行筛选，一旦找到符合的小组，就可以开始参与小组内容互动，以在 Facebook 上建立知名度。为了避免一些 Facebook 小组所制定的分享推广内容限制，商家也可以建立自己的 Facebook 小组。

8）重新定位网站访客。商家为了定期获得目标受众，需要投放 Facebook 广告。付费的 Facebook 营销策略可以推广 Facebook 商家主页，为其网站吸引流量。

9）投放网红代言广告。网红对 Facebook 营销的强大效应毋庸置疑。商家可以在 Facebook广告中启用网红代言，这样能吸引用户的注意力。

10）进行对比测试。商家的第一个Facebook广告宣传未必会成功，利用Facebook内置的对比测试（A/B 测试），可以帮助商家找到投资回报率高的广告。例如从图片广告到轮播广告，尝试不同 Facebook 广告类型，看哪一种对目标受众最有吸引力，互动率最高；变换广告位置，测试出广告效果更好的展示位置。Facebook 的广告算法会根据商家的推广目的来建立受众并向广告商收费，商家可以通过变换推广目的来测试出更适合的广告方案。

11）将 Facebook 受众转为电子邮件订户。许多营销人员将 Facebook 营销视为在租用的平台上建立受众，而一旦平台关闭商家主页、限制自然覆盖范围或突然更改其算法等都会对商家产生重要的影响。因此，商家会通过将 Facebook 受众转为电子邮件订阅用户来降低风险。

2. Twitter 营销

Twitter（现改名为 X，以下仍用 Twitter 这一名称）是一种信息传播工具，允许用户向其关注者发送长达 140 个字符的消息。通过 Twitter，人们能够与他人互动，建立联系，并在简洁的信息中传递有意义的内容。在众多社交媒体中，Twitter 以其传播的信息简短、重点提炼而闻名。随着 Twitter 平台公域流量的增加，Twitter 已成为跨境电商企业开发客户和进行海外社媒营销的重要渠道。

Twitter 营销策略主要包括以下四个方面。

（1）展示品牌与产品的信息

商家可以向所有关注者讲述品牌和产品的故事。

1）统一账户名和头像。选择与其他社交媒体平台一致的账户名和头像，以增强用户对品牌的记忆。

2）确定账号定位。如果希望用户能快速了解商家的账号定位，可以将介绍产品或品牌的推文固定在个人资料顶部。

3）置顶重要推文。置顶推文中包含关键词和产品网站链接，向用户传达更多有价值的信息。

（2）学会搜索用户添加更多好友

在商家的个人页面上使用搜索栏，通过用户名、Email 地址或手机号查找用户。一旦找到对方的 Twitter 账号，商家可以在他的个人页面上点击"Action"栏中的"Add"按钮。如果该用户设置为公开访问，商家的联系人列表将显示他的头像。如果该用户设置为私有属性，系统将发送一个友好请求，只有在对方允许后，商家才能看到他的 Twitter 更新。商家也可以查看用户的关注者。将鼠标悬停在右侧栏的头像上，即可查看他的用户名。点击用户名进入他的个人页面，同样可以将他添加到朋友列表中。

（3）利用区域性搜索功能搜寻潜在客户

通过 Twitter 的区域性搜索功能，商家可以定位并找到特定区域的潜在客户。使用类似"Near：你想要定位的地区（邮编）。within：具体的区域范围"的语句，就可以在特定范围内寻找相关的用户和信息，便于更精准地定位目标用户群体。

（4）标签功能要最大化利用好

在 Twitter 上使用主题标签（hashtags）可以将相关信息捆绑在一起。在社交媒体上加入趋势性和热门的标签可以增加帖子的热度和曝光度，除此之外，还可以利用多账号提高曝光度，增加互动。需要注意的是，不要过度使用标签，最好不要超过四个标签，因为过多的标签会降低互动率。标签的内容应简短而准确，这样容易被记住和方便拼写。最重要的是，避免频繁使用类似"buy this product"的标签，过度强调产品销售会降低用户参与度。

开展 Twitter 营销能够为商家的网站带来 SEO 推广以外的流量，使网站流量获取方式多样化，降低网站运营风险，同时还能够带来社区的互动和口碑，提升目标用户对于网

站的信任度，进而提升网站总体的转化率。

3. TikTok 营销

TikTok 是一款以短视频为主的社交媒体应用程序，用户可以通过创作和分享 15～60s 的视频来展示自己的创意和才华。作为一个全球性的社交媒体平台，拥有超过 10 亿名月活跃用户，其惊人的参与度和蓬勃发展的创作者社区吸引了各个年龄段的用户。

（1）TikTok 的广告形式

1）开屏广告（splash ads）。开屏广告是 TikTok 应用启动后首先显示的广告形式，具有强大的曝光效果。用户在打开应用时，会看到全屏的品牌广告，以吸引用户的注意力。开屏广告通常是 3s 的静态图片或 5s 的视频素材，可以将用户导流到广告主的落地页或站内页面。

2）信息流广告（native ads）。信息流广告在 TikTok 的内容中以原生广告的形式呈现，融入用户的浏览体验中。这种广告形式最长可以达到 60s，是全屏的视频广告，可以自动有声播放。信息流广告具有强大的效果，能够吸引用户的注意力并促使他们与品牌进行互动。广告主可以根据广告创意选择适合的 CTA 按钮，并将用户引导到落地页、站内页面或下载页面。

3）品牌挑战赛（brand takeover）。品牌挑战赛是一种与潜在消费者共同创作内容的广告形式。品牌可以发起挑战赛，引导用户以品牌主题进行 UGC 创作，让用户通过创意的方式参与品牌的推广。在品牌挑战赛中，用户可以上传符合特定主题的视频作品，并将其聚合在挑战赛页面上展示。这种形式不仅激发了用户的创作欲望，还将普通用户转化为品牌的营销创作者和传播者。品牌挑战赛可以通过官方核心资源的推动，扩大品牌挑战赛的影响力，吸引海量互动，促进二次传播。此外，品牌还可以与知名的 TikTok 创作者合作，以制作高质量的视频并置顶展示，进一步触达更广泛的受众。

4）品牌合作伙伴（branded partnerships）。品牌合作伙伴是 TikTok 与品牌合作的一种广告形式。通过与知名的 TikTok 创作者或影响者合作，品牌可以通过他们的影响力和受众基础，将品牌信息传递给更广泛的观众群体。品牌合作伙伴可以与创作者合作产生原创内容，或者在创作者的视频中展示品牌的产品或服务。这种形式能够借助创作者的影响力和粉丝基础，增强品牌的认知度和信任度。

（2）TikTok Shop 的营销策略

TikTok Shop 是基于 TikTok 的电商业务，通过兴趣内容推荐功能帮助卖家的商品直接触达到消费者。TikTok 从 2021 年正式将电商作为重点发力业务，先后在印度尼西亚和英国等地上线 TikTok Shop，即 TikTok 小店。

1）选品策略。

① 紧跟流行趋势。TikTok 用户群体年轻且活跃，对新鲜事物充满好奇。因此，跨境商家应紧跟流行趋势，选择热门品类进行销售。根据市场数据显示，时尚配饰、美妆个护、电子数码产品和智能家居用品等品类在 TikTok 上表现尤为突出。

② 本土化选品。TikTok 覆盖全球 150 多个国家和地区，每个地区都有其独特的文化、消费习惯和偏好。跨境商家应深入了解目标市场的文化背景和消费习惯，进行本土

化选品。例如，针对英国市场，应避免销售雨伞等雨季用品；而在节日期间，可以推出符合当地节日氛围的装饰品或礼品。

③ 创新性选品。TikTok 用户喜欢新奇、有趣的产品。跨境商家应关注市场上新兴的产品或具有独特设计、功能的产品。这些产品自带话题性，容易引发用户关注和讨论，从而提高曝光度和转化率。例如，创意家居用品、个性化定制产品等都能吸引用户的目光。

④ 季节性选品。是跨境商家不可忽视的策略之一。商家应根据季节变化提前布局，选择符合当前季节需求的产品。例如，在夏季可以销售沙滩巾、防晒用品等；在冬季则可以推出保暖内衣、电热毯等产品。同时，商家应提前两个月开始准备季节性产品，以确保在季节到来时能够迅速占领市场。

2）营销策略。

① 运用平台算法提高产品曝光度。TikTok 的推荐算法是提高产品曝光度的关键。平台通过分析用户的兴趣和行为，将相关内容推荐给用户。商家可以通过制作高质量的视频内容、使用与产品相关的热门标签、增强视频的互动率等方式优化内容，以获得更多曝光量。

② 紧跟热门话题提升曝光度。参与热门话题和挑战是提升曝光度的有效方法。商家可以创建与当前热门话题相关的视频内容，或者利用流行的挑战形式推广产品。

③ 与达人合作提升曝光和信誉度。与 TikTok 上的达人合作是提升产品曝光和信誉度的有效策略。达人具有大量的粉丝和影响力，其推荐可以显著提升产品的可信度和吸引力。商家与达人的合作方式包括：产品试用，提供免费的产品样品给达人，让他们分享真实的使用体验；合作推广，与达人共同制作推广视频，结合他们的创意和粉丝基础，提高产品的知名度；直播带货，利用达人进行直播带货，结合互动性强的直播形式，直接推动产品销售。

④ 关注内容创意与趣味性。在 TikTok 上，创意和趣味性是吸引用户的关键。商家增强内容创意和趣味性的方式包括：围绕产品制作有趣的短视频故事情节，吸引用户观看和分享；创建与产品相关的挑战活动，鼓励用户参与，并分享他们的体验；展示产品的独特使用方式或效果，通过创新的呈现方式引发用户的兴趣。

4. Instagram 营销

Instagram 营销是利用社交媒体平台推广企业或个人品牌的做法，其目标是增加粉丝量、增加流量、产生品牌知名度或进行销售。与其他渠道上的社交媒体营销一样，Instagram 为品牌、企业和创作者提供了多种向用户营销的方式，其中包括 Instagram 广告、赞助帖子和合作伙伴关系，以及通过 Instagram 帖子、故事和卷轴进行营销。

（1）设置 Instagram 营销

商家在 Instagram 上进行营销之前，需要设置 Instagram 商家资料。这种 Instagram 账户类型，专为希望利用 Instagram 进行营销的品牌和创作者而设计。

1）创建 Instagram 企业账户。Instagram 现在为企业提供两种类型的账户，即标准企业账户和较新的创建者账户。两者都为品牌提供了许多相似的功能，但略有差异。

2）切换到 Instagram 企业账户。具体步骤为：前往个人资料并点击右上角的菜单；点击"设置和隐私"，然后点击"账户类型和工具"和"切换到专业账户"；选择最能描述商家的业务类型的类别，然后选择"业务"。

3）切换到 Instagram 创作者账户。具体步骤为：转到个人资料并点击右上角的菜单；点击"设置和隐私"，选择"账户"；选择切换到专业账户并点击创建者；选择最能描述商家所做工作的类别。

（2）Instagram 内容格式

1）Instagram 帖子。帖子是最初的 Instagram 内容格式，这些图像存在于网格上并出现在关注者的提要中。

2）Instagram 故事。故事通常是视频，但也可以是暂时存在于"故事"部分中的静态图像（从个人资料图片链接）。这些内容可以保存在故事亮点中，以便在发布 24h 后查看。Instagram 故事非常适合时间敏感的内容，例如活动信息或限时优惠。

3）Instagram 卷轴。卷轴是垂直格式的视频，位于个人资料的"卷轴"部分中。与帖子一样，视频将出现在用户的提要中，卷轴也存在于主网格上。

（3）Instagram 营销策略

商家可以通过定义并了解受众、优化 Instagram 个人资料、制定 Instagram 内容策略、发布 Instagram 卷轴、发布 Instagram 故事、分享价值观、将 Instagram 故事变成亮点、开设 Instagram 商店、制定用户生成内容策略、举办 Instagram 竞赛或有奖活动等方式优化其 Instagram 营销效果。

1）定义并了解受众。定义受众群体已经是整体品牌和营销策略的一部分，但重点关注使用 Instagram 的特定受众群体也很重要。例如，50.3% 的 Z 世代社交媒体用户表示，他们会通过 Instagram 来发现产品。产品演示、客户评论和拆箱以及独家产品发布将是该受众的理想内容。

2）优化 Instagram 个人资料。设置个人资料以展现专业形象，包括个人简介、头像和您的网站，这有助于用户立即了解商家的业务。在 Instagram 个人简介中使用关键字可以促进发现，个人简介中的链接工具允许共享多个 URL，例如网站上的登陆页面、营销活动或新集合页面。

3）制定 Instagram 内容策略。内容策略不仅是内容计划，它还回答了一些重大问题，如为什么要制作内容、内容的受众是谁以及其目标。

4）发布 Instagram 卷轴。Instagram 卷轴是短片视频，比主网格中精美的内容更加随意。卷轴的覆盖率是其他类型 Instagram 内容的两倍。卷轴也可以组织成系列，可以将相似的内容分组，以便更容易被发现。

5）发布 Instagram 故事。Instagram 故事比卷轴更私密（它们仅向粉丝展示），因此这是保持忠实客户和新粉丝参与度的好地方，商家可以使用 Instagram 故事发送独家促销代码或宣布仅限关注者访问新系列。

6）分享价值观。消费者趋势日益表明品牌社会和环境责任的重要性。Instagram 是分享商家品牌立场并公开其可持续商业实践的好地方。

7）将 Instagram 故事变成亮点。将最好 Instagram 故事整理成故事亮点时，它们可以在个人资料中永久展示。这些是故事的集合，商家可以按类型、产品、季节或目的进行分类。

8）开设 Instagram 商店。如果销售是商家使用 Instagram 营销的主要原因，那么 Instagram 的原生商务工具可以使企业 Instagram 账户直接向平台上的消费者销售产品。

9）制定用户生成内容策略。鼓励用户发布关于品牌的真实评价，并将用户对产品的感言、照片和视频收集起来发布在 Instagram 账户中，将其全部收集在一个故事精选中。这是品牌赢得社会认可的有效工具之一。

10）举办 Instagram 竞赛或有奖活动。一种有效的 Instagram 营销策略是举办竞赛或赠品活动。这些类型的活动激励参与和分享，以较低的成本（奖品的价值）提高品牌影响力和品牌知名度。

5. YouTube 营销

YouTube 是谷歌旗下的视频分享平台，允许用户上传、观看和分享视频内容。YouTube 作为全球最大的视频网站，早期公司位于加利福尼亚州的圣布鲁诺，注册于 2005 年 2 月 15 日，由美籍华人陈士骏等人创立。YouTube 为世界各地的用户建立了一个相互联系、交流和获得灵感的平台，也是原创内容作者和企业传播和销售的平台。

（1）YouTube 营销的特点

1）流量巨大。YouTube 有超过 10 亿名用户，每月处理超过 30 亿次搜索，如果不做 YouTube 营销就失去了这部分的流量。

2）网站参与度高。与其他媒体平台相比，从 YouTube 导航到网站的访问者在网站上花费的时间最多，浏览量最大，并且跳出率最低。

3）Google 搜索结果。由于 YouTube 归 Google 所有，因此通常会在 Google 搜索的前十个结果中看到一两个 YouTube 视频。

4）提供额外流量。根据调查显示，68% 的 YouTube 用户通过观看视频做出购买决定。建立 YouTube 频道可以帮助跨境卖家快速拓展业务。

（2）YouTube 营销的前期准备

1）建立 YouTube 商业频道。要在 Google 上开设一个品牌/企业账户。需要注意的是，一定要是品牌/企业账户，而不是个人账户。通过常规 Google 账户创建的 YouTube 频道一般只有该账户能访问，而通过品牌账户创建的 YouTube 频道，可以授权多个 Google 账户同时登录，还能同时管理多个 YouTube 频道。

2）了解受众群体。YouTube 商业频道支持运营人员访问"分析"标签，其中包含与频道相关的大量统计数据，支持查看频道和受众群体行为的定量分析，包括观看次数、平均观看时间、产生的收入以及视频之间的互动率。

3）了解竞争对手。首先，要浏览竞争对手的 YouTube 频道，注意观看次数最多和最少的视频，分析用户喜欢看哪些内容，以及他们可能不感兴趣的内容，并以此为基础制定自己的内容策略。其次，要观察竞品的视频评论，也许在评论中还可能会发现自己的品牌，这时候就要立即发掘潜在客户。最后，阅读竞品的视频说明也十分重要，要知道他们在 YouTube 搜索优化中使用了哪些关键字，并使用类似的关键词来提高在 YouTube 搜索页面和推荐视频列表中的排名。

（3）YouTube 营销策略

1）优化 YouTube SEO。通过 YouTube 搜索引擎优化，用户可以更轻松地找到商家的视频，点击量越高曝光度越大。商家可以从准确的标题、详细的频道描述、使用 YouTube 标签、鼓励观众评论、点赞和订阅等方面进行优化。

2）关注数据反馈，驱动视频再生产。YouTube 提供了大量有关视频和频道效果的实用数据。数据全部在频道内部，这意味着商家不需要用外部软件就可以了解其用户。关注这些数据走势，可以分析出观众的真实偏好。

3）制作频道介绍短片。许多 YouTube 自频道在页面顶部会有一个介绍短片，访客到来时自动播放，频道短片展示了独立站品牌最具代表性的信息，建议商家的短片简明扼要、突出价值点，尽量保持在 2min 以内并确保在前 3s 内吸引观众继续观看下去。

4）视频缩略图符合频道主题。YouTube 视频一般以静态缩略图展示，想让观众一目了然、愿意点击，不仅要运用大胆的视觉效果，还要确保它们与主题内容的一致性，因为这会让商家的频道看起来条理更清晰。

5）创建播放列表。播放列表是用户整理 YouTube 播放内容的好方法，这些列表将有机会出现在 YouTube 的搜索结果中。如果内容足够多的话，建议将它们组成播放列表，这不仅可以将视频进行有效分类，还能选择下一个播放给观众的视频，而不是随着 YouTube 自动播放其他创作者的视频。

6）交互式卡片免费宣传。在视频中添加交互式卡片，是 YouTube 极具特点的宣传方式，能够起到激发受众参与和响应的作用、引导消费者点击相关内容。交互式卡片可以设置在任意时间点出现，并且除可添加 YouTube 平台内部视频、播放列表、频道以外，独立站商家还可以把自己的独立站网址链接添加进来，起到引流和促销的作用。

6. Pinterest 营销

Pinterest 是全球最大的图片分享网站之一，采用的是瀑布流的形式展现图片内容，用户无须翻页，新的图片不断自动加载在页面底端，让用户不断发现新图片。Pinterest 堪称"图片版的 Twitter"，网民可以将感兴趣的图片保存在 Pinterest，其他网友可以关注，也可以转发图片。

（1）Pinterest 营销的特点

1）与客户互动。它为商家提供了一个与潜在客户和当前客户互动的机会，并获得对他们生活、喜好和感情的洞察分析。

2）对于搜索引擎的优化。Pinterest 是一个强大的工具，能够通过搜索引擎优化来推动商家的谷歌排名，使商家被发现。

3）帮助打造您的品牌形象。它塑造和强化您的品牌形象。从定期出现在你的 followers 的主页上，到创建反映商家的品牌身份组织，它可以从视觉上告诉客户商家是谁，你从事什么。

4）Pinterest 内容持续的时间更长。不同于 Facebook 帖子和 Twitter 等，Pinterest 内容

的持续更长的时间。

5）获得灵感。使用 Pinterest 的一个主要原因是获得灵感。人们希望分享想法，这意味通过 Pinterest 找到新品牌、概念或产品的潜力很大。

（2）Pinterest 营销策略

1）获取图钉按钮。固定/保存按钮直接显示在网站的产品页面上，使浏览器可以轻松固定（并共享）到自己的开发板的链接。通过添加图钉按钮，可以立即轻松地吸引潜在客户进行互动。

2）添加关注按钮。添加关注按钮通知客户商家是 Pinner，并将商家直接转移到客户的个人资料，鼓励客户关注商家。在商家与人建立联系的任何地方都包括此按钮：商家的网站、新闻通讯、电子邮件、博客或弹出窗口。

3）讲故事。讲故事可以吸引注意、建立情感联系并改变用户的看法。可以了解哪些故事吸引了目标受众，并利用这些知识来激发目标受众的想法，从而为追随者提供灵感，让其忠于品牌、发挥创造力并享受乐趣。

4）意象。视觉是 Pinterest 的成因，在品牌的定义和故事的讲述中，高质量的图像是必需的，尺寸是固定的，要确保图片适合移动设备，因为超过 85% 的 Pinterest 搜索是通过小程序进行的。

5）说明。尽管图像很重要，但文字也起着重要的作用。特别是关于 SEO，关键词对于 Pinterest 搜索和 Google 排名都很重要。Google 会查看商家的标题、图像说明、发布频率和受欢迎程度并进行记录。

6）与用户互动。如果商家希望用户与其互动，则需要先与用户互动。Pinterest 提供了很多机会增加互动：迅速回复消息、感谢其他人固定商家的内容、关注商家的关注者并喜欢他们的大头针、关注商家的竞争对手（看看他们在做什么）等。这不仅可以促进与用户的积极互动，还可以为商家提供有价值的见解。吸引 Pinterest 用户的另一种好方法是邀请关注者在商家的团队中进行协作，从而使他们可以固定内容。

7）Pinterest 广告。Pinterest 广告为商家的 Pins 带来了更多展示机会，60% 的用户通过 Pinterest 广告发现了新的品牌或产品，其中有 1/2 的用户在看到 Promoted Pin 后进行了购买。商家可以通过 Pinterest Ads Manager 创建有针对性的 Pinterest 广告，以提高知名度，提高参与度并增加销量。

Pinterest 的图片非常适合跨境电商网站的营销，商家可以建立自己的品牌主页，上传自家产品图片，并与他人互动分享，依靠精美的产品图片来吸引消费者。

7. VK 营销

VK（原 Vkontakte），为"接触"之意，是俄罗斯知名在线社交网络服务网站，支持 70 多种语言，在俄罗斯、乌克兰、阿塞拜疆、哈萨克斯坦、摩尔多瓦、白俄罗斯、以色列等国较为活跃。目前，VK 在俄罗斯、乌克兰、波兰和其他东欧市场已经超越 Facebook 占据第一位，全球社交网站中排名第 17 位。

由于其设计风格以及功能都与美国 Facebook 十分相似，因此 VK 也经常被称为"克隆 Facebook"。与大多数的社交网络相同，该网站的核心功能是个人信息和照片共享、状态更新以及朋友联系。VK 也有用于管理网络社团和名人的网页工具。该网站允许其用户上传、搜索媒体内容，如视频和音乐。VK 具有先进的搜索引擎，能有效搜索到较为复杂的内容。

二、搜索引擎营销

1. 搜索引擎营销和搜索引擎优化的定义

搜索引擎营销，英文为 search engine marketing，可缩写为 SEM。SEM 全面而有效地利用搜索引擎来进行跨境电商营销和推广，追求高性价比，即以最小的投入获得最多的来自搜索引擎的访问量，并产生商业价值。具体而言，搜索引擎营销的基本思想是使用户在搜索引擎中搜索相关关键词时，结果页中能出现与企业有关的信息，这些信息可以显示在站内，也可以显示在站外。SEM 的核心是通过竞价广告（如 Google Ads）在特定关键词下展示广告，从而吸引用户点击和访问。

搜索引擎优化，英文为 search engine optimization，可缩写为 SEO。SEO 是一种利用搜索引擎的搜索规则来提高网站在有关搜索引擎内的自然排名的方式。SEO 的目的可以理解成为网站提供生态式的自我营销解决方案，让网站在行业内占据领先地位，从而获得品牌收益。SEO 的核心目标是提高网站的自然搜索流量，这意味着无须付费即可获得点击量。

SEM 与 SEO 的主要区别在于成本、流量来源以及使用这些策略生成结果的速度。一是 SEM 需要企业为在搜索引擎结果页面上展示的广告付费，其吸引的流量通常是付费流量；而 SEO 旨在帮助企业产生自然流量，是免费的。二是 SEM 主要关注付费流量，SEO 主要关注自然流量。三是 SEM 的结果立竿见影，一旦企业的广告系列启动，其广告很快会出现在搜索引擎结果页面的显著位置，这意味着优质流量立即大量流入；而 SEO 需要一些时间和精力才能看到结果，排名需要时间。

当前，自然流量和付费广告均是跨境电商企业吸引流量的重要方式。SEM 和 SEO 的融合使用对跨境电商企业具有重要意义。一是增加企业网站流量，SEM 和 SEO 策略都会增加网站的流量。通过 SEM，商家的广告会展示在相关用户面前，而 SEO 会随着时间的推移吸引优质流量。二是提高了品牌知名度，使用付费广告和搜索引擎优化策略都可以提高品牌知名度。三是可以帮助商家吸引目标受众，使用正确的 SEO 策略优化企业的网站并投放付费广告是吸引目标受众的可靠方法。

 扩展阅读

全球搜索引擎新格局

1. Google

Google 作为全球市场份额最大的搜索引擎，凭借其强大的搜索算法和广泛的信息检索功能，持续领跑市场。其个性化服务和快速准确的搜索结果赢得了用户的青睐。

2. Bing

Bing 作为微软推出的搜索引擎，以其独特的界面和图像搜索功能受到用户的喜爱。Bing 致力于提供直观的搜索体验，并强调搜索结果的质量和可视化展示。

3. Yandex

Yandex 是俄罗斯市场份额最大的搜索引擎，不仅在俄罗斯本土市场占据领导地位，还拥有全球范围内的影响力。Yandex 由阿尔卡季·沃洛日和伊利亚·塞加洛维奇共同创立，至今已成为全球第四大搜索引擎和第二大非英语搜索引擎。

4. Baidu

Baidu 作为中国市场份额最大的搜索引擎，专注于提供中文搜索服务。其多样化的搜索服务和深入的人工智能技术开发，使其在本土市场保持领先地位。

除上面搜索引擎外，Yahoo、DuckDuckGo 等搜索引擎也在全球范围内拥有一定的市场份额。它们通过不断创新和优化，为用户提供更加多元化和个性化的搜索体验。

[资料来源：百度服务商易营宝. 全球搜索引擎新格局：2024 年十大引擎及市场深度解析［EB/OL］.（2024-06-26）［2024-12-09］. https://baijiahao.baidu.comls?id＝1802882088278431308&source＝ucbrowser.］

2. 搜索引擎营销的推广方式

互联网在不断发展，信息在以爆炸式的速度增长，要想在浩瀚的互联网信息中寻找到自己想要的信息，就要依靠搜索引擎。它可以为用户提供信息导航服务，让用户准确找到信息。目前，搜索引擎营销的推广方式可以分为自然推广、竞价推广、混合竞价推广三种。

（1）自然推广

自然推广是指企业可以将要推广的信息通过网页等形式发布到搜索引擎，然后通过正当的 SEO 技术使需要推广的关键词在搜索引擎中得到一个理想的排名。搜索引擎的收录原理是：搜索引擎都有一个或多个搜索程序——"蜘蛛"程序，这些"蜘蛛"负责检索互联网中的海量信息，然后收集到搜索引擎的数据库中，经过机器和人工的整理、分类，将有用的信息按照搜索引擎的算法有序排列。不同的搜索引擎算法不尽相同，但是关键词、链接、权重是所有搜索引擎共同的三个算法要素。

做好自然推广，肯定要做好 SEO，其实 SEO 工作就是围绕着关键词、链接、权重这三个要素来展开。

（2）竞价推广

自然推广固然免费，但是存在着很多不确定性，虽然 SEO 可以帮助得到一个好的排名，但是 SEO 不能保证 100% 成功，而且 SEO 不是一个短期就能收到效果的方法。企业可能等不了这么久的时间，正好竞价推广解决了这一问题。竞价推广就是搜索引擎根据

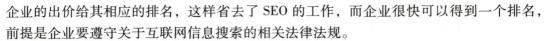

企业的出价给其相应的排名，这样省去了 SEO 的工作，而企业很快可以得到一个排名，前提是企业要遵守关于互联网信息搜索的相关法律法规。

（3）混合竞价推广

搜索引擎在竞价推广的基础上，又推出了混合竞价推广，即在排序时除了考虑价格方面的因素，还考虑点击率的高低。这种方式不仅可以使得企业得到好的排名，而且能够提高网页匹配度，也有助于用户体验。

 扩展阅读

10 个常用的谷歌 SEO 关键词分析挖掘工具

Keywords everywhere 是一个 SEO 关键字研究工具，可以在多个网站上显示有用的谷歌关键字搜索量和每次点击费用数据。

SeoStack Keyword Tool 插件是一个免费的快速且易于使用的长尾关键词生成器工具。它可以从多个不同的搜索引擎生成 1000 个竞争性的长尾关键词，如谷歌、Amazon、Bing、eBay、Youtube 等，也可以把长尾关键词直接导出去，这对于做长尾关键词优化、拓展 ads key words 非常有参考及借鉴意义。

Soolve 是一个有趣的文字云整合搜索工具，可以看到不同搜索引擎的结果，如维基百科、谷歌、Amazon、Yahoo、Bing、YouTube、eBay、Netflex、Buy. com、Answer. com、www. seo8. org 等，可以自己选择搜索引擎替换，最多一次可以同时跑 15 个搜索引擎的搜索结果（还有 7 个和 11 个的选项）。配合刚刚升级的 Keyword everywhere，可以看到搜索到的每个关键词的数量以及大概的每次点击成本等，非常快捷。

Keyword Tool 是一个关键字规划工具，集结了谷歌、Amazon、Yahoo、Bing、YouTube、AppStore 的搜索引擎，可以根据不同国家网域和语言选择搜索结果。

UberSuggest 是一个长尾关键词及网站分析神器，输入关键词后会显示搜索量、Seo diffculty. paid difficulty 以及 Estimated CPC，还可以输入域名分析网站表现情况。

K-Meta 以网址搜索，可找到竞争对手、网站流量、广告文案、关键词。若是以关键字搜索的话，则可以看到 CPC、竞争程度、搜索量以及相关关键字和有机搜索的结果。K-Meta 的功能和 UberSuggest 的功能相近，关键词搜索的话可以看到搜索量、竞争广告价格、竞争程度等，还可以看到哪些广告主竞标了这些词等。

Sermush Keyword Magic Tool 是一个提供关键词搜索和分析的工具，可以查看关键词的搜索量、竞争度等。它主要用来分析关键词，可以看到关键词的搜索量、难度、竞争广告价格，潜在流量、商业意图等，以及跟竞品的 GAP KWS 有哪些，根据关键词难易度调整优化目标和策略。对于高难度关键词，可以采取长尾关键词优化；对于中低难度关键词，可以进行深入优化。

SERPstat（https：//serpstat.com）同 Semrush 类似，功能也非常强大，可以分析关键词、长尾关键词以及进行网站分析。

Spyfu 不只帮你找到你的竞争对手所使用的关键词，同时也告诉你在每一个关键词中投入广告的成本。进行排名操作非常容易，只要将竞争对手的网站复制在搜索结果即可，接着你就会得到一个很长的搜索结果报告。

Word Tracker（www.wordtracker.com）是结合 Google、Amazon 和 YouTube 的搜索引擎，主要专注在你锁定的关键字的流量优化。

［资料来源：南溪说跨境. 10 个常用的谷歌 SEO 关键词分析挖掘工具［EB/OL］.（2022-05-17）［2024-10-19］. https：//www.cifnews.com/article/122950.］

三、电子邮件营销

电子邮件营销，英文为 Email direct marketing，可缩写为 EDM，是在用户事先许可的前提下，通过电子邮件的方式向目标用户传递价值信息的一种网络营销手段。电子邮件营销是利用电子邮件与目标用户进行商业交流的一种直销方式，是网络营销手法中最古老的一种。

1. 电子邮件营销的特点

（1）范围广

据第 54 次《中国互联网络发展状况统计报告》，截至 2024 年 6 月，我国网民规模近 11 亿人（10.9967 亿人），较 2023 年 12 月增长 742 万人，互联网普及率达 78.0%；手机网民规模达 10.96 亿人，网民使用手机上网的比例为 99.7%。面对如此巨大的用户群，作为现代广告宣传手段的电子邮件营销正日益受到人们的重视。只要拥有足够多的 Email 地址，就可以在很短的时间内向数千万目标用户发布广告信息，营销范围可以是中国乃至全球。

（2）操作简单、效率高

使用专业邮件群发软件，单机可实现每天数百万封的发信速度。操作不需要懂得高深的计算机知识，不需要烦琐的制作及发送过程，一般几个工作日内便可完成上亿封广告邮件的发送。

（3）成本低廉

电子邮件营销是一种低成本的营销方式，所有的费用支出就是上网费，成本比传统广告形式要低得多。

（4）应用范围广

广告的内容不受限制，适合各行各业。因为广告的载体就是电子邮件，所以具有信息量大、保存期长的特点，具有长期的宣传效果，而且收藏和传阅非常简单、方便。

（5）针对性强、反馈率高

电子邮件本身具有定向性，可以针对某一特定的人群发送特定的广告邮件，也可以

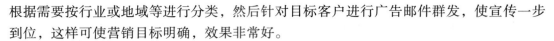

根据需要按行业或地域等进行分类，然后针对目标客户进行广告邮件群发，使宣传一步到位，这样可使营销目标明确，效果非常好。

（6）精准度高

电子邮件是点对点的传播，可以实现非常有针对性、高精准的传播。例如，既可以针对某一特定人群发送特定邮件，也可以根据需要按行业、地域等进行分类，然后针对目标客户进行邮件群发，使宣传一步到位。

2. 电子邮件营销的原则

（1）必须基于用户的许可

电子邮件营销的目的是提升会员客户的活跃度，增加销量。很多电子邮件营销常被用于市场引流，通过向目标邮箱发送大量的非许可邮件，以达到增强曝光度、吸引客源的目的。这就导致很多用户误以为营销邮件就是大量的垃圾邮件，甚至会开始排斥营销邮件。因此，电子邮件营销必须基于用户的许可。

（2）让你的用户掌握自主选择权

如果用户不喜欢企业提供的服务，让他们有权利随时取消对企业的关注。在显眼的位置提供退订按钮，并尽量让退订操作简单，这样不仅能赢得用户信任，也增强了用户体验。舍弃对自己不感兴趣的用户也避免过多用户将邮件标记为垃圾邮件，影响企业其他邮件的传播。

（3）持续给用户带来价值

用户订阅某品牌的邮件，主要是希望收到自己感兴趣并觉得有价值的内容，可以是优惠信息，也可以是资讯，但绝不能是一成不变的服务推销或者"假打折"信息。用户只有先对邮件的内容感兴趣，才会持续关注，逐渐转变为忠实客户，继而转化为购买者。

（4）不断优化、提高客户体验

一切以客户为中心的原则应该贯穿在邮件营销的一举一动中。例如，在邮件制作上，把握好图文的设计风格，支持退订功能、链接操作便捷等；在送达之前，需要对邮件接收地址进行"清洗"，细分联系人，争取精准投放；在反馈阶段，以解决问题的态度积极与用户沟通，分析数据优化邮件内容等。

3. 跨境电商电子邮件营销的策略

由于人文环境因素的不同，跨境电商电子邮件营销与国内电商电子邮件营销相比存在很大差异。面对与国内行为习惯、风俗习惯及文化的差异，如果不懂它的使用规则和特点，往往也很难收到预期中的效果。试想，原本是应该给企业带来大量订单、维系客户忠诚度的重要渠道，最后却换来了大量的客户投诉和互联网服务提供商的封杀，甚至影响品牌声誉，这会有些得不偿失。

（1）合规收集客户信息和邮件地址

由于目标客户在海外，要获得客户的邮件地址、个人信息比较困难。在没有专业指导的情况下，一些跨境电商企业"病急乱投医"，从外部购买和采集客户数据，这样做的后果是，无论邮件地址正确与否，对一个完全未知的人发送邮件营销内容，无异于大海捞针。如果客户对产品没有兴趣，结果只能是将产品拉入黑名单。最重要的是，品牌形象受损，以后将会更难向对方开展营销。欧美等地是跨境电商的主要目标市场，用户一般都具有强烈的许可意识，对于未经许可发送到邮箱的电子邮件多会心存不满。

（2）及时管理现有数据

如果没有对已有的客户数据库进行有效的管理，将会导致总体的客户数据质量不高，发送到海外的邮件硬退率高、软退率高和打开率低。

因此，要根据客户数据按年龄、身份等自然属性或高活跃度、高频率购买等维度进行细分综合管理。要及时对基础邮件地址去重，及时完成错误地址删除等基础数据更新工作。因为大量无效邮件的发送，不仅会增加发送成本，还不能收到好的效果。

（3）重视海外通道及规则

很多海外邮箱服务商，如 Hotmail、Gmail 等，会拦截没有固定 IP 的服务器发出的邮件，而且海外 ISP 在垃圾邮件、黑名单、投诉举报规则以及发送数据要求上更为严格，如果电商企业被投诉过多还会被封账号。

如果企业的邮件经常被海外 ISP 拦截，邮件达到率不理想，自己又不具备资源和技术能力，那可以考虑选择一家具有固定海外 IP 地址的邮件营销服务商，这样可以大幅提升投递效果。

（4）针对海外消费者特点定制营销策略

由于风俗文化、消费习惯、经济发展水平等方面的不同，不同国家客户对营销信息的偏好也存在区别，因此要根据不同国家或地区制定相应的营销策略。跨境电商企业需要对目标市场的文化、风俗和节日、特殊喜好、消费习惯等了解清楚后，再参照用户的历史消费行为定制邮件内容及营销策略。

（5）注重邮件内容及设计

一些外贸邮件没有标明品牌发件人、邮件标题毫无吸引力、主题也不明确，或者邮件整版充斥着让人眼花缭乱的产品及促销信息。Focussend 的相关研究显示，一封邮件从收件箱众多邮件中脱颖而出，获取用户注意的时间仅为 2s。在正式发送邮件之前，先进行测试，如果企业的邮件不能获得高的打开率、关注度，或者连自己也觉得没有吸引力，那么就真的需要在邮件内容及设计上下功夫了。

 扩展阅读

跨境电商怎么发电子邮件？

1. 使用电子邮件营销工具

跨境电子商务企业可以使用电子邮件营销工具，比如 Zoho Campaigns，轻松创建并向客户发送时事通讯、促销优惠和其他营销活动。这些工具提供自动化、细分和 A/B 测试等功能，帮助企业提高其电子邮件营销的有效性。

2. 通过电子商务平台

Shopify、Magento 和 WooCommerce 等电子商务平台具有内置的电子邮件功能，使企业能够向客户发送交易电子邮件，如订单确认、发货通知和交货更新。

这些电子邮件会根据客户的操作自动触发，并且可以进行定制，以适应企业的品牌推广。

3. 使用第三方电子邮件网关提供商

跨境电子商务企业可以使用 SendGrid、Amazon SES 或 Mandrill 等第三方电子邮件网关提供商向其客户发送电子邮件。这些供应商提供与电子商务平台集成的 API，使企业能够大规模发送交易电子邮件。

4. 直接从自己的电子邮件服务器发送邮件

跨境电商也可以选择直接从自己的电子邮件服务器发送电子邮件。

（6）注重邮件发送质量

很多急于求成的跨境电商企业都寄希望于通过庞大的数据量、频繁的发送带来大量的订单，但往往事与愿违。千万不要错误地认为发送频率越高效果越好，而是要根据用户自主订阅频率、用户历史行为等整体规划发送策略，并优化发送频率。

要想把邮件顺利送达海外用户的邮箱，首先，要保证用户数据的有效性，这是关键所在，而数据是否为用户主动订阅也将直接影响到后续邮件的发送质量。其次，要做好海外 ISP 的备案以及各种处理。最后，邮件内容及设计要符合垃圾邮件规避规则。

 扩展阅读

如何优化邮件标题进行 EDM 邮件营销

电子邮件营销越来越被企业所重视是一个不争的事实。而邮件标题是一块"敲门砖"，只有能够吸引用户的兴趣的标题，用户才会打开企业的邮件阅读。那么怎样优化邮件标题才能吸引用户的目光呢？

1. 只注明主题

最好的标题告诉用户邮件的内容是什么，而最差的标题则试图通过邮件销售产品。在电子邮件营销中，不要让邮件标题读起来像广告。标题中的商业味越重，邮件被打开的可能性就越小。

2. 关注用户利益

邮件读者只对一件事感兴趣：邮件能为他们提供什么？所以在标题中要多写一些和用户利益相关的内容，给他们更多的阅读理由。

3. 不要在标题中随便个性化

个性化对电子邮件内容来说是很重要的，但它并不适用于标题。垃圾邮件发送者会在互联网上窃取姓名，他们对收件人全部的了解就是名字和邮件地址，所以他们在标题上加上姓名，比如"Arthur Sweetser：这是专门为你提供的服务"。但是收件人也是聪明的，他们往往能轻松判别哪封邮件是垃圾邮件。如果商家在标题中加入收件者的姓名，那商家就很有可能被当作垃圾邮件发送者。和没有使用个性化标题的邮件相比，含有个性化标题的邮件效果要差一点。使用个性化标题的邮件打开率是12.4%，点击率是1.7%；不使用个性化标题的邮件打开率是13.5%，点击率是2.7%。因此，在标题中不应该使用名字。不过，在邮件标题中使用地点的字眼（比如城市名字）确实可以提升打开率。

4. 告诉用户你是谁

很多研究显示，将公司名称放进发件人行和标题行中能增加打开率。Jupiter Research研究公司发现，在标题中加入公司名称能使打开率从32%增加到60%，远远超过了不加名称的标题：人们之所以打开你的邮件，一个很重要的原因是认出了你。有两种情况：他们认识发件人，并且认为过去收到的信息有价值；当然也有相反的，他们以前打开过你的邮件，但发现根本是在浪费时间，所以就把邮件删除了。发出去的邮件能否被打开，取决于公司的声誉和公司之前发送邮件的质量。若收件人之前看到商家所发的邮件时获得了最佳体验，那他们会毫不犹豫地打开邮件。

5. 避免使用敏感字词

绝对不要在标题里使用大写字母，也不要使用感叹号。只要你的内容是真实的并且看起来不像垃圾邮件，大多数收件人都会给予回应。垃圾邮件标志性词语，如"免费"等，一定要排除在外，永远不要低估邮件服务提供商对垃圾邮件的辨别能力。但是有些不在垃圾单词清单上的词语也会大大降低邮件的回应率，如"帮助""折扣"和"催缴单"等。

四、联盟营销

1. 联盟营销的定义

联盟营销（affiliate marketing），是一种按效果付费的市场推广方式，涉及多个合作方共同推广和销售产品或服务，以实现共同的营销目标和利润分享。这是一种合作推广的模式，其中商家和联盟客户（也称为推广者）之间建立合作关系，以实现共同的营销目标和利润分享。在这种模式下，商家提供产品或服务，联盟客户通过各种推广渠道将产品或服务推广给潜在客户，当有人通过联盟客户的推广链接购买产品或服务时，联盟客户可以获得一定比例的佣金。对于商家来说，联盟营销是一种相对成本低、效率高的推广方式，因为商家只需要在产生实际销售时才需要支付佣金，而不需要像传统广告一样投入大量的资金。同时，联盟营销还能够帮助商家快速扩大品牌曝光和销售渠道，提高产品的市场份额和知名度。由于是无收益无支出、有收益才有支出的量化营销，因此联盟营销已被公认为最有效的低成本、零风险的网络营销模式，在北美洲、欧洲、亚洲、非洲等地区深受欢迎。

2. 联盟营销的组成

联盟营销由联盟看板、佣金设置、我的主推产品、流量报表、订单报表、成交详情报表六部分组成。

（1）联盟看板

通过联盟看板功能模块能清楚地知道联盟营销近六个月的营销情况，包括联盟带来的订单金额、支付的佣金、投入产出比等。

（2）佣金设置

每个类目要求的佣金比例都是不一样的，在3%～50%不等。一般加入联盟营销是所有产品都加入，所以在设置佣金比例时一定要考虑所有产品的利润率是否支持。

（3）我的主推产品

联盟营销可以有60个产品作为主推产品，一定要充分利用好这一功能。主推产品和店铺的其他产品是不一样的，只有主推产品才能参加联盟专属推广活动，最好能选出店铺比较热销的产品，这样推广起来更有效果。

（4）流量报表

通过流量报表，可以知道联盟营销近六个月内每天的流量状况，包含联盟PV（页面浏览量）、联盟访客数、总访客数、联盟访客数占比、联盟买家数和总买家数。

（5）订单报表

订单报表主要包含联盟营销每天带来的订单数、支付金额、预计佣金、结算订单数等。通过订单报表可以清楚地知道近六个月内的联盟营销效果，即每天的订单数。需要注意的是，联盟带来的订单数不等于结算订单数。同样，联盟带来的订单销售额的佣金也不等于实际佣金，因为发生退款的订单数和订单金额会被排除在外。

（6）成交详情报表

成交详情报表能清楚地反映联盟营销的效果以及在某个时间段内，联盟营销带来的每一笔订单和收取的佣金等。

3. 联盟营销的付费形式

根据商家网站给联盟会员的回报支付方式，联盟营销的付费可分为三种形式。

（1）按点击数付费

联盟营销管理系统记录每个客人在联盟会员网站上点击到商家网站的文字的或者图片的链接（或者Email链接）次数，商家按点击次数付费（cost-per-click，CPC）。

（2）按引导数付费

访问者通过联盟会员的链接进入商家网站后，如果填写并提交了某个表单，管理系统就会产生一个对应给这个联盟会员的引导（lead）记录，商家按引导数付费（cost-per-lead，CPL）。

（3）按销售额付费

商家只在联盟会员的链接介绍的客人在商家网站上产生了实际的购买行为后（大多数是在线支付）才给联盟会员付费，一般是设定一个佣金比例（销售额的10%～50%不等），这就是按销售额付费（cost-per-sale，CPS）。

4. 联盟营销策略

（1）选择联盟平台

目前，海外联盟平台的选择确实非常丰富，而且这些平台通常提供一站式管理联盟计划的各个方面，包括招募会员、上传广告、跟踪分析、管理佣金支付等，让品牌可以更加方便地管理和监控整个联盟营销活动。

目前海外比较火爆的联盟营销平台有：

① ShareASale。这个联盟营销平台提供了一系列强大的工具，包括自定义链接生成器、实时追踪功能和详尽的数据分析工具。商家可以根据需要设置佣金比例，灵活调整收益分配。对于联盟客来说，需要注意的是，平台设定了最低提现金额为 50 美元，提现周期为每月 20 日。此外，由于商家众多，竞争相对激烈，因此联盟客需要在推广过程中表现出色，以吸引更多流量并获得丰厚的佣金收益。

② ClickBank。这是一个数字产品联盟营销领域的领先平台，已经吸引了成千上万的注册商家和产品，几乎涵盖了所有商品。平台拥有超过几十万名联盟会员，为推广者和商家提供了广阔的市场。加入 ClickBank 后，商家需要对其产品进行初次认证并支付费用。之后加入的商品则不再需要再次付费。销售费用是固定的 7.5% 加上每笔订单的 1 美元，除此之外，商家还需要支付额外的佣金。尽管价格听起来有些昂贵，但与亚马逊相比，ClickBank 的费用相对更加划算。需要注意的是，ClickBank 更适合于独立推广产品，而不太适合于在自己的网站上建立联盟推广计划。

③ JVZoo。相对于 ClickBank，JVZoo 平台更为宽松，拥有超过 80 万名会员，商品种类繁多，几乎任何产品都可以在上面进行推广。在费用方面，如果你只是简单地推广商品，JVZoo 的费用可以说是所有联盟营销平台中最低的，这使其非常适合小型品牌进行推广。JVZoo 平台为小品牌提供了一个低成本、高效率的推广渠道。商家可以在这里获得广泛的曝光，吸引更多的潜在客户，并在低成本下实现销售增长。这种灵活的费用结构为小型品牌商提供了更多的机会，使其能够以更低的成本参与到联盟营销活动中，促进业务的发展和增长。

④ Impact。这是一个汇集了沃尔玛、联想、微软、阿迪达斯等多家大牌的联盟推广平台，不仅可以推广产品，还支持移动端 App 的推广。如果商家拥有自己的品牌 App，通过这个平台进行推广并引导用户下载商家的 App，将是一个非常有效的推广方法。除了这个平台，还有其他一些像亚马逊联盟、速卖通联盟等平台提供的自有联盟营销服务。在这些平台上，用户通常是平台内的卖家，而亚马逊联盟则是目前全球最大的商品营销联盟之一。通过加入这些平台，商家可以获得更多的曝光机会，吸引更多的潜在客户，并提升商家的品牌知名度和销售业绩。

（2）制订联盟营销计划及结构

在开启联盟营销之前，应仔细考虑一些重要的因素，并设定好相关策略和条款。

1）确定佣金支付方式，是按每一次链接点击还是每一笔订单支付佣金，以及选择固定费用还是按比例支付。佣金的设置需要考虑吸引联盟客户的同时，也要确保不会导致成本过高而亏本。因此，需要在开启联盟营销之前对这笔账进行仔细的成本与效益分析。

2）确认网站 cookie 的有效期。这是跟踪客户来访路线、统计和收集订单销售额的关键环节。有效的 cookie 跟踪可以为商家提供更精准的数据分析和客户行为洞察，有助于优化营销策略和提升销售效果。

3）在制定营销计划时需要注意设定相关的条款和限制。例如，可以规定不允许联盟客户参与按点击付费的广告系列，或者拒绝联盟客户创建折扣代码等。这些条款和限制可以帮助商家保护自己的利益，避免潜在的风险和损失。

4）制订的营销计划一定要与最终想要实现的目标相结合，保持行动上的一致。设定一个明确定义的营销目标，确保每一步都与整体战略相协调，才能保证联盟营销的顺利实施和最终成功。

（3）寻找合适的联盟客户

理想的联盟客户应该在其活动平台上非常活跃，或者拥有大量的粉丝和用户基础。这些联盟客户通常具有更强的影响力和推广能力，能够吸引更多的目标受众，从而为产品带来更多的曝光量和销售机会。因此，在选择联盟客户时，要注重其活跃度、影响力和用户基础，以确保与他们的合作能够最大限度地提升产品的推广效果。

（4）持续监控并改进

实施了联盟营销计划之后，需要及时监控每一个步骤，以确保计划的顺利执行和推广效果的最大化。特别是对于第一次尝试联盟营销的新手来说，维护好与联盟客户的关系至关重要。为了维护良好的关系，需要经常确认 cookie 和产品链接的有效性。确保这些链接能够正确跟踪用户的行为和订单情况，避免出现错单漏单的情况。及时处理可能出现的问题，并与联盟客户保持良好的沟通，及时解决任何潜在的疑虑和困扰，以确保合作关系的持续发展和推广效果的稳步提升。

五、站内营销

站内营销是跨境电商平台利用内部资源进行推广的一种重要形式，这些站内活动集中了较多的流量资源，对卖家的经营指标有一定的要求，或者只有支付一定的广告推广费用才能参与。

1. 速卖通站内营销

（1）活动营销

平台活动是跨境电商平台面向卖家推出的免费推广服务，主要包括频道活动及促销活动等。

1）频道活动。频道活动主要包括 Flash Deals、品牌闪购、试用、金币等频道。

Flash Deals 频道：是平台的爆品中心，帮助店铺打造爆品。

品牌闪购频道：头部品牌的营销阵地，可以帮助潜在品牌孵化。

试用频道：通过提供试用商品吸引买家进店并关注，为品牌快速入市提供帮助。

金币频道：利用金币带来的权益吸引买家定期回访。

拼团频道：可结合站内外综合营销活动，获取社交流量。

低价频道：低价潜力爆品中心，流量聚焦低价格产品，帮助增加订单量。

2）促销活动。促销活动主要是指大促活动和日常促销活动。

大促活动：各个跨境电商平台每年都有多次大促活动，如"黑色星期五""速卖通

'双11'"、新年活动等，这些活动的流量非常大，卖家可以根据自身情况报名参加。

日常促销活动：包括行业日常促销活动、箱包促销活动、国家特色行业促销活动、海外仓日常活动。商家通过定期参加平台的促销活动，获取更多流量，提高转化率。

（2）直通车推广

当买家搜索某个关键词时，设置了该关键词推广的产品就会出现在相应的展位上，只有当买家点击了该推广产品，才会生成推广费，这是典型的点击付费广告。

1）直通车推广的作用。直通车主要作用包括：ⓐ引流，帮助所推广的产品迅速提高曝光率，增加访客流量，进而促进成交；ⓑ测款，帮助卖家测试新品，为卖家打造爆款提供数据支撑和选择方向；ⓒ助力爆款，帮助店铺爆款获得更多的曝光机会，巩固并继续提升爆款转化效果。

2）直通车选词与出价。直通车选词和出价是影响直通车排名的两个主要因素。关键词的选择需要从多个渠道进行，包括直通车选词工具、直通车系统推荐、生意参谋、速卖通导航页面、同行标题借鉴、Google AdWords 关键词工具、参照其他平台的热卖标题等。直通车推广排名综合得分等于关键词出价与推广评分的乘积。曝光量大但相关度不高的关键词，会浪费流量推广费用，拉低转化率；曝光量大、相关度高的优词，可以持续加价；曝光量大、相关度高的良词和重点词必须适当加价及优化，这些词经过类目优化、属性、文本信息、创意标题等操作提高推广评分，最终从良词变成优词。

3）直通车建立。直通车建立主要包括快速推广和重点推广两个阶段。

快速推广阶段，多对多撒网式推广阶段。如果产品品类单一，就同属性多个新品同时推广；如果产品品类众多，就多建立多个推广，分别添加相同属性的新品。

重点推广阶段，选取表现好的预爆款进行重点培养。重点推广的关键词要具备高曝光度、高点击率和高匹配度的特性。

2. 亚马逊站内营销

（1）亚马逊广告

亚马逊提供多种广告类型，卖家需要根据产品和目标选择最合适的广告模式。

1）sponsored products（商品推广）：最常见的亚马逊广告类型，帮助卖家推广特定产品，并直接展示在搜索结果页和产品详情页。这种广告类型以关键词为基础，引导潜在客户以自然的方式点击广告并购买产品。它提供了增加曝光度、点击率和销售额的机会，对于增加产品的可见性非常有效。适用于希望快速增加销量的卖家。

2）sponsored brands（品牌推广）：这种广告允许卖家展示品牌标志、多个产品和自定义消息，通常位于搜索结果的顶部。卖家可以在搜索结果的最顶部或侧边栏位置展示自己的品牌，并引导用户浏览他们的产品系列。这种类型的广告能够提高品牌的曝光度和知名度，并吸引潜在客户浏览多个产品，增加销售机会。适合提升品牌知名度并推广多个产品的卖家。

3）sponsored display（赞助展示）：是向亚马逊购物者展示广告的方式，包括产品详情页、相似产品广告和购物车页等。该类型的广告以用户的购物习惯和个人兴趣，以及产品的相关性为基础，可以帮助卖家重新吸引流失的潜在客户、销售相关的附加产品或与购物车中的其他产品竞争。对于扩展受众和保持品牌曝光非常有效。

4）sponsored stores（店铺推广）：亚马逊店铺广告允许卖家创建其品牌和产品的自定义页面。店铺广告可以包含品牌故事、产品目录、视频和图像等多种形式的内容。卖家可以使用店铺广告来展示整个产品系列、品牌形象和差异化，从而吸引潜在客户并提高销售转化。

5）sponsored display audiences（展示推广受众）：这是一种新近推出的亚马逊广告类型，可以帮助卖家以更有针对性的方式展示广告。基于用户的购物行为和兴趣，卖家可以选择将广告展示给特定的目标受众。这种广告类型通过将广告发送给感兴趣的人群，提高广告的转化率和效果。

（2）亚马逊节日促销

节日促销是亚马逊在特定节日或活动期间举办的促销活动。例如，"黑色星期五"、感恩节、圣诞节等节日期间，亚马逊会推出各种促销活动，吸引消费者购物。

1）亚马逊 Prime Day。亚马逊 Prime Day 是亚马逊为 Prime 会员举办的一年一度的全球购物狂欢节。这个活动通常在每年的 7 月中旬举行，持续 48h。Prime Day 起源于 2015年，旨在庆祝亚马逊 Prime 会员服务的诞生。在这一天，亚马逊会为 Prime 会员提供大量的独家折扣和优惠，涵盖各个品类。此外，亚马逊还会在 Prime Day 期间推出新的产品和服务。

2）"黑色星期五"（Black Friday）。"黑色星期五"是每年 11 月的最后一个星期五，起源于美国，现已成为全球范围内的购物狂欢节。在这一天，亚马逊会推出大量的折扣和优惠活动，吸引消费者购买电子产品、家居用品、服装等各种商品。尽管黑色星期五起源于实体零售商，但亚马逊已经将其成功地引入在线购物领域，使其成为一个全球性的购物盛事。

3）"网购星期一"（Cyber Monday）。"网购星期一"紧随"黑色星期五"之后，是感恩节假期后的第一个星期一。这个促销活动起源于 2005 年，旨在鼓励消费者在线上购物。在这一天，亚马逊会提供各种优惠和折扣，以吸引消费者购买电子产品、家居用品、服装等商品。网购星期一已经成为亚马逊每年最重要的促销活动之一。

4）亚马逊"黑色星期五预热"（Black Friday Warm-up）。在"黑色星期五"之前，亚马逊还会举办一场名为"黑色星期五预热"的促销活动。这个活动通常在 11 月初开始，持续约两周。在这个阶段，亚马逊会推出一系列预热折扣，为即将到来的"黑色星期五"和"网购星期一"活动预热。卖家可以利用这个机会提前吸引消费者关注，为后续的大促销做好准备。

5）亚马逊年终狂欢（Year-End Deals）。除了以上几个主要的促销节日外，亚马逊还会在每年的年底举办一场年终狂欢活动。这个活动通常在 12 月中旬开始，持续到年底。在这个阶段，亚马逊会提供各种折扣和优惠，以清仓处理库存，为新的一年做好准备。这个活动对于卖家来说也是一个清理库存、回笼资金的好时机。

（3）亚马逊限时秒杀活动

限时秒杀是亚马逊最常见的促销活动之一，它通常在特定时间段内提供超低折扣价格，吸引消费者抢购。这种促销方式通常适用于热门商品或库存紧张的商品，消费者需要在规定时间内下单购买，否则将无法享受优惠价格。

1）Lightning Deals，是每日限时秒杀，是亚马逊最具特色的限时促销活动之一，通常持续时间为4~6h。该秒杀活动是付费参加的，卖家需要支付秒杀费用，站点不同费用也会不同。在活动期间，商品将以折扣价出售，数量有限，先到先得。闪电促销在亚马逊主页上有专门的展示区域，能够吸引大量消费者的关注。

2）Deal of the Day，是亚马逊每天推出的一款独家优惠商品，展示在亚马逊主页的显眼位置。该秒杀活动的优惠力度较大，免费参加，通常持续一整天。由于每天只有一款商品能够成为镇店之宝，竞争非常激烈。

3）7-Day Deals，是亚马逊为期一周的促销活动，每天推出不同的优惠商品。与Lightning Deals 和 Deal of the Day 相比，七天促销的曝光度较低，但仍能为参与的商品带来一定的销量提升。

 扩展阅读

亚马逊新品推广策略全攻略

1. 新品上架前的准备

（1）深入产品调研
- 分析市场需求，了解目标用户群体的偏好和需求。
- 研究竞品，分析竞品的优劣势，找到自身的差异化点。
- 明确产品定位，确定产品的核心卖点。

（2）优化产品详情页
- 使用高质量的产品图片，确保图片清晰、多角度展示产品。
- 编写引人入胜的标题，突出产品特点和优势。
- 提供详细的产品描述，介绍产品功能、用途、材质等信息。
- 进行关键词研究，将相关关键词融入标题、描述和搜索词中，提高产品的搜索排名。

（3）制定合理的定价策略
- 根据产品成本、市场需求和竞品价格，制定合理的定价策略。
- 考虑促销和折扣活动，制订灵活的定价计划。

2. 新品上架后的推广

（1）利用亚马逊广告

1）关键词广告：
- 选择与产品相关的关键词，设置合理的竞价，确保广告在搜索结果中展示。
- 监控广告表现，调整关键词和竞价，优化广告效果。

2）商品展示广告：
- 设计吸引人的品牌Logo和图片，提高品牌认知度。

- 自定义标题和描述,突出品牌特点和产品优势。

3)视频广告:

- 制作高质量的产品视频,展示产品特点和优势。
- 选择合适的投放位置和受众群体,提高广告点击率。

(2)参与亚马逊促销活动

1)限时优惠:

- 设定合理的折扣和库存限制,吸引用户抢购。
- 监控销售情况,及时调整库存和折扣。

2)优惠券:

- 发放优惠券,降低用户购买门槛,提高购买意愿。
- 监控优惠券领取和使用情况,优化优惠券策略。

3)会员专享折扣:

- 为 Prime 会员提供独家折扣,提高会员购买意愿。
- 分析会员购买数据,优化会员营销策略。

(3)社交媒体营销

- 利用 Facebook、Instagram 等社交媒体平台发布产品信息、优惠活动和用户评价,提高产品曝光度。
- 与网红、意见领袖合作,进行产品试用和推广活动,扩大品牌影响力。

(4)优化评价系统

- 鼓励购买者留下真实、积极的评价,提高产品信誉度和购买转化率。
- 及时回应用户评价,解决用户疑虑和问题,提升用户满意度。

(5)利用亚马逊社区

- 参与亚马逊问答,解答用户疑问,提高产品信任度。
- 在亚马逊论坛中分享产品使用经验、技巧和评价,吸引用户关注和购买。

(6)邮件营销

- 利用亚马逊提供的邮件营销工具向潜在客户发送产品信息和优惠活动。
- 定期发送订阅邮件,保持与用户的联系和互动,提高复购率。

(7)持续优化产品

- 根据用户反馈和市场变化,不断优化产品设计和功能。
- 监控竞品动态和市场趋势,及时调整产品策略和营销策略。

3. 新品推广注意事项

(1)遵守亚马逊规则

确保所有推广活动符合亚马逊的规定和政策,避免违规行为导致账号受限或封禁。

(2)持续跟踪数据

利用亚马逊卖家中心的数据分析工具持续跟踪新品销售数据、广告效果和用户反馈等信息，以便及时调整推广策略。

（3）关注竞争对手

密切关注竞品动态和市场变化，及时调整自身策略以保持竞争力。

（4）保持创新

在推广过程中不断创新和改进策略和方法，寻找新的市场机会和增长点。

[资料来源：章鱼站外. 亚马逊新品推广策略全攻略 [EB/OL].（2024-05-10）

[2024-12-05].https://www.cifnews.com/article/158592.]

第三节　跨境电商营销策划

一、跨境电商营销策划的内涵与类型

1. 跨境电商营销策划的内涵

跨境电商营销策划，是指营销策划活动的主体，根据跨境电商企业的整体战略，在对企业内部条件和外部环境分析的基础上，设定预期的营销目标并精心构思、设计和组合营销因素，从而高效率地将产品或服务推向目标市场的操作程序。

跨境电商营销策划具有以下特点：

1）前瞻性。跨境电商营销策划是对未来营销活动所做的决策，因而具有前瞻性。

2）战略依托性。跨境电商营销策划不能挣脱企业的整体战略而独立存在，否则的话，无论这个营销策划自身多么优秀，只要它与企业的整体战略方向相冲突，那也是无效果可言的。

3）科学性。跨境电商营销策划是一门思维的科学，要求定位准确、审时度势、把握主观与客观，辩证地、客观地、动态地把握各种资源。要进行跨境电商营销策划，必须对企业的自身条件和外部环境进行分析，以便有的放矢。没有环境分析，所做出的营销策划就变成无源之水、空中楼阁。

4）目的性。在跨境电商营销策划中，一定要设定企业的营销目标，即企业希望达到的预期目标，如在销售量、市场份额、利润等方面设定可以量化的目标。一个营销策划如果没有设定相应的营销目标，就无法检测营销策划的质量。

5）程序性。跨境电商营销策划的进行需要遵循一定的程序，程序是营销策划质量的保障。

6）创新性。创新性是跨境电商营销策划的灵魂所在，如果营销策划模仿他人、没有创意，就失去了生命力。只有那些富有创意的营销策划才能在激烈的市场竞争中脱颖而出，最终取得成功。

2. 跨境电商营销策划的类型

跨境电商营销策划可以从不同的角度进行分类。

1）按营销策划作用时间的长短，可以分为过程策划、阶段策划和随机策划。过程策划指的是贯穿于跨境电商企业营销全过程的长期策划；阶段策划是指处于跨境电商企业的不同阶段的短期策划；随机策划是指在跨境电商企业营销的某一时点的随时策划，属于更短期的策划。

2）按营销策划的主体，可以分为跨境电商企业内营销策划和第三方营销策划。跨境电商企业内营销策划是由企业内的市场部或企划部人员所做出的营销策划；第三方营销策划是由独立的营销策划公司、管理咨询公司等中介机构做出的营销策划。

3）按营销策划的客体，可以分为市场调研策划、营销战略策划、新产品开发策划、价格策划、渠道策划、促销策划、品牌策划、企业形象策划等。

4）按营销策划的目的，可以分为营销战略策划和营销战术策划。营销战略策划注重跨境电商企业的营销活动与企业总体战略之间的关系，内容涉及企业战略发展方向、战略发展目标、战略重点等，并依此设计企业的营销战略；营销战术策划则注重跨境电商企业营销活动的可操作性，是为实现企业的营销战略所进行的战术、措施、项目和程序的策划，如产品策划、价格策划、分销策划和促销策划等。营销战略策划与营销战术策划关系密切，前者为后者指明方向，而后者则为前者的完成提供支撑和保障。

二、跨境电商营销策划的流程

跨境电商营销策划作为一门实践性很强的科学性与艺术性相结合的跨境电商企业市场活动行为，其本身既有严谨的内在逻辑联系性，又有可操作性的市场营销程序。因此，在进行跨境电商营销策划时，应该按照一定的流程逐步进行，以提高跨境电商营销策划的质量和科学性。

跨境电商营销策划的流程由七个环节组成，是一个闭合的通路，如图7-3所示。

1. 环境分析

环境分析是指营销策划者通过对跨境电商企业的外部环境和内部环境进行调查和分析，进而确定外部市场机会和威胁以及企业自身的优势和劣势，从而明确企业目前所处的位置。任何营销策划都必须首先从环境分析入手，这一步骤对整个营销策划的质量至关重要。

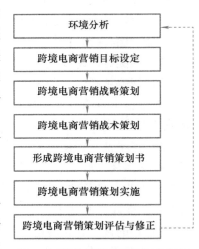

图7-3　跨境电商营销策划的流程

外部环境的分析在顺序上，应当从大到小，即先宏观环境再行业环境，最后是经营环境。但从关注的程度和花费的精力上，则应该重小轻大，即最重要的是经营环境，其次是行业环境，最后是宏观环境。另外，在外部环境的分析中，对消费者和竞争者的调查与分析是重中之重。

内部环境的分析重点一般应当放在企业的总体战略和企业资源的优劣势等方面，目的在于找到符合企业自身状况的营销策划方案。由于一个营销策划方案的实行需要得到企业内部各方面的支持，因此切不可脱离企业的自身状况来进行营销策划方案的设计。

2. 跨境电商营销目标设定

跨境电商营销目标是对跨境电商营销策划所要实现的目标进行全面描述。既然投入大量的人力、物力和财力进行营销策划，就要解决一定的问题。公司在营销上可能存在以下几种问题。

第一，公司还未涉足跨境电商营销，尚无一套系统的营销方案，因而需要根据市场特点，策划出一套可遵循的营销方案。

第二，公司发展壮大，原有的跨境电商营销方案已不适应新的形势，因此需要重新设计。

第三，公司经营方向改变与调整，需要相应地调整跨境电商营销策略。

第四，企业原有跨境电商营销方案存在较为严重的错误，需要对原方案进行重大修改或重新设计。

第五，企业在总的跨境电商营销方案下，需要在不同的时段，根据市场特征和行情变化，设计新的阶段性方案。

营销目标是营销策划要实现的期望值，营销目标设定应遵循 SMART 原则，即具体（specific）、可衡量（measurable）、可操作（available）、现实性（realistic）、时限性（timed）。

同时，在设定跨境电商营销目标时，需要注意以下几点。

第一，跨境电商营销目标要尽量量化，以便于测量。对于不易量化的目标，也要尽量想出较为客观的评价标准。

第二，跨境电商营销目标不要设定得太高，也不要设定得太低。太低的话，起不到激励效果，达不到营销策划的目的；太高的话，又难以实现，容易造成消极影响。

第三，如果存在多个跨境电商营销目标，那么应该使营销目标相互协调一致。在目标之间有难以协调的矛盾时，要明确表述目标的优先顺序。

3. 跨境电商营销战略策划

跨境电商营销战略策划在整个策划流程中居于十分重要的地位，主要包括市场细分、目标市场选择和市场定位等内容。

（1）市场细分

所谓市场细分，就是按照购买者所需要的产品或营销组合，将一个市场分为若干不同的购买者群体，并描述他们的轮廓的营销行为。被细分出来的市场是由在一个市场上有可识别的相似需求、购买能力、地理位置、购买态度和购买习惯的大量人群构成的。市场细分是介于大众化营销和个性营销之间的中间层群体。

有效的市场细分必须具备五个特点：①可衡量性，即用来划分细分市场大小和购买力的特定程度应该是能够测定的；②足量性，即细分市场的规模大到足够获利的程度；③可接近性，即能够有效地到达细分市场并为之服务；④差别性，即细分市场在观念上能被区分，并且对不同的营销组合因素和方案有不同的反应；⑤行动可能性，即为吸引和服务细分市场而系统地提出有效计划的可行程度。

（2）目标市场选择

所谓目标市场选择，是指企业在进行市场细分后，对各细分市场的吸引力和企业自身的能力和资源进行权衡，并决定要进入哪些细分市场的营销决策。在评估各种细分市场时，企业必须要考虑两个因素：细分市场的吸引力和公司的目标与资源。只有那些与企业目标相一致以及企业有能力和资源进入的具有吸引力的细分市场，才能最终成为企业会选择的目标市场。企业在对不同的细分市场进行评估后，可以考虑五种目标市场模式，即密集单一市场、有选择的专门化市场、产品专门化市场、市场专门化市场和完全覆盖市场。

（3）市场定位

所谓市场定位，就是确定企业或其产品和服务相对于竞争对手在目标市场上处于一个什么样的位置。在跨境电商营销策划中，企业必须对竞争对手现阶段所处的市场位置有所了解，然后结合企业自身的具体条件选择适合企业发展的市场位置。

市场定位的策略主要有两种。其一是市场空间定位策略。可以选择：市场空位争夺者，即企业争取成为新兴市场的第一进入者；市场深度开发者，即通过营销策划实现纵深开发，从而挤入已被占领的目标市场；抢占市场者，即凭借雄厚实力打败竞争对手，从而使自己成为目标市场新的占领者。其二是市场竞争定位策略。可以选择市场领导者、市场挑战者、市场追随者和市场补缺者等。

4. 跨境电商营销战术策划

跨境电商营销战术策划是指企业根据营销战略策划而制定的一系列更为具体的营销手段，具体内容包括产品策划、价格策划、渠道策划、促销策划、品牌策划等。跨境电商营销战术策划是跨境电商营销战略策划由宏观层面向微观层面的延伸，它在跨境电商营销战略策划的总体指导框架下，对各种各样的营销手段进行综合考虑和整体优化，以求达到理想的效果。

在跨境电商营销战术策划中需要注意以下两点：第一，跨境电商营销战术策划中可利用的可控因素有多种，企业不应仅仅局限于4P营销组合中的产品、价格、渠道和促销，而且对于不同的企业，各因素被侧重的程度是不同的。第二，企业的跨境电商营销战术策划可以是全面的，如企业的整体营销策划；也可以是单项的，如企业的品牌策划等。不管是全面策划还是单项策划，策划的思路基本上是相同的，需要考虑的战术要素也是相似的。

5. 形成跨境电商营销策划书

跨境电商营销策划书是整个营销策划内容的书面载体，它一方面是营销策划活动的主要成果，另一方面也是企业进行营销活动的书面行动计划。

跨境电商营销策划书的作用主要包括：第一，帮助营销策划人员整理信息，全面、系统地思考企业面临的营销问题；第二，帮助营销策划人员与企业高层决策者进行沟通；第三，帮助企业决策者判断营销方案的可行性；第四，帮助企业营销策划管理者更有效地实施营销管理活动。有关跨境电商营销策划书的写作内容和格式将在下文中详细论述。

6. 跨境电商营销策划实施

跨境电商营销策划实施，是指营销策划方案实施过程中的组织、指挥、控制和协调活动，是把营销策划方案转化为具体行动的过程。再理想的跨境电商营销策划方案如果不通过企业各相关部门的有力实施，其结果只能是纸上谈兵，对企业来说都是毫无意义的。因此，企业必须根据跨境电商营销策划方案的要求，分配企业的各种资源，处理好企业内外的各种关系，加强领导，提高执行力，把跨境电商营销策划方案的内容落到实处。

7. 跨境电商营销策划评估与修正

所谓跨境电商营销策划的评估，就是将跨境电商营销策划方案的预期目标与现实中得到的实际目标加以比较，通过比较对跨境电商营销策划实施的效果进行评价。跨境电商营销策划的修正则是当发现营销策划的实际实施效果不理想时，对造成不利影响的因素加以修正，以便跨境电商营销策划能够达到策划者所希望获得的目标。

跨境电商营销策划的评估与修正主要包括项目考核、阶段考核、最终考评和反馈改进等内容。

1）项目考核：是指当每一个项目完成以后对项目完成的情况所进行的一个评估，以便及时发现和解决存在的问题。当一个项目完成不理想时，营销策划人和营销管理者应首先找出原因，然后提出相应的解决办法，必要时，还要对整个营销策划方案做出调整。

2）阶段考核：是指当营销策划一个标志性的阶段进行完毕时，而对其实施效果进行的评估。一般一个营销策划方案可分为几个标志性的阶段来进行，当一个阶段的实施完成后，就要对这一阶段的营销策划实施情况进行评估，以此防止营销策划在实施过程中出现大的偏差。

3）最终考评：是对营销策划实施的结果进行分析，以便查看营销策划的期望值与实际结果是否有差异。若发现有较大的差异，就必须找出原因并提出相应的解决办法。营销策划人员要善于总结营销策划方案及其实施过程中所得到的经验教训，以便提高下一次营销策划的质量。

4）反馈改进：营销策划书在实施过程中出现的问题，必须加以总结并反馈到下一次的营销策划中，只有这样企业营销策划的水平才会不断得到提高。这一步骤也使得跨境电商营销策划的流程成为一个闭合的循环通路。

三、跨境电商营销策划书的结构

一般而言，跨境电商营销策划书主要包括以下九个方面的内容。

1. 纲要

纲要主要描述策划项目的背景资料，介绍策划团队，概括策划书的主要内容等，要求简明扼要，让人一目了然。

2. 环境分析

（1）宏观环境分析

1）人文环境：人口规模和增长率、年龄分布、教育水平、家庭类型、地区特征等。

2）经济环境：社会购买力、消费者收入、储蓄信贷、通货膨胀、支出模式等。

3）政治环境：对商业进行管理的立法、扶持政策等。

4）自然环境：自然资源、生态环境、气候变化等。

5）文化环境：核心文化价值观，亚文化、次文化价值观念等。

6）技术环境：技术革新规定、革新机会、研究与开发预算等。

（2）竞争环境分析

1）竞争对手的实力分析：营销战略、经营规模、生产能力、生产技术等。

2）竞争对手的策略分析：市场占有率、定价水平与调整、广告支出、促销活动与效果、广告主题与诉求对象等。

3. SWOT 分析

SWOT 分析即分别评估企业内部的优势（strengths）、劣势（weaknesses）、外部环境的机会（opportunities）、威胁（threats）。

4. 市场选择与定位

（1）细分市场

1）确定细分变量：地理因素、人文因素、心理因素、社会因素。

2）分析细分市场的有效性：可衡量性、足量性、可接近性、差异性、行动可能性。

（2）目标市场选择

1）确定目标市场模式：密集单一市场、有选择的专门化、产品专门化、市场专门化、完全覆盖市场。

2）分析目标市场的吸引力。

（3）市场定位

1）选择定位依据：产品特性或种类、产品用途及使用场合、使用者类型、竞争状况。

2）明确定位战略：市场空位争夺者、市场深度开发者、抢占市场者、市场领导者、市场挑战者、市场追随者和市场补缺者等定位选择。

3）选择差异化工具：产品、服务、人员、形象、渠道等。

5. 跨境电商营销战略目标的确定

（1）选择战略目标

战略目标包括生存、最大化当前利润、市场份额最大化、最大化市场撇脂、做产品质量领袖等。

（2）确定具体目标

具体指标包括销售额、利润额、市场占有率、毛利率、回款率、战略周期、战略阶段等。

6. 跨境电商营销策略

（1）产品策略

1）丰富产品层次：核心利益、形式产品、附加产品、期望产品、潜在产品。

2）优化产品组合：产品组合的深度、高度、长度、密度。

3）实行品牌营销：品牌名称决策、品牌战略决策、品牌定位决策等。

4）设计包装和标签。

5）实行服务营销：以人为本、实物证明、过程管理。

（2）价格策略

1）选择定价方法：定价方法包括成本加成定价法、认知价值定价法、通行价格定价法、拍卖定价法。

2）进行价格调整：价格调整方法包括产品组合定价、价格折扣和折让、确定促销价格、地理定价等。

3）发动价格变更及其反应：包括发动降价、发动提价、对竞争者价格变化的反应。

（3）促销策略

1）明确促销目标：提升产品的知名度，或是提高产品的销售额等。

2）选择促销方式：选择广告、销售促进、公共关系、人员推销几种促销方式中的一种或者几种，并为每种方案制订具体的实施计划。

（4）渠道策略

1）选择渠道方式：利用第三方跨境电商平台、独立站、社交媒体、国际展会和交易会等。

2）渠道设计决策：明确渠道目标和结构、识别主要渠道选择方案、方案评估等。

3）渠道管理决策：选择、培训、激励、评价渠道成员。

4）建立渠道系统：垂直渠道系统、水平渠道系统、多渠道系统等。

7. 组织和实施计划

1）组织营销队伍：设计营销队伍的规模与组织结构。

2）制定实施时间表：制定一份工作日程进度表，表明各项任务的主要负责人及不同的时间段应完成的任务指标。

8. 费用预算

按照安排的营销策划中将花费的各种费用项目，对营销策划方案的费用进行科学合理的预算。

9. 控制应变措施

由于环境的不确定性，任何计划在实施过程中难免会遇到一些不可预期的风险，如市场风险、竞争风险、外汇风险、政策风险等，因此需要在策划方案中考虑相应的应变措施。

以上九项内容，是跨境电商营销策划书的一般结构。当然，并不是所有的跨境电商营销策划书都千篇一律，跨境电商企业可以根据其所处的市场环境、经营内容、营销策略等差异，在跨境电商营销策划书的结构上有所变化。

习 题

一、填空题

1. 20 世纪 60 年代，美国营销杰罗姆·麦卡锡提出用 4P 营销组合包括产品（product）、_____、渠道（place）、_____。

2. 目前搜索引擎的推广方式可以分为自然推广、_____和_____三种。

3. 联盟营销由联盟看板、佣金设置、_____、流量报表、_____和成交详情报表六部分组成。

4. Facebook 帖子类型主要包括：图片和视频帖子、_____、Facebook 短视频、_____。

5. 亚马逊站内广告类型包括：sponsored products（商品推广）、_____、sponsored display（赞助展示）、_____、sponsored display audiences（展示推广受众）。

二、选择题

1. 下面( )不属于跨境电商的社交媒体。

A. Facebook   B. Twitter   C. 谷歌   D. Instagram

2. 下面（ ）不属于搜索引擎。

A. 百度   B. YouTube   C. Bing   D. 雅虎

3. 社交媒体的核心是（ ）。

A. 互联网技术   B. 实名注册   C. 付费广告   D. 用户生成内容

4. 按照营销策划目的，可以将跨境电商营销策划分为（ ）。

A. 过程策划、阶段策划和随机策划

B. 跨境电商企业内营销策划和第三方营销策划

C. 市场调研策划、营销战略策划、新产品开发策划、价格策划、渠道策划、促销策划、品牌策划、企业形象策划

D. 营销战略策划和营销战术策划

5. 下列不属于营销目标设定应遵循的 SMART 原则内容的是（ ）。

A. 具体（specific）   B. 可衡量（measurable）

C. 注意（attention）   D. 现实性（realistic）

三、判断题

1. 跨境电商产品定价是一项复杂而关键的工作，需要综合考虑市场需求、竞争环境、成本构成等多方面因素。 （ ）

2. 跨境电商的货源渠道对供货的稳定性和物流效率有影响，而对产品质量和价格没有影响。 （ ）

3. 搜索引擎营销是通过优化网站内容和结构，提高网站在搜索引擎中的排名，从而获得更多免费流量的一种推广方式。 （ ）

4. 联盟营销通常是指网络联盟营销，实际上是一种按营销效果付费的网络营销方式。 （ ）

5. Facebook 营销、Twitter 营销、TikTok 营销、Instagram 营销、YouTube 营销、Pinterest 营销都属于社交媒体营销。 （ ）

四、简答题

1. 什么是跨境电商营销？

2. 写出八种常用的跨境电商营销方式。

3. 简要叙述电子邮件营销的特点。

4. 简要叙述跨境电商营销策划的流程。

5. 简要叙述跨境电商营销策划书的结构。

习 题 答 案

跨境电商概论 第3版

第八章
跨境电商支付与结算

引例

支付作为跨境贸易往来必不可少的重要环节，到账周期长、中间行费用高、流程复杂等仍是广大跨境卖家出海亟需解决的问题。对此，连连作为享誉全球的跨境支付服务企业，以创新者、赋能者、连接者的角色，持续深耕用户需求，升级技术、服务和产品能力，打造了全球数字支付服务的"连连样本"。

自 2004 年成立至今，连连已拥有 65 项支付牌照及资质，深入电商、零售、商旅、物流、教育、地产、制造等多个行业，服务惠及全球超 490 万商户和企业，业务遍布 100 多个国家和地区，成为连接中国与世界、赋能产业数字化转型与全球贸易发展的一支重要力量。最新的 2024 年半年报数据显示，2024 年上半年，连连数字支付业务总支付额达到 1.57 万亿元，同比增长 120.1%；总收入 6.17 亿元，同比增长 40.1%。

2024 年 7 月，连连以"普惠出海、小微之光"为主题发布了永久调价政策，包括将 TikTok Shop、SHEIN、TEMU、Lazada 和速卖通的平台收款提现费率下调至永久千二封顶，亚马逊收款提现费率调价至千四封顶等，助推开拓海外市场的"出海"企业降本增效、轻装上阵。

未来，整个跨境支付赛道会更加拥挤，只有真正走近用户、理解用户、帮助用户，才能保有长久的市场竞争力。期待在各方共同努力下，跨境电商持续健康发展，不断深化科技创新，拓展全球生态，以更加开放、包容的姿态，携手全球合作伙伴，共同推动跨境支付与服务行业的繁荣发展，进而为中国企业更好地融入全球产业链、供应链和价值链贡献力量。

本章学习目标

（1）理解跨境电商支付与结算的概念与特点。

（2）熟悉跨境电商支付与结算方式。

（3）了解主要跨境电商平台的结算规则。

（4）掌握跨境电商的税务知识。

（5）了解跨境电商支付与结算的风险监管。

第一节 跨境电商支付与结算概述

一、跨境电商支付与结算的内涵

1. 跨境电商支付与结算的定义

支付结算有广义和狭义之分。狭义的支付结算仅指银行转账结算，即1997年9月中国人民银行发布的《支付结算办法》中所指的"支付结算"。狭义的支付结算是指单位、个人在社会经济活动中使用票据（包括支票、本票、汇票）、银行卡和汇兑、托收承付、委托收款等结算方式进行货币给付及其资金清算的行为，其主要功能是完成资金从一方当事人向另一方当事人的转移。广义的支付结算包括现金结算和银行转账结算。支付结算作为一种要式行为，具有一定的法律特征。广义的支付结算不局限于银行转账，而是扩展到了包括现金结算在内的所有资金转移方式。这意味着，除了通过银行账户进行的转账和资金清算，还包括使用现金进行交易的情况。这种定义涵盖了更广泛的经济活动中的资金转移方式，适应了现代社会多样化的支付需求。

支付与结算的主要区别在于概念和方式不同。支付是完成付款人向收款人转移货币债权的过程，而结算是对交易结果进行计算和划拨的过程。支付可以理解为一种即时的资金转移，而结算则是对资金转移的最终确认和记录。

在互联网时代，当一国的消费者在网上购买国外商家的产品或国外的消费者购买此国商家的商品时，由于币种不同，需要通过一定的结算工具和支付系统实现两个国家或地区之间的资金转换，最终完成交易。因此，跨境电商支付与结算是指国际经济活动中的当事人通过特定的支付工具和方式，清偿因各种经济活动而产生的国际债权债务，并涉及资金转移、外币兑换等行为。

传统跨境贸易是以B2B大额交易为主，而跨境电商是以B2C为主，它的特点是小规模和高频率。在结算方式上，跨境电商主要是通过跨境电商平台支持的方式进行收款结算，传统跨境贸易主要是通过现汇交易。

传统进出口贸易的特点是大额、低频，使用较多的是直接支付的方式，也就是通过银行发生的支付，包括汇付、托收、信用证和国际保理。汇付主要分为信汇、电汇和票汇三种，适用于小额支付场景。随着跨境电商的兴起，第三方支付也随之发展，它能有效满足小额、高频的跨境电商支付的需求。相比银行电汇等传统跨境支付3天的到账时间和3%左右的手续费，第三方跨境支付可实现实时到账，费率在0~1%之间，满足了新兴的跨境电商对于小额、高频、快速的需求，迅速抢占了跨境电商支付的市场。

2. 跨境电商支付与结算的特点

跨境电商支付与结算伴随着商品进出口而发生，具有以下特点。

（1）产生的原因是跨境电商活动引起的债权债务关系

进行跨境电商支付与结算需要处理跨境电商活动中的资金，由交易引起的债权债务关系正是跨境电商支付与结算产生的原因。

（2）主体是跨境电商活动中的当事人

跨境电商活动中的当事人的含义依据不同的活动而定。

（3）需要借助一定的工具进行支付

跨境电商支付与结算的工具一般为货币及票据。一方面，由于国际支付当事人一般是跨国（或地区）的自然人、法人，而各国（或地区）所使用的货币不同，这就涉及货币的选择、外汇的使用，以及与此有关的外汇汇率变动带来的风险问题；另一方面，为了避免直接运送大量货币所引起的各种风险和不便，就会涉及票据或凭证的使用问题，与此相关的是各国（或地区）有关票据或凭证流转的一系列复杂的法律问题。

（4）需要以一定的支付方式来保障交易的安全

在跨境贸易中，买卖双方通常从自身利益出发，力求在货款收付方面得到较大的安全保障，尽量避免遭受"钱货两空"的损失，并想在资金周转方面得到某种融通。这就涉及如何根据不同的情况，采用国际上长期形成的汇付、托收、信用证等不同的支付方式，以处理好货款收付方面的安全保障和资金融通问题。

（5）收付双方处在不同的货币圈

跨境电商支付与结算的收付双方通常处在不同的货币圈，这属于异地结算中的特殊情况。

（6）收付双方的法律约束受限

由于收付双方处在不同的法律制度下，受到相关法律的限制，不能把一方的通行情况施加于对方，而只能以国际结算的统一惯例为准则，协调双方之间的关系，并相互约束。

（7）需要采用国际通行的支付结算货币

跨境电商支付与结算必须选择收付双方都能接受的货币作为支付结算货币。为了支付的方便和安全，跨境电商支付与结算一般采用国际通行的支付结算货币，如美元、欧元、英镑等，特殊情况除外。

（8）需要银行作为中间人

跨境电商支付与结算需要银行作为中间人，以确保支付的安全、快捷、准确、保险及便利。

（9）具有一定的汇兑风险

由于跨境电商支付与结算一般选择不同于支付双方本国（或本地区）货币的货币作为支付结算货币，所以在结算过程中有一定的汇兑风险。

3. 跨境电商的支付流程

一个完整的跨境支付流程，包含收单、收款、结售汇三大环节。以第三方跨境支付在跨境电商 B2C 出口交易的流程为例：收单机构通过发卡行、国际卡组织的清结算，将钱打到商户的海外账户，随后收款公司进行相关的账户服务和转账，最后通过银行或者国内持牌机构进行结售汇。

下面以平台型 B2C 跨境电商的支付结算流程来说明。平台型 B2C 跨境电商，以美国的亚马逊、eBay，以及中国的速卖通为代表，卖家在这些跨境电商平台开设店铺，将货物销往境外，直面数亿境外消费者。由于参与者众多，单价较小但单量众多，直接支付模式已经不适用于此种跨境贸易模式，因此主要是第三方跨境支付在其中发挥作用。

跨境电商的业务流程涉及三流：资金流、信息流、物流。其中，资金流反映了支付流程。从消费者的角度来看，在购买完商品付款后，支付的环节其实已经结束，但其实背后的支付流程已开始严格运行，完成信息流与资金流之间的流转。具体的流程是：境外消费者下单后，交易信息将通过银行、卡组织等进行审核确认；交易信息确认后，卡组织和银行发出扣款指令，将资金清算后归集到银行和海外支付公司。在关键的收结环节，境内的第三方支付机构根据跨境电商平台的账单数据进行结汇，将资金分发给卖家商户。

自营 B2C 独立站支付结算流程和上面差不多。自营 B2C 平台电商一般拥有境外账户，方便境外第三方支付等金融机构为其办理收单业务。境内第三方支付机构主要为自营 B2C 平台办理换汇转账等业务，将平台的资金从海外账户转至电商平台国内银行账户。

跨境电商支付与结算可分为出口收结模式和进口购付模式。出口收结模式为产品人民币计价、人民币结算、境外消费者支付外币；进口购付模式为产品外币计价、外币结算、境内消费者支付人民币。电子商务支付与结算的模式的区别见表 8-1。

表 8-1 电子商务支付与结算的模式

类　型	买家所属地	支付币种	卖家所属地	结算币种	举　例
国内电商	境内	人民币	境内	人民币	淘宝、京东
跨境电商出口收结模式	境外	外币	境内	人民币	Shopee、Lazada
跨境电商进口购付模式	境内	人民币	境外	外币	天猫国际、京东国际
国外电商	境外	外币	境外	外币	eBay、Amazon

由于两种跨境电商面对的消费者不同，对资金处理的需求也不同。跨境电商支付与结算的业务模式如图 8-1 所示。

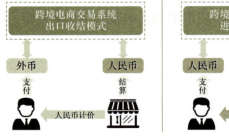

图 8-1　跨境电商支付与结算的业务模式

（1）出口收结模式

目前，我国已经建立了人民币跨境支付系统（Cross-border Interbank Payment System，CIPS），专门用来处理人民币跨境支付与结算。但在此之前，整个市场上有三种实现人民币跨境支付与结算的方式：代理行模式、清算行模式、NRA 模式。

1）代理行模式。

此种模式需要境内具备国际结算业务能力的银行与境外银行签订人民币代理结算协议，为其开立人民币同业往来账户，然后代理境外银行提供跨境人民币收、付、结算等服务。

例如，业务场景是境外企业 A 和境内企业 B 进行交易，A 需要支付一笔款项给 B，而且双方约定，此次交易用人民币进行结算，其代理行模式的业务步骤如图 8-2 所示。

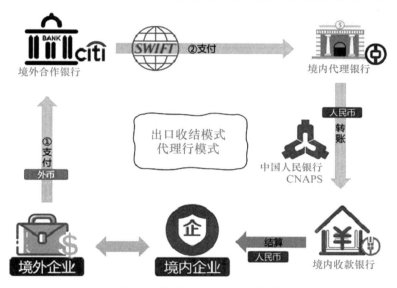

图 8-2　代理行模式的业务步骤

前置工作有 A 在境外花旗银行开设结算账户，B 在境内中国农业银行开设结算账户；花旗银行与中国银行签署人民币代理结算协议，中国银行为花旗银行开设人民币同业往来账户；花旗银行和中国银行通过 SWIFT 连接。中国银行和中国农业银行通过中国现代化支付系统（China National Advanced Payment System，CNAPS）连接。

业务步骤是 A 发送支付指令给花旗银行，花旗银行判断其余额后扣款；花旗银行通过 SWIFT 通道发送指令给中国银行，中国银行判断其人民币同业往来账户余额后扣款；中国银行通过 CNAPS 转账给中国农业银行；中国农业银行结算给 B。

在整个流程中，SWIFT 与 CNAPS 的主要作用就是实现跨行支付与结算。其中，SWIFT 是国际银行同业间的国际合作组织，成立于 1973 年；CNAPS 是为商业银行之间及商业银行与中国人民银行之间的支付业务提供最终资金清算的系统。

2）清算行模式。

此种模式需要中国人民银行指定境外某银行（一般为境外分行）为人民币境外清算

行，由境外清算行与境外商业银行签订人民币代理结算协议，并为其开立人民币同业往来账户，代理境外银行进行人民币跨境收付等服务（见图 8-3）。

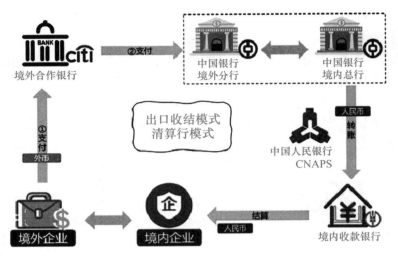

图 8-3　清算行模式的业务步骤

例如，业务场景是境外企业 A 需要支付资金给境内企业 B。前置工作有 A 在境外花旗银行开设结算账户，B 在境内中国农业银行开设结算账户；中国人民银行指定中国银行某境外分行（商业银行）为该地区的人民币清算行；花旗银行在中国银行境外分行开设人民币同业往来账户，存入资金；花旗银行和中国银行境外分行通过 SWIFT 或当地的结算系统连接；中国银行境外分行与中国银行境内总行之间通过行内连接系统连接，中国银行境内总行与境内中国农业银行通过 CNAPS 连接。

清算行模式和第一种代理行模式在收付款两方体验上的区别不大，核心在于资金的结算地不同。采用代理行模式的前提是，境内的银行具备国际结算业务能力。其主要通过 SWIFT 与境外银行连接，当境外银行和境内代理银行进行结算时，此笔资金为国际结算（境外结算）。而采用清算行模式的前提是，境内银行在境外的分行被中国人民银行指定为境外人民币清算银行。这样其与境外银行可以"能力共享"，资金的结算在清算行的内部系统中进行。如上述例子，资金是在中国银行行内完成结算的（境外分行和境内总行之间）。

3）NRA 模式。

NRA（non-resident account），即境外机构境内外汇账户。NRA 模式就是境外企业直接在境内银行开设结算账户进行支付的模式。

使用此种模式的付款流程和境内企业 B2B 收付款的流程几乎一模一样（见图 8-4），只是境外机构在境内银行开设 NRA 的流程和手续比较复杂。

人民币 NRA 账户和离岸账户（offshore account，OSA）的性质不同。NRA 属于境内账户，OSA 属于境外账户；NRA 需要缴纳利息税，OSA 无利息税；NRA 有外汇管制，由国家外汇管理局监管，而 OSA 无外汇管制，由国家金融监督管理总局监管。

　　NRA 的监管较为严格，有外汇管制，用途也比较单一，所以使用该模式进行跨境电商支付与结算的不多。

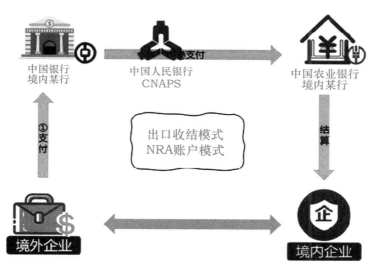

图 8-4　NRA 模式的业务步骤

（2）进口购付模式

　　进口购付模式可参见天猫国际、京东国际等的模式（有些细微区别，有些货物直接放在保税区仓库）。如果我们去境外线下消费，刷卡、刷微信、刷支付宝和此种方式类似，从消费者侧扣款均为本币。

　　境内买家支付后，怎么给商家结算外币呢？这就需要收单机构和商家所在地的银行合作，通过购汇、付汇的方式来实现本币消费、外币结算。以微信支付为例，如图 8-5所示。

图 8-5　微信支付结算外币的流程

　　在进口购付模式下，目前微信支付平台支持九种外币的结算（可以理解微信和九个境外的所属银行合作），在亚洲支持 HKD（港币）、JPY（日元）、KRW（韩元）结算；在欧洲支持 GBP（英镑）、EUR（欧元）结算；在美洲支持 USD（美元）、CAD（加拿大元）结算；在大洋洲支持 AUD（澳大利亚元）、NZD（新西兰元）结算。买家通过微信支付平台用人民币支付，微信支付平台用外币给境外商家结算。

　　在境外，商家接入微信支付平台时，有三种模式可以选择：直连模式、普通服务商、机构服务商。这三种模式和在国内的三种接入模式非常类似，核心区别就在于信息流和资金流的不同。在资金流的处理上，收单机构（微信支付平台）需要和境外银行合作，其中有一步购汇操作。购汇本身也会涉及复杂的交易流程，此处不进行深入讨论。微信支付在境外使用最多的场景其实是机构服务商模式，该模式和国内微信支付的银行服务商模式很类似。

4. 跨境电商支付与结算方式

跨境电商支付与结算方式主要包括线下和线上两种类型。线下支付方式通过传统的线下渠道进行，如汇付、托收、信用证、汇款公司等，比较适用于大金额的跨境B2B 交易。不同的跨境收款方式差别很大，有不同的金额限制和到账速度，而且各自都有优缺点和适用范围。线上支付方式主要通过互联网进行，包括信用卡支付、银行转账、第三方支付等，线上支付模式通常有交易额的限制，所以比较适合小额的跨境零售。线上支付方式的优点包括便捷性、高效性和安全性，它们适合于大多数跨境电商交易。

（1）常见的跨境电商线下支付与结算的方式

1）银行电汇：是指银行以电报（CABLE）、电传（TELEX）或环球银行间金融电讯网络（SWIFT）方式指示代理行将款项支付给指定收款人的汇款方式。电汇手续费1%，最低 1 元，最高 50 元，最快当日到账，慢则次日到账。

2）汇款公司：汇款公司主要有西联汇款、速汇金等。在我国，国际汇款公司不是以汇款公司的身份直接提供汇款服务，而是通过国内具备汇款资格的金融机构代理汇款服务。汇款公司线下网点比较多，办理方便，到账快，10～15min 即可完成，但是手续费较高，在 2%左右。

① 西联汇款（Western Union）。西联汇款是世界上领先的特快汇款公司，迄今已有170 多年的历史。它拥有全球最大最先进的电子汇兑金融网络，代理网点遍布全球近 200个国家和地区。使用这种方式支付大概要花费 15min 的时间。

其优势是：安全，先收钱后发货，对商家最有利。其不足是：汇款手续费按笔收取，对于小额收款手续费高；属于传统型的交易模式，不能很好地适应新型的国际市场。

② 速汇金（MoneyGram）。速汇金业务是一种个人之间的环球快速汇款业务，可在十几分钟内完成由汇款人到收款人的汇款过程，具有快捷、便利的特点。速汇金与西联汇款相似。

速汇金汇款的优势是：汇款速度快，汇出后十几分钟即可到达收款人账户；收费合理；手续简单，即汇款人无须选择复杂的汇款路径，收款人无须先开立银行账户。

速汇金汇款的不足是：仅在工作日提供服务，而且办理速度缓慢，一年中，可以办理速汇金业务的天数不超过 300 天，而西联汇款是 365 天营业；速汇金汇款合作伙伴银行对速汇金业务不提供 VIP 服务，而西联汇款提供全国 VIP 专窗服务。

3）托收：是指债权人出具汇票委托银行向债务人收取货款的一种支付方式。托收手续较为烦琐，手续费通常以一定比例计算，例如托收金额的 0.1%或 0.2%等。

4）信用证：由买方先提交信用证申请书，支付保证金和银行费用，由银行开立信用证，通知异地卖方，卖方按合同和信用证规定的条款发货，开证银行在审单无误的条件下代买方先行付款。信用证方式手续繁杂，环节较多，对单据要求较高。费用比较高，不同银行对不同费用项的收费方式也不一样。主要适用于成交金额较大（一般大于5万美元）的线下交易。

（2）常见的跨境电商线上支付与结算的方式

1）信用卡支付：消费者使用信用卡进行在线支付，需要填写信用卡信息并进行验证，适用于大多数跨境电商平台，方便买家付款，需支付开户费和年费。国际信用卡是由国际发卡组织的会员发行的卡，可以透支消费，国际信用卡品牌主要是维萨（VISA）、万事达（MasterCard）等。

2）网上银行支付：是一种即时到账交易。网上银行支付是中国银联最为成熟的在线支付功能之一，也是国内电子商务企业与跨境电商企业开展线上交易不可或缺的支付方式。

3）第三方支付：具备一定实力和信誉保障的独立机构，通过与银联或网联对接而促成交易双方进行交易的网络支付模式。如 PayPal、Payoneer、连连国际、PingPong 等，通过第三方平台账户进行支付，方便快捷，尤其适合移动端的跨境电子商务交易。

① PayPal。PayPal 是备受全球亿万名用户追捧的国际贸易支付工具，即时支付，即时到账，全中文操作界面，能通过中国的本地银行轻松提现，解决外贸收款难题。

PayPal 适用范围是：跨境电商零售行业，几十到几百美元的小额交易更划算。

② Payoneer。Payoneer 是一家总部位于纽约的在线支付公司，主要业务是帮助其合作伙伴将资金下发到全球，同时也为全球客户提供美国银行和欧洲银行收款账户用于接收欧美电商平台和企业的贸易款项。

Payoneer 支持全球 210 个国家和地区的当地银行转账，可在全球任何接受万事达卡的刷卡机（POS）刷卡，支持在线购物，从 ATM 取当地货币。

Payoneer 适用范围是：单笔资金额度小、客户群分布广的跨境电商网站或卖家。

Payoneer 提现速度快，基本上当天提现当天能到账，但是费率有点高，提现手续费封顶 1.2%。Payoneer 支持的平台多、范围广，并且账户之间的转账是免费的。

③ 连连国际。连连国际是连连数字旗下核心品牌，是中国跨境贸易中支付金融与服务领域的综合创新型企业。连连国际以强大的合规安全实力和科技创新能力，搭建了畅达全球的支付金融网络与覆盖企业全生命周期的贸易服务网络。围绕跨境企业核心需求，连连国际联合行业生态伙伴，打造了集一键开店、全球收付款、收单、全球分发、汇兑、融资服务平台、退税等服务为一体的一站式跨境贸易服务平台，助力中国品牌扬帆出海，货通全球。

④ PingPong。PingPong 是服务于中国跨境电商卖家的专业平台品牌，为中国跨境电商卖家提供低成本的跨境收款以及其他个性化定制的金融衍生服务。

PingPong 与国内跨境出口企业建立了紧密合作关系，是中国（杭州）跨境电商综合试验区管委会官方合作伙伴以及上海自贸区跨境电商服务平台的战略合作伙伴。PingPong 跨境收款最快 2h 即可提现到账，并为客户提供更多本地化的增值服务。

扩展阅读

PingPong 深耕不断 致力赋能全球贸易新未来

在 2024 年中国国际服务贸易交易会（服贸会）上，PingPong 跨境收款凭借其创新的"开放银行"全球实践方案，荣获"全球服务实践案例"奖项，再次证明了其在跨境收款领域的领先地位和卓越贡献。

PingPong 的"开放银行"全球实践方案，革新了跨境金融服务的传统格局。它不仅将 PingPong 在全球收款、支付及兑换领域的卓越能力，广泛开放给中国消费品牌跨国企业、在线新外贸平台以及传统的进出口一般贸易场景，还紧密携手各大银行机构，共同编织出一张高质量的跨境金融服务网络。该方案的亮点在于其模式创新与个性化定制能力。携手银行机构，PingPong 打造了银行机构与非银行支付机构合作为外贸新业态新模式企业提供便利化金融服务的新模式，有助于构建更完善的跨境数字贸易服务生态。同时，PingPong 凭借自研的底层技术架构和合规风控体系，能够及时根据用户需求进行个性化调整，实现低成本、高效率的外部系统对接和产品开发，也能支持银行快速上线新的跨境金融产品和服务。

此外，"开放银行"全球实践方案还显著降低了跨境金融服务的门槛。通过简单的 API 和个性化系统开发，PingPong 可为银行输出覆盖全球 100 多个电商平台的跨境收款能力，实现了资金统一归集、换汇及供应商付款等功能，极大地提升了跨境贸易的效率和便捷性。

目前，TikTok Shop、SHEIN、Temu 等跨境电商平台的流量集中地遍布全球，而 PingPong 跨境收款服务以其高效、安全、合规的特点，正在成为这些平台及其商户实现流量变现的重要工具。未来，PingPong 将继续秉承"简单、高效、安全"的服务理念，不断推动跨境收款领域的创新与发展，为全球服务贸易的繁荣贡献更多"中国智慧"和"中国方案"。

第二节 主要跨境电商平台结算规则

一、全球速卖通

全球速卖通平台的放款原则：一是买家确认收货并同意放款；二是平台查到货物妥投信息。速卖通平台的结算规则主要涉及以下几个方面。

1）速卖通提供以下两种结算方式。

① 国际支付宝结算：卖家将款项提现至支付宝账户，再通过支付宝进行提现或转账。

② 银行转账：卖家将款项提现至银行账户，支持国内外多家银行。

2）结算周期：速卖通平台的结算周期分为两种：自然周期和固定周期。

① 自然周期：订单成交后，买家确认收货，平台会在一定时间内完成结算。放款的时间依据卖家的综合经营情况（如交易额、纠纷率、好评率等）进行评估。一般情况下，放款在买家确认收货后 15 天内进行，或系统自动确认收货后 15 天。对于符合条件的卖家，可以享受提前放款，通常在发货后 3~5 天内完成。

② 固定周期：卖家可根据自身需求设置结算周期，如每月 1 日、15 日等。

3）对于卖家使用 TNT、UPS、FedEx、DHL、EMS 等五种物流方式发货的，系统会自动核实物流情况。

① 买家收货期内，系统核实物流妥投且妥投信息与买家收货地址信息一致时，会自动提醒买家在 5 天内确认收货。如果买家超时未确认，系统将默认买家确认收货，将订单结束并放款给卖家。

② 买家收货期内，如果系统核实显示货物有投递到买家所在国家或地区的物流信息，只是未显示正常妥投，只要买家确认收货且卖家能提供物流出具的妥投证明，系统也会放款给卖家。如果买家没有确认收货，系统会等到收货期超时后，再放款给卖家。

4）对于卖家使用其他物流方式（航空包裹、顺丰国际）发货的，系统有一个设定的收货超时时间（除卖家延长收货期的订单外，此类订单收货期以实际延长后的期限为准）：若买家未在规定时间内确认收货，系统将自动确认买家收货，并核对物流状态。若物流妥投，放款。若未妥投（不包含货物退回情况），该订单款项将被系统暂时冻结 180 天，在此期间客服人员会不断与买家进行联系询问收货情况。若期间卖家可以提供物流出具的妥投证明或者逾期买家未答复的，平台会放款给卖家。

5）随时注意全球速卖通平台对不同物流方式的买家收货期的调整。

6）为确保平台顺利查询货物妥投信息，卖家应注意以下几点：

① 保留发货过程中的所有单据，如发货单、收据等凭证，建议保留 6 个月以上。

② 保持与快递公司或者货代公司的联系，若所选择的运输方式的物流官网上长时间无法查询到货物妥投信息，请督促快递公司或者货代公司进一步了解货物的物流状态。

③ 保持与买家的联系，提醒对方及时确认收货并同意放款。

7）Escrow（国际支付宝）。Escrow 服务即国际支付宝服务，是阿里巴巴国际站针对国际贸易提供的交易资金安全保障服务。它联合第三方支付机构支付宝提供在线交易资金支付的安全保障，同时保护买卖双方从事在线交易，并解决交易中的资金纠纷问题，其业务流程：买家下单付款→Escrow 账户→卖家发货→买家确认收货→放款至卖家 Escrow 账户。

仅开通阿里巴巴国际站平台的 Escrow 服务不需要支付额外费用，但在使用该服务的过程中会产生交易手续费和提现手续费。

① 交易手续费：为 5%，包含在产品价格中，可根据交易手续费平衡交易产品价格。

② 提现手续费：美元提现每次需支付 15 美元的手续费，由银行收取；人民币提现无手续费。

Escrow 支持信用卡、银行汇款、第三方钱包等多种支付方式。目前，国际支付宝支持的支付方式有信用卡、借记卡、QIW、Yandex. Money、WebMoney、Boleto、TEF、Mercado Pago、DOKU、Western Union 和 T/T 银行汇款，更多符合各地买家支付习惯的支付方式还在不断加入。

为降低国际支付宝用户在交易过程中产生的交易风险，目前国际支付宝支持单笔订单金额在（产品总价加上运费的总额）10000 美元以下的交易。

二、亚马逊

亚马逊支持多种支付方式，包括信用卡、借记卡、PayPal，以及本地支付方式（根据市场不同，如 Net Banking、Paytm 等）。所有付款必须通过亚马逊的支付系统进行，以确保交易安全性。亚马逊的支付与结算规则较为严格，旨在确保卖家和买家之间的资金流动安全有序，亚马逊平台的结算规则需要注意以下几个方面。

1）亚马逊会在卖家注册 14 天后，向卖家银行账户存入卖家的销售收入。随后，结算流程每隔 14 天重复一次。一些资质较好的卖家可以通过亚马逊的"每日付款"功能，进行更快速的资金提取，但这个选项需要通过亚马逊的审核。

2）在卖家平台中，输入卖家在中国境内的银行账户有效信息。要获取更多信息，请参阅银行账户信息。完成结算后，亚马逊会将结算报告发布在卖家平台的"报告"部分，并通过银行转账，将销售收入存入卖家的银行账户。

3）从进行银行转账之时起，一般在 6~10 个工作日后，资金才可到达卖家的银行账户。公共节假日将影响资金汇入，到账时间将延迟 6~10 个工作日。

4）关于退货退款，要看使用的付款方式，若是选择在线支付，一般退款后 7 个工作日到账，如果是货到付款，买家收到货付款后，又由于某种原因退货，办理退货后款项就会退回到礼品卡里。

5）亚马逊可能会出于风险控制的目的，预留一部分资金（账户余额至少为 25 元）。这些资金可能用于处理退款、订单纠纷或其他问题。资金预留的具体比例和时间取决于卖家的表现、订单历史等。

6）如果卖家绩效低于亚马逊的最低要求，可能会导致资金被预留。常见的原因包括频繁的索赔、信用卡拒付或退货请求，这会影响账户的健康状况。

7）目前市面上主要的亚马逊结算方式分别是 Payoneer、WorldFirst、PingPong、连连国际等。亚马逊主流收款方式的对比见表 8-2。

表 8-2　亚马逊主流收款方式的对比

亚马逊收款第三方支付	Payoneer	WorldFirst	PingPong	连连国际
提现手续费	1%~2%	1%~2.5%	1%封顶	0.7%封顶
最低提现额度	200USD 200EUR	100USD 500EUR	50USD	无
到账时间	1~3 天	1~3 天	当天到账	准时到账
国外支付牌照	有	有	有	有

（续）

国内支付牌照	没有牌照，国内对接的后台是富友	没有牌照，国内对接的后台是连连	没有牌照，国内对接的后台是钱宝	有牌照，支持跨境外汇支付、跨境人民币结算、互联网支付、移动支付
汇率	现汇买入价	不固定	现汇买入价	中行实时现汇买入价（后台公开透明）
其他优势				合规安全，可配合上市公司提供银行证明进行财务审计；唯一一家变更账户实现邮箱、手机同时实时报警

三、eBay

PayPal、Payoneer 是 eBay 主要的支付方式，买家可以通过信用卡、借记卡、PayPal、Google Pay、Apple Pay 等多种方式完成付款。一般来说，卖家在平台注册的同时会注册一个第三方的收款支付工具 Payoneer 账户，随后在 Payoneer 中绑定提现的国内银行卡。eBay 平台的结算规则需要注意以下几个方面。

1）eBay 会根据每笔交易结算平台佣金、广告费等费用，每笔交易最终的净值会显示在 eBay "payment" 的列表中，eBay "payment" 中的净值总和会按照工作日自动提现到 Payoneer 中。

2）在卖家平台中，需要添加卖家在我国境内的银行账户有效信息。完成结算后，eBay 会将结算报告发布在卖家平台的 "payment" 部分，并通过银行转账，将销售收入存入卖家的银行账户。

从进行银行转账之时起，一般资金当天就可到达卖家的银行账户。请注意：公共节假日将影响资金汇入，到账时间将延迟 2~5 个工作日。

3）目前，从 2021 年 7 月以后，基本上所有的中国账户都切换成以上的资金结算规则。之前通过 PayPal 收款的方式已经成为过去式，所以不再提及。

4）在运营过程中会出现店铺订阅费用、上架升级费用等，这些费用会按照每个月固定日期进行结算（每月 15 日或者 30 日），从绑定的信用卡中扣除。

四、TikTok Shop

TikTok Shop 的结算规则通常是在订单交付给客户且无处理退款或退货请求时进行结算。当达到结算期规则和支付阈值后，款项将自动支付到卖家的银行账户。TikTok Shop 平台的结算规则需要注意以下几个方面。

1）TikTok Shop 收款提款流程为：TikTok Shop→PayPal→外币账户（Payoneer、PingPong、WorldFirst、连连支付等）→转到国内银行卡。

2）卖家需要在 TikTok Shop 后台设置一个合规的收款账户（如 Payoneer、WorldFirst、PayPal 等），并确保账户与商家注册信息匹配。这些账户将用于接收从 TikTok Shop 交易中获取的销售款项。

3）TikTok Shop 一般采用 7 天放款周期，即买家确认收货并无退货或争议时，系统会在 7 天内将款项放入商家的账户中。

4）一旦款项进入卖家账户，商家可以通过 TikTok Shop 的后台进行提现，通常会支持绑定银行账户或第三方支付平台。每个卖家可以设置提现方式，如银行卡或 PayPal 等。

5）为了确保资金安全，TikTok Shop 会对一些可能存在争议的订单进行暂时冻结，直到问题解决后才会放款给卖家。此外，商家需确保无违规操作，否则可能会影响结算。

6）当账户中有可提现余额时，卖家可以在后台进行提现操作。提现金额通常会在 1~3 个工作日内到账，但具体时间取决于所使用的收款账户和银行的处理时间。

五、Temu

Temu 的主要支付与结算工具包括连连支付、万里汇、PingPong、Apple Pay、PayPal 等，TEMU 还提供多达 6 期的免息分期付款选项，以满足不同用户的需求。Temu 平台的结算规则需要注意以下几个方面。

1）Temu 的结算周期通常为 $T+1$，即用户签收商品后的次日开始结算。然而，实际的回款时间可能受到物流、节假日等多种因素的影响，因此实际到账时间可能较长。货款会根据卖家在平台上设置的收款账户信息进行支付，通常情况下，货款会在 3~5 个工作日内到达卖家的账户。

2）结算金额。Temu 会根据卖家在平台上的销售额，扣除广告费、服务费等费用后，将剩余款项打入卖家银行账户。卖家可以在 Temu 后台查看详细的结算金额和费用明细。

3）结算货币。Temu 支持多种货币结算，包括美元、人民币等。卖家可以根据自己的需求选择结算货币。不同货币的汇率和手续费可能会有所不同。

4）结算方式。Temu 提供两种结算方式，即自动结算和手动结算。自动结算是指平台会在结算周期结束后自动将款项打入卖家银行账户；手动结算需要卖家在后台主动发起结算申请，等平台工作人员审核通过后，再将款项打入卖家银行账户。

5）Temu 的放款规则还涉及一些特殊情况的处理，例如售后处理、节假日影响等。如果售后产生并非在平台规则中规定的须由卖家承担责任的情形，卖家无须承担本次商品售后责任。如果售后产生为平台规则中规定的须由卖家承担责任的情形，卖家可能需要向消费者和平台支付赔付金。如果卖家对结算数据有疑问，可以提供信息（包括店铺 id、skcid 和相关截图等）向平台咨询。具体信息可以参考卖家中心展示的售后服务规则。

六、SHEIN

SHEIN 支持多种支付方式，包括信用卡（如 Visa、MasterCard、American Express 等）、借记卡、PayPal 和本地支付选项（如电子钱包），这种多样化的支付选择旨在满足不同地区消费者的需求。SHEIN 提供快速稳定的结算，合作流程规范，对供应商的质量控制严格，用以提升产品质量和市场竞争力。SHEIN 平台的结算规则需要注意以下几个方面。

1）SHEIN 的结算周期一般为 14~30 天，具体时间取决于商家的等级和合作深度。新供应商通常采用月结方式，每月结算一次货款。随着合作深度的增加和供应商评级的提升，结款周期可以缩短至周结。结算周期的调整基于供应商的表现和评级，表现优秀的供应商可以享受更短的结算周期。

A 级店铺：回款周期较短，通常在发货后 14 天内完成结算。

B 级店铺：采用双周结算，回款周期为 21 天。

C 级店铺：同样为双周结算，但回款周期为 28 天。

D 级店铺：回款周期较长，通常为发货后 30 天结算。

2）供应商每月月初依据上月的入库单制作对账单，按照 SHEIN 规定的格式通过电子邮件发送至指定财务邮箱。SHEIN 财务部门收到对账单后进行核对，确认无误后安排付款。

3）付款方式包括银行转账、开具支票等，经过财务核对和批准后，SHEIN 会在约定的结款期内办理付款手续。

4）供应商需要经过严格的审核流程，结算周期可能因合作深度和评级调整，初期可能需要较长的回款周期。

七、Lazada

Lazada 支持多种支付方式，包括信用卡、借记卡、电子钱包（如 GCash、Alipay）、银行转账和 Cash on Delivery（货到付款）等方式。Lazada 支付与结算规则为商家提供了相对灵活的资金管理。通常情况下，商家在 Lazada 平台的销售款项会定期结算，放款周期根据不同的店铺类型有所不同。Lazada 平台的结算规则需要注意以下几个方面。

1）Lazada 平台的结算流程为：收到订单→卖家发货→包裹抵达分拣中心→包裹运送到目的地→卖家中心确认订单妥投→付款到跨境支付账户→卖家可以随时取款到银行账户。

2）跨境店铺的放款周期一般为 14 天。结算日当天，Lazada 会将前一周期的销售收入打入商家账户。

3）每次结算时，Lazada 会首先扣除相关平台佣金、物流费用、广告费用等，之后将净额支付给卖家。卖家可以在后台查看详细的结算单，所有费用会透明列出，方便卖家进行财务核对。

4）对于采用货到付款方式的订单，买家确认收货并支付后，Lazada 会在标准的结算周期内将款项结算给卖家。

5）付款与运费时间表：卖家中心财务报表每周期结束于周日，每周五付款到跨境支付账户。第一周：从周一到周日订单状态更新为"Delivered"及"Delivery Failed"。第二周：第一周更新为"Delivered"及"Delivery Failed"的订单，其款项会在第二周周一显示在财务报表，并于第二周周五付款；其 LGS 运费[⊖]会在本周末前显示在财务报表。

6）Lazada 对资金流动实施严格的风控措施，确保支付安全性，并防止诈骗和争议。平台会对可能存在风险的交易或纠纷订单进行暂时冻结，直到问题解决。

第三节 跨境电商支付与结算的税务分析

一、跨境电商支付与结算税务概述

跨境电商是一种跨越关境的交易行为，其涉及输出国（或地区）和输入国（或地区）的海关，在支付与结算上涉及多种税务。跨境电商的税务问题引起了各国（或地区）的重视。

1. 跨境税务的概念界定

广义的跨境税务是指各个国家和地区的征税机构向跨境进出口商品征收相关税费的业务。狭义的跨境税务是指因互联网兴起的，各个国家和地区的征税机构向跨境电商零售进出口商品征收相关税费的业务。按进出口方向的不同，跨境税务涉及的业务内容也有所不同。

（1）跨境进口税务

跨境进口税务是指进口国（或地区）海关在境外商品输入时，对进口商品征税的业务。进口国（或地区）通过征收进口税，可以提高境外进口商品的价格，削弱进口商品在境内市场的竞争力，达到减少或限制境外商品的进口，进而保护本国经济的目的。跨境进口税务主要包括以下几类。

① 进口关税。

进口关税是一个国家（或地区）的海关对进口货物和物品征收的税收。目前，各国（或地区）已不使用过境关税，出口税也很少使用。通常所称的关税主要是指进口关税。使用过高的进口关税，会对进口货物形成壁垒，阻碍国际贸易的发展。进口关税会影响出口国（或地区）的利益，因此，它成为国际经济斗争与合作的一种手段，很多国际贸易互惠协定都以相互减让进口关税或给予优惠关税为主要内容。由于进口关税是通过市场机制调节进出口流量的，在目前阶段，进口关税仍然是各国（或地区）保护本国（或地区）经济的常用手段。

进口关税的计算公式为

$$进口关税税额 = 进口货物完税价格 \times 进口从价关税税率$$

注：关税完税价格是进口货物以海关审定的成交价格为基础的到岸价格（即货物的 CIF 价），它包括了货价以及货物运抵我国关境内输入地点起卸前的包装费、运费、保险费和其他劳务费等费用。

⊖ LGS 运费是指使用 Lazada Global Shipping（LGS）服务时产生的运输费用。LGS 是 Lazada 提供的一种全球物流方案，旨在为卖家提供从发货地到目的地的全程物流服务。

② 进口增值税。

进口增值税是指进口环节征缴的增值税，属于流转税的一种。不同于一般增值税将在生产、批发、零售等环节的增值额作为征税对象，进口增值税是专门对进口环节的增值额进行征税的一种增值税。

纳税人进口货物时，按照组成计税价格和适用税率计算进口环节应缴纳的增值税。

若进口货物为一般货物（非应税消费品），则组成计税价格的计算公式为

$$组成计税价格=关税完税价格+关税$$

或

$$组成计税价格=关税完税价格×(1+关税税率)$$

若进口货物为应税消费品，则组成计税价格的计算公式为

$$组成计税价格=关税完税价格+关税+消费税$$

或

$$组成计税价格=(关税完税价格+关税)÷(1-消费税税率)$$

根据《中华人民共和国关税法》和《中华人民共和国进出口关税条例》的规定，一般贸易项下进口货物的关税完税价格是以海关审定的成交价格为基础的到岸价格。

③ 进口消费税。

进口消费税是将进口消费品的流转额作为征税对象的各种税收的统称，其是政府向进口消费品征收的税项。进口消费税实行价内税，在进口消费品的进口环节缴纳，在以后的批发、零售等环节，因为价款中已包含消费税，因此批发商或零售商不用再缴纳消费税，税款最终由消费者承担。进口消费税的纳税人是《中华人民共和国消费税暂行条例》规定的应税消费品的单位和个人。

进口消费税的计算方法主要分为从价定率、从量定额以及复合计税三种方式。

从价定率计算方式：

$$应纳税额=(关税完税价格+关税)÷(1-消费税比例税率)×消费税比例税率$$

从量定额计算方式：

$$应纳税额=应税消费品进口数量×消费税定额税率$$

解释：在这种方式下，消费税是根据应税消费品的进口数量和规定的消费税定额税率直接计算得出的，它不考虑商品的价格，而是按照数量来征收，如啤酒、黄酒、成品油等商品。

复合计税方式：

$$应纳税额=(关税完税价格+关税+应税消费品进口数量×消费税定额税率)÷(1-消费税比例税率)×消费税比例税率+应税消费品进口数量×消费税定额税率$$

解释：复合计税方式综合了从价定率和从量定额两种计算方式。它首先计算出一个包含完税价格、关税以及按数量计算的消费税在内的综合税基，然后根据这个税基和消费税比例税率计算出从价部分的消费税，最后再加上按数量计算的消费税，如卷烟、白酒等商品。

④ 行邮税。

行邮税是行李和邮递物品进口税的简称，是海关对入境旅客行李物品和个人邮递物品征收的进口税。由于其中包含了进口环节的增值税和消费税，故其也是对个人非贸易性入境物品征收的进口关税和进口工商税收的总称。行邮税的课税对象包括入境旅客、运输工具、服务人员携带的应税行李物品、个人邮递物品、馈赠物品及以其他方式入境的个人物品等。

除此之外，在欧盟国家及英国还有一种进口税，即 VAT（value added tax），这是欧盟国家及英国普遍使用的销售增值税，也指货物售价的利润税。当货物进入英国、德国等国家时，货物需要缴纳进口增值税；当货物销售后，商家可以退回进口增值税，再按销售额缴纳相应的 VAT。VAT 适用于那些使用海外仓的卖家们，因为产品是从该国境内发货并完成交易的。VAT 和进口增值税是两个独立缴纳的税项，在商品进口到英国等海外仓时，即使缴纳了商品的进口增值税，也需要缴纳 VAT。

（2）跨境出口税务

跨境出口税务是出口国（或地区）海关在本国（或地区）产品输往境外时对出口商品征税的业务。由于征收出口税会提高本国（或地区）产品在境外市场的销售价格、降低竞争力，因此各国（或地区）很少征收出口税，更多的是通过出口退税来提升本国（或地区）商品的国际竞争力。

在货物通过海关的报关出口环节：在报关出口后，购销合同等文件齐备就可以证明货物是符合外贸企业出口的货物，则可进行出口退税。到达目的国家或地区的清关进口环节：目的国家或地区进口清关时需要缴纳进口税金，在销售阶段可能还需要协助政府收取消费增值税。跨境出口税务主要包括以下几类。

① 关税：关税率因产品不同、材质成分不同等而有所不同，由 HS 编码决定。不同国家或地区增值税税率不同，如美国 0，英国 20%，德国 19%，荷兰 21% 等。从欧盟以外的国家/地区进口货物到欧盟成员国需要缴纳关税，税率的浮动范围可能为 0~25%。

② 进口增值税：是指进口环节征缴的增值税，属于流转税的一种。不同于一般增值税以在生产、批发、零售等环节的增值额为征税对象，进口增值税是专门对进口环节的增值额进行征税的一种增值税。进口增值税通常是一种可以退的税。

③ VAT：是商品或服务在流转过程中产生的增值额作为计税依据而征收的一种税。在欧洲境内，销售增值税由增值税注册商家就其在欧洲境内的销售进行征收，并向相关国家税务机关申报和缴纳。

④ 出口退税：出口货物退税，简称出口退税（export rebates），其基本含义是指对出口货物退还其在境内生产和流通环节实际缴纳的增值税、消费税。不同货物的退税率不同，中国主要有 17%、14%、13%、11%、9%、5% 六档退税率。合理利用出口退税，可有效降低成本，提高毛利率。一般跨境电商的热销品的退税率都在 11%~17% 之间。

以下几种发货方式的可办理退税：海外仓头程（海运/空运/快递）发货；亚马逊FBA 头程（海运/空运/快递）发货；国际快递发货。

2. 我国跨境进口税务模式与税务处理

近年来，随着我国跨境电商的快速发展，相关税收政策也在不断更新以适应新的跨境电商发展模式。如自 2016 年起，跨境电商零售进口税收方面就经历了七次调整，税收制度逐步完善，创造了公平竞争的市场环境。

鉴于 B2B 的跨境进口按一般进口贸易处理，本书重点分析跨境电商零售进口业务。跨境电商零售进口最初的模式是海淘，即国内消费者直接在境外 B2C 平台上购物，并通过转运或直邮等方式将商品邮寄回国。大部分海淘的商品无法直邮送达，需要通过在境外设有转运仓库的转运公司代为收货（在网上下单时，收货地址是转运仓库），再由转运公司将货物自行或委托第三方物流公司运至境内，耗时较长。受语言、支付方式等的限制，最初的海淘在实际操作中较有难度，于是出现了代购。在"分分钟买遍全世界"的概念促使下，海淘与代购的业务量与日俱增，随着天猫国际、京东全球购等大型电商平台的上线，消费者海淘更为便捷。

目前，跨境电商零售进口模式可分为直购进口与保税进口。直购进口模式是指符合条件的电商平台与海关联网，境内消费者跨境网购后，电子订单、支付凭证、电子运单等由企业实时传输给海关，商品通过海关跨境电商专门监管场所入境。保税进口模式，又称 B2B2C 模式或备货模式，即商家预先将海外商品大批量运至国内保税仓备货，当消费者在网上下单后，由国内保税仓进行配货打包，并为单个订单办理通关手续，再委托国内物流公司派送到消费者手中。

2016 年《关于跨境电子商务零售进出口商品有关监管事宜的公告》出台之前，跨境电子商务零售进口一直按照行邮税征收税费，而行邮税是海关对入境旅客行李物品和个人邮递物品征收的进口税，是非贸易性的，同时有免税优惠。一般性的海淘，如海外直购或代购，因为是以个人包裹形式入境的，所以采用的依然是原来的清关方式，除了被征税时需要缴纳 5%~10% 的税款，其他是没有影响的。但使用保税仓备货模式的电商就不一样了。该模式下多为销售免税额以下的低价爆款产品，如化妆品、母婴类食品等，在"四八新政"取消免税额并加强保税区进口产品的资质监管后，这种模式不再享有任何政策优惠，进而也失去了它的竞争优势。

3. 跨境进口税务处理

对于跨境电商进口业务，相关主体的税务处理如下。

（1）境内商家

境内商家包括跨境电商企业和平台，其中平台的收入主要有：平台服务费，直营、直采取得的产品差价收入，广告收入。

① 平台服务费。电商平台向卖家收取的平台服务费及按照卖家交易量收取的佣金手续费均按"信息技术服务——信息系统增值服务（电子商务平台服务）"缴纳增值税。最新的增值税税率表见表 8-3。

表 8-3 增值税税率表

适　用　范　围	税　率
一般增值税纳税人销售或进口货物，提供加工、修理修配劳务	13%
农业产品，图书，出租房产，部分生活性服务业	9%
现代服务业，金融保险服务，文化创意产业	6%

（续）

适用范围	税　率
小规模纳税人增值税	5%
部分小规模纳税人适用的简易计税方法	3%

② 自营、直采取得的产品差价收入。有些电商平台的产品全部或部分为自营，获取商品购销差价，对此按照销售货物缴纳增值税。

③ 广告收入。电商平台提供的各类视频、链接等广告服务，除"文化创意服务——广告服务"缴纳增值税外，还需要缴纳文化事业建设费。

（2）境内消费者

从 2016 年颁布的《关于跨境电子商务零售进出口商品有关监管事宜的公告》《关于跨境电子商务零售进口税收政策的通知》到 2018 年发布的《关于完善跨境电子商务零售进口税收政策的通知》，再到 2019 年我国又做了少许调整，税收政策在不断完善。根据新的税收政策，境内个人消费者通过天猫国际等跨境电商平台购物，需要按进口货物征收关税、进口环节增值税与消费税，操作要点如下。

① 新的税收政策适用于属于《跨境电子商务零售进口商品清单》范围内的以下商品。

第一，所有通过与海关联网的电子商务交易平台交易，能够实现交易、支付、物流电子信息"三单"比对的跨境电子商务零售进口商品。

第二，未通过与海关联网的电子商务交易平台交易，但快递、邮政企业能够统一提供交易、支付、物流等电子信息，并承诺承担相应法律责任进境的跨境电子商务零售进口商品。

② 个人消费者是进口货物的纳税义务人，电商企业、电子商务交易平台企业或物流企业可作为代收代缴义务人。在实务中，境内消费者支付的款项中包含了进口环节的税款。

③ 个人单次交易限值为人民币 5000 元，年度交易限值为人民币 26000 元。在限值以内进口的跨境电商零售进口商品，关税税率暂设为 0；进口环节的增值税、消费税暂按法定应纳税额的 70% 征收。完税价格超过 5000 元单次交易限值但低于 26000 元年度交易限值，且订单下仅一件商品时，可以自跨境电商零售渠道进口，按照货物税率全额征收关税和进口环节增值税、消费税，交易额计入年度交易总额，但年度交易总额超过年度交易限值的，应按一般贸易管理。需要注意的是，对于跨境电商零售进口商品，作为一项特殊规定处理，而不同于一般贸易，这里的完税价格是指实际交易价格（包括货物零售价格、运费和保险费）。

④ 海关放行后 30 日内未发生退货或修撤单的，代收代缴义务人在放行后第 31 日至第 45 日内向海关办理纳税手续。自海关放行之日起 30 日内退货的，个人可申请退税。并相应调整个人年度交易总额。

⑤ 不属于跨境电商零售进口商品的个人物品及无法提供交易、支付、物流等电子信息的跨境电商零售进口商品，按现行规定执行。这里的按现行规定执行是指对于无法提

供三单比对的进口商品或非个人自用的物品征收行邮税。行邮税不是一个独立的税种，是指对旅客行李物品、个人邮递物品及其他个人自用物品，除另有规定外，均由海关按照《入境旅客行李物品和个人邮递物品进口税税率表》征收的进口税（包括关税和增值税、消费税）。根据海关总署公告 2010 年第 43 号文件规定，应征进口税税额在人民币 50 元（含 50 元）以下的，海关予以免征。2016 年"四八新政"出台的同时，行邮税税率进行了相应的调整，从原先的 10%、20%、30% 和 50% 四档税率调整为 15%、30% 和 60%。2019 年 4 月又做了两方面的调整：一是将税目 1、2 的税率分别由现行 15%、25% 调降为 13%、20%；二是将税目 1 "药品"的注释修改为，对国家规定减按 3% 征收进口环节增值税的进口药品（目前包括抗癌药和罕见病药），按照货物税率征税。最新的行邮税税率表见表 8-4。

表 8-4　行邮税税率表

税号	物 品 名 称	税率
1	书报、刊物、教育用影视资料；计算机、视频摄录一体机、数字照相机等信息技术产品；食品、饮料；金银；家具；玩具、游戏品、节日或其他娱乐用品	13%
2	运动用品（不含高尔夫球及球具）；钓鱼用品；纺织品及其制成品；电视摄像机及其他电器用具；自行车；税目 1、3 中未包含的其他商品	20%
3	烟、酒；贵重首饰及珠宝玉石；高尔夫球及球具；高档手表；化妆品	50%

⑥ 对于非个人的企业跨境进口商品，按一般进口货物的相关规定征收关税、进口环节的增值税与消费税。

（3）境外商家

境外商家不适用我国境内税收政策的相关规定。

（4）其他服务提供商

在跨境进口业务中，物流与支付结算是两个关键环节。

① 物流公司收取的运输费用按"交通运输服务"缴纳增值税，其中，涉及国际运输服务的可适用增值税零税率，如果是以无运输工具承运方式提供国际运输服务的，免征增值税。物流公司收取的仓储费用按"物流辅助服务——仓储服务"缴纳增值税，增值税一般纳税人可以选择适用简易计税方法适用 3% 的征收税率。

② 结算公司收取的费用按"金融服务——直接收费金融服务"缴纳增值税。

案例分析

案例一：2023 年 3 月 20 日，境内消费者朱先生通过电子商务交易平台（与海关联网）购买价值为 1000 元的进口化妆品（CIF 价格）。该化妆品消费税税率为 15%，增值税税率为 13%，关税税率为 10%，行邮税中化妆品税率为 50%。试计算该化妆品在进口环节应该缴纳的税金。

（1）税款缴纳

消费者在与海关联网的电子商务交易平台购买 1000 元进口化妆品，该商品属于优惠政策规定的商品，且该笔单次交易没有超过 5000 元的限值，因此可以享受增值税、消费税按 70% 征收的税收优惠。若不符合上述优惠规定，则仍应按照行邮税政策纳税。税款可由电子商务企业、电子商务交易平台企业或物流企业代收代缴。

（2）税金计算

以实际交易价格 CIF（包括货物零售价格、运费和保险费）作为完税价格。

① 进口环节关税 = 完税价格×关税税率 = 1000×10% = 100（元）。

② 应纳消费税税额 =（完税价格+关税税额）÷（1-消费税税率）×消费税税率×70% = 1000×（1+10%）÷（1-15%）×15%×70% ≈ 135.88（元）。

③ 应纳增值税税额 =（完税价格+关税税额）÷（1-消费税税率）×增值税税率×70% = 1000×（1+10%）÷（1-15%）×13%×70% ≈ 117.76（元）。

④ 进口应纳税额总计 = 关税税额（免征）+消费税税额+增值税税额 = 135.88+117.76 = 253.64（元）。

案例二：某跨境电子商务企业（有进出口经营权）为增值税一般纳税人，2022 年 8 月进口一批货物，买入价为 85 万元，境外运费及保险费共计 5 万元。假定该批货物当月全部对国内市场销售，取得不含税销售额 150 万元。适用消费税税率为 15%，关税税率 15%，增值税税率为 13%，试计算当月该企业应缴纳的关税、消费税和增值税。

计算如下：

（1）关税完税价格 = 85+5 = 90（万元）

（2）关税 = 90×15% = 13.5（万元）

（3）组成计税价格 =（90+13.5）÷（1-15%）≈ 121.76（万元）

（4）进口环节应纳消费税 = 121.76×15% ≈ 18.26（万元）

（5）进口环节应纳增值税 = 121.76×13% ≈ 15.83（万元）

（6）境内销售环节的销项税额 = 150×13% = 19.5（万元）

（7）境内销售环节应纳增值税 = 19.5-15.83 = 3.67（万元）

注：进口环节增值税上缴报关的海关，国内销售环节的增值税上缴当地主管税务局。

4. 我国跨境出口税务模式与税务处理

1999 年，阿里巴巴实现了跨境出口的互联网化。发展至今，跨境出口电商经历了信息服务、在线交易、全产业链服务三个阶段。根据对象不同，跨境电商可分为 B2B、B2C、C2C，根据服务方式的不同，跨境电商可分为第三方开放平台与自营型平台或两者的结合。物流是跨境出口电商的关键环节，常见的有 EMS、中邮小包、TNT、UPS 等。为了改善用户体验、降低物流成本，越来越多卖家开始自建或寻找第三方海外仓备货。

出口税的征税对象不限于作为商品流通进出口的外贸货物，也可以包括旅客携带、托运或邮寄的货物。由于开征出口税会提高国内产品在国外市场的销售价格、降低竞争力，各国很少开征出口税。

对于跨境出口电商，相关主体的税务处理如下。

（1）电商平台

根据电商平台性质的不同、提供服务的差异，电商平台通常涉及下列收入：

① 平台服务费。跨境出口电商平台一般会收取刊登费（如 eBay）、平台月费（如亚

马逊)、技术服务费 (如速卖通) 等，均需按"信息技术服务——信息系统增值服务"计算缴纳增值税。值得一提的是，阿里巴巴的速卖通自 2016 年 1 月开始，对所有平台按照所属行业分别收取技术服务费，收取的服务费将按不同的行业以不同的年销售总额来进行返还。对此，速卖通在收到技术服务费时缴纳增值税，当根据销售业绩返还一定比例服务费时，按照《财政部、国家税务总局关于全面推开营业税改征增值税试点的通知》规定的销售折扣折让处理，开具增值税红字发票冲减销售收入、增值税销项税额。

② 成交手续费。跨境出口电商平台会根据各自的业务规则收取不同比例的成交手续费，如亚马逊根据不同行业收取不同比例的佣金，需按"商务辅助服务——经纪代理服务"缴纳增值税。

③ 其他。境内商家入驻境外的跨境电商平台出口商品，例如入驻 Wish 平台 (跨境电商界的"黑马"，主打跨境电商平台移动端)，平台向境内的单位或个人收取的服务费，属于《财政部、国家税务总局关于全面推开营业税改征增值税试点的通知》第十三条规定的"境外单位或者个人向境内单位或者个人销售完全在境外发生的服务"不征增值税。《国家税务总局关于外贸综合服务企业出口货物退 (免) 税有关问题的公告》规定，为国内中小型生产企业出口提供物流、报关、信保、融资、收汇、退税等服务的外贸企业为外贸综合服务企业，该类企业以自营方式出口国内生产企业与境外单位或个人签约的出口货物，符合文件规定的具体条件的，可由外贸综合服务企业按自营出口的规定申报退 (免) 税。据此，一达通、外综服等 B2B 平台即可以外贸综合服务平台的身份提供出口贸易服务并申报退免税。

(2) 境内商家

根据《关于跨境电子商务零售出口税收政策的通知》，电子商务出口企业出口货物 [财政部、国家税务总局明确不予出口退 (免) 税或免税的货物除外，下同]，同时符合下列条件的，适用增值税、消费税退 (免) 税政策：

① 电子商务出口企业属于增值税一般纳税人并已向主管税务机关办理出口退 (免) 税资格认定。

② 出口货物取得海关出口货物报关单 (出口退税专用)，且与海关出口货物报关单电子信息一致。

③ 出口货物在退 (免) 税申报期截止之日内收汇。

④ 电子商务出口企业属于外贸企业的，购进出口货物取得相应的增值税专用发票、消费税专用缴款书 (分割单) 或海关进口增值税、消费税专用缴款书，且上述凭证有关内容与出口货物报关单 (出口退税专用) 有关内容相匹配。

不符合上款规定，但同时符合下列条件的，适用增值税、消费税免税政策：

① 电子商务出口企业已办理税务登记。

② 出口货物取得海关签发的出口货物报关单。

③ 购进出口货物取得合法有效的进货凭证。

从事一般跨境出口业务 (非零售业务)，即 B2B 的境内商家，其向境外销售商品按一般货物出口办理，根据具体情况进行增值税退/免税。

为进一步促进跨境电子商务健康快速发展，培育贸易新业态新模式，我国于 2018 年 9 月又出台了《关于跨境电子商务综合试验区零售出口企业所得税核定征收有关问题的公告》，明确了跨境电子商务综合试验区内的跨境电商零售出口货物有关税收政策。

（3）境外消费者

境外消费者不适用于我国境内税收政策的相关规定。

（4）其他服务提供商

同"跨境进口税务处理"的"其他服务提供商"部分。

第四节 跨境电商支付与结算的风险监管

根据当前我国跨境商务贸易的业务操作和交易流程，下面从第三方机构、跨境交易主体以及监管机构等方面分析其在整个交易环节中可能出现的风险问题，如交易主体信息的真伪性、交易汇率的浮动等，并讨论部分风险可能带来的影响和危害。

一、跨境电商支付与结算的风险

（1）信息审核风险

跨境电子商务是跨境贸易领域的新业态，行业规则和法律法规尚未成熟，由此导致支付机构所应承担的职责不明确。在国家还未出台有效法律法规前，支付机构会以追求利益最大化为原则，省去没有规定但会耗费一定成本的审核流程。在数据交互环节中，支付机构可能会采用普通且成本低的信息技术审核客户的身份信息，而放弃采用准确性高但成本高的大数据信息技术，致使跨境贸易主体可利用技术漏洞伪造个人身份信息，从而导致主体身份虚假信息泛滥。在贸易环节中，境内外个人和机构可能会以服务贸易或虚假货物贸易来转移外汇资金，也可能会以分拆的形式逃避国家外汇管理局的监管，导致部分非法人员利用境内消费者的身份通过支付机构的平台将境内大批量的资金转移到国外。这不仅严重扰乱了跨境电子商务的交易秩序，还阻碍了人民币国际化的进程，也威胁到了国家的资金安全。

（2）汇率变动风险

在客户付款后，商家收到货款前，汇率随着市场的变化而有所波动，汇率的变动直接关系到资金的实际购买力。在跨境支付环节中，支付机构在收到资金后，一般在 $T+1$ 个工作日集中进行结售汇。若消费者对货物不满意而将货物退回商家，这时购物资金存在着兑换不足额的风险。例如，某境内客户在付货款时货物标价是 100 美元，相对应的美元现汇买入价是 617.79 元。一段时间后，客户在收到商家货物时，对该货物不满意，准备退货。此时美元现汇买入价是 610.35 元，那么客户买 100 美元的境外货物就相当于损失了 7.44 元。该过程说明了境内客户在购买境外商品时存在着汇率变动的风险，这在一定程度上影响了境内客户的海购积极性。

（3）缺乏监管风险

跨境支付业务已有一定的发展规模，但各支付机构缺乏有关部门的监管，由此便会导致业务发展紊乱。业务办理流程、国际收支统计申报、风险控制等运营方案没有统一的标准，如在跨境支付环节中，合作银行与支付机构向外汇局呈报的信息还没有成熟的口径。客户外汇备付金账户是专门用于办理跨境外汇业务的，一定工作日内，当备付金账户的资金积累到一定额度时，支付机构若有动用账户资金的倾向，就会提取账户内的现金进行短期存款或短期投资来获取利益，即在跨境贸易的过程中，客户外汇账户存在备付金被挪用或损失的风险。

（4）网络支付风险

艾瑞数据表明，当前存在的各类网络支付安全问题直接制约着跨境贸易的发展，支付宝账号被盗、跨境支付资金无意间被转走、木马和钓鱼网站的泛滥等网络支付安全性问题影响着境内消费者的境外购物体验。跨境支付对支付信息的审核有着更高的要求，支付时间也较长，间接加大了支付的风险。通过互联网渠道的跨境资金支付风险严重阻碍了跨境贸易的推广，境内客户可能面临个人隐私信息被窃取、银行卡被盗用的风险。跨境外汇支付是跨境电商贸易的关键一步，因为它涉及交易双方资金的转账安全。在交易数据传输过程中，可能会因信息故障或系统崩溃而导致支付信息丢失。另外，一些非法人员利用钓鱼网站或其他计算机技术盗取支付的账号和信息，也会对交易方造成巨大的损失。

（5）第三方机构跨境支付可能产生的外汇问题

第一，从《支付机构跨境外汇支付业务试点指导意见》（以下简称《指导意见》）的条例和规定中可以看出，外汇管理制度中存在第三方支付机构定位不明确的问题。例如，在主体参与跨境支付的业务中，第三方支付机构只是承担了部分类似银行的外汇处理职责，但是从性质上考虑，第三方支付机构并不是金融机构。也就是说，《指导意见》给出的法律定位偏低，如何从法律角度去明确第三方支付机构的外汇管理职责是亟待解决的问题。

第二，传统的外汇管理机制和制度面临挑战。一方面，外汇的收和支的统计存在问题。因为传统外汇管理的机制中只涉及银行和当事主体，所以说监管机构可以及时和有效地进行相关方面的统计。但在跨境支付领域中，第三方支付机构的定位是跨境交易的收付款方，如此，交易资金将在第三方支付机构中大量沉淀，时间持久，不仅会产生资金安全的问题，还将影响到国际机构对外汇统计的问题。另一方面，因为跨境支付通过信息渠道来完成交易和传递交易信息，缺少以前所采纳的书面凭证，这将在某些方面影响监管机构对交易真实性的把握。

二、跨境电商支付与结算的监管难点

（1）货物流与资金流不匹配现象突出

一是报关主体与收付汇主体不一致导致物流与资金流不匹配。如委托外贸公司出口自行收汇的，报关主体是外贸进出口公司，收付汇主体为从事具体交易的电商企业或境内个人，物流与资金流无法匹配。二是报关价格不同导致的物流与资金流不匹配。对邮寄直接进出口和以一般贸易报关的跨境电商进出口，电商企业在商品报关上采用不同定价方式，导致报关单金额与实际收入金额存在差异。例如，部分电商企业以出口商品的成本价办理报关，跨境收入则包含了销售利润部分，或是包含了运费收入，实际跨境收入金额将会大于报关单金额；部分电商企业则以在平台上销售的实际价格（包含了平台管理费等销售费用、销售利润）办理报关，实际收回的货款是扣除了费用后的收入，实际跨境收入金额会小于报关单金额。同时，不同时间节点可能采取的销售方式不一样（如新产品通过折扣等方式提高销量，销量稳定后恢复原价等），实际跨境收入存在不确定性。

（2）没有单设跨境电子商务国际收支申报交易编码

自 2014 年起，海关总署陆续启用了新的跨境电商监管代码"跨境贸易电子商务"（9610）和"保税电商"（1210），但国家外汇管理局的国际收支申报交易编码只设立了"未纳入海关统计的网络购物"（122030）、"其他未纳入海关统计的货物贸易"（122990）、"其他纳入海关统计的货物贸易"（121990）三个收支交易编码，对海关新的跨境电商监管代码没有赋予相应国际收支申报交易编码。目前跨境电商收付汇申报使用监管代码"121010"，导致监管代码"0110"和"9610"对应的收付汇无法区分，影响跨境电商收付汇数据统计的准确性。

① 跨境电商进出口数据有缺失，无法准确统计跨境电商实际进出口量。一是以邮包及快件方式办理的跨境电商进出口业务，由于不需要办理正式的进出口报关，没有对应的监管代码，也不纳入海关正式统计，国家外汇管理局无法掌握其具体的进出口业务量。二是一体化通关平台推动较慢，进口关单无数据。根据海关总署 2016 年第 26 号公告将"申报清单"视同"进口报关单"，但跨境电商零售商品进口的报关方式不同于出口的"清单核放，汇总申报"模式，而采取的是"清单核放"的模式。所以"9610"未汇总生成进口报关单，导致"9610"无报关单信息。"1210"有汇总生成进口报关单，但由于国家外汇管理局货物贸易监测系统未增加该贸易方式代码，海关也未向国家外汇管理局传输相关数据。三是以一般贸易办理的跨境电商出口，由于其贸易方式与传统的一般贸易方式一致，无法加以区别。

② 还原申报产生的监管问题。《国家外汇管理局关于开展支付机构跨境外汇支付业务试点的通知》要求：还原数据的"银行业务编号"应填写为所对应的集中收付数据的申报号码，以便建立实际收付款数据与还原数据间的对应关系。但实际中，部分还原数据的"银行业务编号"并没有与原集中收付汇数据的申报号一致。对于第三方支付公司，国家外汇管理局一方面无法有效识别还原申报和实际一般贸易的收支数据；另一方面发现收支数据存在问题时，无法及时对申报银行开展相关核查。同时，由于大多数电商出口企业未办理名录登记，还原申报后，监测系统出现较多的"为不在名录企业办理收付汇"信息，需国家外汇管理局人工及时排查清理，大大降低了工作效率。

③ 银行为报关主体与收支主体不一致的电商企业办理付汇业务存在忧虑。按现行外汇管理规定，企业应按"谁进口谁付汇"办理贸易项下付汇业务；同时，银行办理单笔

金额 10 万美元以上的进口付汇时，原则上应进行报关单核验。实际执行中，银行除了审核企业提交的合同、关单等常规单证外，部分银行还审核提单、交易订单等单证，在确认贸易真实性后，为企业办理业务。但由于交易主体不一致，银行担心是否存在违规。由于系统缺少保税电商和"9610"报关进口数据，银行无法办理核验，担心存在重复付汇。

④ 部分跨境物流凭证难以取得影响电商主体办理结售汇。如拼柜出口跨境电商反映，其只要按外方要求将货运到指定港口，由外方自行委托物流公司将货拼柜运到国外，其收汇没有相对应的跨境物流凭证，只有从工厂运到港口的国内物流凭证；有的物流凭证上只体现货物重量并不体现货物价值，银行难以审核；代采购代发货模式的国内电商按外方要求在淘宝网、1688 等采购平台帮外方买货，又直接委托淘宝网、1688 平台直接发货给外方，国内代采购电商既无法提供有跨境交易网上记录，亦无法提供跨境物流凭证。

（3）第三方跨境网络交易外汇收支监管的问题

① 跨境网络交易外汇资金流动监测困难。当前主要通过第三方支付平台来完成跨境电商交易。从交易性质分析，跨境网络交易相关外汇收支应属"服务贸易"项下，但在国际收支统计申报数据中显示，通过第三方支付平台进行的资金交易性质既包括贸易或服务贸易外汇资金，又包括大量的个人汇款等多方面转移性资金。从交易形式上分析，消费者将款项支付给第三方支付平台而非实际收款人，在这样的资金流转过程中，实际付款人的支付信息将会被掩盖，因此跨境网络交易资金划转过程中难以获取真实的交易性质、交易对方的资料，这是外汇收支非现场监测的难点。

② 真实性审核困难。与传统进出口贸易业务往来相比，当前跨境电商更难以把握交易过程中的真实性，因此存在着许多洗钱等违反资金流动规则的黑恶交易。若通过某跨境平台将人民币资金转移出境，可将这笔钱挪作他用，如归还内保外贷、境外融资款，从而将资本项目混入经常项目，使得网上跨境收支难以监管其真实性和科学性。

③ 国际收支申报不规范，准确性差。在跨境电商国际收支申报操作过程中，申报规则及申报流程过于烦琐，导致经常出现数据性偏差问题。支付机构作为中介性质清算机构，除应对中小型企业客户外，还要对广大个人消费者负责，交易过程金额较小，交易次数较为频繁，其信息录入和核对工作需投入大量成本，若人员业务素质不稳定，则漏报、迟报现象会频发。

④ 用户管理问题与现行外汇管理相冲突。当前企业及个人货物贸易外汇收支经常混淆，跨境电商发展的客户包括企业和个人，我国海关外汇等法规对企业和个人货物进出口贸易收付汇管理存在一定政策差异，对个人储蓄账户及结算账户结售汇管理也有一定区别。

三、跨境电商支付与结算的监管思路

（1）完善外汇管理相关措施

① 实施差异化总量监管。一是增设跨境电商企业特殊标识或下放特殊标识设置权

限。增设跨境电商企业特殊标识，对日常监管发现的从事跨境电商业务的进出口企业，以及在辖内跨境电商通关服务平台备案登记的电商企业，标注跨境电商特殊标识。考虑到随着贸易新业态的发展，未来有可能出现更多贸易类型（如市场采购、外综服企业等），建议将特殊标识企业的设置权限下放分局，由分局结合辖区业务情况，自主设置各种标识类型。二是实施差异化管理。参照特殊监管区域管理办法，允许A类跨境电商企业存在报关与收支申报主体不一致，国家外汇管理局对电商企业由侧重资金与货物总量匹配监管，转向侧重对物流或资金流的单向监测分析管理，对一定时期物流或资金流变化幅度较大的电商企业实施重点监测核查。三是简化现行差额及贸易信贷报告制度。A类电商企业可按月向国家外汇管理局集中报备贸易差额总额及明细电子数据，根据自身意愿选择以逐笔或集中方式办理贸易信贷报告。国家外汇管理局按月根据相关企业的报备数据对进出口及收支数据进行调整，对经调整后相关监测指标仍存在异常的企业，实施现场核查。

② 允许A类电商企业办理主体不一致收支业务。按照"实质重于形式"的原则，允许A类电商企业办理主体不一致收支业务。有需要办理主体不一致收支业务的A类电商企业，可以向当地外汇管理局报备，报备内容包含电商业务的主要运作模式、报关单企业的基本情况等；同时，对于有发生主体不一致收支业务的月份，电商企业于次月报送上月发生业务量情况。

③ 简化A类电商企业业务办理凭证。结合电商企业线上交易的特点，对于需要凭合同、报关单、发票等传统纸质凭证办理的收支、结售汇业务，简化单证审核要求。业务经办银行可以根据A类电商企业在跨境电商通关服务等平台查询到的销售订单、物流运输等信息，在确认交易真实性的情况下，直接为企业办理相关收支及结售汇业务。

④ 完善跨境电商收付汇数据申报。为提高收支数据统计的完整性、准确性，可出台相关政策规范跨境电商收付汇数据申报。对于以跨境电商交易产生的收支数据，可要求银行办理申报时在交易附言中增填标识，或明确一个交易编码专门用于跨境电商收支数据申报。

（2）强化银行及第三方支付机构监管的措施

① 推动银行与跨境电商通关服务等平台联网，丰富展业原则审核手段。通过银行自律机制，推动辖内银行与跨境电商通关服务平台、单一窗口互联互通，鼓励银行与亚马逊等主流网购平台及物流公司进行对接合作。通过平台、单一窗口等途径查询获取电商企业基本信息、商品备案信息、订单、物流、支付等相关信息，丰富展业原则审核手段。

② 加强对第三方支付机构的监管。一是加强支付机构对于集中收付款和逐笔还原数据申报培训，规范报送明细类别，提高数据质量；开发数据接口，将支付机构的逐笔信息报送直接接入国际收支申报数据的采集系统，减少数据转申报错误发生的概率。二是借鉴货物贸易外汇管理分类监管的原则，结合对支付机构的评定考核，建议对支付机构采用分类管理办法，对A类机构可实行便利化措施，对B、C类机构实行限额控制或逐笔审核或停业整顿等措施，防控跨境电子交易风险。

（3）完善跨境电商收付汇国际收支申报制度

随着贸易新业态的迅速发展，业务需求不断提升，海关总署对企业外贸进出境监管方式不断更新，先后启动了几个新的货物贸易方式代码。作为外汇管理部门，应适应新业态发展，相应跟进政策调整，如相应匹配"9610"或"1210"的国际收支申报交易编码。

（4）积极协调相关职能部门完善管理

① 协调税务部门，实施差异化退税管理。针对跨境电商出口小微主体、增值税发票难以取得、出口种类多而杂的特点，建议税务部门参考市场采购退税管理规定，由"先征后退"的税收政策调整为"不征不退"，以鼓励更多电商出口企业从邮包快件出口模式转向"9610"贸易项下报关出口。一方面有助于促进跨境电商业务的发展，另一方面有助于提高跨境电商出口统计数据的完整性、准确性和透明度，便于监测分析与管理。

② 完善"9610"贸易方式进口项下数据采集。国家外汇管理局协调海关完善通关一体化平台建设，实现"9610"贸易方式项下进口"清单核放、汇总申报"，并及时向国家外汇管理局系统传输，提高跨境电商进口统计数据的完整性。

（5）加强对第三方跨境网络交易外汇收支监管

① 提升支付结构及银行代位监管能力，加强知识审核性。第一，要不断明确对支付机构的监管要求，必须参照银行业的展业三原则，强化现代化专业人才的提升和培训，不断进行自我约束。第二，要明确对于银行的需求，保证与支付机构交易真实。

② 规范跨境电子收支的申报及数据统计制度。第一，完善外汇收支申报法规，规范相同业务所应当申报的交易编码，并在交易中注明跨境互联网交易等信息，提高信息申报及审核的一致性和及时性。第二，加强支付机构对于集中收付款和逐笔还款数据申报培训，做到明细分别，提高数据质量。

③ 加强对第三方支付平台资金流动的监管。第一，加强对第三方支付平台资金流动的监管，出台相关第三方支付平台资金监管法律法规，第三方交易平台自有账户与客户账户相分离。第二，规范第三方支付平台资金流转的国际收支间接申报，监督银行在第三方支付平台款项划拨申报时的信息审核，真实反映交易性质及交易双方。

④ 加大监测以及核查力度。定期针对支付机构进行专项核查，根据跨境电商发展趋势，关注发展过程中出现的可疑交易信息，实时对可支付机构及相关合作银行进行约谈及窗口指导。广泛联合工商、税务、海关等共同制定相关监管措施，包括跨区域之间的合作交流。重视现代化信息共享平台的建立，推动和完善跨境电商及第三方支付平台的合作及稳健发展。

习　　题

一、填空题

1. 跨境电商支付与结算是指_____中的当事人通过特定的支付工具和方式，清偿因各种经济活动而产生的国际的_____，并涉及资金转移、外币兑换等行为。

2. 在结算方式上，跨境电商主要是通过跨境电商平台支持的方式进行_____，传统跨境贸易主要是通过_____。

3. SHEIN 的结算周期一般为 14 至_____天，具体时间取决于商家的_____和合作深度。

4. 出口商品在部分进口国需要按销售额缴纳相应的_____。

5. 跨境电商支付与结算可能出现的信息审核风险、_____和_____网络支付风险等。

二、选择题

1. 下面哪一个不属于跨境电商线上支付与结算的方式。 （   ）

A. PayPal   B. 信用卡   C. 托收   D. 网上银行支付

2. 目前我国跨境电商进口个人单次交易限值为（   ）元。

A. 5000   B. 2000   C. 20000   D. 26000

3. 海关放行后 30 日内未发生退货或修撤单的，代收代缴义务人在放行后（   ）内向海关办理纳税手续。

A. 第 31 日至第 45 日   B. 第 31 日至第 50 日

C. 第 31 日至第 60 日   D. 第 31 日至第 90 日

4. 应征进口税税额为人民币（   ）元以下的，海关予以免征。

A. 10000   B. 50   C. 500   D. 5000

5. 跨境电商支付与结算的监管难点不包括（   ）。

A. 交易主体信息的真伪性

B. 货物流与资金流不匹配现象突出

C. 没有单设跨境电子商务国际收支申报交易编码

D. 第三方跨境网络交易外汇收支监管的问题

三、判断题

1. 当跨境支付结算的双方处在不同的法律制度下，应当以收款方所在国家地区的法律制度为准绳。

（   ）

2. 消费者在天猫上购买的进口商品的进口税由天猫代缴。 （   ）

3. 尽管跨境电商支付与结算一般以不同于支付双方本国（或本地区）货币的货币为支付结算货币，结算过程是没有风险的。 （   ）

4. 亚马逊的放款规则：只要客户确认收货了，那么在下一个付款周期，就会打款到商家指定的账户上。结款周期是 14 天，每一个 14 天亚马逊就会结算一次。 （   ）

5. 一个完整的跨境支付流程，包含收单、收款、结售汇三大环节，其中第三方跨境支付在跨境电商 B2C 出口交易中发挥重要作用。 （   ）

四、简答题

1. 简述跨境电商支付与结算的特点。

2. 什么是出口收结模式和进口购付模式？请举例说明。

3. 写出三个常用的跨境电商支付与结算方式。

4. 简述 TikTok Shop 平台的结算规则。

5. 简述跨境电商支付与结算的监管思路。

习 题 答 案

跨境电商概论　第3版

第九章
跨境电商法律法规

引例

2023 年 3 月 14 日，原告李某霞在被告旗某 "洋码头" App 下单购买 Coach 新款 Morgan 系列法棍包酒神包一件，订单编号为 74310278324。原告于当日通过其交通银行信用卡账户支付货款 1679 元。付款后，买手一直未发货。2023 年 3 月 29 日，原告向被告平台申请退款。退款编号：TH×××××××××××4946。退款原因：未收到货——买手原因——买卖双方协商一致。退款类型：仅退款。退款方式：原路返回。2023 年 3 月 31 日平台显示 "退款成功"。后原告向被告旗某 "洋码头" App 申请对该笔钱款进行提现，但始终无法到账。2023 年 4 月 1 日，原告与被告客服 "洋管家" 沟通表示 "昨天有个订单退货了，今天又下单时显示有个账户余额，就是之前的退款金额，但不能用，现在钱在哪儿我查不到，什么时候能退回我的卡里面"，被告客服 "洋管家" 称 "核实到您是在 2023-04-02　22:37:13 申请提现的 1679 元，财务对钱款的问题很重视，会尽快做审核，审核后会提交给到第三方汇款的平台审核，都有一定的钱款审核的流程，需要一定的时间，请您后续多多关注下"。原告诉求判令被告返还原告货款 1679 元；承担本案诉讼费。被告未到庭应诉，亦未做答辩。⊖

有学者认为，有规则的活动会降低交易成本，有组织的市场均按规则活动。规范市场运行的市场规则客观、强制、系统、公平。跨境电商市场仍处不断探索阶段，其市场规则正逐渐趋于健全，跨境电商法律法规是跨境电商市场重要的基础规则。规范跨境电商经营行为，打击跨境电商侵权假冒违法活动，加强跨境电商质量安全监管，建立完善

⊖ 案情详见上海市静安区人民法院：《李某霞与上海洋码头网络技术有限公司服务合同纠纷一审民事判决书》[（2023）沪 0106 民初 21948 号]。

的跨境消费售后维权保障机制，是促进跨境电商健康发展的重要基础。

本章学习目标

（1）理解跨境电商法律法规的含义，掌握跨境电商法律法规的调整对象，知晓跨境电商法律法规主要内容，领悟跨境电商法律法规基本原则。

（2）了解跨境电商市场监管面临的问题与挑战，掌握该监管的基本原则、主要思路和具体规范。

（3）知晓国内跨境电商财税政策的主要内容及政策调整、变化的原因。

（4）掌握跨境电商网上争议解决程序、适用法规、争议解决结果的执行机制，知晓跨境电商网上争议解决机制。

第一节　跨境电商法律法规概述

一、跨境电商法律法规的含义

1. 跨境电商法律法规的概念

（1）实质与形式跨境电商法律法规

实质意义上的跨境电商法律法规是调整跨境电商法律关系的各类法律规范的总和，调整跨境电商交易形式、跨境电商交易本身及其引发的特殊法律问题。形式意义上的跨境电商法律法规是以"跨境电子商务法"或"跨境电子商务条例"等命名的法律法规，目前国内仅有《中华人民共和国电子商务法》（以下简称《电子商务法》），该法第七十一、第七十二、第七十三条对促进跨境电商做出了相应规定；另有《汕头经济特区跨境电子商务促进条例》《杭州市跨境电子商务促进条例》等地方法规。本书讨论学习的应是实质意义上的跨境电商法律法规。

（2）广义与狭义跨境电商法律法规

广义的跨境电商法律法规是调整利用一切电子手段（电话、电视、传真、电传等传统电子手段及互联网等信息网络）进行跨境电商交易所产生社会关系的法律规范统称，包含调整以跨境电商为交易形式的规范（如 1996 年联合国《电子商务示范法》）和以电子信息为交易内容的规范（如 1999 年美国《统一计算机信息交易法》）。

狭义的跨境电商法律法规仅指调整通过互联网等信息网络进行跨境电商交易所产生社会关系的法律规范。我国《电子商务法》等相关法律法规对跨境电商的规范属于狭义的跨境电商法律法规。

2. 跨境电商法律法规的特征

（1）与传统法相比所具有的特征

1）开放型。跨境电商法律法规以形式多样并不断发展的数据电文为意思表示载体，须以开放态度对待任何技术手段与信息媒介，从而可以让一切有利于跨境电商发展的设想或者技巧均被容纳。各国涉跨境电商立法多使用开放型与功能等价性条款，其基本定义、制度及法律结构多呈开放型。

2）技术性。涉跨境电商的一些法律法规直接或间接由技术规范演变而成。如规定非对称加密数字签名为安全电子签名，将公开密钥技术规范转化为法律要求；当事人若不遵守网络协议技术标准，就不可能在开放环境下进行跨境电商交易；大数据、云计算、区块链等新技术在跨境电商中的应用，均逐步体现在跨境电商相关法律规范中。

3）安全性。互联网等开放性信息网络一般较为脆弱，"黑客""病毒"等的攻击可能导致跨境电商信息网络系统面临潜在或现实威胁，仅靠技术制约技术非长久之计，更多安全仍需法律保护，《电子商务法》不仅明确安全保障为电商经营者的基本义务（第五条、第三十条、第三十八条等），而且要求国家维护电子商务交易安全（第六十九条），还颁布实施了《中华人民共和国网络安全法》（以下简称《网络安全法》）《中华人民共和国数据安全法》（以下简称《数据安全法》）等专门性法律。跨境电商法律法规必须对跨境电商安全问题予以规定，有效预防与处置各种跨境电商安全风险，保证跨境电商系统安全运行。

4）程序性。一定程度上，跨境电商法律法规表现为交易形式法，包含一些不直接涉及具体内容仅解决交易形式问题的程序性规范，如数据电文是否有效、是否归属某人，电子签名是否有效、是否适应交易性质，认证机构资格如何认定等。这些跨境电商法规主要解决跨境电商意思表达程序问题，未直接涉及交易实体权利与义务。

5）国际性。传统法律制度具有明显地域性，而跨境电商法律法规所规范社会关系存在于无国界的信息网络社会，各国跨境电商法律法规既要考虑本国国情，亦要虑及国际通行做法。

6）综合性。跨境电商交易涉及多方主体，如买卖双方需认证机构确认双方身份，需要网络服务接入商、网络内容提供商等。跨境电商法律法规不仅要规范交易双方，还要规范相关其他主体。跨境电商法律法规还涉及民法、经济法、行政法、国际贸易法等诸多领域。

（2）我国跨境电商法律法规的特征

1）促进法。跨境电商法律法规保障并支持跨境电商创新发展，不仅将促进跨境电商持续健康发展作为其规范目的，还专门规定跨境电商促进法律、法规。规定了适应和促进跨境电商发展的产业政策，以法律形式确定了有利于跨境电商创新发展的市场环境和有关机制建设，明确了符合跨境电商发展需要的监管原则、治理体系和监管机制，建立促进跨境电商发展的制度机制，鼓励跨境电商平台创新业务、提供多元服务。前述汕头、杭州等地跨境电商地方法规直接以"促进条例"命名。

2）保护法。跨境电商法律法规保护用户和消费者权益。系统全面规定电商经营者保护用户和消费者权益的义务；为规制平台经营者滥用其平台资源"私权力"，有针对性地设定了平台义务和责任；明确规定国家维护电商交易安全，保护电商用户信息。

3）平台法。跨境电商法律法规规范平台行为。注重平台服务协议和交易规则，明确规范以平台规则为核心的平台治理机制；让平台参与或协助监管；明确建立以平台为关键节点的知识产权保护规则。

4）绿色发展法。跨境电商法律法规多处规定跨境电商绿色发展。明确政府应采取措施支持、推动绿色包装、仓储、运输，促进跨境电商绿色发展；跨境电商经营者要履行环保义务，销售商品应符合环保要求；快递物流服务者应按规定使用环保包装材料，实现包装材料的减量化和再利用。

3. 跨境电商法律法规的性质

跨境电商法律法规既涉及跨境电商领域综合性法律，亦涉及该领域专门性法律，不仅包含跨境电商主体准入、交易行为（电子商务合同、电子支付等）、知识产权保护等民商事规范，还涉及跨境电商消费者权益保护、反不正当竞争及反垄断、网络广告、跨境电商税收、跨境电商促进等经济法规范，跨境电商监管、行政许可、行政处罚等行政法规范，跨境电商纠纷管辖、在线纠纷解决等程序法规范，以及国际私法、国际经济法等国际法规范。

二、跨境电商法律法规的调整对象

跨境电商法律关系即为跨境电商法律法规的调整对象，是由跨境电商法律规范所确认的跨境电商活动各方当事人之间具有权利（力）、义务（责任）内容的社会关系。

1. 跨境电商法律关系主体

跨境电商法律关系主体是指在跨境电商活动中享有权利（力）、负有职责、承担义务（责任）的各方面当事人，包括跨境电商交易主体、跨境电商服务主体、跨境电商监管主体、跨境电商评价主体等。

（1）跨境电商交易主体

跨境电商交易主体是在通过互联网等信息网络的经营活动中进行直接交易的各方，如跨境电商商品销售中的转让方与受让方，为跨境电商经营活动的基本主体。依据《电子商务法》第九条第一款，跨境电商经营者系通过互联网等信息网络从事销售商品等经营活动的自然人、法人和非法人组织，包括跨境电商平台经营者、平台内经营者及通过自建网站、其他网络服务销售商品或提供服务的跨境电商经营者。依该条第三款，平台内经营者系通过跨境电商平台从事销售商品等经营活动的跨境电商经营者。

（2）跨境电商服务主体

跨境电商服务主体仅指为跨境电商交易当事人提供交易平台、相关配套或基础服务的服务提供者。非面对面的跨境电商交易双方通过数据电文传输进行交易协商或履行，其交易实现须依靠作为第三方的各类跨境电商服务主体参与，缺少这些服务主体，跨境电商活动将无法真正开展。常见跨境电商服务主体主要有：

1）跨境电商平台服务提供者：即跨境电商平台经营者，依据《电子商务法》第九条第二款，系在跨境电子商务中为交易双方或多方提供网络经营场所、交易撮合、信息发布等服务，供交易双方或多方独立开展交易活动的法人或非法人组织，如阿里巴巴国际站的主办单位"杭州阿里巴巴广告有限公司"，敦煌网的主办单位"世纪富轩科技发展（北京）有限公司"。

2）跨境电商交易相关配套服务主体：包括跨境支付（PayPal、连连国际、支付宝、贝宝、中国银联、跨境通等）、跨境快递物流（DHL、顺丰国际、递四方、菜鸟等）、跨境电商设计、运营、营销、视频等服务主体。依据《电子商务法》第四十六条，跨境电商平台经营者可按平台服务协议和交易规则，为经营者之间的跨境电子商务提供仓储、物流、支付结算、交收等服务。

3）跨境电商交易相关基础服务主体：如电子签名与电子认证服务主体（CA，如 e 签宝、法大大、契约锁、上上签等），即《中华人民共和国电子签名法》（以下简称《电子签名法》）中规定的电子认证服务提供者；《网络交易管理办法》中提及的网络接入服务主体（IAP，如电信、移动、联通）、服务器托管服务主体（如世纪互联）、虚拟空间租用主体（如阿里云、华为云、腾讯云、百度云）等。

（3）跨境电商监管主体

跨境电商市场持续健康稳定发展，需要对其予以依法适当监管。广义的跨境电商监管主体包括政府监管部门、相关协会、第三方机构和普通消费者等，狭义的跨境电商监管主体一般是指政府相关监管部门。市场监管、海关、税务、金融监管、网络监管、邮政等相关部门是跨境电商活动最重要的监管主体，根据各自行政职能，依法对相关主体的跨境电商经营或服务活动予以监督、管理。依据《电子商务法》第六条，国务院有关部门按职责分工负责跨境电商发展促进、监督管理等工作；县级以上地方各级政府可根据本行政区域实际情况，确定本区域内跨境电商部门职责划分。相关协会包括跨境电商领域的行业协会和消费者协会等。跨境电商行业协会本着规范跨境电商行业秩序、促进跨境电商行业发展原则，对行业内跨境电商活动予以监管；第三方机构则可接受政府及相关部门、行业协会或消费者协会等委托，对跨境电商市场经营活动予以监管。依据《电子商务法》第七条，国家应建立符合跨境电商特点的协同管理体系，推动形成有关部门、跨境电商行业组织、跨境电商经营者、消费者等共同参与的跨境电商市场治理体系。依据《电子商务法》第八条，跨境电商行业组织应按本组织章程开展行业自律，建立健全行业规范，推动行业诚信建设，监督、引导本行业经营者公平参与市场竞争。

（4）跨境电商评价主体

市场经济是信用经济，信用是决定跨境电商市场健康发展的核心要素，依据《电子商务法》第七十条，国家支持依法设立的信用评价机构开展跨境电商信用评价，向社会提供跨境电商信用评价服务。目前国内跨境电商信用评价既有跨境电商经营主体自行评价，也有独立的信用评价机构的第三方评价，并且监管部门在推动跨境电商可信交易公共服务建设方面有一定经验。单纯由平台主导建立信用评价机制、制定信用评价规则，评价基础和信息均基于平台内信息，相对封闭，易生"刷单""炒信"等，不利于信用制度奖优罚劣效果的发挥。跨境电商信用评价主体应有开放性、多元化，任何有资质的第三方，只要符合法律规定，均可从事跨境电商信用评价业务，从而保障消费者真正享有知情权、选择权。

2. 跨境电商法律关系客体

跨境电商法律关系客体是其主体享有的权利与承担的义务所直接指向的对象，包括以下五类。

（1）行为（给付）

它主要指跨境电商交易中一方的交付货物行为与另一方的支付价款行为，包括电商服务提供者提供服务的行为、电商认证机构的认证服务行为等。跨境电商交易中，有形商品一般经由第三方快递物流企业的线下配送予以交付。

（2）物

它主要是指有形实体商品。目前跨境电商交易中有形实体商品以动产为主，如各大平台上琳琅满目的商品多为普通动产；中船电商、阿里巴巴国际站汽车板块等平台则销售船舶、汽车等特殊动产；通过淘海房 App 等开展的海外各类房产交易则涉及房屋等不动产。

（3）智力成果

在互联网及电商领域存在的各类数字化作品、域名、商标、发明创造等智力成果，实为著作权（尤其是作品信息网络传播权）、域名使用权、商标专用权、专利权的客体。实践中，跨境电商方面的专利申请，不仅包括为实现整个电子商务的方法或系统，还包括为实现电子商务各环节或解决某一问题而做出的努力（产品或方法），如作为整体电商解决方案的美国亚马逊公司的电子商务专利（美国专利号 US5960411），作为电商局部解决方案的电商支付方法（中国发明专利 ZL03101151.9 号），基于互联网的新业务系统和方法（一种在因特网上的医疗和旅游服务的综合系统及其操作方法，中国专利申请号 CN 01810811.3）。

（4）数据、虚拟财产

依据《中华人民共和国民法典》（以下简称《民法典》）第一百二十七条，法律对数据、网络虚拟财产予以保护。

① 数据。依据《数据安全法》第三条第一款，"数据，是指任何以电子或者其他方式对信息的记录"。随着信息网络技术的发展与应用，各类数据信息迅猛增长，数据交易日益增多。依据《电子商务法》第二十五条，有关主管部门依法要求电商经营者提供有关电商数据信息的，电商经营者应当提供；主管部门应采取必要措施保护电商经营者提供的数据信息的安全。

② 网络虚拟财产。它是存在于网络空间的虚拟财产，包括电子邮箱、网络账户、虚拟货币、虚拟物品及装备等。网络用户通过账号密码设置防止他人修改、增删自己的网络虚拟财产，通过一定程序买卖、使用、消费网络虚拟财产，实现对网络虚拟财产的占有和处分。

（5）个人信息利益

个人信息权利是个人在现代信息社会享有的重要权利，明确对个人信息的保护对保护人格尊严，使个人免受非法侵扰，维护正常社会秩序具有现实意义。《民法典》第一百一十一条规定："自然人的个人信息受法律保护。"为了保护个人信息权益，规范个人信息处理活动，促进个人信息合理利用，我国于 2021 年公布并实施了《中华人民共和国个人信息保护法》（以下简称《个人信息保护法》）。《电子商务法》第二十三条规定："电子商务经营者收集、使用其用户的个人信息，应当遵守法律、行政法规有关个人信息保护的规定。"依据《个人信息保护法》第四条：个人信息是以电子或其他方式记录的与已识别或可识别的自然人有关的各种信息，不包括匿名化处理后的信息；个人信息的处理包括个人信息的收集、存储、使用、加工、传输、提供、公开、删除等。个人信息与隐私的范围有交叉，重合部分为隐私信息，即权利主体不愿为他人知晓的个人信息，如病史、犯罪记录等。但个人信息不仅包括不愿为外人知晓的隐私信息，还包括可公开的非隐私信息，如姓名、性别等。并且，隐私带有主观色彩，如身高、住址、电话号码等个人信息，有些人视为隐私，有些人视为可公开信息。一些侵犯个人信息的行为，未必构成侵犯隐私。

3. 跨境电商法律关系内容

这是指各类跨境电商法律关系主体在跨境电商活动中所享有的权利（力）、负有的职责或承担的义务（责任）。《电子商务法》主要从义务（责任）角度对相关电商主体予以规范。

（1）跨境电商经营者的一般义务

《电子商务法》第二章第一节针对所有电商经营者的义务（职责）做出具体规定，如：依法办理市场主体登记，依法纳税，依法获许可经营，保障人身、财产安全和保护环境，依法出具购货凭证或服务单据，亮照经营，歇业公示，商品或服务信息披露，精准营销、推送广告的限制，搭售商品或服务的限制，交付义务及风险、责任承担，收取押金的限制、不得滥用市场支配地位、收集、使用用户信息的限制，对用户信息查询、更正、删除及注销的限制，向有关部门提供数据信息，依法从事跨境电商，依法订立合同等各类义务。

（2）跨境电商平台经营者的义务

《电子商务法》第二章第二节具体规定平台经营者的义务（职责），如：核验登记平台内经营者信息，报送信息与配合监管，依法处置平台内违法信息，保障电商交易安全务，记录保存交易信息，依法制定、公示、修改服务协议和交易规则，不得不合理对待平台内经营者，及时公示对平台内经营者的处罚，区分自营与他营业务，对平台内经营者侵权的连带或相应责任，信用评价、显示搜索结果、竞价排名的限制，保护知识产权，依法提供配套服务的限制等各类义务及责任。

（3）快递物流服务提供者的义务

依据《电子商务法》第五十二条，快递物流服务提供者为跨境电商提供快递物流服务，应当遵守法律、行政法规，并应符合承诺的服务规范和时限。其在交付商品时，应提示收货人当面查验；交由他人代收的，应经收货人同意；应按规定使用环保包装材料，实现包装材料的减量化和再利用；在提供快递物流服务的同时，可接受经营者委托提供代收货款服务。

（4）跨境电子支付服务提供者的义务

依据《电子商务法》第五十三~五十六条，跨境电子支付服务提供者为跨境电商提供电子支付服务，应遵守国家规定，告知用户电子支付服务的功能、使用方法、注意事项、相关风险和收费标准等事项，不得附加不合理交易条件。其应确保电子支付指令的完整性、一致性、可跟踪稽核和不可篡改。应向用户免费提供对账服务及最近三年的交易记录。其提供电子支付服务不符合国家有关支付安全管理要求，造成用户损失的，应承担赔偿责任。支付指令发生错误的，其应当及时查找原因，并采取相关措施予以纠正；造成用户损失的，其应承担赔偿责任，但能证明支付错误非自身原因造成的除外。其完成电子支付后，应及时准确地向用户提供符合约定方式的确认支付的信息。

三、跨境电商法律法规主要内容

《电子商务法》于 2018 年 8 月 31 日经第十三届全国人大常委会第五次会议审议通过，于 2019 年 1 月 1 日实施。该法是包括跨境电商在内的整个电商领域的综合性、基础性法律，对保障跨境电商各方主体权益、规范跨境电商行为、维护跨境电商市场秩序、促进跨境电商持续健康发展具有重要作用，对贯彻落实新发展理念、实现高质量发展、更好满足人民美好生活需求、深化供给侧结构性改革、建设创新型国家、推进依法治国完善社会主义市场经济法律体系、参与全球网络空间治理、主导国际规则制定等均有重大意义。《电子商务法》包含总则、电子商务经营者、电子商务合同的订立与履行、电子商务争议解决、电子商务促进、法律责任、附则，共七章八十九条。依据《电子商务法》以及涉跨境电商的相关法律法规，我国跨境电商法律法规主要涉及如下内容。

1. 跨境电商一般规则

（1）目的宗旨

制定《电子商务法》是为了保障电商各方主体合法权益，规范电商行为，维护市场秩序，促进电商持续健康发展。

（2）适用范围

依据《电子商务法》第二条，中华人民共和国境内的电子商务活动，适用该法；法律、行政法规对销售商品或提供服务有规定的，适用其规定；金融类产品和服务，利用信息网络提供新闻信息、音视频节目、出版以及文化产品等内容方面的服务，不适用该法。同时，该法第七十一条就促进跨境电商发展、第七十二条就跨境电商服务和监管、第七十三条就跨境电商国际交流合作等做出专门规定。因此，针对具体跨境电商交易活动，只要其交易中当事人、某一交易环节或交易要素等涉及中国境内，均可适用我国《电子商务法》；跨境电商一般涉及涉外民事法律关系，依据《中华人民共和国涉外民事关系法律适用法》第三条，当事人依照法律规定可以明示选择涉外民事关系适用的法律。

（3）基本原则

1）鼓励发展跨境电子商务。依据《电子商务法》第三条，国家鼓励发展跨境电商新业态，创新商业模式，促进跨境电商技术研发和推广应用，推进跨境电商诚信体系建设，营造有利于跨境电商创新发展的市场环境，充分发挥跨境电商在推动高质量发展、满足人民日益增长的美好生活需要、构建开放型经济方面的重要作用。

2）线上线下平等对待。依据《电子商务法》第四条，国家平等对待线上线下商务活动，促进线上线下融合发展，各级政府和有关部门不得采取歧视性的政策措施，不得滥用行政权力排除、限制市场竞争。

3）跨境电商经营者经营活动的基本原则与要求。依据《电子商务法》第五条，跨境电商经营者从事经营活动，应遵循自愿、平等、公平、诚信的原则，遵守法律和商业道德，公平参与市场竞争，履行消费者权益保护、环境保护、知识产权保护、网络安全与个人信息保护等方面的义务，承担产品和服务质量责任，接受政府和社会的监督。

（4）监督管理

1）部门监管。依据《电子商务法》第六条，国务院有关部门按职责分工负责跨境电商发展促进、监督管理等工作。县级以上地方各级政府可根据本行政区域实际情况，确定区域内跨境电商的部门职责划分。

2）协同管理。依据《电子商务法》第七条，国家建立符合跨境电商特点的协同管理体系，推动形成有关部门、跨境电商行业组织、跨境电商经营者、消费者等共同参与的跨境电商市场治理体系。

3）行业自律。依据《电子商务法》第八条，跨境电商行业组织按本组织章程开展行业自律，建立健全行业规范，推动行业诚信建设，监督、引导本行业经营者公平参与市场竞争。

2. 跨境电商实体法

（1）主体法

《电子商务法》第二章分为"一般规定"和"电子商务平台经营者"两节，共三十八个条款，详细规定了包括跨境电商经营者在内的电商经营者的类型、各项义务。

（2）交易形式法

① 电子合同法。《电子商务法》第三章"电子商务合同的订立与履行"主要规定了电商合同的法律适用、自动信息系统订立或履行合同效力及当事人行为能力推定、电商合同的成立、电商经营者订立合同时的义务、电商合同交付方式、交付时间。

② 电子签名与认证法。《电子签名法》旨在规范电子签名行为，确立电子签名的法律效力，维护有关各方的合法权益，包含总则、数据电文、电子签名与认证、法律责任、附则，共三十六条。

③ 电子支付法。目前国内涉及电子支付的主要规范为：

第一，《电子支付指引（第一号）》（中国人民银行公告〔2005〕第 23 号，以下简称《指引》）。《指引》于 2005 年 10 月 26 日由中国人民银行发布，对银行从事电子支付业务提出指导性要求，以规范和引导电子支付的发展。《指引》主要规范银行及接受其电子支付服务的客户⊖，包括总则、电子支付业务的申请、电子支付指令的发起和接收、安全控制、差错处理、附则等六章，共四十九条。

第二，《非银行支付机构网络支付业务管理办法》（中国人民银行公告〔2015〕第 43 号）。非银行支付机构是指依法取得《支付业务许可证》，获准办理互联网支付、移动电话支付、固定电话支付、数字电视支付等网络支付业务的非银行机构；网络支付

⊖ 张旭东. 中国人民银行有关负责人就《电子支付指引（第一号）》答记者问. ［EB/OL］.（2005-10-30）［2024-09-29］.http://www.gov.cn/zwhd/2005-10/30/content_86871.htm。

业务，是指收款人或付款人通过计算机、移动终端等电子设备，依托公共网络信息系统远程发起支付指令，且付款人电子设备不与收款人特定专属设备交互，由支付机构为收付款人提供货币资金转移服务的活动。中国人民银行为规范非银行支付机构网络支付业务，防范支付风险，保护当事人合法权益，制定了该办法。该办法包括总则、客户管理、业务管理、风险管理与客户权益保护、监督管理、法律责任、附则，共四十五条。

第三，《非银行支付机构监督管理条例》（中华人民共和国国务院令第768号）。该条例由国务院于2023年12月9日公布，自2024年5月1日起施行，旨在规范非银行支付机构行为，保护当事人合法权益，防范化解风险，促进非银行支付行业健康发展。该条例共五章六十条，明确了非银行支付机构的定义和设立许可，完善了储值账户运营和支付交易处理两类支付业务规则，保护用户合法权益，明确监管职责和法律责任。[⊖]

（3）交易实体法

交易实体法目前主要包括：

1）跨境电商知识产权保护法。该类法律法规包括跨境电商域名争议及其解决机制、跨境电商著作权保护、跨境电商专利权保护、跨境电商商标权保护等，如《互联网域名管理办法》（中华人民共和国工业和信息化部令第43号）、《信息网络传播权保护条例（2013修订）》（中华人民共和国国务院令第634号）、《最高人民法院印发〈关于审理涉电子商务平台知识产权民事案件的指导意见〉的通知》（法发〔2020〕32号）、《国家知识产权局办公室关于深化电子商务领域专利执法维权协作机制的通知》（国知办发管字〔2016〕2号）等。

2）跨境电商个人信息保护法。2018年，"史上最严个人信息保护法"，即欧盟《通用数据保护条例》生效。我国《民法典》第一百一十一条原则性规定：自然人个人信息受法律保护；任何组织和个人若需获取他人个人信息，应依法取得并确保信息安全，不得非法收集、使用、加工、传输，并不得非法买卖、提供或公开。为了保护个人信息权益，规范个人信息处理活动，促进个人信息合理利用，2021年，第十三届全国人大常委会第三十次会议通过了《个人信息保护法》，包括总则、个人信息处理规则、国家机关处理个人信息的特别规定、个人信息跨境提供的规则、个人在个人信息处理活动中的权利、个人信息处理者的义务、履行个人信息保护职责的部门、法律责任、附则等八章七十四条内容。

另外，我国《刑法》在2009年修正时，在刑法第二百五十三条后增加一条，作为第二百五十三条之一，并经不断修改完善，明确规定为"侵犯公民个人信息罪"，即："违反国家有关规定，向他人出售或者提供公民个人信息，情节严重的，处三年以下有期徒刑或者拘役，并处或者单处罚金；情节特别严重的，处三年以上七年以下有期徒刑，并处罚金。违反国家有关规定，将在履行职责或者提供服务过程中获得的公民个人信息，出售或者提供给他人的，依照前款的规定从重处罚。窃取或者以其他方法非法获取公民个人信息的，依照第一款的规定处罚。单位犯前三款罪的，对单位判处罚金，并对其直接负责的主管人员和其他直接责任人员，依照各该款的规定处罚。"

3）跨境电商促进法。《电子商务法》不仅在第一章第三条明确了鼓励发展电商的基本原则，而且在第五章就电商促进做专门规定，主要涉及将电商发展纳入国民经济和社会发展规划、促进电商绿色发展、推动电商基础建设、推动电商各领域应用及融合发展、促进农村电商及精准扶贫、电商数据开发应用、电商信用评价、促进跨境电商发展、推动建设跨境电商综合服务和监管体系、跨境电商国际合作及争议解决。国内很多地方还制定了专门的促进跨境电商发展的地方法规或规范性文件。

4）跨境电商市场规制法。

第一，跨境电商领域反不正当竞争与反垄断法。《电子商务法》不仅以规范电商行为、维护市场秩序为其立法目的，还要求电商经营者公平参与市场竞争。《反不正当竞争法》（2017修订）不仅要求经营者利用网络从事生产经营活动应遵守该法各项规定；还规定经营者不得利用技术手段，通过影响用户选择或其他方式，实施妨碍、破坏其他经营者合法提供的网络产品或服务正常运行的行为。《电子商务法》就电商经营者市场支配地位的认定标准做出专门规定，要求电商经营者因其技术优势、用户数量、对相关行业的控制能力及其他经营者对该电商经营者在交易上的依赖程度等因素而具有市场支配地位的，不得滥用市场支配地位，排除、限制竞争。

第二，跨境电商税收法。《电子商务法》规定电商经营者应依法履行纳税义务，并依法享受税收优惠；不需办理市场主体登记的电商经营者在首次纳税义务发生后，应依法申请办理税务登记并如实申报纳税。为促进跨境电商零售进口业健康发展，营造公平竞争市场环境，财政部、海关总署、国家税务总局发布了《关于完善跨境电子商务零售进口税收政策的通知》（财关税〔2018〕49号），将跨境电商零售进口商品单次交易限值由人民币2000元增加到5000元，年度交易限值由20000元增加到26000元；原则上不允许网购保税进口商品在海关特殊监管区域外开展"网购保税+线下自提"模式。

第三，跨境电商消费者权益保护法。《消费者权益保护法》（2013修正）专门规定电商消费者权益保护，如网购消费者无理由退货权、电商经营者信息披露义务、经营者收集使用消费者个人信息时应履行的义务、网络交易平台提供者责任。《电子商务法》以消费者权益保护为其立法重点之一，如为应对网购假货难题而强化平台责任，明确擅自删差评将面临重罚，为破解消费者维权举证难题明确电商经营者举证配合义务，明确网购交货时间及货损风险分担规则，将微商、直播平台等纳入监管，规制竞价排名、精准营销及大数据"杀熟"，等等。

第四，互联网广告市场规制法。《广告法》（2021修正）第四十四条明确利用互联网从事广告活动，适用该法各项规定；利用互联网发布、发送广告，不得影响用户正常使用网络；在互联网页面以弹出等形式发布的广告，应当显著标明关闭标志，确保一键关闭。为了规范互联网广告活动，保护消费者的合法权益，促进互联网广告业健康发展，维护公平竞争的市场经济秩序，2023年国家市场监管总局依据《广告法》《电子商务法》等法律、行政法规，制订了《互联网广告管理办法》（国家市场监管总局令第72号），办法明确了广告主、互联网广告经营者和发布者、互联网信息服务提供者的责任；

对弹出广告、开屏广告、利用智能设备发布广告等行为做出规范；细化了"软文广告"、含有链接的互联网广告、竞价排名广告、算法推荐方式发布广告、利用互联网直播发布广告、变相发布须经审查的广告等重点领域的广告监管规则；新增了广告代言人的管辖规定，为加强互联网广告监管执法提供了重要制度保障，也为互联网广告业规范有序发展赋予了新动能，对维护互联网广告市场秩序，助力数字经济规范健康持续发展具有重要意义。⊖

5）电商行政监管法。

第一，《网络交易监督管理办法》（国家市场监督管理总局令第37号）。该办法构建了电商领域行政监管框架，明确了电子商务监管主体与监管范围，强化了电商经营者合规义务，规范了电商交易行为，落实了电商平台经营者责任。《关于推动网络交易平台企业落实合规管理主体责任的指导意见》（国市监网监发〔2025〕18号）等文件进一步细化了电商平台经营者的合规要求。

第二，《电子商务法》。该法明确了线上线下同等对待的监管原则、各部门的监管分工，建立符合电商特点的协同管理与共治体系，开展电商行业自律，并对电商实施分类监管，明确要求对电商经营者进行市场准入（主体登记）、税收监管、许可经营、质量保障、发票监管、亮照经营、歇业公示、信息披露、广告监管、搭售限制、押金监管、反垄断监管、用户个人信息收集使用及权益保障监管、电商数据信息报送制度，电商平台报送信息与配合监管的义务、平台内违法信息监管、电商平台交易安全监管、交易信息记录保存监管、平台服务协议和交易规则监管、平台自营与他营业务区分监管、平台信用评价监管、平台精准营销与竞价排名监管、平台知产保护监管、平台服务业务范围监管。该法第六章"法律责任"主要规定电商经营者及平台经营者的各类行政责任、电商监管人员违法责任。

3. 跨境电商程序法

《电子商务法》第四章就包括跨境电商争议在内的电商争议解决做出规定。

（1）跨境电商质量担保机制

依据《电子商务法》第五十八条，国家鼓励平台经营者建立有利于电商发展和消费者权益保护的质量担保机制；平台经营者与平台内经营者协议设立消费者权益保证金的，双方应明确约定该保证金的提取数额、管理、使用和退还办法等；消费者要求平台经营者承担先行赔偿责任及平台经营者赔偿后向平台内经营者的追偿，适用《消费者权益保护法》的有关规定。

（2）跨境电商投诉、举报机制

依据《电子商务法》第五十九条，电商经营者应建立便捷、有效的投诉、举报机制，公开投诉、举报方式等信息，及时受理并处理投诉、举报。

（3）跨境电商争议解决方式

依据《电子商务法》第六十条，电商争议可通过协商和解，请求消费者组织、行业

⊖ 市场监管总局. 市场监管总局广告监管司负责同志就《互联网广告管理办法》答记者问［EB/OL］.（2023-03-24）［2024-09-29］.https://www.gov.cn/zhengce/202304/content_6776530.html。

协会或其他依法成立的调解组织调解，向有关部门投诉，提请仲裁，或提起诉讼等方式解决。

（4）跨境电商平台应协助消费者维权

依据《电子商务法》第六十一条，消费者在电商平台购买商品或接受服务，与平台内经营者发生争议时，平台经营者应积极协助消费者维护合法权益。

（5）经营者应提供原始合同和交易记录

依据《电子商务法》第六十二条，在电商争议处理中，电商经营者应提供原始合同和交易记录。因电商经营者丢失、伪造、篡改、销毁、隐匿或拒绝提供前述资料，致使法院、仲裁机构或有关机关无法查明事实的，电商经营者应承担相应法律责任。

（6）跨境电商争议在线解决机制

依据《电子商务法》第六十三条，电商平台经营者可建立争议在线解决机制，制定并公示争议解决规则，依自愿原则，公平、公正解决当事人争议；依该法第七十三条第二款，国家推动建立与不同国家、地区之间的跨境电子商务法争议解决机制。

四、跨境电商法律法规基本原则

1. 鼓励创新原则

跨境电商的发展创新在经济发展、产业转型、扩大就业、提高民众生活水平等方面发挥日益重要作用，尤其在我国对外开放水平不断提高的背景下，其跨地域特点对推动高质量发展、构建开放型经济具有重要意义，因此，《电子商务法》将国家鼓励创新规定为重要原则之一。依据该法第三条，国家鼓励发展电商新业态，创新商业模式，促进电商技术研发和推广应用。国家鼓励电商创新，一方面要通过政策支持，鼓励创新电商经营内容与方式；另一方面要尽量给予电商自由发展空间，为电商创新破除制度障碍，减少不必要行政干预，充分发挥市场基础调节作用，尽量利用市场机制解决电商领域存在的问题，实现适度监管与鼓励创新的有机结合，为电商创新营造良好环境，充分发挥电商在推动高质量发展、满足人民日益增长的美好生活需要、构建开放型经济方面的重要作用。

2. 线上线下一致原则

依据《电子商务法》第四条，国家平等对待线上线下商务活动，促进线上线下融合发展，各级人民政府和有关部门不得采取歧视性的政策措施，不得滥用行政权力排除、限制市场竞争。包含跨境电商在内的电子商务（线上）与传统商务（线下）是共生、竞争的关系，不存在谁取代谁的问题。我国电商立法在借鉴功能等同、技术中立原则的合理成分的基础上，回应现实需要，创立线上线下一致原则，即电商各方主体法律地位平等，电商主体与其他民商事主体法律地位平等，国家平等对待线上线下商务活动，此即线上线下一致原则。

（1）技术中立

技术有其自身发展模式与逻辑，法律原则上不评价技术，对各种技术平等对待，并保障其按自身逻辑与规律发展。"技术中立"即国家法律、政策及标准对各种技术同等对待，由跨境电商经营者自主选择，国家鼓励各种新技术应用与推广，给予各种跨境电商技术公平竞争机会。早期国际电商立法聚焦于赋予电商行为（电子商务合同、电子签名）自身法律效力，借助功能等同原则实现此目的。[○] 该原则背后即蕴含技术中立原则，即在平等对待各种电商技术前提下，赋予各种电商行为与传统商事行为同等法律效力。各国政府与国际组织在电商立法中多将技术中立原则作为立法基本原则。

（2）平等对待

技术中立原则在价值取向上尊重并鼓励平等、公平技术竞争，平等对待各种技术，可引申为平等对待依托于各种技术的商务活动。各级政府和有关部门平等对待跨境电商与其他商务活动，使二者处于同一起跑线，既不歧视跨境电商，又不歧视其他商务活动。跨境电商活动的跨关境、跨行业特征，要求各级政府与有关部门不得实施条块分割、地方保护主义。

（3）创新监管模式

线上线下一致原则的核心是"线上线下法律精神一致性"与"线上线下技术差异适配性"，不能简单理解为线上线下完全相同，此乃平等原则应有之意；相反，应针对线上特征，创新监管方式，营造有利于跨境电商发展的环境，充分利用互联网等信息网络技术、大数据技术解决跨境电商领域突出的诚信问题。

（4）促进线上线下融合

线上线下不仅要共生，还要融合。跨境电商平台与线下交易市场优势互补、联动发展，由竞争转向合作共赢。跨境电商经营者可与线下门店彼此共享用户，各自用户相互引流、商品与服务入驻对方平台，消费者既可线上利用虚拟现实等技术体验而线下购买，亦可线下体验而线上购买；同时，双方后台系统打通，线上线下订单与结算自动流转，从而提升用户体验、提高交易效率、降低交易成本。

3. 自愿、平等、公平、诚信原则

依据《电子商务法》第五条，跨境电商经营者从事经营活动，应当遵循自愿、平等、公平、诚信的原则，遵守法律和商业道德，公平参与市场竞争，履行消费者权益保护、环境保护、知识产权保护、网络安全与个人信息保护等方面的义务，承担产品和服务质量责任，接受政府和社会的监督。一个企业既有经济责任、法律责任，也有社会、道德责任，企业做得越大，社会责任、道德责任就越大，公众对企业这方面的要求也就越高。[○]《电子商务法》第五条对跨境电商经营者法律与道德责任做出了综合性规定，具体包括：第一，遵循自愿、平等、公平、诚信原则，遵守法律与商业道德；第二，公平参与市场竞争；第三，履行消费者权益保护、环境保护、知识产权保护、网络安全与个人信息保护等基本义务；第四，承担产品与服务质量责任；第五，接受政府与社会监督。

○ 如联合国贸法会《电子商务示范法》第五条：不得仅仅以某项信息采用数据电文形式为理由而否定其法律效力、有效性或可执行性。又如《国际合同使用电子通信公约》第八条：对于一项通信或一项合同，不得仅以其为电子通信形式为由而否定其效力或可执行性。
○ 习近平. 在网络安全和信息化工作座谈会上的讲话（2016年4月19日）。

4. 规范监管原则

该原则要求根据跨境电商发展特点，完善与创新跨境电商监管。规范监管的要义在于依法、合理、适度、有效，既非任意强化监管，亦非无原则放松监管，而是宽严适度、合理有效。依据《电子商务法》第六条，虑及各地跨境电商发展水平不一，地方各级政府可单设跨境电商主管部门，或授权某一或多个部门行使跨境电商监管权力。跨境电商涉及关税征收、检验检疫、广告发布、合同成立、电子支付、快递物流等诸多环节，难以由统一部门监管，国务院有关部门按各自职责分别负责跨境电商发展促进、监管等工作。

5. 社会共治原则

该原则系运用互联网思维，采取互联网办法，鼓励支持跨境电商各方主体共同参与跨境电商市场治理。依据《电子商务法》第七条，国家建立符合跨境电商发展特点的协同管理体系，推动形成有关部门、跨境电商行业组织、跨境电商经营者、消费者等共同参与的市场治理体系。依据该法第八条，跨境电商行业组织按本组织章程开展行业自律；建立健全行业规范，推动跨境电商行业诚信建设，监督、引导本行业经营者公平参与市场竞争。

第二节　跨境电商市场监管法律法规

一、跨境电商市场监管面临的挑战

1. 跨境电商市场监管问题概况

跨境电商突破国界，推动我国外贸市场监管体制机制在传统国际贸易基础上加快改革，以适应跨境电商监管新需求。当前的国内跨境电商市场中，侵犯知识产权等违法行为时有发生，消费投诉较多，诚信水平有待提升，市场监管体系及配套公共服务有待健全。个别非法经营主体利用信息网络虚拟性和跨境电商监管漏洞，从事非法经营活动、销售假冒伪劣商品、发布虚假欺诈信息，扰乱正常贸易秩序。

2. 跨境电商市场监管努力方向

跨境电商监管可从以下几方面努力：加强跨境电商经营主体身份审核认证，确保可鉴可见、虚实对应，力争全球范围互信互认；加强规范跨境电商交易行为，对接国际惯例、主要目标国家或地区法律规范及交易规则、各大跨境电商平台交易规则；完善跨境电商争议解决机制，力争全面、高效地保护跨境电商消费者、平台内经营者、平台经营者等各方当事人合法权益；力争确保跨境电商交易信息数据完整合规、质量可控可验，实现跨境电商全球市场信息互通共享、商品或服务来源可溯；健全跨境电商知识产权保护机制，打破制约跨境电商国际市场全面拓展的知识产权瓶颈；完善与跨境电商市场拓展及质量保障相关的支撑服务，如国际贸易壁垒咨询、各国市场消费热点调研、各国市场监管规则研究、品牌推广服务等。

3. 跨境电商市场监管基础问题

跨境电商作为新型交易方式，其市场监管首先要解决三个基础问题。

（1）如何落实经营主体责任

传统国际贸易中货物所有权多转移至进口商，产品质量、消费维权等可依据进口国国内法落实中间商主体责任。跨境电商多由国外卖家直接面向国内消费者，中间可能缺少经营责任承载主体。而对国外卖家，在身份识别、产品溯源等方面难以运用国内法予以规范。

（2）如何落实产品溯源管理

传统国际贸易买卖双方通过订立书面合同对产品来源渠道、质量要求予以明确，发生质量问题或消费者要求退货，一般能快速有效溯源。跨境电商经营及消费活动多由境内消费者与境外企业或自然人，经跨境电商平台自动交易系统成交，批量小、随机性强，一般不可能通过书面合同方式对产品溯源做出专门规定。

（3）如何畅通消费维权渠道

因面临不同国家（或关境）的制度及文化差异，跨境电商交易各方信息不尽对称，易致纠纷。《电子商务法》《消费者权益保护法》《网络交易监督管理办法》等法律法规对消费者权益保护和消费纠纷解决途径均予规定，但其空间效力范围一般为"中华人民共和国境内"。[一] 对由国外卖家责任造成的消费纠纷，如何更好地通畅消费维权渠道值得探索。

二、跨境电商监管的基本原则

1. 规范为主

跨境电商监管应突出规范为主原则，坚持依法管网、以网管网、信用管网、协同管网，在法律法规完善、经营主体准入、经营商品准入和诚信体系建设等方面制定相应规则，营造宽松平等的跨境电商准入环境和安全放心的跨境电商经营与消费环境，实现跨境电商健康发展。

2. 分类监管

对跨境电商经营者进行分类科学监管。例如：针对自营类跨境电商，围绕产品溯源和质量安全，注重线上线下监管融合；针对平台类跨境电商，联动监管，入驻商家向平台经营者承诺，平台经营者向市场监管部门承诺、承担连带责任，分级分类落实平台经营者、入驻商家责任；针对境外电商网站，畅通消费者维权渠道和途径，防范、禁止通过非法渠道入境的商品在跨境电商平台销售。

3. 技术支持

依法、充分、科学运用跨境电商公共服务平台、跨境电商经营平台大数据，动态评估跨境电商交易行为特征与趋势，提高跨境电商监管系统感知和应对能力；依法采取针

⊖ 例如，《中华人民共和国电子商务法》第二条第一款："中华人民共和国境内的电子商务活动，适用本法。"又如，《网络交易监督管理办法》第二条："在中华人民共和国境内，通过互联网等信息网络（以下简称通过网络）销售商品或者提供服务的经营活动以及市场监督管理部门对其进行监督管理，适用本办法。"

对性措施，及时警示跨境电商经营者违法违规经营行为，整治管理不力、经营环境混乱的跨境电商平台。

4. 合作治理

建立跨境物品监管公共平台，落实监管部门共建共治规则，打通进关查验、流通监管、消费维权诸多关口，以虚拟单一窗口模式监管并提供服务；与支付平台、大型电商及快递物流企业紧密合作，立体掌握电子支付、电商交易、营销数据、物流数据，共建跨境电商智能监管系统；加强与国外相关机构合作，掌握全球跨境电商风险趋势、风险来源，共同打击跨境电商违法违规行为。

三、跨境电商监管的主要思路

1. 通过完善跨境电商监管体系规范跨境电商经营行为

（1）完善法律法规体系

《电子商务法》第二十六条要求电商经营者从事跨境电商，应遵守进出口监督管理的法律、行政法规和国家有关规定。该条规定将跨境电商纳入《电子商务法》，解决了跨境电商的法律地位问题，但这仅为参引性条款，未对跨境电商予以特别规定。基于线上线下平等对待原则，跨境电商经营者亦需遵守进出口监管法律、行政法规与国家有关规定。我国进出口监管法律、行政法规主要包括《中华人民共和国对外贸易法》《中华人民共和国海关法》《中华人民共和国技术进出口管理条例》等。同时，电商经营者在从事跨境电商活动时，亦受诸多有关进出口监管的部门规章、其他规范性文件的规制。

与传统贸易相比，跨境电商在经营者、交易额、贸易方式等方面均有自身特点，为适应跨境电商经营者中小微企业众多、交易额分散、普遍使用平台服务等特点，实现跨境电商贸易便利化，《电子商务法》第七十一条、第七十二条明确要求改革与调整我国有关海关、税收、支付结算等管理制度，如推进跨境电商海关申报、纳税、检验检疫等环节的部门协调，优化监管流程，推动实现信息共享、监管互认、执法互助的"单一窗口"机制，认可进出口单证的电子化，支持跨境电商平台经营者提供新型的包括代理报关报检等的综合服务。为营造跨境电商发展公开透明的法治环境，可充分挖掘现有法律法规资源，完善《网络交易监督管理办法》配套规章或规范性文件等，推动市场监管相关法律法规向跨境电商领域延伸，为跨境电商监管提供充分的法律支撑。

（2）加强经营主体规范管理

推进跨境交易个人网店登记，鼓励跨境电商经营主体依法开展市场主体注册登记，全面落实跨境电商网店实名制。落实跨境电商经营主体依法"亮照亮证"经营，完善跨境电商经营主体数据库。配合相关部门实施跨境电商经营主体备案管理制度，依法打击跨境电商交易中的非法主体网站。

（3）健全跨境电商经营者主体身份验证体系

安全与信任是跨境电商发展的核心问题。跨境电商经营者、消费者等跨境电商参与者身份认证是跨境电商交易安全与信息安全的首道屏障，需适应国际化跨境电商市场的要求，遵循国际惯例（如以银行账户为主要身份验证信息的基础认证方式），从支付渠道入手，结合市场主体登记的相关信息，制定跨境电商经营主体备案、跨境电商亮照经营等基础信息管理标准及具体办法。健全跨境电商经营者主体备案亮照经营管理系统，完善包括跨境电商经营主体身份、主体资质、主体涉网业务、相关主体身份与资质等方面的跨境电商经营者登记信息系统，为企业"走出去"开拓国际市场提供身份验证和安全保障服务。

（4）规范跨境电商商品准入

依"分类管理"理念，跨境电商商品准入需对国家明确规定不准销售的物品坚决禁止；对限制销售的，要求许可材料齐全；对不涉及安全、环保、卫生和反欺诈类别的，可自主、自由、便利开展跨境交易。国内目前在跨境电商零售进口领域实施正面清单制度，在跨境服务贸易领域实施负面清单制度。

2. 通过强化信息技术支撑提高跨境电商监管效能

（1）运用大数据加强跨境电商监管

跨境电商监管所涉及的市场监管、海关、税务、外汇等诸多部门共享数据，形成涵盖注册备案管理、行政许可管理、日常监管、应急管理、稽查执法、信用评定等大数据信息平台。定期分析相关数据，研判跨境电商近期主要风险点，为开展跨境电商风险搜索、风险预警和专项整治提供依据。

（2）应用新技术提高跨境电商监管效能

结合跨境电商的交易特点，建立违法行为特征语义库，按违法行为类别自动搜索识别，有效发现违法线索。应用在线留证、电子证据现场取证设备等新技术、新装备，打击夸大宣传、假冒商标、虚假促销等违法行为，规制"刷单""刷信用""删差评"等不正当竞争行为，积极查处利用优势地位强制交易的行为。

（3）运用定向监测提高跨境电商监管水平

针对大数据分析凸显的问题多发或投诉举报频发的跨境电商交易商品，加大质量抽检力度，及时公布抽检结果，发布跨境电商风险警示。推广运用物联网等新技术，借助二维码、条码等跨境电商交易物品进行编码，提高商品溯源水平。

（4）建立跨境电商商品信息备案和质量监控机制

跨境电商交易产品不限于传统贸易商品，各类产品均可通过跨境电商渠道流通。因此，需开展跨境电商商品信息备案和质量监控监管、跨境电商领域商品质量检验检测工作，制定跨境电商交易商品、品牌、适用生产标准国别、原产地、检验报告披露等基本信息备案管理标准及办法，开发跨境商品备案、披露、追溯、品牌管理平台，为跨境电商交易提供产品查验信息保全和质量追溯服务，保证跨境交易商品的质量安全。

3. 通过完善跨境电商知识产权保护机制保护各方主体合法权益

在跨境电商交易中，单一商品终端销售地可跨越几个大洲若干个国家，多边贸易趋势非常明显。因各国知识产权保护机制与法律体系不尽相同，甚至差异很大，跨境电商企业若无法适应不同国家或地区的知识产权规则，很可能引发严重后果。因此，一方面，需研究制定跨境电商知识产权促进与保护标准、管理办法与惩处措施，健全知识产权保障服务机构，向跨境电商平台企业提供知识产权保护及相关产品知识产权审查核验服务，进行跨境电商知识产权产品信息巡查和预警、事前相关预警及指导告诫，联合国际知识产权服务机构、国际律师服务机构等，针对跨境电商知识产权纠纷案件提供公证、法律和诉讼相关服务。另一方面，完善跨境电商知识产权监管服务系统、健全跨境电商知识产权数据中心，形成跨境电商知识产权信息和商户信息大数据。市场监管部门联合其他职能部门健全联动监管机制，维护知识产权权利人、跨境电商经营者和消费者的合法权益，打击跨境电商领域侵犯知识产权的违法经营行为。

4. 通过加强国际交流合作畅通跨境电商消费维权渠道

（1）健全国家间消费维权协调协商机制

加强与其他国家相关部门的合作，充分发挥全国 12315 网上调解平台作用，积极解决跨境电商消费纠纷。在美洲国家组织建立跨境交易区域性网上争议解决体系、欧盟建立消费者争议网上解决体系的格局下，充分利用"一带一路"倡议、亚洲基础设施投资银行带来的优势与便利，加强与相关国家合作，健全亚洲网上争议解决体系及全球网上争议解决体系。

（2）优化跨境电商消费维权在线非诉纠纷解决与法律援助机制

解决跨境间消费者、经营者交易纠纷是跨境电商发展的基本保障。因语言、文化、监管体系差异，交易纠纷难解决成为以小额交易为主的跨境电商主要痛点之一，优化跨境交易纠纷在线非诉解决机制、完善跨境电商纠纷解决标准与管理办法确有必要。需要进一步优化跨境电商在线交易纠纷解决系统与管理平台，为跨境电商消费者、经营者开放简易、便捷、可在线投诉的窗口与处理平台；基于国际、国内相关跨境电商法律服务团队，为跨境电商消费者、经营者提供专业法律咨询、矛盾纠纷调处服务；与国际第三方非诉解决服务机构合作，开展责任追溯、权益保障服务，提升跨境电商交易各方当事人的信心。

5. 通过完善实施有效措施落实跨境电商平台责任

（1）有效落实境内电商平台主体责任

完善并推广使用跨境电商交易在线示范合同文本，规范跨境电商交易商品准入和经营者自律行为。指导境内的跨境电商平台健全并完善跨境经营者资质审查、境外经营者身份审核、商品质量检查管理、消费者权益保护等平台规则；推广并完善平台先行赔付制度，在跨境电商经营者侵犯消费者合法权益时，跨境电商平台经营者依据先行赔付制度向消费者先行赔偿。

（2）引入推广境外电商平台第三方信誉认证

对境外的跨境电商平台，囿于监管权限，国内监管部门难以对其实施有效监管。引入具有独立性、客观性和权威性的第三方跨国鉴证机构（如瑞士通用公证行），对境外的跨境电商平台实施信誉认证。鉴证机构入驻境外平台网站，通过对供应商、产品质量、支付及物流的多维度认证，为境外的跨境电商平台及供应商、商品提供信誉保证。通过专业化服务，认证境外供应商产品，规范境外的跨境电商平台及平台内经营者。

6. 通过加强诚信建设营造跨境电商可信交易环境

健全跨境电商信用评价体系，结合企业信用信息公示制度，完善跨境交易信用征信、信用评价、信用服务等领域的制度规范，指导跨境电商平台自建信用评级制度，防范经营者虚构交易、炒作信用欺骗消费者。相关部门联合建立跨境电商信用认证体系，综合多方信用基础数据，建立跨境电商信用数据库。在跨境电商中推广应用信用调查、信用评估、信用担保等第三方信用服务和产品，健全跨境电商信用档案，落实跨境电商经营主体信用信息公示制度，及时公示违法处罚信息，实现"一处违法，处处受限"。

（1）完善跨境电商交易合同标准规范与凭证查验追溯体系

完善跨境交易信息和交易凭证验证标准和管理办法，健全"三合一"跨境电商交易信息和交易凭证存储保全系统，并与交易平台、物流服务、支付服务公司形成系统合作，交叉核验，保证信息准确性和公正性，为跨境电商交易提供交易信息保全和凭证追溯服务。

（2）优化跨境电商市场与质量辅助服务体系

健全国际贸易壁垒与贸易咨询服务公共平台，研究各国贸易壁垒、政策标准、市场热点、市场和质量验证、品牌推广等内容，并提供研究报告和企业培训服务，助力我国跨境电商合理规避风险，以把握机遇，实现持续健康稳定发展。

（3）健全跨境电商信用信息档案及应用

以跨境电商核心服务数据积累为基础，进一步健全企业身份、资质等静态信息，以及企业经营状况、交易评价等动态信息在内的完整的跨境电商企业交易信用信息档案，并在授权范围内建立与跨境电商企业、第三方机构、消费者等跨境电商相关方的数据共享平台，进一步优化跨境电商可信交易生态圈。

7. 通过强化部门协作形成跨境电商监管合力

（1）利用"单一窗口"平台高效监管跨境电商

统一标准规范、统一信息备案认证、统一信息管理服务的"单一窗口"平台，为跨境电商信息流、资金流、物流"三流合一"提供数据技术支撑，实现"一次申报、一次查验、一次放行"，提高通关效率，降低后续监管成本。

（2）健全多部门综合监管机制

进一步健全多部门联合工作机制，开展跨境电商综合监管，部门间质量检测互认、共同落实"七日无理由退货"制度等。共同加强对销售管制商品网络商户的资格审查和对异常交易、非法交易的监控，防范各类跨境交易非法经营行为；跨境电商保税仓库地区可通过部门联合实地勘察机制，实施综合监管。

（3）完善社会组织共治机制

进一步推动跨境电商企业界、非营利性组织、第三方评价机构等开展跨境电商市场共治。发挥跨境电商相关社会组织信息集聚优势，在政策制定、标准制定、技术鉴定、市场调研等方面提供专业服务。指导跨境电商行业协会健全优化自律性管理制度、行业从业守则、执业道德准则，深入开展跨境电商诚信测评、经营主体失信管控等行业自律工作，提升跨境电商行业诚信经营水平。

8. 通过加大服务力度支持跨境电商健康发展

（1）加强国际化监管人才培养

瞄准国际跨境电商监管前沿领域，联合高校和职业教育机构开展国际化跨境电商监管人才培训，推进跨境电商监管研究基地和专家库建设，增强创新监管动力。开展跨境电商监管机制建设前瞻性研究，对跨境电商发展新趋势、新动态提出针对性的监管措施与方法。

（2）支持优质企业发展跨境电商

运用"互联网+"思维，采取有效措施，支持国内企业（尤其是传统外贸企业）发展跨境电商自营平台或进入优质第三方跨境电商平台经营，让中国制造商品经由跨境电商渠道源源不断地进入全球市场。

（3）鼓励跨境电商创新发展

抓住规模大、信誉好的跨境电商平台，鼓励其技术创新、交易创新，立足国内、国际两个市场，打造集展示、发布、交易等功能于一体的综合平台。鼓励符合条件的跨境电商积极申报地方著名商标和国家驰名商标，申报"守合同、重信用"企业，保护知识产权，让更多的品牌跨境电商脱颖而出。

四、跨境电商海关监管相关规范

1. 跨境电商企业海关注册登记管理规范

跨境电商平台企业、支付企业、物流企业应按《关于跨境电子商务零售进出口商品有关监管事宜的公告》（海关总署公告 2018 年第 194 号）的规定取得相关资质证书，并按主管部门规定，在办理海关注册登记手续时提交相关资质证书。⊖

2. 跨境电商 B2B 出口监管规范

境内企业通过跨境电商平台与境外企业达成交易后，通过跨境物流将货物直接出口送达境外企业（简称"跨境电商 B2B 直接出口"），或境内企业将出口货物通过跨境物流送达海外仓，通过跨境电商平台实现交易后，从海外仓送达购买者（简称"跨境电商出口海外仓"），并依海关要求传输相关电子数据的，按《关于开展跨境电子商务企业对企业出口监管试点的公告》（海关总署公告 2020 年第 75 号）接受海关监管。海关总署为此增列了"9710"（跨境电商 B2B 直接出口）和"9810"（跨境电商出口海外仓）2个海关监管方式代码；要求跨境电商平台企业、经营企业、物流企业等参与跨境电商 B2B 出口业务的境内企业应依海关报关单位注册登记管理规定向所在地海关办理注册登记，开展出口海外仓业务的跨境电商企业还应在海关开展出口海外仓业务模式备案。⊖

3. 跨境电商零售进口监管规范

跨境电商零售进口涉"1210"（网购保税进口）或"9610"（直购进口），该零售进口商品应属《跨境电子商务零售进口商品清单》⊖内、限于个人自用并满足跨境电商零售

⊖ 详见《关于跨境电子商务企业海关注册登记管理有关事宜的公告》（海关总署公告 2018 年第 194 号，2018 年12 月 10 日发布，2019 年 1 月 1 日实施）。

⊖ 详见《关于开展跨境电子商务企业对企业出口监管试点的公告》（海关总署公告 2020 年第 75 号，2020 年 6 月12 日发布，2020 年 7 月 1 日实施）。

⊖ 我国对该清单实施持续动态调整，现行有效的是《跨境电子商务零售进口商品清单（2019 年版）》；为促进跨境电商零售进口健康发展，满足人民美好生活需要，自 2022 年 3 月 1 日起，又优化调整了该版清单，增加29 项商品，删除了 1 项商品，根据近年来税则转版和税目调整进而调整清单中商品的税则号列，还调整了206 项商品的备注。

进口税收政策规定的条件，能实现交易、支付、物流电子信息"三单"比对。跨境电商零售进口主要参与主体涉及跨境电商零售进口经营者（跨境电商企业）、跨境电商第三方平台经营者（跨境电商平台）、境内服务商、消费者。对跨境电商零售进口商品按个人自用进境物品监管，不执行有关商品首次进口许可批件、注册或备案要求，但对相关部门明令暂停进口的疫区商品，和对出现重大质量安全风险的商品启动风险应急处置时除外；一般按"政府部门、跨境电商企业、跨境电商平台、境内服务商、消费者各负其责"原则，明确各方责任，实施有效监管。⊖

4. 跨境电商网购保税进口监管规范

海关总署《关于加强跨境电子商务网购保税进口监管工作的通知》（署加发〔2016〕246号）明确"网购保税进口业务"是在海关特殊监管区域或保税物流中心（B型）内以保税模式开展的跨境电商零售进口业务。要求主管海关使用信息化系统对网购保税进口商品进出区域（中心）进行管理，实施专用电子账册管理。网购保税进口商品一线进境申报环节，申报进入天津、上海、杭州、宁波等10个城市区域（中心）的监管方式为"1210"（网购保税进口），进入其他城市区域（中心）的监管方式为"1239"（网购保税进口A）。网购保税进口商品可在区域（中心）间流转，执行跨境电商过渡期政策期间，以"1210"（网购保税进口）方式进境的商品不得由天津、上海、杭州、宁波等10个城市的区域（中心）转入其他城市的区域（中心）继续开展跨境电商零售进口业务。⊜

5. 跨境电商零售进出口商品监管规范

海关总署公告《关于跨境电子商务零售进出口商品有关监管事宜的公告》（海关总署公告2018年第194号）要求跨境电商企业、消费者（订购人）通过跨境电商交易平台实现零售进出口商品交易，并依海关要求传输相关交易电子数据的，应按该公告接受监管。要求相关企业依海关报关单位注册登记管理相关规定，向所在地海关办理注册登记，纳入海关信用管理，海关根据信用等级实施差异化的通关管理措施。⊜

6. 跨境电商退货监管规范

海关总署《关于全面推广跨境电子商务零售进口退货中心仓模式的公告》针对跨境电商出口商品退货监管予以具体规范⒁；《关于跨境电子商务零售进口商品退货有关监管事宜的公告》针对跨境电商零售进口商品退货监管予以具体规范⒂；《关于跨境电子商务零售进出口商品有关监管事宜的公告》针对超过保质期或有效期、商品或包装损毁、不

⊖ 详见商务部、国家发展改革委、财政部等《关于完善跨境电子商务零售进口监管有关工作的通知》（商财发〔2018〕486号，2018年11月28日发布，2019年1月1日实施）。
⊜ 详见海关总署《关于加强跨境电子商务网购保税进口监管工作的通知》（署加发〔2016〕246号，2016年12月16日发布并实施）。
⊜ 详见《关于跨境电子商务零售进出口商品有关监管事宜的公告》（海关总署公告2018年第194号，2018年12月10日发布，2019年1月1日实施）。
⒁ 详见《关于全面推广跨境电子商务出口商品退货监管措施有关事宜的公告》（海关总署公告2020年第44号，2020年3月27日发布并实施）。
⒂ 详见《关于跨境电子商务零售进口商品退货有关监管事宜的公告》（海关总署公告2020年第45号，2020年3月28日发布并实施）。

符合我国有关监管政策等不适合境内销售，以及海关责令退运的跨境电商零售进口商品，要求按有关规定退运出境或销毁[⊖]。为落实《国务院关于做好自由贸易试验区第六批改革试点经验复制推广工作的通知》（国函〔2020〕96号）要求，便捷跨境电商零售进口商品退货，海关总署自2021年9月10日起全面推广"跨境电子商务零售进口退货中心仓模式"（以下简称"退货中心仓模式"），是在跨境电商零售进口模式下，跨境电商企业境内代理人或其委托的海关特殊监管区域内仓储企业（简称"退货中心仓企业"）可在海关特殊监管区域内设置跨境电商零售进口商品退货专用存储地点，将退货商品的接收、分拣等流程在原海关特殊监管区域内开展的海关监管制度。[⊖]

五、跨境电商寄递服务促进与监管规范

1. 深化放管服改革，激发市场活力

（1）支持寄递服务企业主体多元化

支持邮政企业、进出境快件经营人等各类跨境寄递服务企业利用互联网平台，发挥信息系统优势，依法提供跨境包裹、商业快件等寄递服务，依法纳入行业监管和服务统计。

（2）支持外资企业依法进入市场

支持外商在境内依法申请设立快递企业，提供跨境包裹、商业快件等寄递服务。全面落实准入前国民待遇+负面清单管理制度，以开放促改革、促发展、促创新。

（3）支持建立跨境寄递服务企业信用体系

推进邮政、商务、海关等政府部门之间信用信息共享和联合奖惩机制建设，加强跨境寄递服务企业信用管理。邮政、商务、海关等政府部门按有关规定对各部门共享的高资信企业落实便利措施，对失信企业实施严密监管措施。

2. 坚持创新驱动发展，构建保障机制

（1）加快创新跨境寄递服务模式

鼓励跨境寄递服务企业发挥优势拓展渠道，加强重点区域的国际多边和双边合作，创新寄递产品，优化流程，缩短时限，增强核心竞争力。鼓励跨境寄递服务企业通过投资并购、战略联盟、业务合作等方式整合境内外收寄、投递、国际运输、通关、境外预检视、境外预分拣、海外仓等资源，提供面向全球的一体化、综合性跨境包裹、商业快件等寄递服务。支持跨境寄递服务企业在重要节点区域设置海外仓，发展境外寄递服务网络；符合条件的，可按规定程序申报外经贸发展专项资金支持。

（2）加快完善跨境寄递服务体系

鼓励跨境寄递服务企业创建品牌，提供跨境包裹、商业快件等寄递服务。支持跨境寄递服务企业与跨境电商共商共建团体标准，提高服务可靠性，提供全程跟踪查询、退

⊖　详见《关于跨境电子商务零售进出口商品有关监管事宜的公告》（海关总署公告2018年第194号，2018年12月10日发布，2019年1月1日实施）。

⊖　详见《关于全面推广跨境电子商务零售进口退货中心仓模式的公告》（海关总署公告2021年第70号，2021年9月10日发布并实施）。

换货、丢损赔偿、拓展营销、融资、仓储等增值服务。鼓励数据共享应用，赋能上下游中小微企业，实现行业间、企业间开放合作、互利共赢，以跨境寄递服务新形态支撑贸易新业态。

（3）加快建立数据交换机制

依托国际贸易"单一窗口"平台，逐步实现跨境寄递服务企业向邮政、商务、海关等政府部门报送数据和相关信息交换。各政府部门要尽快完善自身业务管理系统，明确跨境寄递服务企业传输跨境包裹、商业快件等的面单电子数据的内件品名、数量、价格（含币种）、收寄件人名称、进出口国别（地区）等内容，为企业提供网上"一站式"服务，实时掌握跨境寄递服务各环节数据信息。跨境寄递服务企业要完善自身业务操作系统，尽快实现与政府部门的系统对接。跨境寄递服务企业、跨境电商企业、支付企业要与消费者建立信息验证机制，确保物流、交易和支付等信息真实、准确。

3. 优化行业发展环境，促进协同共进

（1）提升跨境寄递服务网络能力

邮政部门要研究制定跨境寄递国际运输网络布局规划，鼓励跨境寄递服务企业开辟国际货运航线，加快完善跨境寄递国际航空运输网络。推动中欧班列运输跨境邮件快件常态化，支持边贸寄递的发展。支持跨境电商综合试验区所在地城市建设国际邮件互换局和快件监管中心，鼓励自由贸易试验区、跨境电商综合试验区和重点口岸大胆探索物流、仓储、通关新模式，提升跨境寄递的通关、换装、多式联运能力。

（2）提升跨境寄递服务全程通关便利

海关、邮政等政府部门建立协作机制，完善跨境寄递信息通报等配套管理政策。推动实现与跨境寄递目的地（启运地），特别是"一带一路"沿线国家和地区，以及北美洲、欧洲等跨境电商重点出口国海关的对接，推进跨境寄递服务企业实现境外信息化通关。支持跨境寄递服务企业依法在跨境电商重点国家申请相关资质，提升跨境寄递全程综合通关服务能力。

（3）提升参与国际治理能力建设

邮政部门要深度参与万国邮政联盟的规则制定，稳妥推进万国邮政联盟在服务产品、终端费等关键领域的改革，维护多边机制稳定发展；推动与亚太、欧洲等重点地区建立跨境电商及邮政业的次区域合作模式，有效应对跨境寄递领域的国际摩擦，维护我国正当利益和跨境寄递企业的合法权益。商务部门要在世界贸易组织、自贸协定等多双边谈判中，探索制定跨境电商领域的国际规则。海关要加大与世界海关组织以及重点国家相关部门的交流合作力度，推动世界海关组织跨境电商标准完善与实施，建立跨境电商寄递物品安全与便利化机制。

4. 加强全过程监管，坚持依法行政

（1）规范跨境寄递服务企业经营行为

按照国务院"双随机一公开"有关要求，对跨境寄递服务企业依法监管。外商和境外邮政运营商不得在中华人民共和国境内提供邮政服务，任何单位和个人不得为违反上述规定的运营商提供生产经营场所、运输、保管和仓储等条件。境内企业提供商业快件

（包裹）等跨境寄递服务的，应依法取得快递业务经营许可，依法向海关办理注册登记或信息登记，并提交身份、地址、联系方式、行政许可等真实信息。境内企业不得以境外邮政运营商名义开展邮政服务活动。境内企业与境外邮政运营商合作推出的跨境包裹和商业快件服务产品，在出境前不得贴用境外邮政单式。

（2）规范跨境电商相关企业经营行为

跨境电商经营者不得与未取得相关行政许可或提供的寄递服务违反法律法规规定的物流企业合作。跨境寄递服务企业申请在电商平台上提供跨境包裹、商业快件等寄递服务的，应向电商平台经营者提交身份、地址、联系方式、行政许可等真实信息，电商平台经营者应进行核验，并定期更新。

（3）落实寄递渠道安全管理规定

经营跨境邮件快件寄递服务的企业应建立健全并有效实施安全管理制度，认真落实实名收寄、收寄验视、过机安检"三项制度"，严格遵守禁止寄递或限制寄递物品有关规定。⊖

第三节　跨境电商税收法律法规

一、跨境电商对税收的冲击

1. 对税收制度的冲击

税收制度一般依据纳税人、征税对象、计税依据、纳税地点等要素而制定。跨境电商具有国际化、无纸化、虚拟化等特点，其交易主体、地点和时间隐蔽且容易发生更改，难以确定其征税主体、纳税人、纳税期限、纳税地点等。

2. 对税收征管的挑战

在电商形态下，征税地点的确定面临多重选择，是以纳税主体所在地或是注册登记地，还是以商品交易行为发生地，或是以交易服务器所在地确定，在实际征管时难以把握。跨境电商涉及两个及以上不同国家或地区税务机关和征税权，情况尤为复杂，对税源管理和代扣代缴方式的采取、税务日常管理和税务案件稽查等产生较大影响。

3. 对国际税收权益的影响

在传统贸易模式下，各国通过长期竞争与合作，建立了普遍认可的税收利益分配格局与基本准则。而跨境电商的发展影响现行国际税收利益分配格局，对国家间避免双重征税协定常设机构及其利润归属相关条款产生影响。在跨境电商模式下，跨境电商经营者通常无须在消费市场所在国设立有形场所，有可能容易规避因被认定为在消费市场所在国设有常设机构而必须缴纳的相应税收，有可能侵蚀消费市场所在国的税收权益。

⊖　详见国家邮政局、商务部、海关总署《关于促进跨境电子商务寄递服务高质量发展的若干意见（暂行）》（国邮发〔2019〕17号，2019年2月23日发布并实施）。

二、国内跨境电商主要财税政策

1. 跨境电商出口财税政策

1）国务院办公厅《关于促进跨境电子商务健康快速发展的指导意见》（国办发〔2015〕46 号）规定，对跨境电商企业走出去重点项目给予必要资金支持。

2）财政部、国家税务总局《关于跨境电子商务零售出口税收政策的通知》（财税〔2013〕96 号）规定，两类电子商务企业可获得增值税和消费税退（免）税政策。一类是同时符合下列条件的企业，适用增值税和消费税退（免）税政策：属增值税一般纳税人并已办理出口退（免）税资格认定；取得海关的出口货物报关单且与电子信息一致；在退（免）税申报期截止之日内收汇；属外贸企业的，购进出口货物取得合法有效凭证，且与出口货物报关单内容相匹配。还有一类是同时符合下列条件的企业，可适合增值税、消费税免税政策：已办理税务登记；取得海关签发的出口货物报关单；购进出口货物取得合法有效的进货凭证。

3）为进一步促进跨境电商健康快速发展，培育贸易新业态新模式，财政部、国家税务总局、商务部、海关总署于 2018 年 9 月 28 日发布了《关于跨境电子商务综合试验区零售出口货物税收政策的通知》（财税〔2018〕103 号），该通知对跨境电商综合试验区内的跨境电商零售出口货物有关税收政策规定如下：

① 对综合试验区电商出口企业出口未取得有效进货凭证的货物，同时符合下列条件的，试行增值税、消费税免税政策：其一，电商出口企业在综合试验区注册，并在注册地跨境电商线上综合服务平台登记出口日期、货物名称、计量单位、数量、单价、金额；其二，出口货物通过综合试验区所在地海关办理电子商务出口申报手续；其三，出口货物不属财政部和税务总局根据国务院决定明确取消出口退（免）税的货物。

② 各综合试验区建设领导小组办公室和商务主管部门应统筹推进部门之间的沟通协作和相关政策落实，加快建立电子商务出口统计监测体系，促进跨境电商健康、快速发展。

③ 海关总署定期将电子商务出口商品申报清单电子信息传输给税务总局。各综合试验区税务机关根据税务总局清分的出口商品申报清单电子信息加强出口货物免税管理。具体免税管理办法由省级税务部门商财政、商务部门制定。

《关于跨境电子商务综合试验区零售出口货物税收政策的通知》所称综合试验区，是指经国务院批准的跨境电商综合试验区；《关于跨境电子商务综合试验区零售出口货物税收政策的通知》所称电子商务出口企业，是指自建跨境电商销售平台或利用第三方跨境电商平台开展电子商务出口的单位和个体工商户。《关于跨境电子商务综合试验区零售出口货物税收政策的通知》自 2018 年 10 月 1 日起执行，具体日期以出口商品申报清单注明的出口日期为准。

4）国家税务总局为有效配合（财税〔2018〕103 号）文件的落实工作，于 2019 年 10 月 26 日发布《关于跨境电子商务综合试验区零售出口企业所得税核定征收有关问题的公告》（税务总局公告 2019 年第 36 号），就跨境电商综合试验区内的跨境电商零售出口企业核定征收企业所得税有关问题公告如下：

① 综合试验区内的跨境电商零售出口企业，同时符合下列条件的，试行核定征收企业所得税办法：第一，在综合试验区注册，并在注册地跨境电商线上综合服务平台登记出口货物日期、名称、计量单位、数量、单价、金额的；第二，出口货物通过综合试验区所在地海关办理电商出口申报手续的；第三，出口货物未取得有效进货凭证，其增值税、消费税享受免税政策的。

② 综合试验区内核定征收的跨境电商零售出口企业应准确核算收入总额，并采用应税所得率方式核定征收企业所得税。所得税率统一按4%确定。

③ 税务机关应按有关规定，及时完成综合试验区跨境电商零售出口企业核定征收企业所得税的鉴定工作。

④ 综合试验区内实行核定征收的跨境电商零售出口企业符合小微企业优惠政策条件的，可享受小微企业所得税优惠政策；其取得的收入属《中华人民共和国企业所得税法》第二十六条规定的免税收入的，可享受免税收入优惠政策。

《关于跨境电子商务综合试验区零售出口企业所得税核定征收有关问题的公告》所称综合试验区，是指经国务院批准的跨境电商综合试验区；《关于跨境电子商务综合试验区零售出口企业所得税核定征收有关问题的公告》所称跨境电商零售出口企业，是指自建跨境电商销售平台或利用第三方跨境电商平台开展电商出口的企业。《关于跨境电子商务综合试验区零售出口企业所得税核定征收有关问题的公告》自2020年1月1日起施行。

5）跨境电子商务出口退运商品税收政策。为支持跨境电子商务新业态加快发展，推动贸易高质量发展，财政部、海关总署、税务总局于2023年1月30日、8月22日先后发布了《关于跨境电子商务出口退运商品税收政策的公告》（财政部、海关总署、税务总局公告2023年第4号）、《关于延续实施跨境电子商务出口退运商品税收政策的公告》（财政部、海关总署、税务总局公告2023年第34号），规定：

① 对2023年1月30日至2025年12月31日期间在跨境电子商务海关监管代码（1210、9610、9710、9810）项下申报出口，因滞销、退货原因，自出口之日起6个月内原状退运进境的商品（不含食品），免征进口关税和进口环节增值税、消费税；出口时已征收的出口关税准予退还，出口时已征收的增值税、消费税参照内销货物发生退货有关税收规定执行。其中，监管代码1210项下出口商品，应自海关特殊监管区域或保税物流中心（B型）出区离境之日起6个月内退运至境内区外。

② 对符合《关于跨境电子商务出口退运商品税收政策的公告》第一条规定的商品，已办理出口退税的，企业应当按现行规定补缴已退的税款。企业应当凭主管税务机关出具的《出口货物已补税/未退税证明》，申请办理免征进口关税和进口环节增值税、消费税，退还出口关税手续。

③《关于跨境电子商务出口退运商品税收政策的公告》第一条中规定的"原状退运进境"是指出口商品退运进境时的最小商品形态应与原出口时的形态基本一致，不得增加任何配件或部件，不能经过任何加工、改装，但经拆箱、检（化）验、安装、调试等

仍可视为"原状";退运进境商品应未被使用过,但对于只有经过试用才能发现品质不良或可证明被客户试用后退货的情况除外。

④ 对符合《关于跨境电子商务出口退运商品税收政策的公告》第一、二、三条规定的商品,企业应当提交出口商品申报清单或出口报关单、退运原因说明等证明该商品确为因滞销、退货原因而退运进境的材料,并对材料的真实性承担法律责任。对因滞销退运的商品,企业应提供"自我声明"作为退运原因说明材料,承诺为因滞销退运;对因退货退运的商品,企业应提供退货记录(含跨境电子商务平台上的退货记录或拒收记录)、返货协议等作为退运原因说明材料。海关据此办理退运免税等手续。

⑤企业偷税、骗税等违法违规行为,按照国家有关法律法规等规定处理。

2. 国内跨境电商进口税收政策

1) 2016 年 3 月 24 日,财政部、海关总署、税务总局发布了《关于跨境电子商务零售进口税收政策的通知》,对跨境电商零售(企业对消费者,即 B2C)进口税收政策有关事项规定如下:

① 跨境电商零售进口商品按货物征收关税和进口环节增值税、消费税,购买跨境电商零售进口商品的个人作为纳税义务人,实际交易价格(包括货物零售价格、运费和保险费)作为完税价格,电子商务企业、电商交易平台企业或物流企业可作为代收代缴义务人。

② 跨境电商零售进口税收政策适用于从其他国家或地区进口的、《跨境电子商务零售进口商品清单》范围内的以下商品:其一,所有通过与海关联网的电商交易平台交易,能实现交易、支付、物流电子信息"三单"比对的跨境电商零售进口商品;其二,未通过与海关联网的电商交易平台交易,但快递、邮政企业能统一提供交易、支付、物流等电子信息,并承诺承担相应法律责任进境的跨境电商零售进口商品。不属跨境电商零售进口的个人物品以及无法提供交易、支付、物流等电子信息的跨境电商零售进口商品,按现行规定执行。

③ 跨境电商零售进口商品的单次交易限值为人民币 2000 元,个人年度交易限值为人民币 20000 元。在限值以内进口的跨境电商零售进口商品,关税税率暂设为 0;进口环节增值税、消费税取消免征税额,暂按法定应纳税额的 70% 征收。超过单次限值、累加后超过个人年度限值的单次交易,以及完税价格超过 2000 元限值的单个不可分割商品,均按一般贸易方式全额征税。

④ 跨境电商零售进口商品自海关放行之日起 30 日内退货的,可申请退税,并相应调整个人年度交易总额。

⑤ 跨境电商零售进口商品购买人(订购人)的身份信息应进行认证;未进行认证的,购买人(订购人)身份信息应与付款人一致。

⑥《跨境电子商务零售进口商品清单》由财政部商有关部门另行公布。2016 年 4 月 7 日,财政部等 11 个部门共同公布了《跨境电子商务零售进口商品清单》对政策进行进一步补充。

2) 2018 年 11 月 29 日,财政部、海关总署、税务总局发布《关于完善跨境电子商务零售进口税收政策的通知》（财关税〔2018〕49 号，自 2019 年 1 月 1 日起执行），就完善跨境电商零售进口税收政策有关事项规定如下：

① 将跨境电商零售进口商品的单次交易限值由人民币 2000 元提高至 5000 元，年度交易限值由人民币 20000 元提高至 26000 元。

② 完税价格超过 5000 元单次交易限值但低于 26000 元年度交易限值，且订单下仅一件商品时，可自跨境电商零售渠道进口，按货物税率全额征收关税和进口环节增值税、消费税，交易额计入年度交易总额。但年度交易总额超过年度交易限值的，应按一般贸易管理。

③ 已购电商进口商品属消费者个人使用的最终商品，不得进入国内市场再次销售；原则上不允许网购保税进口商品在海关特殊监管区域外开展"网购保税＋线下自提"模式。

④ 其他事项继续按"财关税〔2016〕18 号"有关规定执行。

3）2018 年 12 月 10 日，海关总署发布《关于跨境电子商务零售进出口商品有关监管事宜的公告》（海关总署公告 2018 年第 194 号，2019 年 1 月 1 日实施）就跨境电商零售进口商品税收征管亦做出如下规定：

① 对跨境电商零售进口商品，海关按国家关于跨境电商零售进口税收政策征收关税和进口环节增值税、消费税，完税价格为实际交易价格，包括商品零售价格、运费和保险费。

② 跨境电商零售进口商品消费者（订购人）为纳税义务人。在海关注册登记的跨境电商平台企业、物流企业或申报企业作为税款的代收代缴义务人，代为履行纳税义务，并承担相应的补税义务及相关法律责任。

③ 代收代缴义务人应如实、准确向海关申报跨境电商零售进口商品的商品名称、规格型号、税则号列、实际交易价格及相关费用等税收征管要素。跨境电商零售进口商品的申报币制为人民币。

④ 为审核确定跨境电商零售进口商品的归类、完税价格等，海关可要求代收代缴义务人按有关规定进行补充申报。

⑤ 海关对符合监管规定的跨境电商零售进口商品按时段汇总计征税款，代收代缴义务人应依法向海关提交足额有效的税款担保。海关放行后 30 日内未发生退货或修撤单的，代收代缴义务人在放行后第 31 日～第 45 日内向海关办理纳税手续。

第四节　网上争议解决与消费者权利保护法律法规

随着跨境电商交易日益增多，与之相关的争议也急剧增加。跨境电商争议因其具有国际性而十分复杂。交易金额大的跨境电商争议可通过现有解决国际商事争议的机制解决，但就大量存在的、单笔交易金额较小的跨境电商交易而言，现有解决国际商事争议的机制尚无法满足其快捷、高效、低成本解决争议的需求。

一、消费者跨境电商争议难以适用传统争议解决方式

1. 消费者跨境电商争议的特性

跨境电商条件下消费者争议类型比较单一，一般以合同争议为主，主要包括：卖方不交货的争议；卖方交货迟延的争议；卖方所交付产品的质量问题争议；卖方所述产品信息虚假的争议等。因跨境电商的特殊性，相关消费者争议存在如下特点：

1）争议数额较小。典型跨境电商交易多集中于在线跨境购买日用百货、衣物、书籍等，平均单笔交易金额不高，如国内跨境电商零售进口商品的单次交易限值为 5000 元人民币，仅不到 700 美元。

2）争议数量巨大。消费者跨境电商交易量急剧上升，与此相关的争议也大量涌现。

3）争议主体具有跨国性。消费者借助网络可在全球自由选择商家，买卖双方往往相距甚远且缺乏足够了解。

4）消费者为争议一方当事人。该特殊身份要求争议解决机制对其有特殊考虑或保护。

2. 传统争议解决方式的困境

（1）诉讼方式

消费者跨境电商争议属跨国商事纠纷，传统上跨国诉讼是解决跨国商事纠纷的主要方式。消费者可依国际私法规则选择某国法院启动诉讼，法院按涉外民事诉讼程序判决。若消费者胜诉，则可通过经营者自愿执行判决或申请某国法院承认和执行判决的方式维护自身利益。鉴于消费者跨境电商争议的特点，跨国诉讼机制并不适合这类争议的解决。

1）判决的域外执行非常困难。即使消费者得以在本国法院解决争议，但判决往往需要到卖方所在国或卖方财产所在国去跨国执行。

2）跨国诉讼程序复杂且费用高昂。消费者每笔跨境电商交易平均金额较小，以跨国诉讼解决争议的成本远超争议金额本身。

3）确定诉讼管辖权非常困难。一笔跨境电商交易涉及多国因素，如买卖双方所在地、网络服务器所在地位于不同国家，导致管辖权很难确定。

（2）非诉方式

国际商事仲裁、调解及其他非诉方式亦能被运用于解决消费者跨境电商争议，或许能在某些方面弥补跨国诉讼的缺陷，但并非解决消费者跨境电商争议的理想方式。

1）国际商事仲裁在自治、民间、专业、保密、一审终局性上具有独特优势，其裁决可在 100 多国家得到承认和执行。然而，仲裁裁决的跨国执行依然涉及复杂的跨国司法程序，消费者需为此支付高额的法律成本。

2）调解具有气氛友好、程序便捷、成本低廉、结果可控、可实现双赢等优点。但跨境交易当事人分处不同国家或地区，传统调解所需的面谈等较难实施。而且调解取决于当事人的调解意愿，若一方不配合，调解协议很难达成；即使达成，调解协议亦不当然具有强制执行力。

3）各国设有消费者协会等机构受理消费者对经营者的投诉。这些机构借助其对经

营者的管理权限，可为消费者争议提供解决方案，但主要针对国内消费者与经营者纠纷，其权限仅限本国经营者，解决跨境电商交易争议面临很大的局限性。

4）一些电商企业设有内部申诉机制受理顾客对交易的投诉，但争议能否顺利解决完全取决于该企业的自律性。

综上，上述方式并未给消费者跨境电商争议提供完全适当的解决办法。国际社会普遍认为，网上争议解决方式是当前解决消费者跨境电商争议较为合适的途径。

3. 网上争议解决方式的应用

网上争议解决方式有效结合了传统争议解决方式的优点与信息网络技术，使得传统仲裁、调解等焕发新的生机。通过运用信息技术，跨境当事人无须面对面接触，可极大缩减跨境争议解决成本；在线信息传递快捷，可极大提高争议解决效率；跨境电商交易当事人熟悉网络技术，能自如运用网上争议解决相关技术。网上争议解决方式深受跨境电商交易当事人欢迎，联合国国际贸易法委员会明确推荐其为解决消费者跨境电商争议的最适合方式，但亦面临多方面挑战。

（1）结果的可执行性

对不能自动执行裁判结果的程序，须解决跨境执行机制问题，否则该体系将不具有生命力。例如，针对网上交易当事人在线以电子形式达成仲裁协议，联合国国际贸易法委员会 2006 年《关于 1958 年 6 月 10 日在纽约制定的〈承认及执行外国仲裁裁决公约〉第二条第二款和第七条第一款的解释的建议》，即试图推动各成员在仲裁协议形式、仲裁程序和执行仲裁裁决上适度放宽要求，以适应电商发展需求。

（2）地区性、全球性合作体系

跨境争议的解决必然涉及各国合作，若各国仅各自孤立采取网上争议解决，将极大制约该方式的效果，全球性或地区性网上争议解决体系是解决消费者跨境电商争议的最佳方案。联合国国际贸易法委员会第三工作组在 2015 年第 31 届会议中形成了《跨境电子商务交易网上争议解决：程序规则草案》（第九稿），未最后通过；之后，在第 32 届和第 33 届继续讨论，形成了《跨境电子商务交易网上争议解决：反映网上解决过程要素和原则的成果文件草案》，后续未就该议题继续讨论；该工作组 2016 年通过了《关于网上争议解决的技术指引》，是一个无约束力的建议性文件。欧盟就其内部跨境电商争议解决建立了比较成熟的体系。"美洲国家网上争议解决平台"统一解决美洲国家间货物和服务销售的电子商务合同争议。

二、跨境电商网上争议解决方式

1. 网上调解

（1）网上调解的含义

调解系当事人请求一名或多名第三人（调解人）协助其友好解决因合同引起或与合同（或其他法律）有关的争议的过程，生活中亦称"调停"或其他类似措辞。网上调解依托互联网等信息网络技术，一方当事人向另一方发送在线邀请或向网上调解机构请求与另一方联系。提出该请求前，可先向网上调解机构提交投诉。调解邀请书的内容须确定。当事方须填写表格并提交给网上调解机构。被邀请的当事方向提出邀请的当事方告知同意调解时，网上调解即告开始。

（2）网上调解的范例

1）MédiateurDuNet. fr。这是法国互联网法律论坛和法国法院的一个联合系统，其中，一审法院在诉讼前或诉讼期间指引有兴趣的当事人到论坛进行自由调解。

2）eBay 网上调解实验。实验过程中收到 225 项投诉，有来自买方的，也有来自卖方的，投诉内容多为没有交货、没有付款、无法联系到另一方当事方，以及损害名誉。

3）欧盟电商消费者争议解决规则试点项目。该项目提供了具有一整套规则的多步骤网上纠纷解决程序。若争议是在网上引起，且引起争议的交易至少有一方是消费者，便可向网上争议解决平台提交投诉，平台按电子消费者争议解决规则分两步组成谈判和调解程序。

（3）网上调解使用的工具

网上调解使用的工具主要有：第一，电子邮件等电子通信，如 eBay 网上调解实验；第二，网上解决平台；第三，两者兼用，如法国 MédiateurDuNet. fr。有的程序通过移动电话进行，当事方可用移动电话拨打一特殊号码，以启动程序。在网上调解中，一般通过技术手段提供两个通信途径：一个用于当事方和调解人进行私下对话；另一个用于与所有参与者（包括调解人）进行公开对话。

2. 网上仲裁

（1）网上仲裁的含义

仲裁一般是指交易双方在订立合同时或在争议发生后约定，在发生争议时将有关争议交给双方同意的仲裁机构进行裁决的方式，是一种民间裁判而非国家裁判行为。网上仲裁又称在线仲裁，是指仲裁程序的全部或主要环节，依托现代信息技术在网上进行。向仲裁庭提出仲裁申请（包括仲裁协议订立）及其他仲裁程序（如仲裁案件立案、答辩或反请求、仲裁员指定和仲裁庭组成、仲裁审理和仲裁裁决的做出）主要在网上进行。网上仲裁庭可利用现代信息技术（电子邮件、网上聊天室、视频会议系统等），将位于不同国家当事人和仲裁员联系在一起，由当事各方陈述各自观点，仲裁员可向各方当事人就争议的事实和法律问题提问，仲裁庭合议裁决的做出和传递亦在网上进行。

（2）仲裁协议

仲裁协议是网上仲裁的依据。在实务中，网上商家可选择在当事各方之间订立的合同中或一份独立文件中（如适用于交易的一般条款和条件）列入仲裁协议。若仲裁协议完全是在网上订立的，如在网上接受一般条款和条件，则可能产生的问题是，其形式是否满足《承认及执行外国仲裁裁决公约》第二条第二款的要求，即关于书面协定的规定。

（3）网上仲裁的范例

1）美国仲裁协会国际争议解决中心和通用电气合作项目。该项目用于在线解决制造商与供应商的争议，该网上仲裁按《美国仲裁协会商事仲裁规则》进行。

2）中国国际贸易促进委员会和中国国际商会模式。两机构于 2009 年采用《中国国际贸易经济仲裁委员会网上仲裁规则》，大多适用于企业与企业间大宗电商争议。

（4）网上仲裁使用的工具

一般使用电子文档管理，是一封闭式系统，仅限当事方与仲裁员使用（即网站）或仅供仲裁机构使用（即内联网）。

1）美国仲裁协会的 WebFile。这是一网上解决平台，用于提交投诉、上传和下载文件、审查案件进展情况，并通过信息中心与国际争议解决中心联系。除在网上提交申请外，客户还可付款、进行网上管理、查阅规则和程序、以电子方式传送文件、选择中立方、使用为案件专门设立的信息栏，查看案件状况。

2）国际商会 2005 年推出的 NetCase 系统。仲裁员和当事方可在网上联系，并可方便地在安全的网上环境中管理其仲裁案件。仲裁的所有参与方均可通过一个安全网站以电子方式联系，进行仲裁，在国际商会安全的网上解决平台储存和组织文件，并随时查阅其仲裁信息。NetCase 系统提供一些论坛，使经授权进入各论坛的参与者能彼此联系。

3. 投诉处理模式与信誉标记模式

二者属于常用在线纠纷解决办法之外的模式。

（1）投诉处理

投诉处理是一种无第三方干预的便利对消费者投诉进行谈判的程序。典型范例有：

1）eConsumer. gov（国际消费者保护和执行网的一项举措）。提供一个网上门户，使个人能就与外国公司进行的网上交易和相关交易提交投诉。

2）ECC-Net（欧洲消费者中心网）。协助消费者提出投诉并与商家达成友好解决，协助消费者通过适当机制（第三方）达成纠纷解决方案。

3）ICA-Net。这是亚洲的一种区域投诉处理机制，可接收国内消费者提出跨国界投诉，向其提供相关信息或建议，将投诉一事通知设在争议相关企业所在的另一国消费者咨询联络处，促进该企业通过该消费者咨询联络处解决争议。

（2）信誉标记

信誉标记通常是指在网站上显示的一种形象、标识或印章，用于表示网上商家的可信度。信誉标记证明网上商家是一专业组织或网络的成员，且设有赔偿机制。

1）Better Business Bureau（BBB）Online。经认可的商家在自己网站显示 BBB Online 的标识，该标识连接 BBB 网站，消费者可预先知道哪些企业加入该方案，并了解投诉得不到内部解决时使用的赔偿机制。

2）Euro-Label。这是互联网信誉标记联盟相关成员的供应商进行的一项合作，在德国、奥地利、波兰、意大利、法国和西班牙设有网站。

3）全球信誉标记联盟和亚太信誉标记联盟等。其目的是进一步促进并加强全球信誉标记系统。

三、跨境电商网上争议解决程序

1. 网上争议解决程序规则

（1）美洲模式

专门起草了网上争议解决示范程序规则，网上争议解决服务机构按该规则解决网上争议，分为网上谈判、网上调解和仲裁、裁决做出三个阶段。在网上谈判阶段，买卖双方可交换信息和提议，通过电子方式谈判并达成有约束力的和解方案。若不能达成和解方案，则进入网上调解和仲裁阶段，由网上争议解决服务提供者指定有资质的仲裁员对案件进行调解，在必要情况下进行仲裁，并出具裁决书。裁决书由网上争议解决服务机构以电子方式发送当事人。仲裁裁决具有终局性和约束力。

（2）欧盟模式

对网上争议解决未制定统一程序规则，具体争议解决程序按争议方选择的争议解决机构自身程序规则进行，仅对争议解决机构规定了程序终结的一般期限，要求争议解决机构在程序启动后 30 日内结束该程序。

（3）联合国国际贸易法委员会模式

起草了跨境电商交易网上争议解决程序规则，包括三个阶段。首先由争议双方进行网上谈判自行解决争议。无法达成协议则进入第三方协助下的网上调解阶段。仍未能解决争议，则有两套方案。第一套是自动转入仲裁。第二套有两种设计：一是网上争议解决程序自动终止；二是自动转入程序最后阶段，中立第三方根据当事人提交的信息评判争议，做出决定。该决定对各方当事人不具有约束力，但鼓励其遵守该决定。

统一的网上争议解决程序规则具有多重优势。首先，从争议方角度，统一规则易为争议方所了解，具有确定性和可预见性。其次，适用统一规则有利于网上争议解决服务机构公平竞争。在制定统一规则过程中，只要关注方便易行的需要，网上争议解决服务构适用该程序规则便不会有过重负担。最后，采用统一规则，有利于控制网上争议解决进程，方便全球性网上争议解决体系管理机构对网上争议解决服务机构提供的争议解决服务进行监督。

2. 网上争议解决服务机构的选择

若争议方拒绝谈判或无法达成和解协议，则案件可能转入网上调解或仲裁阶段，需网上争议解决服务机构介入。当存在多个服务机构时，需考虑网上争议解决服务机构的选择方式。美洲模式由管理机构为争议方指定网上争议解决服务机构。案件进入网上调解、仲裁阶段后，经营者所在国管理者将从备置的网上争议解决服务机构名单中选择一个网上争议解决服务机构，机构则会指定一位仲裁员。欧盟模式则由管理机构向争议方推荐，争议方协议选择网上争议解决服务机构。若争议方共同选择了一家机构，平台会自动将投诉书转交该机构；若争议方未能就选择合格的机构达成一致，则不会进一步处理投诉书，平台将告知消费者与网上争议解决促进员联系，了解其他争议解决途径。

由争议方协议选择网上争议解决服务机构时，机构的选定需经过各争议方同意，若各争议方不能达成一致，则无法使用网上争议解决体系解决争议。由管理机构为争议方指定网上争议解决服务机构，高效快捷，可确保争议方能使用网上争议解决体系解决争议，符合争议方快速解决网上争议的要求。选择服务机构的方式在程序规则中已列明，争议方只要将争议提交网上争议解决体系解决，即可视为其同意管理机构为争议方指定网上争议解决服务机构。

四、跨境电商网上争议解决的适用法

跨境电商交易双方很可能事先未约定争议解决的适用法。跨境电商网上争议解决究竟适用何种法律的确定规则应是简便易行，包括程序问题和实体问题的适用法。

1. 程序问题的适用法

联合国国际贸易法委员会跨境电商交易网上争议解决程序规则建议确定网上仲裁的仲裁地，以仲裁地法律为网上仲裁的程序适用法。若交易双方未约定仲裁地，有两个方案可确定仲裁地：其一是由网上争议解决机构从预先确定的清单中选择仲裁地；其二是为所有网上争议解决程序确定单一仲裁地，并在程序规则中具体指明该仲裁地。

2. 实体问题的适用法

与内国诉讼机制中一般按法院地冲突法规则来确定争议的实体问题适用法不同，跨境电商争议的解决在虚拟空间进行，与特定法域无固有联系，难以确定依照哪个法域的冲突法规则。即使这一步可完成，例如按仲裁地的冲突法规则，在根据该法域冲突法规则的指引下确定跨境电商争议实体问题适用法时仍面临困难。跨境电商交易存在多个连接点，如卖方住所地、买方住所地、交易平台网站注册地、供应商所在地、交易平台服务器所在地等。依何国法律对跨境电商争议进行审理，至今尚无确定规则。

就跨境电商交易网上争议的解决，简单地将内国法作为实体问题的适用法存在弊端。首先，按冲突法的方法确定实体问题的适用法极其复杂，缺乏预见性和确定性，不利于保障交易安全，增加了跨境电商交易风险。其次，即使确定了某一内国法作为实体问题的适用法，仲裁员对该内国法不尽熟悉，依该法对争议进行裁决存在困难。最后，在涉及消费者的争议中，若强制适用消费者住所地法解决相关争议，会导致经营者承担巨大商业风险和法律风险。网上销售商品，世界各国消费者均可购买，要求经营者了解世界各国法律的规定，但中小型企业一般无法承受，且经营者会将由此产生的成本转嫁给消费者。

针对跨境电商网上争议解决实体问题适用法，在美洲模式下，仲裁员审理争议所考虑的问题包括消费者提出的要求、相关事实和情形、合同条款和内容。若解决方案无法依合同条款得出，则根据公平合理的原则。联合国国际贸易法委员会跨境电商交易网上争议解决程序规则规定，在所有案件中，中立人应根据合同条款，考虑相关事实和情形，考虑交易所适用的任何商业惯例。两者在实体问题适用法的问题上不约而同地采纳了非当地化的理论，将合同条款与公平合理、善意等一般法律原则以及商业惯例相融合，为创立解决跨境电商网上交易的独特适用法体系进行了尝试。为避免冲突法方法下复杂的法律适用问题，跨境电商全球网上争议解决体系需建立一套统一的法律规则为争议解决的适用法。统一法律规则的来源可是国际统一立法、一般的法律原则、交易惯例等。从确定性出发，可以国际统一立法为主，以一般的法律原则、交易惯例为辅。在网上争议解决机构适用统一法律规则的基础上，不断积累的判例亦可成为统一法律规则的来源。

五、跨境电商网上争议解决结果的执行机制

实践证明，网上争议解决机制须有有效争议解决结果执行机制方能持续存在。国际

商事判决或仲裁裁决执行机制，均依靠法院实现争议解决结果的强制执行，程序复杂、费用高昂，且具有不确定性，无法满足跨境电商争议解决的需求。对电商争议而言，即使交易发生在本地，当事人一般也不会花费时间和金钱强制执行争议解决结果；在异地交易或跨境交易情况下，当事人更不可能到外地甚至外国去强制执行争议解决结果。若当事人不能自愿履行争议解决结果，争议解决结果又得不到强制执行，争议解决就失去了意义。

美洲模式执行机制是由经营者所在国管理者或消费者保护机构采用其认为适当的措施，促使经营者履行网上争议解决机制做出的争议解决裁决，具体包括"采用直接的强制执行措施""由非政府、私人标准监督或执行机构请求支付网络的帮助""将案件转交代收欠款机构"。

跨境电商争议全球性网上争议解决体系要取得最终成功，需要快捷、低成本的跨境执行机制作为保障。督促交易方自行履行争议解决结果的机制应与执行机制相结合，以前者为主要手段，以后者为最终手段。督促交易方自行履行争议解决结果的机制包括信誉标记机制等。执行机制独立于法院方有可能符合跨境电商争议解决的需求。

就督促交易方自行履行争议解决结果的机制，可考虑建立相应的全球信誉标记机制。在美洲模式下，参加国管理者（通常为该国消费者权益保护机构）鼓励国内经营者签订协议，同意将其列在美洲国家组织跨境商家与消费者交易网上争议解决体系总管理者的网站上，并通过网上争议解决体系解决争议。经营者加入全球信誉标记机制，即承诺遵守信誉标记机制的相关规则，其中包括承诺在交易方将争议提交全球性网上争议解决体系后参加争议解决程序，并自觉履行争议解决结果，若经营者违反这些义务则将被剥夺信誉标记。在跨境电商争议中，经营者常是被投诉方、争议结果履行方。通过全球信誉标记机制，在大部分跨境电商争议中，争议方参与和网上争议解决结果的履行均可得到保障。

全球性网上争议解决体系需建立独立于法院的执行机制。鉴于电商交易普遍采用第三方支付平台或信用卡付款方式，电商争议主要集中于电商经营者义务的履行，包括电商经营者未履行交货或提供货物的义务，或者履行交货或提供货物的义务不符合约定。如经网上争议解决服务机构指定的中立第三方认定经营者的违约事实，则经营者应承担损害赔偿责任。在经营者未能自觉履行支付损害赔偿款项义务的情况下，网上争议解决服务机构可考虑与电商交易网上支付机构合作，依损害赔偿金额，直接从经营者网上支付机构的账户划款，支付给申请执行方。

六、中国跨境电商网上争议解决机制

国内涉及跨境电商在线纠纷解决平台主要包括电商平台内嵌型在线纠纷解决（online dispute resolution，ODR）平台、民间第三方在线纠纷解决平台、依托法院系统组织建设的官方在线纠纷解决平台三大类。

1. 电商平台内嵌型在线纠纷解决平台

该平台主要是电商平台在平台内部发布各种争议处理规则，为买卖双方提供争议解

决依据和方向，并通过保证金等内部手段保障纠纷处理结果的有效执行。以天猫国际为例，其为中国消费者在线购买优质海外商品提供服务，自身建有 ODR 系统。消费者在其上下单后，商品就会通过国际物流或中国保税区从中国境外的国家或地区运来。消费者与卖家之间发生争议时，可按《天猫国际争议解决规则》解决。该规则将争议分为售前和售后争议两类。前者发生在买方未收到货物、货物外观不规则、收到的货物与其描述不符或货物存在质量问题时，只要在平台上显示的交易结束前即可提交任何索赔要求。后者可能涉及在交易完成后关于假冒商品或与描述不匹配的其他情况的索赔。在这两种情况下，买方均可申请退款。买卖双方可选择通过协商、天猫国际介入或司法手段解决争议。如果天猫国际介入并在平台内做出最终裁决，则可以通过指示支付宝处理全部或部分交易资金的方式强制执行。

2. 民间第三方在线纠纷解决平台

该平台是由非官方组织创建的 ODR 平台。2004 年成立的中国在线争议解决中心（ChinaODR）是我国在线纠纷解决领域的首次探索，该平台现已停止运营。

近年来，国内多家仲裁中心开展了多种形式的 ODR 业务，中国国际经济贸易仲裁委员会（CIETAC）便是其中的先行者之一。早在 2015 年，CIETAC 就开始实施网上仲裁规则，成立了专门的内部机构 CIETAC ODR 中心和专门的 ODR 网站，明确指出 ODR 适用于电子商务纠纷的解决。ODR 几乎涵盖了仲裁的整个过程，包括提交仲裁申请、提交被申请人答复、出示电子证据、网上口头听证和网上调解。CIETAC 的工作报告披露，到 2022 年，得益于信息化和数字化发展，其服务更加便捷和高效，网上提交的案件数量占案件总数的 1/3，在线审理的案件数量上升到审理总数的一半。

2015 年广州仲裁委员会（GAC）开始提供互联网仲裁服务。2020 年，GAC 推出升级版跨境电子商务 ODR 系统，整合谈判、调解和仲裁流程，支持仲裁档案自动创建、仲裁裁决在线签署和在线服务。

宁波仲裁委员会建立了全国首个互联网仲裁电子证据平台，实现了互联网仲裁案件全流程在线处理；青岛仲裁委员会也发布《互联网仲裁规则》，并上线全省首个互联网仲裁平台。

3. 官方在线纠纷解决平台

该平台主要依托法院系统，利用司法资源构建。随着移动互联网用户数量的快速增长，互联网技术与司法审判相结合的做法在中国得到了更广泛的实践。为便捷当事人高效处理纠纷，对依托人民法院调解平台进行的在线调解活动进行规范化管理，《人民法院在线调解规则》自 2022 年 1 月 1 日起正式施行。2017 年 4 月，中国最高人民法院发布《关于加快推进智慧法院建设的意见》，提出以信息化提升审判能力，为人民群众带来更多便利的目标。2017 年 8 月，杭州互联网法院成立，受理包括电子商务纠纷在内的六类互联网民事和行政纠纷。2018 年，又在北京和广州设立了两个互联网法院。通过信息技术的应用和相关制度创新，互联网法院可以实现网上办案的全过程，其工作效率远远高于其他法院。互联网法院审理的网络购物纠纷中，网络消费者提起的案件占很大比例，这类案件中，因网购引发的纠纷又占比最高。据悉，在杭州互联网法院，通过天猫国际、京东国际等渠道购买进口商品的案件不断增加，统计数据显示，自开业以来，杭州互联网法院受理的跨境电商案件数量迅速增加。2020 年，杭州互联网法院受理此类案件 100 多起，其中约 60%案件涉及跨境电商平台作为被告。这些案件的境外当事人主要来自日本、韩国、美国、欧洲、新西兰、澳大利亚，涵盖消费者、跨境电商平台、境外注册电商经营者等。目前，杭州互联网法院审理的跨境电商案件数量仍远低于普通电商案件数量，但它为网络消费者在从事跨境电商交易中维护自己的合法权益提供了更方便、更可靠的途径。2020 年 7 月 15 日，杭州互联网法院跨境贸易法庭（SCTT）正式成立，主要审理涉及跨境电子商务的销售合同纠纷、产品责任纠纷以及跨境电子商务平台服务纠纷，系国内依法集中审理跨境数字贸易纠纷案件的人民法庭。

习　　题

一、填空题

1. 狭义跨境电商法律法规仅指调整通过互联网等_____进行_____所产生_____的法律规范。

2. 跨境电商法律关系主体是指在跨境电商活动中享有_____、负有_____、承担_____的各方面当事人。

3. 跨境电商经营者从事经营活动，应遵循自愿、平等、公平、_____的原则，遵守法律和_____，公平参与市场竞争，履行_____、环境保护、知识产权保护、网络安全与个人信息保护等方面的义务，承担产品和服务_____，接受政府和社会的监督。

4. 我国《电子商务法》第二十六条要求电商经营者从事跨境电商，应遵守_____的法律、行政法规和国家有关规定。

5. 对超过保质期或有效期、商品或包装损毁、不符合我国有关监管政策等_____，以及海关责令退运的跨境电商零售进口商品，按有关规定_____或者销毁。

6. 经营跨境邮件快件寄递服务的企业应建立健全并有效实施安全管理制度，认真落实_____、_____、_____"三项制度"，严格遵守禁止寄递或限制寄递物品的有关规定。

7. 中国国际贸易促进委员会和中国国际商会于 2009 年采用《中国国际贸易经济仲裁委员会网上仲裁规则》，大多适用于_____。

二、选择题

1. 与传统法相比，跨境电商法律法规具有（　　）特征。

A. 促进法　　　　　　B. 保护法　　　　　　C. 平台法　　　　　　D. 国际性

2. 跨境电商法律关系的客体主要包括（　　）。（多选）

A. 行为（给付）　　　B. 有形货物　　　　　C. 智力成果

D. 数据、虚拟财产　　E. 个人信息利益

3. 依据《中华人民共和国电子商务法》第二条，（　　）不适用该法。（多选）

A. 金融类产品和服务

B. 中华人民共和国境内的电子商务活动

C. 法律、行政法规对销售商品或提供服务另有规定的

D. 利用信息网络提供新闻信息、音视频节目、出版以及文化产品等内容方面的服务

4. 在跨境电商监管中，应突出规范为主的原则，坚持依法管网、以网管网、信用管网、（　　）。

A. 以适用网　　　　　B. 协同用网　　　　　C. 协同管网　　　　　D. 信用用网

5. "单一窗口"平台为实现跨境电商(　　)"三流合一"提供数据技术支撑。(多选)

A. 信息流　　　　B. 数据流　　　　C. 资金流　　　　D. 物流

6. 跨境电商作为一种新型的商业贸易方式,具有国际化、(　　)、虚拟化等特点。

A. 无纸化　　　　B. 便捷化　　　　C. 安全化　　　　D. 通用化

7. 参与跨境电商 B2B 出口业务的境内企业主要包括(　　)。(多选)

A. 跨境电商企业　　　　　　　　B. 跨境电商平台企业

C. 物流企业　　　　　　　　　　D. 海外仓企业

8. 按"(　　)各负其责"的原则,明确各方责任,对跨境电商零售进口实施有效监管。(多选)

A. 政府部门　　　　B. 跨境电商企业　　　　C. 跨境电商平台

D. 境内服务商　　　　E. 消费者

三、判断题

1. "网购保税进口 A"全称"保税跨境贸易电子商务 A",支持我国境内所有电商企业在商品流转中,经过海关特殊监管区域和保税物流中心(B 型)的跨境电子商务。　　　　　　　　(　　)

2. 实质意义上的跨境电商法律法规是以"跨境电子商务法"或"跨境电子商务条例"等命名的法律法规。　　　　　　　　　　　　　　　　　　　　　　　　　　　　　　　　　　(　　)

3. 我国跨境电商法律法规旨在保障跨境电商消费者的合法权益。　　　　　　　　(　　)

4. 线上线下一致原则要求跨境电商交易所涉各方主体法律地位平等,跨境电商主体与其他民商事主体法律地位平等,国家平等对待线上线下商务活动。　　　　　　　　　　　　　(　　)

5. 传统国际贸易由于货物所有权已转移给国内进口商,在产品质量、消费维权等方面完全可按中国的法律来落实中间商的主体责任。而对国外卖家,在身份识别、产品溯源等方面难以运用中国法律进行规范。　　　　　　　　　　　　　　　　　　　　　　　　　　　　　　　　(　　)

6. 跨境电商多是境内消费者向境外企业或自然人购买商品,由于批量小、随机性强,买卖双方可通过合同方式对产品溯源做出规定。　　　　　　　　　　　　　　　　　　　　　(　　)

7. 电商企业虚假宣传、侵犯知识产权、销售假冒伪劣商品及其他欺诈行为时有发生,不利于电商跨境交易的成长与长远发展。究其原因,主要囿于电商经营者信用体系不完善,市场秩序比较混乱,跨境电子支付存在渠道及安全问题。　　　　　　　　　　　　　　　　　　　　　　(　　)

8. 跨国诉讼机制适合消费者跨境电商争议的解决。　　　　　　　　　　　　　(　　)

四、简答题

1. 简述我国跨境电商法律法规的性质。

2. 简述跨境电商法律法规调整对象——跨境电商法律关系。

3. 我国跨境电商法律法规主要有哪些基本原则?

4. 线上线下一致原则主要涉及哪些内容?

5. 当前跨境电商市场里,侵犯知识产权等违法行为时有发生,海外消费投诉较多,我们应该采取哪些具体措施来实现跨境电商监管?

6. 跨境电商对我国税收的冲击有哪些?

7. 简述跨境电商综合试验区内的跨境电商零售出口货物有关税收政策。

8. 跨境电商零售进口商品应符合哪些条件?

习 题 答 案

第十章
跨境电商创业

引例

李俊杰，浙江万里学院2014届电子商务专业毕业生。大四第一学期在校期间尝试在全球速卖通平台创业，一开始起色不大，在2014年8月接触了Wish平台招商后，就尝试两个平台一起做。当时新平台入驻商户少，平台流量大，很快就能出单。由于是一个人做，上架产品、发货等全部由自己承包，当订单每天有几百单的时候，便请了一位阿姨负责打包，自己仍专心负责产品及运营。2015年上半年，一开始还在公寓楼里办公发货，后来场地已经远远不够用了，最后找了间厂房，把办公室和仓库都搬过去了。之后的2年多时间里，创业团队的人数从1个人发展到30多人，年销售额达1.2亿元。为了鼓舞员工的创业热情，让员工成立属于自己的公司，李俊杰负责出资金，大家一起进步、共同成长。就这样先后发展了三家子公司，团队发展到超过100人，年销售额达到3.5亿元。2019年以后，随着平台入驻商家越来越多，竞争也越来越激烈，期间在Joom、Ozon、Coupang、Amazon等跨境电商平台上既经历了订单快速上涨，也遇到了订单下滑的过程。2023年年初正式布局跨境电商供应链，先后创立了两家自己的工厂。由于产品成本下降很多，使得在各个平台上的价格有了很大优势，并进一步布局自己的海外仓，做到极致的供应链管理。关于未来，李俊杰认为，深耕单一品类，挖掘供应链，提升产品功能质量，走多平台多渠道品牌"出海"的道路，跨境电商的机会很大。

大学生能否跨境电商创业？如何打造跨境电商创业团队？跨境电商创业应该选择什么样的平台？需要掌握哪些跨境电商运营基础？带着这些问题，让我们来学习本章的内容。

本章学习目标

（1）掌握跨境电商创业的概念、特征、优势。

（2）理解如何打造跨境电商创业团队。

（3）了解并比较适合跨境电商创业的平台。

（4）熟悉跨境电商选品与定价、数据分析、客户服务、目标市场等。

第一节　跨境电商创业概述

一、跨境电商创业的概念与特征

1. 跨境电商创业的概念

创业是一个发现和捕获机会并由此创造出新颖的产品、服务或实现其潜在价值的过程。这一过程是创业者及创业搭档对他们拥有的资源或通过努力对能够拥有的资源进行优化整合，从而创造出更大经济或社会价值的过程。

创业可以从广义和狭义两个角度来理解。广义的创业包括各种形式的创新和开拓，不一定局限于创办一个企业，它强调的是个人或团体通过自己的努力和资源整合，实现某种社会或经济价值的创造。狭义的创业则是指创办一个企业，包括但不限于产品的研发、市场的开拓、服务的提供等，它更侧重于经济活动的组织和实施，以实现盈利和增长为目标。

创业还包括企业家在组织内部进行的创新整合，即内部创业。内部创业是由一些有创业意向的企业员工发起，在企业的支持下承担企业内部某些业务内容或工作项目，进行创业并与企业分享成果的创业模式。内部创业的形式多样，包括全资子公司模式、母公司控股模式、不控股模式等。这种激励方式不仅可以满足员工的创业欲望，还能激发企业内部活力，改善内部分配机制，是一种员工和企业"双赢"的管理制度。

跨境电商创业即在跨境电商相关领域进行的创业活动。它主要指的是利用跨境电商平台，通过互联网进行不同国家或地区之间的商品交易、支付结算、物流配送等一系列商业活动。这种创业模式打破了传统贸易的地域限制，为消费者提供了更为便捷、丰富的购物选择，同时也为中小企业提供了拓展国际市场的机会。

随着社交媒体的普及和直播带货的兴起，社交电商和内容电商也逐渐成为跨境电商创业的新趋势。这些新模式通过社交媒体和跨境直播等渠道，将商品信息更直观地展现给世界各地的消费者，大大提高了购买转化率和用户黏性。

2. 跨境电商创业的特征

（1）创业内容明确具体，对专业能力有一定的要求

与传统创业相比，跨境电商创业具有明确的领域，即基于跨境电商具体领域及流程的内外部创业行为。跨境电商创业项目的类型包括进口跨境电商、出口跨境电商、跨境

电商供应链、跨境电商平台创业项目以及跨境电商综合创业项目。

跨境电商创业项目涵盖了多个方面，其中电商平台是核心组成部分。跨境电商平台为卖家和买家提供了一个线上交易及交流的平台，实现商品或服务的跨境交易。跨境电商创业平台主要包括电商平台、独立站以及社交媒体店铺等。

1）电商平台。跨境电商平台如亚马逊、eBay、全球速卖通、Shopee、SHEIN 等，这些平台允许卖家将产品放在上面进行销售。创业者可以通过在国内找工厂买货或自己就是工厂的方式，进行产品的选品、采购、物流、图片处理、上线销售等全过程。在这个过程中，会产生一系列的职位，如选品经理、采购、跨境物流、美工、数据分析师、运营等。

2）独立站。独立站是通过使用建站平台（如 Shopify、GoDaddy 等），让店主可以自定义店铺（网站）的样式和功能。店主需要负责网站的装修、产品上架以及客户引流等工作。独立站的运营涉及广告投放、社交媒体运营、谷歌推广等多种营销手段，以吸引用户并提高销售额。

3）社交媒体店铺。一些自媒体平台（如 Instagram、Facebook、TikTok 等）具有店铺属性，允许用户直接在这些平台上进行购买。创业者可以利用这些平台的粉丝基础，通过发布内容吸引粉丝购买，这种方式对品牌效应的要求较低，更注重选品和社交媒体运营能力。

此外，跨境电商的创业项目还包括手工艺品、健康养生产品、时尚服装、家居用品、美妆个护和电子产品等。这些类别具有不同的市场特点和优势，如：手工艺品门槛低、风险小；健康养生产品市场潜力大；时尚服装和电子产品市场需求大、更新换代快等。

（2）创业环境变化较快，需不断学习和改进

1）多样性。跨境电商的商品种类繁多，涵盖了从电子产品到家居用品，从美妆个护到服装鞋帽，再到食品保健品、母婴用品和运动健身器材等多个领域，能够满足不同消费者的需求。这为创业者提供了多种选择，可以根据自己的兴趣和资源来选择合适的商品类型。

2）地区差异。不同国家和地区的消费者对于产品的偏好有所不同。例如，某些文化背景下，消费者可能更倾向于购买来自本国的商品，或者对某些品牌有特别的偏好。跨境电商创业者可以利用这些差异，提供符合当地市场需求的商品，实现差异化竞争。

3）品牌建设。无论是提升产品竞争力、增强品牌影响力、建立客户忠诚度、降低市场风险，还是提升市场份额，品牌的影响力在跨境电商领域都占据着至关重要的地位。创业者通过打造独特品牌，提高消费者忠诚度和复购率，从而实现长期发展。

4）数据驱动。跨境电商涉及复杂的消费者行为和市场趋势分析。随着人工智能技术的不断发展，跨境电商平台交易及结算手段等方面也处在调整和完善之中，创业者需要善于运用分析工具利用好数据，了解目标市场的需求和趋势，以便及时调整产品和服务。

5）物流与法规。物流与配送是一个关键环节，选择合适的物流方案对于确保商品

能够高效、低成本地送达消费者手中至关重要。创业者需要考虑不同国家和地区的法律法规和税务政策，包括产品质量和安全标准、知识产权保护、海关清关手续、税务申报等方面的内容。

6）持续学习与改进。跨境电商行业变化迅速，无论是跨境电商的政策和制度环境，还是交易平台、结算手段等市场环境都存在较大的不确定性。创业者需要保持敏锐的市场洞察力，关注行业动态，不断学习和改进，以适应不断变化的市场环境。

二、跨境电商创业的优势

跨境电商创业的优势在于它能够整合全球资源，满足消费者的多元化需求。通过跨境电商平台，消费者可以轻松购买世界各地的优质商品，享受到更丰富的购物体验。同时，跨境电商还为中小企业提供了拓展国际市场的机会，促进了全球经济的均衡发展。

1. 为消费者提供多元化的产品选择

跨境电商企业能灵活把握市场趋势，迅速调整和更新产品线，使消费者获得了前所未有的多元化选择。它们可以从世界各地购买各种商品，无论是时尚服装、电子产品、美容产品还是食品。同时，卖家也可以根据市场需求和趋势选择热门的产品以提高销售成功的概率。

跨境电商不仅为企业提供了机会，进一步扩展业务、增加销售额，并获得全球市场的竞争优势，还为消费者提供了更多的购物选项，并且能够获得具有竞争力的价格和高质量的产品。这种创业模式的兴起，使得消费者不仅能够接触到来自世界各地的产品和服务，还丰富了他们的购物体验和选择范围。

2. 从小规模起步，寻找创业新机遇

跨境电商相比于传统外贸，不需要自己进行囤货，卖家承受的资金压力相对较小。例如，通过选择无货源模式，只需要一台计算机和一部手机，就可以开展业务。这种模式的优势在于，它允许个人卖家以较小的投资快速进入市场，同时享受操作简单、灵活自由的特点。现在，许多跨境电商平台提供了完善的卖家工具和服务，使得新手卖家也能轻松操作，这进一步降低了创业的门槛和风险。

对于那些寻求低成本创业机会的人来说，跨境电商是一个值得考虑的选择。尽管初始投入资金较小，但个人卖家可以通过自己的努力和对市场的深入了解，逐步扩大业务，实现收益的增长。因此，个人卖家通过小规模起步和灵活运用现有资源，可以在规模庞大的跨境电商市场中探索出属于自己的创业新机遇。

3. 实现低成本投入和高收益回报

相比于传统销售，跨境电商通常具有更低的开支。卖家无须拥有实体店面，也不需要租金、人力和库存成本，降低了创业门槛。我国作为"世界工厂"，制造业发达，很多产品具有价格和产品优势。国内卖家在做跨境电商时，可以享受成本低利润高的优势，产品生产成本低，销往国外后价格可以翻几倍或更高。除此之外，卖家可以与供应商直接合作，减少中间环节，降低采购成本。

跨境电商创业的关键在于选择成本低利润高的商品，并通过优化供应链、品牌建设以及市场洞察来降低成本、提升效率和增加利润。成本低利润高的商品通常有体积小、重量轻、需求大的特点。例如，特色手工艺品、高端化妆品、热门电子产品等都是不错的选择。同时，数字化的运营和自动化的流程可以提高效率，降低运营成本，为企业创造更多的盈利机会，进一步提高企业的经济效益。

4. 国家政策为创业者提供全方位的支持

我国在金融服务、创业孵化、专业培训、市场拓展、平台建设、配套体系等多个方面为跨境电商创业者提供全方位的政策支持，从而降低了创业门槛，提高了创业成功率。

（1）金融服务。鼓励社会各类股权投资机构对跨境电商企业进行投资，并鼓励银行等金融服务机构为跨境电商中小微企业提供多种金融服务，如转贷资金、信用贷款、出口企业融资等。

（2）创业孵化。支持设立跨境电商创业孵化中心，提供培训、选品、开店（建站）、营销、供应链、资源对接等一站式服务。对成功带动企业转型成为跨境电商企业、带动产品实现跨境电商交易总额超过一定金额的孵化项目，给予一次性资金支持。

（3）专业培训。鼓励开设跨境电商专业，加强专业人才培训，支持引进跨境电商专业人才。对建设跨境电商专业的高校给予一定的经费支持，对企业年培训超过一定人次的专业培训给予经费补助。

（4）市场拓展。支持建设独立站和开展跨境直播活动，推动企业使用云服务建站工具拓展海外市场，并按实际支出给予补助。这有助于企业拓展国际市场，提高品牌知名度。

（5）平台建设。支持建设海外仓公共服务平台，助力企业开展业务对接，实现海外仓全流程业务数据可追溯。这有助于企业更有效地管理海外仓储和物流，提高订单履约效率。

（6）配套体系。对于促进跨境电商产业发展有重大意义或做出重大贡献的项目，可通过"一事一议"办法给予支持。这包括支持农产品跨境电商发展相关机制创新，鼓励在符合海关监管要求的前提下进行检验检疫风险评估机制等监管机制的创新。

5. 为品牌全球化提供了有效途径

通过跨境电商，品牌可以实现全球化。跨境电商的销售方式不仅节省了时间和成本，还提供了更丰富的商品选择，满足了消费者对多样化商品的需求。跨境电商的全球化促进了供应链的优化和国际分工的深入发展，供应商可以借助跨境电商平台进行全球范围的市场调研和推广，从而更好地了解消费者需求，优化产品设计、生产和供应。同时，品牌和产品也可以被引入各种文化和市场，从而增加知名度和品牌价值。

利用跨境电商，可以进行全球品牌推广。企业可以快速、便捷地触达全球不同地区和国家的消费者，降低经营成本，提供更多的消费者选择，并拥有更好的数据分析和精准营销能力。通过大数据分析和用户画像，企业可以更加精准地了解消费者的需求和购买行为，根据这些数据进行精准的品牌推广和营销活动。基于这些优势，企业可以有效利用跨境电商进行全球品牌推广，市场覆盖更广，品牌传播效果更好。

6. 为商家提供了更广阔的市场空间

跨境电商通过去除传统外贸中的多重中间环节，直接连接制造商与海外消费者，从而大大缩减了商品从生产到消费的过程，使中小企业和消费者都能从中受益。这种模式的优势在于，它不仅降低了时间和人力成本，还使得物流成本更为透明和可控。此外，跨境电商平台通过提供一站式服务，如海外仓储、物流配送、客户服务等，为中小企业提供了更轻松触达海外用户的渠道。这些服务不仅减轻了企业的负担，还提高了运营效率，使得商家能够更专注于产品研发和市场拓展。

跨境电商平台通过全球化营销策略，成功将中国品牌的高质量产品展示给全世界的消费者，这不仅提升了中国品牌的知名度和美誉度，还为中国品牌在国际市场上赢得更多的信任和认可。这种品牌力的提升，为中国产品在国际市场上拥有更大的竞争优势。通过多元化的营销手段，如广告投放、市场推广、社交媒体运营等，帮助中国品牌在海外市场上建立起良好的形象和口碑。这些营销活动不仅提高了消费者对中国品牌的认知度，还增强了消费者对中国产品的信任。

三、跨境电商创业资金

1. 资金筹备

（1）资金来源

跨境电商创业的初期资金主要来自个人积蓄、亲朋好友借款、银行贷款、风险投资和产权抵押等，其中也包括一些政府支持、企业扶持。个人积蓄是最主要的资金来源之一，适合于小额投资，如启动资金可以依靠个人积蓄来筹集。银行贷款也是一种可行的资金来源，适合于个人贷款能力强的投资者，可以用来筹集运营资金和营销资金。

如果你有一定的经验与能力，但是资金不足，可以考虑找几个人合伙或者是寻找投资者，也可以考虑做个自由职业者，操作一些轻资产的销售方式，比如说一件代发。

（2）资金筹备之道

资金筹备是跨境电商创业成功的关键之一，以下是帮助创业者有效筹集资金的几点建议：第一，制订详细的创业计划。明确创业目标、市场定位、运营策略等，以便更好地估算所需资金。第二，多渠道融资。除了自有资金外，创业者还可以通过银行贷款、风险投资、天使投资等渠道筹集资金。第三，合理分配资金。根据创业计划，合理分配各项费用，确保资金使用的有效性和高效性。第四，控制成本。在创业初期，创业者可以通过优化采购渠道、降低运营成本等方式，实现成本控制和效益最大化。

2. 资金规模

跨境电商创业的资金需求因项目规模、运营模式、产品类型和目标市场等因素而异。一般来说，初期启动资金可能在几万元到百万元不等。

（1）平台注册费用

不同跨境电商平台的注册费用可能有所不同。一些平台可能需要交纳一定的年费或月费，而另一些平台可能只收取佣金。可以根据自己的需求和预算选择合适的平台进行注册。

（2）产品采购费用

需要投入一定的资金购买产品。采购成本将根据产品的种类、数量和价格等因素而有所不同。建议在选择产品时，充分考虑市场需求和竞争情况，以确保采购的产品具有较高的销售潜力和利润空间。

（3）营销推广费用

为了提高产品的知名度和吸引更多的潜在客户，可能需要投入一定的资金进行营销推广活动。这部分费用可能包括广告投放、社交媒体推广、促销活动等。根据预算和市场策略，制订合理的营销推广计划至关重要。

（4）运营成本费用

运营过程中，资金也会用于支付持续的运营成本，如员工薪酬、税收、物流费用、仓储费用、客户服务、售后服务等。这部分支出根据业务量和运营效率的不同，可能会持续流动。

（5）特殊领域的投资

对于特定行业，如高科技产品、奢侈品或需要特殊资质的产品，可能还需要额外的资金来获取相关许可证或专利，或者进行品牌建设和市场培育。

（6）风险准备金

跨境电商面临汇率风险、政策风险和市场竞争，因此预留一部分风险缓冲资金也是必要的。

总的来说，跨境电商创业的资金需求会随着业务的发展和扩展而增加，创业者应根据自身情况制订合理的资金使用规划。

四、跨境电商是否适合大学生创业

跨境电商作为新兴的跨国贸易业务形式，发展趋势和前景十分广阔，在这个庞大的市场中，大学生将会有广阔的就业机会。跨境电商行业所涉及的领域非常广泛，包括贸易、物流、金融、市场营销、数据分析等多个领域，因此，大学毕业生可以根据自己的兴趣和专业背景选择适合自己的职业方向。如果有一定的想法和魄力，想早早为自己的事业和前途做打算，也可以选择跨境电商创业。以下是大学生毕业后选择跨境电商创业的几点有利条件。

（1）低门槛的市场准入

跨境电商平台的兴起，极大地降低了大学生创业的初始成本和市场准入门槛。相较于传统的实体店铺或国际贸易，大学生通过跨境电商平台能够更容易地接触到海外市场，快速搭建起自己的在线商店，实现产品的展示与销售。

（2）丰富的商品选择

跨境电商平台汇聚了来自世界各地的优质商品，为大学生创业提供了丰富的货源选择。无论是特色手工艺品、时尚服饰，还是智能家居产品，大学生都能够根据自己的兴趣和市场需求，挑选到独具特色的商品进行销售，从而打造出个性化的品牌形象。

（3）便捷的物流体系

随着国际物流体系的不断完善，跨境电商的物流问题得到了有效解决。大学生创业者可以利用平台提供的物流服务，实现商品的快速配送和跟踪，为消费者提供高效、便捷的购物体验。这不仅提升了消费者的满意度，也为创业者赢得了良好的口碑。

（4）广阔的市场空间

跨境电商让大学生的创业项目不再局限于本地或国内市场，而是能够直接面向全球消费者。通过精心策划和推广，大学生的品牌和产品有机会获得国际市场的认可，实现快速的增长和扩张。

（5）专业的培训与指导

许多跨境电商平台为创业者提供了专业的培训和指导服务，帮助大学生提升商业素养和运营能力。从市场分析、产品选择、店铺运营到营销推广，创业者都能够得到专业的指导和支持，从而更加稳健地推进自己的创业计划。

（6）灵活的创业模式

跨境电商为大学生创业提供了灵活的创业模式。大学生可以选择全职投入，也可以选择兼职经营，根据自己的时间和能力来灵活安排创业计划。这种灵活性让大学生能够在创业的同时，兼顾学业和个人生活，实现事业与生活的平衡。

最后建议，大学毕业生在进入跨境电商行业之前，一定要对这个行业有充分的了解，并且需要掌握相关的知识和技能。虽然跨境电商的发展形势很好，但并不是所有跨境电商平台都适合去尝试，每个平台都有自己的优劣。可以先去各大跨境电商运营公司应聘学习，或者找熟悉跨境电商运营的人带你。

第二节　如何打造跨境电商创业团队

一、创业团队的内涵

1. 创业团队的定义

创业团队是指为进行创业而形成的集体，由一群才能互补、责任共担、愿为共同的创业目标而奋斗的人组成。这些成员通常包括技术专家、市场人员、管理人员等，他们共同承担创建新企业的责任，并共享创业的收益和风险。

创业团队的组成不仅包括直接的创业搭档，还可能包括与创业过程相关的各种利益相关者，如风险投资商、供应商等。这种团队组建的目的是利用各自的专业知识和技能，共同创造新的价值，并在新企业中实现共同的目标。

2. 创业团队的构成要素

一个优秀的创业团队，能够凝聚人心、发挥各自优势、共同追求目标，从而取得事业的成功。在组建创业团队时，需要考虑以下五个重要因素。

1）共同的创业理念。创业理念是团队成员共同的价值观和目标，是团队前进的动力和方向。团队成员应该在创业理念上保持高度的一致性，共同追求创业的目标，并相信自己的创业理念能够为社会带来价值。

2）合理的人才搭配。创业团队需要各种不同领域的专业人才，包括技术、市场、财务等方面的人才。人才搭配要考虑团队成员的专业能力、经验和性格特点，以形成互补和协同的优势。团队中的每个人都应该在自己的领域中具备专业的知识和技能，并能够相互合作，共同解决问题。

3）良好的沟通与协作能力。团队成员之间应该能够互相沟通、理解和支持，有效地协作完成工作。团队成员之间应该建立良好的关系，保持积极的沟通和合作，共同追求团队的目标。团队领导者应该具备良好的沟通与协作能力，能够有效地组织团队成员的工作，推动团队的发展。

4）创新与学习能力。创业是一个不断创新的过程，需要团队成员具备创新的思维和能力，能够不断地寻找新的商机和解决问题的方法。团队成员应该具备学习的意识和能力，能够不断地学习新知识和技能，不断提升自己的能力和素质。团队领导者应该鼓励团队成员创新和学习，为团队提供良好的学习和创新环境。

5）持之以恒的精神。创业是一个充满挑战和风险的过程，需要团队成员具备坚持不懈的精神和毅力。团队成员应该有足够的耐心和毅力，能够克服困难和挫折，保持对创业目标的追求。团队领导者应该树立榜样，带领团队坚定地走下去，不断追求创业的成功。

3. 创业团队的组建原则

创业团队组建的原则有目标明确合理、互补、精简高效、动态开放、分工明确、管理制度明确等。

1）目标明确合理原则。目标必须明确，这样才能使团队成员清楚地认识到共同的奋斗方向是什么。与此同时，目标也必须是合理的、切实可行的，这样才能真正达到激励的目的。

2）互补原则。创业者之所以寻求团队合作，其目的就在于弥补创业目标与自身能力间的差距。只有当团队成员相互间在知识、技能、经验等方面实现互补时，才有可能通过相互协作而发挥协同效应。

3）精简高效原则。为了减少创业期的运作成本、最大比例地分享成果，创业团队人员应在保证企业能高效运作的前提下尽量精简。

4）动态开放原则。创业过程是一个充满不确定性的过程，团队中可能因为能力、观念等多种原因不断有人离开，同时也不断有人加入。因此，在组建创业团队时，应注意保持团队的动态性和开放性。

5）分工明确原则。创业团队的职权划分就是根据执行创业计划的需要，具体确定每个团队成员所要担负的职责以及相应所享有的权限。团队成员间职权的划分必须明确，既要避免职权的重叠和交叉，又要避免工作无人承担造成疏漏。

6）管理制度明确原则。创业团队制度体系体现了创业团队对成员的控制和激励能力，主要包括团队的各种约束制度和各种激励制度。一方面，创业团队通过各种约束制度（主要包括纪律条例、组织条例、财务条例、保密条例等）指导其成员避免做出不利于团队发展的行为，实现对其行为的有效约束，保证团队的稳定秩序。另一方面，创业团队要实现高效运作需要有效的激励机制（主要包括利益分配方案、奖惩制度、考核标准、激励措施等）支持，使团队成员看到创业目标的实现会给其带来多大的利益，从而充分调动成员的积极性，最大限度发挥团队成员的能力。

二、跨境电商创业团队的组建

一个高效的创业团队应该具备多样化的功能，成员之间能够互相补位、协同作战，并且信息能够快速反馈。跨境电商创业团队在组建时，初期阶段团队应尽可能小，以节省管理成本并快速聚焦产品；招聘产品对口的运营人员，以提高效率；寻找能力最强的人，这是提升执行力的关键；招募具有创业心的人。

1. 人才选拔

跨境电商团队需要复合型专业人才，包括但不限于 CEO、运营、技术负责人、市场专员等核心角色。随着业务的发展，可能需要扩充客服团队、财务人员，以及 HR、文案等职能角色。初始团队规模建议为 4~8 人，随着订单量和交易额的增长，团队规模再相应扩大。

2. 合作模式的建立

在组建创业团队时，合伙人之间应建立稳固的利益链接，实现资源的互补，并在认知层面保持高度一致。此外，对于员工而言，他们需要具备将计划落地的生产力、应对基层业务变动的灵活应变力，以及设定短期与长期目标的清晰视野。合作模式应体现在互补性、良好的合作关系、共同的目标追求以及强烈的专业需求等方面。

3. 团队规模和结构

随着业务的增长，团队需要根据实际情况逐步扩充。例如，当月交易额突破 50 万元时，可能需要新增 2 名财务人员应对账务处理。一年后，团队可能扩充到 20~30 人，新添 HR、文案等职能角色。这种扩展应根据团队的实际情况和具体需求来决定，全面权衡团队的资源状况、成本效益、工作效率以及长远发展潜力。

三、跨境电商团队的管理

跨境电商团队的管理按企业发展规模的大小主要有按店铺进行运营和管理、按产品线进行划分和管理、按工作内容进行划分和管理等模式。

1. 按店铺进行运营和管理

这是最为常见的一种管理模式，很多刚刚创业不久的小团队都是采用的这种管理模式，一个运营者负责一个店铺；或者由一个运营者搭配一个运营助理，两个人来负责一个店铺的运营。

这种模式其实对于刚刚开始创业的团队来说，优势是很明显的。因为初创团队的SKU 不会很多，一个运营者负责一个店铺，通常可以让这个运营者能够清楚整个店铺的风吹草动，包括整个店铺的风控情况、邮件回复情况、发货情况等，店铺出了问题，首要的责任人就是运营者。

大多数运营团队出问题往往出在分工不够明确、责任不够细化上。当责任界定不够明确的时候，就会出现大家都不管的情况。当最后需要有人来承担责任的时候，又会出现团队之间互相推诿甩责。这不仅不利于问题的解决，还会对团队的氛围造成永久性的损害。

按店铺进行运营和管理的模式帮助运营者提升运营能力的作用非常明显。经常参加招聘的公司负责人或者人事经理会发现，目前市面上的运营人才，若是从大公司出来的，有些只熟悉运营的某一环节，对整个店铺的统筹以及每个板块的细节化运营知道的不多；而很多从初创公司摸爬滚打一点点成长起来的运营人才，在能力层级、运营认知上，可能比从大公司出来的运营人才强一些。

2. 按产品线进行划分和管理

当跨境电商团队发展到一定的规模，店铺内的SKU数量逐渐增多时，整个店铺内的管理难度会加大，如果继续采用店铺负责制的管理模式，容易出现很多漏洞。大家知道，不同的产品线之间的运营模式其实是千差万别的。因此，要想实现精细化运营，就必须先从产品端入手，真正做到能够吃透产品、吃透市场，这就需要花大量的时间深入市场，做出细致的市场分析与市场调研。

调研中会发现，公司的不同店铺可能经营着很多相同的产品线，如何最大限度地让这些产品线得到精细化运营，就成为大问题。这个时候必须要对内部的管理模式进行调整，整合人力资源，让对应的运营者负责对应的产品线，而不是负责单个店铺。

虽然变革初期，运营者会非常不习惯，但是当一个运营者负责对应的产品线一段时间之后，他对产品是有"货感"的，他能够捕捉到市场的风吹草动，能够真正实现产品认知专业化、市场分析专业化、用户喜好专业化。相比笼统负责单个店铺的多条产品线，变换管理模式会产生无法比拟的优势。

吃透产品、吃透市场、吃透消费者，这才是商业的本质。跨境电商企业由店铺运营模式转向产品线运营模式，是一家跨境电商企业真正走向专业化、成熟化的标志。

3. 按工作内容进行划分和管理

这种管理模式，基本上绝大多数的跨境电商企业很少能用到，一般更适合行业内的一些超级大卖。为什么这些超级大卖不采用按产品线来进行划分和管理呢？主要是因为这些超级大卖的产品线太多了，同样SKU也太多了。如果按产品线进行划分，需要非常多的专业化的运营者，并且每个运营者要从头到尾负责的运营产品也太多。因为专业性强、能力强的运营者本就非常稀缺，如果让运营者从头到尾负责一条产品线的细节，必然会造成人员利用效率的下降。

按工作内容进行划分和管理的模式会使得时间成本和边际成本大大降低。例如，把运营工作进行拆解之后，由一个运营者专门负责回复邮件。刚开始回复的时候可能不适应，一天只能回复50封，但一段时间习惯后，一天回复量由50封增加到200封，整个运营工作的工作效率就会大幅提升，运营人员的边际成本就直接降到最低，对应的公司的人力成本也降到了最低。同样负责广告投放的有专门团队，负责售后的有专门团队，负责市场调研的有专门团队，负责 Listing 制作的有专门团队，负责账号风控的也有专门团队。接着老板要考虑的就是如何降低各个部门之间的内部沟通成本，保障整个项目的顺畅推进，当然中间肯定是需要有人来扮演这个沟通协调与情况反馈的角色。

跨境电商企业的团队管理模式并不是一成不变的，而是随着企业的发展、团队的发展呈现动态变化。此外，所有的跨境电商企业都要勇于对内部的组织架构做变革，如在旺季来临之前，可以在团队的内部单独设立"增长小组"。

第三节 跨境电商平台选择

一、跨境电商平台选择的原则

选择跨境电商平台时，创业者应遵循以下几个原则。

1. 目标市场定位

明确自己的目标市场是关键。不同的平台在不同的地区有着不同的市场占有率。例如，亚马逊和 Walmart 在北美市场极具优势，而 Shopee 和 Lazada 则在东南亚市场占主导地位。因此，根据目标市场选择合适的平台，可以更有效地接触到潜在用户。

2. 产品类型适配

不同的电商平台可能针对不同类型的商品。例如，亚马逊和 eBay 广泛覆盖各类商品，而 Wayfair 则专注于家具和家居装饰。了解各平台的商品优势和消费者偏好，可以帮助卖家更准确地定位产品线和开发潜在的市场需求。

3. 平台政策与费用

每个电商平台都有自己的费用结构和操作政策，包括入驻费、交易费、广告费等。大平台（如亚马逊）拥有较高的市场曝光率和成熟的物流支持，但竞争激烈且成本相对较高。小型或新兴平台可能提供更低的费率和更灵活的政策来吸引卖家，但相应的市场曝光率和用户信任度可能较低。因此，选择跨境电商平台不应仅仅基于平台的规模或知名度，还应考虑平台的市场定位、适合的产品类型以及平台的综合成本和政策。

4. 新手考虑因素

对于新手创业者，建议从自己的资金状况、电商知识储备以及产品特性出发，选择适合自己的市场。例如，新手可以从东南亚市场开始尝试，选择 Shopee 或 Lazada 等平台，这些平台对新手较为友好，提供了多种入驻方式，如跨境店等，且开店简单成本低，不需要很多运营知识。

综上所述，跨境电商平台的选择需要综合考虑目标市场、产品类型、平台政策与费用等因素。新手创业者尤其需要注意平台的友好程度和自身的适应能力，选择最适合自己的平台以降低风险并快速成长。

二、部分跨境电商平台的特点及入驻要求

选择跨境电商平台时，需要考虑多个因素，如平台的用户基数、流量、佣金比例、

物流支持、目标市场匹配度以及平台的规则和算法等。此外，还需要考虑平台的入驻要求，如营业执照、税务登记、信用卡支付能力等。因此，建议根据自己的产品特性、目标市场和营销策略来选择最适合自己的跨境电商平台。由于在第三章、第四章已经对部分出口跨境电商、进口跨境电商平台做了介绍，下面再列举几个常用的出口跨境电商平台。

1. Shopee（虾皮）

Shopee 是一个领航电商平台，诞生于 2015 年，专门为本地区域量身定制，提供安全且快捷的线上购物体验。作为东南亚地区及中国台湾省领先的电商平台之一，Shopee 通过强大的支付和履行支持，致力于为客户提供方便、无阻碍、方便和愉快的在线购物体验。Shopee 的愿景是通过提供一个连接买卖双方的技术平台来改善人们的生活，使命是为各地的互联网用户提供一站式的在线购物体验、多样化的商品选择、值得探索的社区与无缝衔接的服务。

（1）平台特点

1）移动电商平台：主要限于移动设备使用，具有高度社交性，卖家会特别关注商店的声誉并积累粉丝，为购买者带来了极好的购物体验。

2）无佣金、无上市费：没有佣金和上市费，卖家可以选择原生广告并根据自己的意愿购买付费广告。

3）强大的市场地位：在中国台湾省和印度尼西亚拥有强大的市场地位，在马来西亚和泰国的市场占有率也在强劲增长且具有很大潜力，现包括东南亚、南美洲、欧洲等地的站点。

4）免费入驻和平台扶持：提供免费入驻，有平台扶持，包括运费补贴，不需要交保证金或月租费。

5）简单的规则、易上手：规则简单易懂、容易上手，即使没做过电商也可以做。

6）一站式物流解决方案：为卖家提供一站式物流解决方案，包括清关、跨境运输及最后派送到买家手中的服务。国内有中转仓，不需要国际物流，发货到国内中转站即可。

（2）平台费用

1）交易手续费：支付给交易清算服务商的费用，各个站点有所不同，低至 2%。

2）服务费：仅在参加平台特定的活动时收取，如果不参加则不会收取。

3）物流费用：由卖家和买家共同承担，卖家需要承担从转运仓至所在站点当地仓的费用，而从当地仓到买家手中的费用则由买家自己承担。

（3）入驻要求

1）企业资质：申请人必须拥有中国内地或中国香港注册的合法企业营业执照或个体工商户营业执照。企业营业执照包括有限公司企业执照和个人独资企业执照。重要的是，入驻执照必须在有效期内，且不能为已注销的执照。如果营业执照为新注册，则需等待执照在国家企业信用信息公示系统上能够查询到后才能入驻。

2）产品要求：卖家所经营的产品需符合当地出口要求及目标市场的进口要求。例如，3C 电子产品需要具备 CCC 认证等。

3）跨境电商经验：申请人需要具备一定的跨境电商经验，包括在欧美、东南亚、拉美等跨境电商平台上的经验。

4）营业执照状态：在申请入驻前，申请人需要先前往"国家企业信用信息公示系统"查询其营业执照，确保营业执照状态为"存续"且无经营异常。

5）信息真实性：申请人需要保证申请入驻的所有信息的真实、一致、准确，包括但不限于企业信息、产品信息等，不得重复入驻或使用虚假材料。

6）审核时间：初审审核时间为 5 个工作日，复审审核时间为 5~7 个工作日。审核时间可能会因节假日、周末或繁忙时段而顺延。

满足以上条件的申请人可以尝试申请入驻 Shopee 平台。此外，如果申请人没有在其他任何电商平台上的开店经验，即无电商经验卖家，其入驻标准与上述要求基本相同，只是特别强调了对于新注册的营业执照，需要等待执照在国家企业信用信息公示系统上能够查询到后才能入驻。

2. Ozon

Ozon 是俄罗斯最大的综合性电商平台之一，它涵盖了电子产品、服装、家居用品、食品等多个领域，拥有庞大的用户群体和完善的物流体系。Ozon 的业务不仅包括在线零售，还涉及跨境电商服务，为国际商家提供进入俄罗斯市场的渠道。特别是对中国卖家而言，Ozon 提供了一个重要的销售平台。

（1）平台特点

1）巨大的用户基础：Ozon 拥有庞大的用户基础，这意味着卖家可以直接面对大量的潜在消费者。借助 Ozon 的影响力和知名度，卖家可以提高品牌曝光度，并吸引更多的用户购买产品。

2）强大的营销工具：Ozon 提供了一系列强大的营销工具，帮助卖家提升产品的可见性和销售额。这些工具包括广告推广、促销活动、精准定位和个性化推荐等，能够帮助卖家更好地推广和销售产品。

3）丰富的支付和物流选择：Ozon 为卖家提供多样化的支付和物流选择，方便卖家处理订单和交付商品。卖家可以根据自己的需求选择适合的支付方式和物流合作伙伴，确保订单的顺利处理和及时交付。

4）数据分析和市场洞察：Ozon 提供了强大的数据分析工具，卖家可以通过分析用户行为和市场趋势，获取有关产品需求和消费者偏好的重要洞察。这些洞察可以帮助卖家优化产品策划、制定销售策略，实现更精准的市场定位。

（2）平台费用

1）平台使用费：商家在 Ozon 上开展业务所需支付的基础费用，通常包括了使用 Ozon 提供的各种工具和服务的费用。不同的服务等级或套餐可能会有不同的费用标准。

2）交易佣金：根据商家在平台上完成的每笔交易金额的一定比例收取的费用。平台的交易佣金比例因商品类别而异，商家需要根据自己的主营商品类别了解具体的佣金比例。

3）支付处理费：当消费者通过平台完成支付时，商家需要支付一定比例的支付处理费。这个费用涵盖了支付网关的服务成本以及可能涉及的货币转换费用。

4）其他费用：除了上述费用外，商家在平台上还可能遇到一些其他费用，如广告推广费、物流服务费、退货处理费等。

此外，入驻 Ozon 需要交纳入驻费用，且这个费用主要和卖家企业类型和销售产品类型相关。例如，个体工商户的入驻费用为 10000 卢布，而公司的入驻费用为 30000 卢布。

（3）入驻要求

1）公司营业执照：申请入驻的卖家需要拥有中国内地或中国香港的公司营业执照，并且需要提供中英文版本。

2）法人身份证：申请入驻的卖家需要提供公司法人的身份证信息。

3）电商经验：申请入驻平台的卖家需要在亚马逊或全球速卖通等平台经营店铺至少 2 年以上。

4）价格竞争力：入驻的商品价格（包括物流成本）不能高于其他俄罗斯电商平台（如 Yandex、Joom、全球速卖通俄罗斯版）的价格。

5）俄语客服：卖家需要能够提供俄语客服服务，以满足俄罗斯消费者的需求。

3. Etsy

Etsy 成立于 2005 年，总部位于美国纽约。它是一个在线市场，为卖家提供了一个平台来销售手工艺品、独立设计商品、艺术品、珠宝、家居用品、古董商品等独特的艺术和创意产品。Etsy 的独特之处在于它的社区氛围和对手工艺、独立设计的关注。它吸引了全球范围内的卖家和买家，为他们提供了一个互动、创造和购物的场所。

（1）平台特点

独特的产品：Etsy 聚焦于手工艺品、独立设计和古董商品等独特的产品。这使得买家可以找到一系列独特、个性化的商品，无论是用于个人使用、装饰家居或作为礼物。

1）手工和定制商品：Etsy 鼓励卖家提供手工制作和定制的商品。这意味着买家可以获得独一无二的商品，满足他们的特殊需求和喜好。

2）独立设计师和艺术家：Etsy 是一个为独立设计师和艺术家提供展示和销售他们作品的平台。它为这些创作者提供了一个机会，让他们的作品被更广泛的买家发现和欣赏。

3）社区互动：Etsy 鼓励卖家和买家之间的互动和交流。平台提供了评论、收藏、关注和私信等功能，使买家和卖家能够建立联系、提供反馈和分享购物体验。

4）专注于可持续和环保：Etsy 关注可持续性和环保问题，鼓励卖家使用环保材料、可再生资源和可持续生产方式。这使得买家可以找到更多与可持续发展价值观相符的商品。

（2）平台费用

1）上架费：每个产品在 Etsy 店铺中上架需要支付 0.2 美元的费用，这个费用会在 4 个月后过期，如果需要保留 Listing，则需要续订并支付额外的 0.2 美元。

2）平台佣金：Etsy 会收取订单金额的 5% 作为交易手续费。这个佣金是基于商品总价，包括运费和礼品包装费计算的。

3）付款处理费：如果你使用 Etsy Payments 在 Etsy 商店接受付款，将产生付款处理费。对于美国卖家，Etsy 每笔交易收取产品售价的 3% 加上 0.25 美元的费用。

4）税金：如果自然年内的交易金额达到 20000 美元且订单数到达 200 笔，将会收到 1099-K 表格和纳税人信息材料用于缴纳税费。

5）其他费用：包括货币转换费（额外收取总销售额的 2.5%）、广告费（可选，每日广告预算可在 1~25 美元之间设置）以及日订单处理费（不固定，大约在 3%）。

此外，需要注意的是，如果发生货币兑换的情况，Etsy 将为此过程收取 2.5% 的费用。对于在其他国家或地区经营 Etsy 商店的卖家，上架费和其他费用可能会根据汇率而有所不同。

（3）入驻要求

1）支持 Etsy Payments 地区的身份材料（全球大约 60 个国家）。

2）VPS 服务器。

3）产品图片。

4）邮箱。

5）信用卡。

6）收款账户。

7）Google 验证器。

4. Rakuten（乐天）

Rakuten 是日本最大的电商平台，由乐天株式会社经营。该平台成立于 1997 年，最初是一个互联网购物的先驱，现在已经发展成为一个涵盖多种服务的综合性平台。Rakuten 不仅提供电商服务，还涉及金融、旅游等多个领域，形成了庞大的业务网络。热销品类为玩具和 DIY 产品、家具家电、食品和个人护理等。适合目标日本市场的商家。

（1）平台特点

1）市场地位与规模：Rakuten 是日本最大的跨境电商平台之一，占有 25% 的日本 B2C 市场份额，在服装、食品、家具类垂直领域内市场份额占比超过 30%。它拥有约 2.5 亿名会员，覆盖了各年龄层和收入阶层，提供了广阔的市场和潜在的客户。

2）商品种类与销售总额：平台涵盖了众多的商品种类，包括电子产品、服装、家居用品、食品等。在 2021 财年，Rakuten 实现电子商务商品销售总额超过 5 万亿日元，同比增长 10.4%。

3）物流配送与客户服务：Rakuten 拥有完善的物流配送体系，全球物流配送覆盖率高，可以满足不同地区和用户的需求。它提供了 24 小时的客服服务，包括英语、日语、朝鲜语等多种语言，为用户提供专业的帮助和支持。

4）商家支持：Rakuten 为入驻商家配备专业的电商顾问，根据 Rakuten 的大数据推送最新的市场趋势信息以及营销战略推荐。平台会员数超过 9100 万人，占日本总人口的 70%。

5）消费者忠诚度：Rakuten 的消费者通常不会与亚马逊、eBay 等其他平台的消费者重叠，卖家可以利用消费者对 Rakuten 的忠诚度，通过提高客户满意度，与客户建立长期的合作关系。

6）竞争环境：平台本身不销售任何东西，因此卖家不需要与平台本身竞争，竞争对手只是其他卖家。Rakuten 鼓励卖家通过提高服务态度和服务质量进行竞争，而不是仅仅通过价格竞争。

7）积分系统与联盟营销：Rakuten 通过积分系统和联盟营销吸引客户。Rakuten 积分不仅可以在 Rakuten 市场上获取，还可以通过各种 Rakuten 集团服务获取。此外，通过联盟服务自动推广业务，提高平台的吸引客户能力。

8）专业知识库与支持：Rakuten 提供专业知识库和专门的 EC 销售顾问支持销售额增长。Rakuten 市场提供"乐天大学"课程，为开店的卖家提供专业知识。卖家可以向 EC 销售顾问咨询有关增加网上商店销售额的措施或当遇到麻烦时的解决办法。

（2）平台费用

1）月租费：约为 5 万日元/月，需要半年一交。

2）初期注册费：6 万日元，为一次性费用。

3）月佣金费用：8%～12%，这是卖家需要支付的主要费用之一，用于支付在 Rakuten 网站上以及推送邮件里的信息投放费用。

4）保证金：50 万日元，退店时会退还。

此外，还有入驻费和运营成本需要考虑。入驻费一次性支付，而运营成本则包括月租费、佣金费用等。例如，"加油！PLAN"套餐的月使用费（含税）为 20475 日元，年付费为 245700 日元。店铺运营费用占到销售额的 10% 左右，这仅包括支付给 Rakuten 的费用，不含月租费和运输成本。

在申请开店的过程中，还需要进行资料核查和签订合同等步骤。整个开店流程下来，从申请到最后投放到市场需要 40～50 天。开店后，卖家需要关注销售额和成本控制，以确保盈利。

（3）入驻要求

1）日本注册公司或个人事业主。

2）电话、传真、办公地点完备。

3）拥有公司名义的银行账户信箱。

4）有相关的在日本电商平台的运营经验。

5）能遵守日本法律以及 Rakuten 市场规约。

5. Miravia

Miravia 由阿里巴巴集团推出，作为其在西班牙的本地电商平台，主要服务于西班牙市场，旨在瞄准中高端本土市场，与全球速卖通和 Lazada 形成互补。该平台自 2022 年 12 月上线以来，聚焦于本地中高端用户，主要类目包括时尚服饰、日用百货、快消品和电子产品，其下载量在不到一年的时间里跃居西班牙购物 App 榜首。

（1）平台特点

1）高端定位：Miravia 主要瞄准西班牙的高端用户市场，通过提供一系列知名品牌的产品，如阿迪达斯、Salsa Jeans、Weleda、Cecotec、Rowenta、Jack&Jones、Tommy Hilfiger 等，覆盖女装时尚、美容与健康、家庭和花园、男士时尚、休闲娱乐、食品和清洁等多个品类，展现了其专注于中高端市场的定位。

2）品牌合作：Miravia 吸引了包括迪士尼、乐高、皮克斯、巴黎欧莱雅、耐克、小米等在内的国际品牌入驻，这些品牌的选择进一步巩固了其在市场中的高端形象，同时也为平台带来了广泛的消费者基础。

3）线上线下结合的营销策略：除了线上网站，Miravia 还通过开设线下快闪店的方式，加强了其品牌影响力。这种线上线下结合的策略，为 Miravia 在西班牙市场上的成功提供了重要的支持。

此外，Miravia 还提供了保证金减免的政策，以吸引更多中国商家的支持和入驻，这一举措降低了商家的初始投入成本，鼓励了更多商家参与到平台的运营中。这些措施共同推动了 Miravia 在西班牙市场的快速成长和成功。

（2）平台费用

1）无入驻费：对于希望降低初始投入成本的卖家来说，是一个相对有利的选项。

2）扣点：6%～15%。

Miravia 背靠阿里巴巴，为西班牙及全球其他地区的跨境电商提供服务。它提供了一个普通店铺模式，遵循传统模式，为当地供应商、零售商和经销商提供线上销售机会。卖家可以参与平台上的大促活动，提供优惠券等促销手段，同时享受 Miravia 提供的免费物流服务。

（3）入驻要求

1）具备主流跨境平台运营能力，垂直品类运营。

2）企业营业执照电子件和法人身份证正反面电子件。

3）主要联系人邮箱及常用电话号码。

4）企业支付宝认证。

5）欧洲主体必须要有 VAT。

6. Cdiscount

Cdiscount 是法国本土排名第一的电商平台，成立于 1998 年，隶属于 Casino 集团。该平台提供 3C 数码、家居、园艺、户外、娱乐等全品类商品的销售，支持自发货和平台自有海外仓，为卖家提供一站式欧洲物流管理服务，是抢占欧洲市场的不二之选。Cdiscount 的官网网站为 www.cdiscount.com，为卖家提供了详细的开店通道和卖家帮助中心，便于卖家了解平台规则、管理店铺和处理订单。

（1）平台特点

1）巨大的规模：经营的商品类目达到 21 种，几乎涵盖了生活的方方面面，提供的商品种类丰富，满足不同消费者的需求。在法国电商市场中，Cdiscount 的市场份额高达 34%，仅次于亚马逊法国站，显示出其在法国电商领域的影响力。

2）高客单价的商品：Cdiscount 商品客单价相对较高，是最早对中国卖家开放的电商平台之一，中国卖家约占总卖家数量的 1/4，为高客单价的商品引入法国市场提供了机会。

3）线上线下的融合：积极倡导线上网店与线下门店的结合，为消费者提供更多灵活的购物方式。这种战略使 Cdiscount 能够更好地满足现代消费者的需求，无论他们是喜欢线上购物，还是更愿意亲自前往实体店面。

4）领先的地位：作为法国电商领域的翘楚，Cdiscount 凭借其巨大的规模、高客单价的商品以及线上线下的融合，吸引了广泛的顾客群体。它不仅在网络世界中闪耀，还在实体零售领域有所涉足，积极推动线上线下的整合。

（2）平台费用

1）平台月租费：Cdiscount 的平台月租费为每月 39.99 欧元（除税价）。

2）佣金费用：佣金费率根据产品的类目而变化，每笔交易的佣金一般为 15%。最低佣金定为税前 1.29 欧元。需要注意的是，佣金和最低佣金是基于产品销售额包括运费的含税价格计算的，不包括增值税。

3）其他费用和注意事项：对于一些特定的产品类别，Cdiscount 可能会有额外的费用。例如，对于大型家用电器，包括洗衣机、烤箱、冰箱等，Cdiscount 可能会有不同的费用结构。卖家还需要留意买家选择分期付款的情况，因为 Cdiscount 会根据分期付款订单向卖家收取额外的费用。

（3）入驻要求

1）中国公司需要公司成立 3 个月以上的营业执照，欧盟公司需要 3 个月内出具的营业执照；公司营业执照上面的二维码必须是清晰可扫描的。

2）法人身份证正反面，法人手持身份证的照片；若是欧盟公司注册，请提供法人护照及法人手持护照的照片。

3）第三方欧元收款账户证明信。

4）需要 Gmail、Outlook、Hotmail 任一邮箱。

第四节　跨境电商运营基础

跨境电商运营涉及跨境电商多方面的知识，本书前几章已经就跨境电商物流与供应链管理、跨境电商通关、跨境电商法律法规、跨境电商营销、跨境电商支付与结算等内容做了详细的介绍，本节不再赘述，现就跨境电商选品与定价策略、跨境电商数据分析、跨境电商客户服务、跨境电商目标市场分析等方面展开。

一、跨境电商选品与定价策略

1. 跨境电商选品概述

（1）跨境电商选品的概念

跨境电商选品是指在供应市场中，选择适合目标市场需求的产品，并在跨境电商平台上进行销售的过程。

跨境电商选品不是将产品简单地展示在网站上，而是涉及市场调研、产品分析、供应链管理等多个复杂工作的综合体现。这个过程需要考虑多个因素，包括产品的品质、价格、适销性、市场潜力，以及物流和售后服务等配套措施的完善程度。选品的好坏直接影响到产品的销售和用户体验。因此，跨境电商平台选品是一项综合能力的体现，需要综合考虑产品、市场、用户等多方面因素。

跨境电商选品并不是一次性的事情，而是一个持续优化的过程。需要不断地监测市场数据，关注用户反馈，调整和优化产品线，以适应市场的变化和用户的需求。只有持续地跟进，并不断地改进和优化选品策略，才能在激烈的跨境电商市场中立于不败之地。

（2）跨境电商选品的思路与方法

1）基于复购率商品榜选品。查看复购率高的商品排行榜，联系供应商，了解生产能力、品质控制、交货周期和最低起订量等信息，确保供应链的稳定性和灵活性。结合成本计算出定价策略，确保有合理的利润空间。

2）基于热销店铺榜选品。分析热销店铺的商品构成，了解热销产品的类型、风格、功能特性以及目标消费群体。热销店铺的成功案例可作为选品的重要参考。

3）基于飙升店铺榜选品。分析飙升店铺所经营的商品类别和市场定位，发现潜在的热销品类和未充分开发的细分市场。深入了解飙升店铺内的爆款商品特点，提炼成功因素，并应用于自己的选品策略中。

4）全球品类市场垂直分析。考虑电子产品的全球市场潜力，如 3C 电子产品类，其市场规模巨大，且线上访问量持续增长，表明消费者对此类产品的需求旺盛。

5）本土卖家观察法。利用社交媒体平台关注本土卖家以及他们推广的产品，观察当地市场的流行趋势和消费者兴趣点，分析本土卖家的营销策略和客户互动，以理解他们成功的原因，为选品带来灵感。

6）差评选品法。在电商平台上筛选出那些评价在四星以下但销量不错的产品，通过分析消费者的差评来识别产品存在的问题和不足，结合自身的生产和供应链能力，寻找改善这些问题的方法，重新设计或优化产品，以提供更好的用户体验。

7）高客单价选品法。考虑销售高客单价的产品，如电子产品、家具或健身设备等。在选品时要充分考虑物流成本和潜在的利润空间，以确保即使是大件产品，运费也不会侵蚀太多利润。

8）产品数据迭代法。对现有产品进行深入分析，包括销售数据、客户评价和市场反馈。根据分析结果，识别可以增加的新功能或者可以改进的地方，进行产品升级或推出新一代产品。推出新产品时，可以利用原有的客户基础进行营销，强调产品的创新和改进。

跨境电商选品需要综合考虑上述因素，通过数据分析、市场洞察和策略调整，选择具有潜力的产品进行销售。

（3）跨境电商选品的爆品法则

1）实用性和刚需性。爆款产品通常是满足刚需且实用的，这类产品市场一定存在，因为电商最终竞争的还是价格。选择具有自身优势的产品，而不是因为别人卖得好，这样才能更好地运作并打造爆款。

2）供应链优势。跨境电商的竞争最终是供应链优势的竞争。做好供应链管理，确保在选品时能体现出自己的优势，这样才能在考虑国际运费和其他成本后仍能保持合理的利润空间。

3）低竞争市场选品。可以选择近期上架且销量不错的商品，特别是那些新品刚上架一个月销量就起来的产品，这样的产品说明得到了客户的认可，适合中小卖家。

4）季节性/节日性选品。通过分析不同月份间各类商品的销售表现，特别是分析哪些商品在特定月份出现了明显的销售高峰或低谷，以及根据销售数据识别出季节性商品，从而及时跟进市场需求。

5）全网比价选品。使用全网比价工具，对比不同供应商提供的同款或类似产品的价格，找出性价比高且质量可靠的产品，确保在考虑国际运费和其他成本后仍能保持合理的利润空间。

6）上新商品榜和飙升商品榜选品。利用上新商品榜查看近期上新的商品数据，观察哪些品类或产品近期上架数量增多、销量增长快，以及查看各类目的跨境飙升商品排行榜，展示近期销量增长迅速的商品。结合社交媒体上的热门话题和跨境电商平台的数据工具，验证飙升商品在海外市场的受欢迎程度和发展趋势。

通过上述法则，跨境电商卖家可以更有效地选品，提高选品的成功率和商品的市场竞争力。

2. 跨境电商选品需注意的问题

1）考虑产品的季节性。选择非季节性或能够跨越季节销售的产品，避免因季节变化导致的库存压力。

2）研究目标市场的需求与文化。了解目标市场的消费者偏好、购买力和季节变化，同时研究当地的文化和风俗，确保所选商品符合当地实际需求且不触犯当地习俗。

3）考虑商品的物流与仓储。选择适合跨境电商的商品，考虑商品的大小、重量、易损性和保存条件，以降低物流成本和确保商品安全送达。

4）符合目标市场的法律和规定。确保所选商品满足目标市场的所有相关法规，包括质量、安全、标签和包装要求，同时关注关税和税收政策。

5）避免选择竞争过于激烈的市场。选择没有巨头品牌垄断或竞争较小的产品类别，以减少竞争压力并提高生存空间。

6）关注产品的利润空间。选择利润绝对值足够大的产品，以支撑运营成本和投入，确保在激烈竞争中能够取得成绩。

7）注意产品专利与版权。在选品时，要查询产品的专利与版权情况，避免侵犯他人知识产权导致的法律风险。

8）产品质量保证。确保产品质量，避免因质量问题导致的差评和店铺账号被封号的风险。

9）利用社交媒体和数据分析。关注社交媒体上的热词和市场需求，利用数据分析工具了解市场趋势和消费者偏好，以指导选品决策。

综上所述，跨境电商选品时需要综合考虑多个因素，包括产品的季节性、目标市场需求与文化、物流与仓储、法律法规、市场竞争、利润空间、专利与版权、产品质量以及市场趋势等，以确保选品成功并降低运营风险。

3. 跨境电商商品的价格构成及定价策略

（1）跨境电商商品的价格构成

跨境电商商品的价格构成包括进货成本、跨境物流成本、跨境电商平台成本、售后维护成本和其他综合成本。

1）进货成本：包括商品的购买价格、快递成本以及可能的商品破损成本。这部分成本直接关系到商品的原始获取价格，是价格构成的基础。

2）跨境物流成本：由于跨境交易的特性，物流成本成为一个重要的组成部分。这包括商品从卖家到买家的运输费用，以及可能涉及的报关、仓储等费用。

3）跨境电商平台成本：在跨境电商中，卖家需要支付的平台费用也是一个不可忽视的成本。这包括推广成本、平台年费以及参与平台活动时的扣点等。

4）售后维护成本：包括退货、换货以及商品破损的处理成本。这部分成本是确保卖家能够提供良好用户服务的重要保障。

5）其他综合成本：涵盖了人工成本、跨境物流包装成本等一些其他费用。这些成本虽然不易量化，但对总成本也有一定的影响。

此外，卖家在定价时还需要考虑利润率，以确保在覆盖所有成本的同时，还能保持一定的盈利空间。这些成本的合理控制和优化，对于提高跨境电商的竞争力和盈利能力至关重要。

（2）跨境电商商品价格的定价策略

跨境电商商品的定价策略涉及多个维度，包括成本、市场需求、竞争对手、消费者心理感知等。以下是一些常见的定价策略。

1）基于成本的定价：这种方法主要是根据商品的成本来计算利润。卖家会考虑商品成本、运输成本、平台成本和仓储成本，以此为基础计算利润，然后以成本加利润的固定价格销售。

2）按地区消费力定价：根据当地消费者的消费能力和市场价格调整价格。这种策略的优势在于可以在某些市场获得更大的利润空间，同时确保价格的灵活性和商品的竞争力。

3）根据竞争对手定价：当跨境电商卖家面对直接竞争对手提供类似或相同的商品且价格更低时，如果自身品牌足够强大，可以保持较高的价格。否则，需要根据竞争对手的价格调整自己的定价。

4）按市场行情定价：当对市场价格不确定时，卖家可以到市场上现有的平台，根据商品的相关搜索关键词，整理筛选出购买用户中不同价格的用户群比例，然后根据用户数量设置价格区间。

5）顾客价值定价法：这种方法以消费者的感知价值为基础，不是基于企业成本。

企业需要获取消费者需求和价值感知，从而设定与用户感知价值匹配的价格。这包括物有所值定价法和增值定价法。

6）物有所值定价法：根据调研，设定与用户感知价值匹配的价格。这种方法适用于新国货品牌"出海"，以实现更高毛利或更快市场渗透的目标。

7）增值定价法：通过增加价值或服务实现商品差异化。例如，提供额外的服务或商品价值，让客户感知到高价值。

8）成本加成定价法：在商品成本上增加毛利率确定售价的方法，关键在于核算成本及适当的利润加成率。

9）竞争定价法：根据竞争者的战略、价格、成本和市场供应量确定价格的方法。这种方法强调随着同行竞争情况的变化随时调整价格。

10）商品组合定价法：传统电商采取的商品组合定价策略，包括低价引流款、中等价位常规款和高价形象款，以实现店铺的整体盈利和客户满意度。

11）心理定价法：利用数字对消费者心理的影响进行定价。例如，将价格定为12.99元而不是13元，以避免"不吉利"的数字影响消费者的购买决策。

跨境电商卖家在选择定价策略时，需要综合考虑多种因素，包括但不限于目标市场的消费者行为、竞争对手的定价策略、产品的成本结构以及消费者对价值的感知。通过灵活运用这些策略，卖家可以更好地满足市场需求，实现市场份额的增长和盈利。

二、跨境电商数据分析

跨境电商数据分析是一个综合性的过程，涉及对大量数据的搜集、整理、分析和应用，以优化业务决策和提升运营效率。数据分析的核心目标是通过挖掘数据中的信息，帮助企业做出更明智的商业决策，从而在竞争激烈的全球市场中获得优势。

跨境电商数据分析不仅包括对网站运营数据的分析，还包括对市场趋势、消费者行为的研究以及对数据分析工具的应用。通过这些分析，企业可以做出更明智的商业决策，从而在全球市场中脱颖而出。

1. 跨境电商行业数据分析

跨境电商行业的数据分析涉及多个方面，包括行业规模与市场规模、竞争格局与市场集中度、市场需求与消费者行为、供应链管理与物流效率以及市场营销策略与数据分析技巧等。

1）行业规模与市场规模：跨境电商的行业规模和市场规模是衡量行业发展水平的重要指标。通过分析跨境电商物流行业的市场规模、供应规模和需求规模，可以了解行业的发展状况和市场潜力。例如，中国跨境电商物流行业的市场规模在近年来持续增长，反映了跨境电商在全球范围内的蓬勃发展。

2）竞争格局与市场集中度：评估行业竞争激烈程度和行业成熟度的重要工具。通过对跨境电商行业的竞争现状、主要品牌和市场集中度进行分析，可以了解行业的竞争格局和企业间的竞争策略。例如，亚马逊作为全球最大的在线市场之一，其市场份额和竞争优势是跨境电商行业分析的重点。

3）市场需求与消费者行为：了解市场需求和消费者行为对于制定有效的市场营销策略至关重要。通过分析不同国家和地区的消费者偏好、购买行为和市场趋势，可以识别出最受欢迎的产品和市场趋势，从而制定更加精准的市场营销策略。

4）供应链管理与物流效率：跨境电商行业的供应链管理和物流效率直接影响到企业的运营成本和客户满意度。通过分析跨境电商物流行业的产业链和供应链管理，可以优化物流流程、提高效率、降低成本。

5）市场营销策略与数据分析技巧：有效的市场营销策略和数据分析技巧对于提升销售业绩和市场竞争力至关重要。跨境电商常用的数据分析技巧包括销售额汇总计算、自定义维度的销售额汇总、FBA 仓储备货量估算等，这些技巧可以帮助企业更好地利用数据进行决策。

跨境电商行业的数据分析涵盖了从行业规模到市场竞争、从消费者行为到供应链管理的多个维度，这些分析为企业提供了制定战略、优化运营和提升竞争力的关键信息。

2. 跨境电商运营数据分析

1）网站流量统计分析：使用网站统计工具（如 Google Analytics、百度统计等）统计网站流量数据，分析用户访问的行为和路径，从而了解用户的兴趣和需求，优化网站的用户体验。

2）用户画像分析：通过分析用户的性别、年龄、地区、购买能力等信息，形成用户画像，帮助电商企业更好地掌握用户需求和偏好，进行精准的营销。

3）商品销售数据分析：使用电商平台提供的销售数据分析工具，分析商品的销售情况，了解哪些类别、品牌、规格的商品比较受欢迎，并基于分析结果制定营销策略。

4）营销活动效果分析：通过监控和分析各种营销活动的转化率、ROI 等指标，评估营销活动的效果，不断优化营销策略。

5）用户留存率分析：通过分析用户的留存情况，了解用户的忠诚度，根据留存率数据研究用户流失原因，进一步提高用户留存率。

6）社交媒体数据分析：通过分析社交媒体上的用户活动和互动，了解用户的口碑和反馈，优化社交媒体营销方案。

以上是电商运营数据分析的一些方法和思路。数据分析的重要性在于帮助电商企业了解用户需求，制定营销策略，提升用户体验和销售业绩。

三、跨境电商客户服务

1. 跨境电商客服概述

（1）跨境电商客服的定义

跨境电商客服属于电子商务客服的一种，是基于互联网的一种客户服务工作。跨境电商客服人员承担着客户咨询（价格、物流）解答、订单业务受理、商品推广、处理纠纷和投诉等职能，通过各种沟通工具与不同国家和地区的客户直接进行联系。

（2）跨境电商客服的工作内容

1）促进销售。由于线上的商品都是通过图片或视频展现的，客户无法真实地了解商品的情况，在购物的过程中会出现各种问题，而优秀的客服人员不仅可以回答客户的提问，还能让客户更好地了解商品，减少客户对商品的疑虑，促成交易。特别是在跨境电商领域，很多境外客户喜欢在一些 B2C 跨境电商平台上寻找商品价格低廉、质量良好、品种丰富的中国供应商。鉴于境内供应商数目众多，同类型商品也存在一定的相似性，境外客户一般会购买数量较少的商品作为样品，在检查过样品的样式、质量和价格后，着重考虑供应商的服务水平，如在沟通过程中客服人员回答问题的及时程度、专业程度、服务态度等。而且，境外客户往往首先接触的是在线客服人员，而不是销售人员。境外客户一旦锁定企业为主要供应商，他们往往会增加订单的数量和金额，逐渐将双方的关系发展为稳定的"采购-供应"关系。因此，客服的服务水平与质量在很大程度上成为订单成交的关键因素。

2）管理监控。客服人员需要对销售过程进行管理监控，还需要进行资料数据的收集与整理，主要包括以下内容。第一，对老客户的维护。对他们的资料进行收集整理，即对于已经完成购买的客户，记录好他们购买的商品、购买数量、"回头"购买次数、所处地区、评价（不管是好评还是差评），然后做出总结与分析报告，并对客户进行归档与分类。第二，负责做好工作日志，及时进行反馈信息的统计、分析和汇报，如销售额情况、库存情况、商品情况等，发现问题要及时做好汇报。

（3）跨境电商客服的作用

随着跨境电商行业的竞争越来越激烈，优质的客户服务就显得越来越重要。提高客户服务质量，建立客户对商品或服务的忠诚度，可以争取客户信任，赢得市场。具体来说，跨境电商客服的作用有以下几点。

1）帮助塑造企业形象。客户在购买商品的过程中接触到跨境电商客服人员的服务态度、服务方式、服务水准与质量等方面，会对这些方面进行客观的评价，并对优质的客户服务做出正面的评价。因此，优质的客户服务有助于树立企业的良好形象。良好的企业形象是增加客户信任的保证，可以提高企业的销售量，为企业赢得口碑。

2）可以提高成交率。跨境电商客服人员是企业的形象代表，也是企业的一线人员，是企业直接接触客户的群体。其服务质量的优劣直接影响客户满意度，从而影响成交率。客服人员及时、耐心地解答客户的问题，如售前对商品的咨询、物流情况等，让客户觉得商品放心可靠、服务质量好，可以促使客户购买；相反，客服人员服务态度冷淡，不回应客户的咨询，客户就会转投其他服务好的供应商，这会流失订单，给企业造成损失。

3）能够提高客户回头率。跨境电商行业的竞争非常激烈，企业获取新客户的成本比赢取"回头客"的成本要高得多。这是因为企业需要在店铺流量引流、营业推广等方面花费大量的成本以吸引新客户。而把初次购买客户转变成"回头客"，甚至铁杆粉丝，除了商品自身质量好和定期对客户赠送福利以外，优质的服务成为关键。企业要通过各种方式提高跨境店铺的售后服务质量，提升企业的综合售后服务水平，为客户带来良好的购物体验，促使客户二次、三次及多次购买，为企业赢取长期利益。

4）会带来更好的客户体验。跨境电商企业应建立一套完整的服务体系，包括售前、售中与售后等环节的服务内容，满足客户的服务需求。例如，客户在线购买时只能凭商品图片或视频判断商品是否符合要求，他可能会因不确定而放弃购买，但优秀的在线客服人员却能满足客户的需求，并对其没有想到的问题——给予解答，为其提供贴心的帮助，弥补客户在线购买体验不佳的不足。

2. 跨境电商沟通与服务

（1）跨境电商客服工具

随着科技的发展，一些在线的聊天工具和软件不仅可以在计算机上使用，还可以安装到手机上，与客户随时随地联系。常用的客服工具包括各跨境电商平台的站内信息服务工具，如亚马逊平台客户留言、阿里卖家、全球速卖通站内信、eBay 站内信等。当企业普通客户成长为重点客户时，为了与客户保持及时通畅的联系，一定会用到邮件、短信、电话或其他社交工具，如 SKYPE、Viber、What Sapp、Facebook、X（原 Twitter）、QQ、Wechat 等。

当前，人工智能发展火热，AI 工具可以帮助跨境电商大幅提升效率和效果。下面介绍七款跨境电商常用的必备工具。

1）Monica：这是一个基于 Google Chrome 浏览器的扩展插件，是一个文案生成工具。它支持对话和聊天，以及文案写作。可以使用它一键编写、翻译、总结、重写、解释或回复任何文本，甚至包括专业代码和核心行业知识。它拥有 80 多个内置模板，使用者可以编写标题、产品描述、广告大纲、社交媒体营销文案、博客、简历等，并创建可以自定义其长度、形式、语言和语言风格的文本文章，充分满足跨境电商的文案需求。类似的工具还有 Jasper AI、AdZis 等。网址：https：//monica. im/。

2）DALL·E2：可根据自然语言文本描述创建图像和艺术形式。换句话说，它是一个基于文本生成图像的人工智能系统。使用者只需输入想要的图片内容，就会得到包含相关元素的图片，为产品设计提供灵感来源。网址：https://openai. com/dall-e-2。

3）Synthesia：可以让使用者在线创建视频，即通过输入文字来创建使用者需要的视频。支持 120 多种语言的 AI 语音，可以选择不同的语言、口音、语气为使用者的视频配音，为使用者的产品视频演示提供更多便利。网址：https：//www. synthesia. io/。

4）Grammarly：无论使用者以何种方式写作，如社交媒体、电子邮件、Microsoft Word、AI 创作工具等，它都能提供整个英语写作过程（包括拼写、语法、校对等）的实时检查，以及支持用于优化单词和句子，使其成为检查和修饰文章的好工具。网址：https：//www. grammarly. com/。

5）VMLogin：这是一款专注于跨境电商多账户管理和防关联的反检测浏览器，是目前市场上比较流行的浏览器之一。通过模拟浏览器指纹环境，可以用一台设备登录并快速切换多个账户，可以为在线商店和社交媒体营销人员批量操作多个账户提供隔离和私密的浏览器环境。此外，它还支持浏览器自动化，这意味着告别重复性任务，直接解放双手，让它们自动完成。网址：https：//www. vmlogin. us/。

6）SurferSEO：这是一款数据驱动的 SEO 工具，通过分析 Google 排名前十的网站的数据，为用户提供最佳的优化方案。它帮助用户分析关键词、页面、内容和链接，以优化网站排名。它具有许多有用的功能，包括关键词研究、页面分析、内容优化、链接建设等，可以帮助跨境电商卖家优化页面结构、标题、描述、标签等。网址：https：//surferseo. com/。

7）SaleSmartly：相当于跨境电商的个人客服，支持多语言并根据聊天场景回复消息，拥有丰富的营销模板和 Email 模板，支持多渠道群发消息和自动营销，帮助跨境电商卖家搭建与客户沟通的桥梁，降低沟通成本，帮助跨境电商卖家提高客户转化率和销量。网址：https：//www. salesmartly. com/。

总之，只要合理利用这些工具，跨境电商卖家就已经解决了一些问题，从而能够在跨境电商的圈子里站稳脚跟。

（2）售前沟通与服务

在通常情况下，境外一些个人卖家或小企业在浏览到平台网站后，如果对网站的某些商品感兴趣，会给客户服务邮箱发送询盘邮件。收到该类邮件后，售前客户服务人员需要先感谢对方浏览本网站，再询问对方需要的商品的 SKU 和数量，在对方回复后再就具体价格进行交谈。

在跨境电商行业中，要想不断提高产品销量，将店铺发展壮大，客户服务工作分工是非常重要的。跨境电商的订单繁多、咨询量大，如果客户服务工作没有一个流程化、系统化的安排，很容易出现订单错误的情况。对于从事跨境电商的卖家来说，流水化的客户服务工作模式不仅易于管理、便于考核客户服务工作，还能降低客户对客户服务工作的投诉率，让所有客户服务人员各司其职并有条不紊地工作。售前客户服务的工作尤为重要，直接决定着客户对卖家的第一印象。售前客户服务工作的优劣会极大地影响客户后续的购买行为。

（3）售中沟通与服务

1）下单沟通。在客户付款之后，跨境电商客服需要与客户核对订单信息，包括购买产品的颜色、大小、数量以及收件地址、物流方式等基本信息。如果客户订单信息有特殊要求，客服需要按照客户要求分拆或合并订单、修改价格或者为客户填写订单备注信息。客服还要经常查询产品数量，看看实际库存是否充足，一旦发现缺货，要及时补货，保证店铺库存与实际库存一致，这样才不会出现缺货的情况。订单确认无误之后，客服应在第一时间发送感谢信感谢客户的购买，并告知会及时安排发货、更新物流信息。

2）修改订单。如果客户订单信息有变化，那么电子商务客服需要及时与客户进行沟通并修改订单，采取相应的处理措施。

第一，客户要求改地址。客户已下单还没发货，但因地址填写错误或其他原因要求修改地址，此时客服可以联系客户并让客户将正确的新地址发送过来，并友好地和客户沟通，进行再次确认，保证地址无误。客户订单已发货，但客户因某些原因需要修改地址并把新地址发送给卖家，要求卖家把产品发到新的地址。如果产品价格不是很高，为避免后续的客户纠纷，可考虑重发；如果产品价格过高，那么不建议重新发货了，此时客服需要委婉地说明订单已发货，不便修改地址，并请求客户谅解。

第二，客户要求取消订单。订单未发货，客户要取消订单，客服与买家沟通并了解客户取消订单的原因，如果不能挽回，则根据客户的要求取消订单。订单已发货，客服先联系客户，询问取消订单的原因，告知客户订单已发货，无法退回产品，询问客户是否愿意接受此商品，若能接受则按正常订单处理；若客户确实不要此商品，客服指导客户到货之后拒签，卖家给客户进行退款；若客户签收了产品，对于亚马逊 FBA 订单，可退货到 FBA 海外仓，若卖家不是 FBA 发货，买家需要支付相应的邮费和退货费并寄回产品。跨境退货手续烦琐，退货成本也比较高，客服应与买家协商，尽量避免退货。

3）追踪物流信息。由于跨境网购流程多、距离远、时间长，大部分国外客户都非常关注物流问题。客服在日常工作中，要花时间分订单进行查询，对于查询不到的订单要重视。在包裹发出之后，要及时跟踪物流信息，主动更新收货时间，以站内信、电子邮件等方式给客户发送物流信息。当遇到客户咨询包裹的物流情况时，客服需要提供客户包裹单号、追踪信息网站、最新的物流信息，及时回复客户留言，增加客户对卖家的信任。

（4）售后沟通与服务

由于客户在下单前不能看到实物，而且货物是跨境销售，因此整个销售过程比境内电商更为复杂，销售完成时间更长。为减少纠纷，客服人员应该主动联系客户，而且可以根据下单后的流程主动与客户沟通，让客户及时掌握订单最新动态，也让客户感受到卖家的重视，提高客户对服务的满意度。

根据下单后的流程，跨境电商的售后服务可划分为：客户下单后，告知客户物流情况，如更新包裹状态，包裹运输延时时主动为客户调整收货时间；鼓励客户好评与分享；妥善处理客户纠纷。

第一，告知客户物流情况。货物发出后，客服人员可以给客户发邮件，及时告知客户物流情况。

第二，鼓励客户好评与分享。客户对商品正面的评价在电商时代尤为重要，这是口碑传播的重要途径。但一般客户是不会主动撰写或分享使用商品的心得的，因此，跨境电商客服的一个重要工作就是邀请客户对商品进行评论，提高商品的好评率。客服人员应在客户收到货物后向客户发邮件，邀请对方到电商平台上对商品做出好评。需要注意的是，邮件发送的频率不宜过高，数量不宜过多，以免引起客户反感，而且请求好评邮件只能跟客户购买的商品有关。客服人员不能向客户有偿索要好评，否则一些跨境电商平台，如亚马逊会对卖家进行处罚。

第三，对客户的不良评价或差评及时跟进解释，若出现纠纷，则妥善处理客户纠纷。如果客户对商品做出了一些负面的评论或有纠纷出现，客服人员应立即跟进，并客观地分析客户的评价，查询客户差评的原因，并提出解决方案，最后诚恳地请求客户修改对商品的负面评论。

3. 跨境电商纠纷处理

（1）纠纷处理原则

客服人员遇到投诉纠纷时，要做好充分的准备，积极面对，一切以客户满意为目标，主动与客户协商解决，提升客户的满意度，为自己得到更多的订单打下基础。在沟通过程中，客服人员可以按以下原则处理纠纷问题。

1）运用有效的沟通技巧。当收到投诉时，客服人员首先要与客户进行有效沟通，这就要求做到及时回应，以及运用有效的沟通技巧。及时回应是指当客户对订单的执行和商品的质量感到不满意时，客服人员应马上做出回应，与客户进行友好协商。而且，平台对于纠纷的响应是有时间限制的，如果在超过规定时间内卖家不回应，响应超时，卖家将会被要求直接退款，所以，及时回应是处理纠纷的首要原则。

若是客户迟迟未收到商品，客服人员在可承受范围内可以给客户重新发送商品或考虑其他替代方案；若是客户对商品质量不满，客服人员应与客户进行友好协商，提前考虑好解决方案。

与客户沟通时，客服人员要注意沟通的技巧和语言的运用，努力做到"尽管商品不能让客户满意，态度也要让客户无可挑剔"。首先，要注意客户心理的变化，当发现客户不满意时，客服人员应尽量引导客户朝着能保留订单的方向走，同时也应满足客户一些其他的需求；其次当出现退款时，客服人员应尽量引导客户达成部分退款，避免全额退款及退货。

一般情况下，客服人员应尽量以书面沟通的方式为主，应该避免与境外客户进行语音对话。用书面的形式沟通，不仅能让买卖双方的信息交流更加清晰、准确，还能够留下交流的证据，利于后期可能的纠纷处理。卖家要保持即时通信在线，经常关注收件箱信息，对于客户的询问要及时回复。否则，客户很容易丧失等待的耐心，卖家也很可能错失客户再次购买的机会。

2）以客户为中心。客服人员在处理问题时，应坚持"客户第一"的原则，站在客户的角度考虑，出现问题时应想办法以友好的方式一起解决。如果卖家可以承受一定范围内的退货率或纠纷损失，可以尽量让客户减少损失，这将会为自己赢得更多的机会。

另外，客服人员也要了解客户所在地的风俗习惯，了解不同国家和地区的语言文化习惯，以便沟通时拉近距离，并且有针对性地对客户进行回复。客服人员还要学会通过客户的文字风格判断客户的性格。如客户使用的语言文字简洁精练，则可判断其办事可能是雷厉风行，不喜欢拖泥带水。客服若能根据客户的性格脾气积极调整沟通方式，将有助于促进双方沟通的顺利进行。

3）保留证据。客服人员应将交易过程中的有效信息都保留下来，如果出现了纠纷，可将其作为证据来帮助解决问题。纠纷处理过程中，客服应能够及时充分地举证，将相关信息提供给客户进行协商，或者提供给平台帮助裁决。

（2）纠纷处理流程

客户提交退款申请产生纠纷后，跨境电商平台鼓励卖家积极与客户协商。如果卖家不同意纠纷内容，需要与客户进一步协商，协商的结果可能是客户取消退款申请，也可能是修改退款申请，还有可能是客户提交纠纷至平台，由平台介入处理；如果卖家同意纠纷内容，那么双方就达成协议，解决纠纷。

1）双方协商。纠纷产生后，在与客户沟通协商的过程中，跨境电商客户服务人员要注意以下几点。

第一，在沟通态度上，要做好谈判的主导，引导客户的情绪。在跨境电商中，客户作为不专业的一方，不熟悉复杂的国际物流，可能很难准确理解卖家的商品英文说明。因此，当出现问题时，他们出现焦躁心态是很正常的。针对这种情况，客户服务人员要在第一时间淡化事件的严重性，向客户保证帮助客户顺利解决问题，让客户安心。

第二，在沟通方式上，以书面沟通为主，如邮件、留言或者站内信等。以书面形式沟通，不仅能让客户和卖家的信息交流更加清晰、准确，还能够为卖家留下交流的证据，有利于后期的纠纷处理。

第三，在沟通内容上，一方面要适当简化物流或商品涉及的专业术语，清楚明了地向客户解释问题产生的真实原因；另一方面要针对问题产生的真实原因，向客户提出负责而有效的解决方案。

2）卖家不同意退款。若卖家不同意客户提起的退款申请，需要上传"拒绝纠纷内容"的证据：如物流公司的查单、物流官方网站的查询信息截图等，以证明已发货及物流状态；又如商品发货前的图片、沟通记录、重量证明等，以证明如实发货。

卖家拒绝退款申请后，需要等待客户确认。若客户认同卖家的证据，则会取消退款申请，将货款放给卖家；若客户部分认同卖家的证据，可以选择修改退款申请，再次与卖家确认，继续协商；若客户完全不认同卖家的证据，则可以提交纠纷至平台，邀请平台介入处理。

3）卖家同意退款。若卖家同意客户提起的退款申请，则可直接进入纠纷解决阶段。由于货物运输距离远，运输时间长，跨境退货成本高，与传统电子商务卖家"退货退款"不同，跨境电商的卖家会更多地使用"客户不退货、卖家全额退款"或者"客户不退货、卖家部分退款"的处理方式。

若双方协商无法达成一致，则可提交至平台进行裁决。客户、系统或者卖家均可提交裁决。平台在纠纷裁决产生的两个工作日内一般会介入处理，参考客户和卖家纠纷协商阶段以及提交纠纷裁决阶段提供的证明进行裁决。

四、跨境电商目标市场分析

1. 跨境电商中的文化差异

文化差异也是跨境电商中不可忽视的一环。不同国家和地区有着不同的文化习俗、消费习惯。例如，西方国家重视圣诞节，而亚洲国家则可能更注重春节。不了解目标市场的文化背景，就可能导致促销活动的时机选择不当，甚至触犯当地的禁忌。因此，跨境电商企业在进入新市场之前，应该进行充分的目标市场分析，以便更好地融入目标市场。

（1）跨境电商中的文化差异

1）语言障碍。不同国家和地区的官方语言不同，这直接影响跨境电商的沟通与理解。例如，亚马逊平台就有美国站、欧洲站等，每个站点使用的语言不同，这要求商家必须考虑目标市场的语言需求。

2）文化规范和行为差异。不同文化对社会行为和消费习惯有不同的规范，这可能导致商品在某些市场的接受度低于预期。例如，西方消费者可能更注重个性化产品，而亚洲消费者则更偏好实用性和性价比高的产品。

3）消费价值观差异。消费者的价值观直接影响其购买决策。例如，一些消费者可能更倾向于购买环保或有社会责任感的品牌商品。

4）礼仪与社交差异。在客户服务中，对礼仪和社交规则的理解不足，可能导致客户产生负面体验。

5）市场营销策略。市场营销策略需要与目标市场的文化背景相匹配。例如，节日促销活动的时间和方式需要适应不同文化的需求。

6）法律法规的跨境适用性。不同国家和地区的法律法规不同，这影响到跨境电商的合规性和运营风险。

（2）跨境电商企业克服文化差异的应对措施

1）实施本土化策略，包括产品说明和网站内容的本地化调整。为了更好地适应不同的文化环境，跨境电商企业可以采取本土化策略。这意味着不仅要将产品说明和网站内容翻译成当地语言，还要根据当地的文化特点进行调整。例如，可以在网站上添加与当地节日相关的主题推广，或者调整产品的包装设计以符合当地的美学标准。通过这种方式，企业能够更有效地与当地消费者建立情感联系，从而提升品牌忠诚度。

2）进行充分的市场调研，了解目标市场的文化习俗和消费者行为。不同国家和地区有着不同的消费习惯、节日庆典和法律法规。因此，跨境电商企业在进入新市场之前，应该进行充分的市场调研，了解当地的文化习俗和消费者行为，以便更好地融入当地市场。

3）使用专业的翻译人员或先进的翻译软件确保沟通无误。我们必须认识到语言不仅是沟通的工具，它还承载着丰富的文化内涵。在进行跨境电商时，如果忽视了这一点，就可能导致对信息的误解甚至商业机会的丧失。为了解决这个问题，企业可以通过聘请专业的翻译人员或使用先进的翻译软件来确保商品描述、客户服务和营销材料等文本的准确无误。这不仅有助于提升品牌形象，还能避免因语言不通造成经济损失。

4）建立具有国际视野的多元化团队，以提供跨文化的市场洞察和建议。建立一个多元化的团队也是应对语言和文化差异的有效手段。一个具有国际视野的团队能够从多元文化的角度出发，为企业提供宝贵的市场洞察和建议。这样的团队在跨文化交流中不仅能够帮助企业减少失误，还能够发现新的商机，推动企业的全球化战略。

5）利用大数据和人工智能技术克服语言和文化障碍。技术的进步也为跨境电商企业提供了新的解决方案。大数据分析可以帮助企业更准确地把握不同市场的消费趋势和偏好，而人工智能则能够在即时翻译和客户服务方面发挥重要作用。企业应该积极拥抱这些新技术，利用它们来克服语言和文化障碍。

2. 跨境电商目标市场

跨境电商创业，选择正确的目标市场是至关重要的第一步。不同的国家有着不同的文化、消费习惯、竞争态势和政策法规。下面从市场规模与增长潜力、政策法规与贸易环境、消费者需求与偏好、市场竞争情况以及主流电商平台等维度分析跨境电商八大热门市场。

（1）美国市场

1）市场规模与增长潜力：美国电商市场持续扩张，虽然增速放缓，但消费者购买力稳定。数据显示，2023年美国电商市场规模达1.14万亿美元，预计将持续稳健增长。

2）政策法规与贸易环境：美国政府对于电商行业有一系列扶持政策，注册美国公司可以享受到这些政策红利，如税收优惠、贷款支持、市场准入等，有助于卖家在美国市场获得更多竞争优势。

3）消费者需求与偏好：美国消费者注重品质、品牌和创新，电子产品、家居用品、时尚服饰等是热销品类。

4）市场竞争情况：美国市场竞争激烈，不仅有本地大型电商平台，还有众多国际卖家。

5）主流电商平台：亚马逊、eBay、新蛋、SHEIN、Temu、TikTok Shop。

（2）欧洲市场

1）市场规模与增长潜力：欧洲电商市场预计将在未来几年内实现显著增长，尤其在欧盟国家中。用户规模不断扩大，为电商发展提供了坚实的基础。

2）政策法规与贸易环境：欧洲对跨境电商有一系列法规要求，如《通用数据保护条例》等；贸易环境因国家而异，但整体较为开放。

3）消费者需求与偏好：欧洲消费者注重环保、品质和时尚，家居用品、电子产品和时尚服饰等受到欢迎。

4）市场竞争情况：欧洲市场竞争同样激烈，本地电商平台和国际卖家并存。

5）主流电商平台：亚马逊欧洲站、eBay欧洲站、TikTok Shop、Fruugo等。

6）欧洲注册公司的热门国家：英国、法国、德国、爱沙尼亚、立陶宛。

（3）中东市场

1）市场规模与增长潜力：中东电商市场增速迅猛，尤其是沙特阿拉伯等国的电商市场呈现出异常迅猛的增长态势。

2）政策法规与贸易环境：中东地区的政策法规和贸易环境因国家而异，但整体而言，对跨境电商较为友好。

3）消费者需求与偏好：中东消费者偏好高端、奢华的产品，电子产品、时尚服饰和家居用品等受到青睐。

4）市场竞争情况：中东市场竞争相对较小，但仍有本地和国际卖家并存。

5）主流电商平台：亚马逊中东站（Souq）、Noon、Wadi、Namshi。

6）中东热门注册公司的国家：阿联酋、沙特阿拉伯。

（4）日本市场

1）市场规模与增长潜力：日本电商市场规模稳定，但增长速度相对较慢。随着数字化进程的加速，预计未来几年将有所增长。

2）政策法规与贸易环境：日本对跨境电商有一系列进口和税收规定，卖家需遵守相关法规；贸易环境相对开放，但需注意知识产权保护等问题。

3）消费者需求与偏好：日本消费者注重品质、细节和创新，电子产品、化妆品和家居用品等是热销品类。

4）市场竞争情况：日本市场竞争激烈，本地电商平台和国际卖家并存。

5）主流电商平台：亚马逊日本站、日本雅虎等。

（5）东南亚市场

1）市场规模与增长潜力：东南亚电商市场增长迅速，尤其是印度尼西亚、泰国和菲律宾等国家的电商市场潜力巨大。预计未来几年将保持高速增长。

2）政策法规与贸易环境：东南亚地区的政策法规因国家而异，但整体而言对跨境电商较为友好；贸易环境逐渐改善，为跨境电商提供了良好的发展机遇。

3）消费者需求与偏好：东南亚消费者偏好性价比高的产品，电子产品、家居用品和时尚服饰等受到欢迎。

4）市场竞争情况：东南亚市场竞争相对较小，已有越来越多的国际卖家进入该市场。

5）主流电商平台：Lazada、Shopee、TikTok Shop。

6）东南亚热门注册公司的国家：新加坡、马来西亚、泰国。

（6）非洲市场

1）市场规模与增长潜力：非洲电子商务市场起步较晚，但增长迅速。根据研究机构 imarc group 提供的数据，2023 年非洲电商市场的规模为 2771 亿美元。预计到 2032 年，这一市场的规模预计会增长到 9398 亿美元，复合年增长率为 14.4%。

2）政策法规与贸易环境：非洲国家纷纷出台支持电子商务发展的政策，为跨境电商提供了良好的政策环境。同时，非洲与中国的经贸合作日益紧密，如中国与南非、埃及等国的电商合作备忘录和协议，为双方电商合作创造了有利条件。

3）消费者需求与偏好：非洲消费者对进口商品及高客单价商品的接受度较高，尤其对中国商品有很高的接受度，电子产品、家居用品、时尚服饰等是热销品类。

4）市场竞争情况：非洲跨境电商市场仍处于起步阶段，竞争相对不激烈。但随着越来越多的中国企业进入市场，竞争将逐渐加剧。

5）主流电商平台：JUMIA、KiKUU、Kilimall、Tospino。

6）非洲热门注册公司的国家：尼日利亚、肯尼亚、摩洛哥、赞比亚。

（7）南美洲市场

1）市场规模与增长潜力：南美洲电商市场规模庞大，达到 2000 亿美元，且增长势头强劲，其电商增速超过 20%，远领先于北美洲和欧洲。南美洲庞大的市场规模和年轻的人口结构（平均年龄 30 岁）为电商市场提供了巨大潜力。

2）政策法规与贸易环境：南美洲的电商政策法规相对完善，为跨境电商提供了较为稳定的贸易环境。同时，南美洲国家与中国的经贸关系良好，为双方电商合作奠定了坚实基础。

3）消费者需求与偏好：南美洲消费者对品质、品牌和创新的追求较高，电子产品、家居用品、时尚服饰等是热销品类。

4）市场竞争情况：南美洲电商市场竞争激烈，不仅有本地电商平台，还有众多国际卖家。然而，由于市场潜力巨大，新进入者仍有机会获得市场份额。

5）主流电商平台：Mercado Libre（美客多）、Shopee 巴西、Netshoes 等。

6）南美洲热门注册公司的国家：巴西、墨西哥。

（8）俄罗斯市场

1）市场规模与增长潜力：俄罗斯电商市场发展迅速，交易额逐年增长。预计俄罗斯电商交易额将继续保持高速增长，为跨境电商提供广阔的市场空间。

2）政策法规与贸易环境：俄罗斯对跨境电商有一定的监管政策，包括进口税收、产品质量等方面的规定。卖家需要了解并遵守相关法规，以确保合规经营。

3）消费者需求与偏好：俄罗斯消费者对品质、服务和价格较为敏感，电子产品、家居用品、时尚服饰等是热销品类。同时，随着消费者对健康和美的追求增加，保健品和美容产品等也具有一定的市场潜力。

4）市场竞争情况：俄罗斯电商市场竞争激烈，不仅有本地电商平台和国际卖家，还有越来越多的中国企业进入市场。因此，卖家需要通过提供有竞争力的产品和服务来脱颖而出。

5）主流电商平台：Wildberries、Ozon。

3."一带一路"跨境电商

（1）"一带一路"的"五通"建设

构建"丝绸之路经济带"要创新合作模式，加强"五通"，即政策沟通、道路联通、贸易畅通、货币流通和民心相通，以点带面，从线到片，逐步形成区域大合作。

第一，加强政策沟通。各国可以就经济发展战略和对策进行充分交流，本着求同存异原则，协商制定推进区域合作的规划和措施，在政策和法律上为区域经济融合"开绿灯"。

第二，加强道路联通。上海合作组织正在协商交通便利化协定。尽快签署并落实这一文件，将打通从太平洋到波罗的海的运输大通道。在此基础上，我们愿同各方积极探讨完善跨境交通基础设施，逐步形成连接东亚、西亚、南亚的交通运输网络，为各国经济发展和人员往来提供便利。

第三，加强贸易畅通。丝绸之路经济带总人口近 30 亿，市场规模和潜力独一无二。各国在贸易和投资领域合作潜力巨大，应该就贸易和投资便利化问题进行探讨并做出适当安排，消除贸易壁垒，降低贸易和投资成本，提高区域经济循环速度和质量，实现互利共赢。

第四，加强货币流通。中国和俄罗斯等国在本币结算方面开展了良好合作，取得了可喜成果，也积累了丰富经验。如果各国在经常项下和资本项下实现本币兑换和结算，就可以大大降低流通成本，增强抵御金融风险的能力，提高本地区经济国际竞争力。

第五，加强民心相通。国之交在于民相亲。搞好上述领域合作，必须得到各国人民支持，必须加强人民友好往来，增进相互了解和传统友谊，为开展区域合作奠定坚实民意基础和社会基础。

（2）"一带一路"沿线国家跨境电商市场分析

"一带一路"沿线国家是指参与中国提出的"一带一路"倡议的国家，这些国家位于亚洲、欧洲、非洲和大洋洲等地区。跨境电商在这些国家的发展现状和潜力因各国的经济发展状况、电子商务基础设施、政策支持等因素而异。

1）中国。作为"一带一路"倡议的发起国，是全球最大的跨境电商出口国。中国跨境电商发展迅速，拥有庞大的电商市场和丰富的供应链资源。中国的电商巨头，如阿里巴巴和京东在跨境电商领域具有广泛影响力。

2）东南亚国家。东南亚国家，如新加坡、马来西亚、泰国和印度尼西亚等具有较为发达的电商市场和跨境电商潜力。这些国家的中产阶级人口在增加，互联网普及率在提高，消费者对跨境购物的需求在增加。

3）中亚国家。中亚国家，如哈萨克斯坦、乌兹别克斯坦和塔吉克斯坦等，由于地理位置和政策支持，正在逐渐成为跨境电商的重要节点。这些国家与中国的贸易往来频繁，跨境电商有望促进双方的贸易合作。

4）中东国家。中东国家，如阿联酋、土耳其和沙特阿拉伯等，拥有较为发达的物流和金融体系，具备成为跨境电商中心的潜力。这些国家的电子商务市场增长迅速，对高品质的进口商品有需求。

5）非洲国家。非洲国家，如肯尼亚、埃塞俄比亚和南非等，由于移动支付的普及和互联网接入的改善，跨境电商在这些国家的发展潜力巨大。随着非洲消费者对中国商品需求的增加，电商平台和物流服务商积极拓展在非洲的业务。

总体而言，"一带一路"沿线国家的跨境电商发展呈现出广阔的潜力。这些国家的市场规模庞大，中产阶级人口在增加，互联网普及率在提高，消费者对优质商品和跨境购物的需求在增加。同时，政府部门也积极制定政策支持跨境电商发展，促进贸易合作和经济增长。然而，各国之间的经济发展水平和电子商务基础设施存在差异，跨境物流和支付等方面的挑战仍然存在，需要进一步的合作和改进来释放跨境电商的潜力。

习　题

一、填空题

1. 跨境电商创业是指利用_____，通过互联网进行不同国家或地区之间的商品交易、_____、物流配送等一系列商业活动。

2. 跨境电商创业平台主要包括电商平台、_____以及_____等。

3. 跨境电商团队的管理按企业发展规模的大小主要有按店铺进行运营和管理、按_____、按_____等模式。

4. 跨境电商选品是指在供应市场中，选择适合目标_____的产品，并在跨境电商平台上进行_____的过程。

5. "一带一路"的"五通"建设是指加强政策沟通建设、加强_____建设、加强贸易畅通建设、加强货币流通建设和加强_____建设。

二、选择题

1. ( )不是大学生毕业后选择跨境电商创业的有利条件。

A. 低门槛的市场准入　　　　　　　　B. 年轻有激情

C. 丰富的商品选择　　　　　　　　　D. 便捷的物流体系

2. ( )是常用的独立站建站平台。

A. Instagram　　　　B. SHEIN　　　　C. Google　　　　D. Shopify

3. 选择跨境电商平台时，( )不是创业者应遵循的原则。

A. 目标市场定位　　　B. 自身的适应能力　　　C. 产品类型适配　　　D. 平台政策与费用

4. ( )不属于跨境电商纠纷处理的原则。

A. 运用有效的沟通技巧　B. 以客户为中心　　C. 双方协商　　　D. 保留证据

5. ( )不是非洲主流电商平台。

A. Lazada　　　　B. JUMIA　　　　C. KiKUU　　　　D. Kilimall

三、判断题

1. 随着社交媒体的普及和直播带货的兴起，社交电商和内容电商也逐渐成为跨境电商创业的新趋势。 ( )

2. 跨境电商创业的初期资金主要来自银行贷款、风险投资和产权抵押等。 ( )

3. 大学毕业生在进入跨境电商行业之前，一定要对这个行业有充分的了解，并且需要掌握相关的知识和技能。 ( )

4. 跨境电商选品仅仅是将产品简单地展示在网站上，对涉及市场调研、产品分析、供应链管理等工作考虑不多。 ( )

5. 跨境电商数据分析不仅包括对网站运营数据的分析，还包括对市场趋势、消费者行为的研究以及对数据分析工具的应用。 ( )

四、简答题

1. 简述一下跨境电商创业的特征。

2. 简要说明跨境电商创业的优势。

3. 谈谈跨境电商为什么适合大学生创业。

4. 简要回答跨境电商选品的思路与方法。

5. 跨境电商运营数据分析包括哪些方面？

习 题 答 案

第十一章
从跨境电商到数字贸易

引例

2017年4月敦煌网创始人CEO王树彤做客央视财经频道《对话——未来商业的N种可能》时提到，跨境电商模式必然发展到数字贸易，未来没有纯粹的电商企业，也没有纯粹的线下实体，而是跨境电商与传统外贸、线上与线下的高度融合；同时，随着消费互联网向产业互联网的转型，一般贸易线上化、交易服务平台化也成为未来的发展方向。

1. 从"相杀"到"相爱"，线上线下"跨界"融合

数字化给未来商业带来了颠覆性的变革和重构，数字贸易是经济增长的新引擎、驱动力。因此，线上线下融合是必然发展趋势，未来没有纯粹的互联网企业，也没有纯粹的传统企业。未来5~10年，传统企业将快速地走到线上，而互联网企业也不断下沉到线下，人们不再强调做线上、还是做线下，线上线下将没有界限，会是"你中有我、我中有你"，达到根本上的圆融统一。这样的深层融合会让每个行业出现新的冠军，整个行业生态体系也将被重塑。

2. 数字贸易生态圈赋能未来商业无限可能

全球正在掀起一场数字贸易、产业互联的深远变革，数字化为传统企业转型升级、品牌"出海"提供了机遇和动力。传统企业的触网、互联网企业的下沉，新的行业被衍生和孕育，产业链条的版图正在被重构。以数字贸易平台为核心，在上下游整合了包括商家、海关、服务商、政府、金融机构、产业带、买家、海外渠道、行业联盟等在内的新的庞大的数字贸易生态圈，这个生态圈还在不断向更广阔的领域扩展。

本章学习目标

（1）了解数字贸易的定义、分类与特征。

（2）熟悉几种常见的数字内容产品贸易。

（3）了解数字经济的内涵以及数字贸易与数字经济的关系。

（4）理解从跨境电商到数字贸易是企业转型与贸易增长的新机遇。

第一节　数字贸易概述

一、数字贸易的定义

数字贸易作为一种新型的贸易模式，目前还很少有国家将其从传统贸易中分离出来单独加以统计和研究。虽然诸多国家、组织和学者从不同角度对数字贸易进行了界定，但是其在国内外学术界还尚未形成一个公认的标准定义。

数字贸易最早起源于美国，Weber（2010）将数字贸易定义为通过互联网等电子化手段，传输有价值产品和服务的商业活动，数字产品和服务的内容是数字贸易的核心。2013 年，美国国际贸易委员会（USITC）在《美国和全球经济中的数字贸易Ⅰ》中将数字贸易定义为通过网络传输而实现的产品和服务的交换活动。该定义主要强调数字贸易产品和服务必须通过互联网实现交付，排除了大部分借助互联网实现交易的实物产品。2014 年 USITC 发布的《美国和全球经济中的数字贸易Ⅱ》中对数字贸易的内涵进行了扩充和延伸。该报告认为，数字贸易既包括服务也涉及货物，其中互联网和基于互联网的技术在产品订购、生产和交付中发挥重要作用。2017 年美国贸易代表办公室在《数字贸易的主要障碍》中指出，数字贸易是一个比较宽泛的概念，它既包括在互联网上的产品销售和线上服务的提供，又包括能够实现全球价值链的数据流、实现智能制造的服务等。Deardorff（2017）认为数字贸易是一种涉及多国的贸易活动，其中所包含的某些贸易产品本身就是数字产品，或者贸易产品的订购、交付、支付或服务中的任何一个步骤或环节是通过互联网技术或数字技术来实现的。

国内方面，熊励等人（2010）认为，数字贸易是指依托互联网平台、以数字技术为主要手段，为供求双方提供交易所需的数字化电子信息的创新型商业模式。马述忠等人（2018）将其定义为通过信息通信技术（ICT）的有效使用以实现传统有形货物、新型数字产品与服务、数字化知识与信息的高效交换，进而推动消费互联网向产业互联网转型并最终实现制造业智能化的新型贸易活动，是传统贸易在数字经济时代的拓展与延伸。

本书采用熊励（2020）的定义，认为数字贸易是依托互联网为基础，以数字交换技术为手段，通过平台达成交易并实现全球数字内容产品、软件和信息服务、跨境电商等高效交换的新型贸易活动，是数字经济时代的主要贸易方式。

数字贸易是显著区别于传统贸易的新一代贸易模式，互联网基础设施和网络是全球数字贸易的重要组成部分，强调互联网、信息通信技术等数字技术在贸易中的应用，这极大地拓宽了数字贸易的边界，将所有产品和服务纳入数字贸易的范畴中，使其内涵变得更加完善且符合实际。

2019 年 11 月，《中共中央　国务院关于推进贸易高质量发展的指导意见》正式提出要加快数字贸易发展，提升贸易数字化水平，推进文化、数字服务、中医药服务等领域特色服务出口基地建设。伴随着全球贸易数字化发展，人类社会正迈入以数字贸易为突出特征的第四次全球化浪潮，对全球供应链、产业链、价值链产生了巨大影响，国家间经济分工、贸易利益分配面临巨大挑战，新的国际规则、国际治理挑战正在到来。深入研究数字贸易发展规律、发展影响、治理模式对我国中长期经济增长、国家竞争力提升有着重大意义。

阅读材料

首届数贸会：推动数字贸易开放合作进入快车道

2022年12月11日至14日，首届全球数字贸易博览会（以下简称"数贸会"）在浙江杭州开幕。本届数贸会以"数字贸易商通全球"为主题，汇聚了境内外800余家数字贸易企业。

据了解，这是目前我国唯一经党中央、国务院批准的以数字贸易为主题的国家级、全球性专业博览会。

数贸会发布的数据显示，2021年，我国数字服务贸易总值2.33万亿元，同比增长14.4%；其中数字服务出口1.26万亿元，增长18%。今年上半年，我国数字服务贸易额达1.2万亿元，同比增长9.8%。其中数字服务出口6828亿元，增长13.1%。我国跨境电商进出口规模五年来增长近10倍。我国已成为数字贸易大国，电商交易额、移动支付交易规模位居全球第一，数字产业化基础更加坚实，产业数字化步伐持续加快。

数贸会有望跻身中国著名国际性展会行列，与"广交会""进博会""服贸会""消博会"齐名，对推进高水平对外开放、建设数字贸易强国将起到重要推动作用。

[资料来源：吕红星. 首届数贸会：推动数字贸易开放合作进入快车道[EB/OL]. （2022-12-15）[2024-10-08]. https://baijiahao.baidu.com/s？id＝17522900215960 27937&wfr=spider&for=pc.]

二、数字贸易的分类

1. 数字内容产品贸易

数字内容产品是对现代信息技术文字、图像、声音、影像等内容进行整合的产品或服务，涉及大众生活、娱乐、教育、文化等各个方面。数字内容产品贸易是指依托各类营销渠道向用户提供数字内容产品的贸易，是数字产品贸易中最具活力和最具创造性的新兴业态。数字内容产品包括数字音乐、数字游戏、数字视频、数字出版等。数字内容产品贸易的主要方式有品牌授权、衍生开发和衍生销售。例如，动漫衍生产品就包括带有动漫形象标志的服饰、学习用品等。

数字内容产品的核心是基于内容的产品数字化和服务数字化，并涉及终端、内容、渠道和技术等。其中：终端包括计算机、手机、电视、平板电脑及其他智能终端；内容包括文字、软件、图像、音乐、视频等；渠道包括互联网、有线电视、无线电视、卫星通信、数字广播、移动通信等；技术则涵盖内容制作、格式化、特效处理、版权交易、内容分发管理、授权交易以及衍生开发等。下面介绍几种典型数字内容产品的贸易。

（1）数字音乐

数字音乐主要是指用数字格式存储，可以通过网络来传输的音乐，并且无论被下载、复制、播放多少遍，其品质都不会发生变化，具有技术性、准确性、拓展性、便捷性等特点。数字音乐的跨境贸易主要采用购买音乐曲库和音乐版权的形式，用户可以在线上购买付费音乐或购买实体专辑，如录制的歌曲、音乐会等。近年来随着互联网的不断渗透，我国数字音乐用户不断增长。《中国数字音乐产业报告（2023）》显示，2023年包括在线音乐、音乐短视频、音乐直播、在线K歌业务在内的中国数字音乐市场总规模约为1907.5亿元，相较2022年，同比增长22.7%。截至2023年，我国数字音乐用户规模约达9亿名，占网民整体的82.4%。其中活跃用户群体中，男性占比53.6%，女性占比46.4%。"00后""10后"活跃用户占比持续增长。

（2）数字游戏

数字游戏即以数字技术为手段设计开发，并以数字化设备为平台实施的各种游戏。数字游戏的跨境贸易形式主要是售卖游戏版权，包括互联网提供的格式完整的游戏、附加内容的下载和订阅。游戏涉及移动应用游戏、社交网络游戏、其他在线和基于云的游戏以及电子运动。数字游戏相对于传统游戏，具有跨媒介特性和历史发展性等优势，无论游戏发展到何种境地，只要继续采用数字化的手段，就可称之为数字游戏。其中的视频游戏是指通过终端屏幕呈现出文字或图像画面的游戏方式，将游戏限定于凭借视频画面进行展示的类别。随着技术的发展，数字游戏将逐渐超越视频的范畴，朝更为广阔的现实物理空间和赛博空间（cyberspace）发展。

 阅读材料

赛博空间

赛博空间是哲学和计算机领域中的一个抽象概念，是指在计算机以及计算机网络里的虚拟现实。"赛博空间"一词是控制论（cybernetics）和空间（space）两个词的组合，是由居住在加拿大的科幻小说作家威廉·吉布森（William Gilbson）在1982年发表于omni杂志的短篇小说《全息玫瑰碎片》中首次创造出来，并在后来的小说《神经漫游者》中被普及。

如今赛博空间已经不再是计算机领域中的一个抽象概念，随着互联网的普及，生活中到处都可以看到它的影子，其中最有代表性的就是网络游戏。美国有一款非常流行的网络游戏叫作《第二人生》，游戏里有和真实世界几乎一样的社会体系，各种司法机构、服务设施和商业组织应有尽有，它们的功能就和真实世界的一样。在很多人眼里，游戏中的世界就是另一个真实的世界。就像它的名字一样，这款游戏正在成为很多人的"第二人生"。

（3）数字视频

数字视频就是先用摄像机之类的视频捕捉设备，将外界影像的颜色和亮度信息转变为电信号，再记录到储存介质（如录像带）所形成的数字文件。数字视频的跨境贸易主要采用跨境直播、电影和电视剧相关版权的交易等形式。数字视频，简单地说，就是以数字形式记录的视频，领先的在线视频提供商能够将其内容（包括来自广播电视、有线电视、电影、体育赛事、音乐、视频和用户生成的短片视频等内容）的服务范围扩展到不断增多的跨境用户群体，也能够通过社交媒体渠道来满足移动受众的需求。

（4）数字出版

数字出版是指利用数字技术进行内容编辑加工，并通过网络传播数字内容产品的一种新型出版方式。目前，数字出版产品形态主要包括电子图书、数字报纸、数字期刊、网络原创文学、网络教育出版物、网络地图、网络动漫、数据库出版物、手机出版物（彩信、彩铃、手机报纸、手机期刊、手机小说、手机游戏）等。数字出版产品的传播途径主要包括有线互联网、无线通信网和卫星网络等。其中电子图书是数字出版的主要形式，除了纯文本格式外，也提供 FB2、HTML、CHM、PDF、EPUB、MOBI 等其他形式，用户在电子图书网站上购买即可。

2. 软件和信息服务贸易

软件和信息服务贸易包括软件贸易，以及搜索引擎、社交媒体、云计算、通信服务等信息服务贸易。

（1）软件贸易

软件贸易是指软件的进出口，主要包括软件产品进出口和信息技术外包两大类。软件的跨境贸易形式主要是专利、商标、专有技术和相关服务的交易，其中专有技术是软件贸易的重要内容。软件产品进出口主要是软件通过光盘等载体进行贸易，或者通过互联网下载客户端，并经过授权获得使用权。常见的信息技术外包涉及信息技术设备的引进和维护、通信网络的管理、数据中心的运作、信息系统的开发和维护、备份和灾难恢复、信息技术培训等。目前，数字技术的应用以及软件开发模式的改变对软件贸易产生了较大影响，出现了许多新形式、新业态。

（2）搜索引擎

搜索引擎是根据用户需求与一定的算法，运用特定策略从互联网检索出定制信息并反馈给用户的一门检索技术。搜索引擎服务通过为用户提供免费服务来获取用户量，在拥有一定用户规模的基础上，再通过售卖各种形式的广告来获取收益。一些搜索引擎还通过竞价排名服务来获取收益。搜索引擎依托于多种技术，如网络爬虫技术、检索排序技术、网页处理技术、大数据处理技术、自然语言处理技术等。搜索引擎技术的核心模块一般包括爬虫、索引、检索和排序等，同时可添加其他一系列辅助模块，以为用户创造更好的网络使用环境。

（3）社交媒体

社交媒体是指互联网上基于用户关系的内容生产与交换平台。社交媒体是人们彼此之间用来分享意见、见解、经验和观点的工具和平台，现阶段主要包括社交网站、微博、微信、博客、论坛、播客等。社交媒体主要通过平台服务、广告收入以及品牌服务的增值服务来获取收益。社交媒体平台以及移动设备的日益普及已经改变了用户接受信息的方式，社交媒体具有提升产品质量、提供优秀的客服渠道、创造消费者真正需要的产品、消费者可自主控制社交关系、免费接触大型企业、大型企业可借社交媒体提供有趣的资讯、用户主宰内容和互动等优势。

（4）云计算

云计算是分布式计算的一种，指的是通过网络云将巨大的数据计算处理程序分解成无数个小程序，然后通过多部服务器组成的系统处理和分析这些小程序得到结果并返回给用户。现阶段所说的云服务已经不单单是一种分布式计算，而是分布式计算、效用计算、负载均衡、并行计算、网络存储、热备份冗杂和虚拟化等计算机技术混合演进并跃升的结果。云计算服务的主要类型有三类，即基础设施即服务（IaaS）、平台即服务（PaaS）和软件即服务（SaaS）。与传统的网络应用模式相比，云计算具有高灵活性、可扩展性和高性比等特点。

（5）通信服务

通信服务使得消费者可以远程访问数字贸易的产品和服务。通信服务产业是建立在完整的通信网络的基础上，通信网络的建设往往需要耗费大量的投资，这使通信产业初始固定成本很高，而一次通信服务增加的边际成本却很低，这就要求通信服务企业的规模足够大，只有这样才能实现规模经济、成本降低。随着向终端用户提供的通信服务的复杂化程度日益增加，用户访问这些服务所需的连接设备的数量迅速增多，各种新型的互联网连接设备也不断被推出，使得数字贸易涉及的领域越来越广泛。

3. 跨境电商

与数字内容产品贸易以及软件和信息服务贸易不同的是，跨境电商的重点在实物贸易。数字贸易与跨境电商的关系主要体现在以下两个方面。

1）作为数字贸易的有机组成部分，跨境电商会助推数字贸易时代的早日到来。电商特别是跨境电商，作为数字贸易的重要组成部分，已经逐渐展现其旺盛的生命力。未来，随着云计算、大数据等数字技术的广泛应用，跨境电商的分析、预测、运营的能力将得到大幅提升。原来以货物交易活动为主的跨境电商，将不断拓展其商务活动半径，整合传统产业链，推动生产、贸易活动的数字化、智能化转型。

2）作为新型贸易活动，数字贸易是跨境电商未来发展的高级形态。现阶段的跨境电商仍然处于数字贸易的初级阶段，产业的垂直整合力度不够。而数字贸易并不只是简单的货物交易活动，它突出强调数字技术与传统产业的融合发展，将实现制造业的智能化升级作为最终目标。因而，数字贸易是跨境电商未来发展的更高目标。

三、数字贸易的特征

1. 数字贸易的内在属性

1）虚拟化。数字贸易的虚拟化属性具体表现在三个方面：①生产过程中使用数字化知识与信息，即要素虚拟化；②交易在虚拟化的互联网平台上进行，使用虚拟化的电子支付方式，即交易虚拟化；③数字产品与服务的传输以虚拟化的方式进行，即传输虚拟化。

2）平台化。在数字贸易中，互联网平台成为协调和配置资源的基本经济组织，不仅是汇聚各方数据的中枢，还是实现价值创造的核心。平台化运营已经成为互联网企业的主要商业模式，越来越多的传统企业致力于通过平台化转型提升竞争力。

3）集约化。数字贸易能够依托数字技术实现劳动、资本、技术等生产要素的集约化投入，促进研发设计、材料采购、产品生产、市场营销等各环节的集约化管理。一些企业纷纷将智能化作为重点发力对象，建立"互联网+"平台，以准确反映市场需求变化，实现按需生产的集约化生产模式。

4）普惠化。在传统贸易中处于弱势地位的群体，在数字贸易中能够积极、有效地参与到贸易中并且从中获利。数字技术的广泛应用大大降低了贸易门槛，中小企业、个体商户和自然人都可以通过互联网平台面向全国乃至全世界的消费者。

5）个性化。随着个人消费者越来越多地参与数字贸易，个性化的需求也越来越受到重视。商家很难再依靠标准化的产品与服务获利，根据消费者的个性化需求提供定制化产品与服务成为商家提升竞争力的关键。如今消费者的选择非常多样化，长尾选品（原来不受重视的销量小但种类多的产品或服务）的销量增长明显。

6）生态化。数字贸易背景下，平台、商家、支付、物流、政府部门等有关各方遵循共同的契约精神，平等协商，沟通合作，共享数据资源，共同实现价值的创造，形成了一个互利共赢的生态体系。

2. 数字贸易的突出特征

（1）贸易方式的数字化

贸易方式的数字化是指信息技术与传统贸易开展过程中各个环节深入融合、渗透，如电子商务、线上广告、数字海关、智慧物流等赋能贸易，从而带来贸易效率的提升和成本的降低，表现为传统贸易方式的数字化升级。

（2）贸易对象的数字化

贸易对象的数字化是指数据和以数据形式存在的产品和服务贸易，一是研发、生产和消费等基础数据，二是图书、影音、软件等数字产品，三是线上提供的教育、医疗、社交媒体、云计算、人工智能等数字服务，表现为贸易内容的数字化拓展。

数字贸易的两大特征如图 11-1 所示。

图 11-1　数字贸易的两大特征

［资料来源：中国信息通信研究院．数字贸易发展白皮书（2020 年）［EB/OL］．（2020-12-16）［2024-10-08］．https://weibo.com/ttarticle/p/show? id＝2309404582854913819682.］

第二节 数字经济与数字贸易

一、数字经济的内涵

1. 数字经济的概念

数字经济（digital economy）的概念是伴随互联网和信息数字化的出现而出现的。在我国，数字经济首次写入 2017 年《政府工作报告》。党的十九大报告提出"供给侧结构性改革深入推进，经济结构不断优化，数字经济等新兴产业蓬勃发展"。2019 年—2024 年数字经济连续多年被写入《政府工作报告》。

国际上，数字经济最早由美国 IT 咨询专家唐·泰普斯科特（Don Tapscott）在其 1996 年出版的《数字经济：网络智能时代的前景与风险》一书中提出。他认为，在传统经济中，信息流是以实体方式呈现的，在新经济中，信息以数字方式呈现，因此数字经济基本等同于新经济或知识经济。自从数字经济概念出现后，各国政府为促进数字经济发展，开始对数字经济概念进行界定。1997 年 5 月，日本通产省在相关报告中将数字经济定义为具备如下四种特征的经济形态：①没有人员、物体和资金的物理移动的经济是可能的；②合同的签订、价值转移和资产积累可用电子手段完成；③作为经济基础的信息技术将高速发展；④电子商务将广泛拓展，数字化将渗透人类生活的各个方面。日本政府基本将数字经济描述为广义的电子商务。

1999 年 6 月，美国商务部发表了《新兴数字经济》报告，报告中把电子商务以及使电子商务成为可能的信息技术产业看成数字经济的两个方面。美国对于数字经济的概念侧重于将数字经济视作可测量的电子商务与信息技术产业之和。英国则侧重从产出的角度理解数字经济。英国研究委员会认为数字经济是通过人、过程和技术发生复杂关系而创造经济效益。英国经济社会研究院认为数字经济是指各类数字化投入带来的全部经济产出。数字化投入包括数字技能、数字设备（软硬件和通信设备）以及用于生产环节的数字化中间品和服务。澳大利亚则将数字经济理解为一种社会进程。《澳大利亚的数字经济：未来的方向》报告中认为，数字经济是通过互联网、移动电话和传感器网络等信息和通信技术，实现经济和社会的全球性网络化。

当前，关于数字经济的概念比较有共识的是 2016 年 9 月杭州 G20 峰会上通过的《二十国集团数字经济发展与合作倡议》中提出的，即"数字经济是指以使用数字化的知识和信息作为关键生产要素、以现代信息网络作为重要载体、以信息通信技术的有效使用作为效率提升和经济结构优化的重要推动力的一系列经济活动"。

数字经济是一个内涵较为宽泛的概念，由于信息通信技术与产业的融合程度不同，人们对数字经济的理解亦有所不同。R. Bukht 等人（2017）将数字经济划分为三个层次：第一层是核心层，称之为（IT/ICT）领域，包括硬件制造、软件和 IT 咨询、信息服务、电信；第二层是窄口径，称之为数字经济，包括电子业务、数字服务、平台经济；

第三层是宽口径，称之为数字化经济，包括电子商务、工业 4.0、精准农业、算法经济。分享经济和零工经济介于窄口径和宽口径的数字经济之间。

中国信息通信研究院（2017）指出，在我国，多把数字经济划分为两种类型：数字产业化，即狭义的数字经济，与产业数字化，即广义的数字经济。数字产业化等同于传统的信息产业，包括国民经济行业分类中的电子及通信设备制造业，电信、广播电视和卫星传输服务业，互联网和相关服务业，软件和信息技术服务业。由于信息技术与国民经济其他产业部门的融合不断加深，在传统产业产生数字经济活动中，这就是产业数字化部分或数字经济融合部分。

与 R. Bukht 等人的划分相比，数字产业化大致相当于数字经济的核心层，产业数字化大致相当于窄口径的数字经济与宽口径的数字经济之和。不同国家、不同国际组织、不同机构在其研究或国民经济统计中会采取不同的口径，由于 IT 或 ICT 产业具有更清晰的边界，因而核心层的数字经济或数字产业化的范畴应用更为普遍。

2. 数字经济的基本特征

随着以大数据、云计算、物联网、移动互联网、人工智能为代表的新一代信息技术的成熟和产业化，数字经济重新进入高速增长的轨道，新产品（服务）、新业态、新模式不断涌现。数字经济受到三大定律的支配。第一个定律是梅特卡夫定律：网络的价值等于其节点数的平方。所以网络上联网的计算机越多，每台计算机的价值就越大，"增值"呈指数形式变大。第二个定律是摩尔定律：计算机硅芯片的处理能力每 18 个月就翻一番，而价格以减半数下降。第三个定律是达维多定律：进入市场的第一代产品能够自动获得 50% 的市场份额，所以任何企业在本产业中必须第一个淘汰自己的产品。达维多定律体现的是网络经济中的马太效应。这三大定律决定了数字经济具有以下基本特征：

1）快捷性。首先，互联网突破了传统的国家、地区界限，被网络连为一体，使整个世界紧密联系起来，把地球变成一个"村落"。其次，突破了时间的约束，人们的信息传输、经济往来可以在更小的时间跨度上进行。最后，数字经济是一种速度型经济。现代信息网络可用光速传输信息，数字经济几乎实时地收集、处理和应用信息，节奏大大加快。

2）高渗透性。迅速发展的信息技术、网络技术，具有极高的渗透性功能，使得信息服务业迅速地向第一、第二产业扩张，使三大产业之间的界限模糊，出现了第一、第二和第三产业相互融合的趋势。

3）自我膨胀性。数字经济的价值等于网络节点数的平方，这说明网络产生和带来的效益将随着网络用户的增加而呈指数形式增长。在数字经济中，由于人们的心理反应和行为惯性，在一定条件下，优势或劣势一旦出现并达到一定程度，就会不断加剧而自行强化，出现"强者更强，弱者更弱"的"赢家通吃"的垄断局面。

4）边际效益递增性。这主要表现为：一是数字经济边际成本递减；二是数字经济具有累积增值性。

5）外部经济性。网络的外部性是指每个用户从使用某产品中得到的效用与用户的总数量有关。用户人数越多，每个用户得到的效用就越大。

6）可持续性。数字经济在很大程度上能有效杜绝传统工业生产对有形资源、能源的过度消耗，避免造成环境污染、生态恶化等危害，实现社会经济的可持续发展。

7）直接性。随着网络的发展，经济组织结构日趋扁平化，处于网络端点的生产者与消费者可直接相互联系，而降低了传统的中间商层次存在的必要性，从而显著降低了交易成本，提高了经济效益。

3. 数字经济的关键要素

数字经济是继农业经济、工业经济之后的一种新的经济社会发展形态，已成为转型升级的重要驱动力，也是全球新一轮产业竞争的制高点。数字经济以数据作为关键生产要素、以信息网络作为重要载体，通过网络和信息技术的有效应用，推动各领域数字转型，实现价值增值和效率提升。

数字经济更容易实现规模经济和范围经济，日益成为全球经济发展的新动能。与农业经济、工业经济一样，数字经济活动也需要土地、劳动、资本、技术等生产要素和相应的基础设施与之配套。与以往不同的是，其中很多要素都需要数字化，且会产生数据这一新的生产要素。

（1）数据成为驱动经济增长的核心生产要素

大数据和云计算等的融合推动了物联网的迅速发展，实现了人与人、人与物、物与物的互联互通，导致数据量呈现爆发式增长。庞大的数据量及其处理和应用需求催生了大数据概念，数据日益成为重要的战略资产。美国政府认为，大数据是"未来的新石油"，是"陆权、海权、空权之外的另一种国家核心资产"。数据甚至被认为已经超过石油的价值，成为数字经济中的"货币"。

数据如同农业时代的土地、劳动，如同工业时代的技术、资本，已成为数字经济时代的生产要素，而且是最核心的生产要素。数据驱动型创新正在向经济社会、科技研发等各个领域扩展，成为国家创新发展的关键形式和重要方向。

（2）数字基础设施成为新基础设施

在工业经济时代，经济活动架构在以铁路、公路和机场为代表的物理基础设施之上。数字技术出现后，网络和云计算成为必要的信息基础设施。随着数字经济的发展，数字基础设施的概念更广泛，既包括了信息基础设施，又包括了对物理基础设施的数字化改造。简单来讲，数字基础设施是指至少有一个部分包含信息技术的基础设施，一般包括两种：混合型和专用型。混合型数字基础设施是指增加了数字化组件的传统实体基础设施。例如，安装了传感器的自来水总管、数字化停车系统、数字化交通系统等。专用型数字基础设施是指本质就是数字化的基础设施，如宽带、无线网络等。这两类基础设施共同为各领域数字经济的发展提供了必要的基础设施条件。

（3）数字素养成为对劳动者和消费者的新要求

在农业经济和工业经济时代，对消费者的文化素养基本没有要求，对劳动者的文化素养虽然有一定要求，且往往也是局限于某些职业、岗位。但是，在数字经济条件下，数字素养成为劳动者和消费者都应具备的重要能力。

随着数字技术向各领域渗透，劳动者越来越需要具有"双重"技能——数字技能和专业技能。但是，各国普遍存在数字技术人才不足的现象，40%的公司表示难以找到它们需要的数据分析人才。所以，具有较高的数字素养成为劳动者在就业市场胜出的重要因素。

对消费者而言，若不具备基本的数字素养，将无法正确地运用信息和数字化产品、服务，成为数字时代的"文盲"，所以数字素养被联合国认为是数字时代的基本人权，是与听、说、读、写同等重要的基本能力。所以，提高数字素养既有利于数字消费，也有利于数字生产，是数字经济发展的关键要素和重要基础之一。

二、数字经济与数字贸易的关系

1. 数字经济是数字贸易发展的基础

数字经济注重通过数字化基础设施与设备以及能改造数字化生态系统的技术来实现数字的转化。数字化基础设施与可数字化技术是核心，二者作用于数字经济后，促进互联网平台的发展与数字贸易的产生。按照美国国际贸易委员会（2014）的观点，数字经济本身就包括了以电子商务形式存在的贸易方式，并且数字化信息的网络传输本身只要涉及交易，就已经属于数字贸易的内容了。

数字贸易之所以兴起，根本原因是技术创新所引发的生产组织形态变革。这一变革的典型体现在通信技术与互联网技术上，这些技术日益普及并深刻影响与改变着传统经济范式下的生产与生活方式，包括大数据、云计算和 AI 等在内的数字技术从制造业扩散到服务业，乃至社会生活的各个领域，为传统贸易向数字贸易转变奠定了坚实的基础。数字经济是土壤，以此为基础，衍生出数字贸易。

2. 数字经济与数字贸易都是生产性现代服务业

数字经济和数字贸易并不是一种独立的经济形式，它们依然是为传统三大产业生产率提升服务的，离开了对三大产业的生产性服务，数字经济和数字贸易本身就成了无源之水、无本之木。这意味着不论是数字经济还是数字贸易，都是以经济活动的效率提升和结构优化为目的的生产性现代服务业。毫无疑问，体育、娱乐等大量非生产性服务业尽管也具有交易价值，也是现代经济中的重要产业分支，甚至具有更适合数字经济时代信息数字化网络传播的特点，但却不是我们在这里所强调的数字经济和数字贸易的核心内容。数字经济和数字贸易之所以是生产性的，是因为它们被当作生产过程的中间投入品而计入生产成本并最终在销售收入中得到补偿；而它们之所以是现代服务业，则是因为它们与传统服务业明显不同，是有形的服务过程，在这个过程中生产和消费是可以分离的，是可以存储的，因而也是可以贸易的，所有权还是可以转移的。

三、数字经济在国民经济中的地位

国家工业信息安全发展研究中心发布的《2020—2021 年度数字经济形势分析》认为，2020 年，数字经济展现出强大的发展韧性，实现逆势增长，为世界经济复苏、增长注入重要动力。数字经济的活力表现在：数字基础设施高速泛在化，天地空一体化网络融合发展；数据要素的价值日益凸显，数据开发利用水平不断加深；数字产业化保持快速增长，在线服务加速普及；产业数字化发展全面提速，各领域数字化转型加快推进；数字政府发展向纵深推进，政府数字化领导力日益提升；数字治理规则侧重规范化，部分领域已达成全球性共识；国际合作联盟化趋势凸显，双循环新发展格局正在形成。党的二十届三中全会提出，我国要培育全国一体化技术和数据市场。数据显示，2023 年我国数字经济规模超过 55 万亿元，占国内生产总值比重已超 40%。受益于数字技术，企业极大地提高了生产力并且降低了成本，数字贸易正成为经济高质量发展新引擎。数字贸易已成为与货物贸易、服务贸易并列支撑我国贸易强国建设的"三大支柱"之一。

浙江省将数字经济列为"一号工程"，提出大力发展以数字经济为核心的新经济，加快构建现代化经济体系。2020 年 12 月 24 日，浙江省率先公布了《浙江省数字经济促进条例》，并于 2021 年 3 月 1 日开始实施。2021 年 1 月，《上海市国民经济和社会发展第十四个五年规划和二〇三五年远景目标纲要》中明确提出，2025 年上海数字经济增加值占全市生产总值比重预期将超过 60%。

随着数字经济的加速发展，互联网企业日益壮大，属于数字经济范畴的企业在所有企业中所占的比重越来越大，数字经济在国民经济中的地位不断提升。2007 年第四季度的世界 10 家市值最大的公司中，只有微软 1 家是数字经济企业，到 2017 年第四季度则有苹果、Alphabet（谷歌的母公司）、微软、亚马逊、脸书、腾讯、阿里巴巴七家公司是数字经济企业。世界市值最大的前 10 家公司变化见表 11-1。

表 11-1　世界市值最大的前 10 家公司变化

排　名	2007 年第四季度		2017 年第四季度	
	公　司	市值（百万美元）	公　司	市值（百万美元）
1	中国石油	723952	苹果	868880
2	埃克森美孚	511887	Alphabet	727040
3	通用电气	374637	微软	659910
4	中国移动	354120	亚马逊	563540
5	中国工商银行	338989	脸书	512760
6	微软	333054	腾讯	493340
7	俄气（Gazprom）	329591	伯克希尔·哈撒韦	489490
8	皇家壳牌	269544	阿里巴巴	440712
9	AT&T	252051	强生	375360
10	中国石化	249645	摩根大通	371050

另外，根据普华永道发布的"2024 全球市值 100 强上市公司"排行榜（2024 年 3 月 31 日市值），全球市值最高的 10 家公司分别是微软、苹果、英伟达、沙特阿美、谷歌、亚马逊、Meta（原 Facebook）、伯克希尔、礼来、台积电。这里除了排第四位的沙特阿美是石油和天然气企业，其余均为数字经济企业，表明数字经济企业的竞争力进一步提升。

阅读材料

浙江省数字经济促进条例（节选）

——2020年12月24日浙江省第十三届人民代表大会常务委员会第二十六次会议通过

全文共分九章，第一章总则，第二章数字基础设施，第三章数据资源，第四章数字产业化，第五章产业数字化，第六章治理数字化，第七章激励和保障措施，第八章法律责任，第九章附则。下面选编第四章数字产业化和第五章产业数字化的内容。

第四章 数字产业化

第二十三条 本条例所称数字产业化，是指现代信息技术通过市场化应用，形成电子信息制造业、软件和信息技术服务业、电信广播卫星传输服务业和互联网服务业等数字产业。

第二十四条 省人民政府应当根据全球数字经济的技术、产业发展趋势，结合本省数字产业发展水平和各地区经济禀赋差异，统筹规划全省数字产业发展，通过提升产业链、保障供应链安全、培育产业集群等方式，促进产业协同创新和供应保障，提高数字产业整体竞争力。

第二十五条 县级以上人民政府及其有关部门应当按照全省数字产业发展要求，结合本地区实际，通过规划引导、政策支持、市场主体培育等方式，重点推动集成电路、高端软件、数字安防、网络通信、智能计算、新型显示、新型元器件及材料、网络安全等产业发展，促进云计算、大数据、物联网、人工智能等技术与各产业深度融合，培育区块链、量子信息、柔性电子、虚拟现实等产业发展。

第二十六条 省人民政府及其有关部门应当推动国家和省实验室、重点实验室、技术创新中心、制造业创新中心、企业技术中心等科技创新平台和大型科技基础设施建设，支持科研机构、高等院校、企业参与建设有关平台和设施。

利用财政性资金或者国有资本购置、建设大型科学仪器设施的，应当在保障安全规范的前提下，为科研机构、高等院校、企业等开展创新活动提供共享服务。省科技主管部门应当建立大型科学仪器开放共享平台，为仪器设施共享提供信息发布、使用预约等服务。

鼓励、支持企业加强信息技术和产品研发，加大资金投入，加强人才引进和储备，培育研发机构，提升研发能力。

县级以上人民政府及其科技等部门应当培育和发展数字产业技术交易市场，促进技术转让、创新成果转化和产业化。

市场监督管理部门、司法机关等应当完善知识产权领域的区域和部门协作机制，建立健全知识产权快速维权体系，提供境内外知识产权维权援助。

第二十七条 县级以上人民政府及其有关部门应当采取措施，培育多层次、递进式的数字产业企业梯队，形成大中小微企业协同共生的数字经济产业生态。

鼓励和支持企业、科研机构、高等院校及其他单位或者个人创建数字经济领域科技企业孵化器、大学科技园和众创空间等线上线下创新创业平台。

鼓励提供数字产业化服务的第三方机构，为数字产业相关企业引进落地、融资增资、股改上市、平台化转型、跨境并购和合作等提供服务，推动数字产业发展。

第五章　产业数字化

第二十八条　本条例所称产业数字化，是指利用现代信息技术对工业、农业、服务业等产业进行全方位、全角度、全链条改造，提高全要素生产率，实现工业、农业、服务业等产业的数字化、网络化、智能化。

第二十九条　县级以上人民政府经济和信息化主管部门应当推动企业实施制造装备、生产线、车间、工厂的智能化改造和产品智能化升级，推进网络化协同、个性化定制、柔性化生产、共享制造等智能制造和服务型制造。

县级以上人民政府应当通过服务指导、试点示范、政策支持等方式，加大对工业互联网发展的支持力度，推进行业级、产业链级、区域级、企业级等工业互联网平台建设及应用，推动工业技术软件化，促进大型企业开展研发设计、生产加工、经营管理、销售服务等集成创新，降低中小企业使用工业互联网成本，推动中小企业普及应用工业互联网。

鼓励和支持企业主动上云、深度用云，提升生产和管理效能。

第三十条　县级以上人民政府及其有关部门应当推进旅游、健康、家庭、养老、教育等生活性服务业数字化，推动数字技术和生活性服务业深度融合，丰富服务产品供给，促进生活消费方式升级。

县级以上人民政府及其有关部门应当通过培育服务业数字化转型试点等方式，推进研发设计、现代物流、检验检测服务、法律服务、商务咨询、人力资源服务等生产性服务业数字化，提升生产性服务业智能化、网络化、专业化水平。

县级以上人民政府及其有关部门应当通过建设数字文化创意产业试验区等方式，推进网络视听、数字影视、数字动漫、网络游戏、数字广告、互动新媒体等数字文化创意产业发展。

第三十一条　县级以上人民政府及其有关部门应当通过示范带动、技术指导、政策支持等方式，推广农业物联网应用，加快农业生产、农产品加工、农产品流通领域大数据基础和应用平台建设，加大农村仓储、物流、冷链设施建设支持力度，提升农业农村数字化、网络化、智能化改造和应用水平。

第三十二条　县级以上人民政府及其有关部门应当推进移动支付在全省域范围内的普及应用，有关国家机关、企事业单位、社会组织履行公共管理和公共服务职能时，应当推广应用移动支付，并鼓励市场主体应用移动支付。

省地方金融监督管理部门应当会同中国人民银行、银保监会、证监会等有关机构制定相关政策，引导和支持现代信息技术在支付结算、信贷融资、保险业务、征信服务等金融领域融合应用，推动金融业数字化发展。

第三十三条 县级以上人民政府及其有关部门应当制定相关政策，引导和支持电子商务发展，促进跨境电商综合试验区建设，提升跨境电商普及应用水平，推广新零售，发展电子商务新业态新模式，推进数字生活新服务。

第三十四条 县级以上人民政府及其有关部门应当通过政策支持、市场主体培育等方式，促进互联网平台经济发展，推动建设产业互联网平台，完善工业、农业、服务业等互联网平台经济支撑体系，促进产业优化升级。

鼓励和支持工业信息工程企业、科研机构、高等院校及其他主体提供产业数字化转型第三方服务，加强对产业数字化转型的技术支撑保障，推动产业数字化转型。

鼓励互联网平台、提供产业数字化转型服务机构与中小微企业建立对接机制，针对不同行业的中小微企业需求场景提供数字化解决方案。

第三十五条 县级以上人民政府及其有关部门应当完善开发区（高新区）、小微企业园、农业产业园等各类园区的数字基础设施，提升园区数字化管理服务功能，加强现代信息技术在园区的融合应用，支撑园区内企业数字化转型和数字产业集聚发展。

第三节 从跨境电商到数字贸易：企业转型与贸易增长的新机遇

一、数字贸易是跨境电商发展的数字化趋势

1. 企业跨境贸易方式的数字化

信息技术对传统国际贸易最直接的影响就是信息传输方式的改变，外贸企业间信息传输效率和质量大幅提升。从信息获取角度看，网络搜索引擎、数字广告已经成为外贸企业获取国际市场信息的重要渠道。传统模式下，企业新进入某一个国家的市场或与新的客户开展贸易需要提前进行市场调研，以便充分了解市场行情、政策波动、客户资信等信息，降低外贸风险。信息技术的发展，使得企业能通过网络获取海外全方位的资讯，"走出去"的信息搜索成本大幅降低。从信息输出角度看，网络为企业提供了更廉价和高效的市场宣传方式，外贸企业纷纷投放线上广告和开设虚拟网店，打造通往国际市场的跳板。物理时空的空间到场硬约束与固定时间规制硬约束被打破，买卖双方不再需要在规定时间、规定现实地点完成交易，国际贸易出现无限可能。

2. 跨境电商综合服务的数字化

贸易方式数字化的关键在于资金流、物流与信息流的有机结合。物流是跨境电商发展的前提基础。不同于国内物流，跨境物流距离远、时间长、成本高，还涉及目的国清关（办理出关手续）等相关手续，这中间的种种难题令众多卖家伤透了脑筋，各种花样繁复的物流方式也让卖家感到云里雾里。随着跨境电商的发展，物流模式逐步形成。目

前，国际小包仍是主要的跨境电商零售物流方式，据不完全统计，中国出口跨境电商70%的包裹是通过邮政系统投递。邮政网络基本覆盖全球，物流渠道广泛，主要得益于万国邮政联盟和卡哈拉邮政组织。资金流是跨境电商发展的重要支撑。跨境电子支付业务发生的外汇资金流动，必然涉及资金结售汇与收付汇。从支付业务发展情况看，我国跨境电子支付结算的方式主要有网上支付（包括电子账户支付和国际信用卡支付，适合小额的跨境零售）和银行汇款（适合大金额的跨境交易）。

3. 跨境电商政务监管的数字化

为适应贸易方式的数字化，政府部门简政放权、优化外贸政府服务，为跨境电商发展提供坚实的基础。截至 2023 年年底，中国累计建设 165 个国家级跨境电商综合试验区。综合试验区通过构建信息共享体系、金融服务体系、智能物流体系、电商诚信体系、统计监测体系和风险防控体系，以及"线上综合服务平台"平台和"线下综合园区"平台等"六体系两平台"。其中，政府部门扮演重要角色，包括建立跨境电商新型监管制度，建立"线上综合服务平台"综合监管服务平台，建立跨境电商统计监测体系等，极大地推动了"关""税""汇""检""商""物""融"一体化，实现跨境电商自由化、便利化、规范化发展。

二、跨境电商与数字贸易发展目标相同

1. 跨境电商与数字贸易在融合中发展

跨境电商出现之初，更多强调商品交易主体通过互联网实现跨境商品交易活动。随着数字技术与传统产业的融合发展，跨境电商逐渐打上数字贸易的诸多烙印，且数字化特征越发显著。数字贸易出现初期的表现形式也可以视为跨境电商范畴，随着自身的发展与演变，其内涵与外延均超出了跨境电商。跨境电商与数字贸易都衍生于数字化基础，数字化基础又依托互联网、信息和通信技术。跨境电商强调通过互联网实现跨境商品交易，数字贸易则强调数字形态的跨境商品交易。

跨境电商与数字贸易同样在电子商务腾飞、传统国际贸易方式疲软的双重作用下出现与发展起来，最终目标都是推动经济与社会发展与进步。跨境电商与数字贸易依托信息技术，都受新兴技术影响。近几年，物联网、大数据、云计算、移动互联网、人工智能、区块链等新兴技术不断涌现，这些新兴技术的完善与融合发展促进了跨境电商与数字贸易的升级。跨境电商与数字贸易都需要这些新兴技术，将其有效地应用到自身实践中，成为跨境电商与数字贸易发展战略的重要组成。

2. 跨境电商与数字贸易具有相同的发展目标

跨境电商产生于互联网经济发展与传统国际贸易方式增长乏力的背景下，更强调商品交易活动从线下转移到线上，通过互联网平台实现商品的跨境交易活动。跨境电商属于电子商务与国际商务的结合体，涉及商品种类多种多样，但并非所有商品都适合跨境电商交易模式，跨境电商属于一个微观的商品经济交易范畴。数字贸易关注贸易经济范式，是一个偏中观的经济范畴。数字贸易强调通过数字化的经济范式实现商品贸易活动，既包括国内商品贸易，又包括国际商品贸易。数字贸易并不将国内商品数字贸易与

国际商品数字贸易割裂来看，而是将国内商品数字贸易与国际商品数字贸易作为整体来谈论。更显性地看，数字贸易更加突出数字化的国际商品贸易活动，所涉及的商品类型范畴更加广阔，并不存在类似跨境电商的商品类型限制，数字贸易能够涵盖可以数字化的所有商品交易类型。

三、数字贸易是企业转型与贸易增长的新机遇

1. 数字贸易有利于国际贸易弱势群体广泛参与

国际贸易弱势群体指的是相对于规模庞大的企业而言，在传统国际贸易中容易被忽视的贸易群体，如中小企业。目前，尽管部分贸易弱势群体的产品和服务质量很高，但却由于信息不对称、贸易成本过高等问题，难以进入国际市场。数字贸易的发展则为贸易弱势群体进入国际市场开辟了新渠道。数字贸易能有效弱化信息不对称，降低贸易弱势群体进入国际市场的门槛，进而使得各国贸易弱势群体能够广泛地参与国际贸易并从中获利。

2. 数字贸易有利于拓展对外贸易的组织形态

目前，数字贸易已培育出多种贸易新业态和新模式：一方面，数字贸易背景下，碎片化的订单、个性化的需求使得跨境电商这种贸易新业态蓬勃发展；另一方面，数字贸易促进了多种产业深度融合，催生了包括采购、仓储、加工、配送和信息服务在内的一体化供应链管理模式。数字贸易对培育贸易新业态新模式具有重要意义，在未来，对外贸易的业态和模式将朝着更开放、更融合的方向发展。

3. 数字贸易为发展中国家带来新的发展机遇

数字贸易源于国际贸易，经历了货物贸易到服务贸易再到数字贸易的发展阶段。传统贸易由区域型发展到全球型，主要驱动力来自于运输工具的创新和通信技术的革命，由此带来投资全球化。数字贸易将推动全球化向更高阶段发展，降低贸易门槛、带来新的分工、创造新的发展机会，发展中国家也可能从中获益。

1）为发展中国家中小企业融入全球市场提供机会。贸易方式数字化使得国际贸易的开展更为便利、高效，降低了贸易的成本，发展中国家中小企业将有更多的机会将其商品出口到国际市场，这些国家参与全球化的程度将进一步加强。

2）为发展中国家经济社会数字化转型助力。数字贸易发展有助于发展中国家引进全球范围内的优质数字服务，加快本国数字化转型进程，提升产业的国际竞争力。

3）为发展中国家提供参与数字化分工的机会。随着微笑曲线变得更陡峭，价值链前后端的数字服务将产生更多的分工机会，发展中国家有望更广泛地参与数字服务的全球分工，实现经济增长。

4）为发展中国家"换道超车"提供了新的可能。当前，5G、大数据、云计算、人工智能等关键数字技术和服务方兴未艾，对经济社会各领域的影响不断加大。发展中国家大力发展数字经济、加强关键技术领域研发创新，同样有可能在新的领域中取得一定优势。

4. 数字贸易是企业转型与贸易增长的新机遇

数字贸易的产生源于数字经济的发展和全球化分工。新一代信息通信技术的发展使得不同经济主体间紧密联系，形成更高效、更频繁的分工、协同和共享关系。物理商品

交易变得更加高效、有序、广泛，传统企业特别是中小企业获得了更多参与贸易的机会；数字商品的可贸易程度大幅提升，催生出一系列新模式和新业态。

数字贸易所反映的全球传统贸易的转型，可以理解为跨境电商，具体反映在普惠贸易、贸易碎片化、市场细分，以及中小企业、消费者参与全球贸易。数字贸易有利于推动传统外贸企业战略转变，将核心业务转移至跨境电商，推动传统外贸企业市场方向转变，外贸企业应当果断调整市场方向，努力开拓新的市场，以"一带一路"倡议为契机，积极拓展以非洲、东盟为代表的新兴市场。支持企业拓展海外业务布局，增设海外机构和业务网点，鼓励企业在科技资源密集的国家和地区设立海外研发中心，加快融入国际创新体系。

阅读材料

两部门印发《数字经济 2024 年工作要点》

近日，国家发展改革委办公厅、国家数据局综合司印发《数字经济 2024 年工作要点》（以下简称《工作要点》），对 2024 年数字经济重点工作做出部署。

为全面贯彻落实党的二十大和二十届二中全会精神，按照中央经济工作会议和全国两会部署，支持数字经济高质量发展，深入实施推进《"十四五"数字经济发展规划》，《工作要点》提出九方面落实举措：一是适度超前布局数字基础设施，深入推进信息通信网络建设，加快建设全国一体化算力网，全面发展数据基础设施；二是加快构建数据基础制度，推动落实"数据二十条"，加大公共数据开发开放力度，释放数据要素价值；三是深入推进产业数字化转型，深化制造业智改数转网联，大力推进重点领域数字化转型，营造数字化转型生态；四是加快推动数字技术创新突破，深化关键核心技术自主创新，提升核心产业竞争力，大力培育新业态新模式，打造数字产业集群；五是不断提升公共服务水平，提高"互联网+政务服务"效能，提升养老、教育、医疗、社保等社会服务数字化智能化水平，推动城乡数字化融合，打造智慧数字生活；六是推动完善数字经济治理体系，强化数字化治理能力，加强新就业形态劳动者权益保障，推进构建多元共治新格局；七是全面筑牢数字安全屏障，增强网络安全防护能力，健全数据安全治理体系，切实有效防范各类风险；八是主动拓展数字经济国际合作，加快贸易数字化发展，推动"数字丝绸之路"深入发展，积极构建良好国际合作环境；九是加强跨部门协同联动，强化统筹协调机制，加大政策支持力度，强化数字经济统计监测。

［资料来源：内蒙古自治区互联网信息办公室. 两部门印发《数字经济 2024 年工作要点》［EB/OL］.（2024-04-30）［2024-09-28］. http://www.nmgwx.gov.cn/ webResearch/12823.jhtml.］

习　题

一、填空题

1. 数字贸易是依托互联网为基础，以_____为手段，通过平台达成交易并实现全球数字内容产品、软件和信息服务、_____等高效交换的新型贸易活动。

2. 数字内容产品贸易是指依托各类_____向用户提供_____的贸易，是数字产品贸易中最具活力和最具创造性的新兴业态。

3. 数字内容产品的核心是基于内容的产品数字化和服务数字化，并涉及终端、内容、渠道和技术等。数字音乐、_____、数字游戏和_____是几种典型数字内容产品的贸易。

4. 数字经济是指以使用数字化的_____作为关键生产要素、以_____作为重要载体、以信息通信技术的有效使用作为效率提升和经济结构优化的重要推动力的一系列经济活动。

5. 数字贸易所反映的全球_____的转型，将有利于推动传统外贸企业战略转变，将核心业务转移至_____。

二、选择题

1. 数字内容产品不包括(   )。

A. 数字音乐　　　　　　B. 搜索引擎　　　　　C. 数字游戏　　　　　D. 数字出版

2. (   )指出计算机硅芯片的处理能力每18个月就翻一番，而价格以减半数下降。

A. 梅特卡夫法则　　　　B. 达维多定律　　　　C. 吉尔德定律　　　　D. 摩尔定律

3. 根据普华永道发布的"2024全球市值100强上市公司"排行榜，全球市值最高的公司是(   )。

A. 微软　　　　　　　　B. 沙特阿美　　　　　C. 苹果　　　　　　　D. 亚马逊

4. 关于数字经济的概念比较有共识的是(   )年9月G20杭州峰会上通过的《二十国集团数字经济发展与合作倡议》上提出来的。

A. 2015　　　　　　　　B. 2016　　　　　　　C. 2017　　　　　　　D. 2018

5. (   )率先公布了全国第一部数字经济促进条例。

A. 浙江省　　　　　　　B. 上海市　　　　　　C. 广东省　　　　　　D. 北京市

三、判断题

1. 数字内容产品包括数字音乐、数字游戏、数字视频、数字出版等。数字内容产品贸易的主要方式有品牌授权、衍生开发和衍生销售。　　　　　　　　　　　　　　　　(   )

2. 贸易方式的数字化是指数据和以数据形式存在的产品和服务贸易。　　　　　　(   )

3. 随着数字技术与传统产业的融合发展，跨境电商逐渐打上数字贸易的诸多烙印，且数字化特征越发显著，但跨境电商与数字贸易发展目标不尽相同。　　　　　　　　　　　(   )

4. 数据如同农业时代的土地、劳动，工业时代的技术、资本一样，已成为数字经济时代最核心的生产要素。　　　　　　　　　　　　　　　　　　　　　　　　　　　(   )

5. 数字经济是数字贸易发展的基础，数字经济与数字贸易都是生产性现代服务业。　(   )

四、简答题

1. 简述数字贸易的虚拟化、平台化及集约化属性。

2. 简述数字贸易的突出特征。

3. 如何理解数据成为驱动经济增长的核心生产要素？

4. 为什么说跨境电商与数字贸易具有相同的发展目标？

5. 如何理解数字贸易是企业转型与贸易增长的新机遇？

习 题 答 案

第十二章
跨境电商案例分析

案例一　跨境电商助力"中国制造"走向"中国品牌"——乐歌人体工学科技股份有限公司的跨境品牌塑造之路

乐歌人体工学科技股份有限公司（以下简称"乐歌"）是一家以线性驱动为核心技术，围绕人体工学大健康领域，为全球用户提供更加健康、舒适、安全、高效的办公家居整体智能解决方案的高新技术企业，主要产品以智能升降桌、智慧升降台、智能电动床、人体工学椅、电动沙发为主。公司起步于 2002 年，经过 20 多年发展，已发展成为集市场调研、产品企划、研发设计、供应链管理、生产制造、渠道建设、品牌营销和售后服务于一体的全价值链业务模式的平台型、创新型企业。随着自身跨境电商业务规模的持续扩大，公司还延伸拓展了跨境电商公共海外仓创新服务综合体项目。当前，公司主营业务发展稳健，实现了智能家居与公共海外仓业务双轮驱动、协同发展，在国内国外"双循环"发展格局下，积极践行高质量发展道路。

乐歌拥有 14 年跨境电商、12 年海外仓的运营经验，境外线上销售规模领先同行业公司，亚马逊等电商平台销量保持优势地位，公司独立站 flexispot. com 在全球线性驱动应用产品垂直类独立电商网站中处于第一梯队。截至 2024 年上半年，在全球拥有 16 个海外仓，总面积达 46. 01 万 m²；在中国的宁波、广西以及越南三地设立制造基地。目前，乐歌在国内线性驱动健康消费品市场占有率第一，是全国制造业单项冠军企业。

一、坚持自主研发，在设计贴牌（ODM）中形成生产与供应链优势

乐歌创始人早年对全球宏观形势和外部环境进行了分析和研判以及供应链磨合，实现了国内核心制造、海外外围制造的模式。多年来，乐歌坚持研发新产品、新工艺、新

技术、新应用，形成技术储备的同时不断推陈出新。在关键领域的技术上补短板，先后研发了高速精密传动线性驱动技术、无接触式心率测控技术、将阻回退、地形自适应调平、遇阻回退、敲击控制、语音控制等，其中多项技术全球首创。随着各国健康消费理念的深入普及，人体工学家居行业发展迅速。以线性驱动智慧办公和居家升降系统为代表的健康消费产品在智慧城市、智能工厂、医疗、金融、IT、电竞等专业领域被广泛应用。

随着 ODM 规模的扩大，乐歌先后在宁波、越南、广西布局建设了四大制造基地，现已具备世界最大的线性驱动核心部件产能，并持续进行数字工厂的改造，以实现产能的扩大和生产效率的提升，满足柔性生产需要。乐歌建立和完善了供应链管理体系，在保持线性驱动核心技术处于行业领先地位的同时，不断强化生产和供应链优势。在质量得到市场的广泛认可后，乐歌借助于 Amazon 等第三方平台，市场占有率不断提升。

二、借助独立站和海外仓，创建多元化营销网络，持续提 OBM 占比

凭借多年来在 ODM 中所积累的研发设计、生产制造方面的优势，乐歌在 2008 年开始发展自主品牌，2011 年转型发展跨境电商，2013 年在美国成立子公司开始运营海外仓，2016 年首个独立站在美国上线，2020 年推出公共海外仓业务，逐步延长和完善了跨境电商产业链。海外仓可以有效解决配送效率低下的问题，发展独立站，可以帮助企业更加贴近客户，了解需求，发挥 DTC[⊖]优势，有助于数据化客户画像和应用场景分析，深化用户洞察能力。乐歌逐渐形成了以独立站为主、以第三方平台为辅，以 2C 为主、以 2B 为辅的跨境电商模式，不断提升自主品牌销售占比，获取全价值链的利润。

公司依托极强的产品需求挖掘和开发能力，不断推陈出新，以更优的产品为品牌赋能，使公司的产品力始终处于行业前列，提升公司健康办公、智慧家居产品品牌在消费人群中的认知度和美誉度，实现业务收入的持续增长。

目前，乐歌的自主品牌在第三方平台上同品类的搜索中排列靠前，品牌黏性持续增强，并有了良好的溢价能力，乐歌自主品牌业务持续提升。2024 年上半年，乐歌自主品牌销售收入占主营业务收入（不含海外仓收入）比例为 68.93%。其中，跨境电商销售收入 9.15 亿元，同比增长 20.36%；独立站销售收入 3.69 亿元，同比增长 20.87%，增速均高于去年全年。2024 年上半年，独立站收入占跨境电商收入 40.31%，稳中有升。

1. 线上直营与分销

线上销售主要通过自运营 B2C 网站和大型电商平台（如 Amazon、eBay 等）实现。根据不同电商平台的经营特点，公司线上销售以 M2C 直营模式为主、以分销模式为辅。M2C 直营模式下，公司作为产品制造商通过电商平台直接面向最终消费者，减少了中间环节，通过纵向一体化既实现了公司效益最大化，也提升了消费者购买及售后体验。公司在 Amazon 等平台均以 M2C 直营模式为主。公司线上 M2C 直营模式销售流程主要包括：客户通过平台下单购买，并通过网络支付手段进行支付，公司在确认支付后向客户

⊖ DTC 的全称是 "Direct to Consumer"，这是一种直接面对消费者的营销模式。

寄送商品并提供售后服务。公司电商平台及其他线上分销商之间的合作以分销模式为主，即主要由公司将产品销售给分销商，再由其通过自身平台销售给最终消费者，并负责向消费者寄送商品。

2. 自有品牌与线下贴牌

公司积极尝试境外自主品牌产品的多渠道销售模式，主要通过独立站广告营销、新媒体 KOL 推广、参加展销会或主动联络的方式，向境外现有及潜在客户进行产品及设计研发能力、生产制造能力的展示，由客户认可、挑选后下单。公司针对不同细分目标客户群体拓展销售渠道，推出多种个性化产品，提升品牌的知名度。此外，公司与全球优秀的品牌商、零售商、批发商合作，产品已通过相关检验，进入家乐福等大型连锁超市进行销售。海外线下销售客户主要为长期合作的品牌商、大型连锁零售商、批发商，以 ODM 销售为主。

三、乐歌股份的经验启示：乐歌由 ODM 到 OBM 的发展路径

乐歌股份在 ODM 阶段，持续提高自身研发设计与制造能力，并逐步发展自主品牌，实现向价值链高端迈进。为深入培植自主品牌优势，乐歌从渠道、品牌、产品等多方面提供支撑。

乐歌强化渠道建设，实现线上线下有效融合。除了借助第三方电商平台，乐歌较早地运营独立站，充分发挥 DTC 优势，深化客户洞察能力，不断创新基于线性驱动的新品类应用，凸显产品创新优势，提升自己的定价权与利润率。

从品牌知晓度和美誉度方面，推广自主品牌初期乐歌重金塑造了品牌形象，深入消费者心中，快速打开知晓度。产品和服务更是走自主品牌路线的核心，乐歌对多年所积累的研发设计优势、生产制造优势等进行了有效转化。此外，乐歌自营海外仓，有效解决配送效率低下的问题，提升了客户体验。

案例二 传统外贸企业在微笑曲线上的占位与跃升——宁波豪雅进出口集团有限公司外贸转型升级路径

宁波豪雅进出口集团有限公司（以下简称"豪雅集团"）借助互联网时代的触网经济，从销售渠道的占位开始，沿着海外仓储物流基地建设、线上营销渠道开拓、供应链整合、全球客户体验提升、产品研发和设计、自主品牌树立和推广的转型升级路径，在微笑曲线上不断攀升，成为传统外贸企业转型升级为大型跨境电子商务外贸企业的典型案例。

一、豪雅集团简介

豪雅集团于 1998 年由吴威在宁波创立，是以跨境 B2C 电子商务为核心、以创新科技为驱动的互联网零售企业。豪雅集团以"通过持续不断的创新和供应链整合，为全球

消费者提供优质的产品和服务，让世界变得更小，让生活变得更好"为使命，在传统外贸领域深耕二十多年，并于 2011 年在海外全面布局跨境电子商务零售业务。目前，豪雅集团已在北美洲、大洋洲、西欧和东欧等地区自主投资建立海外仓，海外仓总面积超 60 万 m²，并拥有海内外员工 2000 余人。

豪雅集团经营的产品涵盖家具、家电、运动器材、婴童用品、户外用品、工具、宠物用品、箱包等二十余个品类。产品经过产品经理、QA 和 QC 专业团队的甄选，通过国际知名的第三方电商平台和自建站进行线上零售，由本地化的海外仓负责产品仓储和物流服务，实现了市场销售和全方位服务的快速响应。豪雅集团的物流尾程配送网络融合了 DHL、FedEx 和 UPS 等知名快递公司资源，以及自建的卡车物流配送体系，逐步覆盖欧、美、澳等区域的多式联运物流基础设施网络。

豪雅集团与 Amazon、eBay、沃尔玛等各大第三方电商平台建立长期稳定的合作关系，布局开发运营豪雅自建站平台，打造多国家、多平台的营销矩阵网络。目前自建站注册用户已经突破 1200 万名，年销售额达 1 亿美元，逐步成为具有品牌影响力的线上平台。集团持续探索 AI、VR、AR、MR 等创新技术应用，向消费者多维度展示产品特色和消费场景，助力运营效率提升和消费体验升级。

豪雅集团在成熟市场布局线下 O2O 体验店，促进线上线下流量整合，通过构建全渠道营销模式，塑造无界零售新体验，进一步提升品牌形象、增强消费黏性。豪雅集团自主品牌销售份额占比超过 95%，Costway 品牌蝉联 "Kantar BrandZ 中国全球化品牌 50 强"。

领先的商业模式得到社会各界广泛认可。豪雅集团先后入选商务部全国优秀海外仓实践案例和服贸会的全球服务贸易实践案例，位列 "浙江省电商百强" 名单，为浙江省电子商务促进会副会长单位、宁波市跨境电子商务协会常务副会长单位和中国（宁波）跨境电商出海联盟理事长单位。集团董事长吴威亦被评为 "浙江省电商领军人物"，并荣获 "浙江省电子商务行业贡献奖"。

二、豪雅集团的转型升级路径

豪雅集团成立初期，立足于日用品出口业务的开发。经过将近十年的稳健发展，公司的业绩与规模逐步提升。2008 年，金融危机席卷全球。由于国外客户把控着销售渠道和定价权，一定程度上造成了公司订单减少、货款支付延误。为了破除贸易桎梏，豪雅集团把传统外贸平台前移，积极地在海外建立本地化销售团队、租赁海外物流仓库，实现本地化批发渠道开发。但这些举措仍然受到了许多客观市场因素的制约，如当地国家进口货物清关问题、货币贬值问题、市场秩序不规范问题，以及当地人的信誉问题等，同时品牌推广比较难，认知度还比较低，这些因素造成中国产品和品牌的输出不是一蹴而就的事情，而是需要企业长期进行市场推广和投入的过程。

转型升级的困难并没有使豪雅集团停下脚步。2008 年—2011 年，在把传统外贸平台前移的过程中，公司也接触到了众多从事跨境电子商务零售业务的客户。这些客户的业绩增长十分迅速，他们的发展历程让豪雅人认识到跨境电子商务零售的潜力。经过大量的海外市场调研和科学的战略规划，豪雅集团于 2011 年开始 "触网"，步入跨境电子商务时代。

1. 豪雅转型升级的起点：占位销售渠道

事件：2011 年开始，豪雅集团依托 B2B2C 模式，在采购、运营、仓储、发货等关键环节加大投入力度，通过进驻亚马逊、eBay、Wish 等知名第三方网络零售平台和公司自建站进行产品零售。同时，公司积极开发高性价比产品、提升线上线下服务质量、加快物流快递速度，这些战略举措让公司运营的网络店铺成为跨境网络零售平台上的明星店铺。公司的自建站也凭借着更优的视觉设计、更贴近当地人生活需求等优势，在北美、西欧等地区获得了首批"忠实客户"，这让豪雅集团的多渠道发展战略走得更加坚定。

未来几年，豪雅集团将通过持续的资本投入对自建站（自主销售平台）进行推广，并在平台上进行全球招商。公司拥有的专业化电商运营团队、位于世界各地的智能仓储物流基地、快速便捷的配送服务等优势资源，能够更好地实现对平台入驻商的一站式服务。

评述：豪雅集团依托 B2B2C 战略模式，从 2011 年起布局跨境电商，通过第三方网络零售平台与自建平台，进行渠道占位。并通过提升服务质量、加快智能物流仓储基地建设等举措来助力营销能力提升。

作为传统外贸企业，豪雅集团正逐步摆脱国际渠道商对产品销售的控制。多渠道销售的战略部署让豪雅集团把经营领域前移至终端客户，并向着无界零售又更近了一步，这也是豪雅集团转型升级的关键切入点。

2. 豪雅转型升级的基础：提升客户体验

事件：从 2012 年开始，豪雅集团积极打造出一支精通多国语言的客服团队。团队中既有来自全国各大知名高校的外语类人才，又有熟悉当地消费习惯的外国人才。豪雅的"贴心顾问们"全年 365 天、全天 24 小时在线，把消费者的每一次问询都当作知心朋友间的倾诉，全力解决消费者在线购物环节中遇到的不同问题。

借助公司自主研发的 ERP、WMS、CRM 等信息化管理系统，来自世界各地的客户订单被快速分配到公司的海外仓储物流中心。整个过程反应快速、运转精准。同时，豪雅集团与众多国际知名快件物流公司达成了战略合作，不断优化配送服务，让"最后一公里"不再是服务难题。这些先进且全面的 IT 系统也让集团可以满足不同消费者的个性化需求。

目前，豪雅集团的海外仓储物流中心已覆盖北美、西欧、大洋洲等地区，公司的配送服务也已经实现全年 365 天无休。这些提升客户体验的举措是豪雅转型升级的基础。

评述：豪雅集团推行的设立海外仓、布局海外配送市场、本地化经营等举措，有效提升了消费者的购物体验，增强了线上销售渠道的客户黏性。同时，客服团队不仅提升了客户的满意度，还能深入了解客户需求，为销售渠道后端生产厂商以及自己品牌产品的设计提供实时、第一手的用户需求信息。

3. 豪雅转型升级的核心：整合供应链

事件：豪雅集团在 2006 年引入信息化管理系统，依托自主培养的专业 IT 研发团队，逐步打通了产品设计、生产、出运、报关、仓储、销售、配送和售后等各个环节，实施产品流、物流、单证流、资金流和信息流"五流合一"的高效管理模式，实现了整体供应链可视化、管理信息化、仓储物流智能化，极大地降低成本、提高效率和提升用户体验。

公司通过全球供应链生态体系的基础设施、无界零售网络平台、大数据服务以及专业的运营团队，为客户提供"一站式"海外电子商务运营服务。目前，豪雅集团已经能够帮助工厂把他们的优势产品快速的推向市场，并且利用销售反馈的信息帮助工厂改进产品。未来，集团将孵化更多的中国企业出海，助力全球零售行业成长。

评述：豪雅集团通过供应链整合，打通了产品从厂家到销售终端的通道。并利用消费者市场的第一手资料信息反馈，有效推动畅销产品的持续迭代开发和优化升级。制造厂家可以通过豪雅集团的供应链系统提升自身的竞争力。同时，豪雅集团的自建零售平台也将获得更多优质的品牌产品，双方将成为稳定的利益共同体。

4. 豪雅转型升级的跃升：产品研发设计与品牌化

事件：从 2014 年开始，豪雅集团引进国内外产品研发和创新设计人才，设立产品研发总部，并对海外市场主流销售产品进行科学细分，结合零售市场消费者的需求信息反馈，大力开发畅销产品。

大数据分析团队和产品研发团队通过关注海外流行趋势，以前瞻性视角和科学的数据反馈为依据，结合商品特色，制定组合商品营销策略、提升商品视觉传达、加速商品在线周期运转，最终实现品牌和销售业绩的"双赢"。目前，豪雅集团在海外注册的商标已达 30 个。在集团所有的销售产品中，自主品牌产品占比超过 95%。

评述：2011 年以前，豪雅集团作为传统的外贸企业，由于国际销售商掌握着销售渠道和定价权，一直走"贴牌"之路。2011 年之后，布局跨境电商使豪雅集团拥有了自己的销售渠道与营销推广打法，并能获取第一手的市场信息，有机会推广自己的品牌和产品设计，实现在转型升级之路上的跃升。

三、豪雅集团转型升级的启示

1. 占位销售渠道是传统外贸企业转型升级的切入点

传统外贸商在渠道、客户、产品、营销、品牌等方面几乎都没有话语权，缺乏议价能力。跨境电商为传统外贸商提供了与国际渠道商同台竞争的机会，而渠道的占位既可行，又能为传统外贸商提供前端客户信息，实现与后端生产厂商的连接。

2. 供应链整合是传统外贸企业转型升级的基础

借助信息化管理，传统外贸商把生产厂商与渠道、终端客户连接起来。供应链的可视化销售与管理，提升了各个环节的运转效率，同时也促进产品进行升级和改进。精准的市场信息反过来又让生产厂商可以信心十足地提供稳定货源。二者成为不可分割的利益共同体。

3. 产品自主设计与自主品牌是传统外贸企业转型升级的跃升

占位销售渠道、打通客户端与生产端，使跨境电商企业在产品销售上有了一定的议价能力，解决了外贸企业的生存危机。但外贸企业要获取更高的利润，就需要跃升到产品的研发设计与品牌的经营。外贸企业的跨境电商渠道占位、网络营销与终端客户的理解，为传统外贸企业转型升级到微笑曲线的顶端提供了机会与可能。

案例三　以跨国企业的标准打磨自己——
遨森电子商务股份有限公司如何在欧美立足

一、遨森电子商务股份有限公司简介

遨森电子商务股份有限公司（以下简称"遨森"）成立于 2013 年，是一家主营家居用品、户外用品、运动健康用品、宠物用品等产品的跨境出口电商企业。

作为早期进入欧美市场的跨境出口电商之一，遨森积极布局海外，业务覆盖多个欧美国家。截至 2023 年年底，已在美国、加拿大、英国、德国、法国、意大利和西班牙 7 个国家设立子公司，自建 30 余个自营海外仓，面积超过 60 万 m^2，拥有完善的全球营销、仓储物流和客服体系；全球员工总数超过 1100 余人。

长期以来，遨森秉持客户至上、团队合作、开放创新、激情进取、诚信敬业的核心价值观，不断进行内部革新，凭借产品、服务和独立站技术等方面的优势，创建了完善的全球销售服务网络，可及时响应市场需求、缩短商品配送时间，实时为客户提供优质的产品和服务。

公司业务覆盖众多欧美主流电子商务平台，除公司自营的 aosom. com 独立站外，还涉及 Amazon、eBay 等多个第三方国际化平台及当地本土化平台。通过设立海外子公司、自建海外仓、建立本地化 B2C 专业运营团队及全渠道销售的模式，遨森成功将中国制造的优质产品带给全球消费者，让其共享高品质的美好生活。

遨森注重品牌战略，从成立开始就致力于建设自有品牌。公司持有的核心品牌 Aosom，被评为"Outrun Brand 2019 中国跨境电商出海品牌最具价值 30 强"，并在"2020 宁波品牌百强"评选活动中被评为"225 外贸最具竞争力品牌"；HOMCOM、OUTSUNNY、PAWHUT、VINSETTO 四大品牌被评为浙江跨境电商出口知名品牌。

遨森的营收规模和增长率持续领跑，发展成为全球营收超 10 亿美元的电商"新势力"。公司获评商务部电子商务示范企业、省重点培育跨境电商平台企业、宁波市政府质量创新奖、中国数字贸易百强；独立站获评"中国热门跨境电商独立站 TOP50"等诸多荣誉。

二、遨森的跨境电商发展之路

从成立之初就是一家跨国的企业，遨森各个海外子公司虽然规模还小，但"麻雀虽小五脏俱全"，搭建了完善的财务、人资、营销、客服、仓储、物流等组织。遨森一直以跨国企业的标准打磨自己，其主要特点是本土化、专注、合规。本土化才能不断接近消费者，让消费者价值最大化；专注才能在消费者心中留下印象，进而形成品牌知名度；合规才能在当地市场长久运作，并享受当地网络零售规模高速增长的红利。

1. 本土化

第一，市场在哪里，营销部就在哪里。遨森海外子公司最重要的部门是市场部，承担了营销策略制定使其符合当地市场的职责。海外团队负责销售渠道的拓展和维护，特别是当地电商平台；促销方面，海外团队根据当地节假日及消费习惯制定促销策略。

第二，市场在哪里，发货仓库就在哪里。遨森海外子公司对消费者价值最大的是仓库。跨境电商物流解决方式有中国直发、FBA 等第三方仓库发货、自营海外仓发货三种。遨森采用的都是自营海外仓发货的模式，把货卖到某个国家或地区之前先建设海外仓并备足货物，让消费者能在最短的时间内收到货；遨森通过大数据分析选择海外仓地址，最大限度缩短与消费者的物理距离从而降低快递成本。

第三，市场在哪里，消费者服务就在哪里。遨森海外子公司中消费者满意度最需要的是客服部。跨境电商各个环节中最难的是本土化的消费者服务。由于东西方文化的差异，很难准确地理解欧美消费者的服务诉求，所以让当地人服务当地人至关重要，也是消费者感知到遨森是当地企业的最重要环节。海外的消费者也一样。由于遨森自营海外仓，所以在消费者服务产品相关方面能更灵活地满足消费者的个性化诉求。

2. 专注

第一，品类固定。遨森采用一个商标绑定一个品类的方式，通过同类产品的不断刺激让商标和品类产生关联和联想，从而形成品牌效应。

第二，深入拓展。由于品牌和品类绑定了，所以深入拓展品类下的产品种类就是延伸了品牌的产品线。

第三，长期坚守。跨境电商选品有短期和长期两种。短期就是什么好卖卖什么、什么火跟什么、什么行业利润高就做什么行业；长期则是选择一个品类后深耕，不跟风，不换行。遨森选择了长期的模式，即开拓一个品类、绑定一个商标，以打造品牌为目的耐心培育、长期坚守。

3. 合规

伴随跨境电商的发展，行业将会逐步规范转变。遨森恪守各类平台规则及市场所在国家的质量、知识产权、税务等各类法规，坚持做长期主义者，坚持以优质的中国自主品牌和良好的用户体验赢得市场。合规才能在欧美市场长久运作并享受当地网络零售规模高速增长的红利。

第一，产品标准。区别与传统外贸，跨境电商直接面对消费者，需要承担相应的安全风险，所以产品通过当地行业标准的认证就非常重要。遨森采用的是"有标准就去认证"的策略，不管是不是需要强制认证。

第二，平台规则。跨境电商一般是通过自营平台或第三方平台进行线上零售，遨森采用了两种方式同步发展的策略，但不管是自营平台的各类引流渠道（Google、Facebook 等）还是第三方平台（Amazon、eBay 等），都有相应的平台规则。

三、遨森跨境电商发展的启示

1. 从传统的独立站转型，全面推进开放平台的发展

传统独立站运营模式虽然能够自主掌控用户数据和品牌，但流量获取成本高且扩展性有限。开放平台则能够通过引入更多合作品牌，扩充丰富站点的产品体系，更能够满足用户多样的需求。依托已有的全球布局和运营能力，构建一个共享流量的生态系统，帮助更多的品牌和企业走向国际市场。

公司的开放平台模式可以迅速提升平台流量和产品丰富度，增强平台品牌影响力，同时降低单一依赖自有产品线的风险。从长远来看，开放平台不仅能够提升平台的用户黏性和市场竞争力，还能通过数据和运营能力的积累形成行业壁垒，巩固遨森在跨境电商领域的领导地位。

2. 建设多国别海外独立站以及大量海外仓，实施本土化战略

公司主要的产品是家具家居、户外休闲等，这些产品个性化强，具备服务属性，有地域特色，不同区域消费者偏好差异较大，因此海外本地的管理和服务团队对各国市场行情、文化习惯的敏锐度更高，可以及时了解用户心理，也可以提供有针对性的选品建议。国内外客服人员无时差衔接可承诺24h内回复消费者邮件，提升消费者满意度。本地仓库也可以提供本土化的退换货、维修等服务，能够缩短服务周期，提升终端消费者的购物体验。

伴随跨境电商的发展，行业将会更加规范。遨森坚持做长期主义者，坚持以优质的中国自主品牌和美好的消费者体验赢得消费者，通过合规经营实现在欧美市场长久运作并享受当地网络零售规模高速增长的红利。

3. 品牌是公司发展的核心渠道

遨森作为业内较早建设独立站的企业，一直以来都将独立站作为工作重心。独立站不仅是产品销售的平台，还是自有品牌营销的核心阵地。通过独立站，能够掌控用户数据和消费行为，深入了解不同市场的消费者偏好，从而进行更为精准的自有品牌推广和市场定位。

自有品牌的营销反过来也强力支撑了独立站的运营，提升了用户对品牌的信任度和购买欲望，减少对第三方平台的依赖。独立站与自有品牌之间的相互支撑实现了用户忠诚度的提升，并通过自有品牌带来的独特产品优势提高了平台整体的竞争力和利润空间。这两者的有机结合，帮助公司在跨境电商市场中建立起强大的市场壁垒和品牌认知，为公司未来的长期发展奠定了坚实的基础。

案例四 B2B 营销平台+B2B（小额批发）交易平台+B2C 全球零售平台——从追赶到领航：全球贸易通的跨境电商服务生态链

一、全球贸易通简介

全球贸易通（BOSSGOO）于 2002 年在浙江宁波成立，是中国企业"出海"提供全球化数字营销和跨境电商的"一站式"服务商，宗旨是帮助中国企业把产品更好更快地卖到全世界。其平台 bossgoo.com 包括全球多语言 B2B 精准营销平台和跨境电商交易平台两大部分。全球贸易通支持全球 20 种语言，覆盖全球 90% 的国家和地区。它改变了传统的 B2B 营销模式，融合企业网站、贸易平台、搜索营销、小语种营销等一体，被行业内誉为 "B2B3.0 模式创始者"。全球贸易通构建了 "B2B 营销平台+B2B（小额批发）交易平台+B2C 全球零售平台" 的跨境电商服务生态链。

全球贸易通旗下包括国际市场网络营销平台、全球在线批发 B2B 交易平台、全球贸易通大学、教育培训事业部、"一带一路" 跨境电商平台事业部、国际云展会事业部、全球旅游通事业部、外贸创新工场、跨境电商创新工场、全球零售事业部 10 个业务板块。全球贸易通目前在中国拥有 300 多个本地化服务中心，分布于浙江、江苏、福建、广东、山东、河南、河北、湖南、湖北、宁夏、陕西等。全球贸易通服务于 32 万家中国出口企业和贸易企业，将产品推广及销售至全球 180 多个国家和地区，全球采购商数量达到 686 万种。全球贸易通荣获 "中国电子商务五十强企业" 称号、凤凰卫视评选的 "中国最具价值网络营销服务商" 大奖等。

二、全球贸易通跨境电商的服务创新之路

1. 为中小外贸出口企业开拓海外客户

全球贸易通是国内著名外贸网络营销公司面向中国出口企业推出的全球化多语言智能搜索营销平台，可以快速地帮助企业建立拥有 20 种语言的全球化独立域名营销网站，并帮助企业将 20 个语种面向 Google、Yahoo 等本地化搜索提交网站，通过全球贸易通的智能优化系统实现在搜索结果中的高曝光率。

全球贸易通平台上整合了目前的主流海外网络营销方法，包括搜索广告 CPC、电子邮件营销 EDM、社交媒体营销等，帮助企业开展多渠道的营销推广。同时，全球贸易通的 POP 开放平台上整合了多项和外贸企业相关的服务，帮助企业提升核心竞争力。全球贸易通作为领先的全球多语言营销和跨境电商平台，对外贸出口企业开拓国际市场有着重要的作用，被国家商务部及各地区政府重点推荐，目前已在浙江、山东、江苏、福建、广东等省份的几十个沿海城市及外贸发达地区成立本地化 5S 服务中心。

2. 数字化助力外贸精准营销

全球贸易通是 Google、Yahoo、Bing、Yandex 等搜索引擎在中国的战略合作伙伴。全球贸易通拥有专门的搜索广告服务部门，精调关键词广告推广，帮助企业成功选择、设定关键词，根据广告效果不断优化。对企业的广告进行实时监控，定期发送账户使用报告，让企业对自己的广告投入了如指掌。

全球贸易通是目前中国外贸企业首选的海外市场网络营销系统和平台。国际展会、电子样本、行业杂志以及邮件营销等这些传统的海外营销方式很难适合电商发展的时代，整合营销的精髓在于多渠道和多资源的整合和运用。全球贸易通平台利用多种语言本土化营销优势建立起面向 Google、Bing、Yahoo、Yandex 等搜索引擎渠道，实现通过买家大数据营销、全球海关进出口数据系统、地图 LBS 客户挖掘技术、SNS 社媒平台营销工具等渠道找到我国的外贸企业，完成多渠道资源的整合和聚合，让我国的外贸企业获得一手的国外买家询盘。

3. 打造平台经济，做个性化增值服务

（1）一站式进出口全程增值服务

全球贸易通最具特色的增值服务便是世贸通，它实现了外贸操作服务、进出口进程跟踪、资讯服务、统计分析、信用评估服务等，在外贸服务上实现了增值最大化。

在外贸操作服务上，全球贸易通提供信息、物流、通关、金融四大项，具体涵盖供求、政策、运输、仓储、保险、口岸、报检、单证、报关、外汇、核销、退税、融资等外贸操作。在进出口进程跟踪层面，全球贸易通平台利用物联网理念，将货物、资金、单据等流量全面结合，通过前后台信息的交换与处理，真正实现"世贸通供应链管理体系"。

（2）个性化的融资服务

为赢得更大的外贸市场，全球贸易通与金融大道网、招商银行达成战略合作，为众多中小外贸出口企业提供个性化的融资服务。互联创业公司与金融大道网共创融资中心，进行协同创新。

三、全球贸易通对跨境电商服务型企业转型升级的启示

1. 价值创造"蓝海"战略，密切关注客户需求

不同于"红海"战略提升竞争优势，"蓝海"战略专注于构筑全新的客户价值，一切从客户需求出发。基于客户需求的价值创造，让客户价值得到改进，从而摆脱原有竞争领域所需，将战略重点放在客户身上。这也使全球贸易通区别于传统贸易型企业，紧贴客户需求，形成差异化竞争优势，在贸易行业的激烈角逐中另辟蹊径并获得成功。

全球贸易通的目标市场是开拓更多的海外客户，针对目标市场，通过将客户需求中的重要因素相联系，从而把握目标客户的需求共性，并在关键价值要素中追寻突破与创新。全球贸易通的产品与服务也基于客户的需求进行适时调整。对于客户中意的 SEO 搜索引擎优化、邮件营销 EDM 等明星产品不断进行技术革新，吸引客户目光。打造 W. B. S. M⊖"四位一体"全网营销架构，运营线上平台，方便客户搜索与询盘。全球贸易通以客户需求为出发点，在收获总结价值创造经验的同时，更好地运用价值创新战略，实现价值飞跃。

2. 灵活运用服务价值链理念整合资源

在新的商业模式中，外贸企业作为联络国外进口商、组织出口的中间商，要根据自身的资源及能力灵活制定合适的策略。全球贸易通在成为优秀中间商的过程中并没有剥离原有的物流资源，反而加强了自营物流能力的建设，其目的是增强对服务供应链的控制力。但是，全球贸易通的策略并不适合所有的企业。一方面，自营物流往往要建设仓库、车队、物流中心等，很多企业没有雄厚财力的支撑，无法承受巨额的投资；另一方面，大多数企业缺乏物流业的管理经验，即便拥有物流资源，运营水平也可能比较低，

⊖　W.B.S.M 是交互式网络营销技术简称，W 是指企业的营销网站 WEBSITE，B 是指 B2B 贸易平台，S 是指 SEO 搜索引擎优化，M 指的是多语种本地化搜索引擎营销。W.B.S.M 就是将多语种、企业营销网站、贸易平台、搜索引擎优化四项服务通过技术结合，为企业提供"四位一体"的网络营销服务，帮助企业获得更好的网络推广效果，全球贸易通平台是该项服务理念和模式的倡导者及发起者。

反而可能降低客户服务水平。

外贸服务过程中必然涉及信息流与资金流，将信息资源和金融资源进行整合，向客户提供更丰富的服务，以获取更高的利润。全球贸易通的做法是：首先，大力建设集成上游供应商与下游客户数据的信息系统，保障供应链成员间信息的顺畅共享与交流，减少供应链"牛鞭效应"的副作用，在此基础上加强对海量信息的数据挖掘，为供应链上下游提供产品需求、供应商服务质量等增值信息服务。其次，与银行、信托机构、小贷公司等金融机构建立并保持长期的合作关系，运用供应链金融手段为客户提供金融服务，缓解客户企业的资金压力。最后，将物流、信息与资金资源有机融合，向业务需求复杂的客户提供个性化的供应链整体解决方案。

3. 构建"平台式+独立站+多渠道营销"三者兼备的服务体系

跨境电商运营模式从开始的电商平台发展到跨境电商代运营模式，其产业链增值服务不断深化，发展成一个包含交易、支付、物流以及质量保障的综合性跨境电商交易环境。服务集成商需要在物流运输、通关检验、退税结汇方面提供一个比较完善的服务，形成一套非常成熟的集交易、物流、金融、营销、风险控制等为一体的成熟产业链。

相较于其他外贸服务平台企业，全球贸易通做到了"平台式+独立站+多渠道营销"三者兼备的服务体系优势，同时可以按照就近原则分配全球十大海外服务器。做到大平台全系统化、短流程、大引流，实现细节服务。做好站点多语言覆盖和精准搜索营销。根据目标客户、用户的搜索行为，将关键词进行深度挖掘并多语言化处理，无论大、小目标买家，都能第一时间用本地化语种方便快捷地找到相应产品。

案例五 构建国内产业"出海"（B2B）和品牌"出海"（B2C）双通道
——浙江驿淘科技产业服务有限公司打造跨境贸易本土化全渠道营销平台

一、浙江驿淘科技产业服务有限公司简介

浙江驿淘科技产业服务有限公司（以下简称驿淘）是一家具有线上线下相结合、海内海外联动、完善服务体系的产业基地服务平台企业，自 2015 年成立以来已经在浙江、安徽、山东，以及菲律宾的马尼拉等地建立了 20 余个产业服务基地，现直接服务企业超过 2000 家，运营项目多次获得省市级跨境、直播电商服务平台的荣誉称号。在服务客户的过程中，也对潜力企业进行了投资赋能，孵化和培育了一批优质的企业。驿淘核心团队来自国内第一批互联网创业公司，在 2010 年即入局国内互联网电商销售，在 2013 年实现亿元销售规模，成为当年进口食品行业类目第一名。

2016 年，驿淘是国内早期开展直播电商业务的 MCN 机构之一。2022 年 9 月，公司开始试水跨境直播业务，是国内首批开展跨境直播业务的企业之一。公司以跨境数字直播为核心营销模式，借助 TikTok、Instagram 等直播和短视频平台资源，通过海外线上媒体（直播、短视频）和线下营销相结合的方式，致力于打造海外数字贸易产业营销平

台，将宁波外贸工厂、跨境卖家的产品展销、品牌打造、跨境直播等业务前置到海外，实现跨境品牌"出海"和外贸产业"出海"。

截至 2024 年 8 月，驿淘已经在印度尼西亚、越南、菲律宾、美国四国完成本土团队及直播营销基地的建设，现有海外员工超过 150 人，持有包含美国在内的多个国家 MCN/TSP 等官方服务机构资质。2023 年，签约的菲律宾某电影明星在短时间的孵化后，粉丝数近 400 万名，并在开播后短短 2 个月时间成为菲律宾前列的直播间。菲律宾运营公司荣获"2023 年度最佳新锐机构"。除了在海外直播销售自有品牌产品之外，还为一部分尝试"出海"的中国商家品牌提供代运营、达人邀约等服务。2024 年 8 月，在印度尼西亚收购本地知名的 MCN 机构，该机构持有多个百万级粉丝账号及达人。驿淘在完善东南亚等国本土团队布局之外，将进一步充实美国市场的本土化团队和基地布局。

二、驿淘的跨境发展之路

1. 困境之下寻求突破，结合现实形势抓住直播发展机遇

通过开展广泛的业内调研与交流沟通，驿淘发现自 2019 年以来，全球贸易保护主义抬头及国际局势动荡等因素给外贸出口企业乃至整个行业带来了巨大的压力和挑战。与此同时，近几年蓬勃发展的跨境电商受产品同质化等影响，开始步入阶段性瓶颈期。中国外贸出口和跨境电商企业需要找到新的突破口。

2020 年 11 月，《区域全面经济伙伴关系协定》正式签订。该协议涵盖的人口超过 35 亿，占全球 47.4%，国内生产总值占全球 32.2%，外贸总额占全球 29.1%，是全球涵盖人口最多、最具潜力的自贸区，为中国出口企业提供了更广阔的市场和更开放的环境。

随着网络基础设施建设的逐步完善和互联网渗透率的快速提升，目前东南亚已拥有 3.6 亿名互联网用户，催生出蓬勃发展的互联网经济。通过利用互联网及直播短视频传播速度快的特点，结合较低的流量成本（约为欧美地区的 1/3），企业可以在最短时间内将自身的品牌及产品在全球进行传播，从而为社媒广告商品营销发展创造了条件。受此启发，驿淘开始发展跨境电商直播业务。

2. 通过校企合作，缓解跨境直播人才短缺之痛

跨境直播人才短缺是制约跨境直播业务发展的最大瓶颈，在没有现成人才可用的情况下只能尝试自我"造血"。2022 年 9 月，公司与宁波高校合作，共同建立数字贸易产业学院，在学院内设立跨境直播间、培训室和跨境供应链展示中心，充分利用市场化、产业化资源，通过企业实践和教学科研相结合的方式，将产业创新"搬"进学校，将教学就业置身产业，聚焦数字贸易产业，培养新型数字贸易产业人才，并支持宁波全球数字贸易新高地的建设。

3. 组建先遣部队，跑通海外本地直播模式，打造海外本地化数字营销体系

经过半年多的筹备后，公司于 2023 年年初开始派遣人员在东南亚各国成立海外数字营销团队，作为整个平台业务的"先遣部队"。数字营销团队主要承担前期企业设立、本地政策法律了解、本地团队（主播）招募培训、线上数字直播业务搭建、线下营销渠道拓展和产业基地空间拓展。团队短期内以海外数字直播团队及业务搭建为核心，联合

TikTok、Instagram 等直播及短视频平台，尽快开展海外直播业务，同时拓展本地线下营销渠道，为后续发展打下基础。

公司目前已在多地成立海外运营团队，未来，数字营销团队将专门承接国内跨境卖家、传统工厂在海外的跨境直播、本地品牌推广和海外常年展的宣传推广和跨境直播代运营业务。

4. 建立海外数字贸易产业基地

驿淘以现有海外团队和直播业务为基础，借鉴国内产业基地的经验，在当地拓展合适的场地空间，未来要在菲律宾、印度、越南以及巴西等国建立海外数字贸易产业基地，打造国内企业在海外营销的"桥头堡"。

第一，产业基地将作为国内跨境卖家、外工厂海外业务的服务载体，提供包括企业海外商务服务（企业注册、税务法务、知识产权等）、企业临时/共享办公、会晤洽谈、主播培训孵化、公共直播、资源对接等业务；第二，产业基地将为跨境卖家海外直播团队和业务团队业提供良好的办公空间，并将投入建设宁波产业产品海外常年展馆。

三、驿淘跨境电商的发展启示

1. 通过建设海外常年展馆，打造海外产业产品展销窗口

传统外贸展会的模式是国外客户到国内参展采购。驿淘将借助海外产业基地空间，建设宁波产业产品海外常年展馆，招募宁波优质外贸工厂、跨境品牌方常年进行海外产品展示展销，由公司当地数字营销团队通过数字直播、短视频、广告投放、线下渠道拓展等方式对常年展馆进行营销推广，并每年定期举办大型海外展会、产品发布会，邀请本地 B 端渠道商、采购商参加，帮助企业拓展海外客户及业务，提升企业出口额。同时利用常年展馆的优质产品资源，建立海外直播供应链中心，满足海外主播的供应链需求。

2. 整合国内外产业服务资源，搭建海外本地化服务体系

由于行业发展和互联网基础设施的不断提升，驿淘的客户从最初的国内传统电商和一般外贸企业，发展为创新型的直播电商、跨境电商等新型业态企业。驿淘从而进一步整合国内外产业服务资源和平台资源，建立涵盖商务办公（海外公司注册、税务法务、知识产权等）、人才服务（海外团队招募、跨境主播孵化、跨境直播培训）、跨境物流及海外仓、跨境支付与结算、跨境平台对接、跨境供应链、海外渠道及品牌营销、海外展会等的产业服务体系和服务内容，同时在服务过程中，不断探索客户需求、深入客户业务环节。在与客户的不断交流互动中，驿淘的业务模式也持续发生进化，服务范围从国内逐步延伸到海外，不断完善的海内外服务体系，使公司服务真正做到了海内外的有效联动。

3. 致力于为中国品牌"出海"服务，讲好中国故事

公司在不断探索如何更好地帮助客户去海外落地业务，如何从简单卖货"赚差价"走向实现品牌溢价，如何从中国制造变成中国品牌。自 2018 年国内直播电商和海外跨境电商逐步兴起，驿淘的思路和服务体系逐步清晰和完善：基于海外不断普及的电商和直播平台以及海量的年轻用户，立足自身投资建设的海外产业服务基地，作为中国产品常年展览的窗口和国内客户落地海外的"桥头堡"，去招募熟悉当地的本地人才，发挥当地人在文化、语言和成本方面的优势；同时，将 TikTok、INS、Amazon、Lazada、Shopee 等全球化的直播内容及电商销售平台作为品牌宣传、产品销售的前沿阵地，在海外帮助客户组建当地直播及电商内容团队，通过 MCN 机构签约达人帮助客户进行品牌推广、产品销售；共享驿淘产业服务基地在前期发展过程中沉淀的海外仓、法务、税务的服务体系服务。共同为中国制造品牌出海服务，做好中国品牌，讲好中国故事！

案例六　以数字化驱动跨境物流革新——
宁波发现国际物流有限公司的智能化转型之路

在全球化和数字化的双重驱动下，物流行业正处于转型的十字路口。宁波发现国际物流有限公司以前瞻性的视角，积极拥抱技术革新，引领渠道产品向数字化跨境物流服务的跃迁。公司通过战略性布局海外仓储网络，并依托自主研发 ELSA 智慧物流平台系统，实现了物流操作的自动化、数据的透明化以及服务的智能化，为客户提供了高效、可靠的跨境物流解决方案。公司通过构建跨境物流价值网，无缝链接了物流价值链上的各个主体，为跨境电商供应链服务企业的转型升级提供了有效路径。

一、公司简介

宁波发现国际物流有限公司成立于 2014 年，致力于仓储物流行业的 AI 与大数据分析技术应用，以海外仓群为节点为跨境电商企业搭建跨境供应链网络。公司总部位于宁波，并在上海、深圳、舟山，以及美国等地设立分公司，为外贸型企业提供头程物流和海外仓服务，其中头程业务涵盖专业的海卡、海派、空派、快递等多个方式的物流配送服务，海外仓业务专注于中大件货物的海外仓储、一件代发、中转、退换货处理等服务。同时公司自研 ELSA 智慧物流平台系统，集成"商业智能服务、头程物流服务、海外仓服务、尾程快递服务、供应链金融服务、分销服务、售后服务"模块，为中国企业提供全方位跨境出海解决方案，多次获得"浙江省重点服务企业"及"浙江省服务业领军企业"表彰。2020 年 3 月公司被亚马逊官方列入服务提供商目录（service network provider，SPN），同年 7 月被评为第五批省级公共海外仓；2021 年 4 月，公司经过公众投票，被选为"十大人气海外仓企业"；2022 年 10 月被评为"eBay 金牌认证对接仓"；2023 年 10 月获评"浙江省服务业领军企业"；2024 年 6 月获评"浙江省电子商务示范企业"。未来，公司的 ELSA 智慧物流平台系统会通过大数据分析，为众多跨境卖家提供选品、消费者购买力等分析。

二、跨境物流数字化转型

1. 构建 ELSA 智慧物流平台系统方案

针对跨境电商物流的多重挑战，公司自主研发了 ELSA 智慧物流平台系统，以解决数据管理混乱、操作效率低下等问题。该系统通过集成头程、海外仓储、尾程配送、物流追踪、分销及售后服务等环节，为外贸和电商行业提供了"一站式"解决方案。ELSA 智慧物流平台系统通过实时数据更新，使海外仓储管理更加透明，帮助客户深入分析市场动态、优化库存、提高销售转化率。系统的设计考虑了跨境电商的特殊需求，确保了操作的灵活性和扩展性，为不同规模的客户提供定制化的物流解决方案。

2. 打造智能化跨境物流价值网

公司通过大数据分析技术，为客户提供精准的市场趋势预测和供应链调整建议，为客户提供库存优化、策略调整等关键决策支持。同时，通过与亚马逊、Wish、eBay 等电商平台的系统对接，实现订单数据的无缝整合和实时处理，提升了物流的自动化水平。在配送渠道上，公司的系统还与国际快递巨头（如 UPS、FedEx、DHL 等）实现了对接，保障物流信息的透明化和配送效率。这些举措不仅增强了供应链的响应速度，还为客户提供了更灵活的物流解决方案。

三、公司业务

公司以"头程物流+海外仓+商业智能"一站式服务为核心，通过自研的 ELSA 智慧物流平台系统，致力于为跨境电商企业提供全方位的供应链服务，提升客户体验和运营效率。

1. 海外仓储服务

公司在美国西部、东部、南部以及欧洲多地（如英国、德国）设有超过 25 万 m^2 的仓储空间，提供海外仓一件代发、FBA 转运、退换货管理、超大件配送到家、定制化增值服务（如维修、组装、检测等）。基于 ELSA 智慧物流平台系统的实时数据分析，能够高效管理库存、优化物流路径，降低运输成本并提高买家满意度，帮助卖家轻松实现本土化销售。

2. 头程物流服务

公司通过与 COSCO、MAERSK、YML、EMC、APL 等全球船运、航空公司多年的紧密合作，提供涵盖海运、空运、多式联运等多元化的头程物流解决方案。依托数字化系统，客户可实时跟踪货运状态，享受智能配仓与成本预测服务。公司业务包括 FBA 头程运输、海派与空派物流、带电产品运输等，满足客户多样化的跨境物流需求。

3. 逆向进口服务

在全球多个仓储中心，公司提供逆向物流服务，涵盖退货处理、再加工、维修以及重新发货等服务，帮助卖家减少因退货带来的损失，提高供应链的灵活性。同时，公司提供全程的清关、配送服务，确保货物能够高效、安全地完成进口流程。

4. 全球门点服务

依托覆盖全球的合作网络，公司为客户提供"门到门"运输服务，无论是海运还是空运，均可实现货物全程无缝对接。通过 ELSA 智慧物流平台系统，客户可以随时追踪货物状态，确保订单按时送达，为客户提供高效、精准的物流解决方案。

四、跨境物流"出海"的启示

1. 做跨境物流数智平台的改革者

宁波发现国际物流有限公司依托自主研发的 ELSA 智慧物流平台系统，整合客户

ERP、仓储 WMS 和快递平台，实现了数据化统一管理。通过 API 打造高效的跨境物流平台，提升了运营效率，降低了成本，推动了跨境物流数智化改革。

2. 做跨境物流价值网上的链接者

宁波发现国际物流有限公司的 ELSA 智慧物流平台系统以海外仓为中心，将客户 ERP 系统、仓库 WMS 系统、快递公司、跨境电商平台，借助 API 进行全面对接，实现数据化统一可视平台。公司打造的跨境物流价值网，为网上客户创造了低成本高效率的物流服务，实现了跨境物流代理到跨境物流"出海"的转变。

3. 做跨境物流增值服务的提供者

宁波发现国际物流有限公司以跨境物流价值网为依托，提供 FBA 配送服务、一件代发服务、退换货服务、中转仓服务、海外仓打托贴标、货物分拣服务以及其他定制化服务，解决了客户物流需求中的痛点。

4. 做跨境物流综合业务的挑战者

跨境电商的高效发展带动了跨境物流，但其复杂的链条对服务商提出了更高要求。宁波发现国际在应对环节繁多的挑战时，专注基础服务与精细化管理，并通过金融供应链解决方案"融易 90"，为客户提供定制化金融支持，助力企业出海。

案例七　做深产品、做宽渠道是未来跨境发展必经之路——添润数字集团的"锐意进取，无限迭代"

一、添润数字集团简介

添润数字集团（TEENRUN，以下简称添润）总部设立于宁波，现拥有总办公面积 10000m^2，以电商运营为核心，以 IT 技术为优势竞争力，通过智能数字化管理体系，致力于成为一家集跨境大数据分析、品牌生态运营与管理、产品研发创新、多渠道营销、全球海外仓布局等全链条覆盖的优秀跨境电商公司。

添润配置强力中台体系，重视 IT 技术发展，秉承"科技先导、沟通协作、诚信共赢"的企业精神，自主开发运行跨境电商 ERP 系统及跨境大数据分析系统，将 IT 技术与业务发展充分融合，实现运营 IT 化。添润依靠严格的质量管理体系，在跨境电商领域中不断发展与创新，依靠"共享与开放"两大核心基因，完成传统电商零售向智能数字化分销的演变，开拓电商发展新方式，打造产业新形态。

添润以多品牌、全渠道、精聚焦为品牌发展策略，持有 LALA IKAI 等欧美国际商标，自主研发设计品牌产品，深度整合供应链，尤其专注于智能家居、时尚女鞋、运动健身类目，营销渠道覆盖 Amazon、Aliexpress、沃尔玛、Mercado 等国际主流平台及自建站。添润重视人才培养，设计覆盖全员的学习路径，为每一位员工创造科学、合理、完善的发展晋升途径，从而培养出许多具有经营者意识的领导者，在经营管理上具有较强的自主性。添润以专业的队伍、严谨的管理、开放包容的态度着力打造一个创新为先的商业集成，致力于走专业化、差异化、品牌化的战略发展之路。

二、添润的跨境之路

1. 打造品牌矩阵，构建品牌发展"护城河"

品牌建设是企业发展战略的关键，是成就企业可持续发展的基础支撑，一个企业也唯有通过品牌建设，才能使自身价值获得提升，在激烈的市场竞争中处于不败之地。现如今，跨境电商行业的竞争趋于白热化，随着市场化的不断深入，跨境电商企业越来越强烈地认识到品牌建设在运营中的突出作用，对品牌化发展更加重视。

变则通、通则达，这是当今时代跨境电商行业的生存之道，在从精铺走到垂直化运营的这一过程中，添润也深知品牌的重要性。公司在美国、欧洲、日本等多个国家注册商标，持有 LALA IKAI 等自有品牌，以产品的创新研发为驱动，全面打造产品核心竞争力，潜心打造小而美的垂直类目品牌矩阵。

添润认为，产品质量是做好一个品牌的基础，同时，大胆突破、大胆创新，寻求产品的差异化设计，也是塑造品牌高辨识度的关键要素。添润聚焦用户，创造用户的需求，注重产品研发设计，持续推出质量更高、品质更好以及匹配当下时代消费者们需求的新产品，赋予品牌生命力，让品牌拥有未来发展的无限可能。

2. 跨境 SaaS 系统赋能，实现运营 IT 化

添润重视 IT 技术，配备强大的 IT 中台体系，自主研发运行跨境电商 ERP 系统及跨境大数据分析系统，以 API 开发、大数据分析、云计算等技术为核心，结合跨境电商平台的应用场景持续创新、不断升级，将大数据分析、关键词指引等核心技术与日常运营相结合，推进运营 IT 化，不断提升业务领域专业度，实现存量业务的降本增效和增量业务的创新突破。

（1）智能选品

在电商营销方式上，商品数量和种类是影响电商企业创收的主要因素。商品数量和种类呈现出结构的繁杂化发展甚至是非结构化发展趋势，这些都向店铺运营及订单处理提出了挑战。添润自主研发的 IT 大数据分析系统可根据各平台的交易情况和消费习惯对大量信息进行收集与筛选，实现数据智能选品代替人工选品。

（2）流量赋能

根据不同平台引流需求，提供 Facebook、Google、YouTube 等主流平台的智能引流，利用数据挖掘技术分析海量广告推广数据，实现各平台的广告精准投放以及海量用户覆盖、消费群体定向等精确回馈，降低产品获客成本，提高订单转化率，并利用广告数据系统智能估算广告活跃度、投放效果和投放金额，及时掌握跨境电商行业动态及竞品投放策略。

（3）订单智能处理

添润自开发 ERP 系统具备订单智能处理功能，集订单导入、自动备货、成本核算、物流匹配、智能扫描、包裹处理等强大的弹性处理能力及信息存储能力，并能够在极短的时间内做出正确反应，快速应对系统运行中出现的各项问题，推进业务精准高效运转。

3. "1+1>2"，工贸联营合作新机遇

2020 年年初，添润开展工贸联营项目，与宁波某传统贸易工厂合作设立合资公司，将 B2C 运营技术与传统贸易产品相互结合。添润根据工厂实际情况量身定制运营方案，提供品牌定位、品牌推广、视觉升级、战略营销、渠道销售、数据分析等综合服务，并配备国际仓储物流系统，辅助传统贸易工厂优化产品结构，重新定位线上客户群体，确定长期电商发展战略，实现传统贸易企业向新型电商零售模式的快速转型。

合作仅两年时间，合资公司年销售额实现由零至千万美元的飞速跨越。添润利用自身经验与优势，拉动传统生产型企业实现快速转型，拓展销售新渠道，通过合双方合作达成工贸一体化，推动中国传统优质产品走向品牌"出海"。

添润工贸联营项目的主要合作对象为传统贸易型企业，为企业转型提供品牌定位、品牌策划、视觉设计、营销策略、技术指导、数据分析等代运营服务，配备专业化仓储物流系统，根据各企业情况量身打造联营方案，帮助传统企业实现电商业务的良好开展，辅助传统企业及线下品牌重新定位线上客户群体，优化产品结构，确定电商领域的长期发展目标。添润通过创新"利润共赢"模式，实现专业运营、风险共担。

4. 智慧型人才培育，培养共创型伙伴

（1）取势学院的"未来领袖"计划

"势"往往无形，却是最大的发展导向，逆"势"而动，事倍功半，顺"势"而上，则事半功倍。添润设立取势学院，由集团董事长亲任院长，以月为周期，选定与企业发展关联紧密的课题，通过透明分享、自由探讨的形式进行课题学习，将课题精髓与企业实际情况融合，激发学员们的管理思维，致力于培养一批拥有团队协作、自主自强、勇于创新的新型电商管理人才，打造添润的"未来领袖"。

（2）"growing together"的（GT）共同发展伙伴计划

为节点性奖励与公司共同成长的优秀工作伙伴，添润子公司执行 GT 共同伙伴发展计划，于公司内部成立 GT 共同发展委员会，以个人贡献、结果产出、可持续发展、委员投票等维度设置准入/准出条件，入选 GT 共同发展计划的伙伴者，根据综合评分系数或经营贡献系数给予利润分享。GT 共同发展伙伴计划旨在通过有效激励吸引优秀人才，建立公司利益共同体，提升人员积极性、主动性和创造性，提高添润的价值创造力和长远竞争力。

（3）有限合伙公司计划

添润全面打造平台型组织，全面推进有限合伙公司计划，全面推进各业务板块"合伙人制"，共建共享的人才模式，培养共创型领袖的事业伙伴，激活个体，让每一个体的潜能完全释放，给予每一个个体释放自我的无限空间，让优秀的人成为自己团队的"老板"，帮助合伙人快速掌握业务运营模型，全面达成公司与员工（合作伙伴）的彼此成就、共同成长，让业务规模实现指数级增长。

5. 响应直播经济，渠道多样化

当人们宅在家的同时，消费需求进一步释放，"网购"更趋于常态化。添润顺势而为，响应直播经济，通过主流直播平台开展直播业务，以增加销售渠道。

6. 职能转运营，跨境电商服务外拓

添润组织架构完善，通过专业化的职能服务系统构建强大职能中台，构建高度柔性组织运营系统，能够快速反应，以推进业务的持续高效成长。添润对职能中台的高度要求促使业务系统的优质运转，同时也引导出业务拓展的新思路。2021 年，添润旗下设立国际视觉基地，集品牌设计、产品拍摄、商业摄影于一体，致力于为客户实现品牌视觉升级、提供企业数字化赋能整体解决方案。

添润同时建立"宁波留学生跨境电商生态基地"，打造留学生与跨境电商产业相结合的产业模式，签约外模，运用国际视野创造视觉表达，专注于摄影本质的工匠精神，重视高质量的后期制作，将影像美学与营销效果完美结合。添润以模特经济、VI 设计、产品拍摄、拍摄指导等业务为主要方向，打造符合跨境电商需求的前沿摄影基地，以高端视觉作品为跨境电商企业提升产品质感，优化品牌形象，助力跨境电商企业品牌"出海"。

三、添润数字跨境电商发展启示

1. 全渠道化

全渠道销售能够实现各大渠道之间的业务联系与数据同步，连接客户和品牌，实现互动，助力商业和营销战略实施。添润将全渠道化发展视为企业未来发展的重要战略，目前销售覆盖 Amazon、Aliexpress、沃尔玛、Mercado 等欧美主流电商平台及自建站，并关注巴西、印度尼西亚、土耳其、墨西哥等国家市场拓展，达成国际化市场平衡；全面利用互联网思维推动线上线下资源联动，不断完善自身产业结构，实现对不同地域、不同消费群体的有效覆盖，致力于实现品牌全球化。

全渠道化旨在让品牌产品触达更多平台用户，利用各平台流量完成自身客户转化，如果没有自动化，这个过程可能长达数月。添润自主研发的 ERP 系统创建了一套独家适用的全渠道自动化产品库，利用 IT 数据化处理技术充当产品与平台之间的桥梁，自动化完成各平台数据转换，将产品数据翻译成各大零售商使用的语言，并自动化处理各平台库存管理、订单履行、运输跟踪等所有流程，以及保持产品库与各大平台同步，从而使添润产品可以访问比以往更多的销售渠道。

2. 本土化

本土化运营策略是跨境电商发展中的重要一环，它作为跨境平台的重要价值构成部分，可以为企业解决很多现实问题，比如本地货币结算、物流仓储、本地市场战略的扩张等，所以本土化是跨境电商企业必须要走的一条路。如何让本土化运营体现出最大的价值与力量，这是需要每个跨境电商企业衡量和深度思考的问题。

近年来，添润已着手布局本土化发展，以本土公司注册、本土店铺运营为切入点，以本土仓配、本土人才、本土服务为方向合理布局、分步实施，并与境外的当地媒体建立友好合作关系，依托本土媒体与当地消费者的高度黏性，通过发帖、测评、论坛讨论等多种方式对自有品牌进行有效的推广，获取本土消费者对于产品需求的大数据。添润通过大数据统计不断进行产品优化，调整自身的营销策略。

案例八　练就跨境电商供应链内力，增强企业市场风险免疫力——

宁波井贝电子商务有限公司产业"生态链"经营模式

宁波井贝电子商务有限公司实行坚持跨境电商全产业"生态链"经营模式，在公司内部打造"一站式"跨境供应链综合服务平台，构建会员化新零售模式，搭建电商生态云支持系统，积极承担企业社会责任，为跨境电商企业应对市场不确定因素、保持企业持续及健康成长提供一种有效的解决方案。

一、宁波井贝电子商务有限公司简介

宁波井贝电子商务有限公司（以下简称井贝）于 2014 年成立，是国家发展改革委和海关总署联合审批通过的国内首批跨境电子商务试点单位，是一家集国际贸易、电子商务、仓储物流、渠道分销、品牌运营、新零售、系统集成和供应链金融等于一体的集团化公司，主要为跨境电商领域上下游企业提供高品质"一站式"解决方案。目前，公司总部设立在宁波，在东京、大阪、首尔、墨尔本和香港均设有分支机构，致力于为境内线上线下流通渠道直供境外原装进口商品。

井贝响应国家的经济发展规划以及整体互联网电商产业发展的需求，积极探索多元化发展，将业务拆分为五大业务板块，力求资源多重配置，合理规划跨境电商产业链内作业流程，实现资源品牌、产能输出和业务协调的整体配置。同时通过数字化平台将仓配服务、供应链金融、海关报关商备、分销直销等业务模块融合。

二、井贝产业"生态链"经营模式

"生态链"的概念在 20 世纪 70 年代被广泛引入到社会、经济等领域。在经济活动中，狭义的"生态链"可以理解为产业链，广义的生态链是企业在一个大的产业、社会、经济环境中的生存发展状态。跨境电商企业只有充分认识到自身在跨境电商产业生态链中的作用和位置，理解产业生态链，才能制定有效的企业发展战略。企业通过"生态链"模式的设计和有效执行形成企业核心价值和能力，沿着产业链寻找发展空间机遇，并通过技术赋能提升产业链运转效能，在市场逆境中利用保持活力。井贝站在"生态链"的战略视角构建自身业务体系，适应了市场变化的冲击，在危机中发现机遇，实现持续增长。其经营模式主要体现在以下几个方面。

1. 瞄准跨境电商产业生态链关键环节，打造一站式跨境供应链综合服务平台

井贝旗下万通安达公司成立于 2015 年 9 月，是宁波梅山保税区引进的第一批专注跨境电商供应链的综合服务商。该公司在全国多城市逐步设立保税仓和国内仓，并在日本东京、韩国仁川等城市建立海外仓，形成了集商品高效备案，国际货运全方位代理服务、跨境报关报检"一条龙"服务，以及仓储精益库内管理、订单高效生产、多渠道物流配送的"一站式"供应链服务能力。

2018年，井贝依托义乌得天独厚的货源和物流优势，成立义乌久晟电子商务有限公司，凭借自身供应链服务优势及义乌市政府的大力支持，全面布局义乌地区跨境贸易和一般贸易市场；致力于帮助为第三企业提供供应链解决方案，优化流通环节，助力企业提高运营效率，节约人工、管理、仓储、时间等成本。

井贝抓住跨境电商生态链中关键的供应链环节，经过五年打磨，形成了"一站式"跨境电商供应链服务体系（见图12-1），成了保证企业在市场环境变动中快速、持续、稳定发展的"定海神针"。

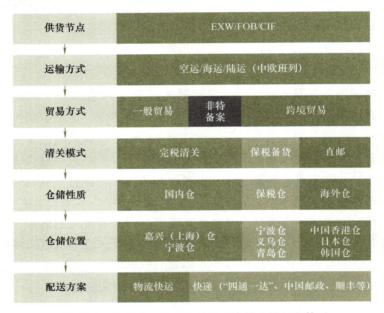

图12-1　井贝"一站式"跨境电商供应链服务体系

2. 拓展跨境电商产业生态链价值链条，构建会员中心化的电商新零售商业模式

井贝旗下杭州魅购电子商务有限公司建立了跨境购物商城嘻呗网和跨境帮，定位为多商户跨境购物平台，支持B2B、B2B2C、S2B2C和O2O等各种形式的交易，实现跨境商品销售线上、线下的全渠道覆盖。另外，该平台支持综合类平台、垂直平台、社交（电商）平台、O2O平台等多种第三方平台接入，与国内30余家主流渠道平台进行战略合作，包括云集、天猫、京东、蜜芽、唯品会等。

2017年，由井贝联合宁波空港物流发展有限公司共同注资打造的宁波贝嘉环球供应链管理有限公司，开始向产业链下游寻求业务突破和价值提升。该公司旗下品牌熙悦甄选（SEAYO）以互联网为依托，围绕线下线上紧密结合的商业体系，探索在消费场景不断重构的情况下，如何依托供应链能力，面向C端客户，打造"一区一店、一店一场景，一店多社群、社群全覆盖"的跨境电商新零售模式；探索会员服务，形成高质量的C端客户群体；贴近新零售场景，打造爆品，提升企业利润率。

同时，井贝通过将企业内部实体店、线上商城、无人柜等多种形式的业务融合，打通数据和用户，通过运用大数据、人工智能等先进技术手段，对商品的生产、流通与销售过程进行升级改造，打破了传统零售"流量为王"的商业模式，打造出一套独有的"以会员为中心"的新商业模式，运用大数据分析对不同商品定位、不同消费场景进行重塑。

　　井贝沿着跨境电商产业链，由供应链服务延伸到 C 端的新零售业务，既融合了传统电商的线上线下的各类模式，又在模式融合的过程中探索出一条"以会员为中心"的新零售模式（见图 12-2），找到了一套有力跨境电商盈利模式"组合拳"。

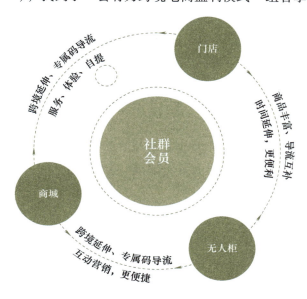

图 12-2　井贝以会员为中心的新零售模式

3. 打造跨境电商产业生态链云支持系统，为跨境电商业务提升效能、解决问题

　　井贝在业务开展过程中认识到智慧化系统平台对业务开展的重要性，投入了大量的人力、财力开发跨境电商产业生态链云支持系统，组建独立的技术支持团队，保持业务和技术平台同步发展。

　　井贝的跨境电商产业生态链云支持系统由三层架构组成：首先，底层为大数据平台和智能化决策工具，其次，中间层为跨境业务中台，采用模块化的结构设计，运输管理系统、云仓储管理系统、订单中心、采购中心、供应商管理中心和云电商 ERP 系统等基础应用平台，同时开发了供应链金融、"跨境链"区块链平台、智能化数据交换平台等全新应用支持平台。最后，应用层主要对接不同类型的电商商家（平台电商、社交电商、内容电商）提供供应链接入服务，积极探索为新零售商家提供多平台、全平台的供应链无缝接入，支持其多渠道业务开展需求。同时平台接入海量品牌供应商，为供应商提供链接市场、降低库存、实现高周转提供完整的解决方案。这套完整的云支持系统为企业持续业务的扩大和效率的提升起到了良好的作用。

　　基于跨境电商产业云平台，井贝还着力解决了跨境产品的保真问题。2018 年，井贝联手持云公司、数贸公司和域乎公司四个技术核心团队企业，利用区块链去中心化分布式存储的信息打造闭环式无人为控制的跨境链溯源系统，现已完成研发并投入测试。

井贝对跨境电商产业云平台的开发基于业务开展和行业痛点，提供了有效的解决方案，为自身业务发展赋能，打造企业在市场竞争中的科技"护城河"。

4. 发挥跨境电商专业能力优势，勇于承担社会责任，维护跨境电商产业生态链稳定

井贝在成长过程中十分注意企业的社会责任。2019 年以来井贝积极响应国家产业扶贫、消费扶贫的政策号召，采用"直采+仓配+冷链+分销"的模式，积极扶持偏远贫困地区果农经济。首先，通过直采发挥扶持地区果蔬原产地价格、品质的优势，积极探索通过电商、品牌为产地果蔬赋能的方法。2019 年，主要推广项目为"赤焰"石榴，该石榴为引进突尼斯软籽石榴为基础，在四川大凉山和云南会理两地建造水果基地，实现总价值为 2 亿元的石榴采购订单，并在云南当地建设水果冷冻仓储服务，实现农户采果直接入冷库。其次，通过井贝高效的供应链和分销渠道推动发达地区市场衔接。用户下订单，仓储直接发货到消费者手上，提高消费者采购水果的好评率。同时，借助江苏卫视"好享购物"栏目等栏目，在线上、线下以及新零售等多方渠道都有铺陈。最后，积极拓展跨境电商产业园产业，成立新的功能化模块跨境产业园，协助政府扶持地区小微果商，快速铺设线下分销渠道，助力小微企业发展。

三、井贝的产业生态链经营模式的启示

第一，做深、做强跨境电商企业供应链管理的核心能力，同时基于核心能力做多、做实电商产业链上下游的业务，创新商业模式。一方面，核心能力的强大为业务的延伸提供了有力支持；另一方面，多元化商业模式反过来拉动了企业核心能力的进一步提升，形成了良性循环，充分利用了产业链的长度和弹性优势。

第二，井贝在业务发展中，注重云平台技术对业务的支持作用，始终保持业务和技术同步并进。基于自身发展需求开发系统，构建云服务平台，同时向产业链企业开放技术，充分发挥技术的赋能作用。

第三，井贝在发展过程中深刻认识到企业作为社会的一份子，从社会中获取成长养分，也需要以自身能力积极回馈社会，形成社会和企业的良性循环。企业维护产业的生态链运行，维护和社会生态稳定，才能促进企业的持续健康发展，有利于产业、社会的进步，这充分展示了井贝的社会责任和企业价值。

案例九 全链条、全覆盖的创新型跨境电商保险服务平台——宁波跨境堡科技有限公司创新案例

宁波跨境堡科技有限公司（以下简称跨境堡）通过架设跨境电商保险服务平台，用科技为保险赋能。在短短四年时间里，通过大数据分析与保险公司共同创新开发并推出一系列适合跨境电商物流企业和卖家需求的保险产品，填补了市场空白，真正意义上做到从出仓开始到终端消费者终结的全链条、全覆盖的运输保险服务，将涉及跨境电商行业的出海风险大大降低，大大减少交易纠纷，为我国跨境电商企业安全"出海"保驾护

航。截至 2024 年 9 月，跨境堡直接服务的跨境企业客户总数超 6426 家，主要集中在华南的深圳、广州、东莞，华东的宁波、上海、义乌；累计承保金额近 2385.03 亿元。

一、跨境堡简介

跨境堡是一家专注服务于中国跨境出口电商的金融保险综合型数字服务平台的金融科技公司，目前主要业务是为跨境电商相关业态提供各种场景化的创新保险服务，以创新保险服务为切入口，聚焦在跨境物流、跨境电商、信用支付领域的金融保险服务的创新，并通过与云计算、大数据、区块链、人工智能技术的结合，让跨境电商相关的金融保险服务更加普惠化、便捷化。

2018 年 5 月，跨境堡被引入宁波，以宁波保税区金融科技大厦的跨境堡公司为总部基地，服务宁波跨境电商企业，"占领"跨境电商制高点深圳，然后辐射全国。目前，跨境堡总部位于宁波保税区金融科技大厦，在深圳设有控股子公司，入选了 2018 年宁波市"3315 系列计划"的金融保险重点项目。

跨境堡的愿景是与金融保险机构紧密合作，为跨境电商客户先提供助保助赔服务，进而提供助贷服务，解决行业痛点，为跨境电商行业赋能，促进行业又快又稳地健康发展。

二、跨境堡的业务简介

跨境堡的直接服务对象是跨境出口电商的卖家和物流服务商，其中含头程物流服务商与海外仓企业等，跨境堡提供服务类型主要有：第一，各类跨境电商保险产品的持续定制研发和创新；第二，跨境电商保险产品的助保服务和助赔服务；第三，后续将持续输出保险助贷服务等。

目前，跨境堡为行业提供的跨境电商出口保险解决方案主要针对的是跨境出口至全球各地的货物运输问题，承保范围如下：从物流商国内仓出仓开始一直到亚马逊/海外仓上架或私人地址签收的全程的货物丢失、破损、暴乱哄抢。主要分为三类：从国内发送至海外仓运输段的物流运输风险和从海外仓派送至消费者的物流段的运输风险；出口跨境和国内信用保险定制服务；出口至海外的产品类责任保险服务。

三、跨境堡的服务核心

跨境堡成立于 2018 年，在业务发展上坚持"走得快不如走得稳"的原则，积极响应国家最新监管要求，坚持同政府主管部门、监管部门主动、积极沟通，坚持与银行、保险公司等金融机构联合进行技术创新、产品创新，以提高市场竞争力。

1. 保险科技合规

跨境堡从正式启动运营至今，按照《互联网保险业务监管暂行办法》要求，与中安联合保险经纪股份有限公司进行第三方网络平台合作备案，从根本上保证了经营业务的规范和合规。

评述：跨境电商行业从无到有，从小到大，从无序到有序，不断走向合规，这个行业长期以来一直给外界一种在探索中发展的印象。在行业飞速发展进程中，我们也看到行业的很多领域在进行更加细化的行业分工与合作。保险在传统物流行业中是一个重要的组成部分，它的存在对于物流企业来说就是一个安全的生命线。

相对传统物流行业来说，跨境物流单票承运量少，但是票数体量巨大，同时跨境卖家又不像传统国际贸易商对于物流运输有较深刻的风险意识，因此对于保险的认知和理解也有不足。这样的后果就是一些物流企业没有按照传统物流方式提供应有的保险服务给卖家，或者跨境电商卖家不了解保险的作用与自己应有的权利，导致物流商与卖家在风险出现时自行承担的局面。

跨境堡虽然服务于跨境电商领域，但从一开始就执行保险监管机制，办理好全套业务合规手续，在保证发展的同时又保证了规范性。跨境堡从诞生之日开始就能够在飞速发展的跨境电商行业中以一个符合监管要求、合规的姿态出现，并不断进行自我更新，用金融保险服务的方式为跨境电商行业保驾护航。

2. 持续发展技术创新

基于腾讯云的 TDSQL 等大数据服务、TBASS 区块链服务、人工智能等各种云服务，跨境堡自主研发了基于跨境电商业态的客户自助投保平台，可集成各种 API 和便捷的文件解析功能，提供基于物流企业客户实际业务操作场景的动态文件解析和导入的便捷技术工具，提升客户体验。跨境堡自主研发了具备自动投保审核和场景化的多条件配置的理赔管理系统，系统可以根据实际理赔场景进行动态变化配置，并且应用在人保和阳光两个保险公司共保的联盟链区块链创新应用平台。

评述：跨境电商行业虽然是商贸之地，但是背后的支撑框架却是亿万元级的资金投入和无数的互联网人才。在看似简单的每一笔交易背后，都有着无数条相关数据交换。跨境堡虽然是以保险的形式出现于整个跨境服务链条中，但是贯穿其中最主要的还是数据。有了数据接口的对接、沉淀、解析，才能够将物流链条中的各个环节明晰化，才能为保险提供事实依据，才能将风险调整到可接受范围内。跨境堡在不断丰富投保数据的同时，还利用数据中所提炼的内容推陈出新，不断推出新的适用于行业的保险产品。在过往的几年里，跨境堡所推出的"产品上架险""哄抢、暴动险""卖家专属险"等多个险种都是行业内的首创，并且还在一直持续引领行业内保险新品的推出。这些保险产品的创造，无一不是依赖于其强大的 IT 团队及不断完善的信息系统。

3. 保险服务类型多样化

跨境堡根据跨境电商的实际业务场景创新了各种保险服务，分别按照货物种类、货物运输方式、派送方式、货物储存地点等不同条件、不同场景设计了多样化的保险产品。同时为了便于客户理解投保和理赔流程，还专门为客户配备了相应的服务专员，以保证客户可以在最短的时间里获得最好的体验。

评述：跨境电商保险服务虽然属于保险行业，但与传统保险相比，其特殊性又非比寻常。特殊的地方主要源于其定制性要大大强于传统保险：传统保险只是提供港到港或者仓到仓的规范保险模板，除此以外没有其他不同，因此无论投保还是理赔，都相对简单很多。相比之下，跨境堡提供的跨境电商保险就完全不是一个量级的。跨境堡的产品提供给投保人的选择空间包括距离的不同、节点的不同、适用范围的不同等。多样化的投保形式和投保范围虽然为客户带来了最大化保险保障，却为跨境堡自己带来了大量的服务配合工作。为此，跨境堡也创新性地打造了一支经验丰富的助保和助赔队伍。这支几十人的专业技术队伍在 IT 系统的赋能下以每分钟 1.4 个案件的速度不断处理着系统中层出不穷的新出险案件。

四、跨境堡的发展启示

结合传统行业，以科技手段为基础，配合现代服务业，在新的领域开创一片天空，这一直是跨境行业发展的主基调，跨境堡也不例外。虽然是服务于新的领域，但是跨境堡已经用发展证明了自己的价值。跨境堡成功的发展模式也引来了诸多跟随与效仿，但保险不比其他行业，在"稳"和"合规"的前提下，跨境保险还需要不断推陈出新，打造出新的产品，不断提升服务质量。

跨境堡以毋庸置疑的实力、积极的态度响应"全面支持跨境电商健康发展"的政策，聚焦跨境出口业务，响应"一带一路"倡议，同时为跨境电商行业赋能，促进行业又快又稳地健康发展。

案例十　开拓外贸服务多样化新局面，成就宁波外贸战线"排头兵"——宁波世贸通，让外贸更轻松

一、宁波世贸通简介

宁波世贸通（以下简称世贸通）成立于 2011 年，是长三角地区首家以外贸综合服务平台为运营体系的进出口服务企业。世贸通外贸综合服务平台利用先进的互联网技术，将电子商务与服务外包的理念灵活运用于外贸服务行业，为中小外贸企业提供信息、物流、通关、金融等一体化、全程化、透明化的专业服务，是国家级"一站式"外贸综合服务平台，也是长三角地区唯一入围的平台。

世贸通秉承"服务国内外客商，让外贸更轻松"的企业使命，并将"立足宁波港、面向长三角、世贸全球通"作为短中长三期发展战略规划。从客户性质来说，世贸通的服务对象是宁波、长三角乃至全国的国内外贸易企业。从客户规模来说，世贸通服务的主要是中小型企业。通过世贸通外贸综合服务平台，中小型外贸企业可以主要发展其核心业务，将服务环节外包，同时可以形成规模效应，以降低成本、提高效率。从服务内容来说，世贸通提供的是"一站式"综合外贸服务，为企业提供以进出口代理为主的全流程外贸业务，并通过外贸综合服务平台，实现全程互联网在线服务。

二、宁波世贸通的服务模式分析

企业的服务模式决定了企业的竞争能力和盈利能力。世贸通作为"一站式"外贸服

务站，提供全流程的外贸综合服务。世贸通的服务模式分为基础服务、金融服务、特色服务和衍生服务四种，如图 12-3 所示。

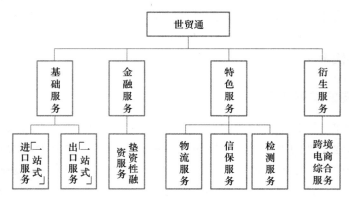

图 12-3　世贸通服务模式分析

1. 基础服务

世贸通的基础服务是以外贸综合服务为主要特征的企业服务模式。这种基础性服务主要是在优化外贸代理管控的基础上，围绕进出口流程进行设计，将外贸企业进出口流程更加规范化、标准化和互联网化。世贸通依托其股东公司——全国外贸百强企业宁波海田控股，为中小外贸企业提供全面"一站式"进出口管家服务，支持全程在线操作和出口订单的全流程可视化跟踪。世贸通的"一站式"外贸服务让传统外贸活动的生产和贸易分离，满足了宁波市中小外贸企业在进出口贸易方面的需求，使企业专心从事生产性活动，极大地节省了时间和人力成本，实现了服务的集约化和专业化，提升了宁波贸易产业优势。

2. 金融服务

金融服务是指外贸综合服务企业基于对外贸易背景的融资性服务，是一种外综服务企业提前性垫资性行为。世贸通具有丰富的配套金融体系，与中国银行构建平台、银行、中小微企业三方联动的监管体系，并推出在线订单融资服务，可以无抵押融资；与招商银行推出联名一卡通，可以根据平台交易记录，享受银行融资服务；与浙商银行建设了外汇子账号体系，使平台中的众多中小企业可以精准、快速识别收汇资金；推出了远期外汇结售汇、出口赊销融资、进出口信用证押汇、进出口退税融资、进口开证等产品。世贸通多样化的金融产品解决了外贸企业的融资问题，融资方式更加便捷，摆脱了传统外贸活动中企业申请出口退税周期过长而导致的资金周转困难的问题；同时利用平台优势掌握大量交易数据，以平台信用为背书，将信用转换成财富，拓展了企业的融资渠道，加快了融资速度，缓解了中小企业的融资难、融资慢等问题。

3. 特色服务

特色服务是外贸综合服务平台公司依托其股东背景或者其自身资源优势为客户所提供优势类服务，是差异化竞争的关键。世贸通的特色服务有物流服务、信保服务和检测服务（见表 12-1）。

表 12-1　世贸通外贸综合服务平台的特色服务情况一览表

服务类型	依托资源	业务内容	服务优势
物流服务	宁波海田控股有限公司、宁波世贸通国际物流有限公司	主要承办宁波，上海及其他口岸的内、外贸海运、空运和铁路国际联运进出口货物的国际运输业务	海运费用优惠、24 小时仓库服务、专业报关人员、物流可视化追踪
信保服务	中国出口信用保险公司	出口信用保险业务、海外投资（租赁）保险业务、与对外贸易，对外投资与合作相关的担保业务等	小额投保免费、一般投保费率优惠、EDI 全面对接实现服务在线化
检测服务	必维国际检验集团	主要提供验厂服务、商品检测、验货服务三种	检测报告含金量高、价格优势。明显、专属绿色通道、个性化的配套服务和针对性的咨询指导

通过这些特色服务，世贸通外贸综合服务平台在满足企业传统外贸服务的同时，可以为特殊需要的企业提供更多的差异化的增值服务。物流服务以优惠的方式为中小企业拿到通常只有大型企业才能拿到的价格优势，形成规模效应，改变了中小企业的弱势地位；信保服务充分发挥了稳定外需、促进出口成交的杠杆作用，解决了企业"有单不敢接，有单不能接"的问题；检测服务可以监察产品是否符合质量要求，提升企业形象，帮助企业进行风险控制。

4. 衍生服务

衍生服务是指外贸综合服务根据市场需求变化和自身特点所发展出的增值服务。世贸通的主要衍生服务是根据市场发展所开设的跨境电商综合服务平台。世贸通外贸综合服务平台是利用国内外的开放型电商平台，为国内中小型制造业企业特色产品的销售和交付，提供所有相关环节的综合服务，其具体模式如图 12-4 所示。

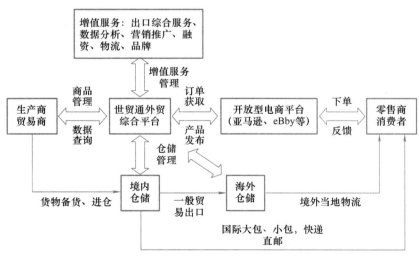

图 12-4　世贸通外贸综合服务平台模型分析

世贸通外贸综合服务平台为传统制造业外贸企业提供了全新的选择，可以帮助促进传统企业开展跨境电商。通过世贸通外贸综合服务平台，企业增加了对跨境电商的了解，实现了跨境电商运营，减轻了运营成本，提升了整体竞争力。

三、宁波世贸通服务模式的启示

1. 加快业务模式创新，提升市场快速响应能力

企业的业务能力的增长离不开创新，世贸通在传统的外综服务基础上，针对市场变化进行快速响应，成功打造了进口服务、跨境电商综合服务等新的业务模式创新，并以新的业务模式快速抢占市场，成功地进一步拓展了业务网络。

2. 打造企业核心竞争平台，稳定输出互联网运营理念

世贸通在创业初期就树立起平台发展战略性思维，并在创业起步和成长期下大力气开发打造出符合创业特色、运营需求和客户需要的核心业务服务平台，同时通过互联网的扩散带动效应，形成独一无二的服务平台，进而不断扩大企业营运的客户覆盖面。

3. 整合内外供应链资源，优化平台服务

世贸通依托"互联网+"和港口资源优势，创新引入"强强联合"发展新模式，通过与大型企业集团和行业优势企业合作，不断提升企业服务数量与质量。通过输出自身平台技术，共同建立无锡世贸通、天津港世贸通等，扩大公司服务网络；通过联合海田、必维及信保公司等行业优质资源，成功优化了平台的服务质量。

参 考 文 献

[1] 熊励，许肇然，李医群．跨境电子商务［M］．北京：高等教育出版社，2020.

[2] 张夏恒．跨境电子商务概论［M］．2 版．北京：机械工业出版社，2024.

[3] 唐先锋．电子商务法［M］．杭州：浙江大学出版社，2020.

[4] 孙韬．跨境电商与国际物流：机遇、模式及运作［M］．北京：电子工业出版社，2017.

[5] 柯丽敏，王怀周．跨境电商基础、策略与实战［M］．北京：电子工业出版社，2016.

[6] 曹磊，张周平．跨境电商全产业链时代：政策红利下迎机遇期［M］．北京：中国海关出版社有限公司，2019.

[7] 韦晓东．跨境电商零售进出口通关安全宝典［M］．北京：中国海关出版社有限公司，2023.

[8] 李鸣涛．跨境电商助力中国品牌出海的四重作用［EB/OL］．（2024-08-08）［2024-09-14］．https：//baijiahao. baidu. com/s？id=1773651405689380722&wfr=spider&for=pc.

[9] 冯晓鹏．跨境电商大监管：底层逻辑、合规运营与案例评析［M］．北京：中国海关出版社有限公司，2022.

[10] 跨境电商蓝海亿观网．2023 跨境年度盘点："出海四小龙"的长期主义远征［EB/OL］．（2023-12-21）［2024-09-14］．https：//baijiahao. baidu. com/s？id=1785861498933161272&wfr=spider&for=pc.

[11] 财经网．蜜芽 App 将停止服务，母婴电商未来任重道远［EB/OL］．（2022-07-05）［2024-09-25］．https：//baijiahao. baidu. com/s？id=1737504819826284391&wfr=spider&for=pc.

[12] 网经社．《2023 年度中国电子商务市场数据报告》发布［EB/OL］．（2024-06-17）［2024-10-12］．https：//baijiahao. baidu. com/s？id=1802099699661858414&wfr=spider&for=pc.

[13] 汕尾跨国通科技有限公司．超详细！外贸人必看的欧洲各国清关规则！［EB/OL］．（2024-05-28）［2024-09-23］．https：//baijiahao. baidu. com/s？id=1800264131464203802&wfr=spider&for=pc.

[14] 速卖通大学．跨境电商物流：阿里巴巴速卖通宝典［M］．北京：电子工业出版社，2015.

[15] 钟琼．跨境电商财税［M］．北京：电子工业出版社，2024.

[16] 佚名."跨境电商+产业带"：双向赋能 生态跃迁进行时［N］．国际商报，2024-07-01（3）.

[17] 严行方．跨境电商业务一本通：运营管理+选品与营销+物流+结算+售后［M］．北京：人民邮电出版社，2016.

[18] 上海社会科学院经济研究所课题组，石良平，汤蕴懿．中国跨境电子商务发展及政府监管问题研究：以小额跨境网购为例［J］．上海经济研究，2014（9）：3-18.

[19] 马述忠，卢传胜，丁红朝，等．跨境电商理论与实务［M］．杭州：浙江大学出版社，2018.

[20] 朱秋城．跨境电商 3.0 时代：白金版［M］．2 版．北京：中国海关出版社有限公司，2016.

[21] 钛媒体 APP．2024 品牌出海的十个真相［EB/OL］．（2024-01-26）［2024-10-06］．https：//baijiahao.baidu.com/s？id=1789122500676544304&wfr=spider&for=pc.

[22] 周辉．《电子商务法》具有四大鲜明时代特征［N］．经济参考报，2018-09-12（8）.

[23] 赵鑫．我国跨境电子商务在线纠纷解决机制研究［D］．石家庄：河北经贸大学，2024.

[24] 艾瑞数智．2023 年中国跨境出口电商行业研究报告［EB/OL］．（2023-09-12）［2024-08-19］．https：//baijiahao.baidu.com/s？id=1776794011905590117&wfr=spider&for=pc.

[25] 张建国，王浩．海关视角下跨境电子商务的税收政策选择［J］．海关与经贸研究，2014，35（1）：107-115.

[26] 金焕，欧阳双喜．国际贸易概论［M］．3 版．北京：电子工业出版社，2019.

[27] 冯晓宁，梁永创，齐建伟. 跨境电商：阿里巴巴速卖通实操全攻略［M］. 北京：人民邮电出版社，2015.

[28] 朱廷珺. 国际贸易［M］. 3版. 北京：北京大学出版社，2016.

[29] 邹益民，隋东旭，朱新英. 跨境电商支付与结算［M］. 北京：清华大学出版社，2021.

[30] 孙杰. 从数字经济到数字贸易：内涵、特征、规则与影响［J］. 国际经贸探索，2020，36（5）：87-98.

[31] 张夏恒，李豆豆. 数字经济、跨境电商与数字贸易耦合发展研究：兼论区块链技术在三者中的应用［J］. 理论探讨，2020（1）：115-121.

[32] 马述忠，房超，梁银锋. 数字贸易及其时代价值与研究展望［J］. 国际贸易问题，2018（10）：16-30.

[33] 刘洪愧. 数字贸易发展的经济效应与推进方略［J］. 改革，2020（3）：40-52.

[34] 伍蓓. 跨境电子商务概论［M］. 北京：人民邮电出版社，2022.

[35] 杨雪雁，孙建红，易建安. 跨境电商网络营销［M］. 北京：电子工业出版社，2023.

[36] 龙朝晖. 跨境电商营销实务［M］. 2版. 北京：中国人民大学出版社，2022.

[37] 胡国敏，王红梅，周毅. 跨境电商网络营销实务［M］. 北京：中国海关出版社，2018.

[38] 陈道志. 跨境电商营销推广［M］. 北京：电子工业出版社，2019.

[39] 王婧. 跨境电商营销：微课版［M］. 北京：中国人民大学出版社，2021.

[40] 郭国庆，陈凯. 市场营销学［M］. 6版. 北京：中国人民大学出版社，2019.

[41] 孟韬，毕克贵. 营销策划：方法、技巧与文案［M］. 4版. 北京：机械工业出版社，2021.

[42] 张克夫，李丽娜. 跨境电子商务文案策划与写作［M］. 北京：清华大学出版社，2021.

[43] 方美玉，金贵朝. 跨境电子商务概论［M］. 北京：清华大学出版社，2022.

[44] 蒋彩娜，舒亚琴. 跨境电商支付与结算［M］. 北京：电子工业出版社，2021.

[45] 电子商务法起草组. 中华人民共和国电子商务法条文释义［M］. 北京：法律出版社，2018.

[46] 刘一展. 欧盟网上争议解决（ODR）机制：规则与启示［J］. 改革与战略，2016，32（2）：146-150.

[47] 李适时. 中华人民共和国民法总则释义［M］. 北京：法律出版社，2017.

[48] 赵旭东. 中华人民共和国电子商务法释义与原理［M］. 北京：中国法制出版社，2018.

[49] 宋燕妮.《中华人民共和国电子商务法》精释与适用［M］. 北京：中国民主法制出版社，2018.

[50] 吕友臣. 跨境电商法律实务一本通［M］. 深圳：海天出版社，2020.

[51] 张龙哺. 基于知识产权视角的电子商务［J］. 知识产权，2008（5）：74-78.

[52] 路向东，张建民，胡爱民. 跨境电子商务的税收应对措施［J］. 国际税收，2015（10）：73-74.

[53] 杨允赟. 我国跨境电子商务税收问题研究［J］. 国际商务财会，2016（11）：69-71.

[54] 何炜. 国外跨境电子商务税收发展经验对我国的启示［J］. 中国市场，2016（36）：140-141.

[55] 薛源. 跨境电子商务交易全球性网上争议解决体系的构建［J］. 国际商务（对外经济贸易大学学报），2014（4）：95-103.

[56] 陈剑玲. 论消费者跨境电子商务争议的解决［J］. 首都师范大学学报（社会科学版），2012（2）：154-156.